International TOURISM

국제관광에 대한 전반적인 이해와 분야별 현황 및 콘텐츠

국제관광

-주제여행포럼-

고종원 · 조문식 · 김경한 · 주성열 · 여정경
서현웅 · 이동화 · 안소영 · 권진수 공저

(주)백산출판사

머리말
Preface

코로나19 바이러스로 인하여 전 세계 관광업계에 총체적인 위기가 도래해서 관광업계 종사자는 물론 여행을 희망하는 전 세계인이 힘든 시간의 터널을 지나고 있다. 금번 코로나19로 인해 세계적으로 가장 큰 피해를 본 산업분야가 관광이다.

유엔세계관광기구(UNWTO)는 2020년 국제관광객 급감으로 관련 산업의 손실이 약 2조 4천억 달러(2,704조 원)에 달한 것으로 추산했다.

국제관광객 수는 10억 명 이상 감소했다. 2019년 14억 6,000만 명에 달하던 관광객이 3억 8,000만 명으로 74%나 감소하였다. 1950년 이후 매년 증가해 온 국제관광객은 지난 2003년 사스(중증급성호흡기증후군)사태와 2008년 금융위기로 각각 0.4%와 4%가 줄었다. 특히 코로나19가 가장 먼저 강타한 아시아태평양 지역의 여행객 규모가 84%로 가장 많이 줄었고, 중동에서 75%, 유럽에서 71%, 아프리카에서 70%, 미주에서 69%씩 감소하였다.

관광수입의 감소도 심각하다. 세계여행관광이사회(WTTC)에 따르면, 2020년 관광수입은 2019년 대비 50% 감소한 4조 7,000억 달러에 불과했다. 관광관련 일자리도 6,000만 개 이상 줄었다.

국내 관광시장도 사정은 마찬가지다. 2019년 방한 인바운드가 역대 최대인 1,850만 명을 달성하였지만, 2020년 1~11월까지 방한 외국인은 전년보다 84.7% 줄어든 245만 6,774명에 불과했다. 2,800만 명에 달했던 국민 해외여행객도 419만 5,033명으로 84.1% 줄었다.

따라서 항공, 여행, 호텔 등 국내 관광업계 전반이 고통에 시달리고 있으며, 문화체육관광부에 의하면 2020년 국내 관광업계 피해액이 14조 원에 이를 것으로 추정한다.

그러나 절망의 끝은 희망임을 우리 모두는 믿고 있다. 특히 관광은 회복탄력성이 강한 산업으로 2003년 사스, 2008년 글로벌 금융위기, 2015년 메르스(중동호흡기증후군) 사태로 관광이 일시 위축됐으나 곧 회복되었다.

이러한 회복의 근간에는 여행 자체가 인간의 행복에 매우 중요한 요소이기 때문이다. 한국문화관광연구원에 따르면, 우리 국민은 코로나19 종식 후 가장 하고 싶은 여가활동 1위로 해외여행, 2위로 국내여행을 꼽았다. 우리 국민뿐만 아니라 세계인의 잠재되어 있는 국제관광에 대한 욕구는 관광의 역사를 살펴보더라도 결코 좌절된 적이 없었다.

현재 코로나19 장기화로 관광산업이 고통의 늪에 빠져 있지만, 어려운 시기를 극복하기 위해 '트래블버블(Travel Bubble · 여행안전권역)', '무착륙 국제관광비행', '백신관광' 등 새로운 형태의 여행이 등장하고 있다. 또한 관광산업이 보다 안전하고, 지속가능하도록 디지털화하고 환경친화적으로 발전할 기회를 제공하고 있다.

이젠 코로나19 이후에 급격히 늘어날 수 있는 관광수요를 수용할 새로운 방안을 제시해야 하고, 변화에 적극적으로 대응하는 것이 필요하다. 우리나라는 코로나19를 극복하고 국제관광의 혁신적인 전략제시를 통해 관광대국으로 발돋움할 수 있다고 확신한다.

따라서 본 저서는 이러한 세계적인 관광대국을 위한 기반을 다지고자 하는 저자 모두의 바람과 노력의 성과라고 할 수 있다.

본 저서는 국제관광에 대한 체계적인 이론 정립과 새로운 트렌드에 대한 이해가 더욱 필요함에 따라 다음과 같이 전개하였다.

국제관광의 전반적인 이해와 깊이를 도모하기 위해서 국제관광의 전반이론, 세계 주요 국가 유치현황과 국가별 상황, 한국의 인바운드와 아웃바운드로 구성하였다.

그리고 국제관광의 분야별 현황 및 전략으로 여행상품 · 항공 · 문화예술 · 호텔의 콘텐츠와 미래의 국제관광변화와 여행상품전망을 제시하였다.

금번 국제관광은 현대여행상품에 이어 주제여행포럼의 2번째 성과물로 의미가 매우 크다고 하겠다. 항상 주제여행포럼을 위해 애쓰시는 공동대표이신 고종원 교수님과 조문식 교수님, 그리고 책의 발간을 위해 간사를 맡아 노고를 아끼시지 않았던 여정경 박사님과 모든 공동저자분들에게 진심으로 감사드린다. 그리고 이 책이 출간되도록 수고해 주신 백산출판사 진욱상 대표님과 관계자 여러분께 감사드린다.

2021년 8월

국제관광 저자들을 대신하여

김경한 작성

차례
Contents

CHAPTER 01 국제관광 관련 이론

1 국제관광의 발달배경 ···· 11
2 국제관광의 의의 ···· 12
3 국제관광의 정의 ···· 15
4 국제관광자의 유형분류 ···· 24
5 국제관광의 트렌드 변화 ···· 28
6 국제관광의 수요 영향요인 ···· 33
7 국제관광 활성화를 위한 방안 ···· 42

CHAPTER 02 세계 주요 국가 유치현황과 국가별 상황

1 국제관광 현황 ···· 47
2 COVID-19 시대의 국제관광 현황 ···· 53
3 세계 주요 국가별 상황과 유치현황 ···· 70
4 Tripadvisor의 2021년 Travelers' Choice best of the best ···· 75

CHAPTER 03 한국의 인바운드 상황

1 방한 외래관광객 수 지표 ···· 85
2 인바운드 관광객 동향 ···· 86
3 방한횟수별 인바운드 관광객 특성 ···· 88
4 인바운드 관광객의 특징 분석 ···· 104
5 주요 국가 외국인 관광객 특징 분석 ···· 107
6 시사점 ···· 114

CHAPTER 04
한국의 아웃바운드

1 국제관광객 동향 ····· 119
2 대한민국의 관광수지, 관광수입, 관광지출 ····· 123
3 국내의 해외관광객 동향 ····· 125

CHAPTER 05
국제관광의 여행상품 콘텐츠

1 국내 ····· 151
2 해외 ····· 169

CHAPTER 06
국제관광의 항공분야 콘텐츠

1 국제관광의 개념 및 의의 ····· 209
2 코로나19(COVID-19) 시대의 국제관광 ····· 210
3 항공산업의 개념 ····· 218
4 국제관광과 항공분야의 주요 콘텐츠 ····· 223
5 관광 활성화를 위한 관광과 항공의 협력방안 ····· 230
6 COVID-19 이후의 관광 · 항공 회복 전략방안 ····· 243

CHAPTER 07
국제관광의 문화예술 콘텐츠

1 세계 문화예술관광 콘텐츠 ····· 255
2 문화예술관광 콘텐츠의 종류 ····· 257
3 문화예술관광의 조건 ····· 262
4 세계 시각문화예술 관광콘텐츠 ····· 266
5 세계 음악예술문화 관광콘텐츠 ····· 317
6 세계 공연예술문화 관광콘텐츠 ····· 348
7 유럽 문예문화예술 관광콘텐츠 ····· 353

8 성공적인 예술문화관광 콘텐츠로서의 문화공간 …… 370
9 한국의 예술문화 관광콘텐츠 …… 382
10 한국 문예문화예술 관광콘텐츠 …… 394

CHAPTER 08
국제관광의 호텔분야 콘텐츠

1 팬데믹 전후의 호텔관광 현황 …… 409
2 세계 호텔의 국제관광 트렌드 …… 418
3 국내 호텔의 국제관광 트렌드 …… 421
4 국내외 호텔 국제관광 콘텐츠의 미래 …… 429

CHAPTER 09
미래의 국제 관광 변화와 여행상품 전망

1 코로나19의 영향 …… 445
2 코로나19 이후의 변화 …… 447
3 코로나19 이후 상품의 전망 …… 470

국제관광 관련 이론

국 · 제 · 관 · 광

PART 01

국제관광

1 국제관광의 발달배경

관광은 전 세계 서비스 경제에서 가장 중요한 영역이다. 세계여행 관광협회(World Travel & Tourism Council)에 의하면, 관광산업의 직접·간접 유발효과를 포함한 총효과는 전 세계 GDP의 9.3%, 고용의 8.7%에 이른다. 이처럼 관광산업의 중요성이 증대되면서 각 국가들은 국제 관광시장에서 경쟁력을 확보하기 위해 치열한 경쟁을 벌이고 있다. 특히 최근 세계화의 진전으로 인해 국가 경쟁력 개념이 확산되면서 실질적인 국가의 전략적 목표로서 그 중요성이 강조되고 있다.

국제관광은 관광객의 공간적 이동범위가 국내에서 국가 간으로 확대된 관광활동이다. 국제관광은 산업혁명 이후 사회체제 내에서 나타나기 시작했던 변화, 국민소득의 증가, 교통수단의 발달, 여가수요의 증가 등 여러 환경적 요인에 의해 발달하였다. 국가 간 교통수단이 발달하기 시작한 제2차 세계대전 이후부터 국가적 차원에서 관광을 진흥하려는 정책이 전개됨에 따라 국제관광은 한층 발전하였다. 국제관광은 국제사회 체제 속에서 일어나는 현상 중 하나이므로 국제사회의 환경적 요인과 밀접한 관련을 맺으며 발달해 왔다.

2000년대 이래 국제관광수요에 영향을 미친 경제변수로 환율과 유가 변동, 2008년 세계금융위기 등의 사례는 우리나라 국제관광수요 등락의 주요 영향변수로 분석되고 있다. 또한 경제외적인 관광수요에 대한 영향변수로 2001년 9.11테러, 2003년 사스(SARS) 발생, 2013년 이후 한일외교 갈등, 2015년 메르스(MERS) 질병과 사드(THAAD) 배치 등의 정치·경제·사회문화적 요인은 국제관광수요에 직·간접적으로 영향을 미치는 것으로 파악되고 있다.

한편, 우리나라의 인바운드 관광시장은 2001년부터 2016년까지 연평균 약 8.1%씩 성장해왔으나, 최근 세계경기 침체의 지속과 대내외 경제, 정치 여건 변화가 국제관광수요의 등락에 미치는 영향은 더욱 커질 것으로 예상된다.

UNWTO의 장기예측보고서 『Tourism Towards 2030』에 따르면, 전 세계 국제관광객 수는 2010년부터 2030년까지 연평균 3.3% 증가하여 향후 2020년에 14억 명, 2030년에 18억 명에 달할 것으로 전망되고 있다.

아시아, 남미, 중부 및 동유럽, 동부 지중해 유럽, 중동 및 아프리카의 개발도상국을 방문하는 국제관광객 수(연평균 +4.4%)는 선진국을 방문하는 국제관광객 수(연평균 +2.2%)보다 두 배 빠르게 성장할 것으로 예측된다. 향후 2030년에는 개발도상국을 방문한 국제관광객 수가 57%, 선진국을 방문한 국제관광객 수가 43%를 차지할 것으로 예상된다.

UNWTO의 지역구분을 기준으로 볼 때, 가장 큰 성장이 예측되는 지역은 아시아·태평양으로 국제관광객 수가 매년 4.9%씩 증가하여 향후 2030년에는 3억 3천1백만 명이 늘어난 5억 3천5백만 명을 기록할 것으로 전망된다. 중동과 아프리카 지역은 같은 기간 국제관광객 수가 두 배 이상 증가하면서 2030년에 각각 1억 4천9백만 명, 1억 3천4백만 명을 기록할 것으로 예측된다. 한편, 유럽(7억 4천4백만 명)과 미주(2억 4천8백만 명)는 다른 지역에 비해 상대적으로 느린 성장률이 예상된다.

빠른 성장률에 힘입어 아시아·태평양 지역의 국제관광 시장 점유율은 2010년 22%에서 2030년 30%로 증가할 것으로 전망되고 있다. 중동과 아프리카 지역 역시 각각 6%에서 8%, 5%에서 7%로 증가할 것으로 예상된다.

결과적으로, 유럽과 미주 지역의 국제관광 시장 점유율은 각각 51%에서 41%, 16%에서 14%로 감소할 것으로 예측된다.

2 국제관광의 의의

국제관광은 관광객의 이동에 따른 효과가 국경을 넘어 발생한다. 국제관광의 주체인 관광객에게는 물론 관광송출국(관광객 거주지), 관광수용국(관광목적지) 간의 국제관계 등에도 영향을 미치기 때문에 그 역할과 효과는 국가적·국제적 맥락에서도 의의가 크다. 이를 좀 더 살펴보면 다음과 같다.

첫째, 국제관광은 세계평화에 기여한다.

국제관광은 다른 나라의 자연경관과 언어, 관습 등의 문화를 경험하는 관광행위이다. 그리고 관광지역 주민과 관광객 간의 접촉과 교류가 이루어지는 장으로 상호 이해와 친선을 도모하여 국제평화에 기여한다.

UN은 '관광은 평화로 가는 여권'이라는 표어를 제창하였다. 관광을 통한 국제적 교류가 관광송출국과 관광수용국 국민 상호 간의 이해를 증진시키고, 나아가 국제친선을 도모할 수 있다는 인식하에 1967년을 '국제관광의 해'로 지정하고 이를 선언하였다.

이후 1980년 9월 필리핀 마닐라에서 개최된 세계관광회의에서 채택된 '마닐라 선언'에서도 관광은 인류의 자주, 평화, 자유를 보장한다는 취지였다.

따라서 국제관광은 국가 간의 접촉과 교류를 통해 상호 이해, 친선과 신뢰를 이룩해 가는 과정으로서 세계평화를 실현할 수 있는 기회를 마련해 준다.

둘째, 국제관광으로 인한 국가경제적 효과가 크다.

관광산업은 외화가득률이 높아 관광수용국의 소득증대와 국제수지 개선에 기여한다. 먼저 관광객이 이용하고 체재하는 과정에서 필요한 상품과 서비스를 생산하는 복합산업으로 교통기관, 숙박시설, 여행업, 관광이용시설업 등은 물론, 이들 기업에 원재료 등을 공급하는 수많은 기업이 연관되어 있으므로 산업의 연관효과가 크다.

또한 관광산업은 다른 산업에 비해 노동집약도가 높은 산업이므로 고용기회 확대에 기여할 수 있고, 상품화 과정에서 자원의 소모율이 낮은 자원절약적 산업이다.

최근 국제적으로 정치환경이 개선되고 있는 것과는 대조적으로 경제환경은 블록화 경제와 보호무역 등 폐쇄주의를 지향하고 있는 시점에서 국제관광 측면의 관광산업은 폐쇄적인 경제체제를 극복하고 국가의 경제발전에 기여할 수 있는 정책수단이므로 어느 때보다 국가경제적 차원에서의 의의가 크다.

셋째, 국제관광은 관광송출국과 관광수용국 사이의 문화교류를 증진할 수 있을 뿐만 아니라, 국민의 지식 증대와 확대에 기여한다.

국제관광은 관광객의 국가 간 이동을 본질로 하고 있기 때문에 이동과정에서 관광객과 관광수용국 국민 사이에는 문화적 접촉과 교류가 이루어진다. 관광객과 관광수용국 국민 사이에서 발생하는 문화적 상호작용은 이질적인 문화권과 교류를 증진시키는 방향으로 발전해 간다. 국제관광은 관광객이 인종, 언어, 관습, 제도 및 자원의 배려 등이 상이한 국가를 방문하여 새로운 사실을 발견하고 경험하는 과정이라 할 수 있으므로,

이 과정에서 관광객은 지식과 견문을 확대할 수 있는 기회를 갖게 된다.

그러므로 국제관광의 발전에 따른 국가 간 문화교류의 증대는 다른 분야의 교류와 협력을 촉진하는 역할을 할 뿐 아니라, 관광객의 지식을 증대하거나 확대하게 함으로써 관광객의 지적 욕구를 충족시켜 주는 건전한 생활양식이다.

넷째, 국제관광은 관광송출국 국민의 보건향상에 기여한다.

국제관광은 관광객이 일상생활권인 자국을 일시적으로 벗어나 변화를 추구하는 관광활동을 함으로써 육체적 경험과 정신적 만족을 추구하는 행위이다.

산업화와 도시화는 산업사회의 발전에 따라 나타나기 시작한 뚜렷한 현상이다. 산업혁명 이후 추진되었던 기계화로 인하여 가내 수공업을 중심으로 한 전통적 생산양식은 사라지고 기계공업이 발달한 도시로 인구가 집중하게 되었다.

도시로의 인구집중현상이 지속되면서 도시인의 생활공간은 더욱 제한되었고, 한정된 공간에 많은 인구가 밀집하기 때문에 도시인의 생활은 매우 복잡한 공간구조를 띠게 되었다. 이로써 도시는 구조적으로 여러 가지 사회병리를 지니게 되었다. 구조적으로 분화되고 기능적으로 전문화된 산업사회에서 개인의 역할과 지위는 반복성과 획일성을 띠게 되면서 사회의 일부 부품으로 전락되고 말았다. 산업사회가 시작된 이후 나타나기 시작한 생활양식 및 환경의 변화는 인간에게 정서적 불안과 육체적 피로를 가져왔다. 다시 말해 현실생활에서의 정서적 · 육체적 부적응성은 국민건강에 있어 심각한 불균형을 초래하게 되었다.

따라서 국제관광은 산업화, 도시화, 고도로 발달된 문명의 이기로 인한 생활환경오염, 생태계의 불균형, 사회적 병리의 증가 등 정신적이고 육체적으로 건강한 삶이 위협당하는 환경으로부터 탈출하려는 인간의 심리를 수용할 수 있는 수단 중의 하나이다.

다시 말해 국제관광은 고도산업사회가 도래한 이래 사회체제 내에서 발생하고 있는 정서적 · 육체적 부적응성을 극복하게 하는 수단이며, 동시에 국민의 건전한 정서생활과 국민건강 향상에 기여하는 가치있는 생활양식이다.

3 국제관광의 정의

일반적으로 국제관광은 관광객이 자신의 나라를 떠나 다시 돌아올 예정으로 다른 나라의 문물 · 제도 · 경관 등을 감상하고 유람할 목적으로 이동하는 것을 말한다.

그래서 국제관광은 출발점으로 돌아올 것을 전제로 하여 기후, 풍토, 관습, 언어, 문화가 상이한 나라의 국경을 넘어서 이동하는 것을 내용으로 하고 있다. 단적으로 국제관광은 국경을 넘나드는 관광객의 이동이지만, 국내관광에 비해서 물리적, 정치적, 경제적 또는 문화적으로 넘기 힘든 장벽이 존재한다. 그래서 국제관광의 원활한 전개를 위해서는 많은 사람과 조직에 의한 국제 간의 협력과 협조가 필요 불가결한 것이다.

국제관광에 대한 관광관련 기관 및 학자들의 정의는 다음과 같다.

세계관광기구(WTO)는 국제관광이란 "즐거움, 위락, 스포츠, 사업, 친지방문, 업무, 회의, 건강, 연구, 종교 등을 목적으로 방문국에서 최소한 24시간 이상 1년간 체류하는 행위"라고 정의한다. 그러나 외국으로의 이주를 목적으로 하는 이민(emigration)과 1년 이상의 장기체류는 국제관광에서 제외시키고 있다.

경제협력개발기구(OECD)는 인종, 성별, 언어, 종교 등과 관계없이 외국의 영토에서 24시간 이상 6개월 이내의 기간 동안 체류하는 것을 국제관광으로 정의하고 있다.

훈지커와 크라프(W. Hunziker & K. Krapf)는 "외래관광자가 일시적, 계속적인 영리활동 이외의 목적으로 체재하는 과정에서 발생하는 모든 관계 또는 현상의 총체적 개념"이라고 정의하였다. 그리고 고이케 요이치(小池洋一)는 국제관광을 광의로 해석하여 "관광목적의 여행을 포함한 모든 여행을 가리킨다"라고 정의하고 있다.

김진섭은 국제관광을 관광객이 자국을 떠나서 다시 자국에 돌아올 예정으로 외국의 문물, 제도, 산업 등을 시찰하고 혹은 자연경관 등을 감상, 유람할 목적으로 외국을 여행하는 것이라 하였다.

한국관광공사는 이주, 취업 이외의 목적으로 24시간 이상 6개월 또는 1년 이내의 기간동안 타국의 관광지를 관광하는 것으로 정의하고 있다.

이상과 같은 국제관광에 대한 국내외 관광관련 기구와 학자들의 정의를 기초로 국제관광의 개념을 인적 범위, 공간적 범위, 현상적 범위로 구분하여 정의하면 다음과 같다.

1) 국제관광의 인적 범위

국제관광에 관련한 최초의 공식적 정의는 1937년 국제연맹의 국제노동기구(ILO: International Labour Organization)가 국제연맹 통계전문가위원회에 제출한 보고서에서, 국제관광객이란 "적어도 24시간 동안 자신의 일상 거주지를 떠나 다른 나라를 방문하는 사람"이며, 구체적으로 다음과 같은 목적으로 여행하는 사람을 국제관광객의 범주에 포함시키고 있다.

① 즐거움 · 가족 · 건강 등을 위해 여행하는 사람
② 회의 또는 과학 · 행정 · 외교 · 종교 · 스포츠 등의 대표자격으로 여행하는 사람
③ 사업상의 이유로 여행하는 사람
④ 24시간 미만 체재하는 사람이라도 해양선박으로 여행 중에 일시 체재한 사람

한편 다음의 목적으로 여행하는 사람은 관광객의 범주에서 제외시키고 있다.

① 직업을 얻기 위해 또는 그 나라에서 어떤 사업활동에 종사하기 위해 방문한 사람
② 그 나라에 거주지를 마련하기 위해 방문한 사람
③ 유학생 또는 단기 연수생
④ 국경지역 주민 또는 인접 지역에 거주하면서 국경을 넘어 통근하는 사람

1963년 국제연합(UN)이 주최한 '여행과 관광에 관한 로마회의'에서는 보수를 지급받고 일할 목적으로 방문한 사람을 제외시키고, 기타 목적으로 방문한 사람을 '방문자'(visitor)로 보고, 방문자를 다음과 같이 관광객(tourist)과 당일방문자(excursionist)로 구분하여 정의하고 있다.

- 관광객 : 방문국에서 적어도 24시간 이상을 체재하는 일시방문자로 다음과 같은 방문목적을 갖는 자
  ① 여가(레크리에이션, 휴가, 건강, 연구, 종교, 운동 등)
  ② 사업, 가족, 친지방문, 업무, 회의
- 당일방문자 : 방문국에서 24시간 미만 체재하는 일시적 방문자(선박여행자 포함)

1977년 UN은 국제관광객이란 "일상거주지 외의 나라에 보수를 받는 이외의 목적으로 방문하여 1박 이상 1년 미만 동안 육상의 숙박시설에서 체재하는 사람"이라 정의하고, 방문자를 국제관광객(또는 체재방문자)과 당일방문자로 구분하였다.

- 국제관광객(또는 체재방문자 : tourist)
  육상의 숙박시설에서 적어도 1박 이상 체재하는 사람
- 당일방문자(excursionist)
  선박여행 방문자와 육상의 숙박시설을 이용하지 않는 육상 · 항공교통을 이용하여 입국하는 기타 당일방문자

여기서 방문자의 범위에 해외의 자국민과 사업방문자 및 도중하차 외국승무원 등은 포함한 반면, 방문국에 주둔한 군인, 공항 기타 터미널을 떠나지 않는 통과승객, 1년 이상 고용 · 거주를 목적으로 하는 장 · 단기이주자와 그 가족은 제외된다.

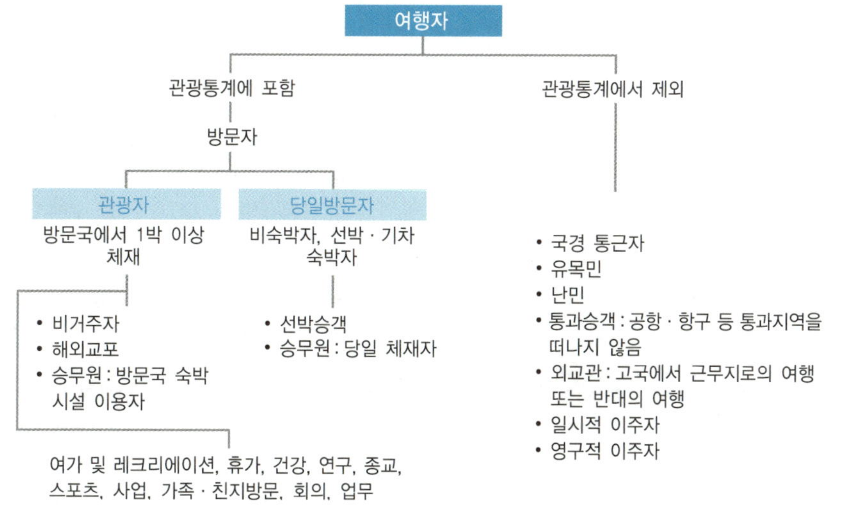

출처 : UNWTO, 1990

[그림 1-1] UNWTO의 국제관광객 분류

UNWTO는 1984년 12월 마드리드에서 개최된 '관광통계에 관한 유럽지역 실무단 회의'에서 결과보고서를 발간하였다. 이 보고서에서 국제관광객의 정의는 대체로 UN의 정

의를 따르고 있으며, 여행자를 상위개념으로 설정하였는데 관광객과 당일방문자로 구분하고 있다. 또한 UNWTO는 국제관광객의 범주를 입국과 출국으로 대별하고 이를 다시 거주자와 비거주자로 구분하고 있다.

〈표 1-1〉 UNWTO의 국제관광객 범위

입국(arrivals)	출국(departure)
비거주자(non-resident)	거주자(resident)
외래방문자(해외에 통상거주지를 갖고 있는 자국인 포함) - 여가 · 가사 · 요양 · 종교 · 쇼핑 등의 목적으로 여행하는 자 - 회의참가 또는 각종 파견임무 중인 자(통상 1년 내 한정된 기간 동안 파견임무를 수행하는 국제기구직원 포함) - 업무여행자 - 교육기관의 기숙생으로 해외에서 입국하는 학생과 단기연수생 - 입국유람선 관광객	외국여행자(국내에서 통상거주지를 갖고 있는 외국인 포함) - 여가 · 가사 · 요양 · 종교 · 쇼핑 등의 목적으로 여행하는 자 - 회의참가 또는 각종 파견임무 중인 자(통상 1년 내 한정된 기간 동안 파견임무를 수행하는 국제기구직원 포함) - 업무여행자 - 교육기관의 기숙생으로 해외에서 입국하는 학생과 단기연수생 - 출국유람선 관광객
거주자(resident)	비거주자(non-resident)
국외방문 귀국자(국내에서 통상거주지를 갖고 있는 외국인 포함) - 여가 · 가사 · 요양 · 종교 · 쇼핑 등의 목적으로 여행으로부터 돌아오는 자 - 회의참가 또는 각종 파견임무를 수행하고 돌아오는 자(보통 1년 내 파견임무를 수행하는 국제기구직원 포함) - 업무여행을 하고 돌아오는 자 - 교육기관의 기숙생으로 생활하다가 돌아오는 학생과 단기연수생 - 유람선관광으로부터 돌아오는 자	출국외래방문자(해외에 통상거주지를 갖고 있는 자국인 포함) - 여가 · 가사 · 요양 · 종교 · 쇼핑 등의 목적으로 여행으로부터 돌아오는 자 - 회의참가 또는 각종 파견임무를 수행하고 돌아오는 자(보통 1년 내 파견임무를 수행하는 국제기구직원 포함) - 업무여행을 하고 돌아오는 자 - 교육기관의 기숙생으로 생활하다가 돌아오는 학생과 단기연수생 - 유람선관광으로부터 돌아오는 자

출처 : UNWTO, 1990

국제통화기금(IMF: International Monetary Fund)의 국제수지편람에서는 여행자로 정의되는 개인이 어떤 경제권 내에서 체재하는 동안 사용하고 소비하기 위해 그 경제권으로부터 획득한 모든 재화 및 용역을 여행 항목으로 분류하고 있다. 또한 여행자란 "자신의 거주지가 아닌 경제권 내에서 1년 미만 체재하는 사람"으로 정의하고, 다음과 같은 목적으로 여행하는 사람을 여행자의 범위에서 제외시키고 있다.

① 군사기지 주둔 또는 다른 정부 주재원과 합류한 사람
② 가족 고용원으로서 ①과 동반하는 사람
③ 여행지역의 개인 또는 법인을 위해 직접 생산활동을 영위하는 사람

한편 국제통화기금에서는 여행자의 유형을 다음과 같이 분류하고 있다.

① 업무여행자(business traveller)
② 1년 이하 동안 체재하는 학생과 단기연수생
③ 숙박하지 않는 당일 여행자(excursionist)
④ 기타 여행자(other traveller) : 레크리에이션, 휴가, 가사, 요양, 종교, 운동경기, 회의참석 등을 목적으로 하는 여행자

국내에서 규정하는 외래관광객과 비외래관광객의 범주는 〈표 1-2〉와 같이 구분하며, 국제관광객은 주로 실무적 · 통계적 차원에서 정의하고 있기 때문에 목적과 기간을 기준으로 하고 있다.

국제관광객이란 이주, 취업 이외의 목적으로 자기 나라를 떠나 24시간 이상 1년 이내의 기간 동안 타국의 관광지를 방문체재하는 관광객이라고 정의할 수 있다.

〈표 1-2〉 **국내 국제관광객 범위**

외래관광객 범위	비외래관광객 범위
• 사증(visa)을 소지하고 입국한 외국인 • 무사증(non-visa) 입국대상자(무사증협정 체결국가의 국민으로 사증면제자) • 통과사증을 소지한 단기(기항지)체류자	• 전염병환자, 마약 또는 습관성 의약품 중독자, 기타 공중위생상 위해를 미칠 염려가 있는 자 • 무기 · 화약류 불법소지자 • 대한민국 이익이나 공공의 안전을 위해할 행동을 할 염려가 있는 자 • 경제질서를 교란할 우려가 있는 자 : 사회질서를 문란하게 하거나 풍속을 해칠 우려가 있는 자 • 정신장애자, 방랑자, 빈곤자, 기타 구호를 요하는 자 • 강제퇴거명령을 받고 출국을 당하고 5년이 경과되지 아니한 자 • 일제식민지하에서 일본정부 또는 일본정부와 동맹관계의 정부 등의 지시 연계하에 사람을 학살 · 학대하는 일에 관여한 자 • 여권, 선원수첩, 사증이 유효해야 하고, 입국목적이 체류자격과 부합할 것 등으로 법무부장관이 입국이 부적당하다고 판단하는 자 • 상호주의에 입각하여 대한민국 국민의 입국을 거부하는 국가의 관광객

출처 : 최승이 · 이미혜, 2008

2) 국제관광의 공간적 범위

국제관광의 공간적 범위설정은 국경표준주의에 근거한다. 따라서 국제관광이란 '관광객의 이동공간이 특정국의 국경을 넘어 이루어지는 행위'라고 규정할 수 있다. 다시 말해 공간적 범위인 국경표준주의를 기준으로 할 때 국제관광은 자국의 영토 내에서 이루어지는 외국의 관광행위, 자국인의 외국에서의 관광행위, 외국인이 또 다른 외국을 방문하여 이루어지는 관광행위 모두가 포함된다.

세계관광기구(UNWTO)에서는 국제관광을 지역별로 구분하기 위해 세계를 동아시아와 태평양, 유럽, 아메리카, 남아시아, 중동, 아프리카 등 6개 지역으로 나누었다. 그리고 이를 다시 동아프리카, 남아프리카, 북아프리카, 중앙아프리카, 서아프리카, 중앙아메리카, 북아메리카, 남아메리카, 카리브해, 동아시아, 중앙아시아, 동남아시아, 서남아시아, 남아시아, 서아시아, 동유럽, 북유럽, 남유럽, 서유럽, 오스트레일리아와 뉴질랜드, 폴리네시아 등 21개 소지역으로 세분하고 있다.

세계관광기구(UNWTO)의 지역구분에 따르면 관광의 공간적 범위는 다음과 같다.

출처 : 최승이 · 이미혜, 2008

[그림 1-2] UNWTO의 지역구분에 따른 관광의 공간적 범위

3) 국제관광의 현상적 범위

국제관광현상을 정치, 경제, 사회, 문화적인 복합현상으로 이해한다면, 이를 개념화하는 것은 지극히 어려운 문제이다. 따라서 국제관광현상을 개념화하기 위해서는 관광객의 행위적 측면뿐만 아니라 관광의 모든 구성요소들 사이의 관계에 대해 종합적이고 체계적인 접근이 이루어져야 하기 때문이다. 따라서 국제관광현상의 개념화를 위해 관광의 구성요소에 대한 여러 학자들의 견해를 살펴볼 필요가 있다.

와합(Wahab)은 관광현상을 구성하는 요소를 인적 요소로서 관광객, 물리적 요소로서 공간, 시간적 요소로서 일시성(temporality) 등으로 보고 있다. 또한 군(Gunn)은 관광현상을 정보 · 보도, 관광객(또는 잠재관광객), 교통, 매력성, 서비스 · 시설물 등의 5가지 요소로 구성된 폐쇄체계로 인식하고 있다.

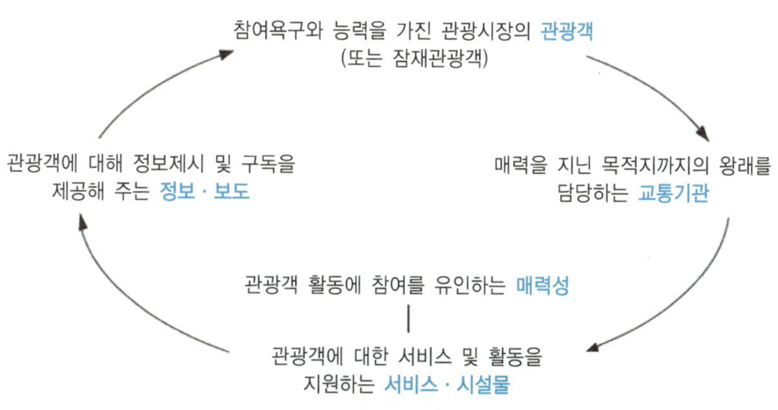

출처 : Gunn, 1979

[그림 1-3] 관광현상의 5요소와 시스템

한편 레이퍼(Leiper)는 관광현상은 관광객, 관광발생지, 교통루트, 관광목적지, 관광산업의 5가지 요소로 구성되며, 이들은 공간적 · 기능적 상호작용을 한다고 설명한다.

관광현상의 구성요소들은 정치, 경제, 사회, 문화, 물리, 공학적 광역환경과 상호작용을 하므로, 이와 같은 관계로 관광을 개발체계로 이해하고 있다.

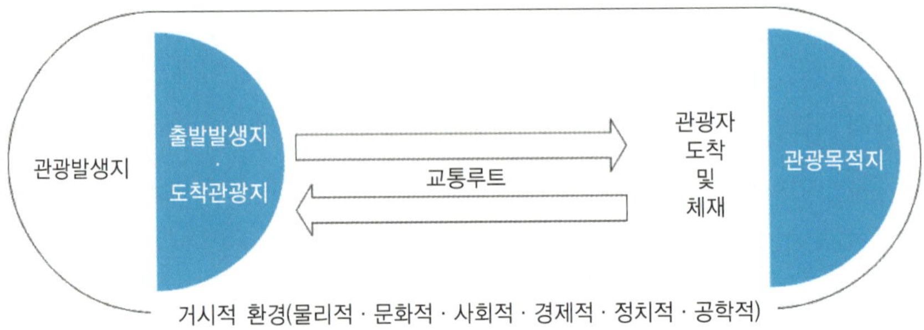

출처 : Leiper, 1979

[그림 1-4] 레이퍼의 관광현상 시스템

또한 인스킵(Inskeep)은 지역적, 사회 · 경제적 환경과 관광개발 구성요소들의 상호관련성을 언급하고, 구성요소로서 관광자원과 활동, 숙박, 관광시설과 서비스, 교통시설, 기반시설, 제도적 요소의 6가지를 제시하면서, 국제관광객, 국내관광객뿐만 아니라 지역주민들도 관광자원, 관광관련 시설 및 서비스를 이용할 수 있는 관광개발 구성요소의 틀을 설명하고 있다.

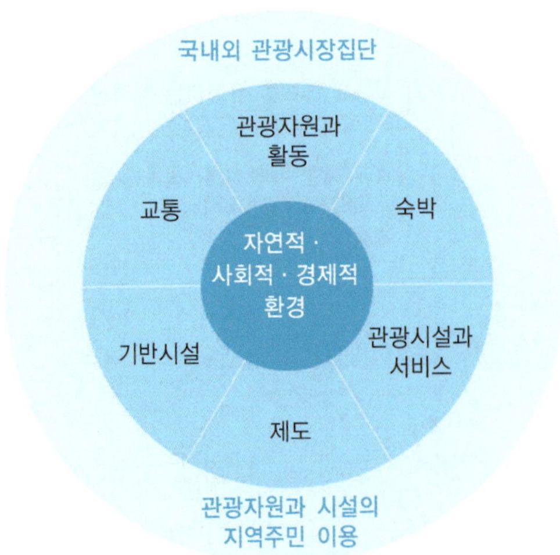

출처 : Inskeep, 1991

[그림 1-5] 인스킵의 관광현상 구성요소

관광의 개념을 규정하는 방식은 현상의 어떤 측면에 중점을 두느냐에 따라 경제 · 경영적 정의, 기술적 정의, 포괄적 정의 등 여러 가지 방식으로 규정할 수 있다.

여기서는 국제관광을 현상적 측면에서 개념화하고 그 범위를 설정하기 위해 여러 학자들의 견해를 중심으로 관광의 구성요소에 대해 살펴보았다. 관광의 구성요소는 현상의 여러 측면을 포괄하는 기본적 속성이라 할 수 있다. 그러므로 관광 구성요소를 중심으로 국제관광의 개념을 정의하는 경우에는 개념상의 편향성을 배제하기 위하여 국제관광현상에 종합적이고 포괄적으로 접근하여야 한다.

오늘날에 이르러 관광현상이 다양한 사회환경과 어우러지면서 관광활동의 사회적인 증가를 가져왔다. 이로써 관광을 여러 관점에서 올바르게 정의하려는 노력들이 관광구조체계의 발전을 가져왔다. 관광구조체계에 대한 학자들의 이론 중에서도 기본적인 관광구조 3체계론과 군(Gunn)의 관광구조체계이론이 시대변화에 따른 현대사회의 관광구조체계를 형성시켰다. 베르네커(Bernecker)의 기본적인 관광구조 3체계론과 군의 관광구조체계론을 토대로 발전한 현대적 관광구조체계는 관광자, 관광매력물, 부대시설, 기반시설, 교통, 정보 · 촉진의 6가지 구성요소 이루어진다.

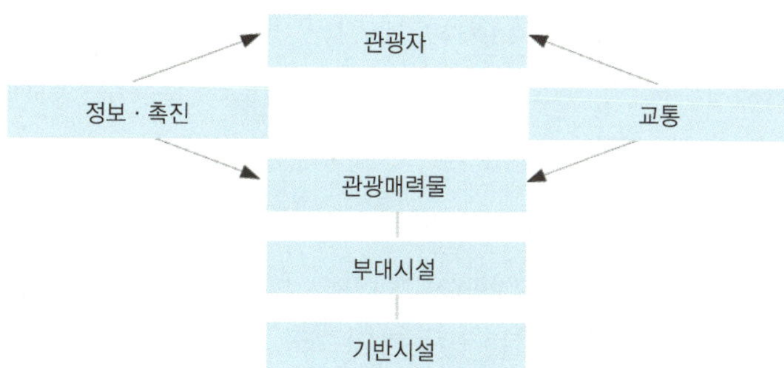

출처 : 박호표, 1997

[그림 1-6] 현대적 관광현상 구성요소

따라서 관광현상의 구성요소를 중심으로 고찰할 때, 국제관광의 현상적 범위는 국제관광 체계 내에서 발생하는 구성요소 간의 상호작용을 비롯한 여러 관계의 총체로 파악할 수 있다.

4 국제관광자의 유형분류

일반적으로 관광행동 혹은 관광행위의 주체를 관광자라고 한다. 이는 경제 · 사회 · 문화 · 심리적인 차원에서 나온 용어이며, 관광사업의 대상으로 관광객이라고도 한다.

관광객에 대한 최초의 개념정의는 UN의 국제노동기구(International Labour Organization : ILO)에서 1937년에 개최한 국제회의에서 채택하여 작성된 보고서이며, 이후 국제기구의 실무적인 성격 및 국가의 정책적 차원에 따라 다양하게 구분되고 있다.

이후 여러 학자들에 의해 관광객의 유형화를 위한 연구가 진행되었다.

코헨(Cohen)은 관광객 유형을 방랑자(drifter), 탐구자(explorer), 개별 대량관광자(individual mass tourist), 조직화된 대량관광자(organized mass tourist)로 나누었고, 이 중 조직화된 대량관광자와 개별 대량관광자를 묶어 제도화된 관광자(institutionalized tourist), 탐구자와 방랑자를 묶어 비제도화된 관광자(non-institutionalized tourist)로 분류하였다.

한편, 스미스(Smith)는 코헨의 분류를 기초로 지역분화에 대한 적용의 정도에 따라 관광객 유형을 탐구자(explorer), 엘리트 관광자(elite tourist), 경로이탈관광자(off-beat tourists), 이례적 관광자(unusual tourists), 초기 관광자(incipient tourist), 대량 관광자(mass tourist), 전세기 관광자(charter tourist)의 7가지로 재분류하였는데, 분류기준이 모호하다는 한계를 보이고 있다. 이에 비하여 김사헌은 제도화 수준 또는 상품화 수준을 기준으로 개별 여행객(individual free tourist), 준제도화된 여행객(semi-institutionalized tourist), 제도화된 여행객(institutionalized tourist) 등으로 분류하고 있다.

WTO의 여행자에 대한 정의에서는 방문자의 개념과는 차이가 있으며, 관광자(tourist)와 익스커셔니스트(excursionist)와는 명확히 구분하고 있다.

실제로는 여행자를 다음과 같은 4가지 범주로 구분하고 있다.

1) 국내방문자

국내방문자의 조건은 국내에 거주하고 있으며, 주된 방문목적이 있고, 방문지 내에 머물면서 보수를 받는 활동을 행하기보다는 일상생활환경 이외의 장소에 12개월 이내의 기간, 국내 어떤 장소를 여행하는 것을 말한다.

국내관광은 평균적으로 전체 관광활동의 80% 이상을 차지하고 있으며, 세계의 관광에 있어서 가장 중요한 부분이다. 국내관광이 유럽, 북미의 선진국에 있어서 특히 중요한 것일지라도 아직도 대다수 개도국의 주민은 국내마저도 여행할 만한 충분한 여유자금을 갖고 있지 못하다. 개도국 정부가 국내관광을 장려하기 위한 휴가를 늘리도록 적극적으로 대처하지 않는 한 많은 개도국에 있어서는 국내관광이 매우 제약되어 있다는 것을 인식해야 할 것이다.

2) 국제방문자

국제방문자의 조건은 일상생활권을 벗어나 다른 나라를 방문하는 사람들이다. 그러나 12개월 이내의 기간, 일상생활환경 이외의 장소에 그리고 방문의 주된 목적이 방문국가에 있어서 보수를 받는 활동을 목적으로 하고 있지 않다는 것이 필요하다.

국제방문자는 2가지 요소, 즉 관광통계에 집계되는 경우와 집계되지 않는 경우가 있다.

방문자란 방문국에 거주하고 있지 않은 여행자이다. 이미 영주하고 있는 외국인은 방문국민에 포함된다. 상이한 관광시장 및 현황의 변화를 정확히 파악하기 위해서 방문자는 일반적으로 '국적국'에서보다는 '거주국'으로 판단해야 한다.

사람들이 생활하고 일하고 있는 나라의 거주자는 장기적으로 경제와 연계되고 통상적으로 최저 1년 이상 그 나라에서 생활하고 있는 사람이다. 그러므로 사람들의 거주가 확정되지 않는 국적 보유국보다는 경제적인 연결이 강한 나라가 거주국인 것이다.

국제방문자의 특수한 형태에 대해서는 다음과 같은 거주라는 이유에서 관광통계의 범주에서 제외된다.

- 정치적 이유에서 여행하는 자 : 난민
- 정치적 · 전문적 업무를 위한 이유에서 여행하는 자 : 이민, 군인, 외교관, 대사관 직원
- 직종에 의해 여행하는 자 : 유목민, 국경을 넘나들면서 일하는 변경 노동자, 계절 노동자
- 기업, 정부에 의해 해외로 부임하는 자 : 일상생활을 하고 있는 나라의 거주자(일시적 이민)
- 계속여행자 및 영주자

3) 국제관광자

국제관광자란 방문국에서 최소한 24시간을 체재하는 일시방문자로서 여가(위락, 휴가, 건강, 연구, 종교, 운동), 사업, 가족, 친지방문, 업무, 회의참가 등의 방문목적을 갖는 자를 의미한다.

4) 익스커셔니스트(excursionist)

익스커셔니스트란 방문국에서 24시간 미만 동안 체재하는 일시적 방문자(선박여행자 포함)를 의미한다.

코헨은 "국제관광 사회학에 대하여"(Towards a Sociology of International Tourism)란 논문을 통해 관광자를 목적지 현지인 내지 현지사회와의 접촉(상호작용) 정도에 따라 다음과 같이 4계층으로 분류한 바 있다.

① 방랑자(the drifter)

떠돌이식의 방랑자로서 스스로 여행계획을 세우며 사람이 많은 곳을 피하고 원주민과 일체가 되어 숙식, 문화, 습속을 함께한다. 항공여행, 호텔숙박 등 호화성 여행을 기피하고 대개 육로여행을 하며 체재기간이 적어도 한 달 이상으로 비교적 긴 여행을 하는 집단을 말한다.

② 탐구자(the explorer)

스스로 여행계획을 짜고 이미 잘 개발된 관광지는 가능한 피해 다닌다. 신기로움(novelty)을 추구하며 현지인과 일순간 동화하되, 깊이 일체화되지는 못한 채 방관자(spectators)에 그친다. 체재기간은 대량관광자보다 훨씬 길며, 대량관광 시장의 개척자(trail blazer)라 할 수 있다.

③ 개별 대량관광자(the individual mass tourists)

여행대상이나 수단이 여행사 등 타인에 의해 좌우되지만, 여행일정, 체재기간, 숙식 등에 어느 정도 자신의 취향이 반영되는 여행자이다. 위험이 있는 미개발지역보다는 타 여행자들에 의해 이미 '잘 다져진 길'(well-beaten path)을 찾아다니는 여행자로서, 여행수단, 숙식 등이 대개 고가지향적이다. 이들과 현지인과의 문화적 접촉은 최소화된다.

④ **조직화된 대량관광자(the organization mass tourists)**

전문여행사에 의해 이미 짜여진 일정, 숙식, 교통편 계획에 따라 여행인솔자(tour conductor)의 안내에 의해 움직이는 패키지관광의 전형적인 형태이다. 집단으로 여행하므로 모든 의사결정은 여행사 혹은 인솔자가 내린다. 대량관광자를 위한 고급 숙박 및 위락시설을 이용하고 정해진 전세버스편 등을 통해 집단 이동하므로 현지민이나 현지문화와의 접촉은 별로 없기 때문에 여행자는 '고유성'(authenticity)이나 '신기성'(novelty)은 거의 맛볼 수 없다.

스미스는 코헨이 제시한 '관광자 4유형'을 토대로 이를 더욱 확대하여 7가지 유형으로 나눈 바 있다.

① **탐구자(explorers)**

극소수의 개척자 · 탐사자 등으로서, 스스로를 관광자라 생각하지 않고 현지의 생활양식과 규범을 따르며, 현지문화를 관찰 · 탐구하는 여행자이다.

② **엘리트 관광자(elite tourists)**

적은 숫자에 불과하며 단기간 체재하는 여행자이다. 현지문화에 적응하고 이를 관찰하되, 미리 준비해 온 잠자리 시설을 이용하는 부유한 여행자이다. 이들의 여행이 관광목적이라는 점에서 '탐구자'와 구분된다.

③ **경로이탈 관광자(off-beat tourists)**

관광자의 소란스러움을 피해 경로를 벗어나 여행하는 소수계층의 관광자이다. 현지 규범에 벗어나는 행위를 통해 자신의 여행만족 극대화를 추구하는 여행자이다. 네팔 히말라야 트레킹 등 지구상의 오지만을 즐겨 찾아다니는 여행자이다.

④ 이례적 관광자(unusual tourists)

흔히 눈에 띄는 소규모 단체여행자(보통 당일관광자)로서, 관광자 전용 숙식장소에 의존하되 이례적으로 현지문화를 찾아 관광하며 이해하고자 하는 여행자이다.

⑤ 초기 대량관광자(incipient mass tourists)

자기의 안락한 숙식과 자국식의 쾌적성을 추구하되, 현지문화에 대한 이해에는 별 관심이 없는 여행자로서 개별적으로 혹은 소규모 집단별로 찾아든다.

⑥ 대량관광자(mass tourists)

서구식의 쾌적한 숙식과 서비스를 기대하며 요구하는 집단으로, 휴가철을 이용하여 대량으로 밀려오는 여행자집단이다. 이들은 유흥 · 기분전환이 주된 목적일 뿐 현지문화의 이해에는 별로 관심을 두지 않는다.

⑦ 전세편 이용 관광자(charter tourists)

관광지가 크게 개발 · 팽창된 후 전세기나 대형관광버스를 이용하여 집단으로 밀려들어오는 대량관광자이다. 서구식의 안락함과 쾌적성을 요구하며 현지민이나 현지문화와는 거의 접촉이 이루어지지 않는 여행자집단이다. 휴가철 등을 이용하여 각자 가슴에는 명찰을 달고 관광버스 10여 대에 수용되어 깃발을 든 가이드의 철저한 인솔하에 정해진 노정만을 따라가는 집단 관광자이다.

5 국제관광의 트렌드 변화

향후 수십 년 동안 관광산업은 대규모 사회, 경제, 정치, 환경, 기술적인 변화의 영향을 받을 것으로 예상된다. 메가트렌드는 예상치 못한 도전, 위협, 기회를 가지고 올 것이며, 경제 전반 및 개별 산업에 미칠 그 영향의 정도가 다를 수 있다. 메가트렌드가 관광산업에 어떻게 영향을 미칠 것인지 현재로서는 확신할 수 없지만, 방문객 경제구조가 2040년까지 크게 진화할 것이라는 점은 확실하며 그 이유는 다음과 같다.

첫째, 신흥경제의 소득과 교육수준이 높아지고 글로벌 인구가 계속해서 노령화되며, 새로운 소비자층이 부상한다.

둘째, 글로벌 경제의 저탄소, 자원 효율성으로의 전환이 지속된다.

셋째, 새로운 기술과 P2P 및 공유 플랫폼 확대로 새로운 관광시장과 비즈니스 모델이 창출된다.

넷째, 방문객의 지속적인 증가, 안전 및 보안 우려, 여행 활성화 정책의 변화, 수송 혁신, 접근 인프라, 항공 규정 등이 여행 이동성에 영향을 미친다.

1) 관광객 수요의 변화

향후 수십 년 동안 신흥경제의 높아진 소득과 교육수준, 남녀 불균형 해소, 글로벌 인구의 노령화, 새로운 소비자층의 출현으로 방문객 경제구조는 진화할 것으로 전망된다. 이러한 요소의 복합적인 작용으로 인해 여행 트렌드 및 관광객의 기대치가 달라질 수 있다.

특히 글로벌 중산층이 지속적으로 증가하고 인구가 노령화되고 있기 때문에 앞으로 수십 년 동안은 세계 인구가 더 부유해지고 노령화될 것이다. 또한 이머징(emerging) 세대의 성장으로 관광시장의 현재 고려사항들이 재검토되어야 할 것이다. 실제로 밀레니얼(Millennials)과 Z세대(Generation Z)의 이동성이 가장 두드러질 것이며, 이들의 여행행태가 관광시장에 큰 변화를 가져올 것으로 전망된다.

이머징 세대란 새로 부상하는 인구층을 의미한다. Z세대(1990년대 후반과 2010년대 초반 출생)와 밀레니얼(1980년대 초와 1990년대 중반 출생) 모두 2040년이 되면 관광시장에 많은 기회를 제공할 것이다. 또한 이들이 다양한 관광상품과 서비스에 접근하고 선택하는 데 인터넷이 큰 역할을 하게 될 것이다. 아울러 개별 여행이나 교통, 숙박 등의 상품과 서비스를 소유하기보다는 빌려 쓰는 데 주저하지 않을 것이다. 인구구성의 변화와 각 소비층의 뚜렷한 여행 선호로 인해 정책과 업계에서는 다양한 변화에 대한 압박이 예상된다.

신흥경제의 부의 증가로 글로벌 중산층이 크고, 빠르게 확대되고 있다. 또한 중산층은 기술발전으로 전 세계의 상품과 서비스에 더 많은 접근을 누리게 될 것이다. 선진국보다 개도국의 중산층이 늘면서 개도국이 글로벌 관광산업의 주된 시장으로 그 역할이 증대될 것으로 예측된다.

중산층 외에도 노령인구가 증가하고 있다. 이러한 경향은 수명 연장과 출산율 저하에 따른 것이다. 인구 노령화로 60세가 넘는 인구 비중이 향후 35년간 거의 두 배로 늘어날 것으로 예상되며, 일부 지역에서는 더 두드러진 증가세가 예상된다. 그렇게 되면 늘어나는 관광수요를 충족할 수 있는 노동력 공백이 초래될 수도 있다. 노동인구의 노령화는 장기성장에 악영향을 미치고 소비와 투자흐름을 크게 변화시킬 수 있다.

앞으로 여행 등 고령인구가 소비할 상품과 서비스의 범위와 양이 크게 확대될 것이다. 늘어나는 수요와 변화하는 방문객의 니즈와 성향을 충족할 수 있도록 맞춤형 인프라와 지원서비스가 제공되어야 한다. 가령, 노인 여행객에게는 무엇보다 신체적 접근 및 정보 제공 등 접근성이 큰 관심사항이 될 것이다.

2) 지속가능한 관광의 성장

관광은 천연자원에 의존하는 인간 활동이자, 이러한 자원의 고갈을 야기하는 활동으로 알려져 있다. 다른 여러 분야가 그렇듯이 관광산업은 에너지 소비와 온실가스 발생의 요인이다. 또한 민물과 토지 남용, 환경오염, 지속가능하지 않은 음식 소비를 야기하기도 한다. 관광산업은 전 지구의 생물다양성에도 많은 영향을 끼친다.

하지만 이와 동시에 관광은 문화와 환경의 가치를 알리고, 보호지역의 보전 및 관리를 지원하며, 이들의 경제적인 가치와 중요성을 제고할 수 있다. 관광이 많은 이해관계자를 참여시키고 지속가능한 개발의 원칙을 근간으로 추진되었을 때, 도시지역과 지방에 고용과 경제개발의 기회를 제공하고 사회통합을 증진함으로써 포용적 성장에 기여할 수 있다.

또한 관광산업은 저탄소, 자원 효율성 경제로의 전환에 큰 역할을 할 수 있다. 관광은 타 분야와 보완성 및 밀접한 연계성이 있기 때문에 작은 개선도 큰 영향을 가져올 수 있다. 자원의 효율적인 지속가능한 소비와 생산 패턴의 증진을 통해서 경제, 사회, 환경 개선에 기여할 수 있는 가능성을 고려하여 유엔은 2017년을 지속가능한 관광의 해로 선포하였다.

3) 기술의 발전

새로운 기술의 출현으로 전 세계 시장과 경제활동 산업의 형태가 지속적으로 변하고 있으며, 변화의 속도와 범위가 더욱더 빨라지고 있다. 공유경제에서 IoT까지, 자율주행차에서 AI, 블록체인(Block Chain)기술에서 빅데이터(big data) 분석에 이르기까지 다양한 혁신이 새로운 기회를 제공해 줄 것으로 보인다.

이러한 기술이 합쳐지면 여행의 비용 및 효율성, 접근성 등이 개선될 것이다. 여행자가 호텔이나 예약업체, 전문 여행사 등을 거치지 않고도 기술을 이용해 직접 서비스 제공자와 연결되면서 중개인의 정의가 새롭게 정립되면 숙박업, 여행사 등 전통적인 관광산업 모델이 급격한 구조조정을 거치게 될 것이다.

여행자를 다양한 사업체와 목적지에 쉽게 연결해 주는 혁신을 위한 환경 조성은 정책적으로 지원되어야 한다. 한편 새로운 기술 발전으로 기존의 관광종사자들은 상당한 영향을 받게 될 것이다. 즉, 기계학습이나 AI로 인간이 하던 일이 자동화되면 일하는 방식, 일의 내용, 더 나아가 인간에게 가용한 일자리가 완전히 변화될 수 있다. 따라서 이로 인한 부정적인 영향을 완화하기 위한 정책적 고려가 이루어져야 한다.

최근 몇십 년간의 기술 발전으로 여행의 비용과 접근성이 개선되고 여행이 더 간단해졌다. 미래 기술은 관광의 개념을 완전히 바꿀 수 있는 잠재력을 갖고 있다. 예컨대, 가상현실 기술이 발전하면 일부 여행객들은 움직이지 않고 여행을 즐길 수 있을 것이다. 이처럼 패러다임을 변화시킬 기술로 사람들의 여행행태가 어떻게 변화할지 현재로서는 정확히 알 수 없다. 그러나 정책적인 측면에서 기술의 발전은 향후 2040년에 자국의 국가경제와 지역경제가 관광의 세계에서 번창할 수 있는 기회임과 동시에 도전과제가 될 수 있다.

4) 여행 이동성

교통은 관광시스템에 있어서 중요한 요소이며, 관광객을 거주지에서 여행 목적지와 관광지로 효율적으로 이동시키는 데 중요한 역할을 한다. 또한 그 자체만으로도 관광지와 여행체험의 중요한 요소가 되기도 한다. 교통의 위치, 운송능력, 효율성, 연결성에 따라서 관광지의 개발과 여행자의 이동성, 관광지 내 여행자 경험의 연결성이 영향을 받게 된다.

교통과 관광정책 간에는 상당하고 명백한 시너지가 존재하며, 정부는 이러한 연계성을 충분히 활용할 수 있어야 한다. 교통정책은 경제의 단기 · 장기 니즈를 충족하기 위한 연계성과 유기적인 수송 개선을 목표로 하지만, 이러한 정책은 여행객의 이동에도 영향을 미친다. 따라서 도시 간, 국경을 넘는 통합된 다중의 교통체계를 제공하기 위하여 다양한 이해관계자 간 기술적 · 제도적 · 재정적 현안 등이 종합적으로 다루어져야 한다.

교통은 국제관광을 가능하게 하는 주된 요소로서 소비자를 상업시설과 연결시키고, 상품과 서비스 제공자를 글로벌 시장과 연결시켜 주는 역할을 한다. 국제관광의 관점에서 항공은 관광객을 목적지로 이동시키는 데 가장 큰 역할을 한다는 것은 분명하다. 해외여행에 있어서 항공과 도로 수송이 주된 수단이지만 철도와 해상 수송, 더 나아가 크루즈 터미널과 국제 기차역은 여행객을 분산시키는 데 중요한 역할을 한다.

관광산업의 성장과 성공 여부는 안전한 여행과 자유로운 국경 간 이동이 관건이다. 여행 이동성은 다양한 내 · 외부적 요소의 영향을 받고 있으며, 이는 업계와 정책입안자에게 기회와 도전과제를 동시에 제공하게 될 것이다. 관광산업의 지속가능한 성장을 위해서는 이러한 모든 요소들이 관광정책과 전략에 반영될 필요가 있다.

통관, 출입국 정책, 비자 요건 등 여행 자유화 조치는 관광지 간 쉬운 이동성을 보장하는 주된 요소이다. 이러한 절차에 소요되는 시간과 돈, 행정 등이 효율적으로 간소화될 때 해당 관광지의 매력이 더 커지게 된다.

국경 조치와 한 국가의 안전과 안보는 지정학적인 불안정과 테러공격 위험 등의 외부적인 요소의 영향을 받는다. 보호주의 정서가 확대되고 국가들이 내부지향적이 되면서 세계는 상당한 불확실성 시대에 돌입했다. 여행 이동성은 이러한 지정학적인 정세 변화와 불가분한 관계가 있으나 어떠한 분야도 이를 예측하고 대비한다는 것은 본질적으로 어렵다.

〈표 1-3〉 미래관광에 영향을 미치는 메가트렌드

관광객 수요의 변화 (Evolving Visitor Demand)	지속가능한 관광 성장 (Sustainable Tourism Growth)
글로벌 중산층, 인구 고령화, 新부상 세대	탄소배출, 수자원, 식품 생산, 웰빙
여행 이동성(Travel Mobility)	가능하게 하는 기술(Enabling Technologies)
승객 성장, 보안, 자연재해, 정치적 불안정	디지털화, 자동화, 블록체인, 가상 · 증강현실

출처 : 이원희 · 정광민, 2018

6 국제관광의 수요 영향요인

1) 경제적 요인

(1) 소득 및 경제 수준

한 국가의 소득이 증가하게 되면 개인의 가처분 소득 중 의식주 비용보다 관광을 포함한 문화비의 비율을 높이게 됨으로써 더 많은 국민들이 관광을 할 수 있는 요인이 발생한다. 소득증가율보다 훨씬 빠른 속도로 국제관광 수요의 증가가 이루어지는 것으로 분석된다.

가처분소득(disposable income)은 노동의 대가로 지불받는 개인소득(personal income) 가운데 개인소득세를 정부에 납부하고 개인이 자유재량으로 처분할 수 있는 부분이다. 일반적으로 국민소득증가에 대한 소비의 증가분인 한계소비성향은 가처분소득의 증가에 따라 증가하며, 또한 개인이 지출할 수 있는 예산규모의 증가는 소비수준을 조정하게 된다. 따라서 가처분소득의 증가는 관광을 하려는 욕구증가와 더불어 관광활동이 이루어지는 공간적 범위가 국경을 넘어 이루어질 가능성을 제공시킴으로써 국제관광의 발전요인으로 작용하게 되고, 경제적 환경에 따라 개인의 가처분소득이 감소하면 관광에 대한 소비지출이 감소하는 경향을 보인다.

물론 단기적으로 보면 종전에 소비하지 않은 부분인 저축이나 부채차입으로 관광에 대한 소비지출의 규모가 증가할 수도 있겠지만, 장기적으로 보면 감소되어 관광에 대한 소비지출도 감소하므로 국제관광의 장애요인으로 작용한다.

(2) 여행비용 및 환율

가. 여행비용

여행비용은 대상 관광지까지 왕복하는 데 소요되는 비용을 의미한다. 관광객이 여행 중 항공, 철도, 버스 등 교통기관을 이용하는 데 있어서 지출되는 여행비의 한 형태로서 전체 여행비 지출액 중 차지하는 비율의 폭이 확대될수록 여행의 장애요인으로 작용한다.

관광객이 구입하는 재화 및 서비스와 관련된 여행비용은 관광수요를 결정하는 주요 영향인자로 밝혀져 왔다. 국제관광의 경우 비용항목으로 거주지와 목적지까지의 교통비용, 목적지에서의 체재비용 등 두 가지 항목이 주로 이용되고 있다. 교통비용은 종종 관광수요에 유의한 영향을 미치지 않는 것으로 조사되고 있다.

여행대상국과 일국 간의 상대가격도 관광비 지출이나 관광객 수요에 높은 영향을 미치며, 관광목적지의 숙박비 · 식비 · 교통비 등을 포함한 포괄적인 관광물가지수를 출발지와 목적지 간을 비교하는 것이 가장 좋은 방법이다. 하지만 관광물가지수를 공포하는 국가가 많지 않은 실정이므로 국가 간 비교에 어려움이 있다.

나. 환율

환율은 외국 화폐로 표시한 자국화폐의 가격이다. 대부분의 관광객들이 여행을 떠나기 전에 관광목적지의 물가를 예상하기 어렵기 때문에 당시에 고시되는 환율로 예정된 방문지의 물가를 파악한다. 따라서 관광목적지의 가격보다는 환율에 대한 정보를 손쉽게 얻을 수 있어 환율변수가 외래관광객의 수요에 중요한 요인으로 평가된다.

환율이 불리하게 작용할 경우 해외여행의 횟수와 규모가 줄어들며, 그 외 다른 지역으로 변경하여 여행을 한다. 여행지에서의 지출과 체류기간의 감소, 여행양식이 단순화되거나 시간의 단축, 사업여행가들의 소비감소 등의 현상이 나타난다.

환율 하락은 외래객에게는 이전보다 여행비용이 저렴해지므로 여행수요에 긍정적인 요인으로 작용하는 반면에 환율 하락으로 내국인의 해외여행 비용은 비싸지므로 여행의 수요가 감소한다. 1997년 말에 발생한 외환위기에서 한국이 경험한 바와 같이 방한 외래객의 경우에는 별 변동이 없었으나, 내국인의 경우에는 해외여행비용이 상승함으로써 해외여행이 급격히 감소하였다.

세계경기의 호황이나 정부의 경기 부양책은 소득, 고용 수준을 증가시켜 여행수요를 증가시키는 한편 세계경기 침체, 정부의 긴축정책은 소득이나 고용 수준을 하락시켜 여행수요를 감소시킨다.

세계 경제를 침체로 빠트린 1974년과 1979년의 오일쇼크(oil shocks)는 소득 수준의 하락, 고용 수준 악화, 실업률 증대를 야기하고, 항공요금과 자동차 휘발유 가격 등 석유에 의존하는 교통수단의 요금을 상승시킴으로써 여행에 부정적 요인으로 작용하였다.

한편 금융 및 외환위기는 여행수요에 부정적인 영향과 긍정적인 영향을 동시에 미치는데 외환위기가 발생하면 해당 국가의 경제적 사정이 악화되어 있다는 부정적 이미지를 심어주므로 외래객의 방한 수요에 부정적인 요인으로 작용할 수 있다.

실제로 내국인의 해외여행이 감소한 시점은 외환위기가 발생한 1997년 말과 다음 해인 1998년에 하락한 것으로 나타나고 있어 시차를 두고 수요가 반응하는 것으로 볼 수 있다.

2) 정치 및 법 · 제도적 요인

(1) 국제분쟁 및 외교 갈등

정치 및 법 · 제도적 요인은 국제분쟁과 외교 갈등 등을 포함하여 국제관광에 영향을 미치는 관광정책과 법률적 구속력을 갖는 규제로 여권 및 비자제도 등 국가 간의 정치 및 법적 결과라 할 수 있다.

정치적 요인은 국제분쟁의 요인으로 전쟁, 테러, 핵위협 등과 같이 여행의 안전을 위협하는 요인과 항공 협정 등과 같이 이동성 및 접근성을 향상시키는 요인을 들 수 있다. 특히 관광수용국에서 전쟁, 테러, 쿠데타가 발생하면 여행의 안전성을 위협하는 요인이 되어 관광수요는 감소하였다.

이라크 전쟁은 중동지역으로의 여행에 부정적인 요인으로 작용하였고, 미국의 9.11 테러는 미국으로의 여행수요를, 인도네시아 발리 테러 사건은 인도네시아로의 여행을 감소시켰다.

(2) 법 · 제도의 변화

가. 여행허가제도

여행은 사람의 이동이므로 특정 지역으로의 접근이 허락되어야 하며, 여행을 장애하는 요인 중 가장 강력한 것은 여행 금지제도이다.

한국의 경우 1985년까지 자국인의 해외여행을 금지했고, 1986년부터는 연령별로 해외여행을 자율화하다가, 1998년 서울 올림픽을 계기로 1989년부터 해외여행 완전 자유화를 실시한 이후에 해외여행이 크게 증대하였다.

여권 및 비자발급 용이성은 여행을 규제하거나 촉진하는 간접 규제에 해당한다. 자국민의 해외여행 여권발급을 규제하거나 외국인의 자국입국 허가증인 비자발급을 제한하면 접근성에 장애가 발생하여 여행수요는 감소하고, 반대로 여권 발급을 간소화하거나 무비자 입국 등을 허가되면 접근성이 향상되므로 여행수요는 증가한다.

나. 외환통제 및 통관규제의 정도

해외에 나가서 사용할 수 있는 외화의 환전을 제한하거나, 해외 여행세의 부과, 여행 예치금을 부과하면 여행비용을 증가시키거나 여행지에서의 사용할 수 있는 금액이 제한되므로 여행수요의 제약요인으로 영향을 미친다.

출입국 절차의 난이도도 여행수요에 영향을 미치는데, 출입국절차가 복잡하면 여행의 불편성이 증대하므로 여행수요에 제약요인으로 작용하며, 간소화되면 증가하는 요인으로 영향을 미친다.

여행자들이 가지고 다니는 수하물의 통관한도를 설정하거나 통관검사를 복잡하게 하면 여행의 불편성이 증대하여 부정적인 영향을 미치고, 반대로 통관한도를 폐지하거나 통관검사를 용이하게 하면 여행에 긍정적인 요인으로 작용한다.

다. 항공편 증대

국제항공협정(International Agreement on Aviation)은 국제 민간항공기구의 회의에서 결정하지 아니한 여객의 승강, 화물과 우편의 운송에 관한 일을 당사국끼리 해결하기 위한 협정으로 양국 간 협정과 다국 간 협정이 있다. 쌍방국가의 국제항공업무협정으로 항공편의 증대는 국제관광객이 증가하는 데 촉진요인으로 작용한다.

3) 사회문화적 요인

사회문화적 요인은 사회 전반에 걸쳐서 인구 및 인구구조, 직업, 가치관 등의 변화, 외국의 문화예술이 소개됨으로써 이미지가 향상되거나 매력성이 증대하여 여행수요에 영향을 미치는 것을 의미한다.

(1) 인구와 직업구조의 변화

인구구조는 여행수요에 변화를 일으키는데 인구의 노령화가 진행되면 사회보장제도가 잘 되어 있는 선진국의 경우 연금 수령자들의 여행수요가 증가하므로 여행수요에 긍정적인 요인으로 작용한다.

직업구조의 변화는 여행에 대한 욕구를 변화시키는 것으로 보고되고 있으며, 전문직이 증가하면 여행수요가 증가한다는 연구도 있고, 블루칼라가 증가하면 여행수요가 증가한다는 연구도 있는 등 학자 간 의견의 일치를 보지 못하고 있다.

(2) 여행과 여가에 대한 가치관의 변화

과거 여행이나 여가를 비생산적인 것으로 보던 시각이 있었다. 그러나 여행의 재충전 및 교육적 측면이 부각됨에 따라 여가 및 여행은 노동활동을 잘 하기 위한 재충전 기회라는 인식이 증대한다.

여행 및 여가에 대한 긍정적인 기호로 가치관이 변화함에 따라 운송수단의 발전 및 저렴한 패키지 여행상품의 등장과 더불어 여행이 지속적으로 증가하고 있다.

또한 국제관광은 국내관광보다 이동의 공간적 범위가 확대됨에 따라 더 많은 여가시간이 필요하다. 따라서 일반적으로 생산성 향상을 전제로 한 각종 휴가제도 등 여가기간의 확대는 국제관광의 발전요인으로 작용한다.

(3) 교육수준

인간은 교육수준과 정도의 차이에 따라 개개인의 탐구심과 호기심에 차이를 갖게 되며, 이는 자발적인 관광여가활동을 실행하는 데 있어 그 차이를 발생시키는 원인이 됨으로써 결국엔 잠재수요자가 관광수요에 영향을 미치게 된다.

일반적으로 교육수준이 높을수록 국제관광에 대한 욕구 또한 강하다. 따라서 교육수준의 향상, 학생들의 국외연수 증가, 국제학술대회 참석, 공무원 및 공·사기업체 임직원의 국외연수 증가 등은 국제관광의 발전요인으로 작용하고 있다.

(4) 문화교류와 체험에 대한 욕구

국가 간·지역 간 문화교류가 증대하여 다른 국가의 문화에 대한 구체적인 관심과 직접 접촉하고자 하는 욕구는 국제관광수요를 증대시키는 요인이다.

일례로 겨울연가, 대장금 등 영화나 드라마가 외국에 소개되면서 한국에 대한 이미지가 향상되었다. 그리고 영화나 드라마의 촬영장소를 방문하거나 주인공들과 직접 접촉하고자 하는 욕구가 증대하여 일으킨 한류로 인한 관광객의 증가가 두드러지고 있다.

영화, 드라마, 소설이 외국에 소개되어 좋은 이미지를 형성하게 되면, 이를 주제로 한 테마 여행상품이 등장하고 여행수요에 긍정적인 요인으로 작용한다.

또한 종교, 언어, 습속, 음식 등의 문화적 차이는 관광의 매력성을 증가시켜 여행에 긍정적인 요인으로 작용한다. 예를 들어 종교의 경우 성지 순례 여행이나 세계의 음식 기행 등은 관광의 매력성을 증대시켜 긍정적인 영향을 미친다.

(5) 기타 사회문화적 요인

독신자는 가족을 부양해야 하는 책임이 상대적으로 적기 때문에 미지의 호기심, 자기 계발 욕구에 소득을 쓸 수 있는 여력이 기혼자보다 많다. 그래서 독신자가 증대하면 여행수요에 긍정적인 요인으로 작용한다. 예를 들어, 일본의 독신 직업여성을 대상으로 한 여행상품이 꾸준히 등장하고 있는 것은 이를 입증하는 것이라고 할 수 있다.

범죄발생률이란 관광지 내에서 관광객의 안전성 문제와 직결되는 것으로 그 존재 자체만으로도 관광수요에 부정적 영향을 미치는 요소가 된다.

4) 기술의 변화

(1) 교통수단의 기술적 변화

여행지로 신속하게 이동할 수 있는 고속철도, 항공기, 자동차 등과 같은 교통수단의 기술 변화가 승객을 더 빨리, 저렴하게 이동할 수 있는 방향으로 이루어지고 있다. 따라서 여행의 이동성이 향상되고, 교통비용이 하락하여 여행수요에 긍정적인 요인으로 작용한다.

(2) 정보통신 및 컴퓨터 인터넷 기술의 발달

정보통신기술의 향상 및 인터넷 기술의 발달로 여행지나 여행상품에 대한 정보를 손쉽게 획득할 수 있고, 여행 관련 업체들은 저렴한 비용으로 광고와 홍보를 할 수 있으므로 여행에 대한 수요를 촉진할 수 있다.

반면에 사이버 여행상품의 출현으로 실제 관광지를 방문하지 않고, 컴퓨터와 인터넷을 통하여 여행지를 가상체험할 수 있다. 이러한 것이 현실화되어 상용화되면 여행에 대한 수요는 감소할 수 있다.

5) 위생 · 보건 및 재난 요인

(1) 위생 · 보건

위생 · 보건적 요인은 여행자의 안전성에 영향을 미쳐 여행의 제약요인으로 작용한다. 조류독감, 사스(SARS), 인간광우병 발생 등은 여행의 안전성을 위협하므로 여행수요에 부정적 요인으로 작용한다. 실제로 사스가 발생한 동남아시아 국가에서는 급격한 여행수요의 감소를 초래하였다.

(2) 재난과 자연재해

특정 관광지에 발생한 태풍, 홍수, 지진, 쓰나미, 이상기후 등과 같은 자연적 재해는 관광에 부정적인 영향을 미친다. 자연재해는 관광객 수 감소만 일으키는 경우와 시설의 파괴까지 초래하는 경우로 구분할 수 있다.

이상기후로 인한 한파, 냉해, 고온 등과 같은 자연적 재해는 발생한 당시에 관광객 수 감소에만 영향을 미친다. 그러나 지진, 쓰나미, 홍수, 태풍 등과 같은 자연재해가 발생하면 관광객 수 감소뿐만 아니라 관광시설의 파괴를 가져오므로 그 여파는 시설이 복구되기까지 오랜 기간 동안 영향을 미치게 된다. 관광객 수 감소뿐만 아니라 관광시설의 파괴를 초래하는 자연적 재해는 관광에 치명적인 부정적 요인이라고 할 수 있다.

(3) 계절성

계절성은 관광지에 성수기와 비수기가 존재하는 것을 의미한다. 성수기란 사람들이 많이 방문하는 기간이고, 비수기란 사람들이 방문하지 않는 기간을 의미하는 것으로 계절적 요인에 의해 관광수요가 변동된다.

6) 관광자원의 매력도 및 문화예술행사

(1) 관광자원, 문화예술 및 스포츠행사

명승지가 증가하고, 특별한 이벤트가 개최되고, 자원의 개발 정도가 증대되면 관광의 매력성이 증가하여 관광객을 흡인하는 요인으로 여행이 증가하게 된다.

(2) 문화예술 및 스포츠행사

축제, 국제회의, 올림픽, 월드컵 등의 문화예술행사는 직접 참가하거나, 관람하고자 하는 욕구를 증대시키므로 관광수요에 긍정적인 요인으로 작용한다. 예를 들면 한국에서 개최된 1988년 서울 올림픽, 2002년 월드컵 등은 외래객의 방문을 증가시켰다.

7) 마케팅 및 홍보

(1) 홍보

홍보는 관광상품, 서비스 등에 관한 수요를 비간접적으로 자극하는 활동을 말한다.

관광목적지의 홍보효과를 증진하기 위한 마케팅 비용의 증가는 관광상품의 수요를 환기시키고, 새로운 관광욕구를 자극하여 관광객 증가에 긍정적인 영향을 미친다.

(2) 마케팅 기법 향상

마케팅 기법의 향상이란 기존에 실시했던 마케팅 방식에서 더 많은 여행자를 유인할 수 있는 방향으로 전환되는 것을 의미한다. 마케팅 기법이 향상되면 여행수요에 긍정적인 요인으로 작용한다.

(3) 중앙 및 지방 정부의 적극적인 국내외 마케팅

중앙 및 지방 정부의 적극적인 국내외 마케팅은 관광수요에 긍정적인 요인으로 작용한다. 외래 관광객을 유치하기 위하여 대외 홍보에 대통령이나 도지사가 직접 출연하여 관광을 홍보하는 광고는 관광수요를 증가시키는 것으로 보고되고 있다.

(4) 뉴스

관광은 여행지에 대한 이미지에 영향을 받는다. 좋은 뉴스는 여행지에 대하여 좋은 이미지를 형성하고, 나쁜 뉴스는 부정적인 이미지 또는 여행의 안전성을 저해한다.

특정 관광지나 국가에 대해 좋은 뉴스가 보도되면 여행욕구를 자극하여 수요가 증가하고, 반대로 나쁜 뉴스가 보도되면 부정적인 영향을 미친다.

국제관광수요의 주요 영향 혹은 결정 요인으로 소득, 환율, 상대물가, 경기상황 등의 경제변수와 경제외적 변수로 질병, 금융위기, 테러 등을 주요 영향요인으로 볼 수 있다.

〈표 1-4〉는 관광수요 영향요인에 관한 내용으로 관광수요에 영향을 미치는 요인으로 크게 정치 · 경제 · 사회문화적 요인으로 구분할 수 있으며, 특히 예상하지 않은 사건 발생 또한 관광수요 등락을 결정하는 주요 요인으로 볼 수 있다.

〈표 1-4〉 관광수요의 영향요인별 내용 및 사례

영향요인	내용 및 사례
정치적 요인	국제관계(국가 간 수교), 한 · 일 간 외교관계(독도 영토, 역사교과서), 한중 외교관계(사드배치), 국내정치 상황, 남북관계(북한의 핵실험 관계)
경제적 요인	경기 상황, 정부의 재정 긴축 및 확대, 외환위기(IMF 체제), 오일쇼크, 소득수준, 환율의 등락, 여행비용 수준, 유가수준의 등락
사회문화적 요인	인구구조 및 직업구조 변화, 여행에 대한 가치관의 변화, 문화교류의 증대(한류), 스포츠 및 문화행사 교류(월드컵, 올림픽, 국제회의, 축제, 한국방문의 해)
제도적 요인	여행자유화(비자 완화), 항공협정 체결, 외환의 통제 및 조세제도, 법제도 변화(중국의 여유법 시행), 여권 및 비자발급 용이성, 휴가제도
기술적 요인	교통수단의 발달(고속철도, 항공기 발달), 정보통신 및 컴퓨터 · 인터넷 기술발달(관광지에 대한 정보획득 용이)
안전적 요인	질병 및 위생(사스, 구제역, 메르스 등), 자연재해(태풍, 지진, 쓰나미, 동일본대지진), 전쟁, 테러(9.11테러), 쿠데타 발생, 남북관계 악화
관광자원 및 마케팅 · 홍보 요인	관광자원의 매력도, 뉴스 미디어 기능, 중앙 및 지방 정부의 홍보 및 마케팅 기법의 수준

출처 : 이강욱, 2017

7 국제관광 활성화를 위한 방안

1) 관광안전 관련 시스템 구축

9.11테러, 사스, 메르스의 경우 장기와 단기에 걸쳐 국가별 방한 관광수요에 전반적으로 부정적인 영향을 미쳤다. 향후 이와 같은 외부요인이 발생할 경우 관광시장을 위축시켜 입국자 수가 크게 감소되는 악재로 작용될 수 있음을 시사한다.

따라서 질병 및 사고 관련 이슈의 신속한 대처를 위한 시스템 마련 및 언론 대응 등이 필요하다. 아울러 외부변수 발생의 효율적인 대응을 위한 관련 부처 간 협력 네트워크를 강화해야 한다.

2) 여행가격 경쟁력 강화

관광수요를 결정하는 주요 요인인 관광물가 및 환율 등의 여행비용은 국제관광수요에 크게 영향을 미친다. 따라서 가격경쟁력 있는 관광상품 개발과 생산성 높은 관광환경 조성이 필요하다.

3) 방한 관광수요 창출의 콘텐츠 개발

한국문화콘텐츠에 대한 인기 등으로 동남아 및 대만, 홍콩으로부터의 수요가 증가하고 있다. 인바운드 수요를 더욱 확대하기 위한 한류콘텐츠의 활용 및 관광콘텐츠 정비, 홍보에 대한 정책적 지원으로 효과적인 방한 동기부여가 필요하다.

4) 정보전달의 체계화

메르스 사례에서 질병 발생에 대한 뉴스가 국내 · 외 미디어에서 크게 보도되고 한국 방문에 대한 리스크 요인으로 부각되어 방한 수요 감소에 영향을 미쳤다.

소셜네트워크 및 허위 뉴스 등이 한국 이미지 및 관광동기에 미칠 수 있는 영향력이 커지고 있어, 한국에 대한 정확한 정보를 전달하기 위한 정책적 방안이 필요하다.

5) 관광시장의 다변화

한 · 중 및 한 · 일 외교갈등은 관광의 외부적 충격으로 관광수요 감소에 직접적인 영향을 미치는 것으로 분석됨에 따라 외교 갈등 국가의 대체시장으로 관광시장에 대한 다변화 전략이 필요하다.

참고문헌

김사헌(2006), 국제관광론, 백산출판사
김진섭(1990), 관광학원론, 대왕사
박정선(2003), 국제관광론, 형설출판사
박호표(1997), 관광학의 이해, 학현사
방희원(2017), 계획행동이론을 적용한 국제관광 유형별 비교 연구, 경기대학교 석사학위논문
이강욱(2017), 국제관광수요 영향요인 분석, 한국문화관광연구원
이원희 · 정광민(2018), 국제관광 정책지표 개발연구, 한국문화관광연구원
한국관광공사(1990), 국민관광실태조사 및 대책연구
최승이 · 이미혜(2008), 국제관광론, 대왕사
Cohen, E.(1972), Toward a Sociology of International Tourism, Social Research, 39(1): 164-182
Cohen, E. & Robert L. C.(1986), "Language and Tourism", Annals of Tourism Research, Vol. 13, No. 4
Edward Inskeep(1991), Tourism Planning, New York: VNR
Gunn, Clare A.(1972), Vacationscape: Designing Tourist Regions, University Of Texas
Gunn, Clare(1979), Tourism Planning, New York : Crane, Rusak & Co.
Leiper, Neil(1979), "The Framework of Tourism: Toward a Definition of Tourism, Tourist and the Tourist Industry", Annals of Tourism Research, Vol. 6, No. 4
Mathieson, A. & Wall, G.(1982), Tourism: Economic, Physical and Social Impacts, New York: Longman
OECD(1978; 1989), International Tourism and Tourism Policy in OECD ember Countries
_______(2018), OECD Tourism Trends and Policies 2018, OECD Publishing, Paris
Smith, V. L.(1989), Host and Guests: The Anthropology of Tourism, Philadelpia: University of Pennsylvania Press
UNWTO(1979), Role and Structure of National Tourism Administration
________(2005, 2006, 2007), Yearbook of Tourism Statistic
________(2011), Tourism Towards 2030 : Global Overview, UNWTO, Madrid
________(2018), Tourism Highlights, 2017 Edition, UNWTO, Madrid
Vellas. F., Becherel. L.(1995), International Tourism, Macmillan Business
Valene, S., L.(1976), Host & Guest, Philadelpia: The Free Press
Wahab, Salah(1975), Tourism Management, London: International Tourism Press
WEF(2017), The Travel & Tourism Competitiveness Report 2017
小池洋一 外(1989), 觀光學概論

세계 주요 국가 유치 현황과 국가별 상황

국 · 제 · 관 · 광

PART 02

국
제
관
광

1 국제관광 현황

1) 2020년 국제관광 흐름

2020년 COVID-19 대유행은 2차 세계대전 이후 항공여행과 항공산업에 가장 큰 충격을 가했다. 이전에는 미국의 9.11테러 공격과 2007~2008년 세계 금융위기가 항공에 미치는 악영향이 극적이라 생각되었다. 항공산업은 전 세계의 모든 물류와 여행 등을 기반으로 두고 있어 COVID-19가 확산함에 따라 항공운송에 미치는 영향은 2월부터 4월에 가장 큰 타격으로 전년대비 94% 감소하였으며, 4월 이후에도 관광시장의 회복세는 대부분 돌아오지 않았다.

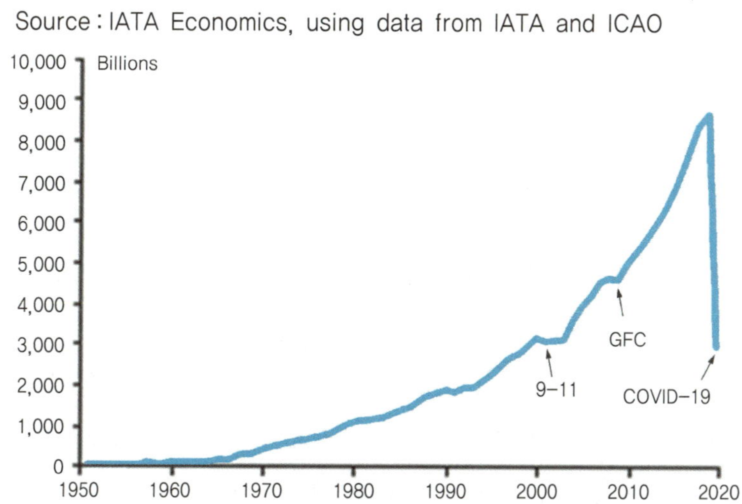

출처 : IATA(2021), The great connectivity shutdown: The industry story in 2020

[그림 2-1] 전 세계 항공 수익

4월 항공산업의 하락은 여행 제한의 결과로 전 세계 도시 간 항공서비스 연결이 무너졌다. 다만 3월에 회복세를 보인 중국과 미국의 경우 국내 시장의 정도로 예정된 도시 간, 대륙 간 연결의 대부분은 사라졌다 할 수 있다. 하지만 항공화물의 약 절반이 여객기화물칸으로 운송되기 때문에 여객기의 하락은 현대 경제가 의존하는 글로벌 공급망에 심각한 문제를 일으키게 되었다.

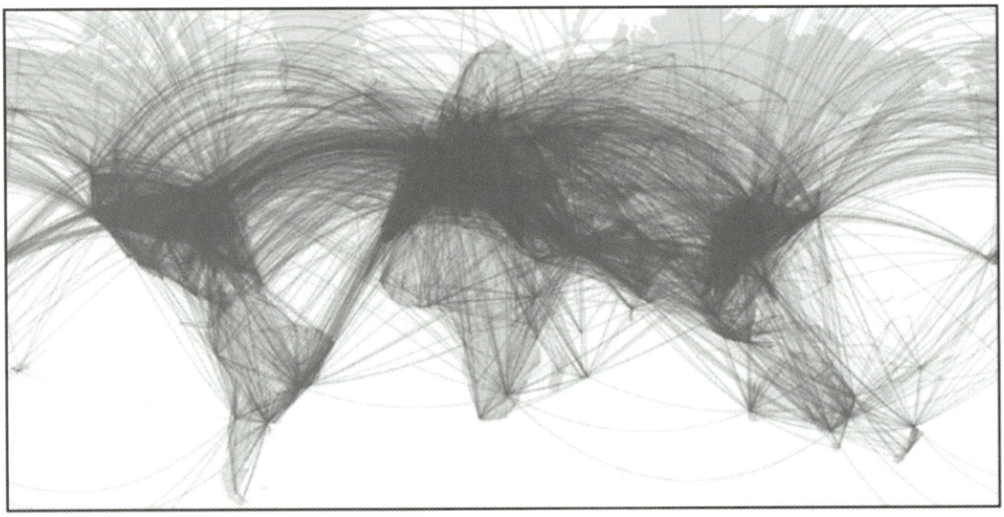

출처 : IATA(2021), The great connectivity shutdown: The industry story in 2020

[그림 2-2] 2019년 4월 도시 간 항공 연결

위기 전 노선도는 COVID-19의 결과로 항공 연결이 끊어진 것을 보여준다. 유럽 단일시장의 도시를 연결하는 대부분의 항공 서비스는 국경을 넘나들며, 그중 상당수는 서비스 재개를 막는 여행 제한이 있다. 세계무역에 있어 가장 중요한 것은 북대서양을 가로지르는 유럽과 아시아 사이의 밀집된 도시 연결 또한 여행 제한, 특히 COVID-19의 2차 및 3차 파동으로 인해 재개되는 속도가 느렸다. 8,770만 개의 일자리 중 상당수는 위기가 발생하기 전에 우수한 항공운송 서비스에 의존하는 여러 경제부문에서 지원했다. 2020년에는 이러한 일자리의 절반 이상이 위험에 처한 것으로 추정된다.

출처 : IATA(2021), The great connectivity shutdown: The industry story in 2020

[그림 2-3] 2020년 4월 도시 간 항공 연결

UNWTO는 매년 각 국가에서 수집한 일련의 설문지를 통해 관광 데이터를 제시하고 있는데, 대부분 국가 관광청, 국가 통계청 및 중앙은행과 같은 국내 및 국제기관의 수치를 수집하여 현재 관광의 신뢰성을 보여주고 있다. 더불어 UNWTO 관광 데이터 대시보드는 세계적, 지역적 및 국가적 수준에서 인바운드 및 아웃바운드 관광에 대한 주요 지표에 대한 통계 및 통찰력을 제공한다.

2) UNWTO와 IATA의 관광목적지 트래커

(1) 관광목적지 트래커

다음은 UNWTO에서 제안한 관광목적지의 제한사항에 대한 개요이다. 현재 UNWTO는 COVID-19의 확산을 최소화하기 위해 목적지에 대한 제한을 제시하고 있다. 이는 각 국가의 상황에 따라 달라지며, 확진자의 정도에 따라 지속해서 변하고 있는데, 이에 대한 표기는 다음의 [그림 2-4]와 같다. 2020년 3월 COVID-19의 확산속도가 빨라지자 대부분의 국가는 2~4주 정도 자체적인 격리를 추진하였고(Stay-at-home requirements),

이를 유지하기 위해 식료품, 병원 등의 일부 상권을 허용하였다. 그로 인해 모든 생활 반경은 과거보다 줄어들었으며, 관광산업 역시 큰 타격을 입게 되었다. 더불어 실내 모임 금지 등의 이유로 이벤트, 공연 등은 취소되었으며, 레스토랑, 박물관 등의 밀집지역 역시 사회적 거리 두기에 참여하게 되었다.

Stay-at-home requirementss	Not leaving house with exceptions
Transit through the country	recommend not to travel between regions/cities
Public transport	Recommend closing
Accommodation	Some restrictions apply
Attractions (museums, heritage sites, others)	Some restrictions apply
Facilities (ski, beaches, others)	Some restrictions apply
Food & Beverage	Some restrictions apply
Events	Require cancelling

출처 : UNWTO(2021), The UNWTO/IATA Destination Tracker

[그림 2-4] 목적지 제한

(2) 여행 제한수준

UNWTO는 관광목적지가 COVID-19 상황에 따라 제한수준을 정하였는데, 북아프리카권, 북한 등의 국가를 완전 제한 구역으로 지정하였고, 대부분 지역 역시 일부 제한 구역으로 정하였다. 다음의 [그림 2-5]는 주별로 구분하였을 때, 전 세계의 6%가 완전 제한 구역이었고, 91%가 부분 제한 구역이었으며, 그중 아시아 & 퍼시픽 지역이 가장 높은 22%의 완전 제한 구역으로 지정되었다.

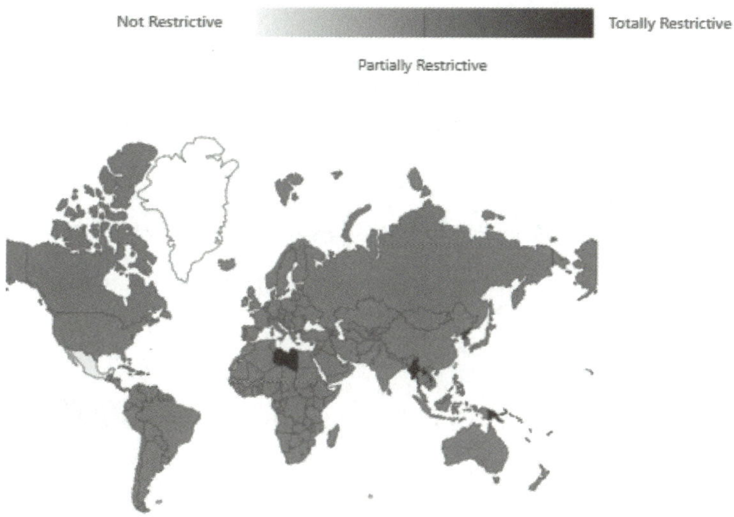

출처 : UNWTO(2021), Destination Status Tracker

[그림 2-5] 여행 제한 수준(1)

출처 : UNWTO(2021), Destination Status Tracker

[그림 2-6] 여행 제한 수준(2)

(3) 출입국 제한

COVID-19는 사람과의 전파라는 위협으로 인해 여러 국가가 출입국 제한에 이르게 되었는데, 북미권의 경우 대부분과 중국, 서남아시아, 아프리카 일부, 유럽주의 일부가 [그림 2-7]과 같이 제한되었다. 이를 주별로 자세히 살펴보면, 아시아 & 퍼시픽 43%, 유럽 24%, 중동 21%의 출입국 제한이 이루어졌으며, 일부 제한은 [그림 2-8]과 같이 중동(50%), 유럽(37%), 아시아 & 퍼시픽(35%)의 순으로 나타났다.

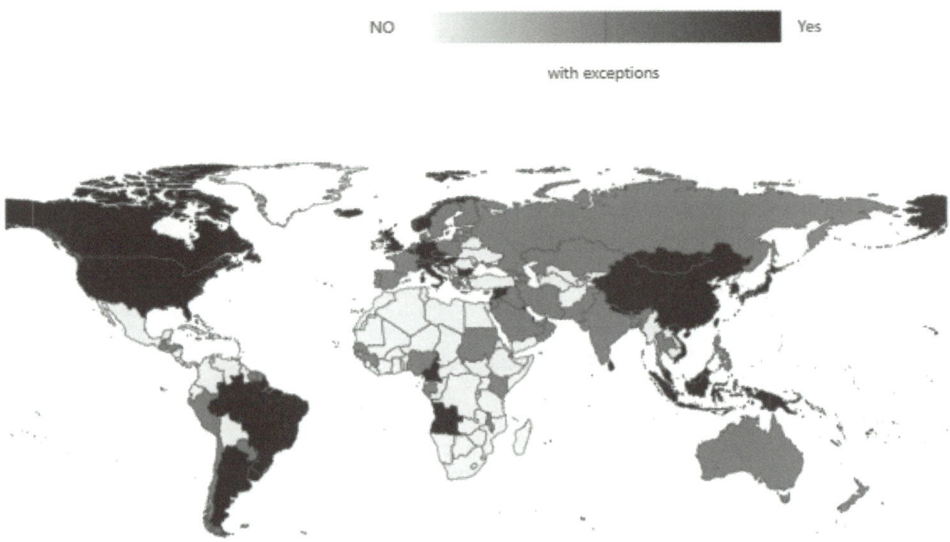

출처 : UNWTO(2021), Destination Status Tracker

[그림 2-7] 출입국 제한(1)

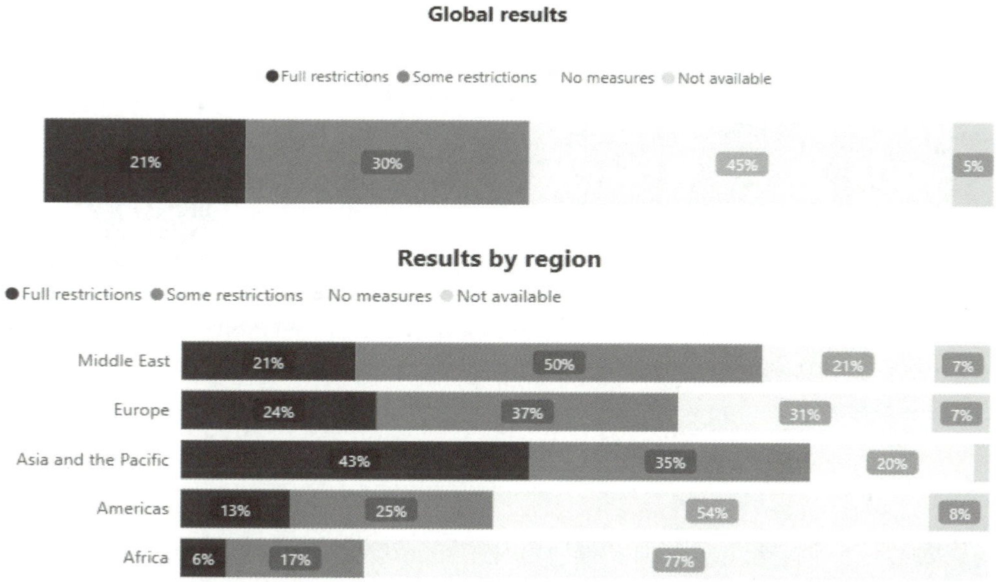

출처 : UNWTO(2021), Destination Status Tracker

[그림 2-8] 출입국 제한(2)

2 COVID-19 시대의 국제관광 현황

1) 국제관광객 추이

2017년에는 국제관광객이 전년대비 7%가량 증가한 것으로 나타났으며, 특히 2000년대 들어 가장 높은 관광객 수의 변화를 보여주었다. 국제관광객 수를 각 주별로 분석한 결과 유럽(51%), 아시아 퍼시픽(24%), 미주(15%), 중동과 아프리카가 각각 5%를 차지하였으며, 이는 다음의 [그림 2-9]와 같다.

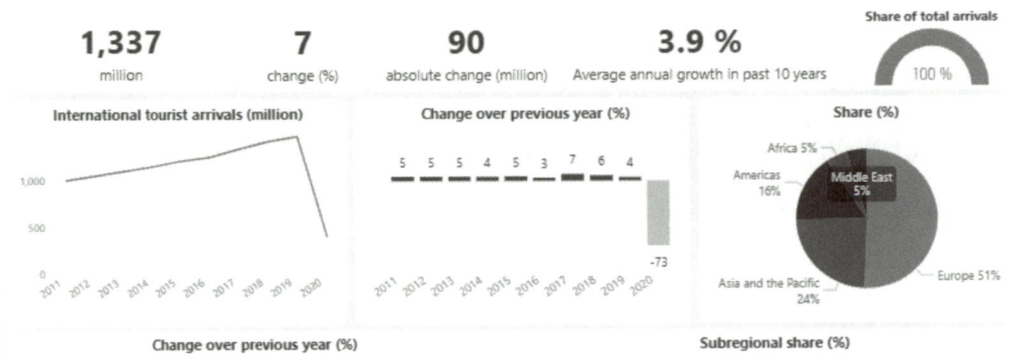

출처 : UNWTO(2021), Global and regional tourism performance

[그림 2-9] 2017년 국제관광객

2018년의 국제관광객 추이는 전년대비 6% 증가하였으며, 이는 2011년부터 국제관광객 추이에서 2017년 다음으로 가장 많은 관광객 수를 보유한 해였다. 다음의 [그림 2-10]에서와 같이 유럽은 작년과 동일한 51%, 아시아 퍼시픽은 작년보다 1% 증가한 25%였으며, 다른 주들 역시 작년과 동일한 분포를 나타냄으로써 아시아 퍼시픽의 국제관광객이 다소 증가하였음을 알 수 있다.

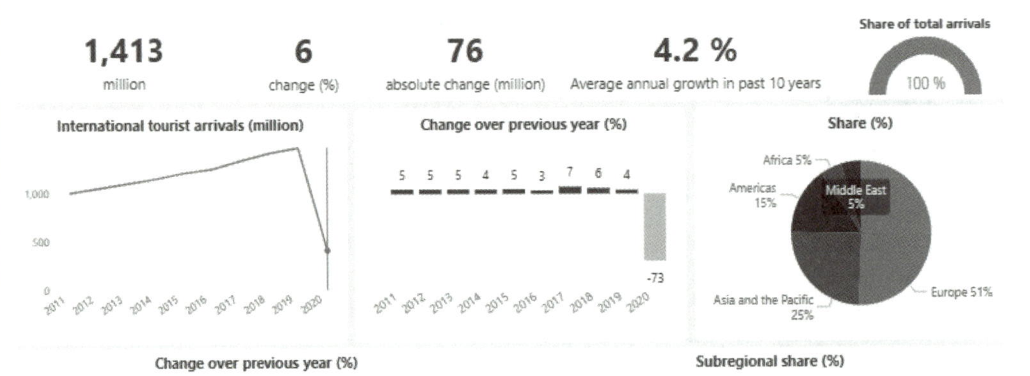

출처 : UNWTO(2021), Global and regional tourism performance

[그림 2-10] 2018년 국제관광객

2019년의 관광객 추이는 2018년 대비 4% 증가하였다. 다음의 [그림 2-11]과 같이 관광객의 추이 비율을 분석하였을 때 2018년과 동일한 결과를 나타내고 있음을 알 수 있다. 최근 5년간의 국제관광객 추이 분석 결과에서 COVID-19이 발생하기 전인 2017년부터 2019년까지 관광객의 추이는 꾸준한 상승세를 나타내주었고, 유례없는 국제관광객 수를 보유하게 되었다. 더불어 최근 국제관광객의 수에서 아시아 퍼시픽의 관광객 수가 증가하였음을 알 수 있다.

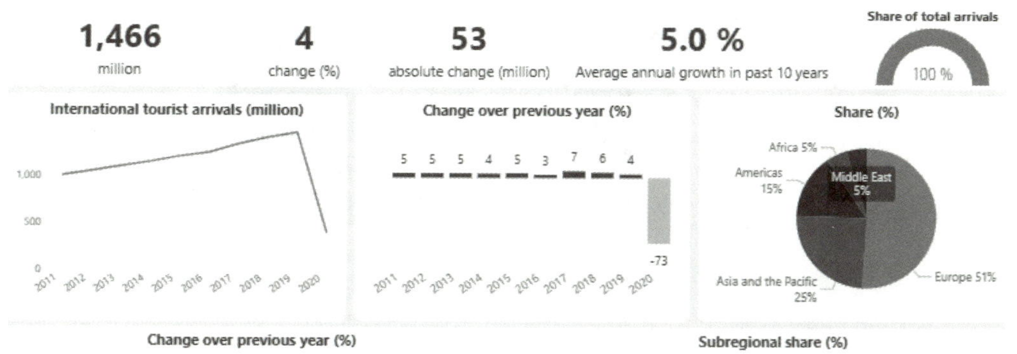

출처 : UNWTO(2021). Global and regional tourism performance.

[그림 2-11] 2019년 국제관광객(1)

2019년도의 국제관광 수입은 총 USD $1.716 billion이었으며, 2018년에 비해 3퍼센트 가량 관광 수익이 증가하였음을 알 수 있다. 관광객들의 지출을 세분적으로 분석한 결과 유럽 39%, 아시아 퍼시픽 30%, 아메리카 27%의 순으로 나타났는데, 유럽의 경우 국제관광객의 지출범위는 크지 않지만 관광객 수가 전 세계의 과반수를 차지함으로써 발생한 지출로 알 수 있다. 이에 반면 아메라카주의 경우 관광객 수는 15%에 불과하나 1인당 지출경비는 가장 많은 것으로 나타났으며 이에 대한 결과는 다음의 [그림 2-12]와 같다.

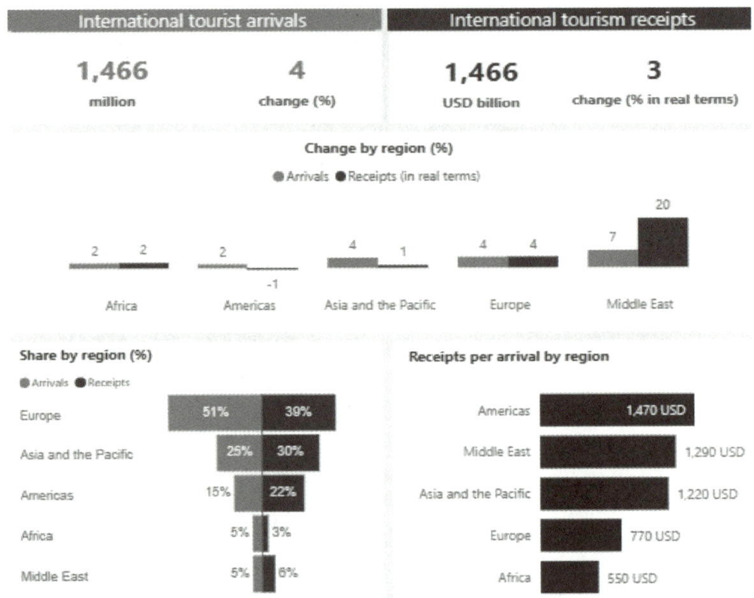

출처 : UNWTO(2021), Global and regional tourism performance

[그림 2-12] 2019년 국제관광객(2)

COVID-19가 전 세계적으로 유행한 2020년의 관광객은 3백만 명으로 2019년 대비 73% 내림세를 보였는데, 그중 유럽(59%), 아메리카(18%), 아시아 & 퍼시픽(14%), 중동(5%)의 순으로 나타났다. 저비용 항공이 대유행을 시작한 2010년을 기점으로 해외여행에 대한 수요는 높았는데, [그림 2-9]에서 나타나듯, 2011년부터 2019년까지 꾸준히 증가추세를 나타내었다. 하지만 2020년은 2019년과 비교하여 전 세계의 관광객이 3/4가량 줄어든 것을 확인할 수 있다.

국제관광으로 인한 수입의 측면에서는 총 $538 billion의 수입이 있었으나, 작년 대비 63% 감소한 금액이다. 이는 관광객 수 비율의 감소세와 비교하였을 때, 국제관광의 수입에 대한 비율은 관광객 수의 비율보다 높은 것으로 나타났다. 국제관광으로 인해 발생한 수입에서는 $641 billion으로 지역별 전체 수출 측면에서 관광이 차지하는 비율은 4%가량임을 알 수 있었다. 국제관광객의 감소세를 비교하였을 때 아시아 & 퍼시픽(-84%), 아프리카(-74%)와 중동(-74%), 유럽(-69%), 아프리카(-68%)의 순으로 나타났으며, 관광 수입 면에서는 아시아 & 퍼시픽(-70%), 중동(-69%), 아프리카(-64%), 아메리카(-60%), 유럽(-59%)의 순임을 알 수 있었다. 관광객 1인당 관광 수입을 알아본 결과,

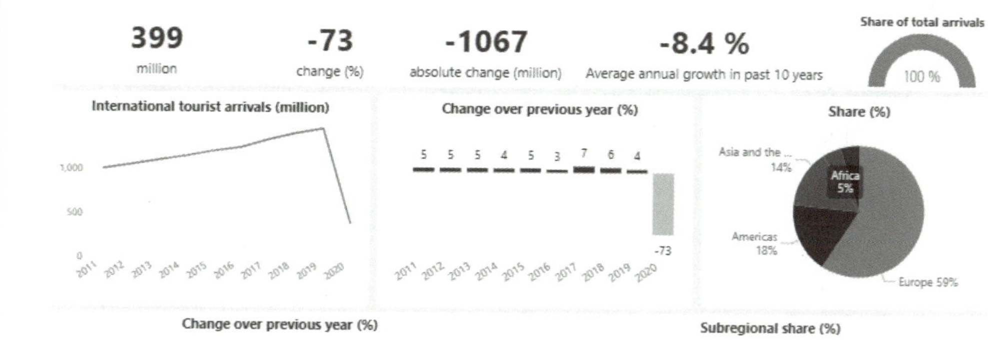

출처 : UNWTO(2021), Global and regional tourism performance

[그림 2-13] 2020년 국제관광객(1)

아시아 & 퍼시픽($2,320), 아메리카($1,821), 중동($1,580), 유럽($1,010), 아프리카($770) 순이었으며, 각 주마다 전체 관광 수출 면에서는 중동(8%), 아프리카(5%)와 아메리카(5%), 유럽(4%), 아시아 & 퍼시픽(2%)으로 나타났으며 다음의 결과는 [그림 2-14]와 같다.

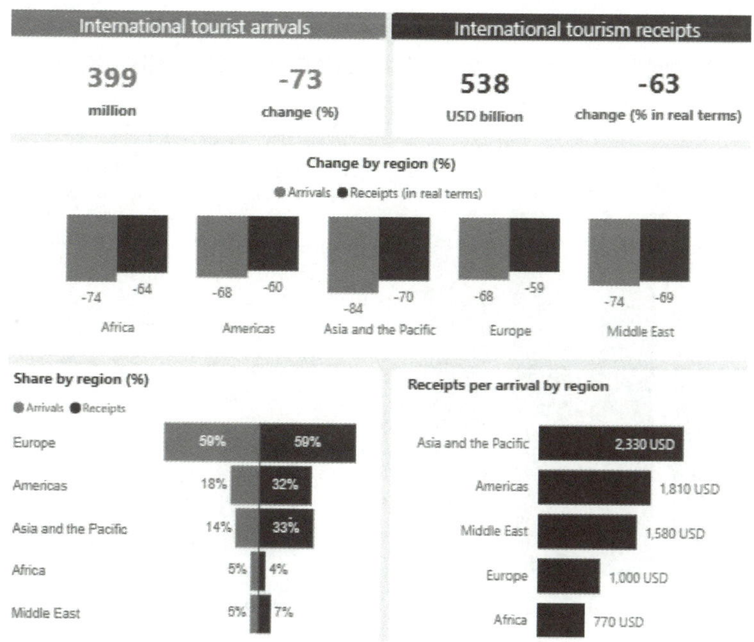

출처 : UNWTO(2021), Global and regional tourism performance

[그림 2-14] 2020년 국제관광객(2)

2) 국제관광의 목적

2020년 한 해 동안 국제관광의 목적을 조사한 결과, 레저, 레크리에이션과 휴가를 위한 관광(56%), 친지 및 친구방문, 종교와 기타 등의 관광(27%), 출장(12%), 특별한 이유 없는 관광(5%)의 순으로 나타났다. 각 주별로 분석하였을 때, 아프리카는 레저, 레크리에이션(51%) > 친지와 친구방문 및 종교(32%) > 출장(15%)의 순이었고, 아메리카는 레저와 레크리에이션(46%) > 친지와 친구방문 및 종교(26%) > 이유 없는 관광(18%)으로 나타났다. 아시아 & 퍼시픽은 레저와 레크리에이션(58%) > 친지와 친구방문 및 종교(23%) > 출장(10%), 유럽의 경우 레저와 레크리에이션(59%) > 친지와 친구방문 및 종교(27%) > 이유 없는 출장(14%)으로 나타났다. 마지막으로 중동은 레저와 레크리에이션(44%) = 친지와 친구방문 및 종교(44%) > 출장(12%)으로 나타남으로써 모든 주는 레저와 레크리에이션이 가장 큰 비중을 차지하였다. 다만 중동의 경우 레저 및 레크리에이션과 친지 방문 및 종교가 동일한 비율을 차지하였고, 아메리카주의 경우도 방문목적이 뚜렷하지 않은 관광의 비율이 다른 어떠한 주보다 높은 것으로 나타났으며 다음의 결과는

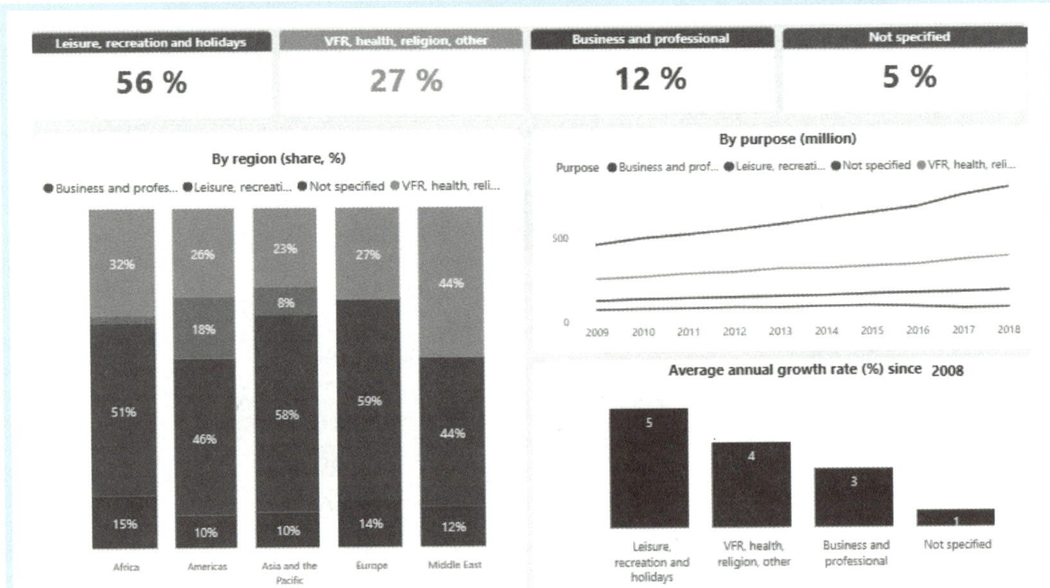

출처 : UNWTO(2021), Global and regional tourism performance

[그림 2-15] 2020년 국제관광의 목적

[그림 2-15]와 같다. 해마다 평균적으로 증가하고 있는 관광 목적의 분석에서도 레저와 레크리에이션, 휴가 > 친지 방문, 건강, 종교 > 출장 > 이유 없는 관광의 순을 보여주고 있는데, 이번 2020년의 관광 목적에서 아메리카주의 경우 사회적 거리를 둔 힐링 차원의 관광이 있었음을 간접적으로 판단해볼 수 있다.

3) 국제관광의 교통

국제관광을 위한 교통편의 분석결과, 관광객은 국제관광을 함에 있어 항공(58%), 자동차(37%), 선박(4%), 철도(2%)의 순으로 이용하였고 모든 주 역시 항공을 가장 많이 이용하였음을 다음의 [그림 2-16]과 같이 알 수 있었다. 이에 관한 내용을 각 주별로 분석하였을 때, 아프리카는 항공(49%) > 자동차(45%) > 선박(6%)의 순이었고, 아메리카 역시 항공(60%) > 자동차(37%)로 나타났다. 아시아 & 퍼시픽은 항공(65%) > 자동차(30%) > 선박(4%)으로 나타났고, 유럽은 항공(53%) > 자동차(40%), 중동의 경우 항공

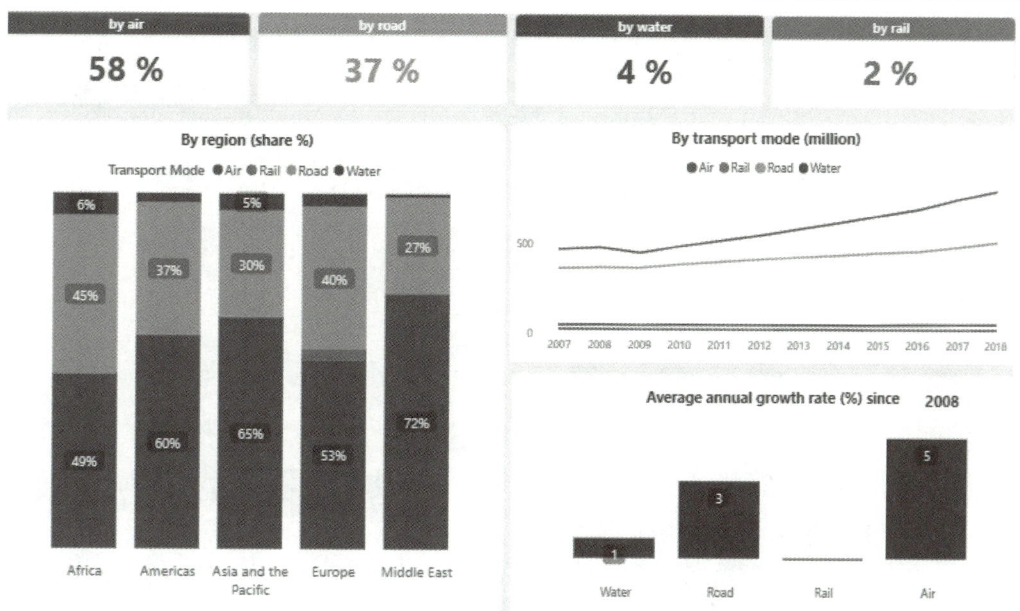

출처 : UNWTO(2021), Global and regional tourism performance

[그림 2-16] 국제관광의 교통

(72%) > 자동차(27%)의 결과로 모든 주는 항공과 자동차의 비율이 90% 이상 차지함을 나타내고 있다. 다만 표에서도 눈여겨볼 만한 부분은 유럽에서 유일하게 철도의 비율이 나타났는데, 이는 전 세계의 전체 비율을 유럽이 차지하고 있다고 해도 과언이 아닌 것으로 유럽 각 국가를 이어주는 철도임을 판단할 수 있다.

4) 2021년의 국제관광객 추이

COVID-19가 퍼진 2020년 한 해 전 세계 관광객은 -73% 감소세를 보였는데, 이는 2021년에 들어서도 크게 나아지지는 않았음을 다음의 [그림 2-17]에서 알 수 있다. 2021년 전 세계 관광객의 추이를 분석하기 위한 2021년 1월부터 3월까지의 데이터에서 -83%의 감소세를 나타내고 있다. 이는 2020년 초 즉, COVID-19가 큰 폭으로 확산하기 이전에 관광객 수의 데이터가 있음을 고려하였을 때 2020년과 크게 달라진 점이 없는 것으로 분석할 수 있겠다. [그림 2-17]의 그래프에서와 같이 2020년 1월은 관광객 수가 최고점을 나타내고 있으나 그 후로 지속적인 감소세가 이어지던 가운데 4월에는 전 세계의 관

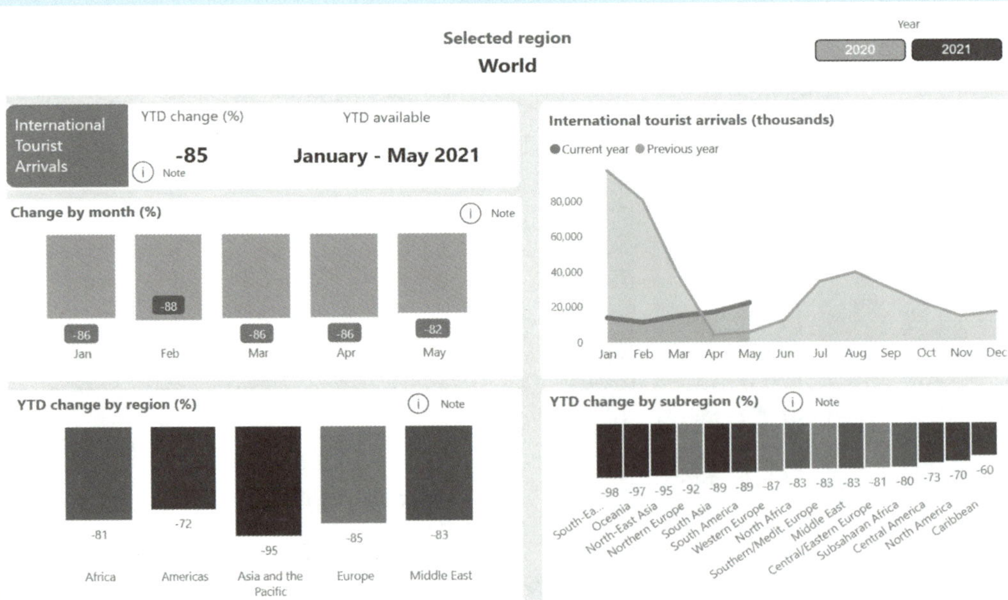

출처 : UNWTO(2021). International tourism and COVID-19

[그림 2-17] 2021년 지역별 관광 실적

광활동이 이루어지지 않았음을 알 수 있다. 이를 통해 전염병의 확산은 관광산업에 막대한 피해가 있음을 직접적으로 보여주는 분석결과임을 알 수 있다.

5) 2021년 지역별 국제관광객 수

다음의 [그림 2-18]은 2020년 주별(지역별) 국제관광객 수를 분석한 결과로 전 세계의 관광객이 −73%선을 보인 상황에서 주의 경우 아시아 & 퍼시픽(−84%) > 중동(−75%) > 유럽(−70%) > 아프리카(−69%) > 아메리카(−68%)의 순으로 나타났다. 아시아 & 퍼시픽의 경우 호주 등의 오세아니아 등에 비하여 북동아시아, 동남아시아, 오세아니아, 남아시아로 나타남으로써 중국, 한국 등의 나라에서 국제관광객 수가 가장 많이 줄어든 것으로 나타났다. 유럽권에서는 북유럽, 남유럽, 동·남유럽, 서유럽의 순임을 알 수 있었고, 아프리카는 북아프리카, 사하라 이남 아프리카로 나타났다. 마지막으로 아메리카의 경우 중미, 남미, 북미, 캐리비안의 순을 보임으로써 이상의 결과는 국가별 코로나 확진자 수에 따른 방역의 조치 방법에 따른 결과임을 예상해 볼 수 있다.

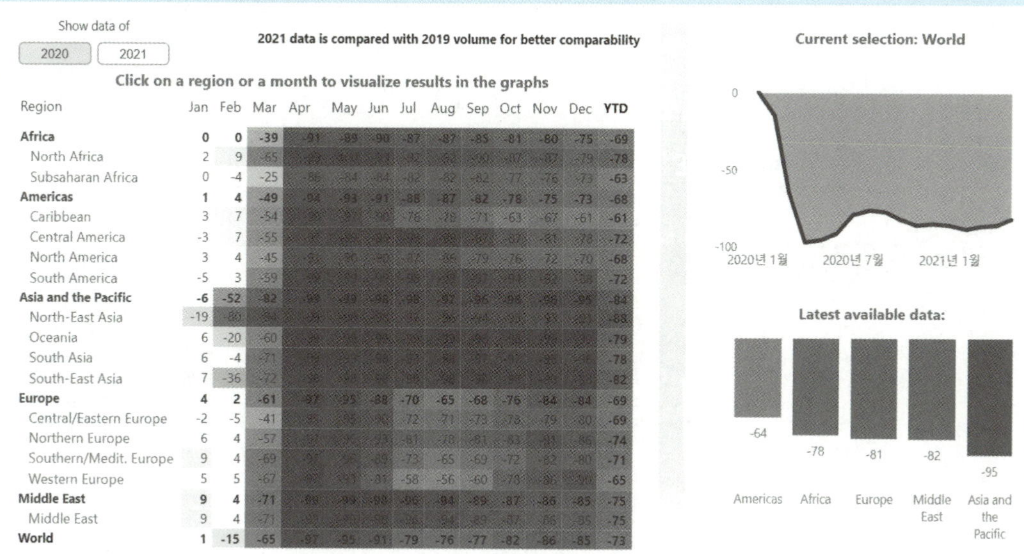

출처 : UNWTO(2021), International tourist arriver by region

[그림 2-18] 2020년 지역별 국제관광객 수

2021년 지역별 국제관광객 수는 2021년 1월부터 2021년 3월 즉, 3개월간의 분석을 근간으로 하며 다음의 결과는 [그림 2-19]와 같이 아시아 & 퍼시픽(−97%) > 유럽(−87%) > 아프리카(−83%) > 중동(−82%) > 아메리카(−76%)의 순으로 나타났다. 이는 2020년과 비교하였을 때 아시아 & 퍼시픽과 아메리카는 동일한 결과를 나타내는 가운데, 아시아 & 퍼시픽의 경우 국제관광객이 거의 없음을 증명하였다. 지역별 국제관광객 수를 세부적으로 분석하였을 때 아메리카의 경우 남아메리카(−93%)와 중미(−80%)로 북아메리카(−72%)에 비하여 높은 비율을 차지하였고, 아시아 & 퍼시픽은 모든 지역의 국제관광이 이루어지고 있지 않음을 알 수 있었다. 유럽에서는 북유럽(−93%)과 서유럽(−92%)이 높은 비율을 차지하였고, 다음으로 남유럽(−84%), 중 · 동유럽(−82%)의 순으로 나타남으로써 COVID-19 이전 전 세계 관광객 수를 많이 차지한 서유럽권의 관광 활동이 원활하지 않음을 알 수 있었다. 더불어 지난 2020년 4월부터 2021년 3월까지 국제관광 활동이 거의 없다고 해도 과언이 아닌 상황임을 나타내고 있다.

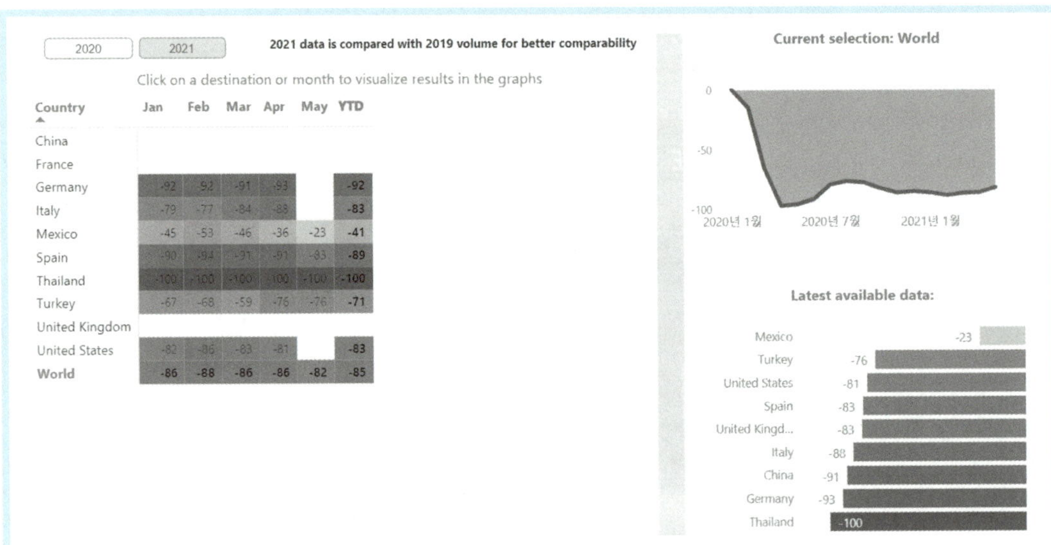

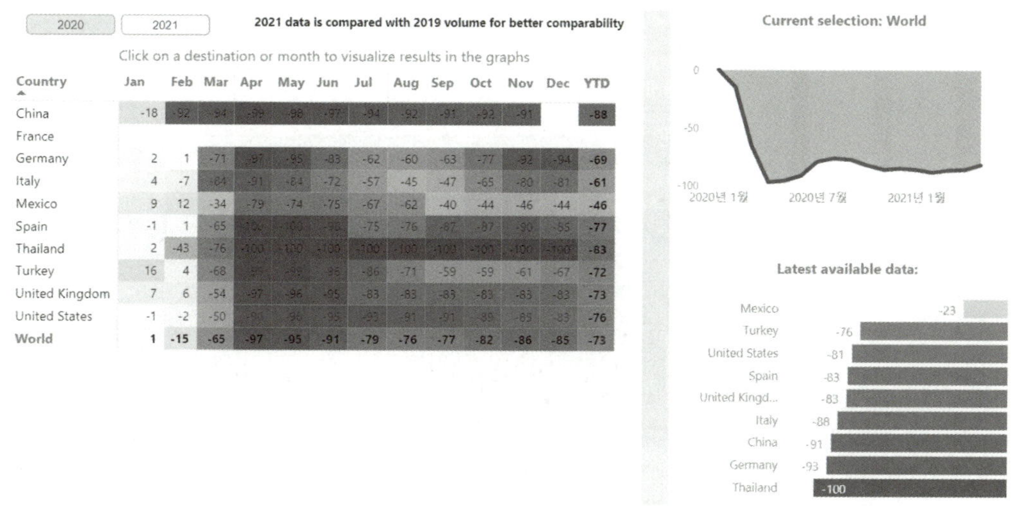

출처 : UNWTO(2021), Domestic tourism by region

[그림 2-19] 2021년 지역별 국제관광객 수

6) 관광목적지 Top 10

2020년 한 해 동안의 관광목적지 10위를 분석한 결과는 다음의 [그림 2-20]으로 이는 2019년과 2020년을 비교한 수치를 보여주고 있다. 중국은 전 세계에 COVID-19가 확산하기 시작하던 시기인 2020년 1월을 기점으로 관광객을 가장 많이 유치한 것으로 나타났으며, 2월부터는 -90%를 넘는 국제관광객 수로 나타나 세계 Top 10 관광목적지 중 가장 높은 비율로 국제관광객 수의 손실이 있었다. 동남아시아권에서의 대표적인 국제관광지인 태국은 1월까지만 해도 국제관광객이 있었으나 COVID-19가 본격적으로 확산하기 시작한 4월부터 완전봉쇄에 돌입하여 중국 다음으로 관광객 수가 줄어든 것을 알 수 있었다. 유럽권의 대표적인 국제관광지인 스페인은 COVID-19가 극심했던 3월과 4월 완전봉쇄 체제에 들어간 이후 차츰 일부 개방 체제에 들어갔는데, 과거 오버투어리즘으로 지역주민의 삶의 질에 타격을 입혔던 것과 달리 현재는 경제적 질의 후퇴로 인한 삶의 질 때문에 고민하고 있다.

2020 2021 **2021 data is compared with 2019 volume for better comparability**

Click on a destination or month to visualize results in the graphs

Country	Jan	Feb	Mar	Apr	May	Jun	Jul	Aug	Sep	Oct	Nov	Dec	YTD
China	-18	-92	-94	-99	-98	-97	-94	-92	-91	-92	-91		-88
France													
Germany	2	1	-71	-97	-95	-83	-62	-60	-63	-77	-92	-94	-69
Italy	4	-7	-84	-91	-84	-72	-57	-45	-47	-65	-80	-81	-61
Mexico	9	12	-34	-79	-74	-75	-67	-62	-40	-44	-46	-44	-46
Spain	-1	1	-65	-100	-100	-98	-75	-76	-87	-87	-90	-85	-77
Thailand	2	-43	-76	-100	-100	-100	-100	-100	-100	-100	-100	-100	-83
Turkey	16	4	-68	-99	-99	-96	-86	-71	-59	-59	-61	-67	-72
United Kingdom	7	6	-54	-97	-96	-95	-83	-83	-83	-83	-83	-83	-73
United States	-1	-2	-50	-96	-96	-95	-93	-91	-91	-89	-85	-83	-76
World	**1**	**-15**	**-65**	**-97**	**-95**	**-91**	**-79**	**-76**	**-77**	**-82**	**-86**	**-85**	**-73**

출처 : UNWTO(2021), International tourist arrival by top 10 destinations

[그림 2-20] 2020년 관광목적지 Top 10

2021년 1월부터 3월까지의 데이터를 바탕으로 관광목적지 10위를 나타낸 결과는 [그림 2-21]과 같다. 지난해에 이어 태국은 국제관광객의 수가 없음을 알 수 있고, 유럽권에서의 대표적 관광지인 독일, 스페인, 이탈리아 역시 모두 국제관광객 수가 더욱 감소

2020 2021 **2021 data is compared with 2019 volume for better comparability**

Click on a destination or month to visualize results in the graphs

Country	Jan	Feb	Mar	Apr	May	YTD
China						
France						
Germany	-92	-92	-91	-93		-92
Italy	-79	-77	-84	-88		-83
Mexico	-45	-53	-46	-36	-23	-41
Spain	-90	-94	-91	-91	-83	-89
Thailand	-100	-100	-100	-100	-100	-100
Turkey	-67	-68	-59	-76	-76	-71
United Kingdom						
United States	-82	-86	-83	-81		-83
World	**-86**	**-88**	**-86**	**-86**	**-82**	**-85**

출처 : UNWTO(2021), International tourist arrival by top 10 destination

[그림 2-21] 2021년 관광목적지 Top 10

하고 있음을 나타내고 있다. [그림 2-19]와 [그림 2-20]을 비교하였을 때, 터키를 제외한 모든 국가의 감소세는 지속적으로 이어지고 있으며, 전 세계의 국제관광객 수 역시 더욱 감소하였음을 보여주고 있다. 이에 관한 결과로 2020년 3월과 현재까지의 그래프를 분석한 결과, 전 세계 국제관광객 수의 추이는 거의 변화가 없음을 알 수 있었다.

7) COVID-19 관련 여행 제한구역

(1) 2020년 4월 COVID-19 관련 여행 제한구역

대다수 국가는 COVID-19로 인해 완전봉쇄, 기타 조치, 일부 봉쇄를 취하고 있는데, 다음의 [그림 2-22~25]는 코로나가 극심했던 초기시절인 봄부터 확진자 수의 감소세를 보여주었던 여름, 코로나가 생활 일부가 된 가을, 코로나 백신 접종이 어느 정도 진행되기 시작한 2021년 초를 기준으로 선정하였다. 2020년 4월 COVID-19가 가장 극심하던 시기에 미국과 중앙아메리카, 한국, 일본 등 일부 국가를 제외한 대부분 국가는 완전봉쇄

출처 : UNWTO(2021), International tourism and COVID-19

[그림 2-22] 2020년 4월 COVID-19 관련 여행 제한구역

를 시작하였으며, 일부 멕시코와 몇몇 아프리카주는 일부 봉쇄를 시행하였다. 이로 인해 본격적으로 국제관광을 위한 길이 막혔음을 의미하고 있으며, 각 국가는 외부로부터 전염될 가능성을 최선책으로 여겨 완전봉쇄를 선택하게 되었다.

(2) 2020년 7월 COVID-19 관련 여행 제한구역

2020년 7월 여름, COVID-19로 전 세계 여행 제한구역에서 4월과 가장 다르게 나타난 점은 미국이 기타 조치에서 일부 봉쇄로 변경한 것이다. 더불어 아프리카주의 절반가량이 일부 봉쇄에서 완전봉쇄 조치를 시행하였으며, 특히 북유럽의 경우 완전봉쇄에서 일부 봉쇄, 서유럽은 완전봉쇄에서 일부 봉쇄 등의 조치는 4월보다는 COVID-19가 안정세를 보이는 시기임을 알 수 있다. 여행 제한구역은 비단 단순여행 즉, 레크리에이션, 휴가, 종교 등을 제외하더라도 출장의 개념을 포함하고 있어 각 국가의 경제성을 띤 여행이 미루어질 수밖에 없음을 뜻한다.

출처 : UNWTO(2021), International tourism and COVID-19

[그림 2-23] 2020년 7월 COVID-19 관련 여행 제한구역

(3) 2020년 9월 COVID-19 관련 여행 제한구역

2020년 9월에 들어와 여행 제한구역의 정도의 변화에서 남미권은 완전봉쇄에서 일부 봉쇄로 변경한 국가들이 증가하였고, 아프리카권에서는 완전봉쇄가 많은 비중을 차지하였으나 9월에는 기타 조치 구역이 확연하게 늘어났음을 알 수 있다. 2020년 4월과 비교하였을 때 9월에서 극명하게 차이를 보여주는 지역은 러시아와 몽골 등 북아시아 지역으로 완전봉쇄에서 일부 봉쇄로 변경되었다. 다만 오세아니아주는 COVID-19가 극심해진 2020년 4월부터 9월까지 지속해서 완전봉쇄 정책을 보인다. 대부분 국가에서 여행 제한구역은 크게 달라진 추세는 아니었으나 북아시아와 아프리카의 봉쇄정책이 다소 달라진 부분이 있음을 다음의 [그림 2-24]와 같이 알 수 있겠다.

출처 : UNWTO(2021), International tourism and COVID-19

[그림 2-24] 2020년 9월 COVID-19 관련 여행 제한구역

(4) 2021년 2월 COVID-19 관련 여행 제한구역

2021년에 진입하여 백신의 공급으로 인해 많은 국가의 여행 제한구역이 변화할 것으로 예상하였으나, 공급에 대한 한계와 추가접종에 대한 시간적 현실은 2020년과 유사한

양상을 보여주고 있다. 특히 아프리카권과 미주 전역, 유럽권은 2020년과 거의 변화가 없었다. 다만 북아시아의 경우 2020년 9월 일부 봉쇄에서 2021년 2월 완전봉쇄의 제자리로 돌아갔으며, 오세아니아가 COVID-19 시작 이후 처음으로 완전봉쇄에서 일부 봉쇄로 변경되었으며, 일본은 일부 봉쇄에서 완전 봉쇄 정책을 시도하였는데, 이에 대한 자료는 다음의 [그림 2-25]와 같다.

출처 : UNWTO(2021), International tourism and COVID-19

[그림 2-25] 2021년 2월 COVID-19 관련 여행 제한구역

참조

Complete border closure(완전 국경 폐쇄) : 관광을 위한 국경은 완전히 폐쇄

Partially closed(부분 폐쇄) : 국경이 부분적으로 폐쇄되었거나 모든 혹은 일부 항공편이 중단(2월 21일부터 비자 발급 및 목적지별 제한사항도 포함)

Other measures(기타 조치) : 비자 발급, 검역 또는 필수 시험

Testing and Quarantine(테스트 및 격리) : 의무적 COVID-19 검사와 격리

Lifted for international tourism(국제관광을 위한 해제) : COVID-19와 관련한 국제관광 제한 해제

8) COVID-19 시대의 전반적 관광 개요

다음의 [그림 2-26]은 2020년과 2021년 즉, COVID-19 시대의 도표로 이는 2019년 국제관광객 수가 정점을 이루던 시기와의 비교 데이터이다. 2021년 3월 기준 전 세계 국제관광객 수는 88% 감소하였고, 호텔 검색량은 42% 감소, 호텔 예약률은 27% 감소하였다. 더불어 국내 항공 좌석 수는 23% 감소, 국제 항공 좌석 수는 74% 감소하였는데, 실질적인 항공 예약률은 89% 감소하였으며, 14일 격리 국가는 103개 국가임을 알 수 있다.

Category	Indicator	As of	Latest value	vs prev month	Year-to-date	Development (%)
1. Tourism - general	Int. Tourist Arrivals - UNWTO	Mar 2021	-88 %	▲	-88 %	
	Travel Restrictions - UNWTO	Feb 2021	32 %	▲		
	Travel Sentiment - TCI RESEARCH	May 2021	32	▲	32	
2. Accommodation	Occupancy Rates - STR	Apr 2021	46 %	●		
	Hotel Searches - Sojern	May 2021	-42 %	▲	-46 %	
	Hotel Bookings - Sojern	May 2021	-27 %	▲	-38 %	
	Short-term rentals - AirDNA	Apr 2021	-12 %	●	-8 %	
3. Air transport	Seat capacity - domestic - ICAO	May 2021	-23 %	●	-28 %	
	Seat capacity - International - ICAO	May 2021	-74 %	▲	-75 %	
	Actual Air Reservations - ForwardKeys	May 2021	-89 %	▲	-91 %	
4. COVID-19	COVID-19 - 14 day notification rate - EDCD (Our World in Data)	May 2021	103	▼		

For selected indicators, 2021 data is compared to 2019 data due to better comparability. See methodological notes for details.

출처 : UNWTO(2021), UNWTO TOURISM RECOVERY

[그림 2-26] COVID-19 시대의 전반적 관광 개요

3 세계 주요 국가별 상황과 유치현황

1) 미국

(1) 입국상황

미국은 미국 시민권자와 영주권자 및 그 직계가족을 제외한 모든 여행객은 14일 이내 다음 국가를 경유한 이력이 있을 시 본국에 입국할 수 없다.

- 이란
- 중국
- 영국(스코틀랜드, 잉글랜드, 북아일랜드, 웨일스)
- 아일랜드
- 남아프리카
- 브라질
- 인도
- 유럽 솅겐 지역(오스트리아, 체코, 벨기에, 에스토니아, 덴마크, 프랑스, 핀란드, 그리스, 독일, 아이슬란드, 헝가리, 라트비아, 이탈리아, 리투아니아, 리히텐슈타인, 몰타, 룩셈부르크, 네덜란드, 모나코, 폴란드, 노르웨이, 산마리노, 포르투갈, 슬로베니아, 슬로바키아, 스웨덴, 스페인, 바티칸시티, 스위스)
- 미국은 멕시코 및 캐나다와 레저 여행과 같이 필수적이지 않은 국가 간의 육로 여행을 제한하는 데 임시 협의하였으나, 다만 캐나다, 멕시코, 미국 간 항공여행은 허용된다.

(2) 필수 의무사항

Centers for Disease Control and Prevention(미국질병통제예방센터, CDC)에 따라 항공편에 의해 미국에 입국하는 모든 승객은 COVID-19 검사 결과 음성 판정의 결과서를 제출해야 한다. 항공편 승객은 미국행 항공편이 출발하기 전 3일 이내 COVID-19 검사를 받고, 결과지를 항공사에 제출해야 한다. 항공사는 모든 승객이 항공기에 탑승하기 전 해당 승객의 음성 혹은 완치 사실을 확인해야 하며, 승객이 미제출 시 혹은 거부 시 항공사 측은 승객의 탑승을 거부해야 한다. 모든 여행객은 공항, 민간 항공기, 공공 해양 선박, 기차, 시외버스 등의 대중교통을 이용 시 CDC 가이드라인을 준수하고 반드시 마스크를 착용해야 한다. 해외에서 미국에 입국한 모든 여행객은 CDC 가이드라인을 기준으로 한 자가격리기간을 반드시 준수해야 하며, 미국의 각 주는 도시의 특정 지역 사회에 대한 여행지침을 개별적으로 발표하고 있으니 반드시 참고하여야 한다.

(3) 유치현황

미국은 백신을 필두로 백신 관광을 전 세계에 처음 선보인 나라로 알래스카주 등을 꼽을 수 있고, 뉴욕의 경우 관광객에게 백신 접종은 의무사항으로 내세우지 않기 때문에 백신 접종 상태 역시 추적하지 않을 것이라 하였다(연합뉴스, 2021). 다만 뉴욕시는 상점, 지하철 등 일부 공공장소에서도 백신 접종을 원하는 사람이 있다면 접종이 가능한 상태로 미국 국경과 가까운 캐나다와 멕시코 등의 지역에서 미국으로의 백신 관광이 증가하고 있는 추세이다.

2) 태국

(1) 필수 의무사항

- 태국을 입국하는 태국인과 외국인의 격리기간을 14일에서 최소 10일로 단축한다(단, COVID-19 변이 바이러스 발생 국가는 제외).
- 대한민국에서 출발하는 태국 입국자의 경우 세계보건기구(WTO) 혹은 태국 보건부에서 인정한 백신을 출국하기 최소 14일 전에 접종한 백신 접종 확인서를 소지하였을 때, 격리기간을 최소 7일로 단축한다. 태국 입국자는 영문 혹은 영문으로 번역된 백신 접종 확인서 원본 또는 전자문서 사본을 태국질병통제센터 관계자에게 제출한다. 백신 접종 확인서 미소지자는 최소 10일 동안 격리한다.
- 태국으로의 입국자는 입국허가서를 소지하고 있어야 하고, 그 외 비행 적합 의사 소견서(Fit-to-Fly Certificate)를 지참해야 한다.

- 태국으로 입국하는 태국인은 비행 적합 의사소견서 또는 COVID-19 PCR 음성확인서를 제출할 필요가 없다.
- 태국으로 입국하는 외국인은 비행 적합 의사소견서는 필요치 않지만 다만, 출발일 기준 72시간 내 발급한 COVID-19 PCR 음성확인서를 제출해야만 한다.

(2) 유치현황

코로나19 백신이 확대되고 있는 가운데 여름 휴가철로 접어들며 외국인 관광객을 유치하는 국가가 늘어나고 있다. 태국은 2021년 7월 1일부터 코로나 백신 접종을 마친 외국인의 푸껫 입국을 허용함을 밝혔는데, 이는 7월 1일까지 푸껫 주민의 70%에게 접종을 완료하여 집단 면역을 달성하겠다는 목표를 세움에 있다. 백신을 완료한 외국인이 푸껫 입국 시 격리가 필요 없을 것이라 하였지만, 태국 내 다른 지역으로 이동하기 전까지는 푸껫에 최소 14일 동안 머물러야 함을 밝혔다. 태국 정부는 2021년 10월 1일부터는 푸껫 이외에도 치앙마이, 방콕 등 6개 지역의 백신 접종자가 격리 없이 입국할 수 있도록 계획하였다(연합뉴스, 2021).

더불어 CNN은 태국관광청(TAT)이 코로나19 저위험국가에서 출발한 관광객이 사전에 백신을 접종받은 후 중간 기착지 없이 푸껫에 바로 도착한 경우에는 격리조치를 면제하기로 하였다. 현재는 푸껫에 방문한 외국인은 태국 정부가 승인한 격리시설 혹은 정부 대체 격리(ASQ) 시설에서 14일간 머물러야 하나, 7월 1일부터는 태국 정부가 승인한 백신 접종을 완료한 성인 해외여행자, 그와 동행하는 12세 미만 어린이는 격리 없이 푸껫에 머물 수 있다. 다만 푸껫에 도착한 외국 관광객이 7일 이상 머물고자 한다면 도착 7일 후 다시 COVID-19 검사를 받아야 하고, 음성 판정이 나오면 계속해서 체류할 수 있다. 푸껫 입국자 가운데 7일 이상 체류한 후 COVID-19 음성 판정을 받은 사람은 태국 내 다른 지역으로의 이동이 가능하다(파이낸셜뉴스, 2021).

3) 프랑스

(1) 입국상황

프랑스는 2021년 6월 9일부터 외국인 관광객의 입국을 허용하였는데, 입국하는 여행객의 백신 접종 여부와 국가의 COVID-19 추이에 따라 입국이 허용된다. 각국의 COVID-19 확산 상황에 따라 등급을 부여하였고, 이 등급은 확산세에 따라 달라질 수 있다.

- 녹색 국가 : 대한민국, 호주, 이스라엘, 일본, 레바논, 뉴질랜드, 싱가포르, 유럽연합(EU) & 셍겐 협약 회원국
- 주황색 국가 : 녹색 국가와 적색 국가를 제외한 국가
- 적색 국가 : 남아프리카공화국, 바레인, 아르헨티나, 브라질, 방글라데시, 칠레, 콜롬비아, 터키, 인도, 네팔, 파키스탄 등 16개국

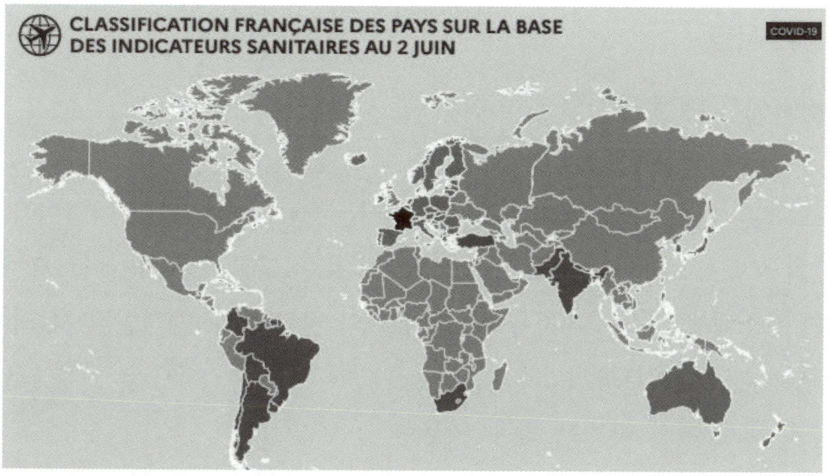

출처 : 연합뉴스(2021), 프랑스, 외국인 관광객에 9일부터 문 연다… "EU · 한국 등 환영"

[그림 2-27] COVID-19상황 등급 지도

〈표 2-1〉 **국가 등급별 필수사항**

국가별	백신 접종 여부	필수 사유서	출국	입국 시	격리 조치
녹색 국가	백신 접종자	X	X	X	X
	백신 미접종자	X	출발 72시	X	X

주황색 국가	백신 접종자	X	출발 72시간 전 시행한 PCR 또는 48시간 전 시행한 항체(안티젠) 검사 음성 결과서 필수	X	X
	백신 미접종자	○	출발 72시간 전 시행한 PCR 또는 48시간 전 시행한 항체(안티젠) 검사 음성 결과서 필수	입국 시 항체검사 무작위로 실시	7일간 자가격리
적색 국가	백신 접종자	○	출발 48시간 전 시행한 항체(안티젠) 검사 음성 결과서 필수	항체(안티젠) 검사 필수	7일간 자가격리
	백신 미접종자	○	출발 48시간 전 시행한 항체(안티젠) 검사 음성 결과서 필수	항체(안티젠) 검사 필수	10일간 격리(헌병 통제)

출처 : 프랑스관광청(2021), COVID-19 관련 프랑스 정부의 권고 및 조치

(2) 필수 의무사항

- 공공장소에서 예정되지 않은 10인 이상 모임 금지
- 공공장소에서의 음주 금지
- 프랑스 모든 영토 내 밀폐된 공공장소에서는 만 11세 이하의 어린이를 제외하고 모두 의무적으로 마스크 착용(단, 학교에서는 만 6세 이상부터 마스크 착용 의무)
- 지정된 장소에서 마스크 미착용 시 135유로의 벌금 부과, 재적발될 시 최대 3,750유로에 달하는 벌금 부과
- 모든 대중교통에서 마스크 착용 의무화
- 탑승객 간의 거리를 최대한으로 유지하고, 단체 탑승객은 탑승 금지
- 택시, VTC 탑승 시 마스크 착용을 의무화

(3) 유치현황

프랑스 정부가 지정한 국가에서는 순수 관광 목적으로 입국이 가능하며, 다만 이상의 〈표 2-1〉의 사항을 준수하여야 한다. 이처럼 프랑스는 과거의 관광 국가의 명맥을 유지하기 위해 그들만의 등급을 구분하여 해당 조건의 관광객을 유치하는 데 총력을 다하고 있다.

4 Tripadvisor의 2021년 Travelers' Choice best of the best

사람들은 나름의 여행을 즐기며 한 해를 보내왔는데, 이에 대해 Tripadvisor는 2021년 여행객이 선택한 최고 중의 최고에서 신흥 관광 목적지(emerging destination) 25곳을 발표하였으며, 이는 다음의 〈표 2-2〉와 같다.

〈표 2-2〉 2021년 급부상한 관광지

관광목적지		설명
1. 마르트니크 (카리브해)		카리브해에 있는 갈릭 토홀드는 서인도의 따뜻함으로 매료된 독특한 프랑스풍 공기를 발산한다. 이 세련된 섬은 1902년 생 피에르(St. Pierre)시를 파괴한 마운트 필리(Mount Pelee)가 지배하고 있다. 북쪽에는 검은 모래 해변과 열대 우림이 있다. 볼거리로는 나폴레옹 황후 조세핀의 탄생지인 라 페이지리(La Pagerie)와 한때 영국 군함으로 등록된 600피트의 정점인 다이아몬드 락(Diamond Rock)이 있다.
2. 파나마 시티 비치, 플로리다		평균 320일 플로리다 햇살이 비치고 멕시코만과 세인트 앤드류 베이(St. Andrew Bay)가 수렴하는 맑은 에메랄드 그린 바닷물에 접해 있는 27마일의 백사장이 펼쳐지는 파나마 시티 비치는 연중 제공하는 해변의 휴가로 여행객들에게 인기가 많다. 또한, 레저를 찾는 사람들, 생태 여행자, 가족과 커플 모두에게 특별함을 제공하는 생 앤드류 공원(St. Andrews Park)과 피에르 공원(Pier Park)을 포함하여 흥미진진한 육상 및 근해 명소를 갖추고 있다.
3. 아르마카오 도스 부지오, 브라질		"해변 경제"란 단어가 있다면 Buzios는 월스트리급이다. 20개가 넘는 해변, 세계적 수준의 갤러리, 클럽 및 부티크는 엘리트 여행객을 끌어들이고 있다. 서퍼들은 Geriba Beach를 좋아하고, 스노쿨러는 Ferruda를 즐겨 찾으며, 세련된 Ossos Beach는 고급 해변 카페가 즐비하여 Buzios는 다양한 경험을 제공한다.
4. 홀박스섬, 멕시코		플라밍고, 펠리컨, 왜가리!! Holbox Island는 이국적인 조류 개체군으로 인해 조류를 좋아하는 여행객들에게 사랑받는 곳이다. 유카탄 반도 근처에 있는 이 섬은 고래상어를 볼 수 있는 명소이기도 하며, 얕은 바다와 넓은 해변의 지형으로 카이트 보더가 좋아하는 장소이다. 관광객의 대부분은 인근 칸쿤에서의 파티를 선호하기 때문에 하얀 모래는 비교적 손상되지 않았다.

5. 세인트 이브스, 영국		세인트 이브스(St. Ives)는 4개의 황금빛 모래 해변을 자랑한다. 보호된 후미는 수영과 태양을 좋아하는 여행객에게 매력적이지만, 수상 스포츠 애호가들은 서핑, 윈드서핑 및 수상 스키 등을 위해 선호한다.
6. 마자틀란, 멕시코		해변 휴양지인 마자틀란(Mazatlan)은 역사 깊은 수도이자 활기차고 낭만적인 도시이다. 멕시코 휴가에서 찾고자 하는 것이 무엇이든 있다. 지역주민들은 관광객을 오래된 친구처럼 대하기 때문에 관광객이 이곳에 열광하며, 해변, 음식, 날씨, 음악 등 이 완벽한 곳을 절대 떠나고 싶지 않아 한다.
7. 콜로라도 스프링스, 콜로라도		역사가, 스포츠맨, 건축가, 예술가와 미식가들의 교차로인 콜로라도 스프링스(Colorado Springs)는 서양의 매력이 유쾌하게 혼합되어 있다. 잘 관리된 많은 공원은 맑은 하늘과 상쾌한 산 공기 덕분에 골프 나들이, 익스트림 스포츠 또는 피크닉을 즐기기에 완벽한 장소이다.
8. 숄헤븐, 호주		숄헤븐(Shoalhaven)은 호주를 생각할 때 가장 먼저 떠오르는 곳이 아닐 수도 있지만, 사회적 거리를 둔 현 시점에 호주 내에서 가장 크게 주목받은 곳이다. 여행객은 반짝이는 청록색 바다에서 서핑을 즐기고, 벤스 워크(Ben's Walk)의 녹음이 우거진 산책로와 협곡에 몸을 담그며, 고상 터널을 통해 동굴과 바다 절벽을 탐험하는 것을 즐긴다. 해안지역의 20개 포도원 중 한 곳에서 현지 음식을 즐기기 전에 포인트 수직등대(Point Perpendicular Lighthouse)에서 멋진 전망(특히 일몰)을 즐겨볼 것을 추천한다.
9. 브로츠와프, 폴란드		브로츠와프(Wroclaw)는 폴란드에서 네 번째로 큰 도시로, 중세시대 여러 섬에 걸쳐 지어진 이 도시에는 여전히 많은 아름다운 다리와 건축물이 있다. 특히 다채로운 건물이 늘어선 중앙광장(Rynek)은 이 도시에서 가장 인기있는 목적지 중 하나이다.
10. 머지, 호주		역사 애호가들의 성지! 머지(Mudgee)가 여러분이 가장 선호하는 휴가지가 될 것이다. 굴공 개척자 박물관(Gulgong Pioneers Museum)에서 전문적으로 복원된 골드 러시(Gold Rush)시대 건물과 다양한 유물을 통해 이 뉴사우스 웨일스 마을의 유산을 탐험할 수 있다. 자연 애호가는 펀트리 걸리(Ferntree Gully)의 이끼로 뒤덮인 바위와 대형 양치류를 좋아할 것이며, 예술가는 지역 장인의 대담한 캔버스와 수제 도자기를 좋아할 것이다. 만약 당신이 자전거로 탐험하는 것을 선호한다면, 이 지역은 시골길을 가로지르는 완만한

		라이딩에서부터 산악자전거를 타기 위해 만들어진 비포장도로에 이르기까지 모든 것을 갖추고 있다.
11. 안시, 프랑스		"로맨스"는 프랑스 남동부의 론 알프(Rhone-Alpes) 지역에 있는 도시인 안시(Annecy)의 생명선으로 이곳은 성, 성당, 부드러운 곡선의 건축물로 가득하다. 왕궁과 바로크 양식의 생 피에르 대성당(Saint-Pierre)을 방문하기 전에 연인의 다리인 퐁 데 아무르(Pont des Amoures)를 가로질러 봅니다. 특히 루 로얄(Rue Royale)을 걷다 보면 생장(Saint Jean) 분수에서 쇼핑과 식사를 할 수 있다.
12. 제주도, 대한민국		진달래 모양의 화산, 딥 다이버들의 향연, 소원을 빌고 싶은 고대 석상을 어디에서 찾을 수 있을까? 바로 제주도라 할 수 있다. 가족 여행객은 물론 K-드라마 팬들이 좋아하는 제주도는 휴양지로서 수 마일에 이르는 황금빛 해변, 구불구불한 해안 산책로, 지역 최대 규모의 워터파크가 있는 곳이기도 하다. 당신이 무엇을 좋아하든, 한 가지는 확실하다. 제주도에는 신선한 해산물과 유명한 흑돼지 바비큐를 즐기지 않고서는 관광의 하루가 끝나지 않을 것이다.
13. 트롬소, 노르웨이		트롬소(Tromso)의 피요르드(fjords)와 산맥은 여행객에게 마술을 선서한다. 북극광은 한밤중의 태양이 비추는 네이비 블루 하늘을 가로질러 반짝이며, 트롬소의 매혹적인 어촌 마을, 향기로운 식물원, 수정 같은 폭포에 매료될 것이다. 음악은 트롬소 문화, 특히 테크노 및 일렉트로닉 음악의 주요 부분으로 매년 축제 동안 도시에 활력을 더한다.
14. 우바투바, 브라질		상파울루 주(São Paulo state)는 북쪽 해안에 자리를 잡고 있는데, 특히 Tropic of Capricorn에 걸쳐 있는 우바투바(Ubatuba) 마을은 해변가와 서퍼들의 천국이다. 실제로 주도에서 북동쪽으로 225km의 도시는 상파울루의 서핑 수도로 알려져 있으며, 주요 항해 중심지이기도 하다. 여행객과 지역주민들이 선택할 수 있는 해변이 100개가 넘을 정도로 바다를 사랑하는 이들에게는 천국과도 같은 곳이다.
15. 드레스덴, 독일		아름다운 엘베강 유역에 있는 드레스덴은 숲과 정원, 공원으로 가득하며, 문화와 예술의 역사가 풍부하다. 위대한 오페라 작곡가 빌헬름 바그너(Wilhelm Wagner)는 1800년대에 이곳에서 여러 작품으로 데뷔했으며, 오늘날 독립 경극 회사는 고전 예술 형식을 현대적이고 신선하게 유지하고 있다. 문화를 사랑하는 여행객들은 알테 마에스터 회화관(Gemäldegalerie Alte Meister)과 그뤼네 게뵐베(Grünes Gewölbe)박물관을 좋아할 것이며, 건축 애호가는 도시 풍경이 반영된 스타일을 좋아할 것이다.

16. 엘바섬, 리보르노주		나폴레옹 유배지로 가장 잘 알려진 엘바(Elba)의 오랜 역사는 리구레스(Ligures)와 에트루리아인이 정착했던 로마 이전 시대로 거슬러 올라간다. 토스카나에서 가장 큰 섬이자 이탈리아에서 세 번째로 큰 섬으로, 문화(언덕 마을과 성 등)와 레크리에이션(하이킹, 자전거 타기, 수영, 다이빙, 해변 등)의 다양한 옵션을 제공한다. 깜뽀 마리나(Marina di Campo)에는 공항이 있지만, 대부분은 피옴비노(Piombino)에서 가장 큰 도시인 포르토페라이오(Portoferraio)와 리오 마리나(Rio Marina) 또는 포르토아추로(Porto Azzurro)까지 페리를 타고 여행할 수 있다.
17. 마스트리히트, 네덜란드		서쪽으로는 벨기에와 독일에서, 동쪽으로는 불과 몇 마일 떨어진 마스트리흐트(Maastricht)는 네덜란드 최남단 지역인 림부르크(Limburg)의 수도이다. 역사와 문화가 풍부한 마을인 Maastricht는 두 개의 멋진 마을 광장을 자랑한다. Vrijthof, Sint-Servaas Church, Sint-Jan's Cathedral 및 많은 바, 카페, 레스토랑, 타운 홀이 있는 마르크트(Markt)에는 수요일과 금요일 아침에 환상적인 노점시장이 열리며, 구시가지 요새는 또 다른 큰 매력을 보인다.
18. 라 로쉘, 프랑스		비스케이만(Bay of Biscay)에 위치한 라로셸(La Rochelle)의 역사는 대부분 바다와 관련되어 있다. 오늘날에는 대형 유람선 선착장으로 그 중심에는 그림같이 오래된 항구가 있다. 이 도시에는 풍부한 건축 유산이 남아 있으며 수족관, 매력적인 정원 및 자연사 박물관이 있다. 매년 7월 중순에는 규모가 큰 프랑코스(Francofolies) 음악축제가 열린다.
19. 루가노, 스위스		알프스가 뒷면에 자리한 호수가 있는 루가노에는 모든 것이 있다. 케이블카를 타고 몬테 산 살바토레(Monte San Salvatore) 또는 몬테 브레(Monte Bre)로 올라가 호수, 강, 산, 붉은 지붕으로 덮인 건물의 햇살이 가득한 파노라마를 감상할 수 있다. 마을의 교회, 성당, 표현력이 풍부하고 다채로운 리포 르마 광장(Piazza della Riforma)을 둘러볼 수 있으며, 보트를 타고 호수를 탐험하거나, 올림픽 규모의 수영장이 있는 리도(Lido)에서 하루를 보내는 것을 추천한다.
20. 말리, 말레		몰디브섬의 수도는 고층 건물과 좁은 거리로 가득하며, 모두 방파제에 둘러싸여 있다. Shopaholics는 신선한 농산물로 가득한 지역 시장과 Chaandanee Magu를 따라 조각된 나무, 물에 흠뻑 젖은 보트의 미니어처 복제품과 같은 지역 기념품의 장소인 Chaandanee Magu에서 말레의 풍미를 맛볼 수 있다. 환초의 수중 풍요로움은 전 세계의 스쿠버 애호가들을 유혹한다.

21. 미야코지마, 일본		미야코지마섬에는 일광욕, 수영, 스노클링을 즐길 수 있는 완벽한 아름다운 해변이 있다. 열대 식물원으로 이동하여 1,500종 이상의 이국적인 열대 식물을 감상할 수 있으며, 여행객은 일본 소주와 특제 메밀국수를 즐길 수 있다.
22. 토버머리, 캐나다		토버머리(Tobermory)는 "캐나다의 스쿠버 다이빙 수도"로 칭송받고 있다. 호숫가 마을은 수정처럼 맑은 청록색 바다로 유명하며 20개 이상의 난파선을 탐험하기에 완벽한 곳이다. 육지에서 모험을 원하는 사람들은 브루스반도 국립공원(Bruce Peninsula National Park)을 찾고 싶을 것이다. 캠핑장과 RV 사이트를 모두 갖춘 이 인기있는 명소는 등산객들이 매우 선호하며(절경인 산책로는 다양한 동식물로 가득차 있다), 수중 터널이 있는 파도 모양의 바다 동굴인 더 그로토(The Grotto)에 다다를 수 있다.
23. 알렉산드리아, 이집트		지중해의 진주는 중동보다 북쪽에 있는 이웃과 더 어울리는 분위기를 가지고 있다. 세계의 불가사의 중 하나인 파로스 등대와 앤서니와 클레오 파트라의 격렬한 로맨스가 있었던 이 도시는 기원전 331년 알렉산더 대왕에 의해 세워졌다. 오늘날 알렉산드리아는 그리스의 자랑스러운 과거, 흥미로운 모스크, 코니쉬의 카지노 스트립, 아름다운 정원, 현대 및 전통 호텔에 대한 매혹적인 통찰력을 제공한다.
24. 마르 델 플라트, 아르헨티나		아르헨티나 최고의 해변 휴양 도시인 마르 델 플라타(Mar del Plata)는 북쪽의 라 페를라(La Perla)에서 중심부의 매우 인기있는 브리스톨(Bristol), 남쪽의 세련된 파로(Faro)에 이르기까지 16km의 모래 해변을 자랑한다. 해변과 관계없이도 여름철에는 매우 밀집된 인파를 예상한다.
25. 더니든, 뉴질랜드		뉴질랜드에서 가장 오래된 도시인 더니든에는 희귀한 노란 눈 펭귄, 물개, 그리고 세계에서 유일한 알바트로스 생태구역이 있다. 야생 동물을 보지 않을 때 이 남섬 오타고(South Island Otago) 해안 마을은 골드 러시 메카 시절부터 인상적인 역사적 건축물을 자랑한다.

출처 : Tripadvisors(2021), Emerging Destinations

전 세계가 사회적 거리 두기를 위한 노력을 하는 가운데, 여행객들은 그에 걸맞은 여행을 찾고 있다. 과거 도시 여행, 체험 여행 등 경험을 중요시한 여행에 많은 관심을 두었다면, 현재는 자연과 함께하는 여행에 주목하고 있다.

참고문헌

연합뉴스(2021), "뉴욕 놀러 오시면 백신 놔드려요"… 관광객 대상 접종 추진
https://www.yna.co.kr/view/AKR20210507021400009?input=1195m
연합뉴스(2021), 프(佛), 9일부터 외국인 관광 허용… 태국, 무격리 입국
https://www.yonhapnewstv.co.kr/news/MYH20210605006500038?did=1825m
연합뉴스(2021), 프랑스, 외국인 관광객에 9일부터 문 연다… "EU · 한국 등 환영"
https://www.yna.co.kr/view/AKR20210604167700081?input=1195m
주한태국대사관(2021), 코로나19 관련 태국 입국 안내(2021년 4월 1일부터 시행)
https://seoul.thaiembassy.org/kr/content/코로나-19-관련-태국-입국-안내-제2장-2021년-4월-1일부터-시행?cate=5d661cd515e39c301800493a
파이낸셜뉴스(2021), 태국 푸껫, 7월 1일부터 외국인 관광객 격리 면제
https://www.fnnews.com/news/202106021535463815
프랑스관광청(2021), COVID-19 관련 프랑스 정부의 권고 및 조치
https://kr.france.fr/ko/holiday-prep/info-coronavirus-la-situation-en-france
GoUSA(2021), 코로나19 관련 미국의 여행 지침
https://www.gousa.or.kr/us-covid-19-travel-guidelines
IATA(2021), The great connectivity shutdown
https://www.iata.org/contentassets/c81222d96c9a4e0bb4ff6ced0126f0bb/iata-annual-review-2020.pdf
Tripadvisor(2021), Emerging Destinations-World
https://www.tripadvisor.com/TravelersChoice-EmergingDestinations
UNWTO(2021), The UNWTO/IATA Destination Tracker
https://www.unwto.org/unwto-iata-destination-tracker
UNWTO(2021), International Tourism and COVID-19
https://www.unwto.org/international-tourism-and-covid-19
UNWTO(2021), UNWTO Tourism recovery tracker: Overview
https://www.unwto.org/unwto-tourism-recovery-tracker
UNWTO(2021), International tourist arrival by region
https://www.unwto.org/unwto-tourism-recovery-tracker
UNWTO(2021), International tourist arrival by top 10 destinations
https://www.unwto.org/unwto-tourism-recovery-tracker

UNWTO(2021), COVID-19 related travel restrictions
https://www.unwto.org/unwto-tourism-recovery-tracker
UNWTO(2021), International tourism and COVID-19
https://www.unwto.org/international-tourism-and-covid-19
UNWTO(2021), Global and regional tourism performance
https://www.unwto.org/global-and-regional-tourism-performance

한국의 인바운드 상황

국 · 제 · 관 · 광

PART 03

국제관광

1 방한 외래관광객 수 지표

1) 방한 외래관광객 수 지표

방한 외래관광객 수 지표는 한국을 방문하는 외국인의 숫자를 의미하며 법무부의 출입국사무소 입국통계를 기초로 산출한다. 방한 외래관광객 수는 대한민국 관광산업 성장을 분석할 수 있는 핵심지표로 이해할 수 있다.

2) 방한 외래관광객 수 지표의 활용

방한 외래관광객 수 지표는 관광객의 증감을 기록한 것이기 때문에 관광산업 정책 수립의 효과성을 측정할 수 있을 뿐만 아니라, 향후의 수요를 예측하여 관광인프라에 대한 투자의 근거로도 활용될 수 있다.

3) 방한 외래관광객 수 산출식

방한 외래관광객 수는 세계관광기구(世界觀光機構, World Tourism Organization, UNWTO)가 정한 산출식에 의거하여 계산하며, 전 세계적으로 동일한 수식을 활용하여 집계량을 공표하기 때문에 세계 여행시장의 변화를 비교적 정확하게 측정 및 비교할 수 있다.

산출식은 다음과 같으며 외교, 군인 등의 공적인 목적을 띠고 입국하는 외국인과 동거, 거주, 영주 등의 생활을 위해 입국하는 경우는 전체 외국인 입국에서 제한다. 다만, 재외국민(교포)이 입국하는 경우와 승무원의 경우는 더하는데, 생활을 위해 입국하는 경우와 달리 이들의 체류 및 소비는 방한 외국인 관광객의 소비의 맥락에서 이해하기 때문이다.

> 외래관광객 = 총외국인입국 − (외교+동거+거주+군인+영주) +
> 재외국민입국자 수(교포) + 승무원

* 세계관광기구(UNWTO) 권고에 따른 산식

2 인바운드 관광객 동향

1) 방한 외래관광객 동향 분석

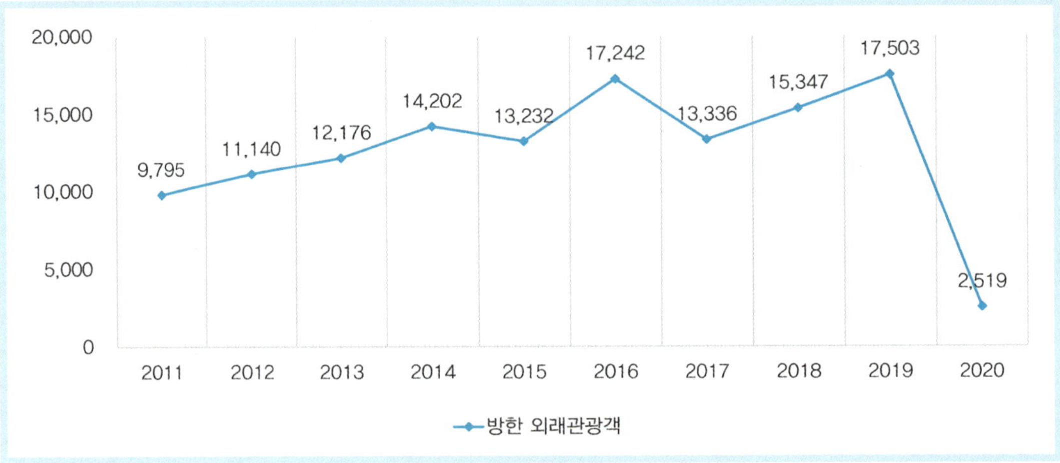

[그림 3-1] 방한 외국인 관광객(2011~2020)

위 [그림 3-1]은 지난 2011년부터 2020년까지의 방한 외래관광객 유치 동향을 분석한 것이다. 급격한 증감폭을 기록한 시점을 중심으로 분석해 보면, 향후 우리나라 관광산업의 기회와 위협요인을 도출해 낼 수 있다. 우선, 지난 2016년에는 2013년부터 지속적으로 추진했던 중국, 일본 등의 시장별 맞춤형 유치 정책 추진의 결과가 나타났던 해로써, 방한 외국인 관광객의 급격한 증가를 기록하였다(17,242천명, 전년대비 30.3% 증가).

2017년에는 사드와 북핵 등의 정치적 이슈로 인해 중국인 관광객이 대폭 감소한 해였다(13,336천 명, 전년대비 22.7% 감소). 관광은 올림픽, 아시안게임, 영화제 등 문화적 요인이나 메가이벤트 등으로 특정 국가 및 지역에 수요가 급증하는 결과를 가져다주기도 하지만, 국가 간 정치적 상황으로 인해 수요가 급락하는 위험이 있다. 특히 우리나라의 경우 북한의 군사적 도발로 인해 외국인들의 방문의향에 큰 영향을 주는 요소를 지니고 있기 때문에 대한민국 관광브랜드를 신뢰할 수 있고, 안전한 나라라는 점을 부각시키는 것이 필요하다.

우리나라는 사드사태로 겪은 관광업계의 위기상황을 극복하기 위해 일본 및 동남아시아 유치 강화를 통한 방한관광시장 다변화 정책 결과, '18년 방한 외국인 방문객이 급증하는 쾌거를 이루기도 하였다(2018년 방한 외국인관광객 15,347천 명, 전년대비 15.1% 증가). 방한 외국인 관광객 시장은 중국뿐만 아니라 정치적 상황에 따라 다양한 국가의 관광객들의 수요가 급락할 위험성을 내포하고 있다. 따라서, 향후에도 특정 국가 관광객을 주요 타깃마켓으로 관광마케팅을 펼치기보다는 다양한 국가의 관광객을 모집할 수 있도록 마케팅을 다변화하는 것이 필요하다.

또 한 가지 주목해야 할 점은 개별관광객 시장이다. 비록 2017년 사드사태로 인해 중국인 관광객이 급감하는 결과가 나타났지만, 이것은 단체 관광객에 국한되는 상황이었다. 기존에 한국을 방문하는 중국 관광객은 여행사를 통해 모집한 단체 관광객이 대부분이었다. 사드 사태 발발 후, 중국 정부는 이러한 단체 관광객의 한국 방문을 금지하였는데, 상대적으로 적은 비율을 차지하고 있던 개별관광객은 제재에 포함하지 않았다. 개별관광객의 경우 비즈니스 목적으로 한국을 방문하는 여행객과 구분이 쉽지 않고 제재 당시의 비중상 특별히 제재할 필요성을 느끼지 못했기 때문이다. 우리나라 관광업계는 이러한 점에 착안하여 중국의 개별관광객을 모집하기 위하여 마케팅 수단을 변화시켰다. 즉, 여행사를 통한 간접 모집 대신 SNS나 다양한 소셜커머스 채널을 통해 개별 여행객이 자유여행의 형태로 여행상품을 구입하고 방문할 수 있도록 여행객을 유치했던 것이다.

중국 개별관광객 유치 확대 및 방한 관광시장 다변화 정책 추진 결과 2019년에는 역대 최대 외래관광객의 유치실적을 기록하였다.('19년 방한 외래객 증가 17,503천 명, 전년대비 14.0% 증가).

다만, 표적시장을 다변화하는 것과는 별개로 지난 2020년에는 Covid-19으로 인한 팬데믹 현상으로 인해 전 세계 관광시장이 폭락하는 사태가 발생하기도 했다. 우리나라 역시 2020년에는 외래관광객이 급감하였다(2,519천 명, 전년대비 85.6% 감소).

팬데믹 현상은 천재지변에 준하는 위급상황으로써 관광산업을 이야기하기 어려울 만큼 심각한 상황이다. 그러나 세계 각국의 여러 전문가가 경고하듯 향후에도 바이러스로 인한 팬데믹 현상은 지속적으로 발발할 위험이 있다. 따라서, 각국의 정부는 집단감염의 위험을 줄이고, 국가 간 이동이 원활하게 이루어질 수 있도록 트래블버블 등의 제도를 수립하고 이행할 수 있는 제도 마련이 필요하다.

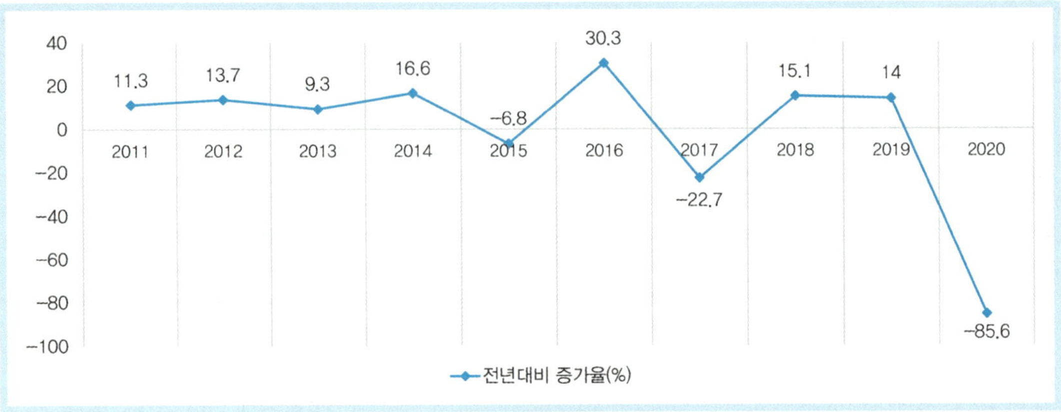

[그림 3-2] 방한 외국인 관광객 전년대비 증감률(2011~2020)

위 [그림 3-2]는 2011년부터 2020년까지 방한 외국인 관광객의 증감률을 기록한 것이다. 관광산업은 호텔, 숙박, MICE, 카지노, 쇼핑, 문화 등 한 국가와 관련한 다양한 산업이 밀접한 관계를 맺고 있는 복합적인 산업으로써 인과관계와 파급효과에 대해 다양한 관점으로 접근해야 한다.

예를 들어 사드 사태나 메르스, 코로나 등 사회에 미치는 영향이 극명한 이슈들뿐만 아니라 BTS 등 문화적 영향력 확대에 따른 관광수요 증대를 통해서도 관광수요에는 영향을 미칠 수 있으므로 과거의 증감률을 바탕으로 당시의 관광마케팅을 분석하고, 사회문화적 현상을 결합하여 이해한다면 향후에 발생하는 다양한 이슈와 사회변화에도 능동적으로 대처할 수 있는 경쟁력을 확보할 수 있을 것이다.

3 방한횟수별 인바운드 관광객 특성

1) 방한 외래관광객의 재방문

방한 외래관광객의 특성을 파악하기 위해서는 첫 방문도 중요하지만, 재방문과 관련한 자료를 분석하는 것이 필요하다. 다음의 〈표 3-1〉은 한국문화관광연구원에서 지난 2006년부터 2019년까지 방한외국인 관광객의 성장률과 재방문 비율을 기록한 것이다.

한 가지 주목할 만한 점은 재방문 비율과 지방 방문 비율이다. 일반적으로 관광마케팅적 시각에서 생각했을 때는 한국에 방문하는 횟수가 증가할수록 지방을 방문하는 비율도 높아질 것이라 생각할 수 있다. 그러나 분석결과 재방문 비율과 지방 방문 비율에는 통계적으로 유의미한 상관관계는 없는 것으로 나타났다. 즉, 단순히 방문횟수가 늘어났다고 해서 우리나라의 지방까지 방문하지는 않는다는 것이다. 따라서, 국내 관광 활성화를 위해서는 외국인 관광객이 특별히 찾을 만한 이유나 목적을 만들어주는 것이 필요하며, 외국인 관광객의 양적 팽창이나 재방문횟수 증대는 지방 관광 활성화에 직접적인 파급효과는 만들어내기 어렵다는 것으로 이해할 수 있다.

〈표 3-1〉 **방한 외국인 관광객 재방문 비율(2006 ~ 2019)** (단위 : 명, %)

연도	외래관광객 수	외래관광객 성장률	재방문 비율	지방 방문 비율
2006	6,155,046	2.2	43.8	
2007	6,448,240	4.8	41.5	
2008	6,890,841	6.9	41.8	
2009	7,817,533	13.4	43.7	56.3
2010	8,797,658	12.5	41.9	60.1
2011	9,794,796	11.3	39.2	50.3
2012	11,140,028	13.7	41.8	46.3
2013	12,175,550	9.3	39.7	49.9
2014	14,201,516	16.6	34.9	47.5
2015	13,231,651	-6.8	46.1	50.9
2016	17,241,823	30.3	38.6	48.0
2017	13,335,758	-22.7	53.3	49.1
2018	15,346,879	15.1	57.8	49.6
2019	17,502,623	14.0	58.3	49.1

주 : 외래관광객조사에서 지방 관광지 방문 질문은 2009년부터 시작
출처 : 한국문화관광연구원, 방한 외국인 재방문시장 분석 및 유치 확대 방안

〈표 3-2〉 방한 외국인 관광객 연도별 방한횟수(2014~2019)

(단위 : %)

구분	2014	2015	2016	2017	2018	2019
1회	65.1	53.9	61.4	46.7	42.2	41.7
2회	12.9	16.3	12.7	17.9	18.1	17.3
3회	6.6	7.9	6.7	9.5	10.6	11.0
4회 이상	15.4	21.9	19.2	25.9	29.1	30.0

주 : 2014년 결과는 최근 3년간 방한횟수 결과이므로, 연도별 비교 시 주의가 필요함
출처 : 한국문화관광연구원, 방한 외국인 재방문시장 분석 및 유치 확대 방안

위의 〈표 3-2〉를 보면 2016년을 기점으로 2회~4회 이상 방문하는 비중이 증가하고 있는 것을 알 수 있다. 그러나 한국을 처음 방문한 관광객의 비율은 2016년 61.4%에서 2019년 41.7%로 급격히 감소하는 것을 알 수 있다. 이것은 관광분야에 있어서 대한민국이라는 브랜드는 한국을 한번도 방문해 보지 않은 새롭고 특별한 관광지보다는 이미 한국을 방문한 외국인 관광객들에 한정해서 익숙하고 편안한 브랜드로 인식되고 있다는 뜻이다. 물론 재방문 관광객들의 비중이 늘고 있다는 것은 충분히 의미 있는 성과다. 관광산업에서 가장 중요하게 여기는 요소는 재방문율이기 때문이다. 재방문이 이루어졌다는 것은 충분히 즐겁고 기억할 만한 경험을 쌓았다는 뜻이고, 고객생애주기 가치(CLV : Customer Lifetime Value)의 관점에서 봤을 때 지속적인 이익을 창출해 낼 수 있음을 뜻하는 것이기 때문이다. 그러나 첫 방문이 줄어든다는 것에 대한 해결책 또한 고민해 봐야 하는 시점이기도 하다. 고객의 첫 방문이 줄어든다는 데는 다양한 요소가 관여하지만, 일반적으로는 마케팅의 접근이 실수요자의 니즈(Needs)를 충족시키지 못한다는 뜻이고, 대한민국의 관광상품이 글로벌 트렌드를 반영하지 못하고 있다는 의미로 해석할 수도 있다. 중요한 것은 항공, MICE, 축제, 문화, 쇼핑에 이르기까지 관광산업에 속한 다양한 세부 사업들이 소비자 분석 및 트렌드 분석 등을 통해 현재의 상황을 점검하고 발전전략을 수립해야 할 필요성이 있다는 점을 인지해야 한다는 것이다. 충성고객을 유지하고 확보하는 것은 의미 있지만, 신규수요가 유입되지 않는 한 관광산업의 미래가 불투명할 수도 있기 때문이다. 이 과정에서 내부적인 문제점을 찾아내고 개선하는 것도 필요하지만, 관광의 측면에서 경쟁 국가와 비교하여 약점 및 강점을 파악하는 등 대외적인 시각에서 발전 방향을 찾는 것 또한 중요하다는 것이다.

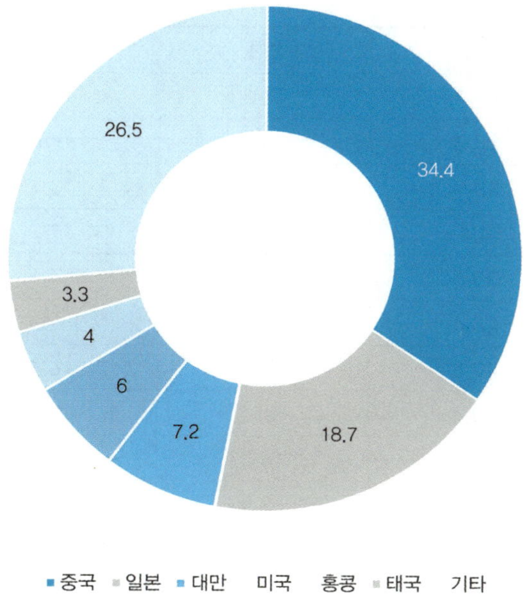

[그림 3-3] 방한 외국인 관광객 비중

[그림 3-3]은 2019년 기준 외국인 관광객의 비중을 나타낸 것으로써, 2019년에는 총 1,750만 2,623명의 외국인이 한국을 방문했고, 이 중 중국인 관광객이 약 34.4%를 차지했다. 중국인 관광객에 대한 의존도가 심화되었을 때 방한 외국인 관광객의 약 70% 가까이 중국인 관광객이 차지했었던 것과 비교하여 관광객의 국적이 다양해진 것은 주의깊게 살펴봐야 할 변화이자 성과이다.

방한 외국인 관광객의 비중을 살펴보면, 주로 중국-일본-대만 등 인접 국가에서 방문하는 비율이 높은 것을 알 수 있다. 즉, 현재 우리나라의 주요 타깃마켓은 동남아 국가의 관광객들이다. 이러한 현상을 바탕으로 얻을 수 있는 시사점은 방한 외국인 관광객의 시장이 더욱더 다변화·다각화되어야 한다는 것이다. 향후에는 아시아의 다른 지역뿐만 아니라 북미 및 유럽관광객의 유입이 늘어날 수 있도록 해당 국가 관광객을 모집할 수 있는 관광 매력물을 개발하는 데 힘써야 한다.

〈표 3-3〉 거주국별 방한횟수(2019) (단위 : %)

구분	1회	2회	3회	4회 이상
전체	41.7	17.3	11.0	30.0
일본	26.3	15.1	8.8	49.9
중국	39.9	16.6	13.1	30.4
홍콩	4.4	18.9	17.2	39.5
싱가포르	39.4	19.2	14.1	27.3
대만	42.4	23.5	11	23.1
태국	42.6	23	16.4	18.1
말레이시아	58.4	25	6.2	10.4
호주	57.6	18.2	6.5	17.7
미국	52.9	17.5	8.4	21.2
캐나다	58.1	16.8	8.1	17
영국	56.4	18.1	6.7	18.9
독일	52.7	15.2	7.4	24.7
프랑스	63	13.9	7.5	15.6
러시아	44.4	21.6	11.8	22.3
중동	57	17.4	8.9	16.7
인도	45.1	18.3	9.3	27.3
필리핀	59	17.2	9.7	14.1
인도네시아	62.8	16.7	7.9	12.6
베트남	66.5	15.5	7.1	10.9
기타	64.7	13.2	7.8	14.4

출처 : 서울열린데이터광장

위 표는 2019년 기준 한국을 방문한 외국인들의 국적별 방한횟수를 조사한 것이다. 2019년에는 방한 외국인 시장에서 높은 비중을 차지하였던 일본-중국-홍콩-싱가포르-대만 등의 국가보다 말레이시아-호주-미국-캐나다-영국-독일-인도네이사-베트남 등의 국가의 1회 방문율이 높았다. 이것은 새로운 수요가 창출되고 있다는 신호로써 이해할 수 있다. 그러나 중요한 것은 방문객의 방문 목적을 파악하는 것이다. 예를 들어 2019년에 특별한 이슈로 인해 단기적으로 외국인 관광객이 급증했을 경우에는 지속적인 수요라기보다는 일시적이고 단발적인 수요로 이해할 수 있기 때문이다.

다음의 〈표 3-4〉는 방한횟수별 방한 목적 분포를 나타낸 것이다. 방한횟수별 목적을 살펴보면, 1회 방문에 가장 압도적인 비율을 차지하는 것은 여가/위락/휴식이다. 이것은 2회, 3회, 4회 이상에서도 마찬가지로 높은 비율을 차지하는데, 관광객의 기본 목적을 충족시키는 기능은 적절히 작용하고 있음을 알 수 있다. 다음으로는 사업/전문활동이다.

〈표 3-4〉 **방한횟수별 방한 목적 분포**

(단위 : %)

구분	1회	2회	3회	4회 이상
여가 / 위락 / 휴식	76.1	70.0	64.5	56.1
사업 / 전문활동	12.2	14.2	17.6	27.4
친구, 친지 방문	7.8	12.5	14.4	14.0
교육(어학프로그램, 연수 등)	2.8	2.4	2.9	1.9
종교 및 순례	0.2	0.1	0.2	0.2
기타	0.8	0.8	0.4	0.4
사례 수	6,463	2,477	1,314	3,5884

출처 : 한국문화관광연구원(2020), 2019 외래관광객 실태조사

사업 및 전문활동은 1회~3회보다 4회 이상이 높은 비율을 보인다. 즉, 한국에 비즈니스 목적으로 방문하는 외국인들은 이미 우리나라에 대한 일정 부분 이상의 경험과 지식이 있는 사람이 재방문한다는 것을 알 수 있다. 따라서 이들 MICE고객을 대상으로 재방문 시 인센티브를 제공하는 방향을 고려해 볼 수 있다. 비즈니스 목적차 방문하는 고객이 좋은 인상을 받는다면, 휴가에도 방문할 가능성이 높기 때문이다.

친구, 친지 방문은 대부분 해외동포가 차지하는 비율이다. 이들은 해외에 거주하면서 국내의 식품/의류/건강식품 등을 지속적으로 구입하는 경향이 있고, 때로는 의료 목적으로 방문하는 경우도 있으므로 의료관광 및 재활투어와 연계하는 것이 효율적이다.

주목해야 할 부분은 교육이다. 최근 해외에서도 한국어를 배우고자 하는 사람들의 비율이 점차 증가하는 추세로서 어학연수생 및 교환학생들을 지원하고 이들의 편의를 높일 수 있는 방안을 고안하여 관광 및 실 주거의 개념으로 접근하고 프로그램을 제작한다면 점차 수요를 늘릴 수 있을 것으로 기대한다.

〈표 3-5〉 방한횟수별 여행형태 분포

(단위 : %)

구분	1회	2회	3회	4회 이상
개별여행	68.5	77.4	84.0	86.3
단체여행	24.5	14.5	9.6	4.5
에어텔	7.0	8.1	6.4	9.2
사례 수	6,463	2,477	1,314	3,584

출처 : 한국문화관광연구원(2020), 2019 외래관광객 실태조사

위의 〈표 3-5〉는 방한횟수별 여행형태를 분석한 것이다. 우리나라를 방문하는 외국인 관광객의 특성은 단체여행보다는 개별여행이 많은 것을 알 수 있다. 단체여행과 개별여행(에어텔 포함)의 차이는 투어가이드의 유무이다. 즉, 단체여행은 흔히 이야기하는 패키지 여행으로서 투어가이드의 인솔하에 일정 및 숙박, 식사까지 여행사가 정한 프로그램대로 여행하는 것이다. 그러나 개별여행은 OTA사이트를 통해 숙소 및 비행기를 직접 예약하고, 에어텔은 항공권과 숙박만 여행사를 통해 예약한다. 이것은 실제 관광산업의 발전 측면에서도 큰 차이를 만들어내는데, 에어텔이나 단체여행의 경우에는 여행사가 특정 지역과 특정 호텔을 중심으로 패키지를 구성하기 때문에 관광객들의 행동반경이 제한된다는 것이다. 그에 비해 개별여행은 관광객이 지역 및 숙박업소의 형태를 자유롭게 선택할 수 있기 때문에 다양한 지역 및 도시의 관광산업이 발전할 가능성도 있다. 또한, 에어비앤비의 급격한 성장으로 호텔뿐만 아니라 다양한 형태의 숙박이 가능해져서 기존에 호텔 등의 숙박시설이 적고, 여행사의 패키지에 포함되지 않아서 접근이 어려운 지역까지 관광산업 성장의 수혜를 입을 수 있다는 장점이 있다.

해당 자료의 설문 및 분석을 수행한 한국문화관광연구원에 따르면, 방한횟수가 많을수록 혼자 한국을 방문한 비율이 높고, 동반 인원수가 적어지며, 1인 평균 지출 경비가 높아지는 경향이 발견됐다고 했다. 이를 통해 알 수 있는 것은 우리나라를 방문하는 외국인 관광객은 다소 특수한 관심사를 바탕으로 우리나라를 방문하는 경향성이 높다는 것이다. 예를 들어, 한류 등의 관심사를 가지고 개개인이 좋아하는 가수나 배우의 팬미팅이나 공연을 관람하기 위해서 방문할 경우 비슷한 취향을 지닌 지인이 없을 경우 혼자 방문할 가능성이 높고, 여러 굿즈를 구입하면서 1인 평균지출 경비가 높아질 가능성이 있는 것이다.

〈표 3-6〉 방한횟수별 만족도, 재방문의향 (단위 : %)

구분	1회	2회	3회	4회 이상
만족도(매우 만족+만족)	93.6	95.1	93.4	92.1
재방문의향(매우 긍정+긍정)	80.3	84.8	88.4	89.4
빈도수	6,463	2,477	1,314	3,584

출처 : 한국문화관광연구원(2020), 2019 외래관광객 실태조사

위 〈표 3-6〉은 방한횟수별 만족도, 재방문의향을 분석한 것이다. 전반적 만족도의 관점에서 보면 우리나라를 방문하는 외국인들은 대체로 만족하는 것으로 나타났다. 그러나 방한횟수를 중심으로 살펴보면 횟수가 증가할수록 만족도가 다소 떨어지는 것을 알 수 있다. 그러나 재방문의향은 최초 방한객이 80.3%로 나타난 것에 비해 4회 이상의 경우 89.4%로 높아지는 것으로 나타났다. 이것은 한국관광의 매력물이 다양하지 않다고 인식하는 비율이 높다는 것으로 이해할 수 있다. 즉, 방문횟수가 거듭될수록 새롭거나 신기한 관광매력물을 찾을 수는 없지만, 소기에 방문하고자 했던 목적에 의해 재방문은 지속하는 것일 수 있다. 따라서, 관광객 대상 설문조사를 할 때 재방문의향이 높게 집계되었다고 한국관광의 매력이 있다고 분석하는 것이 아니라, 재방문하는 사람들도 새로움을 느낄 수 있도록 관광콘텐츠를 재정비하는 노력이 필요하다.

다음은 성별과 방문횟수 간의 교차분석표이다. 성별로 분석했을 때는 여성의 비율이 남성보다 높게 나타나는 것을 알 수 있다.

〈표 3-7〉 성별과 방문횟수 간의 교차분석표 (단위 : 명, %)

구분	방문횟수				총계
	1회	2회	3회	4회 이상	
남	2,113 (58.8)	633 (17.6)	278 (7.7)	572 (15.9)	3,596 (100.0)
여	3,053 (47.4)	1,190 (18.5)	703 (10.9)	1,492 (23.2)	6,438 (100.0)
총계	5,166 (51.5)	1,823 (18.2)	981 (9.8)	2,064 (20.6)	10,034 (100.)

주 : Pearson 카이제곱(χ^2) 값 141.85($p<0.01$)
출처 : 한국문화관광연구원(2020), 2019 외래관광객 실태조사

다음의 〈표 3-8〉은 연령과 방문횟수 간의 교차분석표이다. 연령별 방문횟수 분포에 통계적으로 유의미한 차이가 나타나지는 않았지만, 재방문자의 경우 20~30대의 연령층의 비율이 다른 연령대보다 상대적으로 높은 것으로 나타났다.

〈표 3-8〉 **연령과 방문횟수 간의 교차분석표** (단위 : 명, %)

구분	방문횟수				총계
	1회	2회	3회	4회 이상	
10대	246 (61.0)	79 (19.6)	28 (6.9)	50 (12.4)	403 (100.0)
20대	2,098 (54.8)	707 (18.5)	365 (9.5)	658 (17.2)	3,828 (100.0)
30대	1,174 (49.5)	424 (17.9)	268 (11.3)	505 (21.3)	2,371 (100.0)
40대	733 (46.9)	297 (19.0)	154 (9.8)	380 (24.3)	1,564 (100.0)
50대	699 (47.6)	253 (17.2)	143 (9.7)	372 (25.4)	1,467 (100.0)
60대 이상	216 (53.9)	63 (15.7)	23 (5.7)	99 (24.7)	401 (100.0)
총계	5,166 (51.5)	1,823 (18.2)	981 (9.8)	2,064 (20.6)	10,034 (100.0)

주 : Pearson 카이제곱(χ^2) 값 112.65($p<0.01$)
출처 : 한국문화관광연구원(2020), 2019 외래관광객 실태조사

이러한 결과는 신규 방문자보다 재방문율이 높은 결과와 결합하여 분석해 봤을 때, 특정목적(한류관광 등)을 위해 방문하는 사람이 많다는 예측을 뒷받침해 준다. 또한, 20대와 30대는 성형 및 미용을 목적으로 방문하는 사람들도 많기 때문에 타당한 예측일 것이다.

다음의 〈표 3-9〉는 동반유형과 방문횟수 간의 교차분석표이다. 1회 이상의 재방문자의 통계를 중심으로 살펴보면, 동반유형이 혼자, 가족/친지, 친구/연인 등이 각각 고르게 분포한다. 이 중, 가족/친지 유형이 가장 많은 것으로 나타났는데, 이것은 일반적인 휴양형 관광지가 신혼부부들의 신혼여행지로 인기인 것과 반대로 일상적인 관광의 형태가 더 많이 나타나고 있는 것을 알 수 있다.

〈표 3-9〉 동반유형과 방문횟수 간의 교차분석표 (단위 : 명, %)

구분	방문횟수				총계
	1회	2회	3회	4회 이상	
혼자	857 (44.3)	305 (15.8)	195 (10.1)	577 (29.8)	1,934 (100.0)
가족/친지	2,394 (53.3)	897 (20.0)	425 (9.5)	774 (17.2)	4,490 (100.0)
친구/연인	1,644 (51.9)	551 (17.4)	322 (10.2)	651 (20.5)	3,168 (100.0)
직장동료	257 (61.0)	67 (15.9)	38 (9.0)	59 (14.0)	421 (100.0)
기타	14 (66.7)	3 (14.3)	1 (4.8)	3 (14.3)	21 (100.0)
총계	5,166 (51.5)	1,823 (18.2)	981 (9.8)	2,064 (20.6)	10,034 (100.0)

주 : 카이제곱(χ^2) 값 163.41($p<0.01$)
출처 : 한국문화관광연구원(2020). 2019 외래관광객 실태조사

다음의 〈표 3-10〉은 체류 기간과 방문횟수 간의 교차분석표이다. 대한민국을 방문하는 외국인 관광객 중 재방문자의 체류기간은 3~5일 사이에서 분포하는 것으로 나타났다. 다만 중요한 것은 방문횟수가 증가하는 것과 체류기간에는 유의미한 상관관계가 나타나지 않았다는 것이다. 체류기간을 중심으로 살펴보면 가장 높은 비중을 차지하는 것은 3일~6일이었다. 체류기간은 관광산업에서 중요하게 살펴보아야 하는 변수다. 장기적으로 체류하면 할수록 1인당 지출액이 늘어날 뿐만 아니라 우리나라의 다양한 산업으로 파급효과가 나타날 가능성이 높기 때문이다. 또한 눈여겨보아야 할 부분은 3~6일의 체류기간 중에서 방문횟수 중 가장 높은 비중을 차지하는 것은 1회 방문이라는 것이다. 즉, 이들 관광객은 개별 관광객이라기보다 여행사를 통한 패키지 관광을 이용하여 방문한 비중이 높다고 이해할 수 있다. 이러한 현상을 개선시키기 위해서는 서울을 중심으로 다양한 지역의 관광지와 연계하여 패키지를 구성하는 등 지방의 관광산업을 육성할 수 있는 방법을 강구하는 것이다.

〈표 3-10〉 체류기간과 방문횟수 간의 교차분석표 (단위 : 명, %)

구분	방문횟수				총계
	1회	2회	3회	4회 이상	
1일	53 (64.6)	12 (14.6)	5 (6.1)	12 (14.6)	82 (100.0)
2일	86 (32.5)	47 (17.7)	21 (7.9)	111 (41.9)	265 (100.0)
3일	662 (41.3)	270 (16.8)	166 (10.3)	506 (31.5)	1,604 (100.0)
4일	884 (45.2)	376 (19.2)	219 (11.2)	478 (24.4)	1,957 (100.0)
5일	1,344 (54.7)	498 (20.3)	227 (9.2)	388 (15.8)	2,457 (100.0)
6일	650 (56.2)	198 (17.1)	114 (9.9)	194 (16.8)	1,156 (100.0)
7일	448 (59.0)	117 (15.4)	63 (8.3)	131 (17.3)	759 (100.0)
8일	243 (55.0)	84 (19.0)	56 (12.7)	59 (13.3)	442 (100.0)
9일	128 (57.4)	48 (21.5)	19 (8.5)	28 (12.6)	223 (100.0)
10일	133 (62.7)	31 (14.6)	16 (7.5)	32 (15.1)	212 (100.0)
11~20일	401 (66.5)	83 (13.8)	47 (7.8)	72 (11.9)	603 (100.0)
21~30일	66 (48.5)	31 (22.8)	10 (7.4)	29 (21.3)	136 (100.0)
31~60일	47 (45.6)	21 (20.4)	17 (16.5)	18 (17.5)	103 (100.0)
61일 이상	21 (60.0)	7 (20.0)	1 (2.9)	6 (17.1)	35 (100.0)
총계	5,166 (51.5)	1,823 (18.2)	981 (9.8)	2,064 (20.6)	10034 (100.0)

주 : Pearson 카이제곱(χ^2) 값 422.77($p<0.01$)
출처 : 한국문화관광연구원(2020), 2019 외래관광객 실태조사

2) 방한 외래관광객과 관광목적

다음의 〈표 3-11〉은 방한 선택 시 고려요인을 분석한 것이다. 일반적으로 여행객의 경우 방문목적은 1개 이상인 경우가 많다. 예를 들어, 쇼핑관광을 목적으로 한국을 방문한 관광객의 경우에도 음식 및 미식탐방을 즐길 수 있고, 유흥이나 놀이시설을 체험할 수 있는 것이다. 다만, 본 조사결과는 방문 시 가장 중요하게 생각하는 1순위 방문목표를 물어본 것으로써 분야별 관광목적이 얼마나 큰 중요도를 차지하고 있는지를 분석하기에 용이하다. 우선 음식/미식탐방은 전 세계적으로 일반적인 트렌드로써 우리나라의 경우 미슐랭스타 등급을 받기 시작한 이후로 해외 관광객들의 미식 탐방에 대한 관심이 더욱 증대되었다. 다음은 쇼핑으로 홍삼 및 인삼 등 우리나라 특산물들이 해외에서 인기가 있는 물품들이 증대하고 있는 경향이 반영된 결과이다. 다음으로는 한류관련 방문으로, 기존의 중국 및 일본 관광객뿐만 아니라 유럽지역으로까지 한류목적 방문객이 늘어나고 있는 추세이다. 나머지 요소들 중에서 특히 관심을 기울여야 하는 것은 치료/미용 서비스로 구분되어 있는 의료관광이다.

〈표 3-11〉 **방한 선택 시 고려요인** (단위 : 명, %)

방문목적	빈도	비중
음식/미식탐방	1,170	38.4
쇼핑	796	26.1
K-POP/한류스타 관련 팬미팅, 촬영지 등 경험	280	9.2
자연풍경 감상	267	8.8
휴가시간	137	4.5
역사/문화유적/전통문화체험	111	3.6
패션, 유행 등 현대문화 체험	74	2.4
치료/미용 서비스	56	1.8
자국과의 이동거리	50	1.6
유흥/놀이시설 체험	40	1.3
기타	28	.9
레저/스포츠활동	19	.6
경제적인 여행비용	17	.6
소계	3,045	100.0

출처 : 한국문화관광연구원(2020), 2019 외래관광객 실태조사

3) 방한 외래관광객과 의료관광

다음의 [그림 3-4]는 보건복지부에서 연도별 외국인 환자 수를 집계한 것이다. 우리나라는 지난 2009년 외국인 환자 유치를 허용하였는데, 가장 최근의 통계결과인 2018년 조사한 결과 외국인 환자는 누적 226만 명으로, 10년 만에 200만 명을 넘어선 것으로 파악되었다.

특히, 2017년 32만 1,574명이었던 것과 비교해 2018년에는 17.8% 증가한 37만 8,967명으로 집계되었는데, 외국인 환자 숫자가 늘어날수록 구전효과 및 마케팅 등이 더해져 이러한 증가세는 향후에도 지속적으로 급증할 것으로 예상된다.

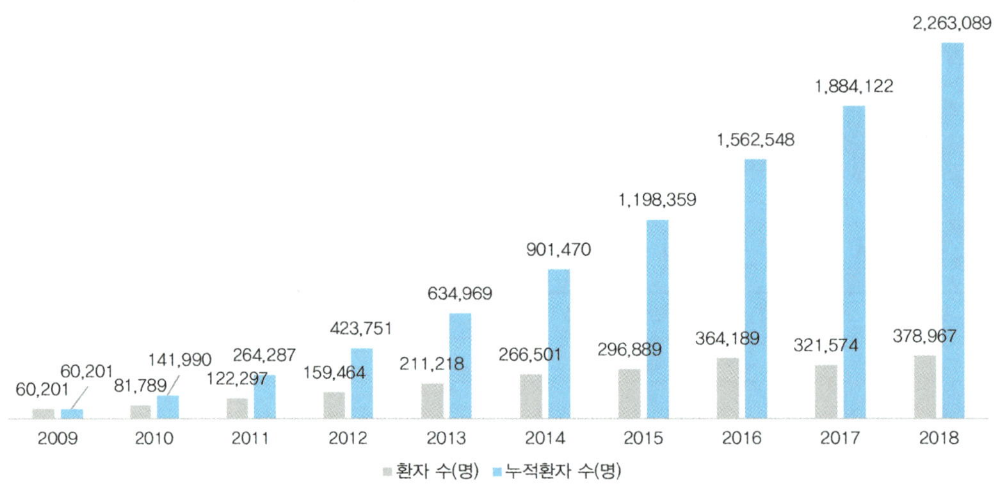

자료출처 : 보건복지부

[그림 3-4] 방한 외국인 연도별 환자

다음의 [그림 3-5]는 우리나라를 의료관광차 방문한 외국인들의 국적을 분석한 것이다. 일반 관광객의 방문국가별 비율과 마찬가지로 중국이 31.2%로 가장 높은 것으로 나타났으며, 그 다음으로 미국, 일본, 러시아 등으로 나타났다. 이러한 결과에서 주목해야 할 점은 몇 가지가 있다. 우선 '17년에는 사드사태로 인해 관광산업이 큰 타격을 입은 상황이었음에도 불구하고 2018년에 기록된 수치는 11만 8,310명으로 '16년도(12만 7,648명) 수준까지 회복하였다는 것이다.

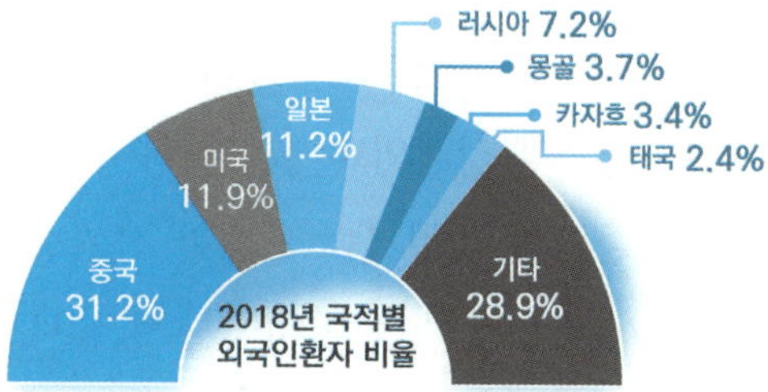

자료출처 : 보건복지부

[그림 3-5] 방한 외국인 연도별 환자

즉, 일반적인 관광과 달리 의료관광의 경우에는 미용관광이 아니더라도 심장병 수술 등 고도의 의료기술이 필요한 경우가 많기 때문에 특수목적관광의 범주에 들어가며, 수요가 일정 수준 이상으로 유지될 가능성이 많다. 다만, 우리나라의 의료수준은 최상위를 차지하고 있으나 다양한 국가에서 의료관광을 고부가가치 산업으로 인식해서 육성하고 있는 상황으로, 타 국가에 대해 경쟁우위를 점하기 위해서는 의료관광의 정비와 맞춤형 패키지 설계 등 사업 다각화의 노력이 필요한 상황이다.

〈표 3-12〉 **연령과 방문횟수 간의 교차분석표** (단위 : 명, %)

구분	2009	2010	2011	2012	2013	2014	2015	2016	2017	2018	연평균 증가율
입원	3,915	7,987	11,945	14,809	20,137	23,855	24,489	26,276	27,678	27,879	24.4
외래	56,286	73,802	110,352	144,655	191,081	242,646	272,400	337,913	293,896	351,088	22.6
합계	60,201	81,789	122,297	159,464	211,218	266,501	296,889	364,189	321,574	378,967	22.7

주 : 실환자 : 의료기관을 방문한 1명의 환자 수(복수 진료과 · 방문 미포함)
출처 : 보건복지부(2019), 2018년 외국인환자 38만 명, 10년간 누적 226만 명 달성

위 〈표 3-12〉는 의료관광을 허가한 2009년부터 가장 최근의 집계시점인 2018년까지의 의료관광성과를 정리한 것이다. 2018년 기준 일본 환자는 전년(2017 – 27,283명)대비 56.0% 성장한 4만 2,563명이 방문한 것으로 집계되었는데 의료관광을 목적으로 방문한 외국인 중 가장 높은 증가율을 기록하였다. 이것은 최근 일본에서 우리나라로 방문하여 성형을 하는 트렌드로 인한 것이다. 한국의 드라마, 영화, KPOP의 아이돌로 인해 일본에서

는 젊은 층을 중심으로 한국의 이미지가 긍정적으로 자리 잡아가고 있으며, 한국의 연예인에 대한 동경의 감정이 확산되고 있는 것으로 알려져 있다. 일본의 젊은 층은 한국의 연예인과 닮고 싶다는 욕구로 한국의 성형외과에 방문하여 수술 및 시술을 받는 비율이 늘어나고 있다. 이러한 현상은 한국의 성형기술에 대한 신뢰도를 높이는 데 기여할 것이며, 나아가서는 전반적인 의료서비스에 대한 이미지를 향상시킬 가능성 또한 존재한다.

〈표 3-13〉 **의료관광 국적별 현황** (단위 : 명, %)

구분	2009년	2010년	2011년	2012년	2013년	2014년	2015년	2016년	2017년	2018년	연평균 증가율
중국	4,725	12,789	19,222	32,503	56,075	79,481	99,059	127,648	99,837	118,310	43.0
미국	13,976	21,338	27,529	30,582	32,750	35,491	40,986	48,788	44,440	45,213	13.9
일본	12,997	11,035	22,491	19,744	16,849	14,336	18,884	26,702	27,283	42,563	14.1
러시아	1,758	5,098	9,650	16,438	24,026	31,829	20,856	25,533	24,859	27,185	35.6
몽골	850	1,860	3,266	8,407	12,034	12,803	12,522	14,798	13,877	14,042	36.6
카자흐	128	346	732	1,633	2,890	8,029	12,567	15,010	12,566	12,987	67.1
태국	133	290	417	721	899	1,211	2,286	3,933	6,137	8,998	59.7
베트남	327	921	1,336	2,231	2,988	3,728	5,316	8,746	7,447	7,532	41.7
캐나다	984	1,714	2051	2756	2770	2,943	3,206	4,123	3,966	4,098	17.2
우즈벡	113	298	491	824	1,358	1,904	2,634	4,103	3,253	3,915	48.3
인도네시아	183	283	424	689	1,067	1,630	1,751	2,338	2,385	3,270	37.8
UAE	17	54	158	342	1,151	2,633	2,946	3,562	3,384	3,034	77.9
싱가포르	168	329	468	728	1,211	1,490	1,652	2,452	2,544	2,566	35.4
기타	23,842	25,434	34,062	41,866	55,150	68,993	72,224	76,453	69,596	85,254	15.2
합계	60,201	81,789	122,297	159,464	211,218	266,501	296,889	364,189	321,574	378,967	22.7

위의 〈표 3-13〉은 의료관광의 국적별 현황을 나타낸 것이다. 일본 및 중국 이외 지역을 중심으로 살펴보면, 2017년 대비 2018년에 태국은 6,137명에서 8,998명으로 46.6%, 인도네시아는 2,385명에서 3,270명으로 37.1% 급증한 것이다. 보건복지부 분석에 따르면 현지에서 한류문화의 영향으로 의료관광차 방문하는 사람들이 늘어난 것으로 파악했는데, 일본의 경우와 마찬가지로 성형관광이 높은 비율을 차지한 것으로 분석한다.

러시아 및 중앙아시아는 2017년 대비 2018년에 우즈베키스탄은 20.4%(3,253명→ 3,915명), 러시아는 9.4%(2만 4,859명→ 2만 7,185명) 늘어난 것으로 집계되었는데 이들 국가의 의료관광객은 성형이 아닌 내과통합과 검진센터를 주로 찾은 것으로 나타났다. 즉, 우리나라 의료관광에서 높은 비중을 차지하는 것은 성형분야지만, 그것과는 별개로 자국의 의료수준 및 환경이 좋지 않기 때문에 더 고급스러운 의료서비스를 받기 위해 방문하는 사람들의 니즈 또한 존재한다는 것이다. 그러므로 향후 의료관광 마케팅을 할 때는 성형관광뿐만 아니라 우리나라의 전반적인 의료서비스의 우수성을 강조하여 사람들을 모집하는 전략을 구사할 필요가 있다.

의료관광이 시작된 지 10년이 흐른 지금, 지난 10여 년의 기록을 분석한다면 2009년 6만 명이었던 외국인 환자는 연평균 22.7%의 높은 성장세를 보이고 있다. 첫 100만 명을 돌파한 것은 2015년으로, 2009년으로부터 6년이 지난 시점이었지만, 200만 명을 돌파한 것은 2018년으로 3년 만에 두 배를 기록한 것이다. 의료관광 유치 국가는 2009년에 139개국으로 시작하였지만, 2018년에는 37% 증가한 190개국으로 집계되었으며 이 중 한 해 100명 이상의 환자를 유치한 국가는 2009년 27개국에서 2018년 69개국으로 155.6% 급증하였다.

이러한 증가의 배경에는 보건복지부의 의료기관 관리 및 제도적 지원이 있다. 2010년부터는 '메디컬코리아 컨퍼런스'를 개최하였고, 2016년부터는 '메디컬코리아 지원센터'를 서울 명동에 개소하였으며 외국인의 미용 · 성형 부가가치세 환급제를 시행하는 등의 노력을 기울였다. 또한, 인천공항에 '메디컬코리아 의료관광 안내센터'를 개소함으로써 일반관광차 방문한 외국인들의 수요를 창출해 내는 활동을 펼치기도 했다. 이러한 정책적, 제도적 노력을 통해 의료관광의 토대를 만들었고, 관광분야에서는 정비된 인프라를 활용하여 적극적인 마케팅을 통해 의료관광의 수요를 계속해서 증대시키고 있는 중이다.

그러나 중요한 것은 우리나라 관광의 가장 큰 약점이자 개선이 필요한 항목인 언어의 문제다. 우리나라를 비롯한 아시아 국가들은 영어를 공용어로 쓰지 않는 비율이 높기 때문에 국가 간 언어의 장벽이 높은 편이다. 따라서, 이러한 언어의 한계를 극복할 수 있는 다양한 편의를 제공하는 서비스 구축이 필요하다. 물론, 지금도 다산콜센터나 택시 탑승 시 전화를 통한 통역서비스 등을 제공하고 있지만, 관광객의 일반 소비상황(소매점 및 기타 식음시설)에서 언어의 장벽은 대한민국을 방문하고자 하는 외국인 관광객들에게 큰 고려요인으로 작용한다. 또한, 일부 병원에서 브로커 및 불법시술을 행하다 적발된 사례가 여러 차례 존재하는 만큼, 관련 법·제도를 정비하여 의료강국 대한민국의 이미지를 확보하고 특별한 목적지 관광지로 거듭날 수 있도록 노력해야 한다.

4 인바운드 관광객의 특징 분석

다음의 [그림 3-6]은 방한 외국인 관광객 재방문율을 나타낸 것이다. 2018년에 57.8%에서 2019년에는 58.3%로 증가한 것으로 나타났다.

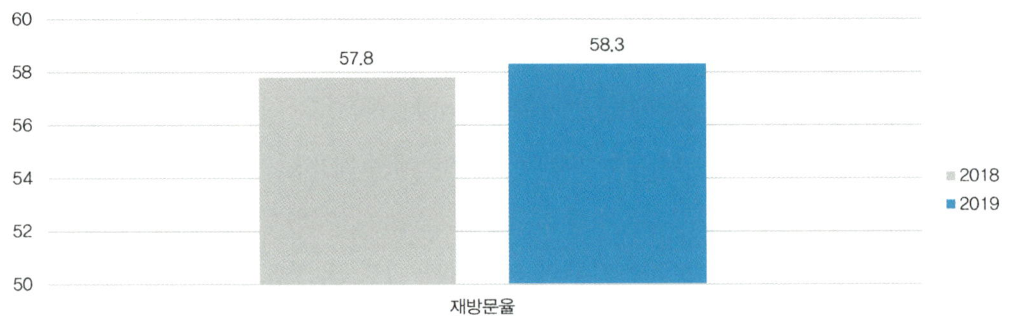

출처 : 한국관광공사, 2019 외래관광객 조사

[그림 3-6] 방한 외국인 관광객 재방문율

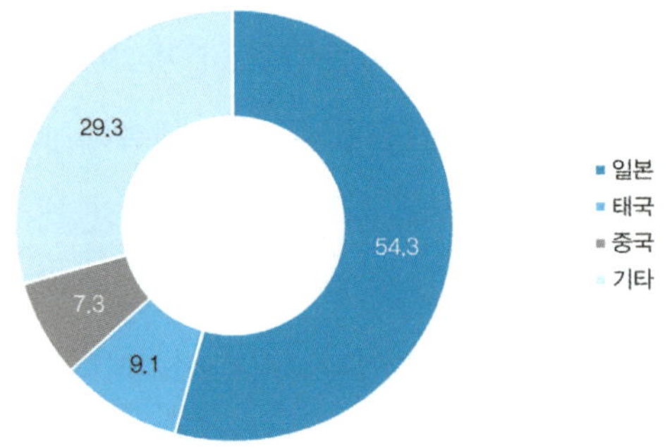

출처 : 한국관광공사, 2019 외래관광객 조사

[그림 3-7] 방한 외국인 관광객 방문 비교국가

[그림 3-7]은 방한 외국인 관광객의 방문 비교국가를 나타낸 것이다. 방문 비교국가는 여행목적지를 선택할 때 우리나라와 비교한 국가들을 의미하는데, 일본이 54.3%로 압도적으로 높은 비중을 보였다. 즉, 외국인 관광객들은 일본과 우리나라를 유사한 관광 목적지로 생각하며 일본과 우리나라는 외국인 관광객을 모객할 때 경쟁관계에 있음을 알 수 있다.

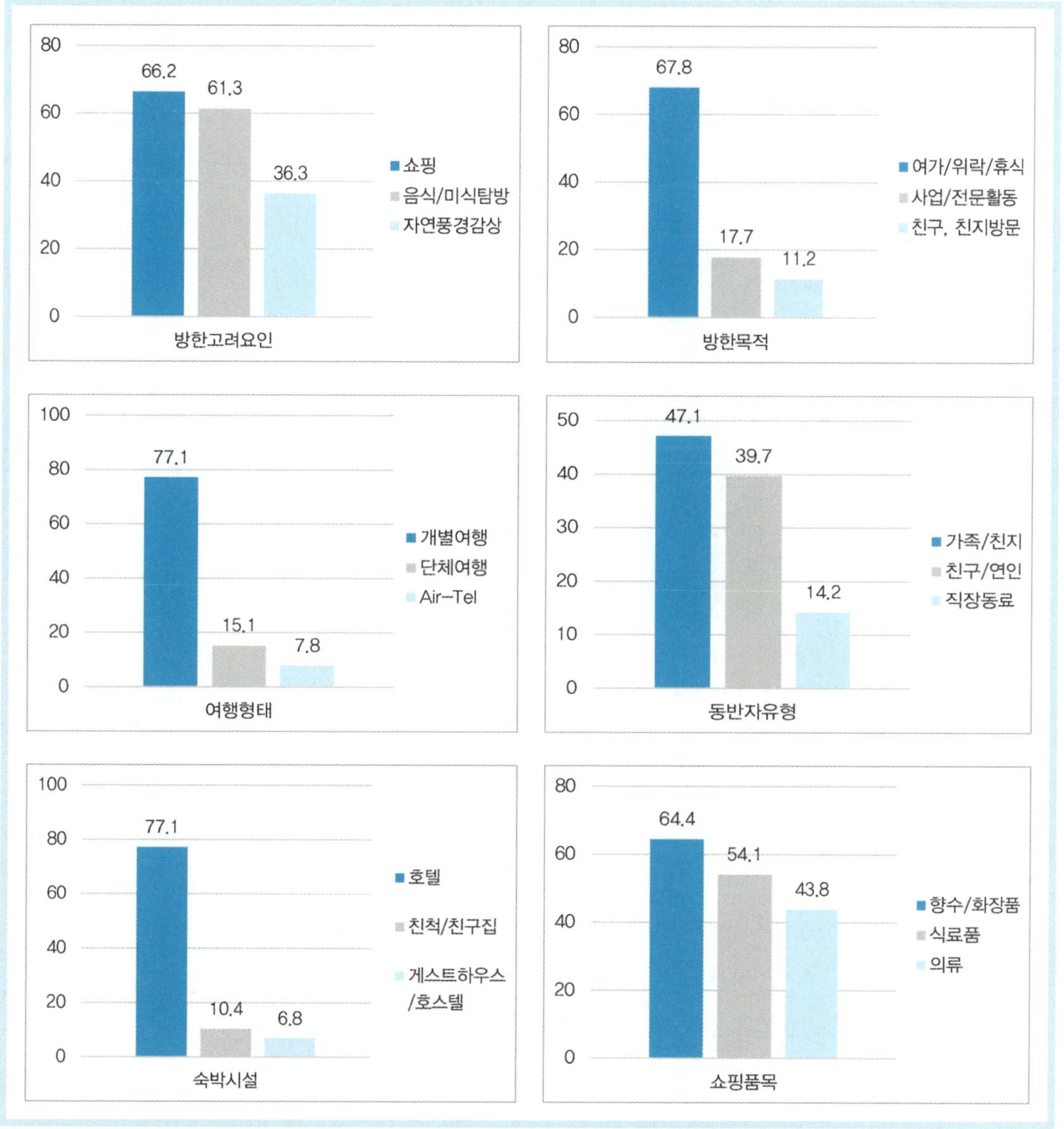

[그림 3-8] 방한 외국인 관광객 여행형태

위의 [그림 3-8]은 2019년에 조사한 방한 외국인의 여행형태를 분석한 것이다. 우선, 방한 고려요인 중 가장 높은 비율을 차지한 것은 쇼핑이었다. 방한목적으로는 여가/위락/휴식이 가장 높았으며, 여행형태는 개별여행이 주를 이루었다. 동반자 유형은 가족/친지가 가장 많은 비율을 차지했다. 숙박시설은 호텔이 72.2%로 다른 유형의 숙박형태보다 월등히 높은 비율을 보였다. 우리나라의 경우 Airbnb가 늘어나는 추세이긴 하지만 아직은 호텔이 차지하는 비중이 월등히 높다. 한국을 방문하는 외국인은 또한 향수/화장품을 주로 구입하는 것으로 나타나 K-뷰티 산업을 기반으로 다양한 관광상품을 개발하여 시너지 효과를 일으킬 필요성이 있다.

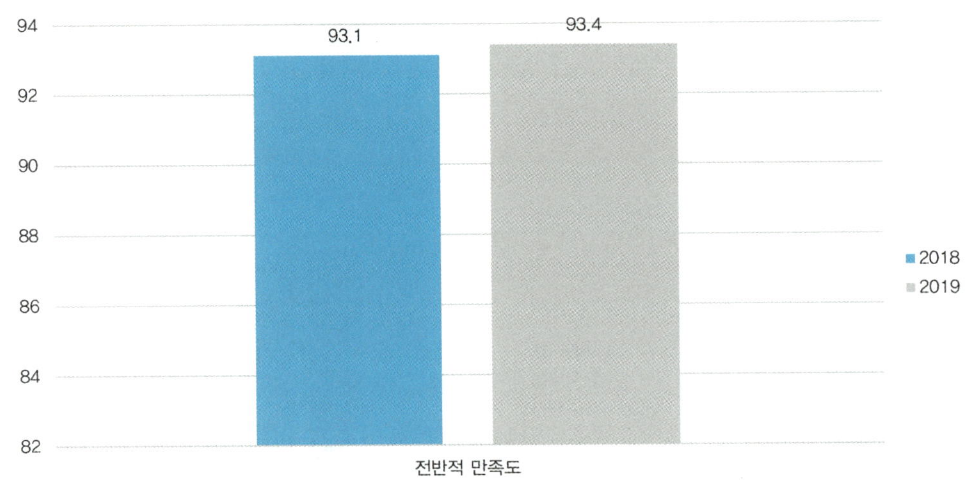

자료출처 : 한국관광공사, 2019 외래관광객 조사

[그림 3-9] 방한 외국인 관광객의 전반적 만족도

위의 [그림 3-9]는 2018년 대비 2019년 외국인 관광객들의 전반적 만족도를 비교한 것이다. 2018년과 2019년 모두 상당히 높은 수준의 만족도를 기록하고 있는 것을 알 수 있다. 다만 중요한 것은, 만족도가 높은 것에 안주하는 것이 아닌 불만족한 고객의 불만요인을 분석하고 개선하려는 노력이다. 이것은 우리나라를 방문하는 관광객의 전반적 시각에서 한 발 더 나아가 관광산업에 속한 다양한 사업체가 개별적으로 이유를 파악하고 조사하여 개선점을 도출해야 한다.

5 주요 국가 외국인 관광객 특징 분석

1) 방한 중국인 관광객의 특징 분석

2017년의 사드 사태로 인한 방한 외국인 관광객 감소는 해외시장을 다각화할 필요성을 느끼게 했던 해였다. 2017년 이전까지 우리나라는 중국인 관광객 의존도가 높았다.

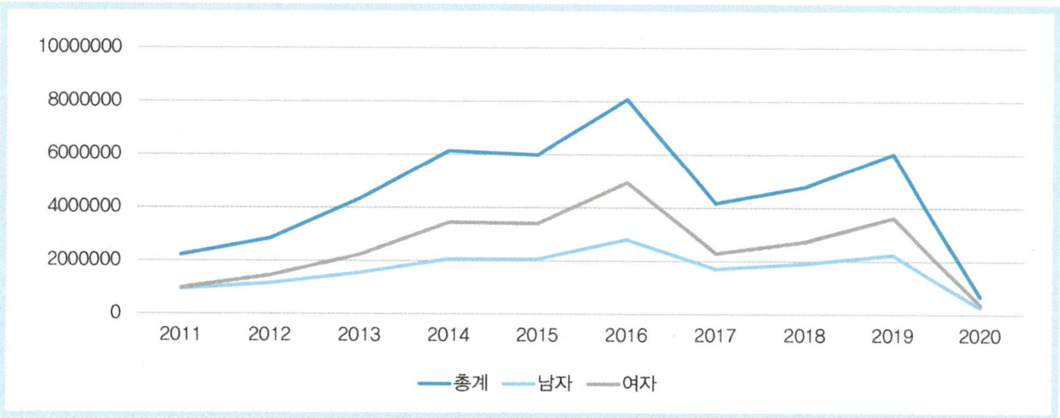

[그림 3-10] 방한 중국인 관광객의 연도별 방문 인구(2011~2020)

〈표 3-14〉 방한 중국인 관광객의 연도별 방문 인구(2011~2020) (단위 : 명)

구분	계	남자	여자
2011	2,220,196	944,483	992,207
2012	2,836,892	1,151,659	1,456,454
2013	4,326,869	1,550,785	2,234,291
2014	6,126,865	2,065,588	3,448,967
2015	5,984,170	2,061,650	3,406,132
2016	8,067,722	2,805,271	4,946,751
2017	4,169,353	1,709,407	2,289,364
2018	4,789,512	1,910,231	2,734,297
2019	6,023,021	2,236,402	3,627,467
2020	686,430	275,805	373,441

출처 : 서울열린데이터광장

그러나 사드사태 이후로 방한 중국인 관광객은 약 반 정도로 줄어들었으며 이러한 여파는 2018년까지 지속되었다. 지난 2019년에는 6백만 명으로 역대 최고치였던 연간 방문객 8백만 명선을 회복해 가는 듯 보였으나, 2020년의 Covid-19으로 인한 팬데믹 현상으로 급감하였다. 향후에 Covid-19이 종식된 뒤에는 전 세계적으로 여행수요가 폭발적으로 급증할 것으로 예견됨에 따라 중국인 관광객 수는 기존의 수요를 회복 후 증대할 전망이다.

다음 [그림 3-11]은 방한 중국인 관광객의 특징을 분석한 것이다. 조사시점은 2019년으로, 방한 중국인은 평균적으로 약 7.2일을 체류하며 1인당 방한횟수는 약 3.8명으로 집계되었다.

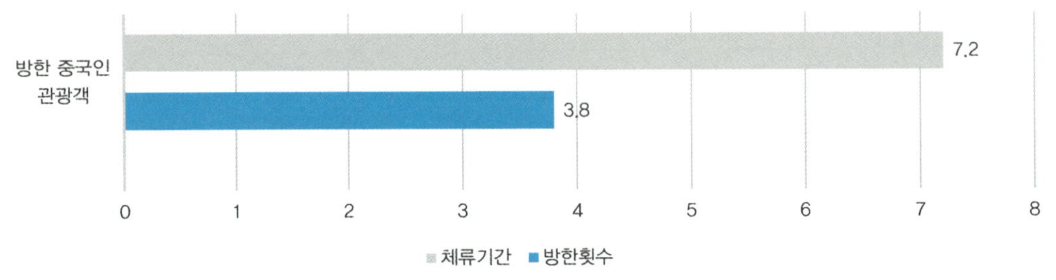

[그림 3-11] 방한 중국인 관광객의 특징

다음 [그림 3-12]는 방한 중국인 관광객의 여행형태를 분석한 것이다. 방한 중국인들은 대부분 개별여행을 이용하는 것으로 나타났다. 이것은 방한 중국인들 중 상당수가 한국과의 비즈니스를 위해 방문하기 때문이다.

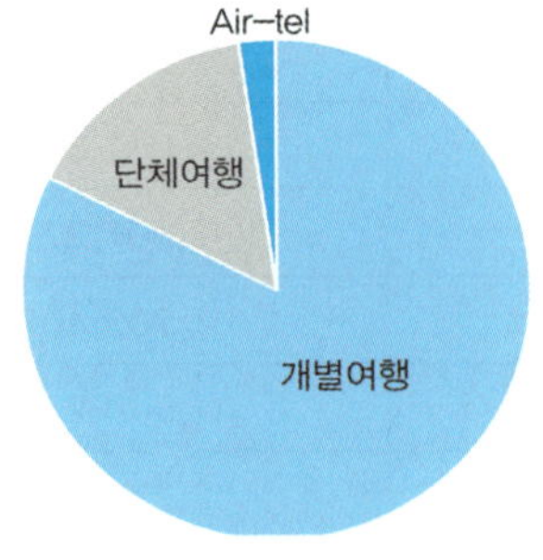

[그림 3-12] 방한 중국인의 여행형태

즉, 이들은 정기적으로 이용하는 숙소가 정해져 있고, 잦은 방문으로 교통편을 자유로이 이용할 수 있기 때문에 단체여행이나 에어텔보다 자유여행을 선호하는 것으로 분석되었다.

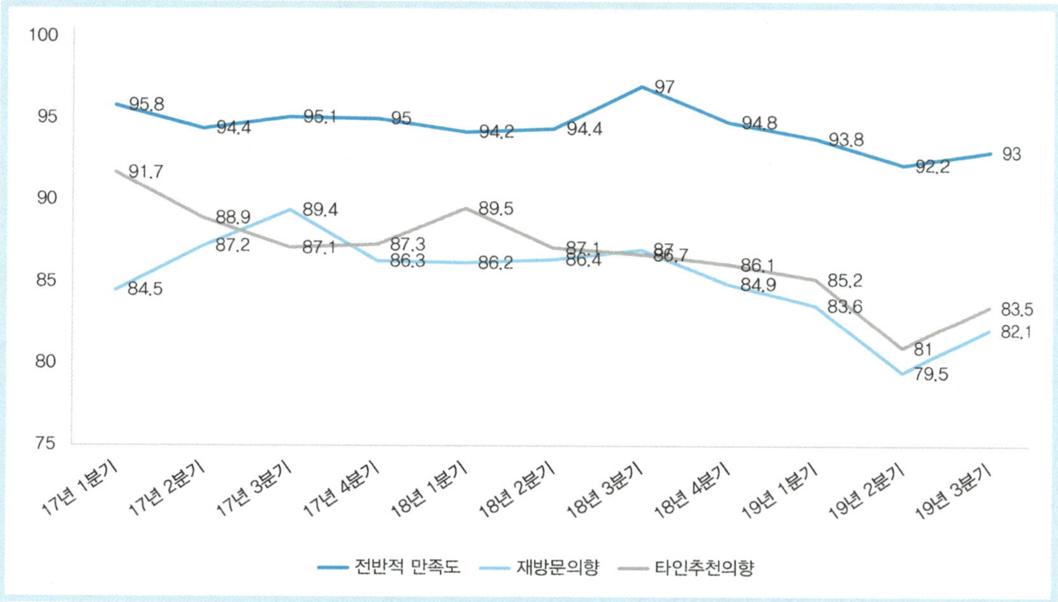

[그림 3-13] 방한 중국인 관광객의 만족도, 재방문의향, 타인추천의향

중국인 관광객과 관련하여 주의깊게 살펴봐야 할 데이터는 이들의 만족도, 재방문의향, 타인추천의향이다. 중국인 관광객들의 지난 2017년부터 2019년 3분기까지의 전반적 만족도는 상당히 높은 수준으로 유지되고 있으나, 문제는 재방문의향과 타인추천의향이 전반적으로 저하되고 있다는 것이다. 중국인들은 지난 10여 년 이상 우리나라의 주요 외국인 관광객 유치시장이었다. 전반적 만족도는 우리나라를 처음 방문한 경우에는 이색적인 해외관광지로써 긍정적으로 평가했기 때문일 수도 있고, 비즈니스 등 특정 목적하에 방문하는 경우에는 해당 목적이 충족될 경우 긍정적인 평가를 내릴 수 있다. 그러나 재방문의향과 타인추천의향이 줄어들고 있다는 것은 중국인 관광객의 니즈를 제대로 충족시키지 못하고 있다는 의미다. 따라서 중국인 관광객을 대상으로 소비자 선호도 조사 등을 통해 새로운 수요를 창출하고 지속적인 재방문으로 이끌 수 있는 상품 개발과 관광 매력물 마련이 필요한 시점이다.

〈표 3-15〉 중국인 재방문객 성별, 연령별 특성

(단위 : 명, %)

구분		빈도	비중
성별	남	192	28.8
	여	474	71.2
	소계	666	100.0
연령별	10대	6	.9
	20대	257	38.6
	30대	236	35.4
	40대	79	11.9
	50대	86	12.9
	60대 이상	2	.3
	소계	666	100.0

출처 : 한국문화관광연구원(2020), 2019 외래관광객 실태조사

〈표 3-16〉 중국인 관광객의 방한 선택 시 고려요인

(단위 : 명, %)

방문목적	빈도	비중
음식/미식탐방	419	53.7
쇼핑	156	20.0
K-POP/한류스타 관련 팬미팅, 촬영지 등 경험	104	13.3
자연풍경 감상	18	2.3
유흥/놀이시설 체험	16	2.1
치료/미용 서비스	13	1.7
역사/문화유적/전통문화체험	12	1.5
휴가시간	10	1.3
자국과의 이동거리	10	1.3
패션, 유행 등 현대문화 체험	8	1.0
레저/스포츠활동	5	.6
경제적인 여행비용	4	.5
기타	5	.3
소계	780	100.0

출처 : 한국문화관광연구원(2020), 2019 외래관광객 실태조사

위의 표에서 확인할 수 있듯이 중국인 관광객들 중에 한국을 재방문하는 비율이 높은 집단은 여성이며, 연령대를 중심으로 분석해 본 결과 20~30대의 비율이 높은 것이 특징이며, 10대나 60대의 비율은 거의 없는 것으로 나타났다.

방한 시 주요 관심사는 음식/미식탐방, 쇼핑 등으로 나타났는데 이것은 우리나라를 방문하는 외국인 관광객의 전반적인 트렌드와도 일치한다. 즉, 최근 넷플릭스 등 다양한 서비스를 통해 한국문화를 접할 기회가 많아지고 BTS 등의 월드스타를 통해 한국문화가 알려지면서 호기심으로 한식을 시도하는 사람도 많아지고, 한식에 매력을 느낀 사람들이 한국 방문을 결정하는 경우가 많아졌기 때문으로 보인다.

중국인의 재방문요인 중에서 특히 낮은 비율을 보이는 것은 유흥/놀이시설 체험과 레저/스포츠활동 등이다. 이것은 중국 내에도 다양한 지역에서 대규모로 관광지를 건설하는 현상 때문인데, 상대적으로 규모의 경제 면에서 국내 리조트나 놀이시설은 큰 만족감을 주기 어렵기 때문인 것으로 보인다. 그러나 리조트나 놀이시설의 재미는 규모뿐만 아니라 콘텐츠가 차지하는 비중이 높기 때문에 향후 VR기기를 도입한 놀이기구를 늘리는 등 관광매력물을 새롭게 개발하여 중국의 잠재수요를 이끌어낼 수 있는 노력이 필요하다.

2) 방한 일본인 관광객의 특징분석

일본 관광객은 전통적으로 방한 외국인 관광객 시장에서 중요한 부분을 차지했다. 다음의 자료는 방한 일본인 관광객의 연도별 방문인구를 집계한 것이다.

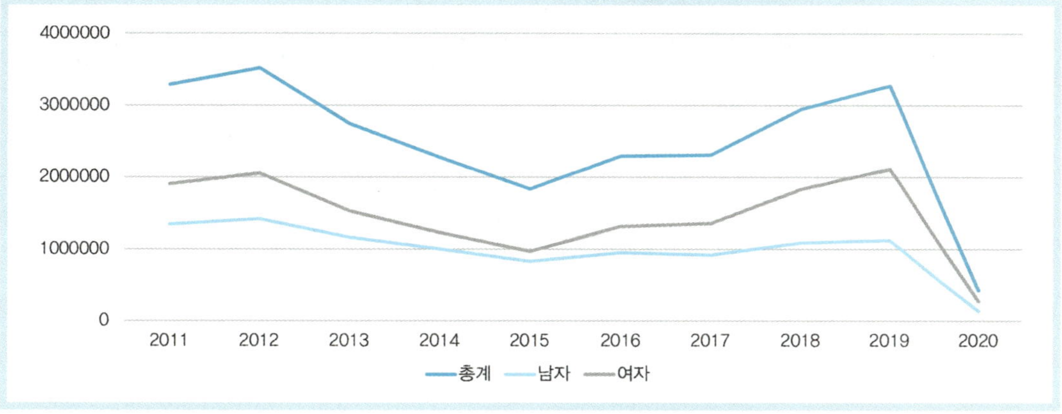

[그림 3-14] 방한 일본인 관광객의 연도별 방문 인구(2011~2020)

〈표 3-17〉 방한 일본인 관광객의 연도별 방문 인구(2011~2020) (단위 : 명)

구분	계	남자	여자
2011	3,289,051	1,348,065	1,904,971
2012	3,518,792	1,422,896	2,055,135
2013	2,747,750	1,166,162	1,529,748
2014	2,280,434	1,004,301	1,230,281
2015	1,837,782	832,898	968,095
2016	2,297,893	954,982	1,315,414
2017	2,311,447	923,587	1,357,010
2018	2,948,527	1,090,814	1,830,546
2019	3,271,706	1,125,545	2,115,354
2020	430,742	147,325	277,974

출처 : 서울열린데이터광장

일본인 관광객들은 지난 2011년부터 2019년까지 대체적으로 안정적인 수요를 유지해 왔다. 다음의 [그림 3-15]는 방한 일본인 관광객의 방문 및 체류 특징을 나타낸 것이다. 일본 관광객들은 일반적으로 약 3.8일의 체류기간을 가지며 방한횟수는 7.5회, 체류기간은 다른 국가의 외국인 관광객들보다 짧으나 방한횟수는 높은 특징을 지니고 있다.

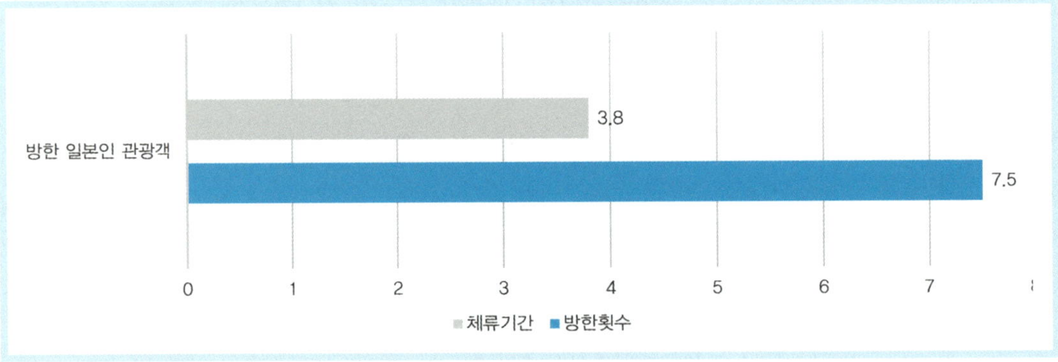

[그림 3-15] 방한 일본인 관광객의 특징

〈표 3-18〉 일본인 재방문객의 성별, 연령별 특성 (단위 : 명, %)

구분		빈도	비중
성별	남	177	22.7
	여	603	77.3
	소계	780	100.0
연령별	10대	28	3.6
	20대	243	31.2
	30대	120	15.4
	40대	151	19.4
	50대	169	21.7
	60대 이상	69	8.8
	소계	780	100.0

출처 : 한국문화관광연구원(2020), 2019 외래관광객 실태조사

일본관광객들 중 여행목적으로 한국을 재방문하는 비율이 높은 집단은 여성이며, 연령별로는 20대가 비교적 높긴 하지만, 50대까지 상당히 높은 비율로 재방문을 하는 것으로 나타났다.

〈표 3-19〉 방한 선택 시 고려요인 (단위 : 명, %)

방문목적	빈도	비중
음식/미식탐방	419	53.7
쇼핑	156	20.0
K-POP/한류스타 관련 팬미팅, 촬영지 등 경험	104	13.3
자연풍경 감상	18	2.3
유흥/놀이시설 체험	16	2.1
치료/미용 서비스	13	1.7
역사/문화유적/전통문화체험	12	1.5
휴가시간	10	1.3
자국과의 이동거리	10	1.3
패션, 유행 등 현대문화 체험	8	1.0
레저/스포츠활동	5	.6

경제적인 여행비용	4	.5
기타	5	.3
소계	780	100.0

출처 : 한국문화관광연구원(2020), 2019 외래관광객 실태조사

위의 〈표 3-19〉는 일본 관광객들이 우리나라를 재방문할 경우 고려요인을 선택한 것이다. 가장 높은 비중을 차지한 것은 음식/미식탐방으로 최근 일본 내 번화가에서 한국의 음식점을 테마로 한 가게들이 인기를 끄는 트렌드가 반영된 결과로 보인다. 다음으로는 쇼핑으로, 한류스타 인기에 힘입어 한국산 화장품과 의류 및 잡화 등이 꾸준한 인기를 끌고 있다. 하지만 주목할 만한 점은 자국과의 이동거리나 여행비용 등 경제적인 이유로 우리나라를 관광하고자 결심하는 비율은 낮다는 것이다.

6 시사점

대한민국의 관광산업은 다양한 시도를 통해 발전해 왔다. 특히 주변국에 비해 대한민국은 관광의 측면에서 상대적으로 열악한 조건을 지니고 있다. 예를 들어, 규모 면에서도 절대적인 영토의 면적이 작기 때문에 중국이나 일본에 비해 떨어지는 편이고, 잦은 전란과 외세의 침입, 일제의 수탈과 6.25 등의 요인으로 인해 역사 유적지도 대부분 소실되었거나 제 형태를 잃어버린 것들이 많아서 특별한 관광매력물이 적은 편이다. 북한의 존재는 외국인 관광객들에게 위험요인으로 인식되는 상황이기도 하다.

그럼에도 불구하고 대한민국은 공연, 한류, 뷰티, 의료관광 등 우수한 국가 인프라와 수준 높은 전문기술, 예술을 바탕으로 관광수요를 창조적으로 만들어왔다. 대한민국의 가장 큰 장점은 창의력으로서, 지난 평창올림픽 때에는 메가이벤트의 평균 제작비용의 절반 수준에도 미치지 못하는 예산으로 전 세계의 찬사를 받는 결과를 만들어내기도 하였다.

외국인의 인바운드 통계를 분석하는 이유는 우리의 현재 모습을 분석하고 약점은 개선하며 강점은 더욱 부각시키는 전략을 도출하기 위한 기초자료로써의 의의를 지닌다.

국가별 관광객의 특성을 파악하고, 이들의 성향을 분석하는 것은 또 다른 창의적인 관광 매력물을 만들어내기 위한 밑작업으로써, 관광산업의 재도약을 위한 의미있는 기록이다.

참고문헌

문화체육관광부(2020), 2019 외래관광객조사
한국문화관광연구원(2020), 방한 외국인 재방문시장 분석 및 유치 확대 방안

한국의 아웃바운드

국 · 제 · 관 · 광

PART 04

국
제
관
광

1 국제관광객 동향

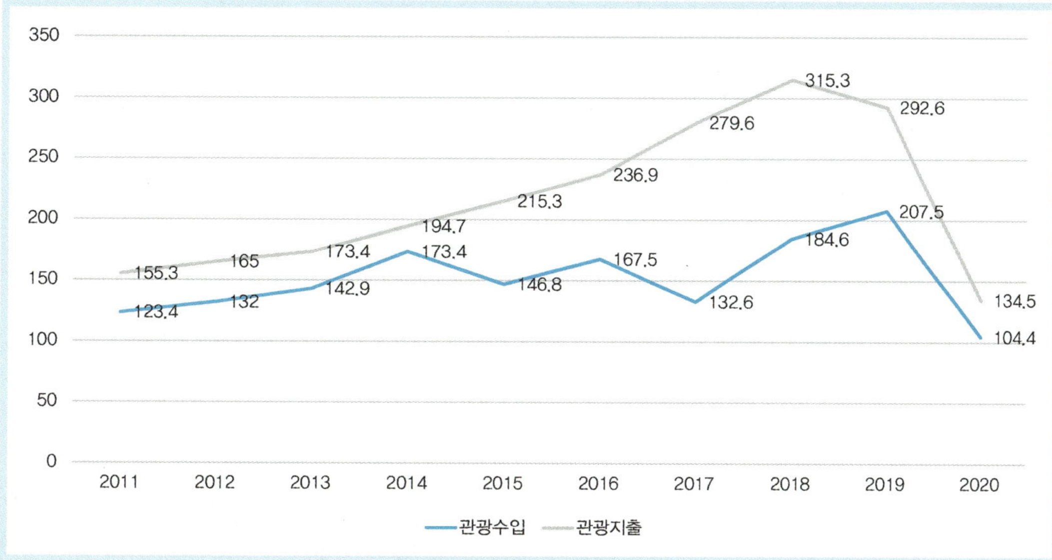

[그림 4-1] 국제관광객 동향

위의 [그림 4-1]은 대한미국 관광시장의 수입과 지출 추세를 나타낸 것이다. 우리나라 관광산업은 인바운드보다는 아웃바운드에 대한 수요가 큰 것이 특징이다. 이러한 현상에는 여러 가지 원인이 있는데, 경험을 중시하는 소비 트렌드에 의해 국내에서 경험할 수 없는 새로운 경험을 하기 위해 해외로 향하는 사람들의 비중이 높고, SNS를 통해 과시하고자 하는 사람들의 소비욕에 의해 남들이 쉽게 가지 못하는 해외여행에 대한 수요가 높기 때문이기도 하다. 또한, 국내 관광지 중 다수의 지역에서 특색있는 관광상품의 부재, 높은 물가, 불친절한 응대, 숙박시설의 노후화 등의 문제점으로 인해 내국인들이 국내 관광에 대해 느끼는 매력이 낮기 때문이기도 하다.

본 장에서는 대한민국 아웃바운드 시장의 현황을 살펴보고, 이를 통해 얻을 수 있는 시사점에 대해 다루고자 한다. 아웃바운드 시장을 이해하는 것은 대한민국 관광객의 니즈를 파악하는 일이 될 수 있을 뿐만 아니라, 인바운드 시장의 개선점과 발전방향을 파악할 수 있는 길이 되기 때문이다.

2020년부터 시작된 Covid-19의 여파로 국제관광객은 급락하기 시작했다. 일반 관광의 수요는 사라졌으며, 비즈니스 및 공무 등의 특별한 용무가 아니면 국가 간 이동도 쉽지 않았다. 2020년 상반기 기준으로 국제관광은 전년 동기와 비교하여 65% 감소하여 약 4.4억 명의 피해 규모가 추정되었다. 이에 따라 상반기의 관광수입도 약 4,600억 불의 손실을 입은 것으로 추산되었다. 이것은 2019년의 국제관광객이 약 14.6억 명으로 전년 대비 3.5% 증가했었던 것과 비교하면 크나큰 타격이다.

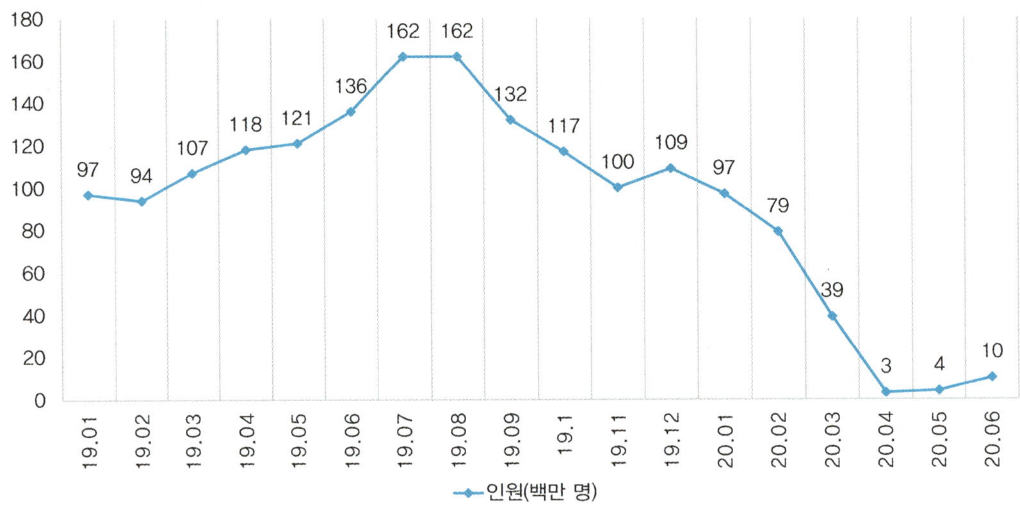

출처 : UNWTO(2020)

[그림 4-2] 국제관광객의 월별 동향(2019.01~2020.06)

위의 [그림 4-2]는 Covid-19이 발발한 후 여행수요의 급감을 나타낸 기록이다. 2019년 12월 이후로 전 세계적으로 팬데믹 현상의 전조가 나타나기 시작했으며, 유행병의 확산을 막기 위해 항공편의 취소가 이어졌다. 관광업계는 일반적으로 항공 및 숙박권의 확보를 위해 선결제를 하는 경우가 많기 때문에 관광객의 급감으로 전 세계 관광사업체 역시 큰 타격을 입기 시작했다. 여행사뿐만 아니라 호텔 및 관광상품 판매업 등의 유관 산업도 관광객 급감으로 인해 큰 피해를 입었다. 가장 큰 문제는 관광산업 종사자들이 다른 분야로 대거 이직을 하거나 실직을 한 것이다. 이것은 관광수요가 정상화되었을 때 전문인력의 부재라는 결과가 나타날 수 있으므로 Covid-19가 종식된 후에도 영향을 끼칠 수 있는 문제다.

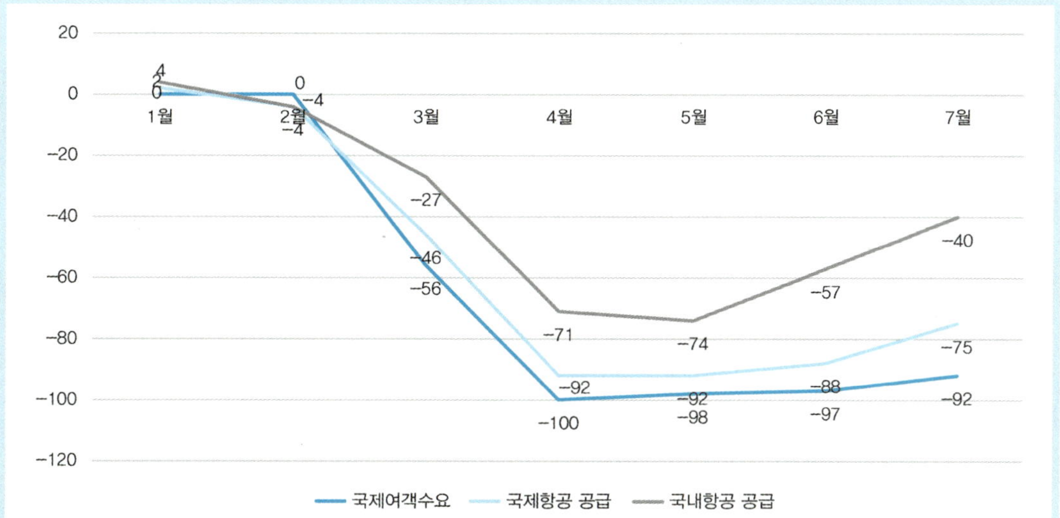

출처 : Tourism Dashboard

[그림 4-3] 국제여객수요, 국제항공 공급, 국내항공 공급(2020.01~2020.07)

위의 [그림 4-3]은 2020년 1월부터 7월까지 국제여객수요, 국제항공 공급, 국내항공 공급을 나타낸 것이다. 항공업계는 비록 관광객의 급감으로 타격을 입긴 했지만 곧 타개책을 마련했다. Coivd-19은 치료 및 회복에 의료용 산소부터 마스크, 소독제, 의료용 장갑까지 다양한 수준의 의료장비를 필요로 한다. 이에 착안하여 항공업계는 줄어든 여객수요를 대체할 방안으로 의료장비 등의 화물운송에 집중했다.

[그림 4-4] 2020년 2분기 주요 항공사 실적

그 결과 위 [그림 4-4]와 같이 2020년 2분기의 주요 항공사 실적은 전년 동 기간 대비 흑자전환하기도 했다. 대한항공의 경우 2020년 2분기(4월~6월)의 영업이익은 1,485억 원으로 2019년 동 기간 대비 흑자전환에 성공했다. 동 기간 아시아나항공의 영업이익도 1,151억 원으로 흑자전환했다.

이와 별개로 해외여행이 불가능한 상황에서 관광객들은 각자 자국의 호텔을 이용한 호캉스가 새로운 유행이 되기도 했다. 다음의 [그림 4-5]는 2020년 1월부터 8월까지 국내 호텔의 객실점유율을 기록한 표이다.

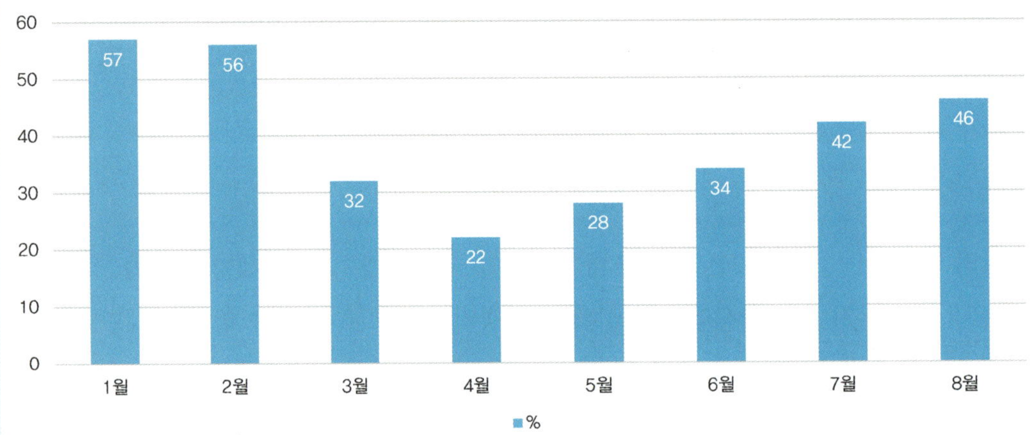

출처 : Tourism Dashboard

[그림 4-5] 세계 호텔 객실점유율 월별 동향(2020.01~2020.08)

비록 Covid-19이라는 다소 특수한 상황이긴 하지만 기존의 아웃바운드 고객이 상황에 따라서는 인바운드 고객으로 수요가 바뀔 수 있다. 즉, 아웃바운드 시장을 분석하고 얻을 수 있는 시사점은 해외 관광지와 비교해서 국내의 관광경쟁력을 향상시키고 가급적 아웃바운드 수요를 인바운드로 전환시킬 수 있는 노력이 필요하다는 것이다. 관광지는 관광객이 방문할수록 더욱 발전하고 개선될 여지가 있다. 그러므로 내국인의 수요를 통해 국내 관광지가 발전한다면 방한 외국인 관광객도 증가할 것이다.

2 대한민국의 관광수지, 관광수입, 관광지출

〈표 4-1〉 대한민국의 관광수지, 관광수입, 관광지출 (단위 : 명)

연도	관광수지	관광수입	관광수입 성장률(%)	관광지출	관광지출 성장률(%)
2011	−31.84	123.4	20.0	155.3	8.8
2012	−32.93	132.0	7.9	165.0	6.2
2013	−30.52	142.9	8.2	173.4	5.1
2014	−21.34	173.4	21.3	194.7	12.3
2015	−68.52	146.8	−15.3	215.3	10.6
2016	−69.35	167.5	14.2	236.9	10.0
2017	−146.96	132.6	−20.8	279.6	18.0
2018	−130.66	184.6	39.2	315.3	12.8
2019	−85.16	207.5	12.4	292.6	−7.2
2020	−30.14	104.4	−49.7	134.5	−54.0

출처 : 관광지식정보시스템

위의 〈표 4-1〉은 대한민국의 관광수지를 나타낸 것이다. 관광수지는 방한 외래관광객이 우리나라에서 지출한 금액(관광수입)과 국민 해외여행객이 해외에서 지출한 금액(관광지출)의 차이를 나타낸다. 이를 공식으로 표현하면 다음과 같다.

관광수지 = 관광수입 − 관광지출

관광수지 지표는 관광산업 경쟁력을 나타내는 중요한 지표 중 하나인데, 관광산업에 국한하여 우리나라 국민들이 해외에서 지불한 금액과 해외 관광객이 우리나라에서 소비한 금액의 차이를 나타내므로 관광정책 수립에 중요한 기초자료로써 기능한다.

관광수지와 유사한 지표로써 한국은행에서 발표하는 여행수지가 있다. 그러나 한국은행에서 발표하는 여행수지는 우리나라 국민이 해외 유학 가서 소비하는 금액인 유학수지가 포함되어 있으므로 순수 관광관련 지출입으로 보기에는 무리가 있다. 따라서, 관광지식정보시스템에서 공표하는 관광수지를 활용하는 것이 관광산업의 현황을 분석하고 파악하는 데 타당한 자료로 이해할 수 있다. 더욱이, 관광수지는 여객운임을 포함하지 않고 실제 사용액만 집계하므로 관광산업을 더욱 정확하게 파악하고 비교할 수 있다.

- 여행수지 = 여행수입-여행지출
- 여행수입 : 외국환은행이 외국인 여행자(유학생 및 훈련생, 외국인 여행자) 또는 국내 환전상(신용카드업자, 카지노업자)이나 외환대가 판매업자(국내관광업자, 보세판매장)로부터 한국 내 지급수단을 대가로 외국환을 매입하거나 해당 거주자계정에 입금하는 경우
- 여행지출 : 외국환은행을 통하여 거주자가 내국인 유학생, 훈련생 및 해외여행자에게 경비를 지급하는 경우

위의 자료를 분석하면, 우선 지난 2015년 메르스로 인해 관광수지는 적자를 기록했다(−68억 불). 이후 방한 외래관광객이 큰 폭으로 증가했으나(+30.3%), 국민들의 아웃바운드 여행이 지속적으로 증가하여(+15.9%) 2016년의 관광수지는 적자폭이 소폭 증가했다(−69억 불). 이후 2017년에는 사드사태 및 북한 도발 등의 정치적인 이슈로 인해 방한 외국인 관광객이 감소했다(−22.7%). 이러한 이유로 2017년의 관광수치는 대폭 적자를 기록하였다(−147억 불).

2018년에는 사드사태를 극복하기 위한 시장다변화의 노력과 평창올림픽이라는 메가 이벤트의 성공적인 개최로 방한 외국인관광객은 전년대비 증가하는 성과를 기록하기도 하였다(+15.1%).

그러나 국민들의 해외관광 또한 지속적으로 증가(+8.3%)하여 2018년의 관광수지는 여전히 적자를 기록했다(−131억 불). 2019년에는 역대 최대의 외래관광객이 입국하는 기록을 세우기도 하였는데(1,750만 명), 이로 인해 2019년의 관광수지는 적자를 대폭 개선하여 우리나라 관광산업 발전을 위한 중요한 터닝포인트를 기록했다(−74억 불). 이후 2020년에는 Covid−19으로 인한 세계경제의 충격으로 관광산업에 타격이 있었으나, 기존의 아웃바운드 관광객이 내수시장으로 흡수된 덕분에 관광수지의 적자를 회복하는 기회

가 되기도 하였다(−30억 불). 특히, 2020년의 관광수요에서 가장 주목할 만한 점은 해외의 수요를 국내 관광산업의 수요로 충분히 전환시킬 수 있는 가능성을 발견했다는 것이다. 예를 들어, 아웃바운드 관광객 중 높은 비중을 차지하던 것은 동남아 국가로 떠나는 골프여행객들이었는데, 해외여행이 금지되자 국내의 골프장으로 대체하는 수요로 인해 국내 골프시장이 활성화되는 결과를 얻기도 하였다. 즉, 해외여행에는 역사 유적지 방문, 해외 메가이벤트 참석 등 다양한 관광목적이 존재하고, 종류에 따라서는 국내 관광이 대체할 수 없는 것들이 있지만, 골프 등의 레저스포츠 활동은 관광상품의 구성이나 마케팅 등을 통해 충분히 수요를 전환시킬 수 있다는 것이다.

이처럼, 주어진 자료를 통해 얻을 수 있는 시사점은 명확하다. 우선 첫째로 방한 관광시장을 다변화해야 한다는 것이다. 내국인의 국내관광 수요가 줄어든다는 것은 곧 방한 외국인 관광객시장도 축소될 수 있음을 뜻한다. 전 세계적으로 소비 및 관광 트렌드의 격차는 점점 좁혀져서, 최근에는 어떤 특정 국가만의 트렌드보다 글로벌 트렌드를 공유하는 현상이 두드러진다. 바꿔 말하면, 해외에서 유행하는 트렌드는 국내에서도 유행하는 트렌드고, 관광 목적지에 대해서 바라보는 시각도 유사하다는 것이다. 그러므로 글로벌 트렌드 및 국내 소비 트렌드를 분석하고 트렌드를 충족시킬 수 있는 고부가가치 관광상품을 개발하여 내국인의 국내여행을 활성화함과 동시에 방한 외국인 관광객 모집에 총력을 다하여 관광수지를 개선시킬 수 있는 정책을 추진해야 한다.

3 국내의 해외관광객 동향

〈표 4-2〉 아웃바운드 관광객 현황(2020.01~2021.03) (단위 : 명)

연도	외래관광객 수
2020년 01월	2,513,030
2020년 02월	1,046,779
2020년 03월	143,366
2020년 04월	31,425
2020년 05월	37,802

2020년 06월	48,353
2020년 07월	65,936
2020년 08월	88,888
2020년 09월	76,798
2020년 10월	71,970
2020년 11월	70,686
2020년 12월	80,973
2021년 01월	86,143
2021년 02월	68,213
2021년 03월	73,999
2021년 04월	71,302
계	4,575,663

출처 : 관광지식정보시스템

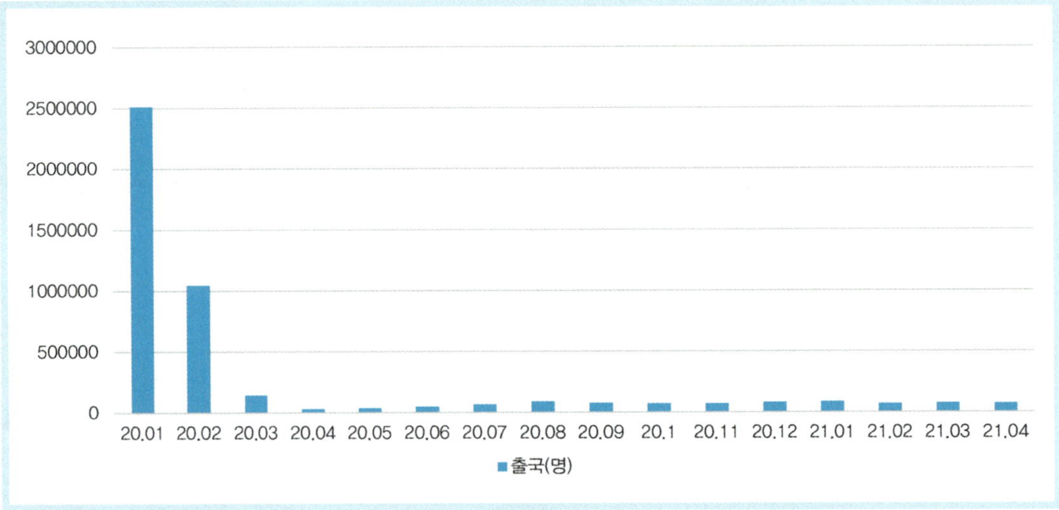

[그림 4-6] 아웃바운드 관광객 현황(2020.01~2021.03)

위의 [그림 4-6]은 2020년 1월부터 2021년 4월까지의 아웃바운드 관광객 통계를 나타낸 것이다. 〈표 4-2〉는 [그림 4-7]에 대한 구체적인 수치로써, 전반적으로 수요가 급감한 것을 알 수 있다. 이와 관련하여 대한민국 관광산업의 현황을 살펴보고자 한다.

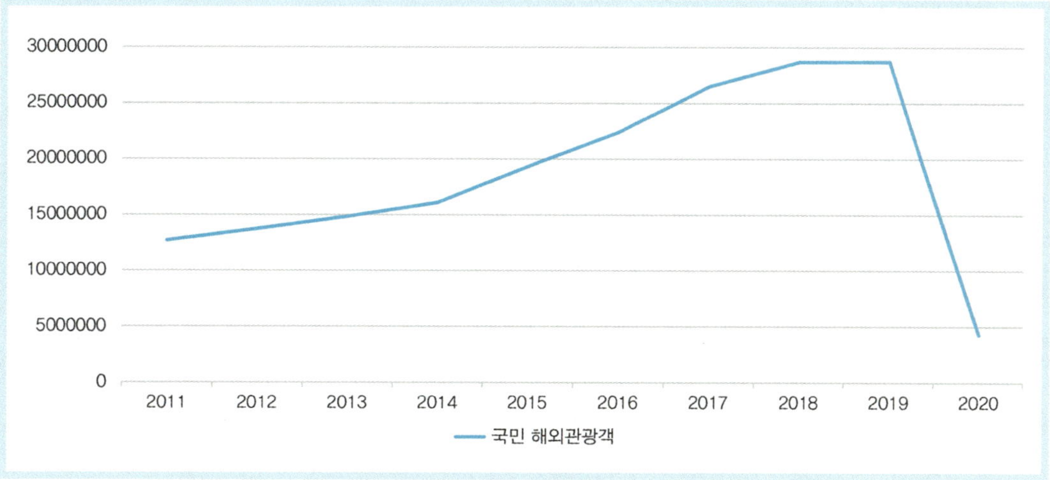

[그림 4-7] 아웃바운드 관광객 현황(2020.01~2021.03)

〈표 4-3〉 **국민 해외관광객의 변화와 관광수입, 관광지출** (단위 : 명)

연도	국민 해외관광객		관광수입		관광지출	
	인원수	증감	금액	증감	금액	증감
2011	12,693,733	1.6	12,233.9	19.6	15,530.8	8.8
2012	13,736,976	8.2	13,201.1	7.9	16,494.5	6.2
2013	14,846,485	8.1	14,288.4	8.2	17,340.7	5.1
2014	16,080,684	8.3	17,335.9	21.3	19,469.9	12.3
2015	19,310,430	20.1	14,675.8	−15.3	21,528.0	10.6
2016	22,383,190	15.9	16,753.9	14.2	23,688.6	10.0
2017	26,496,447	18.4	13,263.9	−20.8	27,959.8	18.0
2018	28,695,983	8.3	18,461.8	39.2	31,527.9	12.8
2019	28,714,247	0.1	20,744.9	12.4	29,260.5	−7.2
2020	4,276,006	−85.1	10,436.2	−49.7	13,449.9	−54.0

출처 : 관광지식정보시스템

위의 자료에서 볼 수 있듯이 대한민국의 아웃바운드 관광객은 증가추세에 있었다. 주목할 만한 점은 2017년을 기점으로 관광수입의 증가율 또한 증가추세에 있었으며, 관광지출은 줄어드는 추세에 있었다는 것이다.

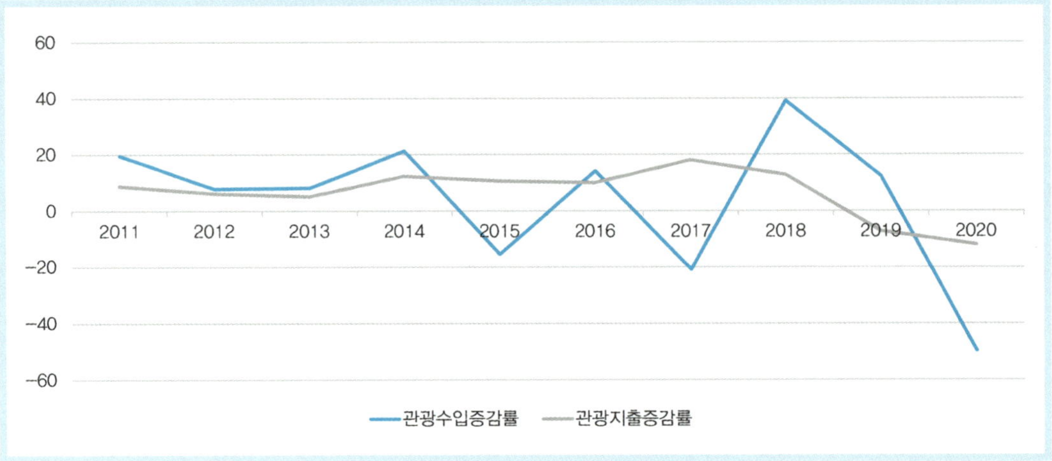

[그림 4-8] 관광수입/지출 증감률

대한민국 국민들의 아웃바운드 현황을 살펴볼 때에는 이처럼 거시적 관점에서 증가/감소폭을 살펴보는 것도 중요하지만, 구체적으로 어떤 요소에 의해서 감소 혹은 증가가 나타났는지를 파악하는 것도 중요하다. 다음의 〈표 4-4〉는 주요 목적지별 국민 해외관광객을 정리한 것이다. 표를 보면 우리나라가 사드사태로 타격을 입었던 것처럼 우리나라 관광객들이 한시적인 정치적 이슈 등으로 인해 특정 국가를 방문하지 않을수도 있고, 우리나라에 평창올림픽이 있었던 것처럼 메가이벤트로 인해 특정 국가의 방문률이 일시적으로 증가할 가능성도 충분히 존재하기 때문이다. 이러한 요소에 대한 분석이 선행되었을 때 향후에 발생하는 이슈에 대해서도 대응이 가능한 것이다. 이것이 일반적으로 관광산업에서 추세를 예측하고 해외여행시장을 분석하는 시각이다. 이것은 Covid-19에서도 마찬가지로 적용할 수 있는데, 과거 사스나 메르스로 인해서 타격을 입었을 당시의 상황을 분석하여 Covid-19사태가 발발했을 때, 사회적 거리두기 및 해외여행 제한사항을 예측하여 과거의 트렌드였던 호캉스를 재정비한 후 프리미엄 상품화하여 매출향상을 이끌어내거나, 동남아 골프관광의 수요를 국내 골프장으로 끌어들인 사례 등이 이에 해당한다.

〈표 4-4〉 주요 목적지별 국민 해외관광객

(단위 : 명)

연도	2018		2019		2020	
	인원수	증감	인원수	증감	인원수	증감
전체	28,695,983	8.3	28,714,247	0.1	4,276,006	-85.1
중국	4,193,500	8.5	-	-	-	-
일본	7,538,952	5.6	5,584,597	-25.9	487,906	-91.3
대만	1,019,122	-3.3	1,242,598	21.9	178,911	-85.6
홍콩	1,421,411	-4.5	1,042,540	-26.7	39,922	-96.2
마카오	812,842	-7.0	743,026	-8.6	44,433	-94.0
싱가포르	629,454	-0.3	645,836	2.6	89,519	-86.1
말레이시아	616,783	27.3	673,065	9.1	119,364	-76.5
태국	1,796,615	4.6	1,887,853	5.1	260,228	-86.2
필리핀	1,624,251	1.0	1,987,322	22.4	-	-
인도네시아	358,885	-15.2	388,316	8.2	69,905	-60.3
베트남	3,435,406	42.2	4,290,802	24.9	819,089	-26.1
터키	159,354	32.1	207,372	30.1	36,636	-82.3
미국	2,210,597	-5.3	2,298,279	4.0	439,286	-80.9
캐나다	253,236	-16.0	263,177	3.9	33,118	-86.8
러시아	386,413	52.3	453,796	17.4	-	-
영국	305,014	-13.4	301,130	-1.3	56,143	-14.0
독일	357,962	-2.5	342,305	-4.4	60,655	-80.8
호주	287,990	-4.7	280,480	-2.6	53,460	-78.5
뉴질랜드	87,853	-3.6	88,431	0.7	25,498	-66.7

출처 : 관광지식정보시스템

〈표 4-5〉 해외여행 경험률

(단위 : 명)

구분		경험	비경험
전체		23.2	76.8
성별	남자	21.7	78.3
	여자	24.7	75.3

연령	15~19세	6.4	93.6
	20대	30.7	69.3
	30대	33.9	66.1
	40대	20.8	79.2
	50대	27.3	72.7
	60대	20.6	79.4
	70세 이상	6.9	93.1
직업	임금봉급근로자	28.5	71.5
	고용원 있는 사업주	45.0	55.0
	고용원 없는 자영자	20.7	79.3
	무급가족 종사자	16.9	83.1
	전업주부	16.0	84.0
	학생	14.0	86.0
	기타	11.2	88.8
학력	초졸 이하	5.5	94.5
	중학교	9.8	90.2
	고등학교	18.0	82.0
	대학교 이상	31.4	68.6
가구원 수	1인	25.0	75.0
	2인	20.9	79.1
	3인 이상	23.7	76.3
가구소득	100만 원 미만	4.8	95.2
	100~200만 원 미만	7.8	92.2
	200~300만 원 미만	22.4	77.6
	300~400만 원 미만	20.4	79.6
	400~500만 원 미만	23.5	76.5
	500~600만 원 미만	29.0	71.0
	600만 원 이상	35.1	64.9

출처 : 관광지식정보시스템

아웃바운드 관광에서 국민들의 관광목적지를 분석하는 것만큼 중요한 것은 위의 〈표 4-5〉와 같은 해외여행 경험률 등의 데이터이다. 해외여행 경험률은 연령별/직업별/소득별 등 해외여행에 참여한 고객의 특성을 세분화하여 분석한 것이다. 이러한 데이터는 우리나라 고객의 소비성향을 파악할 수 있을 뿐만 아니라 미래 수요까지 예측할 수 있는 중요한 데이터이다. 해외여행 경험률의 데이터는 다른 국가와 확연히 구분되는 것이기도 하다. 예를 들어, 일본의 경우 젊은 층의 해외여행 경험률이 현저히 낮아지는 특성을 보이고, 중·장년층의 해외여행은 미세하게 증가하는 등의 특성을 보이기도 한다. 이것은 과거 한류문화가 인기를 끌었을 때 한국여행을 와서 만족했던 고객들이 지속적으로 재방문을 하며 충성고객으로 변화한 세대가 중장년층에 다수 포함되어 있기 때문이고, 극심한 경기침체로 젊은 세대는 해외여행을 떠날 여력이 부족하기 때문이기도 하다. 그러나 우리나라의 경우에는 다양한 연령대의 해외여행 경험률이 높게 나타나며, 특히 20~30대의 해외여행 경험률이 높게 나타난다는 특징이 있다. 일반적으로 여행업계에서는 이러한 해외여행 경험률 등의 데이터에 다양한 데이터를 추가하여 해외여행 상품을 기획하고 판매한다.

다음의 〈표 4-6〉은 1회 해외여행 시 평균 체류일수를 정리한 표이다. 위의 〈표 4-5〉와 연계하여 분석해 보면, 임금을 받는 근로자보다 자영업자의 해외여행 경험비율이 높게 나타나는 것은 상대적으로 개인시간을 더 자유롭게 쓸 수 있다는 특징 때문인데, 유럽의 경우나 북미지역에는 임금근로자라 하더라도 휴가를 장기간 쓸 수 있는 특징 때문에 우리나라에 비해 해외여행 경험률의 비율에 차이가 나타나기도 한다. 따라서, 소위 '황금연휴'라 부르는 기간 동안에 물리적인 여건의 한계로 해외여행을 떠나지 못했던 사람들의 해외여행에 대한 수요가 급격히 증가하는 등의 현상이 발생하는 것이다. 이러한 이유로 예전부터 관광업계에서는 직장인들을 대상으로 금요일 저녁에 출발하여 일요일 저녁에 귀국하는 단기 해외여행 등의 여행상품을 기획 및 판매하기도 하였다.

이뿐만 아니라, 〈표 4-7〉에서 볼 수 있듯이, 해외여행의 시기 또한 중요하다. 여행시기는 곧 여행의 목적과 밀접한 관련이 있는데, 예를 들어 신혼여행의 경우 다른 계절보다 봄이나 가을에 떠나는 경우가 많고, 학생의 경우에는 여름방학이나 겨울방학의 수요가 높게 나타나는 등의 신분별/목적별 차이가 뚜렷이 나타나기도 한다. 이와 별개로 스키 등의 스포츠를 즐기는 사람이라면 우리나라의 여름 계절에 해외에서 스키를 탈 수 있는 국가로 스키여행을 떠나는 등의 수요가 나타나기도 한다. 과거에는 이러한 수요를 전부 충족시키기가 어려워서 특정 수요에 집중하여 여행상품을 만드는 경우가 많았다.

〈표 4-6〉 1회 평균 해외여행 일수(여행 경험자) (단위 : 명)

구분		여행 일수 평균
전체		4.79
성별	남자	4.73
	여자	4.86
연령	15~19세	5.20
	20대	4.77
	30대	4.74
	40대	4.73
	50대	4.80
	60대	5.08
	70세 이상	4.43
직업	임금봉급근로자	4.62
	고용원 있는 사업주	5.07
	고용원 없는 자영자	4.92
	무급가족 종사자	5.52
	전업주부	4.86
	학생	5.11
	기타	5.55
학력	초졸 이하	4.81
	중학교	4.95
	고등학교	4.94
	대학교 이상	4.73
가구원 수	1인	4.69
	2인	5.14
	3인 이상	4.71
가구소득	100만 원 미만	5.09
	100~200만 원 미만	5.26
	200~300만 원 미만	4.62
	300~400만 원 미만	4.87
	400~500만 원 미만	4.67
	500~600만 원 미만	4.71
	600만 원 이상	4.91

출처 : 관광지식정보시스템

〈표 4-7〉 해외여행시기

(단위 : 명)

구분		평일	주말	공휴일	명절
전체		95.8	84.2	17.8	8.9
성별	남자	94.9	84.7	18.6	8.4
	여자	96.7	83.6	17.0	9.5
연령	15~19세	94.7	70.8	16.4	12.8
	20대	93.2	82.4	19.2	10.9
	30대	95.0	86.5	21.8	10.2
	40대	96.5	83.5	16.3	9.4
	50대	97.8	86.8	15.8	5.5
	60대	96.8	82.6	18.0	8.4
	70세 이상	98.6	85.6	5.6	4.1
직업	임금봉급근로자	95.1	83.7	18.6	10.1
	고용원 있는 사업주	94.6	89.0	22.1	8.4
	고용원 없는 자영자	95.6	84.6	18.2	7.7
	무급가족 종사자	100.0	93.3	18.4	4.2
	전업주부	99.5	86.5	16.3	6.3
	학생	94.5	76.1	14.5	9.9
	기타	97.6	86.9	5.8	4.6
학력	초졸 이하	100.0	85.3	4.3	6.6
	중학교	99.5	84.8	17.7	6.4
	고등학교	96.1	84.1	17.0	7.1
	대학교 이상	95.5	84.1	18.4	9.8
가구원 수	1인	93.1	87.1	17.5	8.9
	2인	96.8	82.3	16.2	10.2
	3인 이상	96.0	84.2	18.4	8.6
가구소득	100만 원 미만	94.2	76.9	0.8	16.3
	100~200만 원 미만	96.5	80.9	11.2	7.9
	200~300만 원 미만	97.2	86.7	24.6	5.7
	300~400만 원 미만	95.0	86.4	17.2	8.0
	400~500만 원 미만	96.7	82.0	12.3	9.0
	500~600만 원 미만	95.5	85.5	18.4	7.8
	600만 원 이상	95.2	83.4	21.2	11.3

출처 : 관광지식정보시스템

예를 들자면, 앞서 언급한 신혼여행지를 대표 여행지 몇 곳으로 묶어서 대량의 물량을 선구매한 뒤 패키지 형태로 공급하는 식으로 여행상품을 판매했던 것이다. 그러나 최근에는 '마이크로 이코노미'라 부르는 현상으로 인해 획일적인 여행보다는 특별한 여행을 원하는 고객이 많이 늘어나기 시작했다.

〈표 4-8〉 **해외여행 방문지 선택이유(1순위)** (단위 : 명)

구분		여행지 지명도	볼거리 제공	저렴한 경비	이동 거리	여행 가능 시간	숙박 시설	쇼핑	음식	교통편	체험 프로그램	경험자 추천	편의 시설	교육서	여행 동반자	기타
전체		21.4	23.1	9.0	4.5	10.7	2.1	1.5	2.8	0.7	1.1	6.6	3.4	0.5	10.6	1.8
성별	남자	21.6	23.8	7.5	5.0	10.1	2.4	1.1	2.6	0.8	1.2	6.7	3.3	0.6	10.6	2.7
	여자	21.2	22.4	10.6	3.9	11.4	1.8	2.0	3.1	0.7	1.0	6.4	3.5	0.4	10.7	1.0
연령	15~19세	19.1	19.3	2.2	4.0	15.3	7.1	2.9	3.2	–	6.0	6.1	1.5	1.2	12.2	–
	20대	21.6	24.0	7.6	7.1	9.4	2.1	1.6	3.2	0.9	1.1	8.1	2.9	0.5	9.5	0.6
	30대	21.1	23.5	11.5	3.2	12.9	1.4	2.1	3.7	1.9	1.2	4.4	3.4	0.6	7.7	1.5
	40대	20.7	21.3	8.1	3.8	11.6	1.9	1.6	2.3	0.2	1.2	7.2	3.9	1.1	12.1	3.0
	50대	20.1	25.6	9.4	3.6	9.1	1.5	0.8	2.1	0.1	0.4	7.3	3.9	–	12.9	3.3
	60대	25.7	22.0	6.3	6.7	10.1	3.6	0.8	1.5	0.3	1.0	6.5	3.6	0.2	10.6	1.2
	70세 이상	22.7	20.6	18.5	0.6	4.8	1.9	2.3	5.3	1.2	–	6.0	2.7	–	13.4	–
직업	임금봉급 근로자	79.8	24.0	8.1	4.3	11.4	1.8	2.1	2.9	1.2	0.8	6.0	3.9	0.6	11.0	2.1
	고용원 있는 사업주	26.9	27.8	4.0	8.2	6.4	1.6	0.6	2.6	–	3.0	5.1	4.0	0.1	5.4	4.2
	고용원 없는 자영자	21.1	21.9	9.6	5.1	12.8	3.6	0.4	2.4	–	1.0	6.8	2.0	0.4	11.1	1.7
	무급가족 종사자	26.0	22.2	9.6	2.2	10.7	–	3.4	–	–	–	5.9	5.2	–	12.8	2.2
	전업주부	25.4	21.8	13.6	2.7	6.3	1.3	1.1	3.2	0.4	0.8	8.7	3.3	–	10.7	0.6
	학생	20.8	18.0	7.9	4.1	13.7	4.3	1.4	3.5	0.2	2.8	6.6	2.2	1.9	12.7	–
	기타	23.3	20.4	19.5	7.0	7.3	0.8	0.4	1.5	–	–	11.7	1.9	–	4.6	1.4
학력	초졸 이하	12.1	22.4	14.1	–	14.2	–	–	6.5	–	–	10.5	–	–	20.2	–
	중학교	20.9	11.6	19.6	2.0	7.1	6.2	–	2.6	3.2	–	11.8	1.9	–	11.8	1.4
	고등학교	22.6	23.5	8.6	4.6	11.9	2.3	1.1	1.6	0.3	1.5	6.9	3.4	0.2	10.8	0.7
	대학교 이상	21.1	23.4	8.8	4.6	10.3	1.9	1.8	3.3	0.8	1.0	6.2	3.5	0.7	10.3	2.3

가구원수	1인	19.7	22.9	13.9	4.6	10.1	0.9	1.8	1.2	1.3	1.1	5.5	3.7	0.1	10.8	2.5
	2인	21.1	25.4	8.5	3.9	9.0	2.7	1.3	3.0	0.9	1.5	6.3	5.6	0.2	9.1	1.4
	3인 이상	21.8	22.5	8.3	4.6	11.3	2.1	1.6	3.1	0.6	1.0	6.9	2.7	0.7	11.0	1.9
가구소득	100만 원 미만	27.1	15.3	14.9	5.3	2.8	1.7	–	5.9	–	–	1.2	3.1	2.4	20.4	–
	100~200만 원 미만	34.7	21.2	5.4	2.7	6.9	2.6	0.8	2.8	1.1	–	8.0	2.8	0.5	9.2	1.2
	200~300만 원 미만	18.9	26.7	12.2	5.2	10.2	0.8	2.5	0.9	1.2	0.4	5.8	1.9	–	12.0	1.1
	300~400만 원 미만	22.9	22.3	8.2	3.0	11.1	1.0	1.1	2.9	0.9	1.0	8.7	4.4	–	10.2	2.3
	400~500만 원 미만	17.3	22.4	8.5	4.4	9.2	3.9	2.3	2.0	1.1	1.0	6.0	5.0	0.2	14.1	2.5
	500~600만 원 미만	19.9	25.3	9.8	4.6	9.2	1.9	1.1	3.9	0.2	2.1	7.5	3.4	0.8	8.9	1.3
	600만 원 이상	24.3	21.7	8.4	5.2	13.8	1.8	1.3	3.1	0.6	0.8	5.4	2.2	0.9	8.6	1.9

출처 : 관광지식정보시스템

즉, 과거에는 여행객들의 수요가 반영된다기보다는 시간적/금전적/물리적 거리에 의해 여행사에서 특정 관광지를 개발하고, 이렇게 개발된 상품목록 중에서 여행객들이 선택하는 형태로 관광이 이루어져 왔던 것이다. 이러한 현상은 과거 특별한 목적 없이는 해외여행이 힘들던 시기에 해외여행자유화가 되면서 기회가 주어졌으나, 어떤 형태로 해외여행을 해야 할지 모르던 시절에 해외여행의 경험 자체를 늘리기 위해 형성된 형태였다. 그러나 이후 상당한 시간이 흐르고 국민들 중 해외여행을 경험해 본 비율이 증대되기 시작하면서 기존의 관광지는 더 이상 새로움을 주지 못하자 사람들은 패키지를 구입하기보다는 새로운 관광지에 대한 필요를 계속 느끼기 시작했다. 이러한 여행객들 중에는 스스로 글로벌 OTA사이트를 통해 항공권과 숙박권만 구입하여 개별여행을 시도하는 비율이 늘어나기 시작했다. Airbnb 등의 숙박공유 사이트와 체험을 중시하는 경험경제가 대두되기 시작한 것도 이 무렵부터이다. 이러한 현상은 향후에도 지속될 가능성이 많은데, 글로벌OTA에서 제공하는 상품이 여행사에서 취급하는 상품보다 상대적으로 저렴하기 때문에 여행상품을 기획하고 판매하는 입장에서는 일반적인 여행상품 이상의 특별한 상품을 만들어내야 하는 상황에 처하게 되었다. 즉, 기존의 방식대로 해외의 숙박 및 항공권을 판매하는 형태로는 여행사 등의 관광상품 판매업이 더 이상 경쟁력을 갖기 어려워진 것이다. 이에 대한 해결책으로 다수의 관광스타트업에서는 와인농장 체험 투어, 전문가와 함께 떠나는 박물관 및 역사유적지 투어 등 특별 관광을 고안해 내기도 하였다. 이처럼 여행사나 관광스타트업들에게 있어서는 소비자에 대한 더욱 세부적인 분석이 필요하게 되었다. 이에 따라 문화체육관광부나 한국관광공사에서는 자체조사 및 자료분석을 통해 여행업계에 세부적인 데이터를 제공하고자 힘쓰고 있다. 다음의 〈표 4-9〉는 이러한 소비자 관련 자료 중 하나로 소비자들의 해외여행정보 획득경로를 나타낸 것이다. 일반적으로는 해외여행의 정보를 얻는 채널이 인터넷이라고 생각할 가능성이 있다. 그러나 실제 조사결과 사람들이 해외여행에 대해 정보를 얻는 주요 채널은 주변인인 것으로 나타났다. 즉, 인터넷에서는 충분히 자세한 정보를 얻을 수 있고, 정보의 정확도나 신뢰도에 있어서도 주변인에 비해 훨씬 고급정보를 얻을 수 있는 창구임에는 분명하지만 사람들의 복잡한 심리적 작용에는 '비합리적인 신념'이 있어서 주변인의 말에 더욱 의존하는 경향을 보이기도 한다. 이러한 특성 때문에 환대산업에서는 실제 이용객들의 만족도 관리와 관련한 연구에 집중해 왔다.

〈표 4-9〉 **해외여행시기 정보 획득경로** (단위 : 명)

구분		인터넷	기사 및 방송	광고	여행사	주변인	서적	과거경험	정보없이 방문	기타
전체		24.3	5.4	4.4	20.8	35.0	1.3	5.5	3.2	0.1
성별	남자	25.4	6.0	4.4	20.1	33.5	1.0	6.5	3.1	0.1
	여자	23.1	4.8	4.5	21.6	36.5	1.6	4.5	3.2	0.1
연령	15~19세	35.3	2.7	1.9	28.3	29.1	–	0.8	–	1.8
	20대	36.5	6.2	3.2	9.2	34.2	1.1	7.7	1.8	0.1
	30대	37.3	3.7	5.2	16.3	28.0	2.5	5.4	1.6	–
	40대	18.1	5.8	.7	22.9	37.2	1.4	6.7	4.2	–
	50대	13.3	5.9	6.3	31.5	34.4	0.9	3.9	3.7	0.1
	60대	8.5	6.0	3.9	27.0	4.20	0.3	5.7	6.6	–
	70세 이상	3.8	8.1	3.7	20.0	58.5	–	1.7	4.2	–

직업	임금봉급근로자	29.6	5.2	4.9	18.6	31.2	1.4	6.4	2.7	0.0
	고용원 있는 사업주	14.9	7.1	1.1	31.2	33.3	–	7.3	5.0	–
	고용원 없는 자영자	15.5	7.2	3.7	22.6	42.1	0.7	3.4	4.6	0.1
	무급가족 종사자	19.2	–	3.3	29.5	35.9	–	5.6	6.5	–
	전업주부	12.9	4.0	5.8	23.9	43.6	2.2	4.4	3.3	–
	학생	33.0	6.3	2.5	19.2	32.3	0.7	4.5	0.6	0.9
	기타	15.6	5.2	4.1	19.4	44.1	2.8	3.7	5.1	–
학력	초졸 이하	1.5	2.7	11.6	27.0	52.8	–	–	4.4	–
	중학교	2.7	6.6	3.4	18.7	57.2	0.7	2.4	8.4	–
	고등학교	13.7	4.8	4.7	30.4	38.5	0.3	3.5	3.8	0.2
	대학교 이상	29.6	5.7	4.2	17.1	32.5	1.7	6.5	2.7	0.0
가구원수	1인	29.1	5.1	5.2	18.8	31.7	1.8	5.7	2.5	–
	2인	17.6	5.1	3.2	25.9	37.5	1.4	5.2	4.2	–
	3인 이상	25.4	5.6	4.6	19.7	34.8	1.1	5.6	3.0	0.1
가구소득	100만 원 미만	21.6	6.4	8.5	25.3	29.7	4.6	–	3.9	–
	100~200만 원 미만	5.3	3.2	5.3	24.5	51.4	0.6	6.8	2.9	–
	200~300만 원 미만	20.5	3.6	6.3	21.4	37.8	0.7	6.3	3.5	–
	300~400만 원 미만	23.5	7.5	4.2	23.5	30.0	1.4	6.3	3.6	–
	400~500만 원 미만	27.3	4.3	2.6	22.8	31.5	1.8	5.5	4.0	0.1
	500~600만 원 미만	25.0	4.8	5.9	21.3	37.5	1.3	2.7	1.2	0.2
	600만 원 이상	25.2	6.6	3.9	16.5	36.1	0.8	7.2	3.6	0.1

출처 : 관광지식정보시스템

다음의 〈표 4-10〉은 해외여행 시 여행사 상품 구매 여부를 분석한 것이다.

〈표 4-10〉 해외여행 시 여행사 상품 구매 여부

(단위 : 명)

구분		경험	비경험
전체		76.4	23.6
성별	남자	75.7	24.3
	여자	77.1	22.9
연령	15~19세	76.7	23.3
	20대	63.3	36.7
	30대	72.0	28.0
	40대	80.9	19.1
	50대	84.6	15.4
	60대	82.8	17.2
	70세 이상	88.3	11.7
직업	임금봉급근로자	75.3	24.7
	고용원 있는 사업주	82.6	17.4
	고용원 없는 자영자	77.9	22.1
	무급가족 종사자	81.7	18.3
	전업주부	81.7	18.3
	학생	65.0	35.0
	기타	79.5	20.5
학력	초졸 이하	81.9	18.1
	중학교	89.4	10.6
	고등학교	83.7	16.3
	대학교 이상	73.0	27.0
가구원 수	1인	72.4	27.6
	2인	78.0	22.0
	3인 이상	76.7	23.3
가구소득	100만 원 미만	90.1	9.9
	100~200만 원 미만	69.2	30.8
	200~300만 원 미만	79.2	20.8
	300~400만 원 미만	74.1	25.9
	400~500만 원 미만	75.2	24.8
	500~600만 원 미만	78.9	21.1
	600만 원 이상	75.9	24.1

출처 : 관광지식정보시스템

위의 표에서 볼 수 있듯이, 성별 및 연령과 관계없이 해외여행 시 여행사 상품을 구매해 본 경험이 압도적으로 높은 것을 알 수 있다. 이것은 일반적으로 사람들이 해외여행을 해보기 전에는 막연한 불안감이나 공포감이 생길 수 있는데 비교적 안전한 여행사 상품을 구입하는 것으로부터 해외여행의 경험을 시작하기 때문이다. 여행사는 상품만 구입하면 다소 비쌀 수 있지만, 여행사 상품의 가장 좋은 점은 현지 가이드가 존재한다는 것이기 때문이다. 여행지에 대해 오랜 경험을 지닌 한국인의 존재는 해외여행을 처음 하는 사람들이 여행사 상품을 구입하는 가장 중요한 요인이기도 하다. 그러나 여행사 상품의 가장 큰 단점은 수익구조로 인해 현지에서 제휴된 업체에서 식사를 하거나, 특정 쇼핑센터를 반드시 일정 중에 포함시켜야 하는 등의 문제가 있다는 것이다. 사람들은 해외여행 경험 횟수가 적을 경우에는 이러한 불편을 감수하고 여행사 상품을 구입해서 여행의 경험치를 늘리고, 이후 개별관광으로 전환하는 형태로 전환되기도 했다. 그러나 일부 고연령층에서는 개별 여행에 대한 과정 자체에 어려움을 느끼는 경우도 있어서, 이들을 대상으로 앞서 언급한 문제점을 해결한 프리미엄 가이드 패키지가 개발되기도 하였다. 즉, 불필요한 곳의 방문을 줄이고, 고급식당에서 식사를 하며, 숙소의 질도 높은 고급 패키지를 구성했던 것이다. 이러한 현상에서 얻을 수 있는 시사점은 소비자들의 니즈는 연령 및 소득 등에 의해서 다르게 나타날 수 있고, 그러한 흐름에 적합한 상품을 만들어내는 것이 필요하다는 것이다. 예를 들어, 개별여행을 많이 떠나는 연령층은 주로 20~30대가 많은데, 이들이 개별여행을 떠나는 이유는 금전적으로 절약할 수 있을 뿐만 아니라 자신들의 취향에 맞는 특별한 관광지를 방문할 수 있기 때문이다. 이러한 경우, 여행사의 입장에서 여행상품을 만들어 수익을 창출하기 위해서는 가격경쟁력으로는 불가능하다. 글로벌OTA의 압도적인 구매력에 비해 가격에서 메리트를 제공하기 힘들기 때문이다. 해결책은 특별한 경험으로부터 비롯된다. 예를 들어 특별한 교육 및 자격을 받을 수 있는 프로그램을 구성한다든지, 현지에서만 가이드를 고용해서 특정 관광지를 개인화하여 구성할 수 있도록 상품을 제공한다든지 하는 방법이 있다.

이러한 트렌드 분석 시 참고할 자료 중의 하나는 〈표 4-12〉가 있다. 〈표 4-12〉는 동반자 수를 나타낸 것인데, 과거에는 신혼여행/ 가족동반/ 커플여행 등 비교적 심플한 구성이 일반적이었는데, 최근에는 공통의 관심사를 지닌 동호회 차원에서의 여행도 많이 늘어났고, 1인가구의 증대에 따라 솔로 여행객도 늘어나고 있다. 이것은 사회문화적 현상이 관광상품의 이용 및 구성에 영향을 미치는 직접적인 사례를 보여주는 현상이다.

〈표 4-11〉 해외여행 시 구매 여행사 상품 (단위 : 명)

구분		전체 패키지	부분 패키지
전체		8.0	17.0
성별	남자	81.4	18.6
	여자	84.6	15.4
연령	15~19세	70.3	29.7
	20대	57.8	42.2
	30대	77.1	22.9
	40대	89.8	10.2
	50대	93.6	6.4
	60대	95.9	4.1
	70세 이상	97.8	2.2
직업	임금봉급근로자	80.8	19.2
	고용원 있는 사업주	83.9	16.1
	고용원 없는 자영자	88.6	11.4
	무급가족 종사자	84.4	15.6
	전업주부	91.5	8.5
	학생	65.5	34.5
	기타	91.3	8.7
학력	초졸 이하	100.0	0.0
	중학교	88.2	11.8
	고등학교	93.2	6.8
	대학교 이상	77.9	22.1
가구원 수	1인	82.1	17.9
	2인	86.5	13.5
	3인 이상	82.1	17.9

가구소득	100만 원 미만	84.1	15.9
	100~200만 원 미만	93.3	6.7
	200~300만 원 미만	88.3	11.7
	300~400만 원 미만	84.8	15.2
	400~500만 원 미만	86.7	13.3
	500~600만 원 미만	84.8	15.2
	600만 원 이상	74.6	25.4

출처 : 관광지식정보시스템

〈표 4-12〉 해외여행 동반자 수(본인 포함)

(단위 : 명)

구분		동반자 수 평균
전체		4.3
성별	남자	4.1
	여자	4.4
연령	15~19세	4.8
	20대	2.9
	30대	3.0
	40대	4.5
	50대	5.2
	60대	6.6
	70세 이상	7.1
직업	임금봉급근로자	3.7
	고용원 있는 사업주	4.3
	고용원 없는 자영자	5.5
	무급가족 종사자	6.5
	전업주부	5.1
	학생	3.9
	기타	5.3
학력	초졸 이하	9.5
	중학교	7.5
	고등학교	5.5
	대학교 이상	3.6

가구원 수	1인	4.3
	2인	4.8
	3인 이상	4.1
가구소득	100만 원 미만	6.8
	100~200만 원 미만	7.0
	200~300만 원 미만	5.1
	300~400만 원 미만	4.1
	400~500만 원 미만	4.0
	500~600만 원 미만	4.3
	600만 원 이상	3.9

출처 : 관광지식정보시스템

다음의 〈표 4-13〉과 〈표 4-14〉는 해외여행지에서의 활동을 정리한 것이다. 해외여행지에서의 활동은 다양한 여행상품을 개발할 수 있는 힌트를 제공하기도 한다. 앞서 언급한 것처럼 국내여행지로 수요를 돌리기 위한 방안을 강구할 수도 있고, 해외여행상품이라 하더라도 동일한 경험을 더욱 높은 품질로 경험할 수 있거나, 상대적으로 저렴한 가격에 즐길 수 있는 여행지 등 다양한 상품을 개발할 수 있기 때문이다. 예를 들어, 음식관광의 경우 상당히 오래전부터 지속되어 온 해외관광의 주요 목적 중 하나였다. 음식관광을 즐기고자 하는 사람들에게 미슐랭 레스토랑과의 계약을 통해 일정 좌석을 정기적으로 확보하고 레스토랑 투어로만 구성하는 것도 특별한 여행상품이 될 수 있을 것이다. 이러한 상품의 경우 개인이 좌석을 확보하는 데는 한계가 있고, 지역 및 국가에 따라 각 레스토랑을 이동하는 이동수단의 확보가 어려운 경우도 있을 수 있기 때문에 충분히 경쟁력 있는 상품이 될 수 있을 것이다. 이러한 발상은 관광목적별로 세분화되어 창조될 가능성이 많다. 앞서 언급한 것처럼 역사 유적지의 경우에는 역사 전문가가 동행하여 역사적 지식을 설명하며 투어를 진행할 수 있다면 개별여행에서 경험할 수 없는 특별한 상품이 될 수 있다. 다만 중요한 것은, 관광목적상 나타나는 비율의 차이가 수익의 차이라고는 말할 수 없다는 것이다. 예를 들어, 문화예술의 목적으로 해외여행을 떠나는 사람들은 다른 관광목적에 비해 비중은 작지만 1인당 소비금액은 더욱 높을 가능성이 있다. 예를 들어, 전시회나 음악회, 뮤지컬 등의 문화예술상품은 상당히 고가의 돈을 투자해야 좋은 조건에서 관람할 수 있고, 이러한 티켓을 구입하는 사람들의 일반적인 소비 패턴은 고가의 명품제품을 선호하는 경우도 많기 때문이다. 따라서, 이러한 유형의 관광객들에게 상품을 구성하여 판매할 경우 프리미엄 관광상품으로 고수익을 올릴 수 있기도 하다. 또한, 스포츠/레저를 목적으로 해외여행을 가는 사람들은 스포츠/레저 경기 관람도 즐길 가능성이 높으므로 실제 스포츠/레저 활동 참여와 경기 관람을 패키지로 묶는 방안도 고려해 볼 수 있고, 스포츠/레저 활동과 온천/스파를 패키지로 묶는 것도 고려할 수 있다.

반면에, 카지노를 목적으로 해외여행을 가는 경우에는 다른 관광활동에는 참여하지 않고 카지노만 즐길 가능성이 많다. 이 경우에는 카지노와 협업하여 고객이 카지노에서 충분히 원하는 만큼 게임을 편안하게 즐길 수 있도록 카지노 내에서의 상품 구성을 다채롭게 구성하는 것이 더욱 효과적일 수 있다. 즉, 중요한 것은 이러한 통계자료를 해석할 때 많은 비중의 통계에만 집중하고 그에 대한 상품을 만드는 것이 중요한 것이 아니라, 전체적인 흐름을 파악하고, 특별한 상품을 어떻게 만들어낼지 고민하는 것이다.

〈표 4-13〉 해외여행 여행지에서의 활동(중복응답)〈1〉 (단위 : 명)

구분		자연 및 풍경	음식 관광	스포츠 레저	역사 유적지	테마 파크	휴식/ 휴양	온천/ 스파	쇼핑	문화 예술	스포츠 관람
전체		81.2	56.5	11.0	31.5	13.9	70.6	17.7	33.6	14.0	0.5
성별	남자	80.1	57.8	11.3	31.2	12.9	70.3	16.3	33.1	11.2	0.7
	여자	82.2	55.1	10.6	31.8	14.9	70.9	19.1	34.2	16.9	0.3
연령	15~19세	82.5	63.9	5.9	27.8	22.7	78.9	12.2	40.2	17.0	-
	20대	79.4	64.0	10.0	32.5	16.8	62.0	19.9	38.0	14.6	0.1
	30대	80.3	59.6	16.8	27.0	14.2	75.4	17.4	37.8	12.0	1.4
	40대	79.5	51.9	12.6	27.8	14.6	71.7	17.0	29.1	16.1	0.5
	50대	82.6	53.2	9.6	35.1	14.2	71.7	16.6	34.1	13.2	-
	60대	85.3	49.2	3.1	35.7	5.6	71.6	14.1	25.0	15.8	0.5
	70세 이상	85.0	53.8	4.1	47.8	6.7	63.9	31.2	25.2	8.2	-

직업	임금봉급 근로자	80.0	58.9	11.8	30.6	14.2	69.4	18.3	34.5	14.2	0.6
	고용원 있는 사업주	84.8	52.2	17.5	34.5	14.9	70.5	14.5	34.8	7.1	0.8
	고용원 없는 자영자	83.4	48.3	7.0	31.0	7.9	76.0	14.6	24.7	13.7	0.8
	무급가족 종사자	89.1	71.1	5.5	36.9	17.2	67.3	11.6	57.2	15.7	2.1
	전업주부	79.8	57.2	10.1	31.9	16.6	75.3	21.6	36.3	16.4	–
	학생	80.0	57.1	9.9	27.8	18.9	68.9	13.5	35.6	14.3	–
	기타	91.4	47.6	10.8	52.5	8.9	48.6	25.7	30.7	13.9	–
학력	초졸 이하	94.9	54.6	11.2	33.3	16.0	51.4	25.4	6.4	15.5	–
	중학교	83.7	65.9	–	44.6	4.0	66.0	29.3	38.6	9.2	0.3
	고등학교	85.3	48.6	7.2	34.5	14.5	71.4	13.5	29.1	15.4	0.2
	대학교 이상	79.2	59.3	12.9	29.8	14.0	70.7	18.8	35.6	13.6	0.6
가구원수	1인	86.0	58.0	14.1	29.2	9.3	72.2	13.4	31.1	10.1	2.4
	2인	80.7	560	9.2	34.2	10.8	71.5	15.6	29.1	13.7	0.0
	3인 이상	80.4	56.4	10.9	31.2	15.6	70.0	19.1	35.4	14.8	0.3
가구소득	100만 원 미만	80.7	61.0	10.9	26.6	9.2	66.7	17.6	18.2	16.4	–
	100~200 만 원 미만	85.3	44.6	5.5	40.2	7.2	76.0	9.3	28.2	11.1	–
	200~300 만 원 미만	84.6	52.2	3.2	31.3	12.4	71.6	14.8	28.2	12.1	–
	300~400 만 원 미만	82.9	55.3	7.2	27.0	10.2	73.1	20.3	34.8	10.4	1.9
	400~500 만 원 미만	77.8	51.3	8.7	29.3	13.4	71.7	17.9	34.3	10.3	0.2
	500~600 만 원 미만	83.7	57.7	11.7	32.8	16.0	68.0	20.9	32.7	14.7	0.2
	600만 원 이상	79.3	63.1	17.7	34.3	16.1	69.5	15.2	36.3	19.4	0.5

출처 : 관광지식정보시스템

〈표 4-14〉 해외여행 여행지에서의 활동(중복응답)〈2〉

(단위 : 명)

구분		축제 참가	교육 참가	성지 순례	카지노	시티 투어	드라마촬영지	유흥/오락	가족친지 방문	회의 참가	연수	기타
전체		8.0	1.5	4.2	0.4	29.7	1.6	6.8	4.4	1.6	1.9	0.9
성별	남자	8.1	1.9	3.7	0.6	28.8	0.9	6.1	5.1	3.0	2.9	1.4
	여자	7.9	1.0	4.8	0.2	30.7	2.3	7.6	3.8	0.2	0.9	0.4
연령	15~19세	9.6	8.7	6.8	–	30.5	1.2	5.5	5.9	3.1	1.2	–
	20대	6.2	1.6	1.9	0.3	35.7	1.5	5.7	3.2	0.7	1.5	0.1
	30대	9.5	1.4	3.6	–	31.2	1.6	8.9	4.6	1.4	2.0	1.1
	40대	6.8	1.6	4.3	0.8	25.7	1.9	9.9	4.4	2.1	4.2	1.2
	50대	6.3	0.9	7.3	0.9	31.1	1.3	5.3	2.6	3.1	0.8	1.8
	60대	12.3	0.6	4.7	–	23.7	0.6	3.4	8.0	0.4	1.0	0.5
	70세 이상	9.2	–	0.9	–	19.9	5.1	0.6	7.7	–	–	–
직업	임금봉급 근로자	7.8	1.3	2.9	0.6	31.2	1.7	6.5	3.6	2.0	2.6	1.2
	고용원 있는 사업주	5.2	1.0	2.1	0.7	25.1	0.3	10.3	2.6	2.2	0.9	2.3
	고용원 없는 자영자	9.7	2.3	7.2	0.0	23.0	1.9	5.6	6.6	1.4	1.4	0.4
	무급가족 종사자	3.9	3.3	3.8	–	15.7	–	3.3	6.2	–	–	2.2
	전업주부	10.7	0.1	7.7	–	35.1	2.2	10.5	5.9	0.3	0.5	–
	학생	6.9	4.1	4.9	–	32.0	0.6	4.2	6.0	1.5	1.9	–
	기타	–	–	2.4	0.4	22.9	–	3.0	1.0	–	1.0	–
학력	초졸 이하	4.3	–	1.2	–	16.9	–	2.1	6.2	–	–	–
	중학교	5.2	0.3	1.6	–	34.7	1.9	2.2	5.1	–	1.3	–
	고등학교	9.9	2.1	6.3	0.2	27.3	1.5	6.2	5.4	0.3	0.7	0.4
	대학교 이상	7.4	1.3	3.5	0.5	30.7	1.6	7.3	4.0	2.2	2.5	1.2
가구원수	1인	9.0	0.6	3.9	0.5	24.7	1.9	7.2	5.1	1.3	0.7	–
	2인	8.3	1.3	4.7	–	25.9	2.0	6.8	6.0	0.4	1.4	2.1
	3인 이상	7.7	1.7	4.1	0.5	31.8	1.4	6.7	3.9	2.0	2.3	0.7

가구소득	100만 원 미만	0.8	–	3.1	–	13.4	–	15.0	1.4	–	2.4	–
	100~200 만 원 미만	4.0	–	3.0	–	12.1	1.2	2.2	13.3	–	1.1	2.0
	200~300 만 원 미만	4.7	–	5.6	–	23.1	1.4	3.2	3.3	–	–	0.3
	300~400 만 원 미만	7.7	2.6	3.4	0.4	25.6	2.1	8.9	6.8	1.4	0.7	0.3
	400~500 만 원 미만	7.8	1.4	4.1	0.7	31.1	1.0	2.9	4.5	2.7	3.0	1.8
	500~600 만 원 미만	8.3	1.0	4.2	0.2	31.2	0.8	7.8	5.0	0.5	1.7	0.4
	600만 원 이상	9.9	2.1	4.5	0.5	34.6	2.6	9.5	2.1	2.5	2.7	1.1

출처 : 관광지식정보시스템

〈표 4-15〉 **1회 평균 해외여행 지출액(여행 경험자)** (단위 : 천원/회)

구분		지출액 평균
전체		1,170
성별	남자	1,152
	여자	1,188
연령	15~19세	1,012
	20대	1,085
	30대	1,212
	40대	1,153
	50대	1,238
	60대	1,157
	70세 이상	1,269
직업	임금봉급근로자	1,114
	고용원 있는 사업주	1,336
	고용원 없는 자영자	1,154
	무급가족 종사자	1,262
	전업주부	1,295
	학생	1,074
	기타	1,699

학력	초졸 이하	1,027
	중학교	1,230
	고등학교	1,197
	대학교 이상	1,159
가구원 수	1인	1,180
	2인	1,271
	3인 이상	1,138
가구소득	100만 원 미만	990
	100~200만 원 미만	1,117
	200~300만 원 미만	992
	300~400만 원 미만	1,034
	400~500만 원 미만	1,197
	500~600만 원 미만	1,100
	600만 원 이상	1,360

출처 : 관광지식정보시스템

위의 〈표 4-15〉는 아웃바운드 관광객의 해외여행 1회당 평균지출액을 나타낸 것이다. 평균지출액의 경우에는 일반적인 소비자 특성이 잘 나타난 자료로써, 우리나라 아웃바운드 관광객을 유치하는 국가에서 가장 관심있게 보는 지표 중 하나이다. 관광객의 해외여행 지출 데이터를 세분화하여 분석하면, 특정 국가에서 지출액의 변동을 추적할 수 있는데, 이러한 과정을 통해 특정 국가의 여행상품이 우리나라 관광객들에게 어떻게 받아들여지고 있는지, 어떤 여행 트렌드가 새롭게 부상하고 있는지 등을 파악할 수 있다.

시사점

대한민국 아웃바운드 관광객 수치는 복합적인 의미를 지니고 있다. 국내 관광지의 입장에서 바라보면 아웃바운드 관광객이 늘어날수록 국내 관광지의 수요가 줄어들기 때문에 부정적으로 바라볼 수 있고, 실제 여행상품을 취급하는 여행사의 입장에서는 가급적 다양한 상품을 개발하여 사이즈를 증대시켜야 할 시장이기도 하다. 그러나 이와는 별개로 관광이라는 산업은 하나의 거대한 생태계를 이루고 있다는 것을 명심해야 한다. 실제로 해외여행이 늘어나면서 대한민국 국민들은 관광지에 대한 기대치가 높아지고, 일부는 실제로 각지의 관광지에서 해외에서만 경험할 수 있었던 특별한 서비스 및 제품, 식음료메뉴 등을 개발하기도 했다. 즉, 해외여행에 대한 경험의 증가는 우리나라 관광지를 발전시킬 수 있는 외부 자극으로써 기능할 가능성이 있다는 것이다. 또한, 항공산업의 측면에서 바라보면 한국에서 취항하는 국가의 숫자가 많아지고, 항공편 숫자가 늘어날수록 해당 국가 사람들의 한국 관광을 유도할 수 있는 기회가 되기도 한다.

관광이란 사람들의 욕구를 충족시키는 일이다. 사람들의 여행욕구는 이제 전 세계 사람들이 공유하는 하나의 문화가 되고 있다. 우리나라 소비자들이 원하는 것은 곧 지구 반대편 국가에서도 동일하게 원하는 경험인 시대이다. 아웃바운드 관광객의 특성을 분석하여 우리나라 관광시장을 성숙시키는 기회로 삼고, 관광경쟁력을 강화하는 기회가 될 수 있도록 활용해야 한다.

참고문헌

관광지식정보시스템
문화셈터(2020), 2019년국민여행조사보고서

국제관광의 여행상품 콘텐츠

국 · 제 · 관 · 광

PART 05

국제관광

1 국내

1) 국제관광

국제관광이란 인바운드(Inbound)분야, 즉 외래관광객의 국내관광분야에서의 관광의 제반활동을 말한다. 그동안은 여행사를 중심으로 한 단체여행이 주를 이루어 왔다. 개별여행객의 증가에 따라 개별여행객(FIT : Foreign Independent Tour)은 국내에서 5인 이하의 소규모여행 형태로도 진행되어 왔다. 일반적으로 단체는 최소 10명 이상을 말하며 항공사에서 단체여행요금을 주는 기준으로 적용된다고 보면 될 것이다.

우리나라에서 국제관광객은 코로나19가 확산되기 전인 2019년에는 1,750만 명이 입국하였다. 전 세계 해외여행의 증가현상에 따라 국제관광객의 규모도 증가하는 상황이다. 특히 항공노선의 증가에 따라 여행수요는 증가되는 상황이다.

그러나 코로나 팬데믹 상황에서 우리나라는 2020년 방한 외래관광객 수가 252만 명이었다. 1월과 2월에 방한한 외래관광객이 196만 명이었고 코로나가 본격적으로 유행하기 시작한 3월 이후 56만 명에 그친 것을 알 수 있다(관광지식정보시스템; www.tour.go.kr). 이처럼 코로나로 인한 우리나라의 인바운드도 매우 심각한 상황이다. 그동안 붐볐던 서울의 주요 관광명소와 외래관광객 유입지역을 보면 유입객의 큰 감소로 인해 많은 상점과 음식점들에 막대한 피해가 있는 것으로 파악되고 있다.

2) 우리나라의 인바운드 여행코스

외래관광객들이 선호하는 관광지와 방문지는 코로나 전후 큰 변화는 없는 것으로 판단된다. 오프라인 상황에서 인기가 있었던 곳이 랜선여행 등을 통해서도 선호도가 이어져 관심을 끌고 있는 것으로 보면 될 것이다.

서울관광재단은 비짓서울 누리집 검색 데이터를 통해 분석한 결과를 공개하였다. 코로나19로 인해 랜선여행이 주목받는 가운데 외국인 관광객이 온라인상에서 가장 많이 검색한 한국의 관광명소는 경복궁으로 나타났다. 뒤를 이어서는 코엑스몰, 별마당 도서관, 동대문 디자인플라자 DDP, 광장시장, 청계천, 동대문 시장 순으로 나타났다(서울관광재단).

국문사이트에서는 남산 순환산책길이 콘텐츠 1위를 차지하였다. 사람들이 적은 야외여행지에 관심이 높은 것으로 나타났다. 영문사이트에서는 1위가 코엑스몰로 나타났다. 일문사이트에서는 경복궁이 1위로 나타났다. 한편 중국어 번체 사이트 1위 기사는 이색막걸리 5였다. 2020년 서울을 특별히 사랑한 국가 톱10을 꼽았고 가장 많은 비짓서울 누리집 접속 국가는 한국을 비롯하여 중국, 일본, 인도네시아, 미국, 대만, 말레이시아, 태국, 베트남, 러시아로 나타났다(뉴스 1코리아). 이상의 국가들은 기존에도 한국의 인바운드에서 비중을 차지하는 나라로 같은 맥락에서 한국에 대한 관심을 보여주는 결과라고 하겠다.

서울관광재단이 제공한 2020 국문 콘텐츠 TOP 5는 남산 순환산책길, 가장 한국스러운 골목인 북촌한옥마을, 하늘공원, 경복궁, 북악스카이웨이 팔각정 순이었고, 최근 우리나라 사람들의 관심장소로 주목된다.

그리고 영문 콘텐츠를 보면 코엑스몰, 별마당 도서관, 경복궁, 동대문 디자인플라자 DDP, 광장시장 순이었다. 일문 콘텐츠는 경복궁, MBK 엔터테인먼트[1], 목동 아이스링크, 롯데백화점 본점, 89맨션[2] 순이었다. 노어 콘텐츠는 서울에서 언택트 여행하기, 경복궁, 롯데월드타워, 안전하게 떠나보는 서울 자동차여행, 서울의 맛으로 여름을 부탁하고 싶은 음식 순이었다. 중문 간체 콘텐츠는 서울에서 언택트 여행하기, 안전하게 떠나보는 서울 자동차여행, 나만 몰랐던 서울역 공원 TOP 5, 창덕궁, 신사동 가로수길 순이었다. 중문 번체 콘텐츠는 이색막걸리 5[3], 경복궁, 동대문 디자인플라자, 청와대, 롯데 영플라자 명동점 순이었다.

코로나 상황에 맞게 안전하게 자동차여행을 선호하는 것으로 나타났다. 그리고 일본인의 경우, 쇼핑 시 롯데백화점 본점의 선호경향을 볼 수 있다. 중국인의 경우는 롯데 영플라자 명동점을 선호하는 것으로 나타났다.

---

1) 연예인 소속사로 한류의 인기에 따른 일본인들의 관심을 보여주는 내용으로 사료된다.

2) 신사동 가로수길에 위치한 카페 89맨션이다. 배우 이종석 씨가 운영하는 카페로도 알려졌다. 외국에서 이종석의 인기를 반영하는 응답이다. 2020년 이 카페는 배우 이종석이 건물을 매각한 것으로 보도되었다. 59억 원에 매각(세계일보, 2020.8.21)되었다는 보도이다.

3) 국순당 쌀 크림치즈(치즈업, 치얼업)는 농도가 좋다. 가격은 2,200원 정도이다. 우리술 톡 쏘는 알밤동동은 농도가 좋고 편의점 등 구입이 쉽다. 약 2,200원선이다. 국순당 쌀 바나나(바나나에 반하나)는 할인매장에서 구입 등 구입이 쉽다. 1,700원 정도이다. 유자 생막걸리는 톡 쏘는 상큼함이 있다고 한다. 할인마트에서 약 1,700원 정도이다. 국순당 쌀 복숭아(피치로 피치 올려)는 농도가 좋은 편이며 구입이 쉽다. 가격은 할인마트에서 1,700원 정도이다(서울시 공식 관광정보 웹사이트; korean.visitseoul.net). 막걸리를 시음하기 좋게 치즈, 밤, 바나나, 유자, 복숭아, 쌀 등을 혼합하여 블렌딩한 시도가 가치 있고 상품화를 높인 노력으로 긍정적으로 평가하고자 한다.

이러한 조사 및 검색 결과는 향후 인바운드의 개별여행객과 단체여행객 상품 작성 시에 감안하여 상품개발을 하는 데 유용한 자료가 될 것이다.

참고

익스피디아의 외국인이 사랑한 국내여행지 베스트 10

서울의 명동, 강남, 종로, 동대문 / 제주도 서귀포와 중문/ 인천 송도/ 부산 남포동과 서면 / 강릉 / 속초 / 대구 / 경주 / 여수 / 전주

◆◆ 남산 전경 / 남산공원 안내표지판

◆◆ 명동 신세계백화점 세일 현수막 광고 / 서울시청 전경

3) 국내관광의 주요 콘텐츠

(1) 서울 및 수도권

향후 빅데이터 분석은 관광분야에서 매우 중요한 지침과 방향이 될 것으로 보인다. 추출된 결과는 상품화의 기초자료가 되며 코로나 이후 재편되고 재구성될 국내관광의 콘텐츠와 트렌드 파악에 많은 시사점을 주게 될 것으로 판단된다.

2021년 5월 10일 기준으로 데이터랩에 의해 빅데이터 분석을 통해 추출된 결과를 살펴보면 다음과 같다.

국내에서 사람들이 가볼 만한 곳으로 평가하고 선호하는 곳은 에버랜드, 서울어린이대공원, 서울숲, 월미테마파크, 서울대공원, 여의도한강공원, 예술의 전당, 돼지박물관, 경복궁, 서울랜드, 농협안성팜랜드, 올림픽공원, 한국민속촌, 코엑스, 예술의 전당 한가람미술관, 수봉공원, 돼지보러오면돼지, 롯데월드, 뚝섬한강공원, 평강랜드, 헤이리 예술마을, 갯골생태공원, 대성 디큐브 아트센터, 서울식물원, 서울어린이대공원 놀이동산, 보정동카페거리, 동탄호수공원, 서울대공원 동물원, 남이섬, 강화 씨사이드리조트 루지, 의왕 레일바이크 순이다.

서울과 수도권인 경기도에는 많은 장소가 있다. 네이버에서 추천된 지역[4]은 서울에 2,133곳, 경기 4,195곳, 인천 914곳 등 많은 장소가 분포되어 있는 상황이다.

오산의 물향기수목원, 오이도 빨간등대, 양평의 더그림(식물원/수목원)이 추천된다. 안양은 예술공원과 안양천 유채꽃, 남양주 능내역, 가평 쁘띠 프랑스 등 많은 코스와 지역이 추천된다.

4) 네이버에서 제시되는 데이터 랩을 통한 빅테이터 분석으로 추출된 결과를 보면 아이와 함께, 힐링하는 좋은 테마, 혼자서, 가족과 함께, 경치가 좋은, 사진찍기 좋은, 계곡, 드라이브, 친구와 함께, 일몰 보기 좋은 순으로 제시되었다(2021. 5.10).

◆◆ 안양 심성산에서 본 예술공원 지역 / 청와대 앞 분수(외래관광객 사진 촬영장소)

(2) 지방

2021년 5월 10일 기준으로 데이터랩에 의한 빅데이터 분석을 통해 추출된 결과는 다음과 같다. 지방의 경우는 다음 순으로 선호도가 있다.

비자림[5], 김해 가야테마파크, 안목해변, 해운대해수욕장, 황매산, 섭지코지, 대전오월드, 한밭수목원, 휴애리 자연생활공원, 대왕암공원, 대구 삼성라이온즈파크, 제주맥주, 섬진강 기차마을, 해운대, 카멜리아힐, 밀양아리랑대공원 어린이놀이터, 오동도, 광안리해수욕장, 경주월드 순이다.

많은 곳이 좋은 여행장소로 평가되고 추천된다. 최근 관심을 받고 있는 장소를 몇 군데 제시하면 다음과 같다.

강원도 평창이 가볼 만한 곳으로 평가된다. 오대산 월정사 전나무숲길이 국내의 힐링 여행 코스로 추천된다. 충남 공주의 동학사 계곡에서 등나무꽃 여행도 인기가 있다. 제천 의림지와 용추폭포 코스도 추천된다.

광양여행 시 전남도립미술관도 연계하여 추천된다. 순천여행에는 광양만 전망대가 추천된다. 나주여행은 영산강 유채꽃밭이 추천된다. 전북 고창에서는 창보리밭이 추천된다.

5) 한라수목원, 이호테우해수욕장이 연계된 코스가 인기를 끈다.

경주에서는 첨성대와 동궁 그리고 월지가 추천된다. 군산에서는 신시도와 벽화골목 그리고 어촌체험마을이 추천된다. 통영[6]에서는 이순신공원 바다 전망이 추천된다.

남해에서는 미국마을과 보물섬전망대 그리고 국립 남해 편백자연휴양림이 추천된다. 인제에서는 자작나무숲에서의 힐링여행이 권장된다. 서산에서는 드라이브 코스인 문수사 겹벚꽃 봄나들이 여행이 권장된다. 대천의 레일바이크와 스카이바이크 그리고 짚라인이 추천된다. 태안의 신두리해안사구 해수욕장과 천리포수목원이 추천되는 여행코스이다. 제주에서는 용머리 해안과 송악산 둘레길이 추천된다. 속초에서는 등대 전망대가 추천된다. 여수에서는 모사금 해수욕장 바다 드라이브가 추천된다. 합천의 황매산 군립공원의 철쭉제가 추천된다. 증평에서는 좌구산 자연휴양림이 추천된다.

사천케이블카[7], 서천 해양박물관과 마량리 동백나무숲 그리고 장항스카이워크 및 원주의 소금산 출렁다리가 추천된다.

◆ 강원도 평창군 대관령면 양떼목장 / 제천 의림지

6) 한국의 나폴리로 명명될 만큼 아름다운 곳이다. 소매물도, 비진도, 욕지도, 연화도가 추천된다. 바다가 아름다운 지역으로 가까운 거리의 섬투어도 추천된다.

7) 케이블카 코스는 전국적으로 많이 만들어지며 관광코스화되고 있다. 삼척의 해상 케이블카는 등대 위를 지나며 바다 위를 투명한 발판의 유리를 통해 볼 수 있다. 제천에서도 이러한 스타일로 청풍호를 볼 수 있는 코스이다. 케이블카는 여수, 목포, 통영 등 많은 지역에서 관광객에게 지역 풍광을 즐길 수 있는 수단으로 이용되고 있다.

남해안은 전남의 여수, 순천, 광양, 고흥, 보성과 경남의 진주, 사천, 남해, 하동으로 연계된 시티투어 코스가 추천된다. 부산[8]에서는 광안리해수욕장과 요트투어 그리고 야경이 추천된다. 네이버에서 추천되는 지방의 여행지를 보면 강원 1,786곳, 충남 1,566곳, 대전 372곳, 충북 978곳, 경북 2,317곳, 대구 575곳, 전북 1,190곳, 광주 255곳, 전남 1,621곳, 전남 1,621곳, 제주 1,193곳, 경남 2,087곳, 부산 807곳, 울산 370곳 등이 추천되고 있다.

가. 국내 테마여행지

대한민국 테마여행 10선은 문화체육관광부와 한국관광개발연구원, 각 권역별 사업관리단과 39개 지자체가 함께 만든 국내여행 활성화 사업이다. 1권역은 평화역사이야기여행, 2권역은 드라마틱강원여행, 3권역은 선비이야기여행, 4권역은 남쪽빛감성여행, 5권역은 해돋이역사기행, 6권역은 남도바닷길, 7권역은 시간여행101, 8권역은 남도맛기행, 9권역은 위대한 금강역사기행, 10권역은 중부내륙힐링여행으로 구성되어 있다.

나. 남도맛기행

광주, 담양, 나주, 목표가 주요 지역으로 포함되고 있다. 여행코스는 정하기 나름이지만 2박3일로 코스화하면 관광과 맛기행을 즐길 수 있다. 맛기행이니만큼 나주에서는 나주곰탕, 목포에서는 꽃게무침, 담양에서는 담양떡갈비가 추천된다.

가) 광주

호수생태공원, 대인예술시장, 국립아시아문화전당, 양림동, 1913 송정역시장을 통해 전통의 맛과 현대의 맛이 어우러진 곳으로 광주를 표현하고 있다. 광주는 또한 1980년 5.18광주민주화운동으로 아픈 역사를 간직한 지역이기도 하다. 영화 '택시운전사'는 김사복 씨와 독일 기자인 위르겐 힌츠페터의 취재 관련한 실화내용을 기반으로 5.18시대 상황을 잘 묘사한 영화로 평가된다. 영화 속에서도 도청과 금남로의 상황이 잘 나타나 있다.

---

8) 태종대, 부산 서면, 해운대, 영도, 자갈치시장 등 많은 지역이 추천된다. 감천문화마을, 오륙도, 대저생태공원 등 많은 장소가 추천된다.

나) 담양

죽녹원, 메타세쿼이아길, 창평슬로시티, 소쇄원을 통해 피톤치드가 가득한 곳으로 평가된다. 담양의 죽녹원에서 대나무통밥을 먹는 것도 흥미롭다.

다) 나주

나주는 배로 유명한 지역이다. 한국천연염색박물관, 영산포, 황포돛배 등 다양한 볼거리와 맛의 성지로 알려져 있다.

라) 목포

항구의 도시로 유명한 목포는 전망도 좋고 유달산, 목포근대역사관, 갓바위타운, 평화광장 등 근대역사와 예술을 간직한 곳으로 평가된다. 목포에서 홍어는 방문자들에게 추천되는 음식이다.

◆◆ 중부내륙권 제천 청풍문화재단 / 충주 수안보파크 호텔(온천 유명)

4) 국내여행 트렌드

코로나 영향이 국내외 관광 전반에 많은 영향을 미치고 있다. 그럼에도 관광의 수요는 이어지는 상황이다.

여행전문 리서치 기관인 컨슈머인사이트의 주례여행 행태 및 계획조사의 결과를 보면 국내여행객들은 숙박여행 시 강원도를, 당일여행 시에는 경기권을 많이 찾는 것으로 나타났다. 강원도는 당일여행에서는 경기권에 이어서 두 번째로 수요가 많게 나타났다. 제주도는 숙박여행지 점유율에서는 2위로 나타났다. 컨슈머인사이트 관계자는 많은 거주인구를 배후에 두고 교통과 여행자원 등 인프라를 갖춘 곳은 당일여행지로 각광받을 것이며 멀지만 관광자원이 우수한 지역은 장기여행지로 소비자의 선택을 받을 것으로 진단하였다(이데일리, 2021.5.18).

이 내용을 근거로 볼 때 내륙에서는 수도권 인구가 많은 우리나라의 상황에서 강원도와 경기도가 접근성 등의 이유로 선호하고 있는 것으로 판단된다. 대부분 자동차 여행으로 이동하는 만큼 약 1~2시간 편도시간 이동의 경우 당일여행은 증가될 것으로 사료된다. 그리고 원거리 지역의 경우는 불가피한 숙박여행의 경향이 지속될 것으로 보인다.

코로나 이후 국내여행은 제주도와 강원도에 수요가 많다. 특히 제주도의 경우는 선호도가 증가하고 수요도 많아 호텔 및 리조트의 가격도 상대적으로 수도권에 비해서 많이 인상된 것으로 보인다.

◆◆ 경주 감포펜션 / 바다 전경

기존의 국내여행은 자가용을 이용한 개별방문자 수요와 국내여행을 담당하는 여행사의 단체여행객 수요로 볼 수 있다. 자기가 원하는 일정과 코스대로 움직이고 방문하는 개별여행과는 달리 여행사 단체여행은 주어진 코스 내에서 식당에서의 식사 그리고 숙소에 배정되는 시간까지 정해진 관광지 동선에 따라 이동하는 여행형태로 보면 된다. 상대적으로 주어진 시간 내에서 많은 곳을 볼 수 있다는 장점이 있지만 2~3명 또는 4~5명 정도의 신청자가 처음 만나는 사람들과 여행한다는 점에서 다소 불편하며 함께 동승해서 이동하는 형태의 여행상품이다.

5) 빅데이터를 분석 연계한 상품 개발

우리나라는 IT의 발전 및 시스템 개발과 관련한 분석이 관광상품 개발에 반영되고 있는 상황과 추세이다. 빅데이터[9]를 활용하여 관광지, 관광객, 소비성향 등을 분석하여 상품개발에 반영하는 노력들이 진행되고 있다.

참고

2020 강릉시 빅데이터 분석 및 실태조사

강릉은 강원도에서도 내국인과 외국인이 가장 선호하는 관광도시로 평가된다. 최근 빅데이터를 통해 분석하여 관광경쟁력을 제고하기 위한 차원에서의 노력들이 펼쳐지고 있다.

강릉시에서는 2018~2020년 관광방문객 분석자료를 기반으로 맞춤형 관광정책을 수립, 추진하기로 하였다. 주요 내용은 다음과 같다.

해마다 3천만 명 정도의 관광객이 강릉을 찾는 것으로 파악되었다. 2020년도는 코로나의 영향으로 2019년 대비 4.3%가 감소된 것으로 나타났다. 이 수치는 코로나 상황에서 볼 때 큰 변동은 없는 수치로 보인다.

최다 방문은 8월 여름휴가 시즌이었다. 2020년 기준으로 경기도 비율이 30%로 가장 높고 수도권 56.8% 등으로 나타났다. 서울과 경기도 수도권지역에서 대부분 방문한 것으로 나타났다. 남성 비율은 52.8%로 남성 선호도가 있었다. 연령 선호도는 20대 26.2%, 30대 17.8%, 50대 17.2% 순이었다.

외국인은 2018년 31만 6천 명으로 동계올림픽의 영향으로 크게 증가하였으나 2019년에는 13만 8천 명이었고 코로나 영향으로 2020년 2만 1천만 명으로 감소하였다. 이는 코로나의 심각한 영향이 미친 결과로 보인다. 2018년 31만여 명의 방문은 동계올림픽의 영향과 연계 방문한 수요로 강릉이 평창 동계올림픽을 같이 행사했다는 점에서도 수요를 이끌어낸 것으로 평가된다.

9) 빅데이터는 디지털 환경에서 생성되는 데이터이다. 그 규모가 방대하고, 생성주기도 짧고, 형태도 수치 데이터뿐 아니라 문자와 영상 데이터를 포함하는 대규모 데이터를 의미한다(정용찬).

2020년 관광소비매출은 6천598억 원이며 그중 식음료업종 매출액이 4천106억으로 가장 높은 수준으로 나타났다.

주요 관광지는 경포해변, 안목해변, 강릉중앙시장, 정동진역, 초당순두부마을, 주문진해변, 오죽헌 한옥마을 순으로 나타났다. 기존의 전통적인 관광지역과 함께 안목해변이 커피와 함께 인기를 구가하는 것으로 확인되었다.

강릉을 실제로 방문하여 관광하면 커피의 도시로 해변을 갖추고 있는 안목해변이 근자에 가장 인기있는 목적지로 사람들이 선호하는 것을 확인할 수 있다. 그리고 일출 등의 아름다운 전경을 갖고 있는 정동진역의 인기도 오래 지속되고 있는 것으로 평가된다. 먹거리 가운데 초당순두부의 관심도도 지속적이다. 그리고 오죽헌은 우리나라 역사적 인물인 신사임당과 율곡이이의 스토리가 있는 곳으로 인기를 지속적으로 끌고 있는 것으로 사료된다.

외국인들이 불만족하게 평가하는 것은 구입할 만한 기념품과 특산물이 별로 없다, 체험과 관광콘텐츠가 별로 없다, 특색있는 거리와 정취가 없다, 언어소통이 원활하지 않다, 다양항 레포츠 활동이 별로 없다는 순으로 나타났다. 이에 대한 대비와 준비가 요청되는 상황이다.

내국인의 평가에서는 교통의 편리성, 바가지 개선, 식도락 및 맛집 상품 개발, 대중교통 확충, 숙박시설 비용 개선, 주차시설 확대(일요신문, 2021.5.3) 등의 요구가 나타나 개선이 요청된다.

강릉까지 KTX가 확장되어 국내 이동 간의 접근성은 매우 좋아졌다. 114분이 소요된다. 그러나 강릉시내에서 이동 시 대중교통의 이용에 관련한 편리성 등의 요구가 있는 것으로 보인다.

강릉시는 빅데이터 분석과 실태조사를 통해 향후 맞춤형 관광정책을 실행하여 관광객 유치를 극대화하기로 한 것으로 보도되고 있다. 이상과 같이 빅데이터를 기반으로 한 관광자료를 분석하여 상품을 개발하는 것은 지자체는 물론 나아가 한국관광의 발전을 도모하는 긍정적이고 필요한 조치로 사료된다. 최근 빅데이터는 도시재생 예측에도 활용된다. 그리고 도시교통에도 빅데이터 플랫폼을 통해 활용되기도 한다. 또한 소방안전 구축에도 활용되는 등 많은 역할을 하고 있다. 관광분야에서는 전술한 도시 관광뿐 아니라 면세점의 브랜드 평판에서도 활용되는 상황이다.

참고 : 일요신문, 2021.5.3; 강릉시 2018~2020 관광방문객 분석자료 등 참고하여 저자 작성

6) 외국인 선호 관광요소

(1) 자연자원

우리나라는 제주도, 강원도 설악산, 섬 지역 등이 인기를 끌고 있다. 최근에는 드라마, 영화와 연관된 지역에의 관심이 커지고 있다. 겨울연가의 촬영지인 남이섬, 용평스키장

과 태양의 후예 촬영지인 강원도 영월군 등에 대한 관심과 방문이 확대되었다.

수려한 산세와 지형 그리고 불교문화 자산인 사찰 등의 아름다움에 반한 외국의 관계자와 관광객들의 긍정적인 반응들이 있는 가운데 특별한 사례[10]를 볼 수 있다.

합천 해인사는 한 외국인의 특별한 평가와 의미가 있는 장소이다. 주인공은 로제 샹바르 주한 프랑스 대사로 1959년에 부임하였었다. 고고학자, 언어학자 그리고 문학박사인 그는 우리나라 각지를 여행했으며 합천 해인사에 감복했고 1982년 78세로 타계 후 그의 유언대로 유해가 한국의 합천 해인사 자락에 뿌려졌다. 그는 해인사의 빼어난 경치와 팔만대장경에 감복하여 자신의 영원한 안식처를 합천 홍류동 계곡길로 정한 것이다(뉴시스, 2014.11.13)라고 보도되었다.

이는 한국의 자연자원과 아름다운 산하에 대한 한 외국인의 각별하고도 특별한 평가로 볼 수 있다. 그가 지식인이기에 이러한 결과는 더욱 의미가 깊다고 하겠다.

◆◆ 강원도 영월군 소재 동강리조트 주변 전경 / 유럽식 리조트

10) 합천의 가야산 소재 해인사는 팔만대장경을 보관하고 있는 우리나라의 중요한 사찰이다. 프랑스 대사였던 로제 샹바르는 이곳 가야산에 있는 해인사의 산세와 아름다움에 반해서 자신이 죽으면 화장해서 해인사 자락에 유해를 뿌려달라고 하여 고인의 뜻대로 하였다.

합천에는 합천돼지국밥, 황매산 은하수, 영상테마파크 등이 잘 알려져 있고 웰니스 관광도시를 추구하고 있다. 해인사의 팔만대장경은 600년이 넘는 세월이 지났지만 원형이 잘 보존되었다. 해인사는 통일신라시대에 창건된 사석 제504호이다. 팔만대상경은 세계문화유산이기도 하다.

(2) 시설자원

시설자원이란 시설의 경쟁력을 지니고 있는 관광자원을 말한다. 관광의 객체로 관광대상을 의미한다. 우리나라의 경우, 에버랜드와 서울랜드 그리고 롯데월드는 시설의 경쟁력을 지닌 관광자원으로 경쟁력을 지닌다. 에버랜드는 삼성그룹이 운영하는 한국의 독자적인 테마파크로 연간 1,500만 명 이상을 유치하는 세계적인 테마파크로 호평받아 왔다.

현대의 관광은 시설이 강화되고 있다. 시설관광자원의 중요성은 더 강화될 것으로 보인다. 세계관광의 최대 유입국가인 프랑스를 보더라도 도시 전체를 이어주고 있는 지하철, 만국박람회를 통해 만들어진 에펠탑, 많은 방문객을 유치하는 루브르 박물관, 파리의 관문 역할을 하는 샤를 드골 공항, 프랭땅 백화점 등 쇼핑시설은 많은 인프라와 시설을 포함한 시설자원이 골격을 이루고 있다고 평가하겠다.

참고

하동의 절경을 감상할 수 있는 짚라인

국내의 많은 관광자원에 시설이 접목되어 경쟁력을 제고하고 있다. 시설관광자원의 구축은 내국인 외에도 외국인의 국내관광분야인 인바운드(Inbound)의 발전을 위해서도 중요한 요건이라 생각한다. 하동은 경남에 위치한 지역이나 전남의 경계에도 위치한다. 즉 섬진강의 줄기를 따라 경남과 전남이 나뉜다. 이곳은 다도해와 인접하여 아름다운 바다를 볼 수 있다는 장점도 있다. 초록빛 산세와 푸른 바다가 펼쳐진 한려해상국립공원이 나타난다. 하동에 짚라인[11]이

11) 하동알프스 짚와이어이다. 해발 849m의 금오산 정상에서 하강하는 짜릿함은 일상에 지친 사람들에게 특별한 경험을 제공한다. 시속은 최대 120km라고 한다(www.hdalps.or.kr). 연간 4만 명이 넘는 관광객이 금오산 어드벤처레포츠 단지에 방문한다고 한다. 하동 짚와이어는 아시아 최장이다(헤럴드경제, 2021.1.22). 3.168km로 아시아 최장길이이며 증설계획도 있고 평일 4만 원, 주말 4만 5천 원이다(이투데이, 2020.9.19).

설치되어 산세와 바다를 즐기게 되었다. 다소 빠른 속도로 짚라인이 이동하지만 젊은 사람들을 중심으로 이용객이 증가하고 있다. 하동 관광의 활성화를 위해서도 도움이 되는 시설이다.

하동군의 도로에 펼쳐지는 벚꽃길은 매우 아름답고 인상적이다. 화개장터는 방문해야 할 장소로 추천된다. 산나물, 수산물, 섬진강 재첩과 특히 섬진강벚굴이 유명하다. 대장간도 영업 중이며 녹차밭도 하동에서는 유명한 곳이다.

◆◆ 영등포 신세계 타임스퀘어 내부 전경 / 프랑스 파리 프랭땅 백화점 입구

(3) 한국적 콘텐츠

서울에서 한국적 콘텐츠를 경험하게 되는 장소는 신라호텔의 영빈각이다. 전통한옥 스타일의 건물로 고급 연회 등의 행사에 적합하다. 한옥마을인 북촌도 거주지역으로 경쟁력을 지닌다. 남산한옥마을도 관광객에게 한국적인 건축미를 보여줄 수 있는 지역이다.

가. 한옥/온돌문화

경원재 앰배서더 인천(송도)호텔, 경주의 신라한옥호텔과 라궁한옥호텔 그리고 황남관호텔, 여수한옥호텔, 서귀포 전통 한옥호텔 한라궁, 평창 고려궁 전통한옥호텔[12], 켄싱

12) 눈이 오는 겨울철 공기의 청정도나 호텔의 정취와 주위 환경이 매우 인상적이다. 온돌방을 경험하며 식사도 좋은 편이다. 한국의 한옥의 아름다움을 경험할 수 있는 좋은 장소이다.

턴 남원예촌 한옥호텔, 전주 동락원 한옥호텔 등 한국 전통의 미를 지닌 한옥호텔들이 외국인과 국내 관광객을 대상으로 영업을 펼치고 있다. 한옥호텔에서는 한식과 온돌방을 경험할 수 있는 좋은 기회로 인식되고 있다. 특히 코로나 상황에서 타 일반호텔보다는 거리두기가 좋다는 점에서 매우 선호되는 숙박시설로 인기를 끌고 있다.

◆◆ 평창 고려궁 겨울 전경/ 프런트 데스크

나. 한국음식

한국의 외국인 선호음식으로 불고기, 갈비, 삼겹살, 비빔밥, 삼계탕을 꼽을 수 있다. 김과 김치도 선호하는 음식이다. 쌈장도 고기류를 먹을 때 선호된다고 한다. 감자탕도 인기가 있다. 그리고 부대찌개도 맛있게 먹는 음식이다. 찜닭, 빈대떡, 김치전, 해물파전, 순두부찌개, 양념치킨, 닭강정, 닭갈비도 인기있다. 잡채와 김밥도 포함된다.

◆◆ 정선 메밀촌 막국수(맛집)

음식은 한국적인 것이 가장 외국인들에게 어필하는 것으로 평가된다. 우리가 잘 먹고 좋아하는 음식을 외국인들이 좋아하고 있는 것이다. 즉 한국적인 것이 바로 외국인들에게 선호된다는 점이다.

중국인들의 경우 건강에 대한 추구로 삼계탕 등이 선호되며 유럽이나 미주사람들에게는 비빔밥, 전 종류 등이 선호되는 것으로 보인다. 최근 미국에서는 한국식 양념치킨의 인기가 높은 상황이라고 한다. 불고기의 경우에는 외국인 모두에게 긍정적으로 평가된다. 외국인들은 한국의 삼겹살, 갈비를 코리안 바비큐로 인식한다. 치맥이 한국에서 중국인들을 중심으로 인기가 있었던 것처럼 닭갈비가 명동을 중심으로 외국인들이 많이 방문하는 지역에서 인기를 끌어온 것으로 평가된다.

다. 한국문화

가) 빠른 시스템

한국의 빨리빨리 문화가 한국 성장의 동인이 된 것처럼 주목을 받기도 한다. 인천공항의 출입국수속이 세계에서 가장 빠른 시간에 처리되는 것도 외국인 관광객에게는 편리하다. 외국에 가면 국가별로 상황이 다르지만 1시간 이상 소요되는 입국절차가 우리나라에서는 여러 대의 항공기가 도착하여 많은 입국객들이 몰려도 보통 20분 이내로 처리된다는 점에서 고무적일 것이다.

◆◆ 인천공항 제2청사 전경

외국의 경우에는 특히 입국 시에 많은 입국객들이 도착하면 입국심사가 많이 지연되고 시간도 걸리는 것을 생각하면 우리나라의 출입국 시스템은 매우 빠르며 시스템이 우수하다고 평가할 수 있다. 이러한 점에서 인천공항[13]이 그동안 세계의 유수기관을 통해

13) 2018년 기준으로 국제공항협의회(ACI) 주관 세계공항서비스평가(ASQ) 시상식에서 12년 연속 최고 공항상의 영예를 안았다. 세계 1,900여 개 공항 가운데 글로벌 랭킹 1위에 오른 것이다(www.gtn.co.kr). 빠른 출입국 절차, 정확한 수하물 처리 시스템 부분의 경쟁력이 평가된 것이며 공항운영 능력을 인정받은 것으로 평가된다.
인천공항은 2001년 개항하였고 2019년 기준으로 73개국 255개 노선을 연결하며 글로벌 허브공항으로 발전해 오고 있다. 100개가 넘는 항공사가 취항하고 있다 국제화물은 세계 3위, 국제여객은 세계 5위의 기록을 세우고 있다. 15개 국가에 30개의 공항 전략적 자문 컨설팅과 위탁운영사업을 수주하여 진행하고 있다. 2014년 ASQ평가는 세계 각국의 공항 이용객 55만 명을 대상으로 직접 설문조사하여 시설 및 운영분야 총 34개 평가항목의 고객만족도를 측정하여 진행하였다. 이때 인천공항은 5점 만점에 4.97점이었다(인천공항 공식블로그).

최우수공항으로 선정되었던 것도 맥을 같이한다고 하겠다.

나) 한국영화

많은 한국의 영화들이 인기를 끌고 있다. 최근에는 봉준호 감독의 영화 '기생충'이 주목받고 있다. 영화 속 자하문 터널에 마니아들의 발걸음이 이어졌다.

참고로 역대 한국영화 순위는 명량, 극한직업, 신과 함께-죄와 벌, 국제시장, 베테랑, 도둑들, 7번방의 선물, 암살, 광해 왕이 된 남자, 신과 함께-인과 연, 택시운전사, 부산행, 변호인, 해운대, 실미도, 괴물, 왕의 남자, 기생충 순으로 1,000만 명 이상의 관람객을 보유한다.

한국의 민속촌은 한국 드라마와 밀접한 관계가 있으며, 드라마 '대장금'의 촬영지이기도 하다.

영화가 촬영된 장소는 관광객과 방문객이 가고 싶어 하는 장소로 관광의 수요를 늘리고 상품개발에 기여하는 요소가 된다는 점에서 중요하다.

다) 한국음악

세계에 한국음악의 대중성을 보여주는 콘텐츠는 최근의 방탄소년단(BTS)일 것이다. 한국의 K-POP은 한국 대중문화와 음악을 세계에 알리게 된 가장 중요한 역할을 한 콘텐

◆◆ 국립극장 전경 / 예술의 전당 오페라 공연

츠로 평가된다. 케이팝을 중심으로 향후 우리나라의 세계적인 연예인과 스타들을 통해 한국관광의 이미지가 확산되면서 긍정적인 영향을 미칠 것으로 사료된다. 해외의 팬들은 해당 연예인과 스타그룹에 관련된 한국의 지역과 장소에 많은 관심을 갖고 방문하기를 희망하는 성향이 강하다. 이는 인바운드 수요에 보다 큰 작용을 할 것으로 전망된다.

(4) 의료관광

한국의 의료관광은 새롭게 주목받고 있다. 코로나19 상황에서도 다른 선진국에 비해서 사망자의 비율이 매우 낮은 편이다. 2021년 4월 기준으로 1,800명이다. 미국의 사망자가 56만 명을 넘는 것에 비하면 매우 양호하다. 물론 누적 확진자가 3천1백만 명을 넘는 미국과 우리나라는 11만 5천 명선이라는 데이터가 결과를 보여준다. 일일 확진자가 우리나라는 700명선으로 많은 우려를 보이는 가운데, 백신접종 중임에도 불구하고 미국은 5만 명대로 이미 확산상황에서 확진자 증가가 매우 크다. 코로나 상황도 향후 의료관광 수요에 많은 영향을 미칠 것으로 사료된다.

한국은 성형수술을 시작으로 의료관광의 경쟁력이 알려지기 시작했다. 현재는 의료분야 전반 그리고 한의학 분야에까지 외래관광객을 의료관광의 수요로 유입하고 있다.

참고

세계의 백신관광

코로나19로 인해 백신 접종에 연계하여 미국은 관광객에게도 미국인에게 접종하는 백신서비스를 동일하게 적용한다는 보도가 나오고 있다. 뉴욕의 경우, 관광객도 2차 접종까지 백신접종소에 오면 무료로 접종한다고 한다. 물론 현재 상황에서 자가격리 14일을 고려하고 다시 우리나라에 와서 14일 자가격리를 고려한다면 쉽지 않은 방문이 되겠지만 이러한 서비스를 펼치고 있다는 점은 고무적이다.

러시아백신의 경우 유럽국가를 통해 백신접종 상품이 출시되어 판매되고 있다. 4~5백만 원의 의료관광상품이다. 이 상품은 유럽의 확진자 증가상황에서 필요한 사람들에게 호응을 받은 상품으로 가치가 있다.

산마리노공화국은 60만 제곱미터의 면적으로 세계에서 가장 작은 공화국이다. 관광객 유치를 위해 3~4일간의 체재기간 동안 러시아백신을 2회 접종하는 백신관광을 실시한다. 50유로로 한화 6만 원대로 큰 부담없는 비용이다.
백신관광은 의료관광의 콘텐츠 중 하나로 향후에도 주목받을 의료관광상품으로 기대를 모은다.

2 해외

국제관광이 선진적인 우위와 콘텐츠를 확보하고 있는 나라는 유럽과 미주, 홍콩과 마카오를 포함하는 중국 등이 해당된다. 유럽의 대표적인 나라는 프랑스, 이탈리아, 스페인, 영국, 독일, 스위스, 오스트리아 등이다. 아시아권 국가에서는 태국, 말레이시아, 싱가포르 등이 포함된다. 미주지역은 미국, 캐나다, 멕시코를 포함할 수 있다. 이러한 나라들은 역사적으로 유서깊은 전통적인 관광문화자원, 인적 자원, 시설적인 자원 등의 우위적 요소를 지니고 있다.

또한 중동국가지역 가운데 많은 투자와 아이디어를 기반으로 관광의 성장을 이끌어 온 아랍에미리트 같은 국가를 주목하게 된다.

1) 전통적 관광문화자원

우리나라의 전통문화 공연에는 워커힐 호텔의 극장식 공연장인 가야금홀에서 펼쳐지는 부채춤 등의 공연이 있다. 외국에서는 각국의 문화공연이 공연된다. 이스라엘에 가면 YMCA에서 펼쳐지는 전통공연을 감상할 수 있다. 스페인 세비야에서는 안달루시아 지방의 탱고 공연을 즐길 수 있다. 중국에는 많은 공연이 있는데, 선전(심천)의 민속쇼는 웅장하고 거대하다. 절강성의 항주에서 열리는 송성 가무쇼는 고객만족도가 높은 쇼로 평가된다.

태국 관광시 파타야의 농눅빌리지에서 열리는 민속쇼 가운데 태국의 전통무용을 보게 된다. 하와이의 민속공연인 폴리네시안민속촌 민속쇼도 볼 만한 관광콘텐츠이다.

◆◆ 파리의 개선문 전경 / 파리 블랑제리(빵집)

2) 시설적 관광자원

현대의 관광은 시설이 중요하다. 그만큼 현대 관광의 핵심은 시설적인 관광자원의 건설과 확보가 매우 중요하다고 할 수 있다. 우리나라의 롯데월드는 세계 최대의 실내테마 파크로 인정받고 있다. 그만큼 시설의 경쟁력을 지니고 있다는 의미이다. 주위에 호텔, 쇼핑센터, 롯데월드타워[14] 등의 시설이 있어서 관광객에게 많은 경험을 제공한다는 차원에서도 중요하다. 롯데월드 타워 전망대는 117층에 내려서 122층 카페와 기념품을 판매하는 존까지 자유롭게 이용할 수 있다. 123층은 스카이라운지 레스토랑이 있다. 열대존 같은 전망대 입구가 인상적이다.

우리나라의 지자체들도 기존의 자연과 문화자원의 경쟁력이 있는 경우에도 시설적인 관광자원을 추가하여 경쟁력을 제고하고 있다. 여수, 목포, 제천 등 많은 지역들이 케이블카 설치를 통해 해양관광 및 내륙관광자원의 가치를 높이고 있다.

경남 함양군의 경우 우리나라 최장길이인 3.93km의 모노레일과 3.27km의 짚라인의 관광시설을 설치하였다. 모노네일을 타고 대봉산 정상인 1,254m에서 지리산 천왕봉 등

14) 특히 전망대가 인기를 끌고 있다. 롯데 서울 스카이전망대로 불린다. 전망대 높이는 500m로 세계 4위에 해당한다. 가시거리가 국내 최고의 높이인 123층이다. 555m의 세계 5위의 높이를 자랑한다. 날씨에 따라 차이가 난다. 일요일과 평일 11시-21시, 금요일 토요일 은 11시-22시까지 운영한다.

능선과 탁 트인 전망을 감상하고 스릴 있는 짚라인을 체험(아시아경제, 2021.4.26)할 수 있다. 이러한 관광인프라 구축은 국내에서도 더욱 강화되는 상황이다.

관광을 지향하는 충북 단양군의 경우 만천하 스카이워크는 단양군 시내 전경과 소백산 연화봉까지 볼 수 있는 스카이워크이다. 전망이 매우 좋다. 전망대에서는 고강도 삼중유리를 통해 아래에 흐르는 남한강을 내려다볼 수 있다. 전망대 입장료는 3,000원이다. 그리고 만천하 짚와이어는 길이 980m의 와이어로프를 타고 무동력으로 활강하는 익스트림 스포츠이다. 남한강 수면으로부터 120m 높이의 상공에서 시속 약 50km 속도의 짜릿함을 더한다는 평가이다. 운영시간은 오전 9시부터 오후 5시까지이다. 만천하 스카이워크는 트립어드바이저에서도 관광명소로 우수한 평가를 받고 있다. 관광을 지향하는 단양군에 경쟁력을 도모하는 시설로 평가된다.

프랑스의 파리에 있는 사마리텐느 백화점이 재개장하였다. 레스토랑, 숙박 등이 들어서며 9억 달러, 우리 돈으로 환산하면 9,000억 원 정도가 소요된 것이다. 이러한 시설적인 확대와 투자는 현대의 관광이 쇼핑, 외식, 호텔 등 현대적인 시설과 차별화된 콘텐츠 구축을 위해 가능하다면 많은 투자로 구축하고 있다는 현상으로 분석된다.

프랑스 파리 트로카데로광장에서 본 에펠탑 전경

같은 맥락에서 최근 신세계그룹에서 오픈한 6성급 254개 객실의 조선 팰리스 강남호텔은 일일 최상위 객실인 스위트룸의 숙박료가 1,600만 원까지 하는 럭셔리 호텔로 시설투자를 강화한 호텔로 주목된다. 프랑스 출신의 디자이너 듀오 움베르트 & 포예가 참여하였다고 한다.

로비에는 4억의 조각상, 호텔에 미술품 400여 점이 곳곳에 전시되었다. 객실에 침구류는 타이타닉 리넨으로 알려져 있다. 전 객실에 바이레도 류슈망 어메니티 비치, 콘스탄스 뷔페의 가격도 15만 원대로 특급호텔 가운데서도 초고가(한국경제, 2021.6.27)로 평가된다. 예술품을 강조하며 시설을 고급화한 차별화된 럭셔리 호텔 브랜드로 메리어트인터내셔널 예약망에서 예약이 가능하다고 한다. 1914년 시작된 조선호텔 100년의 유산을 바탕으로 한 환대의 역사를 고급화한 호텔로 평가된다.

◆◆ 단양군 만천하 스카이워크와 시내 전경 / 복합리조트 강원랜드 전경

참고

그리스의 아크로폴리스 도로 재단장 논란

우리나라에서도 자연을 보호하느냐 시설물을 설치하여 편의를 증진하는 것이 우선이냐는 것에 대한 논란이 있는 것처럼 유네스코 문화유산인 아크로폴리스의 파르테논 앞 도로의 재단장 문제가 거론되고 있다.

새로 만들어진 도로의 길로 인해 접근성이 좋아지고 비가 오는 날에 미끄러지는 것을 방지하는 등 어려운 도보를 도와주고 장애인의 접근성을 위해 좋은 결과라고 옹호하는 여론이 있는 반면 유네스코 문화유산을 훼손했다는 비난도 커지고 있다.

이용자 측면에서 편의성을 증진하느냐 문화재를 보호하고 보존하는 것이 우선이냐의 문제가 서로 대두되는 상황이다. 어떤 것이 더 중요하느냐의 판단은 시간이 지나면 평가되고 분석될 것으로 보인다.

3) 인적 자원

그 나라의 인적 자원은 관광발전의 원동력이라고 본다. 외국의 경우에도 호텔관광분야의 학과 설치와 개설 이후 많은 인력을 양성하고 사회에 배출하여 기반산업 원동력의 역할을 해왔다고 할 수 있다. 우리나라의 경우에도 호텔관광분야의 학과가 1964년 경기대학교에 설치된 후 많은 대학에서 인력을 배출하고 사회에 진출함으로써 호텔 및 관광 관련 분야에서 많은 발전을 이루는 데 원동력이 되었다고 하겠다.

이탈리아는 관광선진국의 하나이다. 90년대부터 주요한 관광지[15]에서는 주요한 외국인 안내를 위해 해당언어를 구사하는 안내자를 준비하고 안내를 통한 관광경쟁력은 인적자원의 양성과 구축으로 사료된다.

태국의 경우에도 관광분야의 우선적인 정책이 펼쳐져 온 것으로 사료된다. 해외에 주재하는 관광청 등을 통해서도 적극적인 마케팅 활동이 펼쳐져 온 것을 알 수 있다.

◆ 미국 워싱턴주 컬럼비아밸리 생미셸 와이너리 투어 시 설명하는 안내자

현재 관광경쟁력을 지니고 있고 관광객 유치에 앞서고 있는 나라들을 보면 관광정책이 우선시되며 관련한 산업에 대한 지원 그리고 관광업 종사자를 준비하는 인적 자원 양성에 보다 적극적이고 우대하는 것을 알 수 있다. 복지후생차원에서도 좋은 대우와 자부심을 갖고 종사하는 것으로 평가된다. 프랑스, 스페인, 그리스, 터키, 이탈리아, 스위스, 태국, 홍콩, 마카오, 중국, 일본 등 관광분야의 선진국은 관광산업에 연계한 인력양성에 보다 적극적인 노력을 기울여왔다고 할 수 있다.

4) 아이디어

해외관광분야에서 아이디어를 제시하여 그동안 각광받은 나라는 아랍에미리트로 여겨진다. 그들은 주메이라 같은 인공섬을 만들어 주목을 끌었으며 사막에 세계 최고의

15) 로마의 지하동굴로 알려진 카타콤베는 기독교가 공인된 로마시대의 유적지로 성지로서 가치가 있다. 이탈리아는 90년대에 이곳에 일본어로 안내하는 가이드를 두어 서비스를 하였다. 이를 보면서 관광경쟁력의 제고는 인적 자원이 중요하다는 인식을 하였다.

고층빌딩인 부르즈 칼리파[16] 빌딩을 건설하였다. 그리고 세계 최고의 관광국가를 지향하며 더운 사막기후에 스키장을 건설하려는 의도를 가졌던 점도 역발상의 아이디어로 높게 평가하고자 한다.

싱가포르의 경우에도 도시국가로서 독특한 콘셉트를 추구해 온 국가이다. 겨울이 없는 나라이지만 크리스마스 때 가장 크리스마스다운 느낌을 연출한다던지 도시 속에 자연적인 공간을 구축하여 보다 기발한 분위기를 연출하는 등의 아이디어[17]를 펼쳐왔다. 야간의 화려한 조명, 편리한 교통, 동서양의 음식, 다문화 축제 등의 다양성도 갖추고 있다.

◆ 파리의 기발한 문구 안내판('나는 먹는다 고로 나는 존재한다') / 광화문 세종문화회관 계단 광고(에바 알머슨 전시 홍보)

16) 두바이에 있는 인공 구조물로 전체 높이가 829.84m로 연중무휴 개방된다. 버즈는 아랍어로 탑이라는 의미이다. 칼리파는 아랍에미리트 대통령의 이름에서 따왔다. 영어식은 버즈 두바이로 불린다. 삼성물산이 시공사로 참여하였고 최단 공기수행으로 주목을 받았다. 2009년 10월에 완공되었고 15억 달러가 소요되었다(두산백과)고 한다. 두바이 방문 시 가치있는 방문장소로 추천할 수 있다. 전망대에서 바라보는 사막의 주위 환경이 인상적으로 다가온다. 사막 위에 건설된 고층빌딩의 위용과 건설에 나름대로 놀라움을 갖게 되는 방문코스이다.

17) 싱가포르 동물원에서는 전 세계의 희귀한 야생동물들을 만날 수 있다. 나이트 사파리는 해가 질 때 문이 열리는 야행성 동물들의 활동이 펼쳐진다. 리버사파리는 강을 테마로 한 동물원과 나이트 사파리 사이에 위치한다. 도시 안에서 이러한 자원은 특별하고 진귀한 경험을 하게 되는 아이디어 자원이다.

(1) 대만의 무착륙비행

이 상품은 코로나 시대에 개발된 상품으로 방역에 성공을 거둔 것으로 평가되는 대만에서는 타이거 에어 체험상품인 '제주 가상출국여행 얼리버드 프로모션'상품이다. 대만 관광객 120명이 참가한다. 2020년 10월 19일 타이베이공항을 출발, 목적지인 제주공항에 착륙하지 않고 제주상공을 선회한 후 다시 대만으로 돌아가는 대체여행상품(머니투데이, 2020.9.14)이다. 기내에서 여행객들은 한복 착용, 사진찍기, 한국 놀이체험 등의 행사를 진행하며 기내식으로 치킨과 맥주가 제공되며 퀴즈쇼, 설명회도 진행된다.

여행코스가 입국국가에서 진행되는 것이 아니므로 비행시간 내에 상기의 이벤트가 진행되는 것으로 보인다. 한국에 관련한 놀이, 한복착용과 치맥행사가 포함된 것이 특별하다. 본 상품은 한국에 대한 여행을 희망하는 사람들을 대상으로 한 코로나 시대의 대체여행상품으로 아이디어가 접목된 상품이다. 무착륙비행[18)]은 새로운 트렌드로 대만에서도 확산되고 있다. 이 상품은 실제투어로 연결될 가능성이 높다는 평가이다.

대만인의 한국여행 선호도[19)]가 증가하는 것으로 평가된다. 대만인들은 한국드라마 및 OST(오리지날 사운드 트랙: Original Sound Track) 등 한류 콘텐츠에 관심이 많은 것으로 나타나고 있다. 대만에서는 자국 내에서의 저공비행을 진행하는 유람비행상품이 인기가 있다.

5) 관광시스템

관광시스템이란 관광객을 위한 편의가 증진되며 관광객 우선주의의 정책이 펼쳐지는 것을 말한다. 우리나라에 관광경찰이 생긴 것도 좋은 관광시스템의 예이다. 인천공항에서 방문객의 편의를 위해 출입국 수속시간이 짧아지는 것도 그러한 차원에서 이해하면 된다.

18) 자국의 상공에서 여행을 희망하는 사람들을 위한 상품이다. 국내외에서 공히 인기가 있다. 유람비행여행, 상상여행, 무착륙여행, 체험비행 등으로 불린다. 보통은 자국의 영토 내에서 진행되며 근거리 국가로의 근거리 항로 운항도 상품화하는 것으로 알려졌다. 해안선을 따라 저공비행을 통해 여행객들에게 서비스를 제공하는 것으로 나타나고 있다. 코로나의 어려운 상황에서 항공사와 여행사에서 대체하는 투어상품이다. 이용객들이 여행에 대한 향수를 비행으로 나마 달래며 면세품을 구입할 수 있다는 차원에서 긍정적인 평가를 받는다.

19) 한국 드라마의 인기에 관련한 관광지가 인기를 끌고 있다. 최근에는 호텔델루나, 이태원 클라쓰, 서복 등의 드라마에 대만인들이 관심이 많은 것으로 알려지고 있다(헤럴드경제, 2021.4.20 참고).

태국은 오래전부터 관광의 중요성을 인식하여 시스템이 발전하여 왔다. 관광객 위주의 우선적인 환대와 정책, 관광인프라 우선 구축 등도 좋은 관광시스템의 예가 될 것이다.

미국이나 유럽에 가면 관광안내소가 국경을 넘어갈 때 주별로 위치하고 지도나 호텔예약 등의 도움을 받을 수 있는 점도 좋은 관광시스템의 예이다. 우리나라에서도 주요한 관광지에 안내소가 설치되고 안내를 강화하는 것도 이러한 차원이다. 관광객을 유치하고 활성화하려는 국가나 지역에서는 안내를 강화하는 등의 관광체계를 강화할 것이다.

6) 관광의 우선적 가치

유럽, 미주, 아시아 국가 가운데 관광의 가치를 우선적으로 높이는 국가들은 현재 세계 관광객 유치에 있어서 10위권에 올라 있는 상황이다. 프랑스, 영국, 독일, 스위스, 네덜란드, 이탈리아, 스페인, 포르투갈 등 유럽국가가 활성화되어 있다.

미주권에서는 미국, 멕시코, 캐나다가 그러하다. 아시아권에서는 홍콩, 싱가포르, 마카오, 태국, 말레이시아 등의 경쟁력이 높다. 중국과 일본도 관광의 가치를 높이 인식하고 있다.

◆◆ 호주 시드니의 중심가에 위치한 Flight Cent 여행사 / 광고물

이탈리아를 예로 들면, 투어분야에 있어서 국외여행인솔자에 대해 손님을 모시면서 세계여행을 하는 최고의 직업으로 인식하고 있다. 일본의 경우에도 국외여행인솔자인 TC(Tour Conductor)가 매력 있다고 인식한다. 일본 대학생은 최고의 직업으로 여행사를 선택한다. 일본 JTB(Japan Travel Bureau)여행사는 일본의 예비 사회인들에게 가장 선호되는 직장으로 단적으로 여행업에 대한 선호도를 알 수 있다.

◆◆ 벨기에 브뤼셀 그랑 플라스 광장 입구

7) 여행코스 및 콘텐츠

(1) 휴식여행의 증가

장기화된 코로나 사태에 의해 피로도가 증가한 여행객들은 국내 및 해외 여행에 있어서 쉬는 여행을 즐기는 경향이 늘고 있다. 즉, 힐링여행과 여유를 갖고 하는 여행을 선호한다. 타인과의 접촉을 최소화하며 안전하고 검증된 청정한 지역을 대상으로 투어가 활성화될 것이다.

◆◆ 용산 트래곤시티 이비스 앰배서더 서울 용산(4성급) 객실/ 로비 카페라운지

◆◆ 북해도 후라노 라벤더/ 비에이 전경(세븐스타나무)

(2) 오래 머물기

예전에는 여행기간을 많이 잡고 여러 곳을 방문하는 여행이 선호되었다면 이제는 한곳에 오래 머무르는 여행을 추구할 것으로 보인다. 국내에서도 이러한 추세가 늘고 있으며 향후 한곳에 머무르며 다양한 관광활동이 가능한 지역이 여행의 목적지로 부각할 것으로 보인다.

가. 국내

국내에서는 이미 제주도나 강원도 등의 지역에서 한곳에 오래 머물기 상품이 인기를 끌고 있다. 자기 스스로 한곳에서 머무르며 여행이나 관심 있는 분야에 대한 공부와 방문 등이 연계되는 시간을 보내는 개별여행자들이 많다. 여행사나 기관의 상품화된 형식으로 계획적인 워킹[20], 방문 프로그램, 식사, 코스 안내 등 소비자의 욕구와 부합된 상품을 진행시키는 것을 보게 된다.

국내의 여행전문가들은 한 달 살기 좋은 국내여행지로 강릉, 진안, 부안, 강진, 통영을 추천한다. 강릉은 동해바다, 오죽헌 등 관광명소가 많고 교통이 편리하다는 장점이 있다. 최근 KTX 등이 기존에 비해 접근성이 매우 좋아졌다. 진안은 마이산, 치유숲, 편백숲, 메타세쿼이아길 등 힐링하기 좋은 곳으로 평가된다. 부안은 산과 바다를 즐길 수 있는 곳으로 평가된다. 노을이 아름답다는 평가를 받는다. 강진은 다산 정약용이 유배생활을 한 곳으로도 알려져 있다. 녹차밭, 미술관 등의 방문이 권장된다. 통영은 아름다운 자연경관이 매력이다. 벽화마을인 동파랑과 서파랑 등이 추천된다(인사이트, 2020.11.10).

강릉은 초당순두부, 교동짬뽕의 원조지역이기도 하다. 가까이에는 동해, 삼척과 연계한 관광이 가능하다. 산과 바다를 어우를 수 있는 곳으로 선호되는 지역이다. 최근 호텔 등 숙박시설도 확충되고 있다. 부안은 리조트, 펜션 등 숙소도 잘 갖추고 있다. 오디가 유명하다. 염전, 곰소젓갈, 변산반도, 격포항, 갯벌체험, 백합죽, 전나무 숲길이 유명하다.

강진은 도자기 즉 고려청자가 유명한 지역이다. 농촌체험과 농가 민박을 결합한 프로그램도 소개되고 있다.

통영은 매우 아름다운 곳으로 우리나라의 유명한 문학가와 시인 등을 많이 배출한 곳이다. 김소월, 박목월, 박경리 등 많은 인물이 있다. 자연환경이 좋아서 예술인을 많이 배출할 것 같은 지역으로 생각되기도 한다. 통영의 458m의 미륵산 케이블카도 유명하다. 한려수도해상공원을 잘 즐길 수 있는 코스이다. 이곳에서는 벽화마을, 꿀빵, 해저터널, 멍게비빔밥, 통영대교 일대의 야경이 유명하다. 가까이에 있는 거제도 연계관광도 추천된다.

20) 계획적으로 사람들이 좋아하는 둘레길이나 코스를 진행한다. 하루에 20km 정도까지 걷기도 하며 도중에 식사는 차량으로 공급하는 등 체계적인 관리가 포함되어 상품화되어 있다. 제주도의 경우 이러한 상품들이 최근에 인기리에 진행되며 예를 들면 곶자왈도립공원에서 생태탐방과 함께 숲길코스로 진행되고 있다.

원래 통영은 삼도수군통제영의 줄임말이다. 숙박시설도 잘 갖춰져 있다. 예전에는 충무로 불리기도 했다. 통영은 한산대첩축제로 유명하며 우도, 연화도, 비진도, 소매물도, 사량도, 욕지도, 추도 등이 인기있다. 일출명소는 이순신공원이다. 자연의 풍광이 매우 좋아 한국의 나폴리로 불릴 만하다.

◆ 청풍명월의 고장 제천 청풍호 전경 / 강원랜드 레지던스 룸

나. 해외

가) 조지아

『대체 조지아에 뭐가 있는데요?』 저자인 권호영은 조지아를 스위스 사람들은 산을 감상하러 오고, 프랑스 사람들은 와인을 마시러 오고, 이탈리아 사람들은 음식을 맛보러 오고, 스페인 사람들은 춤을 추러 온다고 하였다.

이는 조지아[21]의 자연경관의 우수함, 와인[22]과 음식의 경쟁력, 그리고 예술문화의 멋

---

21) 조지아는 산악지대의 국가로 2005년에 국명을 그루지아로 변경하였다. 트레킹하기에 좋은 국가로 인식된다. 1991년에 러시아로부터 독립하였다. 수도는 트빌리시이다. 인구는 397만 9,773명, 언어는 조지아어를 사용한다. 종교는 조지아 정교 83.9%, 이슬람교 9.9% 등이다. 종족 구성은 조지아인 83.8%, 아제르바이잔인 6.5%, 아르메니아인 5.7%, 러시아인 1.5% 등으로 구성된다(외교부; Kotra).

22) 조지아 와인은 8000년 역사를 자랑한다고 한다. 기원전 6000년경 포도재배와 와인을 만든 유적이 발견되었다. 이는 조지아의 오랜 역사와 풍부한 문화유산의 증거이다. 포도덩쿨은 조지아의 상징이다. 크베브리(Qvevri)는 장독 같은 큰 토기 스타일에서 숙성된다. 양이 많지 않게 생산되는 만큼 귀하다. 가격은 저렴한 편으로 특히 세미-스위트한

까지 보여주는 내용이라고 하겠다. 조지아인이 우리나라에 입국 시 비자가 필요한 반면에 우리나라 사람은 조지아에 입국 시 무비자 체류기간이 360일까지 가능하다는 점, 그리고 치안의 안정성도 세계에서 10위권 안에 드는 조지아가 장기체류를 할 수 있는 좋은 여건임에 틀림없다고 본다. 또한 세계여행을 새로운 목적지로 추구하는 우리나라의 와인과 커피를 좋아하는 등의 여행마니아들에게는 더욱 관심과 흥미를 주는 국가로 판단된다.

한국교직원공제회 The-K Monthly Magazine 2021년 5월호(vol. 45)의 더쉼에서 권호영 작가는 조지아는 살기 좋은 나라, 조지아의 모든 음식[23]은 시로 표현한다. 수도 트빌리시 근처의 저렴한 숙소에서 한 달 살기를 권장한다. 동남아보다 물가가 저렴하다고 한다. 비싼 렌터카보다는 저렴한 대중교통을 권한다. 도로 상황으로 4륜구동차량이 필요하다. 곳곳을 매력[24] 넘치는 곳으로 평가하고 있다. 여행은 4, 5, 9월을 추천한다. 여행하기에 가성비가 좋은 국가로 평가된다. 물가가 매우 저렴한 것도 친절한 것도 장점이라는 평가이다.

조지아의 북부지역은 러시아, 남서부는 터키, 남쪽으로는 아르메니아, 동남쪽으로는 아베르바이잔과 접경에 위치하고 있다. 서해안 지역은 흑해에 둘러싸여 있다. 조지아는 소비에트 연방이 해체되면서 1991년에 독립하였다.

참고

이탈리아 시칠리아 무소멜리 1유로 주택

최근 시칠리아에는 많은 사람들이 이주하거나 은퇴자들이 새로운 인생을 살기 위해 많이 오고 있는 상황이라고 한다. 말도 안 되는 주택구입 가격이 1유로(약 한화로 1천3백 원)이다. 그러나 사실은 4,000유로(약 500만 원) 정도의 등록 및 수리비용이 들어간다고 한다. 이 지역에서는 건물 구입 시 3년 내에 수리해야 하는 법적인 의무사항이 있기 때문이다. 채식테마 여행업을 하기 위해 이곳에 이주해 온 사람도 있다. 해산물, 식자재가 풍부한 이곳에서 테마여행상품 운영을 시작하기 위해서 온 것으로 보인다. 그리고 공동체 관련한 일 등을 위해 이주해

와인이 추천된다(더쉼, 2021.5: 58; 두산백과 참고). 실제로 조지아 와인은 우리나라에 이미 수입되어 마니아들과 소비자를 통해 시음되어 왔다.

23) 조지아의 음식은 경쟁력이 있다는 평가이다. 돼지고기, 소고기, 양고기 등을 먹는다. 치즈, 빵, 와인이 주요한 양식이다.

24) 수도 트빌리시 외에도 와인 최대 생산지인 카헤티, 조지아의 스위스로 불리는 메스티아, 유럽에서 가장 높은 곳으로 작고 아름다운 우쉬굴리, 광천수로 유명한 휴양지인 바투미 등이 잘 알려진 추천 장소이다. 역사탐방, 패러글라이딩, 수영, 스키, 트레킹 등 다양한 체험 등을 즐길 수 있는 국가(더쉼, 2021.5: 59)로 평가되고 있다.

온 사람도 있다고 한다. 1유로라는 홍보가 색다르게 보인다. 그러나 주택을 수리하고 잘 보존해야 한다는 현지의 규정이 있는 점을 잘 이해하고 이주해야 한다. 시칠리아 바다의 전경 등 주택에서 사는 사람들의 삶의 질은 매우 만족스러운 것으로 평가된다.

(3) 숨은 여행지 개발

사람들이 많이 몰리는 유명관광지를 피하고 잘 알려지지는 않았지만 새로운 여행의 기회와 조건이 있는 여행지로 사람들의 발길이 이어질 것이다. 지방의 소도시가 부각될 것으로 보인다.

프랑스와 한국은 다른 국가에 비해 수도 파리와 서울 중심의 투어가 집중되어 있다는 문제점이 보여왔다. 이제는 지방의 중소도시가 더 알려지고 관광콘텐츠를 강화하고 홍보하여 새로운 관광지를 개발하고 도시가 확대되어야 할 것으로 보인다.

◆◆ 유럽의 숨은 보석 베네룩스 3국 중 룩셈부르크의 아돌프다리 전경

• **스리랑카**

이 나라는 크게 잘 알려지지는 않은 나라이다. 수도는 콜롬보로 우리나라에서 비행기로 약 9시간 소요된다. 최북단 자프나는 천국의 항구로 불린다. 불교를 중심으로 힌두교, 천주교 등 다양한 종교가 공존한다.

인도양의 섬나라이다. 18세기 말부터 영국의 식민지였다. 1948년 영국연방 자치령으로 독립하였다. 인도양에서 잡는 게 등 가두리 방식으로 물고기를 잡는다.

퐁갈 축제는 추수감사의 축제이다. 차(Tea)가 유명한 나라이다. 힌두교에서 소는 숭배대상이다. 춤의 신인 사바의 다른 이름은 나타라자로 사바댄스를 즐긴다.

트링코말리는 동부의 휴양도시로 서구인이 선호한다. 타밀족의 전통결혼식인 힌두교 결혼식에서는 흰 우유를 신께 바친다고 한다. 오전 결혼식이 일찍 시작된다. 쌀뿌리기 등은 행복다산의 의미로 사람들은 종교에 관계없이 참여한다.

전통음식인 키리바트는 코코넛을 넣고 한 쌀밥이다. 신성한 땅 까타라가마의 힌두사원에서는 코끼리와 같이 목욕을 한다. 사원에 들어가기 전 몸을 정결하게 하는 것이다. 공양을 위해 줄을 서서 기다리는 모습을 보게 된다. 1~2시간이 걸려도 불평하는 사람이 없는 것은 종교적인 차원으로 평가된다.

(4) 지역민과 근거리 여행자 대상

◆◆ 인천 강화군 석모도 카페 테라스 / 앞바다 전경

◆◆ 북한산 둘레길 표지 / 둘레길 전경

그동안 많은 관광객 유치를 위해 외국인 관광객을 유치하려는 노력이 컸다면 향후에는 지역 주민과 근거리 여행자를 주요한 타깃으로 삼고 마케팅을 할 것으로 보인다. 즉, 이동을 최소화하며 생활권에서 여행을 즐기는 여가형 여행의 비중이 커질 것으로 전망된다. 이는 불황기에도 수요확보가 된다는 차원에서 바람직한 마케팅 타깃이 될 것이다.

(5) 대형행사 제한

그동안 관광의 대세였던 축제의 행사는 전염병 관리차원에서 다소 주춤할 것으로 보인다. 실적 위주의 대형행사와 인원을 채우는 식의 행사보다는 인원이 다소 적도라도 내실 있는 행사가 중시될 것이다.

최근 코로나 상황에서는 축제 등 대형인원이 참가하는 행사의 경우 방역지침과 확산방지 등의 이유로 행사가 취소되었다. 대규모 인원이 몰리는 것을 사전에 방지하는 조치가 대부분 취해지는 상황이다.

◆◆ 강원랜드 견학 시 정찬 및 테이블 매너 교육(Study tour)

이후 코로나 상황이 극복되면 예전처럼 대형 항공기를 통해 수백 명이 이동했던 것처럼 국제회의, 연수, 대형 여행그룹 등의 여행이 진행되어 수요가 확장될 것이다.

(6) 언택트 투어 활성화

필요시에는 랜선투어 같은 언택트 투어가 활성화될 것으로 보인다. 앞으로는 자주 참여하는 투어보다는 예비적인 랜선투어 등을 거치고 최종적으로 현장투어가 실시되는 형태의 실제여행 형태가 생길 수 있다고 여겨진다.

현재 랜선투어는 현지의 가이드를 통해 대리체험을 하는 여행으로 시각적이고 청각적인 기능의 역할을 하고 있다. 그러나 현장에서 실시하는 원래의 여행과는 여러 면에서 접촉이 차단된다는 단점을 나타내고 있다.

코로나 상황이 심각해지면서 미술관 투어 시 혼자만 관람하는 형태의 홀로 관람형태가 권고되고 있다. 방역단계가 강화되면서 요청되는 투어형태로 제기되는 내용이다.

(7) 접근성 대두

코로나 시대를 보면 대중교통에 대한 위험성으로 개인적인 차량을 이용하고 불가피하게 대중교통 이용 시, 거리두기 등을 강화하는 형태로 진행되었다. 항공기, 관광버스, 기차 등 대중교통에 대한 연결을 어떻게 하느냐의 문제가 중요하다. 목적지까지의 접근성을 어떻게 해결하느냐가 중요한 여행의 요소가 될 것으로 보인다.

세부적으로 보면 관광지 현지에서 맛집과 쇼핑장소가 좋은 곳이 있더라도 접근성을 고려하여 선택하게 된다는 의미이다. 숙소, 관광지, 관광 활동장소 등이 서로 연결되어 있는 만큼 연계성이 중요하다. 아울러 교통상황과 혼잡도가 고려되고 지방 이동 시 현지의 교통수단과 접근성 그리고 오지나 섬 이동 시 접근성이 특히 중요하게 부각될 것이다.

(8) 차별화된 상품 선호

향후 해외여행은 기존의 가격 경쟁보다는 안전성과 즐거움 그리고 특별한 경험을 할 수 있는 상품의 요소로 판단하게 될 것이다. 가격이 상대적으로 비싸더라도 안전이 확보되며 서비스와 경험에 있어서 차별화되는 요소가 중요한 평가항목이 될 것이다.

◆◆ 호주 시드니 오페라하우스 야외 레스토랑 전경

8) 사회자본 및 인프라

(1) 정보채널 및 커뮤니케이션 강화

국가의 관광경쟁력을 위해서는 각 기업에서의 고객을 대상으로 하는 정보채널과 소통이 더욱 강화되어야 경쟁력을 유지하게 될 것이다. 소비자들은 디지털 소비계층으로 영상 콘텐츠와 유튜브 활성화 그리고 정보탐색에 선도적인 역할을 하는 여행사와 정보체계가 구축되어야 한다. 글로벌 온라인 여행플랫폼(OTA[25]))의 활성화와 함께 디지털 기술활용 역량을 갖춘 여행기업과 국가가 관광의 발전을 선도할 것으로 여겨진다. 독창적인 콘텐츠로 소비자의 여행욕구에 부응하며 해소시켜 주는 업체가 발전을 구가할 것이다.

VR, AR 기술을 활용한 온라인 및 랜선투어를 구축하는 여행상품의 중요성이 부각된다.

가. VR

VR(Virtual Reality)은 가상현실이다. 컴퓨터로 만들어놓은 가상의 세계에서 사람이 실제와 같은 체험을 할 수 있도록 하는 최첨단기술이다. 머리에 장착하는 디스플레이 디바이스인 HMD(Head Mounted Display: 머리 착용 디스플레이)를 활용해 체험할 수 있다(시사상식사전).

나. AR

AR(Augmented Reality)은 증강현실을 말한다. 현실의 이미지나 배경에 3차원 가상이미지를 겹쳐서 하나의 영상으로 보여주는 기술이다. 즉, 실세계에 3차원 가상물체를 겹쳐서 보여주는 기술이다(용어로 보는 IT).

9) 국가별 고찰

(1) 유럽

가. 프랑스

세계 최고의 관광객을 유입하는 나라이다. 지하철 등 교통 인프라가 잘 되어 있다.

25) Online Travel Agency이다. 온라인여행사 또는 글로벌 온라인여행사로 명명된다.

관광객은 일반적으로 투어버스로 관광을 한다. 주요 관광지를 중심으로 파리에서는 투어가 진행된다. 에펠탑, 몽마르트르 언덕, 루브르 박물관이 기본적인 코스이다. 식사는 프랑스식, 중식, 한식 등 다양하게 경험할 수 있다. 쇼핑은 라파예트 백화점, 면세점을 중심으로 최근에는 약국에 방문해서 필요한 약과 화장품 등을 구입하기도 한다. 몽쥬약국[26]이 쇼핑의 대세가 되었다. 파리의 대표적인 드럭스토어로 쇼핑을 위해 많은 사람들이 방문한다. 화장품의 경우 국내가격 절반 정도에 구입이 가능하다.

◆◆ 에펠탑 야경 / 몽마르트르 언덕 성심성당 / 루브르 박물관 입구
루브르 박물관 내부 / 센강 야경(바토무슈) 전경 / 파리 CDG(샤를 드골)공항 이동로 에스컬레이터

26) 르봉치약, 바이오더마 립밤, 바이오더마 클렌징 워터, 르네휘테르 샴푸, 달팡크림, 꼬달리 핸드크림, 비쉬, 콩당세 이이크림 세럼, 록시땅 핸드크림 등이 주요한 쇼핑품목이다.

파리 이외에도 많은 도시들이 관광객에게 어필한다. 마르세유는 남부 항구도시로 이국적이다. 우리나라의 부산과 같은 느낌을 갖게 한다. 그리고 지중해 휴양도시의 전형인 니스도 유명하다. 그리고 세계 3대 영화제로 유명한 칸, 와인의 도시 보르도, 디종, 아비뇽을 들 수 있다. 고성으로 유명한 루아르 지방, 수도원의 유적을 지닌 세계문화유산 지역인 몽셀미셀 등 많은 관광지가 위치한다.

나. 스페인

스페인은 전역에 많은 관광자원을 지니고 있는 국가이다. 특히 유럽에서도 물가가 저렴하여 관광객들이 상대적으로 부담없이 여행하기에 좋은 조건이다. 수도 마드리드, 상대적으로 부유한 도시 바로셀로나, 이국적인 남부의 도시 그라나다, 세비야 그리고 고대도시 톨레도 등 많은 지역이 자리 잡고 있다. 와인, 국화차, 각종 브랜드 등 쇼핑품목도 많다.

스페인 마드리드에 있는 프라도 미술관도 추천된다. 평균 체류시간은 3시간 이상으로 나타나고 있다. 입장료는 15유로(Euro)로 일요일은 휴관이며 월요일부터 토요일까지 10시부터 20시까지 개관한다. 15세기 이후의 스페인 왕실에서 수집한 작품을 전시하고 있는 대표적인 미술관이다(트립어드바이저; 2021.6.10). 세계 3대 미술관으로 평가되며 작품 수가 8천 개에서 3만여 개에 달한다고 한다. 1819년에 개관하였으며 거장 고야[27]의 그림이 유명하다.

다. 이탈리아

이탈리아는 고대 영혼의 도시인 로마를 중심으로 북부의 밀라노, 피렌체, 바다 위에 건설된 베니스 그리고 남부의 나폴리, 폼페이 유적지, 시칠리아섬 등 다양한 관광지를 갖고 있다. 이탈리아 사람들의 억양은 항상 밝고 명랑하며 경쾌하다. 기후가 사람들에게 미친 영향은 낙천적이고 유쾌하다. 코로나의 피해가 한때 많았던 북부지방의 소식을 접하며 유럽 특유의 만남의 문화가 코로나 확산에 영향을 미쳤다는 점에서 안타까움이 더해졌다.

27) 그는 궁중화가였다. 스페인 회화의 3대 거장으로 평가된다. 카를로스 4세의 가족, 옷을 벗은 마하, 옷을 입은 마하, 아들을 잡아먹는 사투르누스, 1808년 5월 2일, 1808년 5월 3일 등이 잘 알려진 작품으로 추천된다.

영혼의 도시 로마의 포로 로마노, 콜로세움, 트레비분수, 바울성당, 베드로성당 등 많은 관광자원을 갖추고 있다. 가죽제품, 삼색금, 유명브랜드 등 쇼핑품목도 많다.

라. 영국

영국인은 스마트하다는 평가가 있는 만큼 세계의 유수대학이 영국의 런던에 많다.

런던탑, 웨스트민스터 사원, 빅벤, 템스강, 트라팔가 광장, 대영박물관 등이 주요 관광코스이다. 웨일스, 리버풀, 맨체스터, 에든버러 등 다양한 도시로의 여행이 가능하다.

마. 독일

맥주의 나라 독일은 세계 최고의 방문객이 유입되는 뮌헨 맥주축제가 세계 최고의 축제로 인정받고 있다. 연간 600~700만 명을 유치하는 축제의 도시와 나라이기도 하다. 화이트 와인의 명산지 라인헤센과 라인가우 그리고 모젤에 가까운 프랑크푸르트, 수도 베를린, 쾰른 대성당, 아헨, 하이델베르크, 로텐부르크, 퓌센 등 아름다운 지역이 많다.

◆◆ 독일의 쾰른 대성당(고딕양식 세계 3번째 규모, 세계문화유산 등재, 600년 건축 소요) / 독일 로텐부르크 선물기념품점

바. 포르투갈

한때 브라질을 지배할 만큼 강성했던 국가로 포르투갈어를 사용한다. 수도 리스본은 항구도시로 고풍스럽다. 그리스의 아테네에 이어서 세계에서 가장 오래된 도시로 평가된다. 이곳에 가보면 이러한 올드한 분위기가 느껴지기도 한다. 파두[28]레스토랑에 가볼 것이 추천된다. 물가는 서유럽 국가 중에서는 스페인과 함께 저렴한 편이다. 많은 건축양식을 볼 수 있는 건축물들이 많다. 제로니무스 수도원에서 시작된 에그타르트를 경험해 볼 것을 추천한다.

남부 카르보에이루의 절경으로 유명한 알가르 세코 동굴은 기암절벽 아래 구멍이 뚫려 있고 절벽 위로는 산책로가 조성되어 있다. 수백 년 동안 파도와 바람에 깎인 바위와 기암의 알가르 세코 동굴은 동굴보트로 이곳을 통과하여 볼 수 있다. 앞에 해변이 있고 이러한 해식동굴은 내부에 햇빛이 투영되는 등 조각품 같은 아름다운 곳으로 추천된다.

사. 오스트리아

음악과 산악의 국가인 오스트리아는 '사운드 오브 뮤직' 영화의 나라로 잘 알려져 있다. 잘츠부르크, 티롤주의 주도 인스부르크, 비엔나, 브레겐츠 등 아름다운 도시들이 많다.

할슈타트는 아름다운 집들과 호수의 전경이 아름다운 곳이다. 사진만큼이나 방문 시에도 아름다운 전경이 인상적인 곳이다.

골목의 뒷길에는 장승이 있는데 이곳 유럽사람들도 예전에 악귀를 물리친다는 미신에서 만든 것이라고 한다. 슈베르트의 피아노 5중주인 송어의 탄생지로 송어식사가 가능하다.

목조배를 타고 오버트라운마을로 이동한다. 케이블카로 이동하며 고도가 달라지는 풍경의 알프스 정상으로 이동한다. 케이블카에서 내려 30분 도보로 이동한다. 고산들을 한눈에 볼 수 있는 파이브핑거스 전망대에 가면 아찔하면서도 조망이 최고이다. 눈이 많아 길이 많이 미끄러우므로 주의해야 한다. 경치가 파노라마처럼 펼쳐진다. 할슈타트호수, 병풍처럼 펼쳐진 3천 미터의 산들을 보는 것이 너무나 아름답고 멋지며 환상적이다.

28) 가족과 집에 대한 그리움을 노래한 것이 파두이다. 리스본 등 도시의 파두가 울려퍼진다. 그래서 리스본을 낭만적인 도시로 평가하기도 한다. 포르투갈 국민의 한의 정서가 잘 표현된 것이 파두라고 한다.

1시간 거리인 바트가슈타인은 왕족들이 찾던 여행지로 폭포가 유명하다. 3단폭포 바트가슈타이너 폭포는 마을 한가운데 위치하고 있다. 마을을 관통하는 상황이다. 특별한 풍경과 아름다움이 있다.

바트라인헨할은 1,700미터 절벽에 세워진 산장으로 독일 지역에 속해 있다. 오스트리아 국경에서 바로 인근지역이다. 정상까지는 3시간 30분 정도 소요되는 등산코스이다. 호크슈타우페산에는 눈이 쌓여 있다. 산장의 이름이 라인엔헬러하우스이다. 이곳은 전망대로 100여 년 전에 지어졌다. 전통주가 건강에 좋다고 방문자들에게 제공된다. 커다란 물탱크는 눈을 모아 사용한다. 전망대에는 방들이 있고 멋진 풍경과 뷰가 압권이다. 산 정상에서 치즈, 햄, 소시지 등 빵과 식사를 할 수 있다.

오스트리아는 50년대, 60년대 그리고 70년대까지 세계 최고의 관광국가로 구가했던 나라로 지금도 산악관광자원이 스위스와 함께 최고의 경쟁력을 보여주고 있다. 수도는 빈(비엔나)이다. 비엔나는 음악과 화려한 궁전들의 도시로 유명하며 안정적인 도시로 알려져 있다. 쇤브룬 궁전, 슈테판 성당, 클림트의 키스, 유디트와 에곤 실레 작품으로 유명한 벨베데레 오스트리아 갤러리(미술관), 빈소년 합창단 등이 유명하다. 독일어를 사용하는 나라로 독일과 문화적인 정체성 등을 어느 정도는 교류하며 나누는 것으로 보인다.

◆◆ 네덜란드 잔세스칸스 풍차마을 전경 / 치즈 판매점 내부

(2) 미주

가. 미국

미국은 세계의 관광대국 중에서 가장 경제적 효용을 높이는 국가이다. 많은 관광객들이 미국에서 쇼핑 등을 즐기며 가장 많은 외화를 사용[29]하고 있다. 그만큼 외국인들이 면세, 아울렛, 브랜드 제품을 많이 선택하고 구매하는 나라라는 점에서 고무적이다. 전국적으로 많은 도시가 관광경쟁력을 지니고 있다. 뉴욕, 시카고, 로스앤젤레스, 하와이[30], 샌프란시스코, 라스베이거스, 워싱턴, 시애틀, 애틀랜타 등 관광자원이 많이 산재한 국가이다.

◆◆ 미국 시애틀 아마존 입구 / 스타벅스 1호점 앞거리

29) 2018년에 수입한 금액이 2,140억 달러(US)다(UNWTO). 한화로 환산하면 214조 원의 규모로 엄청난 관광수입을 올리는 것을 알 수 있다.

30) 하와이는 청정지역이고 기후가 연중 18~21℃를 유지해서 사람이 활동하기 좋은 지역이다. 자연자원의 경쟁력이 좋은 곳으로 최근에는 하와이에서 면적이 가장 큰 하와이섬(빅아일랜드)의 활화산인 킬라우에아산의 화산활동이 경비행기 투어를 통해 주목받고 있다. 용암이 흘러서 바다에 떨어지는 모습을 보게 된다. 참고로 주도인 호놀룰루가 있는 섬은 오하우이다. 하와이에는 금단의 섬으로 불리는 니하우섬이 있다. 이곳은 150년 동안 외부 유명인사 등의 요청에도 출입이 불허되었다고 한다. 현지에 사는 원주민을 보호하고자 하는 이유로 알려져 있다. 그래서 지구생태계의 보존가치가 있는 동식물자원이 많다고 한다.

◆ 미국 워싱턴주 워싱턴대학교 도서관 / 외부 전경

◆ 미국 피어슨칼리지 도서관 / 서점 입구

나. 캐나다

캐나다는 삶의 질이 높은 나라이다. 면적이 넓은 만큼 자연적인 국가로 경쟁력을 지닌다. 토론토, 퀘벡, 몬트리올, 수도 오타와, 캔버라, 밴쿠버 등 교육적인 경쟁력도 높다. 영국의 영향을 받아 입헌군주제 국가이다. 캐나다는 녹지 등 삶의 환경이 매우 좋다.

그리고 복지체계도 잘 되어 있어서 인간의 행복이 존중되는 나라로 평가할 수 있다. 반면 사업하는 사람의 경우 세금이 많이 부과되는 상황으로 평가된다.

(3) 아시아

가. 태국

태국은 전통적으로 관광산업을 중시해 온 정책과 시스템을 갖고 있다. 친절을 기본적인 콘셉트로 하여 관광경쟁력을 제고해 왔다. 우리나라에서 활동해 온 태국관광청은 관광객 유치를 위해 적극적으로 많은 홍보를 해왔다고 할 수 있다.

수도 방콕은 천사의 도시로 불릴 만큼 큰 도시로 교통체증이 심하다. 불교국가로서 왕궁, 사원이 주요한 관광코스이다. 그리고 야시장이 활성화되어 있다. 더운 기후로 밤에 사람들의 활동이 많다. 민속촌에서의 코끼리쇼 등이 인기가 있다. 그리고 알카자쇼 등 오락쇼 등이 관광객에게 인기를 끈다. 파타야, 푸껫 등은 세계적으로 인기있는 휴양지로 알려져 있다. 다양한 자연자원, 문화자원 등을 연계하여 관광경쟁력을 제고하여 아시아 국가에서는 선두권에 위치한 경쟁력을 지닌 관광국가로 평가할 수 있다. 또한 자국민 보호차원에서 한국인 관광객의 단체안내 시 한국어를 구사하는 가이드를 의무적으로 고용하도록 하는 자국민 보호정책을 구사해 오고 있다.

태국의 관광에 대한 꾸준한 노력으로 아시아에서는 중국 다음으로 말레이시아와 함께 관광객 유치에도 많은 실적[31]을 나타내고 있다. 특히 친절함이 관광객들에게 많이 어필한다. 더운 나라답게 야시장 등 밤의 활동이 활기찬 편이다. 야시장에서는 먹거리와 함께 쇼핑 등이 낮보다 활발하게 이루어지는 편이다. 예를 들면 알카자쇼나 티파니쇼는 성전환수술을 한 트랜스젠더들의 공연이지만 춤과 케이팝 등 신나는 노래로 구성하여 많은 관람객들을 끌어들이는 화려한 카바레쇼로 평가된다. 이 쇼들은 인기를 끌며 대표적인 선택관광(Option tour)으로 여행사에서 판매하고 있다.

31) 태국은 2018년 3,272만 명의 외래관광객을 유치했다. 국민총생산(GDP) 10% 안팎의 큰 비중을 차지(아시아투데이; 2019.9.10)하는 관광이 주요 산업인 국가이다.

나. 말레이시아

말레이시아는 아시아권에서 선두권[32]에 위치한 관광국가이다. 자연관광자원이 많아 청정한 지역에서만 볼 수 있는 반딧불이 투어, 정글투어가 가능한 나라이다. 특히 관광경쟁력은 외국어가 중국어, 영어, 말레이어 등 국제화를 지향하여 좋은 결과를 보이고 있다. 그리고 관광입장료가 무료라는 점이 고무적이다. 이 때문에 많은 관광객을 유치하는 데 일조하고 있다.

또한 기존의 경쟁력 있는 자연관광자원 외에도 시설적인 자원도 향상시키고 있으며, 휴양지로서의 면모도 잘 갖추고 있다. 유네스코 세계문화유산으로 지정된 말라카, 천혜의 자연환경을 갖춘 휴양지인 코타키나발루, 99개의 섬으로 이뤄진 군도인 랑카위, 이국적인 페낭, 조호르바루, 쿠칭 등 많은 관광지역이 있다. 신규공항 건설 등 투자도 활발하게 이루어진다. 관광객에 대한 안전성도 중요한 강점이다. 회교국가로서 범죄에 대해 엄격한 만큼 사고가 적다. 국제화를 추구하며 아시아 최대 국제도시로 평가받는 쿠알라룸푸르도 관광객들이 많이 찾고 있다.

다. 홍콩

홍콩은 예로부터 동서양의 만남이 있는 곳으로 평가되어 왔다. 중국의 동양문화와 서구의 문화가 잘 공존되는 곳으로 평가된다. 최근에는 코로나를 제외하고도 홍콩의 민주화 시위 상황 등으로 관광객의 유입에 영향을 받고 있다.

특히 와인 등 무역에 있어서 관세완화 등의 정책으로 저렴하게 쇼핑할 수 있다는 것이 강점이다. 예전부터 쇼핑의 천국이라는 별칭이 홍콩에 붙여진 것에는 그만큼의 타당한 이유가 있는 것이라고 본다.

홍콩은 야경이 매우 아름답고 관광객들에게 인기가 많다. 홍콩사람들은 외국생활을 할 때 가장 생각나는 것이 해상교통수단인 페리(Ferry)라고 한다. 그만큼 주요한 교통수단으로 그들에게는 생활의 정취가 느껴지는 문화라고 할 수 있다. 홍콩의 해양공원, 빅토리아 파크, 디즈니랜드 등이 유명하다. 구룡반도, 란타우섬, 홍콩섬이 주요 지역이다. 세

32) 말레이시아는 중국, 태국과 함께 많은 외래관광객을 유치하고 있다. 2019년 26,100,784명의 외래관광객을 유치하였다(www.malaysiakini.com).

계에서 집값과 땅값이 가장 비싼 지역의 하나이다. 우리나라에서는 항공기로 이동 시 직항은 4시간 정도 소요된다.

라. 싱가포르

싱가포르는 도시국가로서 작지만 다양한 자원을 지닌 경쟁력 있는 국가이다. 도시와 자연의 공존이 싱가포르의 장점으로 평가된다. 현재 싱가포르의 랜드마크인 마리나 베이 샌즈 리조트는 거대한 규모의 시설로 호텔, 쇼핑몰, 카지노 등 복합리조트로서 주목받고 있다. 도심 속의 거대하고 웅장한 리조트와 옥상 수영장의 열대우림 분위기는 도시와 자연의 공존을 잘 나타내는 콘텐츠로 여겨진다.

최근의 핫플레이스는 슈퍼트리로 공중에 연결된 이동로를 사람들이 많이 이용한다. 슈퍼트리를 통해 태양열을 저장하여 식물원의 에너지로 활용하고 있다. 저녁에도 많은 사람들이 방문하는데 빛의 공연이 펼쳐지기 때문이다.

기존에 잘 알려진 센토사섬도 주목받는 관광지이다. 저녁에 분수쇼는 잘 알려져 있다. 센토사섬에 접근하기 위해서는 대개 케이블카로 이동한다. 케이블카로 접근하면 주위에 보이는 센토사섬의 전경이 아름답게 펼쳐진다. 이곳에는 유니버설 스튜디오, 카지노시설, 호텔 등의 다양한 시설이 갖추어져 있다. 싱가포르의 전형인 머라이언[33]상을 볼 수 있으며 섬 주위를 잘 조망하려면 모노레일을 타고 즐기면 좋다.

싱가포르는 도시와 자연이 잘 조합된 도시국가로서 경쟁력을 갖추고 있다. 다문화국가로 힌두교사원, 이슬람사원 등이 위치한다. 차이나타운 외에 아랍거리도 조성되어 있다.

마. 마카오

마카오에는 포르투갈의 문화가 공존한다. 에그타르트를 지금도 마카오에서 먹게 되는데, 이는 포르투갈의 영향으로 자리 잡은 음식이다.

그리고 도박의 도시로서 현재 미국의 라스베이거스를 압도하는 실적을 나타낸다. 마

33) 사자와 잉어가 조합된 싱가포르의 상징으로 자리 잡고 있다.

카오의 베네시안 리조트는 전형적인 복합리조트로 카지노, 호텔, 운하[34]와 쇼핑몰, 내부 경기장 등 경쟁력 있는 구성을 갖추어 방문객을 유치하고 있다.

관광명소로서의 마카오는 베네시안 마카오 리조트 외에도 파리지앵 마카오, 그랜드 리스보아, 스튜디오 시티, 윈 마카오 등 화려하고 웅장한 카지노 호텔 등으로 눈길을 사로 잡고 있다. 카지노의 전형적인 마케팅과 콘셉트인 분수 쇼와 조명으로 눈길을 끈다. 마카오의 갤럭시 호텔도 인기를 얻고 있다. 마카오는 이미 미국의 라스베이거스를 능가하는 도박의 도시로 평가되고 있다. 카지노 종사자만 약 5만 3,000여 명으로 알려지고 있다. 그리고 카지노를 방문하는 사람들의 70% 정도는 중국 본토에서 방문하는 것으로 알려진다.

바. 베트남

베트남은 최근 아시아에서 떠오르는 관광 차세대 국가로 평가받고자 한다. 수도 호찌민, 호이안, 하노이, 나트랑, 다낭, 후에, 푸꾸옥 등 많은 곳이 상품화되어 관광객을 유치하고 있다. 북부의 하롱베이는 한 폭의 산수화처럼 묘사된다. 안개가 끼면 신비로운 분위기가 펼쳐진다. 3천여 개의 섬이 5억 년에 걸친 카르스트 지형으로 만들어져 바다의 계림으로 불린다. 섬들은 무인도이며 바다에는 천 종 이상의 어류가 서식한다. 세계 7대 절경이며 동양의 3대 절경으로 평가된다. 호이안은 15~19세기 무역항의 역할을 했던 도시이다.

하노이는 아시아의 파리라는 별칭을 지닌다. 베트남은 인구가 젊은 세대로 9,700만 명의 인적 자원이 좋고 향후 발전 가능성이 높다는 평가를 받고 있는 나라이다. 오토바이가 주요 교통수단으로 4,000대 이상이며 인구의 절반이 보유해서 가장 많이 이용하는 이동수단이다.

2019년 베트남을 찾은 외래관광객은 1,800만 명(위키백과)으로 지속적으로 증가하는 것으로 보인다.

34) 베네시안 리조트 2층에 위치한 운하와 쇼핑몰은 인공천장을 만들어놓아 마치 이탈리아 베네치아의 운하 길 같은 분위기를 연출하고 있다. 운하의 길을 따라 세계 각국의 명품점들이 위치하고 있다.

사. 필리핀

7,000여 개의 섬들로 이뤄진 나라이다. 1565년부터 스페인이 정복하였고 1898년 독립을 선언했으나 스페인 미국 전쟁으로 미국의 지배를 받게 되었다. 1943년 일본 점령을 거쳐 1945년 미국군이 탈환한 후 독립하였다(두산백과). 필리핀어와 영어가 공용어이다. 아시아에서는 영어를 공용어로 사용하는 몇 안 되는 나라이기도 하다. 스페인의 영향으로 가톨릭교가 주요 종교이다.

수도는 마닐라이다. 세부, 보라카이, 팔라완, 보홀 등의 휴양지를 많은 사람들이 찾는다. 루손섬 바기오는 더운 나라에서 선호하는 휴양지이다. 열대의 더위를 씻어주는 이곳은 미국인이 설계한 휴양지로 알려져 있다. 바기오의 전통시장에서는 각종 채소, 쌀, 생선 등이 판매된다. 이곳은 필리핀 최대의 곡창지대로 쌀 종류도 많다. 생선과 토마토를 같이 먹는 음식도 인기있다. 이 시장에서는 토종딸기도 인기가 높다. 근처의 딸기 고랭지 채소밭이 유명하다. 바기오의 토양과 서늘한 기후가 적당하여 딸기 연중 생산이 가능하며 최상품으로 평가된다. 딸기 아이스크림도 방문자들에게 인기가 있다. 딸기로 발효한 주스도 가게에서 판매한다.

서쪽에 천주교 성지가 있다. 252계단으로 되어 있다. 프랑스의 14살 소녀가 성모마리아가 발현한 것을 기념하여 천주교 성지가 만들어지게 되었다고 한다.

루손섬 서부연안의 비간은 이국적 도시로 중세풍의 마차가 눈에 띈다. 스페인 300년 이상 통치의 흔적이 건물 등에 고스란히 남아 있다. 이 도시는 유네스코 세계문화유산에 등록되어 있다. 스페인의 마젤란에 의해 발견되기 전 이곳은 중국과 이미 무역거래를 하고 있었다고 한다.

비간의 저녁 거리는 낮과는 다른 낭만적인 느낌이다. 대성당 앞 야간 분수쇼도 많은 사람들이 찾는다. 작은 스페인이라는 별칭의 비간은 CNN에서 아시아에서 가장 아름다운 도시의 하나로 선정되기도 하였다.

◆◆ 호주 시드니 하버브리지 / 정박한 크루즈 전경 / 시드니 서점 내부 / 일본 홋카이도 오타루 프로마즈(치즈) 판매점

(4) 중동

가. 아랍에미리트

두바이를 중심으로 세계 관광대국을 꿈꾸며 노력해 온 국가이다. 국적기 에티하드항공과 아랍에미리트 항공을 중심으로 공항의 경쟁력을 제고하기 위한 노력을 많이 기울여 온 나라이다. 공항에서 환승하기 위해 대기하는 환승객들이 편안하게 누워서 환승을 기다리는 모습은 고객편의를 위한 노력의 일환으로 보인다. 많은 관광객과 환승객의 편의를 위해 공항의 대기시간에 고객들의 쇼핑을 위한 면세점의 활성화를 위해 노력하는 모습을 보게 된다.

무엇보다 아랍에미리트에서 목격하게 되는 것은 사막에서 불가능한 것을 가능하게 하려는 노력과 마케팅이다. 인공섬 주메이라, 세계 최고의 빌딩 브리즈 갈리파 등은 인상적이다. 역발상의 마케팅과 상품개발로 사막국가에서 스키장[35]을 건설함으로써 차별화된 관광경쟁력을 제고했던 노력을 높게 평가할 수 있다. 아랍에미리트는 세계에서 두 번째로 큰 두바이 금시장을 갖고 있다. 두바이[36]에는 신나는 물놀이를 할 수 있는 아틀란티스 더 팜, 아쿠아벤처 워터파크가 있다. 두바이몰이 쇼핑몰로 유명하다. 버즈 알 아랍호텔은 럭셔리 호텔로 유명하며 7성급 호텔로 불린다. 두바이 박물관도 명소이다.

나. 요르단

죽기 전에 봐야 할 절경으로 요르단의 페트라가 추천된다. 수도 암만은 인구 1,026만 명(Kotra)의 1/4이 거주한다. 알후세인 모스크는 이슬람교도만 입장이 가능하다. 암만의 주택지들은 경관을 해치지 않게 시멘트칠을 하도록 하고 있다.

마인온천에는 226미터의 폭포에서 온천수가 공급된다. 미네랄이 다량 함유되어 있고 물은 60℃이다. 물 부족국가에서 신기한 온천지역이기도 하다.

그리고 사해[37]가 요르단에도 있다. 해수면 −400미터(마이너스 400m)로 낮다. 사람 몸이 물에 뜬다. 염분농도가 높아서이다. 무기질이 많아 관절과 피부에 유익하다. 머드로 만든 화장품과 비누는 유명해서 전 세계에 수출된다. 저녁 노을이 인상적인 일명 죽음의 바다는 미용과 건강에 도움이 된다.

국토의 80%가 사막인 암만에서 페트라는 신이 빚어낸 도시라 일컫는다. 기원전 6세기에 건설되었다. 색이 다른 모래를 쌓아 그려진 병그림이 기념품으로 인기가 있다. 협곡의 지각변동으로 길이 만들어졌다. 아름다운 고대도시 수로도 발견된다. 영화 ‘인디아

35) 두바이 에미리트몰 안에 설치된 실내 스키리조트이다. 실내스키장의 면적은 2만 2,500㎡로 축구장 3개의 크기이다. 낮에는 영하 1℃, 인공눈이 만들어지는 밤에는 영하 6℃를 유지한다. 난이도가 다른 5개 슬로프가 있으며 최대 길이는 450m, 최대 수용규모는 1,500명이다. 리프트도 운영되며 6,000톤의 인공 눈을 뿌려 만드는 등 막대한 에너지로 비판이 제기된다(두산백과). 그러나 사막의 어느 나라에서도 생각하지 못한 기발한 아이디어가 관광에 접목된 예로 주목된다.

36) 아랍에미리트 연방을 구성하는 7개국 중 한 나라이다.

37) 이스라엘에도 사해(Dead Sea)가 있다. 인접한 지역으로 두 국가에 분포한다. 염호로 해수의 5~6배에 달하는 염분을 보유하여 생물이 살 수 없다. 그래서 사람이 사해에서는 자연스럽게 뜨는 기이한 현상을 보게 된다. 수량 부족으로 매년 수면이 낮아진다고 한다.

나 존스 최후의 성전'이 페트라를 배경으로 1989년에 영화가 촬영된 곳이라 더욱 유명해졌다.

천년 만에 부활한 도시 페트라[38]의 유적 중 최로로 인상적인 웅대한 2층 신전건물인 알카즈네는 보물창고를 의미한다. 기원전 1세기에 지어졌다. 페트라는 1985년 세계문화유산으로 지정되었다. 세계의 절경지역으로도 평가된다. 인류의 보물로 웅장하고 멋진 건축물로 보물창고로 명명된다. 묘실도 발견되었다. 손으로 깎아 만든 것처럼 멋진 자연은 인간이 만든 예술작품으로 평가된다.

페트라는 나바테리언 왕국의 고고학적 유산으로 장밋빛의 붉은 도시로 불린다. 페트라의 하이라이트인 절벽을 깎아 만든 대신전 알카즈네는 사막의 유목민인 베드윈이 침략자로부터 지키려 했던 전망대의 조망이 최고로 평가된다.

(5) 아프리카

가. 남아공

와인생산국으로도 알려진 남아프리카공화국은 아프리카의 최남단에 위치한다. 케이프타운에 있는 테이블 마운틴[39]에서는 바다를 조망하는 밧줄투어를 통해서도 스릴을 느끼게 된다. 수도인 케이프타운 앞바다 모셀베이에서는 물개, 상어를 보고 체험할 수 있다. 동물연구소에서는 고양이과의 가장 큰 동물인 치타를 직접 볼 수 있다. 물론 조련사가 대동하여 안전이 보장된다. 샤니페스 정상에 있는 펍에서는 휴식을 취할 수 있다.

케이프타운에서 출발하는 로보스레일[40]은 시속 60킬로의 고급침대열차이다. 행정수도로 1,400m에 위치한 프리토리아에 도착하기 전 킴볼리를 경유한다. 참고로 사법상의 수도인 블룸폰테인도 남아공의 3개 수도에 포함된다. 킴볼리는 다이아몬드 역사의 도시로 빌홀 광산이 있다. 기차 밖의 풍광이 경치가 좋다. 이 기차여행에서는 다양한 사람들과의 만남도 장점이다. 대부분 여행자들이다.

38) 세계의 7대 불가사의 지역으로도 불린다.

39) 해발 1,068m로 정상 부분이 테이블처럼 평평해서 이름이 생겼다. 국립공원으로 200킬로 밖에서도 보이며 아프리카 남단에 위치한다.

40) 출발 전 스파클링 와인으로 환대할 만큼 고급서비스가 펼쳐진다. 편안함이 이 기차여행의 핵심이다. 밀크티 제공, 맨 뒤칸의 발코니는 특이한 스타일이다. 드레스 코드의 정장을 입어야 디너식사가 가능하다. 양고기 스테이크와 와인 등을 즐길 수 있다.

행정수도 프리토리아는 160년의 역사를 지닌다. 해발 1,990미터의 드라켄스버그산맥 남쪽 언더버그에서 레소토까지는 험난한 지형인 사니패스로 이동한다. 오프로드길로 4륜구동만이 이동이 가능하다. 오프로드와 4륜구동의 이용이 없었을 때 레소토 사람들은 말과 당나귀에 물건을 실어 아프리카의 가장 높은 국경인 남아공 사니패스 지역에 가져와서 판매했다고 한다. 사니패스[41]는 일명 아프리카의 차마고도로 불린다. 해발 2,800미터가 정상이다.

나. 레소토

레소토는 세계에서 가장 높은 나라이다. 1,400미터 이상의 고지대이다. 인구는 215만 9,067명이다. 레소토는 남아공에 둘러싸인 내륙국가이다(외교부; Kotra). 남아공에서 연계하여 이동할 수 있다. 목축업과 관광업을 주요 산업으로 하고 있다. 레스토는 겨울에는 영하 10도 이하로 온도가 떨어진다. 눈이 오기도 한다. 이곳에서는 목도리와 겨울스카프 등이 매우 귀하다.

다. 나미비아

나미비아[42]는 사막나라의 정원이 별칭이다. 수도는 빈트후크이다. 스콜레톤 코스트는 분노한 바다와 지옥으로 가는 입구로 표현한다. 험한 항해의 여정으로 난파한 배들이 보여진다. 디트라이터스 사막의 척박한 땅에는 화이트 거미, 종달새, 도마뱀이 생존한다. 철성분으로 인해 붉은 사막이며 바위산이 있다.

스바몬트해변 레스토랑에서는 일몰을 즐기며 해산물요리를 즐길 수 있다. 새우 등이 제공된다. 이동 중에는 지평선 끝에서 신기루가 보인다. 사막을 지나며 펜션형 숙소에서는 바비큐 등을 즐길 수 있다. 냄새를 맡고 찾아오는 사막여우도 만나게 된다.

최고의 사막인 데드블레이[43]에서는 나무도 보게 된다. 사구도 지나는데 붉은 사구이

41) 사니패스(Sani Pass)는 해발 2,000m를 넘는 험준한 오프로드를 따라 굽이굽이 절경이 이어진다(이코노미조선; 2016.6.13).

42) 일찍이 독일의 식민지였다. 1915년 이후 74년간 남아공의 식민통치를 받아오다가 1990년 3월에 독립하였다(두산백과).

43) 유네스코 선정 10대 절경으로 평가된다. 데드블레이(Deadvlei) 전경은 죽은 나무 즉 고사목이 사막과 잘 매칭되는 절경이다.

다. 죽은 나무와 파란 하늘이 몽환적인 분위기를 연출한다. 적막한 신비로 천년을 이어온 풍경이다.

바람과 빛이 빚은 나미브 사막의 하이라이트는 Dune 45이다. 모래바람과 폭풍이 장관이다. 발자국을 남기며 모래언덕에 오르게 된다. 방문한 사람들은 색다른 풍경과 경험으로 신비로움을 느끼며 이색적인 경험을 하게 되는 곳이다. Dune 45는 표고 170미터로 일출을 보는 것이 유명해서 추천된다. 사막에서 피부가 타는 것을 주의해야 한다.

(6) 남미

가. 페루

수도가 리마[44]이다. 인구의 30% 이상이 수도에 거주한다. 강수량이 30mm로 건조하다. 산토 도밍고 수도원, 프란시스코 성당, 리마 대성당, 마요르 광장, 리마 분수공원, 라르코 박물관, 프레인카 유적지, 사랑의 공원이 추천되며 대통령궁의 근위병 교대식 관람이 가능하다. 아르마스광장은 유네스코가 지정한 세계문화유산으로 유럽의 분위기를 느끼게 된다.

특히 남쪽 400km 지역에 위치한 고대문명의 발자취인 나스카 지상화가 유명하다. 고대인의 그림으로 12m 높이의 미라도르 전망대에서 지상의 그림을 볼 수 있다. 그림 가운데 해초는 손으로 그린 그림으로 유명하다. 나스카는 장대한 업적으로 평가되어 세계문화유산으로 지정되었다. 연간 10mm 이하의 비가 오는 지역으로 건조하여 그림이 오랜 시간 동안 보존될 수 있었다고 한다. 열기구를 당시에 사용했다고 추정한다. 나스카의 직물로 만들어졌을 것이라는 판단이다. 그리고 투기에 그려진 열기구 그림이 추정하는 이유이다.

1939년 세상에 알려진 나스카에서 거미, 원숭이, 고래, 맹독류 콘도르, 50미터 길이의 벌새는 신성한 물을 가져다주는 대표작품으로 평가된다. 나스카는 외계인이 남긴 흔적으로도 평가되며 2000년 역사의 놀라운 절경으로 평가된다. 방문객들은 열기구나 경비행기로 나스카 상공에서 그림을 감상할 수 있다.

44) 수도 리마는 남미 여행자들의 출발점으로 인식된다. 태평양 연안에 가까운 고원의 해안가 절벽 위의 도시이다. 16세기 중반경 스페인 사람들에 의해 도시가 건설되었다고 한다.

페루는 커피도 유명하다. 잉카의 공중도시인 쿠스코의 마추픽추[45]도 유명한 관광지이다. 티티카카 호수는 해발 3,800m의 엄청난 고도를 자랑한다. 면적도 여의도의 약 1,000배라고 한다. 티티카카 호수 투어인 우로스섬 투어도 추천된다. 그리고 와카치나 오아시스 마을도 추천된다. 수도 리마에서 이 마을은 차로 5시간 정도 소요된다. 이곳에서는 와카치나 사막 버기카 투어가 유명하다. 9인승 버기카를 사막 한가운데서 타며 경사를 즐길 수 있다. 일몰을 감상하는 것도 추천된다(아메리카 스토리).

나. 브라질

브라질의 수도는 브라질리아이며 인구는 2억 1,399만 명으로 세계 6위이며 면적은 세계 5위에 해당하는 8억 4,157만 헥타르(외교부)이다. 커피, 축구가 유명한 나라이다.

1531년부터 포르투갈 식민지에서 1822년 포르투갈 왕가를 받드는 왕국으로 독립하여 1889년 노예제도를 폐지하고 공화제가 되었다(두산백과). 백인, 혼혈인, 흑인 등이 공존한다. 종교는 로마 가톨릭교를 중심으로 개신교를 믿는다. 상파울루, 리우데 자네이루가 주요 도시이다. 삼바축제가 세계적인 축제로 유명하다. 전 국민의 관심과 참여가 있는 축제이다.

브라질의 아라카제는 콩반죽의 길거리 음식으로 나이지리아 음식이 전래된 것이다. 불덩이 먹다의 의미를 지닌 문화유산으로 인정된다. 동북지방의 주도인 살바도르[46]에서는 가톨릭성당에서 성안토니오행사가 열린다. 반다디다는 살바도르 출신의 여성들이 결성한 여성밴드로 리듬감 있는 밴드공연을 펼친다. 살바도르는 남미의 리스본으로 통한다. 야생의 아프리카 문화가 보여지는 도시이다.

아프리카에서 전래된 브라질 무예 춤동작이 카포에이라(Capoeira)[47]이다. 조상들의 저항정신이 내포된 춤으로 거리에서 춤추는 것을 볼 수 있다. 카루루는 채소, 키아부,

45) 마추픽추는 페루여행의 하이라이트로 평가된다. 이곳이 지어진 이유는 스페인 군대에 대항하기 위해 찾을 수 없는 곳에서 군사훈련을 했거나 홍수 같은 자연재해로부터 대피하기 위한 안전상의 지역으로 추정하고 있다. 마추픽추는 2,430m의 고산지역이므로 참고하여 방문해야 한다. 여기까지는 기차, 버스, 도보로 이동한다.

46) 브라질의 아프리카로 불린다. 브라질 최초의 수도이자 설탕의 수출항이었다. 남미 최대의 흑인노예시장이었다고 한다.

47) 남미 브라질의 전통무술이다. 흑인 노예들이 자신을 보호하기 위해 호신수단으로 개발한 무예라고 한다. 15~16세기 식민지 시대에 포르투갈 식민지였던 브라질로 끌려온 아프리카 노예들이 아프리카에서 전래되어 온 발기술을 이용하여 격투기를 음악에 맞춰 유연한 춤동작으로 변형한 무술이다(두산백과).

토마토, 양파, 땅콩 등이 들어간 죽스타일의 음식이다. 본핑성당에는 기적의 방이 있다. 의수, 의족이 기증되어 있다. 아픈 사람을 위해 기도하는 장소이다. 성당 앞에는 리본을 묶어 걸어두는 장소가 있으며 세 번 묶어야 기도가 이뤄진다고 한다.

브라질의 북동부 항구도시인 헤시피[48]는 50개의 다리가 있는 브라질의 베네치아로 불린다. 포르투갈의 식민지 거점이었다. 설탕의 원료인 사탕수수가 수탈되었다. 지금도 제당공업이 발달해 있다. 유리의 탑은 브라질 건국 500주년을 기념하여 만들어졌다. 헤시피는 예쁘고 고요하며 석양이 아름답다는 평가를 받는다.

헤시피에서 비행기로 500킬로 떨어진 페르난도지 노로냐섬은 하루에 500명만 유입하게 하고 있다. 천국의 섬으로 불린다. 7만 원의 입장권을 구입하여 가파른 계단으로 동굴을 내려가면 바위섬의 해변가가 있다. 천국의 해변으로 불린다. 에메랄드색의 바다이다. 스노클링으로 바다에 들어가면 전갱이, 가오리, 도미, 푸른바다거북 등을 볼 수 있다. 이곳에는 세계적인 다이빙포인트도 있다. 이곳 바다에서는 참치, 상어도 잡힌다고 한다. 음식 등 물가는 비싸다.

노로냐섬[49]은 본섬과 20개의 부속섬이 있다. 인구는 증가하여 4,500명 정도이다. 고요함과 자연적인 환경이 장점이지만 교육이나 의료환경은 좋지 않다고 한다. 잉시아다만에서는 화산돌이 발견된다. 세계자연유산에 등재된 노로냐섬은 바다거북의 상태를 관리한다. 바다거북은 장수동물로 100년 이상까지 생존한다고 한다. 망고, 코코넛을 경험할 수 있다. 작은 섬으로 방어요새가 있다. 방어요새는 범죄자의 감옥으로도 이용되었다. 노로냐섬은 전략적인 요새로 포르투갈 등 강대국들이 많이 침략한 역사가 있는 곳이다.

48) Recife는 항구도시로 브라질의 제3의 대도시이다.
49) 브라질 본토에서 대서양 쪽으로 300km 떨어진 섬이다.

참고문헌

고종원 외, 세계의 축제와 관광문화, 신화전산기획, 2018
고종원, 여행사경영론, 백산출판사, 2014
고종원, 여행상품개발론, 백산출판사, 2006
고종원 외, 현대여행상품, 백산출판사, 2020
고종원, 해외여행업무, 양림출판사, 2021
관광지식정보시스템
권호영, 대체 조지아에 뭐가 있는데요? 푸른향기, 2020.3.27
뉴시스, 2014.11.13
두산백과
머니투데이, 2020.9.14
세계일보, 2020.8.21
시사상식사전
아시아경제, 2021.4.26
아시아투데이, 2019.9.10
용어로 보는 IT
외교부
이투데이, 2020.9.19
이데일리, 2021.5.18
이코노미조선, 2016.6.13
인사이트, 2020.11.10
인천공항 공식블로그
일요신문, 2021.5.3
한국경제, 2021.6.27
한국교직원공제회, The-K Monthly Magazine 더쉼, vol. 45, 2021.5월호
헤럴드경제, 2021.4.20
www.hdalps.or.kr
www.gtn.co.kr
www.Kotra.or.kr
www.maysiakini.com
www.mofa.go.kr
www.tour.go.kr

국제관광의 항공분야 콘텐츠

국 · 제 · 관 · 광

PART 06

국제관광

1 국제관광의 개념 및 의의

국제관광은 일반적으로 관광객이 일상을 탈피하여 자기 나라를 떠나 다시 돌아올 예정으로 다른 나라의 문화, 제도, 경관, 음식 등을 감상 또는 유람하거나 레크리에이션을 즐길 목적으로 여행하는 현상을 말한다.

국제관광에 대한 공식적인 정의를 살펴보면 '국제연맹 통계전문가위원회'에서 내린 것으로 국제관광객이란 "최소한 24시간 동안 자신의 거주지를 떠나 다른 나라를 방문하는 사람"을 말한다. 또한 국제관광(international tourism)은 해외여행이란 말과 자주 혼용되어 사용된다. 그러나 정확히 말하면 국외관광이라고 해야 옳다. 그러나 국외관광도 자국인 중심으로 out bound의 개념이므로 통상적으로는 In/Out Bound의 종합적 개념으로 국제관광이라고 한다. 결국 관광의 행위가 공간적 · 이념적 통일체인 국가의 경계를 넘어서서 이루어지므로 이는 크게 국내관광(domestic tourism)과 국제관광(international tourism)으로 구별된다. 국제관광의 의의에 대하여 간단히 살펴보자.

첫째, 국제관광은 세계평화에 기여한다. 각 나라의 언어, 관습을 초월하여 다른 나라의 문화와 경관을 관찰하고 경험을 공유하는 행위이다. 또한 방문지역에 대한 주민과의 소통을 통하여 관광객과의 교류로 친선을 도모함으로써 국제평화에 기여하는 장이 이루어지는 셈이다.

둘째, 국제관광으로 인한 국민 경제적 효과를 기대할 수 있다. 관광산업은 그 나라의 서비스산업의 지표가 될 수 있으며, 관광수용국의 소득 증대와 국제수지 개선에 기여한다.

셋째, 국제관광은 관광수용국 사이의 문화교류를 증진시킬 수 있을 뿐만 아니라 국민의 지식확대 및 문화수준을 높일 수 있는 것에 기여한다. 국제관광은 국가 간 관광객의 이동과정에서 관광객과 관광수용국 국민 사이에는 반드시 문화적 접촉과 교류가 발생한다. 이 시점에서 발생하는 문화적 상호작용은 이질적인 문화권과의 문화교류를 증진시키는 방향에서의 긍정적인 관점으로 발전해 나간다. 또한 국제관광은 관광객이 인종, 언어, 관습, 제도가 서로 다른 국가를 방문하여 새로운 사실과 문화를 발견하고 경험하고 학습하는 과정이라 할 수 있으므로 이런 일련의 과정에서 관광객은 지식과 견문과 경험을 확대할 수 있는 기회를 갖게 된다.

넷째, 국제관광은 관광송출국 국민의 보건향상에 기여한다. 산업혁명 이후 추진되었던 공업화와 도시화는 기계공업이 발달한 도시로 인구를 집중시켰다. 도시로의 인구집중 현상이 지속되면서 도시인의 생활은 매우 복잡한 양상을 띠게 되었다.

관광산업은 향후 COVID-19로 인한 어려움에도 불구하고 4차 산업혁명의 발달에 힘입어 관광과 문화, 여행, 항공 등 다양한 형태의 문화와 결합하여 21세기 고부가가치 서비스산업의 핵심으로 자리매김할 것으로 여겨진다.

2 코로나19(COVID-19) 시대의 국제관광

세계경제포럼(World Economic Forum, 2020)에 의하면, 오늘날의 관광산업은 글로벌 GDP의 10.4%, 글로벌 고용의 10%를 차지하는 거대한 글로벌 비즈니스이며, 유엔세계관광기구(UNWTO)는 2020년 국제관광객의 출국률이 3~4%로 증가할 것으로 예상하였다. 그러나 중국 우한에서 발생한 신종 코로나 바이러스(이하 COVID-19)가 중국은 물론 한국, 이란, 이탈리아, 스페인, 미국 등 세계 전역에 걸쳐 급격하게 확산하면서 일상생활은 물론 세계경제는 심각한 위협에 직면한다. COVID-19가 세계 관광에 미치는 영향은 우리가 이전에 경험했던 사스(SARS)나 메르스(MERS)와는 다르게, 전염병의 확산속도, 확진자 수 및 사망자 수의 규모, 그리고 세계경제에 미치는 영향에 있어서 훨씬 더 심각한 양상으로 전개되고 있다.

2019년 세계보건기구(WHO)는 결국 코로나(COVID-19)의 확산으로 세계적 유행 최고단계인 팬데믹(Pandemic)을 선언하였다. 21세기 가장 심각한 감염병사건 중 하나가 될 전망으로 보인다(Zenker and Knock, 2020). COVID-19 확산으로 관광산업은 심각한 피해를 피할 수 없었고, 이러한 재난상황에 있어 사회적 불안과 공포에서 시작되는 위험인지로 행동의 제약을 받을 수밖에 없는 분야, 즉 관광욕구의 감소와 소비에 대한 소극성 발생으로 관광산업의 생태계가 심각하게 위협받기 때문이다. 특히 관광 및 여행과 관련된 관광업계와 항공업계에도 심각한 우려가 예상되는 현상을 부정할 수 없다. 일상적으로 여행을 생각할 때 우리는 가장 먼저 항공권 예약 또는 호텔예약 등을 떠올리듯이 관광과 항공은 일상생활에서 흔히 접하는 단어이지만 이에 대한 정의를 내리기는 간단하지 않다. 이제는 관광과 항공분야에 있어서도 21세기 4차 산업혁명의 시대적인 요구에 따라 공동가치를 추구하는 '안전한 여행과 자아실현을 추구하는 관광', '편리한 여행과 경험을 추구하는 관광' 등 다양한 콘텐츠를 개발하여 내 · 외생적 요인에 의한 환경변화적인 직면에 의하여 정책적 의사결정을 해야 하며, 관광활성화를 위하여 관광산업과 항공산업은 같은 길을 가야 하는 공동운명체로서 어려운 시기를 극복해 나가야 하며, 외래관광객 유치 증대를 위한 전략을 함께 모색해야 한다.

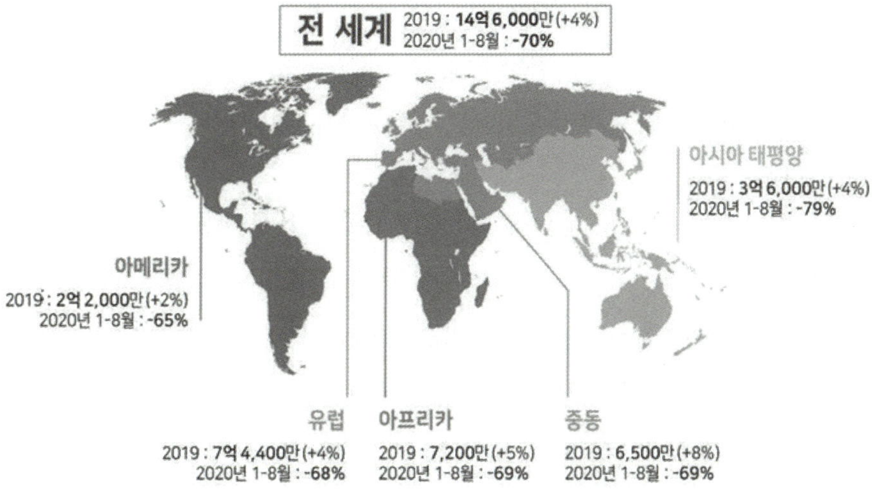

출처 : UNWTO(2020), 세계관광지표

[그림 6-1] 해외여행객 입국자 데이터(2020년 1~8월)

〈표 6-1〉 **2020년 1~8월 코로나 사태가 관광산업에 미친 영향**

구분	증감	내용
해외관광객 입국자 수 감소	감소	7억 명
수출 · 수입	감소	USD7,300
여행제한령 발동(2020년 5월)	여행제한 발동	거의 모든 국가
여행제한 완화(2020년 9월)	여행제한 완화	

출처 : UNWTO(2020), 세계관광지표

〈표 6-2〉 2020년 코로나 사태의 잠재적 영향

구분	증감	내용
해외관광객 입국자 수 감소	감소	8억 5,000만 명~11억 명
수출 · 수입	감소	USD 9,000달러~1조 2,000억 달러
관광산업 직접 일자리	감소	1억~1억 2천 개

출처 : UNWTO(2020), 세계관광지표

글로벌 경제시대에서 인적으로나 물적으로 더욱 긴밀한 관계를 맺음에 따라 전염병의 파괴력이 전례 없이 강해진 것이 현재 나타난 새로운 형태이며, 전염병의 발병 및 확산으로 관광심리가 급속도로 위축되었고 이는 관광수요 감소로 이어져 항공, 여행, OTA, MICE, 호텔, 의료관광, 국내 지방축제, 관광수요 감소 등 관광관련 산업 전체 분야에 걸쳐 막대한 경제손실을 초래한다는 사실을 SARS와 신종플루, MERS 등을 통해 이미 충분히 경험했다.

2002년 11월 중국에서 처음 발생한 사스는 홍콩을 거쳐 급속도로 확산되어 전 세계 30개국에서 8,465명의 사스 환자가 발생했으며 그중 801명이 사망함으로써 사스감염에 대한 공포로 해외여행 시장이 급격하게 위축되었다. 사스는 외래관광객 수 감소에 큰 영향을 미쳤는데 특히 사스가 최고조에 달했던 2003년 5월의 경우 방한 외래관광객 수는 전년 동월 대비 39.4%나 감소되었다. 또한, 신종플루의 경우 관광산업에 가장 큰 피해를 입혔는데, 항공산업에 있어 기인적 또는 비인적 요인 등에 의해 손실을 피할 수 없는 것이 현실임을 확인하였다.

이처럼 감염병은 관광관련 산업에 경제적 손실을 초래할 뿐만 아니라 국제적인 대응 방안에 있어서도 위기강화 능력에 대한 정책적 전략을 국가 간, 지자체 간별로 공동협력을 탄력적으로 대응하여야 한다. 아울러, 항공 및 관광 산업에 대한 글로벌 경쟁구조에 있어서 외래객 방문객을 늘리기 위한 정부와 지자체, 그리고 관광과 항공 업계는 공동협력을 통한 대응방안을 지금부터 미리 준비하는 것이 관광산업의 탄력적 회복에 유익할 것으로 사료된다. 먼저 국내 관광산업의 현황을 살펴보기로 한다.

1) 국내 관광산업의 현황

(1) 항공업

항공산업은 21세기 글로벌 경쟁구도에 있어 국가 및 지역 구분이 없는 글로벌 경쟁으로 전환되고 있으며, 이러한 치열한 경쟁구도 속에서 살아남기 위해 모든 항공사는 다양한 노력을 하고 있다(이명숙 외 2인, 2018). COVID-19가 관광산업을 강타하기 이전에도 2019년은 역사적으로 풀어야 할 숙제를 안고 있는 한일갈등, 홍콩의 반정부 시위 문제, 미중 간 무역전쟁 등의 영향에 미치는 항공악재로 국내 모든 관광관련 기관업체 모두가 적자를 벗어나지 못했다.

국제 관광산업은 정치적 · 역사적 · 사회적 요인에 의하여 민감하게 반응하기 때문에 관광수요 및 여행심리 위축으로 이어지며, 2019년 여러 가지 한일갈등으로 인한 일본노선의 여객수요 감소, 홍콩 시민의 반정부 시위로 인한 홍콩 여행심리 위축 등으로 항공여객수요가 대폭 감소하는 경향이 나타났다.

관광객의 손발이 되었던 항공산업은 멈추어 섰고, 관광지는 공식적인 개장을 못해 '랜선 여행'이나 '온라인 관광'에 매달릴 수밖에 없는 급기야 관광분야 마이너스 성장이라는 경험도 하게 되었다. 세계 주요 관광관련 산업 생산과 소비의 위축 및 폐쇄 · 봉쇄 조치로 인해 관광소비는 급격히 줄어들었고, 관광공급과 생산은 생각할 겨를도 없이 '코로나 무관광 사태'를 초래하였다.

또 한편으로는 미국과 중국 사이에 말없는 전쟁이라 할 만큼 이어진 미중무역전쟁으로 인해 항공화물 감소 등 악재에 시달리던 국내 항공업계가 설상가상으로 2020년 COVID-19의 최고조 상황인 Pandemic의 공포를 마주하게 된다. 어쩔 수 없는 항공사들은 생존을 위해 가장 먼저 정부의 지원이 필요하며, 정부 지원을 얻기 위해선 선제적인 자구노력이 요구된다.

〈표 6-3〉 COVID-19에 의한 국적항공사 현황 및 대응

항공사	현황	대응
KE	- 4월 국제선 예약 전년대비 88% 감소 - 여객기 145대 중 100대 주기	- 4월부터 임원 급여 최대 50% 반납 - 외국인 조종사 387명 전원 무급휴가 - 자산매각
OZ	- 국제선 공급(석) 85% 축소 - 4월 예약률 전년대비 90% 감소 - 여객기 75대 중 50대 주기	- 4월 전 직원 무급휴직 15일 이상 - 임원 급여 60% 반납
LCC	제주항공, 김포-부산 92편 증편(4/3~25일간)	- 전 직원 대상 3~6월간 최대 4개월 희망 휴직 → 급여 70%
	이스타항공 전 노선 셧다운	- 항공기 10대 축소, 직원 750명 구조조정

출처 : 일간스포츠/위치뉴스/스포츠동아/일요신문/연합뉴스(2020.04.03); 시사매거진(2020.04.06)

아래 〈표 6-4〉에 의하면, 2020년 1월의 국제선 여객수송실적은 전년 동월 대비 1.8% 감소하였으나, 2월은 감소세가 더욱 확대되어 전년 동월 대비 46.6%가 감소하였고, 3월은 91.5%가 감소하여 COVID-19의 위력을 더욱 실감케 한다. 이를 2015년 MERS 때와 비교해 보면, 메르스 확진자가 발생한 5월은 국제선 여객수송실적이 전년대비 21.3%로 오히려 증가, 6월과 7월에 각각 12.1%, 15.1% 감소하여 결국, 국제선 항공수요에 메르스가 큰 영향을 미치지 않았으며, 향후에도 COVID-19가 관광산업에 미치는 영향은 매우 크게 나타날 것이며, 다른 감염병과는 현격한 차이가 있다는 것을 보여주고 있다.

〈표 6-4〉 2020년 1~3월(COVID-19) 국제선 수송실적 전년비

구분	1월	증감	2월	증감	3월	증감
공급(석)	9,814,352	3.2%	6,964,414	-19.8%	1,602,843	-82.9%
운항(편)	46,017	2.2%	33,004	-19.2%	10,527	-76.4%
여객(명)	7,881,507	-1.8%	3,971,012	-46.6%	643,795	-91.5%
화물(톤)	324,293	-2.9%	286,963	-0.0%	252,142	-28.8%

출처 : Airportal 항공통계(2020)

〈표 6-5〉 2015년 5~7월(MERS) 국제선 수송실적 전년비

구분	5월	증감	6월	증감	7월	증감
공급(석)	6,958,733	13.5%	6,180,337	3.1%	5,677,310	-12.7%
운항(편)	34,117	11.6%	30,563	2.7%	28,138	-12.6%
여객(명)	5,436,097	21.3%	4,035,256	-12.1%	4,355,615	-15.1%
화물(톤)	295,201	6.3%	271,056	-1.8%	280,468	-2.5%

출처 : Airportal 항공통계(2020)

(2) 여행업

문화체육관광부가 발표한 "문화 · 체육 · 관광분야 코로나19 피해 현황"에 따르면 코로나19가 국내에 상륙한 후 2020년 한 해 관광업계 피해액은 14조 1천억 원에 달하며, 특히 여행업(6조 4천억 원), 호텔업(4조 원)의 피해가 큰 것으로 나타났다(이데일리, 2021).

또한 2019~2020년은 코로나 팬데믹으로 여객수요 감소 트렌드가 심화되어 단기간에 항공산업 생태계가 근본적으로 항공운송시장 및 공항콘텐츠 등 코로나19로 인한 생존 위기에 직면하게 되었다. 2019년도 No Japan 캠페인까지 시작된 7월까지는 7개월 연속 전년대비 증가세를 보이다 8월부터 12월까지 감소세를 보였으나, 2019년 전체적으로는 전년대비 0.1% 성장하여 2018년 수준을 유지했다(한국관광공사, 2020).

아래 표를 참조해 보면 2019년 외래방문객 수는 연중 내내 전년대비 매월 증가하여 전체적으로는 전년대비 14.0% 성장했다. 결과적으로 2019년 항공업에 악재요인으로 작용한 해외방문의 요인들은 국민의 Outbound 시장에는 다소 영향을 미쳐 2019년 해외방문자 수가 전년 수준에 머물렀지만, 외래방문객 즉 Inbound 시장은 이에 전혀 영향을 받지 않고 전년대비 14.0%가 성장했다. 다시 말하면 2019년 한일의 역사적인 문제 갈등, 항공수요 감소, 환율 상승, 비용 상승 등 여러 가지 요인으로 인하여 국내 6개 LCC부분은 전원 적자를 기록한 셈이다.

〈표 6-6〉 2019년 국민의 해외방문 및 외래방문객(명)

구분	2019년	증감	2018년	증감	2017년
국민의 해외방문	28,714,247	0.1%	28,695,983	8.3%	26,496,447
외래방문객	17,502,756	14.0%	15,346,879	15.1%	13,335,758

2020년 COVID-19 Pandemic은 항공업계는 물론 관광업, 호텔업, 여행업 역시 전체적인 패닉에 빠트렸다. 확진자 수가 늘어나기 시작한 지난 2월 국민의 해외방문자 수는 전년대비 60%가 감소하고, 외래방문객 역시 43%가 감소하였으며(한국관광공사, 2020), 이러한 여행수요 감소추세가 단기간에 끝나지 않을 것으로 전망되어 여행업계의 도미노 폐업과 대량 실직사태가 우려되었다. 그해 4월은 여행사들이 항공, 재무 등 주요 보직자 최소 인원만 남겨두고 휴직에 들어갔으며, 아래 〈표 6-7〉은 국내 주요 여행사들이 진행하고 있는 자구계획이며 대형 여행사 업체들도 직원들을 최소한의 인원만 제외하고 유급휴직 및 본부장급 임원 이상은 급여를 반납하는 방식의 초강수 자체 자구노력을 시작하였다.

〈표 6-7〉 **국내 주요 여행사 COVID-19 대응 자구노력**

여행사	내용
하나투어	- 최소 인력 제외 전 직원 4월 유급휴직 → 급여의 70% 지급 - 본부장 이상 임원 4월 급여 100% 반납, 직책수당 미지급 - 면세점 사업 정리, 인력의 재배치
모두투어	- 3월, 4월 연속 유급휴직
참좋은여행	- 4월 전 직원 유급휴직 → 3주 휴직급여 70%, 1주 근무급여 100%
노랑풍선	- 2월 주4일 근무, 3월 / 4월 유급휴직
인터파크	- 부서별 근무일수 달리 적용 - 해외패키지/FIT / 해외호텔사업부 4월 유급휴직 급여 70% - 국내사업부 / 항공사업부 주3일 근무 - 홍보, 마케팅 등 지원부서 주4일 근무

출처 : 세계여행신문(2020/04/01, 2020/04/02)

(3) 호텔업

호텔기업의 위기대응은 기업과 소비자를 둘러싼 정치 · 경제 · 사회 · 문화적 환경 변화에 적응하거나 이를 수용하는 방식으로 이루어지기 때문에 다른 산업보다 더욱더 민감할 수밖에 없다. 코로나19가 언젠가는 종식되거나 통제할 만한 수준에 이른다면 수요는 회복될 수 있겠으나 비대면 서비스 등 새로운 서비스에 대한 요구와 방식은 달라져야 하며, 경험과 포스트 코로나 시대에도 소비자들의 서비스 이용행태는 다양하게 변화시킬 것이며, 이는 향후 기업에게도 매우 중요한 변수가 될 것이다(한국문화관광연구원, 2020b).

호텔산업은 관광객에게 숙박과 체류 중 안전과 휴식을 제공한다는 점에서 관광산업 중에서도 핵심적인 인프라이며 또한 소득 및 고용 유발효과가 높아 지역경제에 미치는 파급효과 또한 크므로(봉미희 · 서원석, 2017; 한국문화관광정책연구원, 2004) 호텔산업에 관련한 지속적 연구가 양적, 질적으로 필요하다 하겠다.

호텔기업은 서비스 프로세스에서 ICT를 활용한 비대면 기술을 본격적으로 도입하기 시작하였으며, 식음료 영업장을 방문한 고객들을 대상으로 판매하던 기존 방식에서 벗어나 드라이브 스루, 배달, 포장 등의 채널을 적극 활용하고, 코로나19로 인해 변화한 소비자들의 생활양식이나 니즈를 반영한 메뉴 상품 개발을 통해 식음료 부문의 매출 부진을 만회하는 데 주력하고 있는 것으로 나타났다. 객실 상품의 경우 전례 없는 파격적 가격 정책, 코로나19로 인해 변화된 소비자들의 생활양식이나 억눌린 욕구를 겨냥해 기존 상품 대비 변화의 폭이 매우 큰 상품 출시 그리고 홈쇼핑, 라이브 커머스 플랫폼 등 새로운 판매채널 활용 등을 통해 객실점유율을 높이는 데 집중하고 있는 것으로 나타났다.

호텔기업들은 매출 부진을 극복하기 위한 효과적 방법들을 지속함과 동시에 지속적으로 실행결과를 분석하고, 시장을 둘러싼 환경 변화와 국내 소비자 니즈를 모니터링하면서 기존 방식들을 개선하는 한편 새로운 방식을 꾸준히 시도할 필요가 있다는 것이다. 코로나19 종식 시점이 아직 불분명한데다가, 국내 상황이 안정화된다 하더라도 당분간은 전적으로 내국인 고객에게 의존해야 하는 상황이 지속될 가능성이 매우 높은데, 트래블 버블(Trable Bubble) 등 세계 각국이 여행을 재개하기 위한 노력을 하고 있으나, 우리나라 방역 시스템에 대한 신뢰 수준이 높음에도 불구하고 여전히 불확실성이 상존하고 있기 때문이다. 그리고 국내 상황이 안정될 경우 “코로나 블루” 해소와 위축되었던 관광 욕구 해소를 위해 관광소비가 반등되는 펜트업 효과(pent-up)가 예상되는데(하정우 · 김창수, 2020), 안전과 위생이 보장될 수 있는 환경과 프로세스가 구축되어 있고, 과거 대비 다양한 상품과 판매 채널을 갖추고 있다는 점으로 인한 수혜를 누릴 가능성이 있으며 또한 개별 기업의 물적, 인적 역량이 새로운 상품 및 프로세스 고안과 설계 및 실행에 투입되는 과정에서 축적되는 상황 분석 및 고객지향적 역량이 축적되는 효과 또한 코로나19 이후를 준비하는 데 있어 상당한 자산이 될 수 있다는 점, 그리고 비대면 기술의 일상화로 비즈니스, MICE 목적의 외래 방문객이 감소할 수 있다는 점 또한 내국인 시장이 중요한 이유라 할 수 있겠다.

KB금융지주 경영연구소 연구보고서(류석재, 2020)에 따르면, 2018년 기준 국내 관광호텔의 영업수익 중 객실 및 부대수입 비중이 각각 61.7%, 38.3%로 객실 수입비중이 높은데, 이는 단순 관광 목적의 외국인 관광객이 크게 증가하면서 비즈니스 호텔과 같은 단순 숙박 위주의 중저가 호텔이 다수 공급되었기 때문이다. '13년~'18년간 관광호텔 이용객 중 외국인 비중이 44.2%인 것에 비추어볼 때 객실수입의 상당부분을 외국인 관광객에 의존하고 있다는 사실을 알 수 있다. 단기적으로는 외국인 관광객 의존도가 높은 3, 4성급 호텔의 부담이 가중되면서 명동 인근의 3, 4성급 호텔들은 4월 말까지 임시 휴업을 결정했다. 한편, 소비심리가 급락하고 글로벌 이동이 제한되는 상황이 장기화될 경우에는 업체 간 출혈경쟁의 심화가 예상되고, 대규모 행사취소 등으로 부대시설 비중이 높은 상위 등급 호텔들의 실적 악화도 불가피하다. COVID-19의 위협에 대응하고자 롯데호텔과 한화호텔앤리조트는 임원 임금의 10~20%를 반납하는 등 비상경영에 돌입했으며, 캔싱턴 호텔리조트는 지점별로 영업을 축소하는 등 호텔별로 자구노력을 진행 중이다.

3 항공산업의 개념

1) 항공산업의 개념

항공사는 전 세계 다양한 국적의 언어를 사용하는 사람들이 이용하고 있으며, 문화적 차이에 대한 인식의 중요성에 따라 감성에 기반한 차별화 서비스 방안도 각 항공사별로 매우 다르며, 각 나라에 관한 데이터베이스 구축의 다양화, 외교사절단으로서의 역할수행, 문화경험으로서의 장기지향적인 관계 유도, 친근감 도모 등, 세계화 및 항공산업 발달이라는 시대적 요청에 따라 급증하는 항공산업 인력 수요에 부흥하고, 급변하는 지구촌의 관광산업 환경변화에 대응하여 전문전인 미래 문화생활 패턴을 선도하게 되는 항공과 관광산업의 발전은 21세기의 문화수준의 향상과 여가시간의 증대에 따라 그 필요성이 그 어떤 산업보다 우선시되고 있다. 특히 항공 객실서비스의 구성은 크게 물적 서비스와 인적 서비스 두 가지로 이루어지며, 과거의 객실 서비스는 유형의 물질적인 서비스를 중요시하였으나 근래에는 더욱 편안한 신형 항공기의 도입으로 항공사 간의 경쟁이 치열해지면서 보다 다양해진 욕구를 충족시킬 수 있는 인적 서비스가 강조되고 있으며, 코로나 시대에는 항공산업의 침체로 다양해진 항공 객실 서비스로 고객을 찾아갈 예정이다.

2) 항공산업의 흐름

세계가 21세기 글로벌 경제시대로 돌입함에 따라 국가 간 사람들의 소통이 급속도로 빨라졌고, 이에 따른 생활방식과 문화수준의 향상과 함께 항공산업도 비약적인 성장이 계속될 것이다. 이러한 발전의 배경에는 IT 역할이 매우 큰 것이 사실이다. 항공산업이 하나의 산업으로 처음 시작된 곳은 미국이다. 항공이 산업화를 이루어가는 과정에서 중요한 역할을 한 것은 컴퓨터를 활용한 항공 예약시스템(CRS: Computer Reservation System)의 도입에서 비롯되었다.

스마트폰 보급률이 폭발적으로 증가함에 따라 항공분야에서도 모바일을 이용한 다양한 관련정보의 제공 및 예약 전자결제가 가능하게 되었다.

모바일 기기를 통해 다양한 정보채널로 관련정보를 검색하고 예약 결제할 수 있는 환경으로 변모하는 데 있어서 인터넷과 IT의 역할이 매우 큰 비중을 차지하고 있으며 이러한 변화는 향후에도 지속될 전망이다. 우리나라 항공산업의 규모는 16조 원 이상이 되며 국제적으로도 상위권을 유지하는 등 국제경쟁력을 갖추고 있으나 향후 저가 항공사의 출현으로 변화의 가능성이 높게 유지되어 왔다.

현재의 항공산업과 관광산업은 코로나-19 파급으로 인하여 위기상황에 직면하고 있으며, 국가적 · 전사적 위기대응 관리를 통해 전략을 모색하고 있다. 세계관광기구(UNWTO)는 2020년 국제 관광수입(Tourism receipts)이 전년대비 약 3,000억~4,500억 달러(약 367조 원~550조 원)의 손실을 가져올 것으로 예측했으며, 국제관광객 수 또한 여행 제한조치가 12월까지 유지된다면 전년대비 최대 78%까지 급감할 수 있다고 전망하였다. 이와 같은 시나리오가 현실이 될 경우, 국제 관광분야 수익이 최대 1조 2천억 달러

(약 1천500조 원)까지 감소하고 1억 개가량의 관광관련 분야의 일자리가 사라지게 된다고 내다봤다(UNWTO, 2020). 이는 결국 코로나-19 상황에 따라 항공 여객시장에서 가장 큰 부분을 차지하는 관광·여행수요의 극심한 위축을 의미하며, 향후 항공산업이 장기적 침체상태로 전개될 가능성도 있다고 볼 수 있다.

〈표 6-8〉 대한항공&아시아나항공 매출액 및 실적 비교(2011년 기준)

구 분		대한항공	아시아나항공
매출액	항공운송사업	11조 2,929억	4조 5866억
	기타 사업	5,124억	4,860억
수송실적	국제선 승객	1,573만 명	910만 명
	국내선 승객	757만 명	407만 명
	국제화물	157만 톤	75만 톤
	국내화물	15만 톤	4만 톤

출처 : 대한항공, 아시아나항공 홈페이지

〈표 6-9〉 우리나라 항공산업 시장 점유율

(단위 : %)

구분		2007년	2008년	2009년	2010년	2011년
대한항공	국내여객	62.0	57.8	46.4	43.0	37.2
	국제여객	36.5	37.2	39.9	38.5	37.1
	국제화물	51.3	49.8	51.8	50.7	50.3
아시아나항공	국내여객	31.5	32.5	26.2	22.3	21.4
	국제여객	23.2	24.2	25.3	25.7	24.6
	국제화물	21.7	22.0	23.2	23.2	23.5
기타 항공사	국내여객	6.5	9.7	27.3	34.7	41.4
	국제여객	40.3	38.6	34.9	35.8	38.3
	국제화물	27.0	28.1	25.0	26.1	26.3

출처 : 아시아나항공 홈페이지

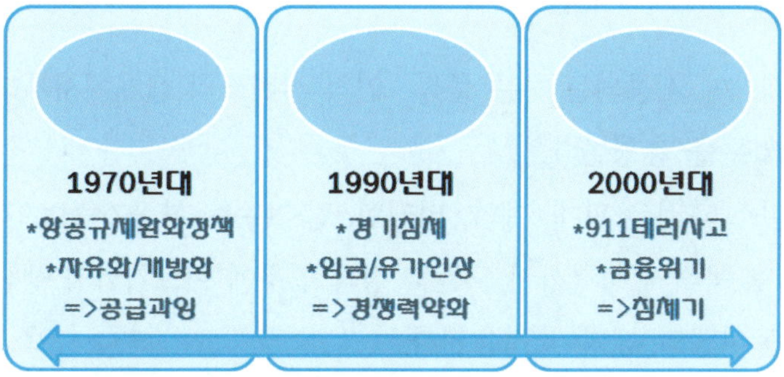

출처 : Oum(2001); Fallon(2004); 국토교통부(2013)

[그림 6-2] 항공산업의 흐름

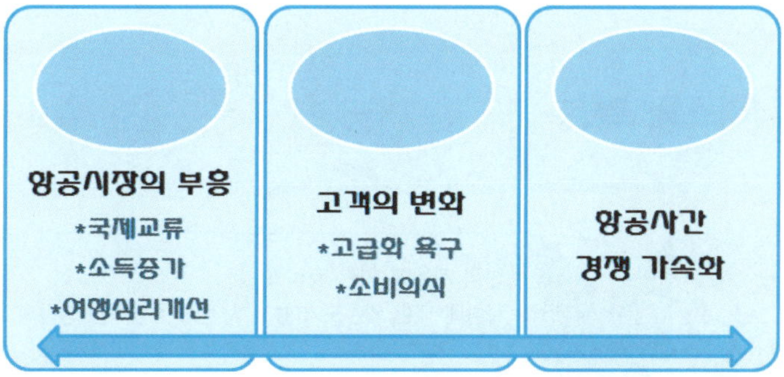

출처 : Davis(1999); Gobe(2001); 나은정(2011); 이태희(2012)

[그림 6-3] 항공사 차별화 서비스의 배경

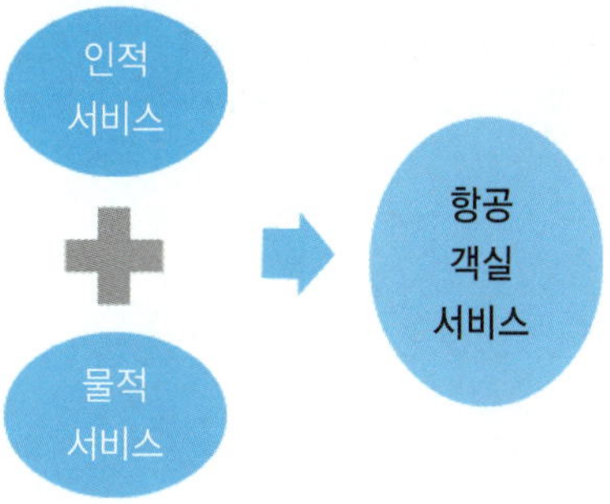

출처 : 김지흔(2014); 서일권(2013); 정용해 · Roberts(2004)

[그림 6-4] 항공 객실서비스의 개념

3) 항공 객실서비스의 개념

기내에서 승객에게 제공되는 모든 물적 · 인적 서비스의 설계에서부터 생산에 이르기까지의 과정과 업무를 총칭한다.

항공 객실서비스 과정은 판매, 예약, 티케팅, 탑승수속, 항공기출발, 객실서비스, 항공기 도착, 입국수속, 목적지 도착까지 모든 과정과 업무에 이르기까지 생산과 판매가 동시에 이루어지는 동시성의 개념이 적용된다.

또한 객실서비스의 구성은 크게 물적 서비스와 인적 서비스로 결합하여 이루어지며, 과거의 객실서비스는 유형, 즉 물질적인 서비스를 중시하였으나 근래에는 더욱 편안한 신형 항공기의 도입으로 항공사 간 경쟁이 치열해지면서 보다 다양해진 욕구를 충족시킬 수 있는 인적 서비스가 더욱 강조되고 있다.

4) 항공 객실서비스의 특성

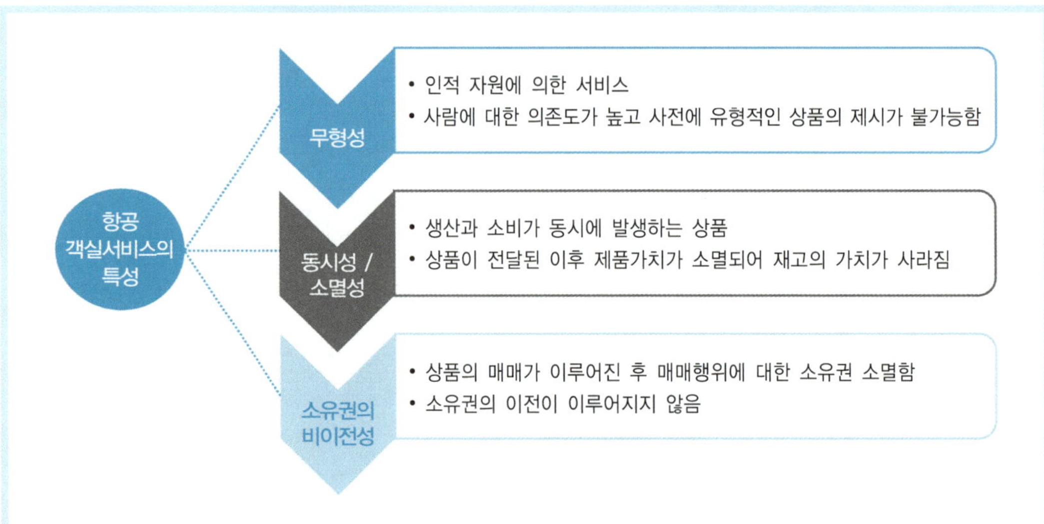

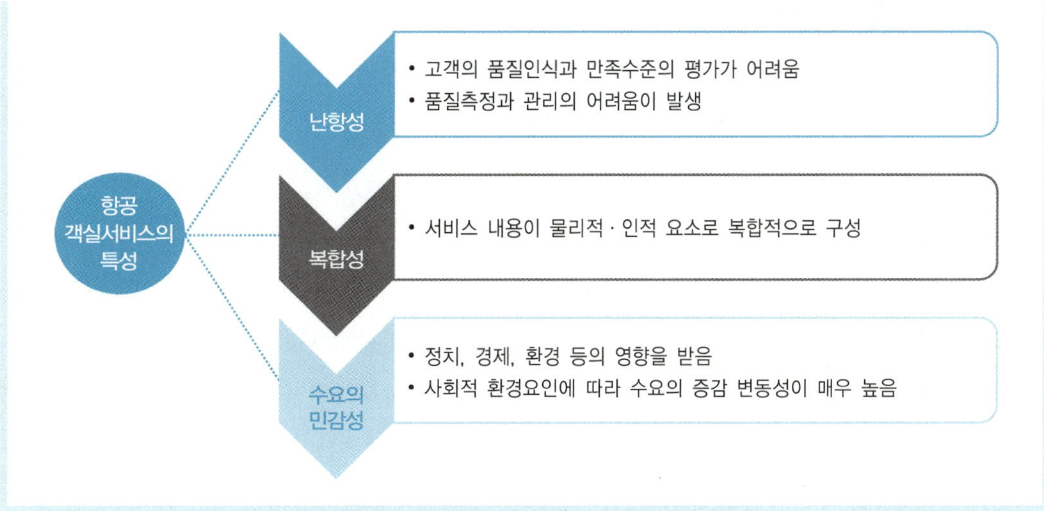

[그림 6-5] 항공 객실서비스의 특성

4 국제관광과 항공분야의 주요 콘텐츠

관광과 항공산업은 COVID-19 현상으로 인하여 세계적인 관광불황으로 더욱 어려움을 겪으면서 관광의 미래 환경과 관광시장 트렌드에 대한 불확실성 증대로 이에 대한 관광 활성화를 견인할 차별화된 콘텐츠가 절실히 필요한 시점이다.

국제관광객과 항공여객은 인바운드와 아웃바운드를 함께 고려해야 하는 관광업계와 국적과 상관없이 탑승률이 중요한 항공업계는 국내 · 외 사회경제적 환경 변화에 선제적으로 대응해 미래 계획을 수립하여 준비하는 것이 매우 중요하다.

1) 관광과 항공의 협력관계

관광산업에서 공동체적인 입장에 있는 관광업계와 항공업계는 공동의 가치를 추구해야 한다. 관광객 증대에 따라 항공여객이 증가하고, 항공연결성 확대로 관광이 활성화되기 때문이다. 북쪽이 막혀 있는 한국은 '섬' 지역적 특성상 항공편이 더 중요하다는 게 전문가들의 분석이다. 외국인이 입출국 시 항공편을 이용하는 비중은 92%, 배는 8.3%뿐이다.

관광과 항공의 협력 미비와 입장 차이에 의한 정책적 격차는 하루이틀의 일이 아니다. 가장 큰 문제는 문체부와 국토부가 분리되며 그 차이가 더 커지고 있다는 것이다. “항공운송과 관광산업 간 정책이 분리될 경우 불협화음이 발생하여 여행과 관광사업 발전에 심각한 악영향을 초래할 수 있다.” UNWTO 사무총장 탈렙 리파이(Taleb Refai)의 말이다.

우리나라의 관광-항공협력을 위한 노력은 예전부터 있었다. 제20차 UNWTO 총회(2013), 관광-항공협력 천명, OECD 관광위원회(2014), 관광-항공협력 정책 제안, 제21차 UNWTO 총회(2015), 관광 · 항공정책 설명, 문체부, 제4차 국제관광 협력포럼(관광교통), 한국문화관광연구원-한국항공대학교 MOU 체결, 문체부-국토부, 관광 · 항공 정책협의회 개최 등, 그러나 눈이 띄는 성과는 없었다. 이와 관련해 박진서 한국교통연구원 연구위원은 “개괄적인 방향으로 협력을 하기보다는 하나의 구체적인 액션 아이템을 가지고 문제점을 해결해 나가는 방식으로 의견을 모으는 것이 더 효율적일 것”이라고 의견을 제시했다.

〈표 6-10〉 **관광 및 항공부문 정책격차 발생**

구분	관광부문	항공부문
항공노선정책	지방공항 균형 배분 관광항공 노선 정책	인천국제공항 허브화 국민 교통편의성 증진
지방공항 활성화	지방공항 항공운송 증대필요	지역관광 활성화 우선
항공사	국적사 · 외항사 비차별	국적항공사 우선
환승	Stop-over필요	Transit 및 Transfer무방
항공협정	방한 외래관광객 증대 중점	국적항공사 · 공항보호 우선
환승관광	한국관광공사 주도	공항공사 주도

출처 : 티티엘뉴스(2018), 『월간분석』, 관광 · 항공 따로 또 같이, 가는 길 달라도 방향은 하나

2) 외래객 유치확대 및 관광활성화를 위한 협력과제

인바운드를 개선시킬 방법으로 프리미엄 관광이 대두되고 있다. 한방, 의료관광 · 음식관광 등 휴양형 웰빙관광 활성화 모색 등을 통해 중국 · 중동 · 러시아 VVIP를 대상으로 한 프리미엄 관광프로그램 개발이 활발하게 이루어지고 있다. VVIP 중에는 자가용

비행기를 소유한 경우도 많으며, 1억 원 이상의 관광상품도 구매할 용의가 있는 사람들도 많다. 따라서 FBO(Fixed Base Operator) 활용 및 추가 건립도 검토해야 한다.

같은 맥락으로 서울김포비즈니스항공센터(SGBAC) 활용도 제고돼야 한다. 한국공항공사가 운영하는 SGBAC의 이용량이 저조해 활성화 대책이 필요하다. SGBAC은 422억 6,000만 원의 공사비를 투입해 건설됐으나 한 달 평균 수익이 1,000만 원에도 못 미쳐 세금을 낭비한다는 지적을 받고 있다.

실상 2016년 5월부터 2017년 4월까지 김포공항을 이용한 비즈니스항공기 운항 횟수는 1,033회에 그쳤으며 이를 한 달 평균으로 따지면 61.8회, 하루 평균 2회에 불과하다. SGBAC 개항부터 2017년 9월까지 거둔 수익이 1억 5,000여만 원에 불과할 정도다. 지난 16개월 동안의 수익이 한 달 평균 1,000만 원도 안 됐다.

3) 신공항_항공노선 확충 필요

국내공항이 포화상태에 이르면서 신공항 확충이 줄을 잇고 있다. 항공업계는 이에 발맞춰 선제적인 노선 확충이 필요한 시점이다. 인천국제공항 2터미널은 4단계 건설사업을 통해 2023년 완전한 모습을 갖추게 된다. 공항공사 관계자는 “1터미널과 2터미널을 합쳐 연간 1억 명의 이용객이 인천공항을 이용할 수 있게 될 것”이라고 말했다. 4번째 활주로도 4단계 건설사업을 통해 조성된다. 4번째 활주로가 마련되면 연간 항공기 운항 가능 횟수는 15만 회 늘어난다. 김해 신공항이 2026년 오픈을 목표로 하고 있다. 기존의 2개 활주로에 1개를 추가하는 것이다. 국토부는 김해 신공항의 국내선과 국제선터미널 수용시설이 완공되는 2026년에는 4,000만 명 수준으로 늘어날 것이라 예상하고 있다. 이와 더불어 제주 신공항이 2025년 제주 서귀포시 성산읍에 들어설 예정이며, 제20 전투비행단 서산비행장은 민간 공항화가 확정돼 있다.

프리미엄 관광 활성화를 위해서 SGBAC 활용성 제고와 더불어 커퓨타임인 야간 운항 통제시간을 축소해야 한다는 의견도 많다. 커퓨타임은 항공기 소음 방지 및 군사보안을 위해 시행하는 제도로 원하는 시간에 출발 도착하기 어려워 항공사 수익창출에 제약요인으로 작용한다.

대구공항은 커퓨타임 축소로 큰 효과를 본 곳 중 하나다. 대구국제공항이 지난해 사상 최초로 연간 이용객 350만 명을 돌파했다. 대구공항 국제선 이용객이 대폭 늘어난 것은 저비용항공사(LCC) 취항 · 커퓨타임 단축 등으로 항공 공급력이 확대되면서 노선 수가 그만큼 늘었기 때문이다. 한국공항공사 대구지사에 따르면 2017년 한 해 동안 대구공항을 이용한 승객은 모두 356만 736명으로 잠정 집계됐다. 이는 전년도에 비해 40.56% 증가한 수치다. 무엇보다 국제선 성장세가 두드러졌다. 지난해 국제선 이용객은 모두 150만 4,207명으로 전년도(68만 4,841명)에 비해 무려 81만 9,366명(119.64%)이나 급증했다. 항공기를 운항할 수 있는 시간이 늘면서 베이징, 상하이, 오사카, 제주 등의 노선이 추가로 생겼고, 노선 확충은 모객효과로 이어졌다. LCC 취항 전인 2014년 중국 노선 3개, 주당 14편에 불과하던 대구공항 국제선은 지난해 7개국, 15개 노선, 주 236편으로 크게 늘었다.

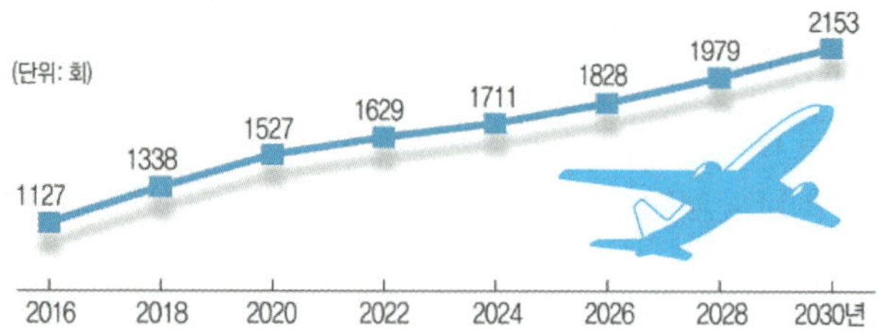

출처 : 한국공항공사

[그림 6-6] 김포국제공항 비즈니스 항공기 수요전망

출처 : 티티엘뉴스(2018). 『월간분석』. 관광 · 항공 따로 또 같이, 가는 길 달라도 방향은 하나

[그림 6-7] 김포국제공항 비즈니스 항공센터 개요

〈표 6-11〉 야간운행 통제시간

공항	공항코드	운행제한 시간대	비고
서울 인천국제공항	RKSI/ICN	없음	VFR의 경우 21:00-익일 06:00
서울 김포국제공항	RKSS/GMP	23:00 익일 06:00	
김해국제공항	RKPK/PUS	23:00 익일 06:00	야간시간대 별도 이착륙절차 야간시간대 비상상황에만 가능
제주국제공항	RKP/CJU		
대구국제공항	RKTN/TAE	0:00-05:00	
청주국제공항	RKTU/CJI	없음	
청주국제공항	RKNY/YNY		사전요청 시 여객기에 한해 야간 이착륙 가능

출처 : 티티엘뉴스(2018), 『월간분석』, 관광 · 항공 따로 또 같이, 가는 길 달라도 방향은 하나

4) 인바운드 시장 목표시장의 재편

여전히 사드배치의 후폭풍이 가시지 않은 관광 및 항공업계. 긴 호흡으로 중국인 관광객 유치를 위해 노력해야 한다. 이전과 같은 방법은 이제 한계가 있다. 이와 더불어 중국시장에 대한 인바운드 의존도 완화 모색이 강구되어야 한다. 싱가포르, 말레이시아, 태국, 베트남, 필리핀 등에 집중하며 인바운드 시장다변화를 적극 추진해야 한다.

중국인 관광객의 빈자리를 메울 새로운 고객으로 무슬림이 주목받으며 동남아와 걸프만 아랍국가 협력기구(GCC) 역시 떠오르고 있다. GCC 회원국은 아라비아 반도 걸프 지역 6개국[바레인, 쿠웨이트, 오만, 카타르, 사우디아라비아, 아랍에미리트(UAE)]이다.

방한 무슬림 중 중동 · 북아프리카인의 비중은 10% 미만이며 무슬림 인구 비중이 높고 방한 규모가 큰 인도네시아 · 말레이시아가 방한 무슬림의 약 45%를 차지한다. 사우디아라비아와 아랍에미리트(UAE) 등 중동국가의 경우 전체 방한 관광객에서 차지하는 비중은 작지만 동남아 무슬림 관광객보다 1인당 총지출액이 3~4배 많아 최근 주목받고 있다.

관광공사에 따르면 인도네시아 관광객은 한국에서 1인당 평균 84만 9,282원, 말레이시아는 평균 79만 6,995원을 사용했지만, UAE 관광객은 246만 8,942원, 사우디는 315만

7,135원을 썼다. 특히 사우디아라비아와 UAE의 방한 관광객 중 상당수가 부가가치가 높은 의료관광을 위해 한국을 찾고 있다. 2016년 기준으로 방한 UAE 관광객 중 31%, 사우디아라비아 관광객 중 13%가 의료관광을 위해 한국을 찾았다. 지난해 중동 무슬림 관광객은 전반적인 방한 외국인 관광객 감소세에도 증가했다. 작년 중동 방한 관광객은 21만 7,538명으로 전년보다 12.4% 늘었다.

항공업계와 관광업계는 시장 다변화를 위한 관광객-항공여객 실태조사 및 분석에 협력해야 한다. 정보 및 통계, 정책자료 공유, 정책방안 도출을 연구하며 관광-항공 수요 예측센터를 설립할 필요성이 있다.

5) 관광-항공 상시협의기구를 통한 정책 실효성 제고

지속적이고 근본적인 문제 위해선 관광-항공 상시협의기구 운영이 필요하다. 관광-항공 협력정책 실효성 제고를 위해 정부, 관광-공항공사, 연구원, 학계, 협회, 업계 모두가 참여해 관광·항공분야의 각종 조사통계 및 정보를 교류해야 한다. 국가 및 지자체 관광·항공정책 추진 동향 분석과 관광·항공여객 중장기 수요 전망이 공동협회기구에서 이루어져야 관광·항공분야가 진정으로 상호 이해할 수 있다.

관광과 항공을 한데 묶은 협의기구가 설립된다면 해야 할 일이 무궁무진하다. 신공항 건립 방향 및 조성시설 검토, 신규 항공노선 개발, 핵심노선 공급력 확대, 외래객·외국항공사 유치 홍보마케팅, 환승관광 활성화 방안 검토, 관광·항공분야 연구 추진, 관광·항공업계 및 협회 의견수렴 등이 주요 과제가 될 것이다.

6) 관광·항공·문화 복합 에어포트시티

공항은 단순히 항공기가 뜨고 내리는 공간이 아닌, 물류, 문화, 관광, 상업 등 높은 부가가치를 창출하는 거대한 산업으로 변화하고 있다. 인천국제공항공사는 이러한 트렌드에 적극적, 전략적으로 대응하여 인천국제공항을 관광·물류·MICE 등 연관산업 성장의 기반이 되는 동북아시아의 대표적인 관광·항공·문화 복합 에어포트시티(Airport City)로 만든다는 목표다. 공항 주변지역을 공항과 연계하여 개발하는 사업이 성공적으로 완성되면 공항지원기능이 강화됨은 물론, 새로운 항공수요를 창출하고 시너지를 만들어 국가 및 지역 발전에도 많은 기여를 할 것으로 보인다. 예를 들어 네덜란드 스키폴공항은 공항 내 쇼핑센터 · 마트와 공항 주변 호텔 · MICE시설을 개발 운영하고 있으며, 독일 프랑크푸르트 암마인공항 및 일본 하네다공항 등도 공항복합시설 개발이 한창이다. 에어포트시티는 항공이용객 외 일반시민 및 어린이들의 공항 방문을 유도하면서 잠재적 항공수요를 창출할 수 있다. 또 공항수익 창출 및 일자리 창출과 항공교통에 대한 친밀도를 향상시킬 수 있다는 장점도 있다.

에어포트시티를 만들기 위해선 스톱오버 활성화, 음식관광 및 의료관광 등 프리미엄 관광프로그램 개발이 함께 진행돼야 한다. 특히 스톱오버 활성화를 통해 인바운드 및 관광수입을 증대시킬 수 있다. 단순 경유 혹은 통과 여객의 입국 유치를 통한 인바운드 및 관광수입 증대 기회를 창출할 수 있기 때문이다. 싱가포르는 스톱오버 활성화를 위해 싱가포르 항공을 이용하여 싱가포르에서 환승하는 외국인 관광객이 싱가포르에서 체류하는 경우 호텔 숙박료 50%를 할인해 주고 도심 무료관광 서비스를 제공한다. 이런 서비스를 제공하기 위해선 공항공사 · 항공사 · 여행사 협력 증대가 필수다. 한진관광 · 대한항공 · 인하대병원의 협력을 통한 의료관광 프로그램 운용사례와 같이 항공사와 관광업계 상품 개발 협력 및 공동 마케팅이 추진돼야 한다.

출처 : 티티엘뉴스(2018), 『월간분석』, 관광 · 항공 따로 또 같이, 가는 길 달라도 방향은 하나

[그림 6-8] 복합 에어포트시티(Airport City)

7) 안전여행을 위한 두 가지 인식 제고

항공보안법 강화에도 국민들의 항공기 불법행위가 지속되고 있다. 기내흡연, 소란행위, 승무원 업무방해, 음주난동, 성희롱, 항공기 점거 등이 만연하고 있다. 국민들의 항공기 안전사고에 대한 불감증 고착과 법원, 공항경찰 등의 불법 행위자에 대한 솜방망이 처벌이 문제이다.

특히 우리 국민의 항공여행 경험은 많아졌으나, 항공상식은 여전히 부족하다는 지적이다. 대한항공 하네다 사고 당시 승객들 인터뷰 진술을 보면 "기다리라는 말만 하고 문을 빨리 열어주지 않았다. 승무원들이 더 흥분해서 승객들에게 소리를 질렀다. 탈출 후 승객들을 잔디밭에 한동안 방치했다."며 불만을 드러냈다. 예기치 않은 위험상황이 발생했음에도 고객들은 승무원과 항공사에 기대하는 기대치가 높다. 이런 문제점을 해결하기 위해선 처벌 강화와 국토교통부, 항공사, 공항공사, 한국관광공사에서 항공안전에 대한 대국민 캠페인이 전개되어야 한다.

안전한 여행을 위한 국민들의 인식 제고뿐 아니라 기업의 인식 제고 역시 필요하다. 항공분야 근로자 노동환경을 개선해야 한다. 장시간 근로에 의한 업무집중도 하락 시 근로자 건강 악화 및 항공사고 발생이 우려되기 때문이다. 근로시간이 길거나 업무량이 많은 근로자일수록 부상위험이 61% 더 높으며, 주 60시간 근로 근무자는 주 40시간 근무자에 비해 심혈관질환 발병률이 4배 증가한다고 알려져 있다. 또 주 55시간 근로 근무자는 30~40시간 근로자에 비해 어휘력, 기억력, 인지능력, 문제해결능력, 추론능력이 현저한 수준으로 저하된다. 현 정부 국정과제에 맞추어 휴식시간 보장 및 인력충원이 매우 시급히 요구된다.

5 관광 활성화를 위한 관광과 항공의 협력방안

1) 관광과 항공의 협력이 필요한 이유

관광과 항공은 상호 영향을 주고 상호 의존적인 관계이다. 따라서 관광시장과 항공시장은 서비스 제공에 참여하기 위하여 항공사와 공항을 이용하게 되고, 다시 여행사를 이용하게 되는 선순환 구조로 연결된다. 즉 관광과 항공을 연계한 서비스 완성은 결국

공통의 수요기반 확대를 목표로 하며, 관광객 확대를 위한 전략적 활용을 통한 관광과 항공 간의 협력방안이 절대적으로 필요하다.

(1) 관광과 항공 간의 이용객 흐름 : 생태계 차원의 상호의존

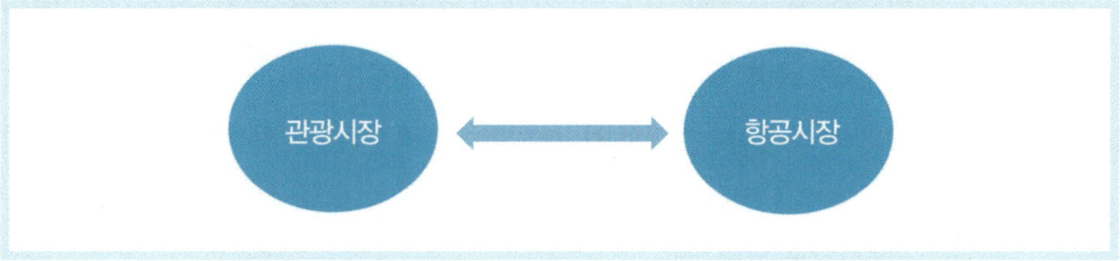

[그림 6-9] 생태계 차원의 상호영향

가. 항공-관광 서비스 제공 참여자

- 항공과 관광서비스 제공 참여자로는 항공사와 공항이 있으며, 여행사로는 국내 Out-bound 여행사(해외 In-bound 여행사), 국내 In-bound 여행사(해외 Out-bound 여행사)가 있다.
- 관광시설로는 호텔, 쇼핑시설, 컨벤션, 관광콘텐츠 및 식당 등이 있다.

나. 국민 출국 이용 및 흐름

- 국내 개별 및 단체수요의 항공사 이용은 주로 Out-bound 여행사 또는 개별적 이용
- 해외 입국 및 여행은 개별 여행 또는 In-bound 여행사를 통한 여행
- 항공사는 개별 항공수요에 대한 발굴과 여행사 단체 유치에도 꾸준한 노력이 필요함

다. 외래객 입국 이용 및 흐름

- 외국인 해외 개별여행 및 단체여행 항공사 이용은 Out-bound 여행사 또는 개별적 이용
- 국내 입국 및 여행은 개별여행 또는 In-bound 여행사를 통한 여행
- In-bound 여행사는 해외 Out-bound 여행사 유치 및 여행서비스 제공

- 항공사는 개별 항공수요에 대한 발굴과 해외 여행사 단체 유치에도 꾸준한 노력이 필요하다.

라. 이용고객 편의 및 만족도 향상을 위한 Seamless 서비스 제공 필요하다.

마. 관광 및 항공 부문의 개별적 서비스 제공 및 사업전개는 시장 확대의 한계에 직면할 수 있고 자원의 비효율적 운용과 경쟁력 저하를 가져올 수 있으므로 지양하는 것이 바람직할 수 있다.

바. In/Out-Bound 여행사와 항공사의 전략적 협력관계는 정부의 체계적인 지원을 통하여 외래객 유치를 확대하고 꾸준한 항공수요를 진작시켜 경쟁력 확보에 기초를 다지는 것이 중요하다.

사. 내국인 해외 여행수요 발굴은 항공사보다는 여행사의 영향력이 높으므로 여행사 위주로 전략적 협력관계를 통해 제휴관계를 추진하는 것이 바람직하다.

아. 외국인 방한 여행수요 발굴은 관광공사, 국내외여행사, 항공사의 공동노력이 동시에 필요하며 지역별 이용객 흐름패턴이 상이하므로 In-Out Bound 불균형을 이용한 협상력을 활용한 관광과 항공사의 흐름에 맞는 전략이 필요하다.

(2) 관광과 항공자원의 공동개발 및 공동 활용을 통한 시너지 확대 방안

관광과 항공자원의 공동개발은 외래객 입국과 내국인 출국이라는 자원의 공동 활용을 통한 가치공유와, 장기적 성과를 위한 접점모색 및 서비스접점을 공유하며 꾸준한 시너지 확대가 필요하다.

가. 관광정책

일반여행업은 여행산업 매출을 발생시키고, 외래객 입국의 수요증가로 항공수요의 효과를 기대할 수 있다. 또한 국외 및 국내외 여행업은 여행산업 매출을 발생시키고 여행산업의 고용창출 효과를 가져올 뿐만 아니라 내국인 출국으로 이어져 이 또한 자연스럽게 항공수요의 활성화로 이어져 항공시장 환경에 긍정적인 시그널을 준다.

나. 항공정책

항공정책은 여행산업 매출 발생 효과에 힘입어 외래국 입국과 내국인 출국의 활성화에 따른 항공수요로 항공시장 매출효과와 항공시장 고용창출에 긍정적인 항공시장 환경을 개선하는 효과를 가져온다.

(3) 시너지를 통한 수요 창출

항공과 관광수요의 선순환 구조 정착을 통하여 관광-항공산업의 상호 시장 확대와 발전을 가져오기 위해서는 각각의 독립적 정책과 전략 운용이 필요하다.

(4) 글로벌 시장 창출 공동대응

외래객 2,000만 시대를 준비하기 위한 관광과 항공 부문의 공동대응을 위해서는 관광과 항공 부문이 공동대응을 하되, 각각의 전략운용에서 협력적 정책 수립과 실행전략 운용이 수립되는 게 필요하다. 또한 정부, 사업자, 학계, 전문가 집단 등의 적극적인 참여에 의한 관광과 항공 협력체계를 필두로 한 공동대응 전문팀을 구성하여 지속가능한 선순환구조의 정착을 위한 외래객 확대, 항공수요 확대, 항공과 관광산업 활성화의 성장을 견인하여야 한다.

가. 정책적 측면

- 항공자유화, 항공협정 등의 항공정책과 관광개발정책 분야에서 중앙정부, 지방정부, 관광부문 및 항공부문의 공동참여적인 측면이 있다.
- 항공노선의 공급 증대를 통한 지역관광 활성화와 새로운 방문수요 유인을 통한 항공수요 창출의 수요에 대한 선순환 효과를 견인할 수 있으며 몇 가지 사례를 들 수 있다.
- 민간공공기관의 운영 : 스페인 바로셀로나 공항의 신규 항공노선 개설을 위한 항공노선 개발위원회(주정부, 상공회의소, 스페인 공항, 2005년 설립)
- 항공사 유치기금 운영 : 주정부와 공항 공동의 기금조성, 신규 취항, 항공사의 매출촉진과 관광산업 활성화에 동시에 기여하는 인바운드 마케팅 프로그램에 한정하여 실시한다.

나. 시장기반 측면

- 협력을 통해 방문수요 공동 창출에 대한 시너지 효과를 기대할 수 있다.
- 항공사, 여행사, 호텔 공동 마케팅 및 캠패인 개최를 할 수 있다.
- 타깃시장 선정 공동 마케팅, 방문 유치단, 공동시장을 확대할 수 있다.
- 비즈니스 모형 개발을 통한 관광과 항공 연계상품 개발 : 연계상품 및 확장상품 공동개발을 통해 시장의 수요환경 변화에 따른 다양한 비즈니스 혁신에 공동으로 대응하고, 미래에 대한 비즈니스 모델을 개발하여 시장에 적응하는 시간을 미리 가짐으로써 이에 대한 위기대응능력을 키운다.
- 접근성과 편의성을 개선한다.
- 항공 자유화 정책을 실현할 수 있다.
- 공항 출입국 시설 및 제도 개선을 할 수 있다.
- 여행 및 관광교통 부문 지연 모니터링을 통해 지연에 대한 정보제공을 용이하게 할 수 있다.
- 저비용항공사 유치를 통한 접근성 확대를 위하여 지자체와 관광업계의 공동협력을 통한 시너지 확대 등으로 시장 기반의 개선을 통해 접근성을 높인다.

2) 관광과 항공 협력사례의 성공요인

- 중앙정부와 지방정부의 정책의지가 서로 부합하여 시너지가 확대되어야 한다.
- 관광객 유치와 항공수요 창출의 공동목표에 대한 상호 인지가 우선 전제되어야 한다.
- 관광과 항공 협력에 따른 서로의 편익에 있어서 보편적 균형이 존재하여야 한다.

(1) 관광과 항공 협력사례의 시사점

- 대부분의 협력이 항공수요 창출보다는 관광객 유치를 목적으로 하고 있다.
- 접근성 향상의 경우 주정부와 시의회 등을 중심으로 협력이 이루어지고 있다.
- 일시적으로 방문객이 감소하는 경우 수요 진작의 차원에서 협력이 이루어져 왔으므로 항공업계뿐만 아니라 전체 관광업계의 참여에 의한 포괄적인 협력이 이루어져

왔다고 볼 수 있다.

• 지속가능한 외래 관광객 유치를 위해서는 정부 및 지자체, 기업 간에 정책별 협력이 구체적으로 수립될 수 있도록 진행되는 것이 중요하다.

3) 국내 관광과 항공의 협력현황

(1) 관광과 항공부문의 개별적 정책체계

가. 관광부문

관광시장에 대한 관광개발, 관광객 유치, 지방관광 활성화(문화체육관광부) 등, 관광 마케팅 조직, 해외지사(한국관광공사), 한국여행업협회, 관광관련 협회, 관광사업자 등이 있다.

나. 항공부문

국토교통부(항공정책, 항공협상, 항공사 및 공항운영 사업자 지도 및 감독, 규제시장), 공항공사, 한국항공진흥협회, 항공사 등, 관광부문과 항공부문의 정책 및 전략목표에 대한 공동 이해 부족으로 정부기관과 사업자 단위의 실질적 협력이 부재한다. 따라서 관광부문과 항공부문의 협력체가 실체적으로 결속하여 글로벌 관광 및 항공시장에서의 경쟁력 확대를 위한 강력한 협력체계를 위한 준비가 필요하다.

(2) 관광과 항공협력을 위한 협력기반

중앙정부와 지방정부, 관광업계, 항공업계의 협력기반이 부재하고 현재까지의 민간단체 위원회 활동 결속력과 실행력은 매우 미비하고 부족한 상태이므로 이 점을 두 업계가 활성화할 수 있는 방안을 찾는 것이 매우 중요하다.

4) 관광객 외래객 유치 확대를 위한 관광과 항공협력과제

(1) 2020년 12월 방한 외래 · 관광객 국민 해외관광객 및 관광수입 · 지출동향

12월은 코로나19 대유행으로 인한 입국금지, 자가격리, 항공운항 중단 등의 지속으로 전년 동월 대비 95.7% 감소한 관광객이 방한하였다.

- 중국은 항공노선 대규모 감편정책 영향의 지속으로 전년 동월 대비 98.4% 감소
- 일본은 양국 간 관광목적 방문객 입국제한 지속으로 전년 동월 대비 99.6% 감소
- 아시아 · 중동(중국, 일본 제외)은 전년 동월 대비 94.2% 감소
- 대만 : 단체관광객 모객 · 송객 등 금지 무기한 연장 지속으로 전년 동월 대비 9.7% 감소
- 홍콩 : 대부분의 항공노선 운휴 및 아웃바운드 수요 중단 동월 대비 9.9% 감소
- 아시아중동 지역은 이동제한명령, 비자발급 규제 지속으로 전년 동월 대비 91.4% 감소
- 구미주 / 기타 지역은 해외여행 금지조치 지속으로 전년 동월 대비 87.8% 감소

(2) 국민 해외관광객 / 관광수입 및 지출 현황

- 12월은 전년 동월 대비 96.5% 감소한 80,973명이 출국
- 12월 관광수입은 7.9억 불로 전년 동월 대비 57.1% 감소
- 방한 외래관광객 1인당 지출금액은 12,619불로 전년 동월 대비 901.4% 증가
- 12월 관광지출은 10.7억 불로 전년 동월 대비 58.6% 감소
- 국민 해외관광객 1인당 지출금액은 13,272불로 전년 동월 대비 1097.9% 증가
- 12월 관광수지는 2.9억 불 적자

(3) 관광과 항공부문의 상호 인식 공유

관광과 항공부문의 상호 인식을 공유하기 위해서는 분리적 관계에서 협력적인 관계로 공동가치를 추구하고 지원의 공동활용 및 협력적 네트워크를 활용한 글로벌 경쟁력과 공동발전을 추구하는 전략으로 인식을 전환하고 낮은 의존성에서 높은 의존성으로 협력하는 동반자적인 신뢰도를 구축해야 한다.

- 개별적 성과 척도 및 평가에서 신뢰와 공통가치를 추구하는 관계가 형성되어야 한다.
- 분리적, 개별적 이익 추구의 개념에서 소통을 통한 문제해결 방식으로 인식을 전환해야 한다.

- 최소한의 참여의 개념에서 공평하고 공정한 거래로 전환되어야 한다.
- 분리된 자원 활용이 아닌 상호이익을 추구하고 상호 긴밀한 조정과 메커니즘의 시스템으로 전환되어야 한다. 단기간의 거래 및 성과 추구의 개념에서 자원을 공유하고 장기적인 거래와 상호 피드백이 되는 공유의 시스템으로 변경되어야 한다.

(4) 관광과 항공부문에 대한 시장 특성의 공동 이해

가. 관광시장의 특성

- 관광산업 부문의 공통가치

외래객 유치를 통한 국내 관광산업 활성화와 글로벌 경쟁력 확보를 위한 공통적인 가치를 추구하며, 이를 위한 지속적인 경영과 고용창출을 위한 노력을 해야 한다.

- In-Out Bound 여행산업의 균형된 발전

In-Bound뿐만 아니라 Out-bound도 중요하게 필요하며 관광산업에 기여하는 항공사와의 수요 기반에도 정책적인 전략이 필요하다. 또한 In-Out Bound 연계와 균형을 통한 외래객 유치 및 국내 여행산업의 글로벌 경쟁력 확보에 주력해야 한다.

나. 항공시장의 특성

- 항공부문 공급의 특성

전통적으로 국제선은 항공협정에 의해 신규노선 개설 및 공급규제를 받으며, 항공자유화의 진전에 따라 공급규제 완화가 적용된다. 또한 장기적 계획에 의한 좌석 공급으로 공급의 비신축성과 소멸성에 의해 운영되므로 스케줄 및 운영기간 동안 공급좌석이 경직성의 특성을 갖고 있다.

- 항공수요의 특성

항공협정에 의한 공급규제로 수송실적 및 항공수요에 일관성이 없으며 항공 미자유화지역의 경우 수송실적 이외에 잠재된 수요가 존재한다.

(5) 항공과 관광 해외 네트워크를 이용한 협력 마케팅

- 외래관광객 수요확대를 위해 항공업계와 관광업계가 상호 연계된 마케팅과 활동을 통해 시너지 효과를 높일 수 있도록 한다.
- 항공사 해외지점과 재외 문화원, 한국관광공사 해외지사 등 항공 및 관광분야의 해외 네트워크를 공동 활용하는 협력 마케팅 정책으로 효과적인 관광수요 및 항공수요를 창출할 수 있도록 해야 한다.
- 항공과 관광부문의 분리적 관계에서 협력적(동반자적) 관계로 새로운 패러다임 전환이 필요하고 이를 위해 두 업계가 적극적인 협력 시스템을 구축하여 실행하는 것이 필요하다.

(6) 지역대표 관광콘텐츠로 외래관광객 2천만 명 시대

이야기가 가미된 대표콘텐츠 20개 선정, 해외마케팅 문체부 집중지원으로 한국을 찾는 외래관광객 수는 급격히 성장하여 2012년에 1천만 명을 넘어섰으며, 2016년에는 1,600만 명 이상의 외래관광객이 방한하였다. 이러한 양적 성장에도 불구하고, 방한 외래관광객의 수도권 집중 현상과 특색이 없는 방한 관광 이미지는 한국관광의 지속적인 성장을 저해하는 요인으로 지적되어 왔다.

2015년 문체부에 따르면 2014 외래관광객 실태조사 결과, 한국 방문 선택 시 가장 하고 싶은 여행의 목적으로는 쇼핑이 가장 우선순위로 72.3%, 자연풍경 49.5%, 음식/미식탐방 41.1%로 각각 나타났으며, 한국 여행 시 방문지로 선택하고 싶은 지역으로는 서울이 가장 많은 80.4%, 제주 18.0%, 경기 13.0%, 부산 8.0% 등의 순서로 나타났다.

문체부는 지역관광 콘텐츠를 적극적으로 개발하고 문체부와 관광공사의 해외 네트워크를 활용한 해외 홍보와 마케팅을 지원하여, 외래관광객의 지방 분산을 유도하고 방한 관광 이미지를 개선하는 정책을 시도하였다.

공모를 통해 지역대표 관광콘텐츠 선정, 해외 마케팅 및 브랜드를 지원하는 시스템을 갖추고 있으며, 문체부는 지역관광 콘텐츠 개발을 위해 지난 1월, 지역 전통문화를 활용한 5개의 체험관광 콘텐츠를 선정, 2월 15일(월)부터 3월 4일(금)까지, 전국 광역 및 기초지방자치단체(서울, 제주 제외) 대상 공모를 통해 15개의 지역 관광콘텐츠를 추가로 선정하였고, 공모를 통하여 지자체가 문화예술, 음식, 스포츠, 레저 · 휴양 등 8개 유형의 지역특화 콘텐츠를 스토리텔링 및 여행일정표 등과 함께 제출하도록 계획하였다. 그 후 관광전문가로 구성된 심사위원단이 가장 경쟁력 있는 15개 지역의 관광콘텐츠를 선정하게 되었으며, 선정된 관광콘텐츠들은 더욱 매력적인 관광상품으로 보완되어 8개 유형(축제, 문화예술, 음식, 한류, 스포츠, 레저 · 휴양, 의료 · 미용(뷰티), 기타 등)으로 나누어졌다.

문체부는 우리나라의 다채로운 지역 관광콘텐츠는 내국인뿐만 아니라 외래관광객들에게도 충분히 매력적인 관광자원상품 개발을 위해 "지역 관광콘텐츠를 적극적으로 육성하여 외래관광객 2천만 명을 조기에 달성하고, 다시 찾고 싶은 대한민국을 만들어 나가겠다."라고 밝혔다.

(7) 전략적 공항 운영정책

가. 수도권 공항 운영정책

- 국가 기간자원의 전략적 활용을 통한 외래객 유치 확대 운영
- 접근비용 등 국민편익과 수도권 산업 파급효과를 고려한 시장중심적 정책운영

나. 지방공항 연계정책 및 전략

- 지역 거점 공항 중심의 관광기반 조성으로 관광객 유치를 위한 기본적인 관광기반 시설을 지역 거점 공항 중심으로 투자하고, 지역 거점 공항을 이용하는 관광객의 유인효과를 높일 수 있도록 한다.
- 수도권 공항과 지방공항 네트워크를 활용한 관광상품 및 인프라 개발로 외래객 방문수요 확대를 활성화하고 이에 따른 항공수요도 진작시킨다.

(8) 관광과 항공의 협력체계

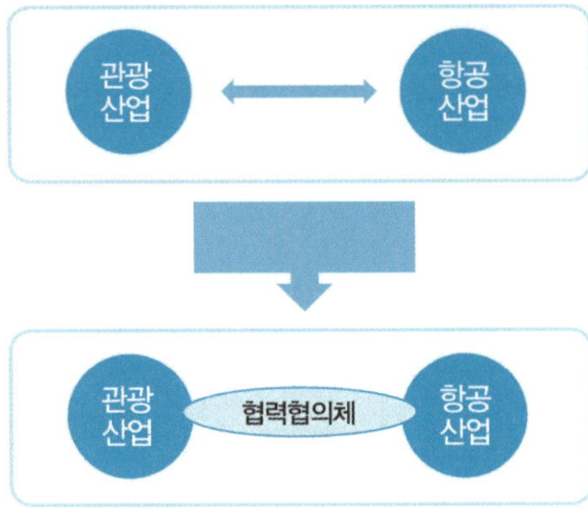

출처 : 한국항공대학교 국제관광 협력포럼, 13page(2015.7.10) mgyoon@kau.ac.kr

[그림 6-10] 관광-항공 협력체계도

가. 관광수요의 증가는 항공수요의 증가로 이어질 수 있으므로 항공시장의 확대를 위해 관광부문과의 밀접한 협력이 가장 기본적으로 필요한 정책이다.

나. 관광수요 확대를 통한 항공수요 창출과 항공수요 확대를 통한 외래관광객 유치 확대를 이끌어낼 수 있는 정책 및 전략이 절대적으로 필요하다.

다. 항공수요 창출은 항공부문의 노력만으로는 한계가 있으므로 관광부문과 항공부문의 지속가능한 전략적이고 유기적인 관계를 통한 수요창출 선순환 구조의 정착을 위한 전략적 시스템이 절대적으로 필요하다.

라. 항공과 관광협력을 통해 산업 활성화와 글로벌 경쟁력 배가와 지속적 고용창출을 유도할 수 있는 전략이 필요하다.

마. 정부 간의 협력, 민관협력체계를 유기적으로 구축하고, 민간부문의 협력을 촉진하여 정책 및 실행전략을 적극적으로 개발하여야 한다.

바. 민과의 협력활동을 통하여 다양한 부문의 의견을 수렴하여 정책에 반영함으로써 실효성 있는 정책과 전략이 개발되어야 한다.

(9) 관광과 항공의 협력 프레임워크 구축

가. 정부기관, 사업자, 학계 및 연구계 등 전문가를 포괄하는 열린 협의기구를 통해 사회적 협력기반을 조성하고 프레임워크 구축으로 관광과 항공 협력을 구축한다.

나. 관광과 항공 협력을 촉진하기 위한 제도적 지원방안을 위해 제도적 지원 프로그램을 마련한다.

다. 관광-항공 협력방안의 실행효과 등에 대한 심층분석의 제한된 자원의 효율적 활용을 위해 협력관계 및 협력분야의 발굴을 위한 R&D 및 전문인력 발굴을 위한 센터를 유치한다.

(10) 협력협의체 구축

가. 정부와 민간사업 간에 다양한 형태의 협력협의체를 통해 실질적 협력과제 수행과 협력 확대를 위한 협의체를 구축한다.

나. 정부 간 협력협의체인 문화체육관광부, 국토교통부의 항공정책, 관광정책 부서를 총괄하는 정책협력팀의 강력한 의지 표명을 분명히 전달한다.

다. 민관 협력협의체인 지자체, 관광공사, 공항공사, 항공사, 여행사 등의 공동 참여 협의체 필요, 협력과제 공동 발굴 및 공동시행, 해외 네트워크 공유를 통한 해외 공동마케팅 활성화 등 해외 수요 공동 발굴 활동에도 적극 참여하여 활성화하여야 한다.

라. 민간 협력협의체인 관광 및 항공사업자의 협력협의, 공동상품, 신규상품 공동개발, 국내외 공동 마케팅, 내부적인 이해충돌 가능성이 있고 협력의 강도가 다소 낮은 분야에서는 실질적 대응으로 위기관리를 해야 하며, 협력에 의한 새로운 사업모형을 창출하는 시너지 효과로 긍정적 효과가 발생한다.

(11) 협력기준

가. 공동가치 창출과 균형있는 이익을 창출하기 위해 관광과 항공부문의 장기적인 거래에서 상호 이익을 창출한다.

나. 자원 및 정보의 상호 공유로 항공과 관광부문의 새로운 협력모형을 제시한다.
다. 공정거래 및 신뢰구축을 통해 투명하고 공정성 있는 협력 참여자의 지속적인 거래유지로 신뢰도를 구축한다.
라. 비즈니스 모형개발과 정책 개발에 공동 참여함으로써 실현가능한 실효성 있는 정책과 전략을 개발하고 실행한다.

(12) 관광과 항공정책의 개발 공유

가. 관광과 항공정책의 개발 공유로 공항개발과 공항운영 및 항공노선 개발 등의 다양한 개발정책 공유 및 소통으로 외래객 유치 확대를 위한 협력에 공동 노력한다.
나. 항공협정 공동대응과 글로벌 리스크 대응을 위하여 공유한다.

(13) 관광과 항공의 정책협의체 구성

관광산업과 항공산업의 경쟁력 확대와 국가경제에 기여하기 위해서는 관광분야와 항공분야의 적극적인 정책협의체가 구성되어 사업체계화되어 실현되는 것이 무엇보다 중요하다.

가. 정부, 지자체, 민간부문 참여의 정책협의체 및 상설협력기구를 구성한다.
나. 관광과 항공부문의 협력과 지자체의 역할을 나누어 정책협의체를 구성한다.
다. 비즈니스 모형 공동개발과 공동마케팅 활동체를 구성한다.

6 COVID-19 이후의 관광 · 항공 회복 전략방안

1) 코로나19 세계관광-항공 미래 전망

(1) 국내관광 진흥방안

가. 금융 인센티브제도 실시

호텔바우처, 재정 인센티브, '주말연장', 관광산업을 위한 금융지원을 계획하여 지원하는 제도를 마련한다.

나. 마케팅 & 홍보

커뮤니케이션 활동과 소셜 미디어를 이용한 다양한 디지털 홍보활동

다. 구체적 상품 개발로 관광 활성화 견인

자연 및 야외활동 상품개발, 어드벤처 및 생태관광, 농촌관광, 건강과 헬니스, 문화와 미식 관광 콘텐츠 개발

라. 파트너십

중앙정부와 지방정부 간의 파트너십을 연계한 상품개발, 콘텐츠개발 등으로 관광산업의 활성화 기회요인을 부여한다.

마. 시장 인텔리전스

관광시장 동향 전망 및 관광관련 연구자료를 통해 사전계획 및 미래예측 활동 지원에 도움을 줄 수 있도록 틀을 마련한다.

바. 역량강화 및 교육

관광업계 종사원들의 역량강화를 위한 교육을 실시한다.

(2) 관광산업 회복을 위한 세계관광기구 지원방안

경제적인 영향을 완화하고 관광객의 신뢰를 회복하기 위한 우선 추진과제를 설정하고 실시하는 방안으로 관광산업 회복에 대한 지원을 다음과 같이 진행하여 일자리 지속 등을 위한 노력을 강구하는 것이 필요하다.

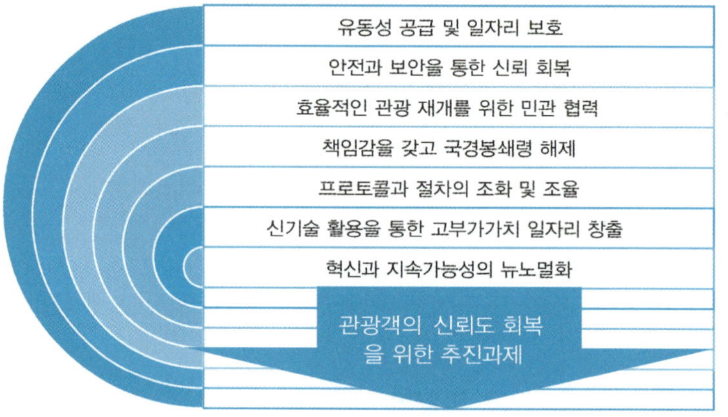

출처 : 문화체육관광부(2020), 관광 · 항공 회복전략토론회 발표 UNWTO 자료집

[그림 6-11] 관광산업 회복을 위한 세계관광기구 추진과제

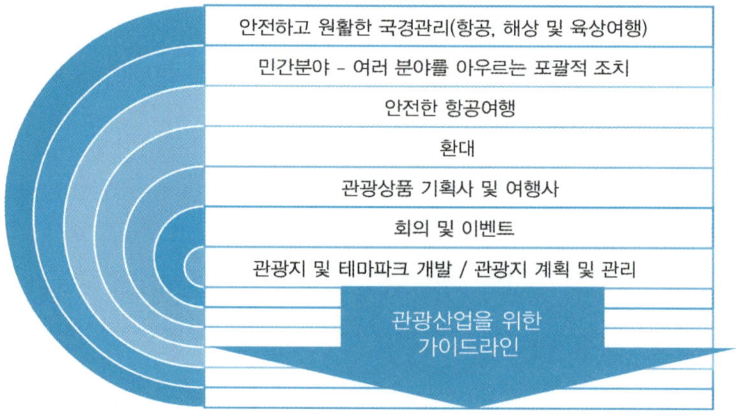

출처 : 문화체육관광부(2020), 관광 · 항공 회복전략토론회 발표 자료집 中 세계관광기구(UNWTO) 발표내용을 바탕으로 재구성

[그림 6-12] 관광산업 회복을 위한 세계관광기구 가이드라인

2) 코로나19시대, 관광과 항공시장의 대응 현황 및 방안

(1) 국내 인바운드 관광업계 동향 및 대응

팬데믹 선언 이후 여행업계는 대내외적으로 심각한 어려움에 직면해 있고 마스크 없이 자유롭게 여행할 수 있는 날을 기약 없이 기다리고 있을 수는 없는 상태이다. 에어비앤비 CEO는 앞으로는 여행의 개념이 아웃도어 여행과 스몰 커뮤니티 여행으로 변화하는 추세가 될 것이라고 했다.

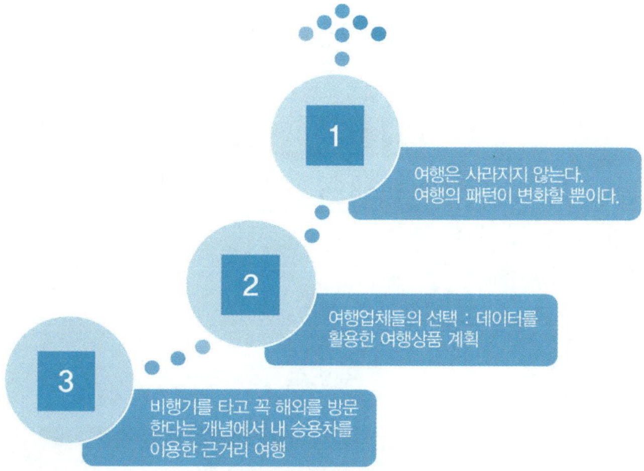

출처 : 문화체육관광부(2020), 관광 · 항공 회복전략토론회 발표 자료집 中 하나투어 발표내용 바탕으로 재구성

[그림 6-13] 팬데믹 이후 '여행의 미래'

가. 여행업계의 현실적인 대안

〈표 6-12〉 2020 코로나 위기극복을 위한 여행업계의 세부전략

구분	내용
홍보	• 주한외국인 및 주한미군 등을 통한 한국의 안전 홍보 • 지방 및 지자체별로 다양성 홍보
상품기획	• 여행 테마기획 실행 • 숙박+테마가 결합한 서울 및 근교 상품기획 지원강화 정책 • 중장기적으로는 지방과 연계한 상품 개발 • 포스트코로나 대비한 정부기관과 협력한 마이스 프로그램 방역상품을 기획하여 강화시키는 전략

시스템	• 민간사업자가 준비하는 인바운드 운영시스템에 관련된 지원 강화 시스템 작동
인력	• 새로운 상품, 시스템 운영을 위한 상품기획 인력 육성
기타	• 다양한 민간사업자의 시도에 대한 현실화 실행 계획 • 민간사업자를 위한 소통 및 기구를 설립하여 창구 단일화로 효율성 제고

출처 : 문화체육관광부(2020). 관광 · 항공 회복전략토론회 발표 자료집 中 하나투어 발표내용 바탕으로 재구성

나. 국내여행업계의 관광활성화를 위한 세부전략의 사례

• 여행 '콘텐츠'의 큐레이션

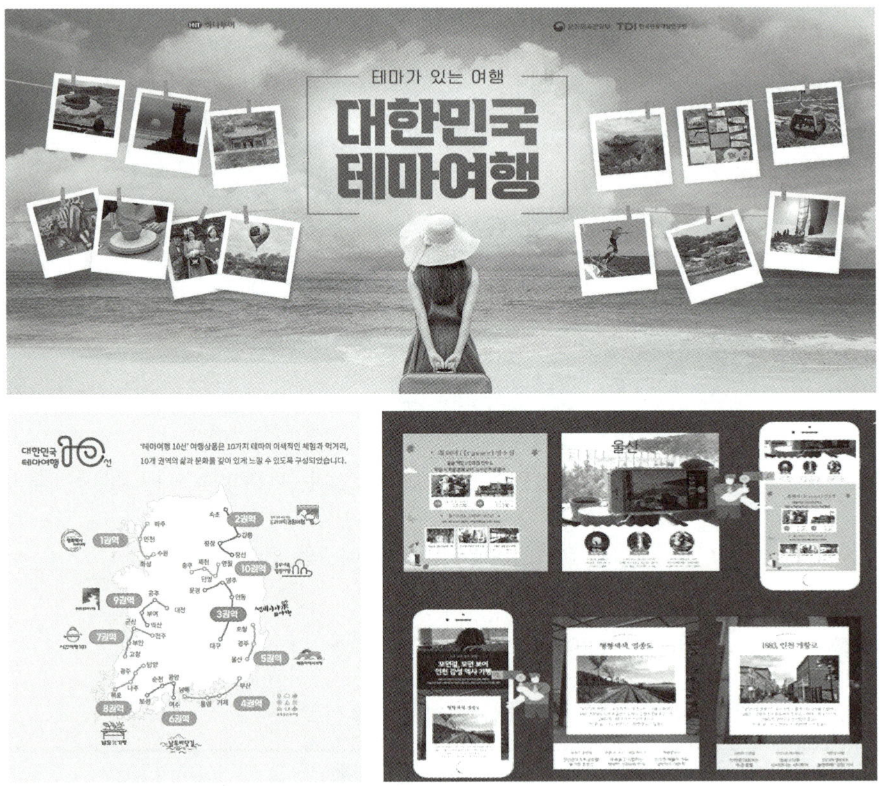

출처 : 하나투어 홈페이지(https://www.hanatour.com/ 여행기획전)

[그림 6-14] 테마가 있는 여행 10선(1)

• 서울을 재해석하는 서울 테마여행 10선

출처 : 하나투어 홈페이지(https://www.hanatour.com/ 여행기획전)

[그림 6-15] 테마가 있는 여행 10선(2)

다. 트렌드를 반영한 서울시내의 관광명소화 전략 사례

- 용인민속촌 / 역사문화자원의 현대적 해석

  캐릭터 퍼포먼스의 대표 킬러 콘텐츠로 공연자의 몰입도가 높으며, 방문객의 적극적인 참여를 유도하여 민속촌의 구석구석을 퍼포먼스 무대로 만든 것이 장점이다.

- 석촌호수 / 포토존 조성을 통한 SNS 버즈량 활성화

  도심 속의 석촌호수는 하나의 행사로 자리 잡은 캐릭터로서 '공공미술프로젝트'의 이벤트 행사가 장점이며, 세계적으로 유명한 공공미술작가와 협업하는 프로젝트로서 인지도가 높은 편이다.

  2014년 502만 명, 2016년 591만 명, 2017년 650만 명이 이곳을 방문하였으며 2016년에는 슈퍼문의 경우 행사기간 내에 인근 식당가 매출이 20~30퍼센트 증가했을 만큼 높은 인기를 나타냈다.

- N서울타워 / 첨단기술 콘텐츠 도입

  N서울타워는 스토리텔링이 있는 VR어트랙션 체험공간을 할 수 있는 연출과 카카오프렌즈의 '라이언'이 즐겨먹는 간식 치즈볼의 탄생과정에 '치즈강', '시즈닝파크' 등으로 스토리텔링을 부여한 VR어트랙션 "ZZZ익스프레스" 등이 인기를 끌어 성공한 셈이다.

또한 압도적 화질과 혁신적인 디자인의 올레드 디스플레이의 IT기반을 중심으로 미디어 파사드의 대표적 작품인 경복궁의 사계절과 화려한 서울야경은 대한민국의 전통적인 고궁의 아름다운 모습을 선명한 화질과 정확한 색의 디스플레이로 구현하여 방문객에게 국가기술력까지 선보인 퍼포먼스가 장점이다.

- 종로 세운상가 / 공간개념의 재해석

  공간에 대한 고정적 관념을 탈피하여 전통 제조산업과 4차 산업기술을 결합한 창의 제조산업의 활성화로 제작과정의 체험부터 세운상가 일대의 기술장인, 신진작가 등이 판매하는 주요 제품을 선보이는 큐레이션 쇼룸 '청계상회'는 종로 세운상가에 대한 공간적 이미지를 새롭게 채워준 예라 할 수 있다.

  또한 장인의 기술과 젊은 층의 아이디어 결합은 새로운 개념의 매력적인 조화를 이끌어냈으며, 주민의견을 적극적으로 수렴하고, 주민의 주도적인 관심과 참여를 통해 지역 재생을 위한 활동을 도모한 것이 최고의 장점이라 할 수 있다. 전통을 가진 장인의 기술력과 새로운 아이디어를 가진 젊은 층의 매력이 결합하여 신 · 구 세대가 공존하는 새로운 여행지의 방안을 잘 드러낸 곳이라 할 수 있다.

3) 다시 열리는 관광과 항공의 미래

세계적으로 COVID-19 백신개발 및 상용화로 인한 항공 수요회복의 가능성이 현실화되고 있으며, 기업인의 특별입국절차를 지원하는 비즈니스 트랙 실행과 기타 외교적 성과로 인한 수요회복도 기대해 볼 만하다. 또한 방역우수국가 간 의무격리 면제 추진으로 국제선에 관한 수요회복도 가능성이 보이며, 규모의 경제를 통한 공급력 확대를 위한 항공사 간의 긍정적인 M&A도 활발해질 것으로 보인다. 이러한 수요회복의 가능성은 빠를 경우 2022년 1분기 이내에 이루어질 것으로 전망하고 있으며, 장기적으로 보았을 때 2023년 2분기 정도로 내다보고 있다.

(1) 코로나19시대 방한관광 위기관리체계 구축방향 및 국제관광 항공 활성화 전략

가. 인바운드 방한 외래객 유치를 위한 종합적 계획

- COVID-19의 장기화로 국내여행 및 국제관광에 대한 여건은 매우 어려워졌으나

여행을 떠나고 싶은 심리는 국내외가 비슷한 상황이다. COVID-19가 안정화되거나 종식되는 시점에 즉각적으로 관광과 항공 관련분야가 회복되기 위해서는 다각도의 철저한 준비가 필요하다.

- 지방을 중심으로 관광수요의 회복과 지역 활성화를 위해서는 지방공항과 주변지역의 영향권 내 지역의 연계를 통한 다양한 상생전략이 필요하며, 이를 위해 지방공항은 적극적인 인바운드 외래객을 유치하고, 지역에서는 대중교통, 관광코스, 숙박, 먹거리 등의 인바운드 외래객을 증대시킬 수 있는 대응이 필요하다.
- 현재 상황보다 더 세밀하고 적극적인 지방공항과 지역관광과의 연계체계를 촘촘하게 구성하고, 큰 틀에서의 중앙정부의 주도적인 전략하에서 공항공사, 관광공사, 지자체의 3-연계를 통한 긴밀한 협조체계하에서 지금까지 축척되어 온 인바운드 방한 외래객을 위한 필요와 시스템을 제공하고 장애요인을 제거하는 노력을 함께하는 것이 매우 중요하다.
- 향후 장기적으로는 수도권 공항과 지방공항을 '국가기간복합환승시설' 또는 '광역복합환승시설' 등의 공식 명칭기구로 지정하여 운영 · 관리를 위한 중앙정부차원의 투자가 필요하다.

(2) 코로나19 이후의 국제관광과 항공의 활성화 전략

가. 시스템 재개를 통한 항공산업의 회복

- 항공기 운항 재개를 통한 항공산업 회복을 위해 시스템을 재개시키는 자체적 시스템 역량과 전략적인 마케팅 수립이 필요하다.
- 사람들이 코로나의 트라우마에서 벗어나 여행경험을 다시 할 수 있도록 코로나19 확산 방지를 위해 필요한 모든 예방조치를 시행하는 것이 우선 되어야 한다.

나. 수요회복

- 신뢰회복을 통한 관광에 대한 수요를 회복하는 것이 무엇보다 선행되어야 한다. 〈표 6-13〉에서 보듯이 각국이 여행제한령을 시행했다가 다시 서서히 완화되는 추세로 보인다.

- 수요 진작을 위해서는 항공여행 비용을 지속적으로 낮추고 비행기를 이용하도록 유도하고, 호텔업과 여행사와 연계된 상품을 지속적으로 출시하고 관광과 항공업 간의 다양한 정보를 공유하는 것이 바람직하다.

〈표 6-13〉 **항공산업 회복을 위한 전략**

시스템 재개	항공산업 회복		수요 회복
시스템역량 - 항공사 직원 준비도 - 항공사 준비도 - 공급망 준비도 - 운항시간 및 일정 계획	여행경험(생물안전성) - 승객 건강상태 - 공항경험 - 탑승경험 - 항공기 청소 및 위생	신뢰 회복 - 여행제한령 탄력적 관리 - 고객안내 및 커뮤니케이션 - 여행보험 접근성 - 관광지 이동제한 해제	수요 진작 - 금융 지속가능성 - 여행 인센티브 - 관광지 마케팅 활성화 - 비자 면제제도

출처 : 문화체육관광부(2020), 관광 · 항공 회복전략토론회 발표 자료집 中 국제항공운송협회(IATA)

다. 관광기금의 항공산업 지원 확대

- 현재까지 항공과 관광 인바운드 유치 명목으로 여행과 항공사에 집중되었던 지원체계를 교통연계와 신규 국제노선 개설 등의 시범공항 지원을 위한 관광기금 활용방안의 새로운 측면에서의 모색이 필요하다.

〈표 6-14〉 **인바운드 시범공항 지원을 위한 관광기금 활용방안**

기존	신규 전략안
여행과 항공사 집중지원	• 공항과 관광지 연계를 위한 셔틀버스 등의 교통수단 운영지원 공항-예약된 호텔 - 관광지-환승정류장(철도역, 버스터미널 등)을 순환 운행하는 셔틀버스 운행 지원(무안, 양양 등) • 신규 국제노선 개설 시장개척 지원 지방공항 발착(청주, 무안, 양양 등) 신규노선 개설을 계획하는 국내 항공사 • 지방공항 내 외국인 국내관광안내시스템 추가 구축 및 개선 지방공항 내 외국인 정보제공 키오스키 확대 설치 및 소프트웨어 개선(청주, 양양, 무안 등) • 지방공항 내 운행 택시 사업자에 대한 교육훈련사업 추진 지방공항 인바운드 외래객의 주요 교통수단인 택시사업자는 관광관련 종사자 단순한 언어교육만이 아닌 외래객 응대방법과 문화 차이의 이해를 넓히고, 번역앱 활용방법 등의 교육 실시로 종사자의 능력 배양 및 지자체와 협의 후 지방공항 지정 콜택시 자격부여로 시범공항에 대한 기반의 틀을 마련하는 것이 중요하다.

출처 : 문화체육관광부(2020), 관광 · 항공 회복전략토론회 발표 자료집 中

참고 문헌

김수정(2017), "메르스가 관광산업의 경영성과에 미친 영향에 관한 연구"

김영현(2021), 호텔 코로나19 위기 대응 관련 언론 기사 분석,『관광경영연구』, 57(3), pp.55-72

김광근 외 공저, 관광학원론, 백산출판사, 2001

김성혁, 관광사업론, 자산출판사, 1997

국제관광 협력포럼 방한 외래 관광객 유치증대를 위한 관광-항공협력방안, 윤문길, 한국항공대학교 교수

대한항공 홈페이지(http://kr.koreanair.com)

문화체육관광부 보도자료

봉미희 · 서원석(2017), "호텔산업 경쟁력 평가모델 개발에 관한 연구",『서비스경영학회지』, 18(4), pp.183-203

『관광경영연구』, 제24권 제2호(통권 95호), pp.497-518

아시아나항공 홈페이지(http://www.flyasiana.com)

이데일리(2021), "여행사 "망했어요" vs 관광벤처 "이제 우리가 대세", 2021.01.18

이명숙 · 이영일 · 최민철(2018), "항공승무원의 직무만족과 고객지향성의 관계 - 성과보상방법의 조절효과를 중심으로 -,『Tourism Research』, 43(2), pp.113-129

우승균(2020), "항공사 위기 대응 전략이 서비스 회복 만족에 미치는 영향"

윤문길(2015), "제4차 국제관광협력포럼, 방한외래관광객 유치증대를 위한 관광-항공협력 방안"

오성환(2009), "전염병 예방 그리고 효과적 퇴치전략". 세계일보, 6월 4일

월간분석(http://www.ttlnews.com/article/travel_report/3261), 지역대표 관광콘텐츠로 외래관광객 2천만 명 시대 연다, 이야기가 가미된 대표콘텐츠 20개 선정, 해외마케팅 집중 지원

조명환 외 12명, 현대 관광학원론, 기문사, 1999

최재우 · 최영택 · 주위(2020), "COVID-19에 의한 관광산업 현황분석 및 대응방안",『관광경영연구』, 29(1), pp.29-48

하정우 · 김창수(2020), "바이러스 관광위기 극복을 위한 재난회복탄력성 탐색적 연구",『Tourism Research』, 45(2), pp.499-517

한국문화관광연구원(2020a), "코로나19의 관광분야 영향 및 전망",『문화 · 관광 인사이트』, 143, pp.1-5

UNWTO(World Tourism Organization) https://www.unwto.org

Zenker, S. and F. Knock(2020), The coronavirus pandemic- A Critical discussion of a tourism research agenda.『Tourism Management』, 81, pp.1-4

국제관광의 문화예술 콘텐츠

국 · 제 · 관 · 광

PART 07

국
제
관
광

1 세계 문화예술관광 콘텐츠

1) 문화예술관광의 개요

문화예술관광이란 인류문화유산 중 창의성, 다양성, 혁신성을 지닌 음악, 미술, 연극, 문학, 공연 등 다양한 예술활동을 중심으로 축적된 작품이나 예술가들이 활동하던 장소를 직접 체험하려는 모든 행위를 의미한다. 하워드(Howard)의 정의에 따르면 문화관광은 역사적 건물과 장소, 박물관, 아트갤러리 등의 방문을 포함하며, 동시대의 그림이나 조각을 보거나 공연예술 등에 참관하는 것도 포함하는 개념이라고 하였다. 여기서 문화라는 개념이 지닌 광범위한 의미로는 구체적인 여행자들의 욕구에 부응하기 어렵기에 좀 더 구체적인 의미로 문화예술을 대신하여 '문화예술관광 콘텐츠'라는 용어를 사용한다. 문화예술관광은 여행자들이 예술가의 특별한 삶 또는 사상에 관한 관심과 예술품의 가치를 탐색하고 배우는 것과 연관된 가치를 지닌 여행이다.

예술의 행위는 개인적인 것으로부터 공공재적인 의미를 지닌 것으로 모든 분야의 핵심적인 가치의 기본이다. 예술로 풍요로운 삶의 가치를 재발견하는 욕구를 충족시키기 위해 과거 수동적인 방식의 관광이 아니라 이제는 개개인의 특성을 따르는 체험 스타일의 여행으로 전개되고 있다. 일상생활에서 예술을 누리고 즐기는 일은 삶의 질을 높이고 중시하려는 의식의 변화에서 출발한다. 예전에는 특이한 지역, 그림 같은 풍광이나 색다른 문화에 관심이 있었다면, 이제 관광콘텐츠는 예술분야와 같은 다양한 영역으로 확대되고 있다. 앞으로는 섬세한 개별적 특성에 맞춘 문화예술 관광콘텐츠가 확장될 것이며, 유사한 관광상품이 개발되고 있다.

2) 문화예술관광의 가치

예술을 추구한다는 것은 오랜 인류의 삶과 인간의 사유의 깊이를 이해하려는 것이다. 인류가 오래전부터 예술활동을 추구한 이유를 한마디로 설명하기는 어렵다. 분명한 것은 혹독한 삶으로부터 위안을 얻거나, 환경적인 두려움을 극복하려는 원초적인 의지의 표현이었을 것이다. 그리고 예술의 추구는 인류가 진지한 삶을 위해 선택한 의미 있는 응축된 행위라는 것이다. 인류의 탄생부터 지금까지 인간의 삶은 많은 변화를 거치고 있다. 농경사회와 산업사회를 지나 디지털 문명사회라는 지금까지 살았던 방식과는 전혀 다른 세상을 살고 있다. 그러나 인간의 의식이 환경의 근본적인 변화로 완전히 달라진 것은 아니다. 인간이 살며 사랑하고, 고뇌하며 행복을 추구하는 방식에는 큰 변함이 없다. 인간이 추구한 예술적 성과물을 찾아 나서는 일은 이미 그들이 구축한 창의적인 산물들을 동시대에 맞게 재해석하려는 의도일 것이다. 디지털 문명시대는 그 어떤 시대보다 혁신과 창의성을 중요하게 생각하는 시대이다. 문화예술관광을 통해 여행자들은 기존에 생각하지 못했던 것들을 새롭게 만나고 느끼며 실천하려는 기대에서 출발한다. 여행은 개인의 미래를 바꾼다. 개인의 미래가 곧 국가의 미래일 것이다. 진정한 여행의 가치는 개인의 창의적인 사유의 깊이를 통해 변화의 씨를 뿌리고 결국 공동체의 혁신을 가져오는 것이다.

3) 문화예술관광의 욕구

문화예술 체험은 어떤 관광콘텐츠보다 인문학적인 소양을 이해하려는 데 그 목적이 있다. 과거 유럽에서 시작된 '그랜드 투어'는 귀족들이 자식의 교양과 지적인 가치를 얻게 하기 위해 이탈리아 문화예술관광을 체험하게 한 것이 성행하게 된 것이다. 장기 여행 프로그램을 통해 현실적으로 타 문화에 접근하고 그들이 만든 사유의 결과와 철학을 탐색함으로써 노블레스 오블리주를 미리 훈련하는 것이었다. '그랜드 투어'를 통해 세계적인 작가로 거듭난 문인들로는 낭만주의 시인 조지 바이런 경, 계몽주의 작가 볼테르, 프랑스 사실주의 문학의 시조 스탕달, 독일의 작가이자 철학자 괴테 등이 있다.

동시대 관광의 아이템 중 하나는 직접적인 체험과 나만의 특별한 경험일 것이다. 개별적인 여행을 선택하는 사람 중에는 예술가들이 살았던 지역을 방문하고, 그들이 거주하고 활동했던 장소를 찾아 걸으며 직접적인 체험을 통해 특별한 여행의 즐거움을 얻는다. 이러한 변화는 미래 관광 추세에 맞춰 예술문화관광이나 예술적인 체험학습 관광 등이 부상하는 이유일 것이다. 원주민과 함께하는 극지탐험, 꿈꾸던 직업 체험인 '보케이션 베이케이션(Vocation Vacation), 화가 체험, 요리 체험 등이 인기 있는 관광상품으로 주목받고 있는 것들이다. 학습 욕구가 높고 경제력을 갖춘 시니어를 대상으로 하는 '러닝

베이케이션(Learning Vacation)'이나 모험을 즐기는 '트라이투어슈머(Trytoursumer)' 등도 인기를 끌고 있다.

2 문화예술관광 콘텐츠의 종류

1) 시각문화예술 콘텐츠

시각적인 태도와 관심으로 이미지를 만들었던 인류의 역사는 상당히 오랜 시간을 거슬러 올라간다. 지금까지 발견된 미술의 유적들은 3만 년 전 선사시대를 살던 인류의 조상들이 동굴에 그린 벽화에서 발견할 수 있다. 선사시대에 만들어진 시각문화는 감상의 대상이기보다는 인간의 현실적인 삶과 밀접한 관련이 있는 예배당으로서 종교적인 삶의 성스러운 장소에서 숭배하던 대상 이미지였다. 인간의 삶은 우주적인 두려움과 공포를 극복하기 위한 주술적 도구인 미술을 활용했을 것으로 본다. 고대 이집트 사람들도 파라오의 신적인 영생을 위해 그림을 그렸으며, 고대 그리스인들은 신에 봉헌하는 봉헌물로써 조각품을 생산했다. 중세인들은 신을 위한 혹은 신의 말씀을 그림으로 대신하여 믿음을 이끌었다.

미술을 아름다운 예술로 판단하고 평가한 역사는 17세기 이후로 거슬러 올라간다. 이때부터 아름다움에 대한 개념이 확립되었고 순수예술에 대한 개념이 정립되었다. 최초의 미술품을 공개한 박물관의 역사는 18세기 초에 건립된다. 동시대에 미술이 세간의 시선을 끄는 것은 돈으로 환산된 그림의 가치일 것이다. 그림 한 점의 가격이 천문학적인 숫자다. 메디치 가문이 문화예술에 후원한 내용은 경제적 가치로만 보면 얼빠진 투자였지만 지금의 문화예술의 도시 피렌체와 이탈리아를 만들었다. 프랑스 파리는 고전주의와 아카데미즘에 저항하던 쿠르베, 인상주의자 등 주목받지 못했던 진보적인 화가들에 의해 세계 미술의 중심지가 되었다. 1차 세계대전의 암울한 어두움 속에서 반문명, 반전통적인 예술운동을 통해 실존주의 미학과 예술에서 혁명의 길을 원했다. 다다이즘 같은 반예술적 행위의 열매는 2차 세계대전 이후 모두 미국이 차지했다. 이제 미술은 뉴욕을 중심으로 움직이고 있다. 물론 베를린, 런던, 파리 또한 미술계를 이끄는 거대한 도시들이다. 미술작품의 배경이 되었던 곳을 어렵게 찾아 방문하는 일은 마니아들에겐 신비스럽고 감동적인 추억으로 오래 남을 여행이다.

◆◆ 라스코 동굴벽화(사진: www.lascaux.fr) / 프랑스 라스코 동굴 홈페이지

2) 음악문화예술 관광콘텐츠

음악의 역사는 미술의 역사와 같다고 볼 수 있다. 시각과 청각은 가장 먼저 인간의 감정을 수용하는 기능을 가진 기관이다. 최초의 인간이 소리를 내고 리듬에 맞춰 춤을 추었을 것이다. 자연으로부터 얻은 새나 동물의 소리는 음악의 출발이었을 것으로 본다. 인류가 사회적인 삶을 영위하기 시작하면서 주술적인 행위와 제의가 탄생했을 것으로 본다. 제의에 있어 마력을 불러일으키는 춤과 노래는 신과 소통하기 위해 혹은 인간의 축제본능과 밀접한 관계가 있을 것이다. 초기의 제의는 원시적인 형식의 노래가 있었고, 춤이라 부르는 몸짓을 동반했을 것이다. 이미 4만 년 전 동굴벽화가 그려진 곳에서 네안데르탈인이 사용한 피리도 발견되었다. 동굴벽화가 그려진 장소는 주거의 공간이 아니라 제의를 지내던 성스러운 공간이었을 것이다. 이후 신석기 시대의 유물 중에는 고대 이집트와 메소포타미아에서 악기를 이용해 춤을 추고 노래를 부르는 벽화가 보존되어 있다. 메소포타미아에서는 악기가 출토되었으며 하프나 리라, 류트(lute, 현악기) 등 많은 악기를 실제로 사용하고 있었다. 고대 로마나 고대 그리스에서도 상당히 발달한 악기의 모습이 그림으로 남아 있다.

르네상스 시대에 본격적인 음악의 이론과 형식이 탄생한다. 기보법과 대위법이 나타나고 음역이 확대되었으며, 새로운 음악이론이 탄생하던 시기다. 신을 찬양하는 미사 음악의 발전과 성악곡도 나타났으며, 오페라가 만들어지게 된다. 기교보다는 자연스럽고 인간적인 감정표현을 중시하는 시기로 오르간을 이용한 기악을 위한 음악과 여러 악기도 유행한다. 17~18세기에 음의 리듬, 멜로디, 하모니, 음정 등을 중시한 바로크 음악이 발전하게 되고 이어 18세기 후반 고전주의 음악이 오스트리아 빈을 중심으로 유행한다. 이 시기의 유명한 음악가로는 교향곡의 선구자 하이든, 모차르트, 베토벤 등이 활동하였다. 낭만주의 음악은 1815년 이후의 음악으로 슈베르트, 멘델스존, 슈만, 쇼팽, 브람스, 말러, 슈트라우스 등이 활동하였다.

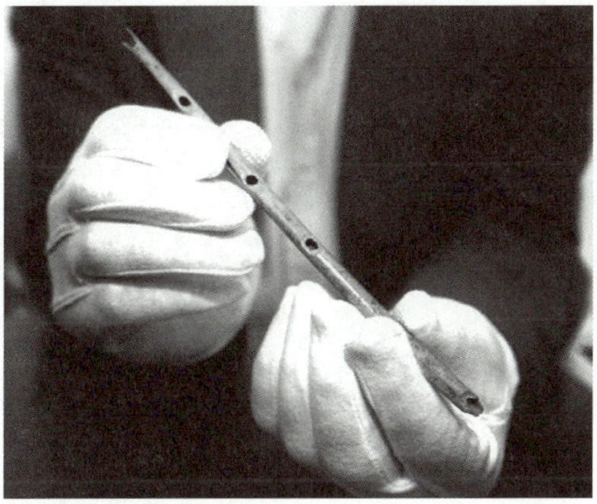

QR코드(피리소리 재생)

◆◆ 홀로 펠스(Hohle Fels) 동굴에서 발견된 독수리 날개 뼈로 만든 플루트는 35000~40000년 전에 만든 악기로 지공이 5개인 오음계 피리다.
(사진 제공: https://sworld.co.uk/)

3) 공연문화예술 관광콘텐츠

몸으로 구현하는 공연이라는 예술형식은 아마도 인류가 삶을 영위하던 순간부터 시작되었을 것이다. 당시에는 샤먼이라는 영적인 매개체가 있었고 현실과 영적인 세계를 매개하는 영매자로서 특별하게 신을 부르는 놀라운 몸짓이 있었을 것이며 상당히 높은 위치에 있었을 것이다. 사실 근거로 삼을 만한 자료는 충분하지 못하기에 추측만 할 뿐이다. 선사시대에도 그들만의 제의는 있었을 것이다. 제의는 원시적인 형태의 공연이었을 것으로 본다. 총체적인 예술행위가 응축된 성스러운 공간에 모여 신을 향한 공연이 있었을 것으로 본다. 스톤헨지에 동지와 하지에 모여 태양을 숭배하는 제의가 있었을 것이며, 봄이면 풍요를 기원하고, 가을에는 결실을 감사하는 행사가 있었을 것으로 본다.

고대 이집트에서도 파라오를 위한 공연이 있었을 것으로 본다. 이미 벽화를 통해 무희들이 춤추는 장면과 음악가들이 악기를 연주하는 모습이 벽화로 남아 있으며, 맥주와 포도주를 만들어 신에게 바쳤을 것이다. 인류 최초의 서사시 길가메시 서사시는 메소포타미아에서 연극으로 공연되었을 것이다. 공연의 탄생은 건강한 종족보존과 사회공동체의 번영을 의미했을 것이다. 고대 로마에서도 기원전 6세기경 음악과 춤 등의 공연에 관한 벽화가 발견되고 있다.

◆◆ 피리를 불고 장단에 맞춰 춤을 추는 이집트인의 벽화 / 고대 로마, 기원전 6세기 에트루리아 시대의 벽화. 악기를 연주하고 춤을 추는 음악가들

고대 그리스 연극은 자료가 남아 있어 그들이 연출했던 공연의 모습을 알 수 있다. 희극과 비극의 기원은 기원전 2천 년으로 거슬러 오른다. 크레타섬 크노소스 성에는 많은 사람을 수용하는 거대한 극장, 배우의 가면, 공연하던 제단 등이 발굴되었다. 호메로스의 영웅 서사시, 아이스킬로스(Aischylos), 소포클레스(Sophokles), 에우리피데스는 당시 유명한 극작가였다. 아테네 국립극장에서의 상연기록은 현존하는 자료에 의하면 기원전 501년 봄부터 시작된다. 공연물로는 〈오이디푸스〉, 〈안티고네〉 등이었다.

중세를 지나 르네상스 시기에 접어들면서 연극공연은 상당히 발전하게 된다. 영국에서의 셰익스피어의 탄생, 스페인의 베가와 몰리나, 프랑스의 코르네유와 라신 그리고 몰리에르의 시기였다. 한편 르네상스 시기에 피렌체에서는 오페라라는 새로운 형식의 음악극이 탄생한다. 18세기 낭만주의 연극사에서 중요한 변화는 시민극의 탄생이다. 시민극의 특징은 산문으로 쓰였으며, 주인공은 언제나 중산계급의 소시민이다. 독일의 괴테와 실러, 프랑스의 빅토르 위고가 있다. 19세기 후반 유럽은 자본주의의 발전에 따라

세기말적 경향이 나타났고, 삶의 불안과 인간의 소외 등 부조리한 상황들이 비극으로 탄생한다.

4) 문학예술관광 콘텐츠

아마도 주요 예술 장르 중 가장 늦게 탄생한 장르일 것이다. 언어를 문자로 남겨야 했기에 문자의 발명과 함께 탄생했을 것이다. 인간이 문자를 발명하고 사용하면서 기록으로 남기게 되었지만, 입으로 전해지는 구전문학은 이미 존재했을 것으로 본다. 문자가 없어도 전해지는 구술된 이야기는 상당히 오랜 시간 기억되고 전승되는 특성을 가진다. 그렇지만 이제 문예학은 텍스트를 기반으로 하여 묘사하는 예술 장르인 것이다.

문학은 특정한 주제를 포함하는 소설, 시, 희곡, 산문, 일기 등을 포함하는 예술영역이다. 현대에 들어서면서 이미지 또한 문학적인 요소를 갖추고 있다면 포함해야 한다는 주장도 있다. 문학은 초기에 노래하고 말하는 것이 분화되지 않았을 것이다. 내용을 전하는 것이 연극이며, 말하는 것이 산문이고, 노래하는 것이 시라는 의미다. 서사시는 암송하기 좋게 만든 시로 만든 이야기체이다. 인류 최초의 서사시는 길가메시 서사시로 알려졌다. 고대 메소포타미아의 서사시로 수메르 남부의 도시 국가 우루크의 전설적인

◆◆ 엔키두와 함께 있는 길가메시 왕, 신-아시리아 시대 작품(Sargon II, 721–705 B.C.) / 호메로스에게 월계관을 씌워주는 천사. 앵그르, 〈호메로스의 예찬〉, 1827

왕 길가메시(Gilgaměš)를 노래한 서사시다. 길가메시 서사시는 고대 그리스 호메로스의 서사시보다 1500년가량 앞선다. 기원전 28세기경 우루크를 126년 동안 지배한 왕, 길가메시라는 실제 인물을 주인공으로 신에게 벌 받는 방탕한 왕의 이야기이다. 기원전 8세기경 고대 그리스에서 활동한 호메로스는 정확한 생몰연대는 미상이며, 고대 그리스어로 쓰인 가장 오래된 서사시 〈일리아스〉와 〈오디세이아〉의 작가이며, 보지 못하는 눈을 가진 시인으로 알려졌다. '호메로스'라는 이름의 어근에는 '눈이 멀다'라는 의미가 있다. 호메로스 이후, 사유의 중심에는 '나는 누구인가?'라는 명제가 있다.

3 문화예술관광의 조건

1) 스토리텔링

대중들에게 결국 중요한 것은 진실이 아니라 그것을 둘러싼 유명세, 이슈, 상품 가치 등이 만들어낸 이야기와 이미지라는 사실이다. 그리고 현대인들에겐 새로운 정언명령이 탄생한 것이다. '낡은 것은 가라~! 흥미로운 것에 탐닉하라~!' 스페인에서 일어났던 웃음거리 복원작품, '이 원숭이를 보라!(Ecce Mono)'처럼 미술품을 엉터리로 보수하는 과정에서 일어난 황당한 사건이 법정 논쟁에 따른 법리적 처벌을 받는 대신 새로운 관광상품으로 주목받으며 개발되었다. 진지함보다는 흥미 위주의 하나의 황당한 이야기를 가진 여행지를 탄생시켰다. '새로운 것을 소비하라'라는 정언명령이 현대인들의 내면에 구조화된 소비 욕망을 부추겨 낸 관광상품이라 할 수 있다. 이런 허상 이미지의 대표적인 예로는 벨기에 브뤼셀의 '오줌싸개 동상', 로마 '산타 마리아 인 코스메딘 성당'의 한쪽 벽면을 장식한 '진실의 입', 덴마크 코펜하겐 랑겔리니의 해안 바위에 있는 '작은 인어상' 등이 있다. 산타클로스(Santa Claus) 역시 비켜 갈 수 없는데 코카콜라 광고에서 출발하여 대중들에게 인기를 끌면서 강력한 종교적인 이미지 중 하나가 되었다. '밸런타인데이'가 그렇고 이 밖의 많은 각종 기념일이 사실보다는 대부분 스토리텔링과 허구적인 이미지에서 탄생한다.

최악의 복원 사건이 관광자원이 되다.

◆◆ 스페인 Santuario de Misericodia 교회에 있는 'Ecce Homo'(Image source: guardian.co.uk)

2012년 스페인 남동부 보르하 시의 산투아리오 데 미제리코르디아 성당에서 고미술품의 복원과 관련된 흥미로운 사건이 발생했다. 당시 이 성당의 벽에는 19세기 스페인 화가 엘리아스 가르시아 마르티네스가 가시 면류관을 쓴 예수의 얼굴을 그린 프레스코화인 〈엑체 호모(Ecce Homo, 이 사람을 보라!)〉가 자리하고 있었는데 성당의 습기로 인해 원작이 많이 훼손된 상태였다. 이에 열정적 신도였고 80대 아마추어 화가였던 세실리아 히메네스(Cecilia Gimenez) 할머니는 스스로 예수 벽화를 복원했다. 그러나 그것은 참담한 결과로 이어졌다. 오히려 원작과는 한참 동떨어진, 예수의 얼굴이 원숭이의 모습으로 복원되었기 때문이다. 이 사실이 외부에 알려지자 외신들이 앞다투어 '역사상 최악의 복원'이라는 비난을 쏟아냈고 전 세계적으로 웃음거리가 되었다.

그런데 이때부터 아이러니한 상황이 벌어지기 시작했다. 이곳저곳에서 사람들이 문제의 벽화를 보기 위해 교회로 몰려들면서 방문객들의 입장료로 교회는 큰 이익을 얻게 된 것이다. '복원 실패작'을 보려고 첫해 동안 4만 명, 다음 해에 11만 명이 이곳을 방문, 교회 측은 방문객들에게 1유로의 입장료를 받았다. 사건은 여기서 끝나지 않았고 반전에 반전을 거듭한다. 이 사실을 알게 된 아마추어 화가 세실리아 히메네스는 변호사를 통해 교회에 자신의 엽기적인 복원 작품에 저작권료를 요구했다. 결국, 2013년 8월 22일 히메네스 할머니는 입장료 수익의 49%를 받기로 정식 계약을 맺었다. 이 밖에도 그는 티셔츠, 머그잔, 관광상품, 와인 레벨(2012년) 등에 그림이 사용될 때마다 저작권료를 받을 수 있게 되었고 수익금은 자선사업에 사용하고 있다.

2) 창의적인 취향의 개별성

실존주의 철학자 사르트르의 말을 빌리면 실존이 본질보다 앞선다고 했다. 인간은 규정된 것이 아니기에 자신은 스스로 삶의 가치를 만들어가야 한다는 의미다. 인간의 존재 이유나 근거가 미리 주어진 것이 아니라 자유로운 선택의 문제다. 사르트르에게 미리 주어진 인간의 본질은 의미가 없으며 단지 선택하는 자유만 있을 뿐이다. 인간은 자신의 삶을 어떻게 살아야 하는지에 대한 구체적인 문제는 매시간 선택하고 결정해야 하는 문제로 불안한 존재다. 자유로운 선택과 결과에 대한 모든 책임은 나에게 있기에 그 자유는 해방이 아니라 공포인 것이다. 인간은 미래의 가능성을 향해 던져지고 스스로 만들어가는 것이 실존의 가치다. 스스로 초월하는 것이 주체다. 인간은 자기 스스로 실현하는 한에서 실존한다. 스스로 만들어가는 것이 실존의 법칙이다.

여행 일정은 여행자들이 스스로 정보들을 채집하고 선택하여 결정된다. 사실 여행의 진정한 가치는 일탈이며 미지의 세계에 나를 자유롭게 던져놓는 것이다. 미리 주어진 기준이나 의도가 있는 관광도 있지만, 여행의 가치는 어느 날 나를 낯선 곳으로 데려가는 것이다. 자유와 우연한 만남이 여행의 본질이지만, 불안이나 고독을 통해 자신을 초월하는 것이다. 문화예술에 대한 관심은 창의적인 사고에 관한 관심에서 출발한다. 영국 런던에는 그라피티 화가가 종종 창의적인 낙서를 남긴다. 이름도 얼굴도 알려지지 않은 거리 화가 '뱅크시(Banksy)'다. 최근 보도에 따르면 그가 낙서한 집은 4억짜리 집값이 72억으로 껑충 뛰었다는 기사가 있었다.[1)]

◆◆ Vale Street in the Totterdown suburb of Bristol, South West England(Photo by Matthew Horwood / Getty Images) / Banksy, 〈Balloon Girl〉, 이미지 : http://www.banksy.co.uk

3) 혁신적인 고품격 문화체험

예술가와 예술작품에 접근한다는 것은 대중적인 가치보다는 좀 더 심오한 가치를 추구한다는 의미에 가깝다. 예술활동은 예술가들의 치열한 사유의 과정에서 구현된 결과물로 풍요로운 감정과 깊은 사유를 느낄 수 있는 것이다. 물론 예술품이 아름다운 것만을

1) 연합뉴스, '뱅크시 벽화에 집값 4억→72억 껑충…집주인 "안 팔아"', 한종구 기사 참고, 2020.12.12

추구하지는 않는다. 미술의 역사는 과거에 성취한 것을 부정하는 반동의 역사였다. 새로움을 창조하기 위해 기존의 가치를 흔드는 것이다. 계승보다는 부정하고 그 위에 새로운 가치를 부여하는 것으로 예술의 근본적인 가치는 반동과 혁신에 있다. 현실에 만족하거나 안주하여 얻은 결과를 예술품이라 말하지 않는다. 언제나 예술가들의 업적에는 수많은 고통과 고민이 함께한다. 인간의 보편적인 가치를 추구하는 과정에서 인간적인 삶에 대해 깊은 사유의 늪에서 허우적거리다 간신히 빠져나온 결과들이다. 예술은 근본적으로 고통의 산물이며 상상력의 소산이다. 사고가 변해야 우리의 삶도 변화될 수 있다. 예술가들의 혁신적인 삶에는 고품격의 사유가 있다. 그들의 세계에 한발 다가선다는 것은 어쩌면 모험의 세계로 들어가는 것이다.

4) 디지털 시대의 시뮬라크르 현상

디지털 문명이 도래하면서 가상과 현실의 경계가 모호해져 사이비 혹은 가짜 이미지와 정보는 갈수록 다양한 형식으로 재생산되고 있다. 인터넷 시대에 나타난 '인터넷 밈(internet meme) 현상'은 황당하거나 중독성 있는 대상이라면 무엇이든 퍼진다. 프랑스 사회학자 보드리야르는 이미 가짜의 시대인 '시뮬라크르 현상'에 대해 지적한 바 있다. 현대는 복제의 복제 즉 원본과 상관없는 그럴듯한 '가짜 이미지'들이 사회를 지배한다는 것이다. 이런 시뮬라크르 시대인 지금 우리 주변에는 다양한 분야에서 거짓 정보가 차고 넘친다. 건강에 대한 허술한 정보뿐 아니라 학위 위조와 논문 표절 등이 사회문제가 된 지 오래다. 그러나 대중은 황당하고 엽기적인 사건에서도 재미를 얻고 동시에 고품격의 교훈을 발견하기에 언제나 지혜롭다. 흥미 위주의 가치도 의미가 있지만, 각종 거짓된 정보에 손해를 보고 살지만은 않을 것이다.

이런 진짜인 듯한 문화현상은 특히 중국 등지에서 관광자원과 관련된 분야에서 활발하게 기획되는 중이다. 중국 상해에는 유럽 건축물을 모방하여 만든 거대한 시뮬라크르의 도시가 하나의 관광자원이 되었다. 광둥성 후이저우시(惠州)는 오스트리아 잘츠카머구트의 '할슈타트(Hallstatt)' 마을을 그대로 모방한 '후이저우 하슈타트어(哈施塔特)'[2]도 여행자들의 관심을 끌고 있다. 앞으로도 중국은 항저우의 '프랑스 마을' 등 부동산 개발

2) 조선일보, 짝퉁 천국 광저우, 곽수근 광저우 특파원 기사 참고, 2013.09.12

과 관광지 개발 등의 이익과 맞물려 짝퉁 마을 건설을 연이어 계획하고 있다. 일본은 나가사키에도 네덜란드 도시 '하우스텐보스'를 구현하여 관광지를 만들었고, 하코네란 소도시에 아주 적은 수의 유품으로 '어린 왕자 박물관'을 꾸미기도 했다. '빨간 머리 앤'이란 소설 속 이야기의 배경을 관광지로 개발한 캐나다 동쪽의 섬 노바 스코티아(Nova Scotia)라는 여행지도 세계적으로 유명하다. 대한민국에는 남해에 이주민들이 귀향해서 만든 '독일 마을'이 있고, 유럽의 현실과는 무관하게 분위기만으로 만들어진 공간으로는 가평에 '쁘띠 프랑스'와 '에델바이스' 마을, 제주도에 '스위스 마을'도 있다. 그러나 시간이 지나면 진정성은 훼손되고 최초의 목적하던 바와 달리 방향성을 잃어 사라지게 될 것이다.

4 세계 시각문화예술 관광콘텐츠

1) 프랑스 미술관광 콘텐츠

프랑스는 인류 최초의 시각문화유산인 미술품을 남긴 역사적인 곳이다. 프랑스 중부 라스코에서 선사시대 동굴벽화가 발견된 것이다. 그 누구도 동굴벽화가 문자 이전의 사람들이 그렸을 것이라곤 상상도 못했다. 스페인에서 알타미라 동굴이 발견되었을 때 피카소는 도저히 3만 년 전에 그렸다는 것을 믿을 수 없었다고 전한다. 그는 "알타미라 이후 모든 것이 퇴보했다."라고 한탄한다. 그리고 1948년 프랑스 라스코 동굴벽화도 관람하였는데, 피카소는 "그들은 예술에 관한 모든 것을 발견했어!"라고 안내인에게 감동을 전했다.

아마도 그림의 정교함과 생동감으로 미술 전문가들의 충격은 대단했을 것이다. 선사시대 그림뿐만 아니라 고대 이집트 미술, 고대 그리스와 로마 시대의 미술로 변모되면서 미술은 삶의 영역에서 상당히 중요한 주술적인 역할뿐만 아니라 심미적인 기능으로 확장된 것이다. 이탈리아 르네상스의 현실적인 미의 가치는 고대 그리스인들이 추구한 이상적인 미의 가치를 계승한 것이다. 르네상스 이후 미술의 영역은 경제적인 팽창에 따라 유럽 전역으로 확산하였다. 이제 미술은 프랑스 파리를 중심으로 전개되면서 고전주의 미술, 바로크 미술, 로코코 미술, 신고전주의, 낭만주의, 상징주의, 사실주의, 인상주의,

야수파, 입체주의, 초현실주의로 진행된 것이다. 시각문화예술의 문화유산은 유럽 전역에 걸쳐 다채로운 양상을 보여주는 만큼 도시마다 경제적인 부를 가진 사람들이 수집한 미술 컬렉션은 미술관 건립을 추진하는 이유인 것이다.

(1) 남프랑스 미술가들의 작업실

가. 니스, 시미에(Cimiez) 마티스 미술관

남프랑스 니스에 가면 야수파 화가 마티스 미술관을 만날 수 있다. 마티스 미술관은 고대 로마 유적이 남아 있는 시미에(Cimiez)라는 지역에 있다. 1917년 48세에 마티스는 니스에서의 또 다른 삶을 시작한다. 미술 작품에만 집중하겠다는 일념에서 선택한 곳이다. 앙리 마티스는 1930년대 초에 니스에서 멀지 않은 레지나 저택(Hotel Regina)에 머물며 37년간 작품 활동을 하다가 이곳에서 생을 마감한다. '앙리 마티스 미술관'은 유서 깊은 아렌 저택(Villa des Arnes, 1685년에 건립)을 니스시가 구매하여 1963년에 국립미술관으로 개관하였으며, 그의 작품 500여 점을 소장하고 있다. 멀지 않은 방스(Vence)에는 말년에 병든 몸을 이끌고 다녔던 로제르 예배당(Chapelle du Rosaire)이 있다. 이 예배당은 마티스가 1943년 별장으로 사용하던 곳이었으나 1941년 이후 침대에 누워 지내야만 했던 자신의 병간호를 정성껏 해준 도미니크 수도회 수녀에게 보답하기 위해 로제르 예배당(Chapelle du Rosaire)을 짓기로 한다. 마티스가 설계하고 장식 일체와 자신의 재능을 기부하고 열정적으로 참여함으로써 1948년에 착공하여 1951년에 완공된 것이다. 스테인드글라스와 성직자의 예배용 의복까지 디자인하였다. 방스에서는 마티스 예배당

◆◆ 니스, 마티스 미술관과 로제르 예배당(이미지 출처: 니스 시청 사이트 / http://chapellematisse.com/)

으로 더 알려진 곳이다. 여든 무렵에 그는 색종이를 잘라 조형화하는 창의적인 형식의 작품을 제작하고 있었다. 이후 1954년 11월 84세의 나이로 세상과 작별한다. 시미에 노트르담 수도원 공동묘지에 마티스 부부의 무덤이 마련되었다.

나. 예술가의 마을, 생폴드방스(St. Paul de Vence)

가) 에메 매그(Aime Maeght) 미술재단

프랑스 남부 생폴드방스(St. Paul de Vence)에는 에메 매그(Aime Maeght, 1906~1981) 재단의 사립미술관이 있다. 1964년에 설립된 이 사립미술관은 에메가 수집한 피카소의 작품 등 7,000여 점의 작품이 소장되어 있다. 매그는 현대미술의 아트 컬렉터로서 2차 세계대전 이전부터 신예작가였던 피에르 보나르, 앙리 마티스, 호앙 미로, 자코메티 등의 후원자였으며 상당히 친밀하게 지낸 것으로 알려졌다. 사설 미술관으로서는 유럽에서 가장 규모가 크다. 마그재단 건축물은 스페인 건축가 호세 루이스 세르트(Josep Lluis Sert)에 의해 설계되었다. 미술관 정원에는 자코메티, 알렉산더 칼더, 호앙 미로, 브라크의 작품이 설치되어 있다.

나) 샤갈의 마을, 생폴드방스(St. Paul de Vence)

마르크 샤갈(1887~1985)이 30년간 아내 바바와 함께 여생을 보냈던 곳도 니스 근처 생폴드방스(St. Paul de Vence)에 있다. 세계대전 이후 마티스, 샤갈, 피카소, 이브 몽탕, 로저 무어가 살면서 유명해진 마을이다. 리투니아 출신의 수틴(Soutine, 1894~1943), 페르낭 레제(1881~1955), 장 콕도(Jean Cocteau, 1889~1963), 롤링 스톤즈의 멤버 중 하나인 빌 와이만(1936~)도 거주하는 곳이다.

이곳에는 1966년에 제작한 17점의 연작 〈성경의 메시지〉를 샤갈이 86세가 되던 해인 1973년에 프랑스 정부에 기증하면서 국립 샤갈 성서 미술관(Musee National Message Biblique Marc Chagall)이 탄생한다. 개보수와 확장공사를 거쳐 '국립 마르크 샤갈 미술관(Musee national Marc Chagall)'이란 이름으로 재탄생했다. 이후 샤갈은 1977년 프랑스 정부로부터 레지옹 도뇌르 훈장을 받았고, 생존 화가로 루브르 박물관에 작품이 소장되어 걸리는 영광스러운 기회를 얻은 화가였다.

1952년 마르크 샤갈과 결혼한 바바[3])는 샤갈이 97세로 사별하게 된 1985년까지 무려 33년을 함께했다. 그의 후반부 결혼생활 절반을 함께 살았던 셈이다. 바바는 샤갈이 죽고 난 후에도 샤갈과 함께 지내던 생폴드방스에서 샤갈의 유작들을 관리하고 컬렉션을 정리하면서 살다가 88세이던 1993년 12월에 사망한다. 두 사람은 집에서 가까운 프랑스 생폴드방스 유대인 마을 묘지에 묻혔다.

◆◆ 국립 마르크 샤갈 미술관(사진 : 니스 시청)

다. 카뉴-쉬르-메르(Cagnes-sur-Mer), 르누아르의 집

남프랑스의 프로방스, 카뉴-쉬르-메르(Cagnes-sur-Mer)는 해안 도시로 피에르-오귀스트 르누아르가 말년에 마지막으로 살았던 레 콜레트(Les Collettes) 농가가 있다. 현재 이곳은 '카뉴-쉬르-메르 르누아르 뮤지엄(Musee Renoir de Cagnes-sur-Mer)'으로 개방하였다. 1907년 말년에 류머티즘 발작을 일으켰고, 그 고통이 더욱 극심해지면서 치료를 위해 '도멘 데 꼴레뜨(Domaine des Collettes)'라고 불렸던 농가와 농지를 매입해 정착한다. 1919년 마지막 시간까지 12년 동안 그의 아내 및 세 자녀와 함께 이곳에서 살았다. 르누아르의 집 정도로만 유지되었던 이 농가를 2013년에 프랑스 문화부가

3) 1952년 첫째 부인 벨라와 낳은 딸 이다(Ida)가 결혼하고 출가하면서 아버지에게 여비서를 소개했다. 그는 발렌티나 브로드스키(Valentina Brodsky, 1905~1993)였다. 애칭으로 불리던 '바바(Vava)'는 러시아계 유대인으로 런던에서 아주 성공적인 모자 가게를 운영하던 사람이었다. 처음에는 샤갈의 비서로 왔으나 몇 개월 뒤 47세의 바바는 65세의 샤갈과 재혼하였다.

새롭게 손질해서 다시 문을 열면서, '르누아르 미술관(Musee Renoir)'으로 공개했다. 그의 삶을 조명해 볼 수 있는 조각과 편지, 사진, 문서와 원본 그림들이 집안에 전시되어 있다.

남프랑스에 사는 동안 2명의 동반자가 있었다. 가브리엘 르나르(Gabrielle Renard)는 르누아르 작품의 모델이었으며 헌신적으로 도움을 준 뮤즈였으며, 1919년 르누아르가 78살에 죽을 때까지 함께하였다. 그녀는 15살부터 르누아르 집안에서 함께 지냈었다. 르누아르의 둘째 아들 장(Jean Renoir, 1894~1979)을 몰래 낳았으며 그는 나중 유명한 프랑스 영화감독이 되었다. 또 다른 동반자는 아내 알린 샤리고(Aline Victorine Charigot, 1859~1915)로 르누아르 뮤지엄에 그녀의 목조각이 있다. 르누아르보다 18살이 어렸으나 1881년 22세에 르누아르와 동거를 시작해서 1885년에 피에르(Pierre Renoir, 1885~1952)라는 첫째 아들을 낳았고, 그녀가 31살이 되던 1890년 결혼식을 올렸다.

◆◆ 카뉴-쉬르-메르 르누아르 뮤지엄(사진: 카뉴 관관청)

라. 피카소가 잠든 곳, 무쟁(Mougins)

피카소는 1958년 남프랑스에 있는 프로방스(Provence) 알프-꼬뜨-다쥐르(Alpes-Côte d'Azur) 지방 무쟁(Mougins)으로 향한다. 액상-프로방스의 생트-빅투아르 산(Mont Sainte-Victoire) 중턱, 바우베나르구스 마을에 있는 중세시대에 만들어진 성을 매입하여 생활공간과 작업실로 사용한다. 보브나르그 성(Chateau Vauvenargues)은 피카소와 자클린 로크(Jacqueline Roque)[4] 부부가 마지막 여생을 보낸 곳이다. 그곳에서 피카소는 1973년 4월 8일 92세를 일기로 사망하고, 13년 후 자살로 생을 마감한 그의 아내 자클린 로크와 함께 묻힌 무덤이 있다. 피카소가 마지막 여생을 보낸 집을 일반인에게 공개하지 않았으나 최근 한시적으로 개방이 시작되었다.

◆◆ 피카소의 보브나르그 성(이미지 출처 : Le Figaro)

2) 프랑스 인상주의 화가들의 활동무대

가. 반 고흐가 마지막 삶을 살았던 오베르-쉬르-와즈

작열하는 태양이 눈이 부시던 7월, 네덜란드에서 태어났으나 유럽을 떠돌다 태양 속으로 사라진 이방인이던 화가 반 고흐의 실존적인 삶을 돌아본다. 짐멜의 정의처럼 이방인이란 방랑자와 토착민의 특성을 모두 가지고 있으며, 항상 배척당할 위험을 극복하고 스스로 삶을 살아가기 위해 처절하게 살았던 사람들이다. 평생 이방인처럼 살았던 반 고흐도 근원적인 존재에 대한 고민과 한 인간으로서 실존적인 불안이 항상 그의 삶 속에 있었을 것이다. 이방인의 주인공 뫼르소(Meurso)가 태양(soleil)과 살인(meurtre)을 연상

4) 피카소의 일곱 번째 여인 자클린 로크(Jacqueline Roque)는 1954년 27세에 피카소가 73세에 만난다. 자클린은 발로리스(Vallauris)의 마두라 도자기 공방(Madoura Pottery Studio)의 매장 직원이었다. 18살에 결혼해서 딸을 키우던 이혼녀였지만, 피카소는 그녀와 인연을 맺고 1961년 80살에 올가(Olga Khokhlova)와 정식으로 이혼한 후 두 번째로 정식 결혼을 한다. 남프랑스 무쟁(Mougins)의 고성에서 그녀는 20년이 넘도록 피카소의 뒷바라지와 애정으로 함께 보냈다. 피카소 사후 유산 다툼을 10여 년 동안 수습하고 1986년 자클린 로크(Jacqueline Roque)는 피카소의 생일날 무덤 앞에서 권총으로 자살했다. 피카소와 함께 영면하기 위해 스스로 생을 마감한 것이다.

시키는 이름처럼 반 고흐도 작열하는 태양을 상징하던 해바라기 그림을 여러 점 남기고는 신적인 존재로 삼던 태양에 몸을 맡겼다.

◆◆ 반 고흐가 마지막 삶을 살았던 오베르-쉬르-와즈의 라부의 집, 그의 무덤 곁엔 동생 테오가 함께 안장 (이미지 : 저자)

누군가는 예술가가 살았던 장소를 방문하고 산책하는 일이 단순한 여행 그 이상의 감동과 가치를 지닌다. 알랭 드 보통은 "화가가 어떤 장소를 규정할 만한 특징을 매우 예리하게 선별해 냈다면, 우리는 그 풍경을 여행할 때 그 위대한 화가가 그곳에서 본 것을 생각하게 되기 마련이다." 반 고흐가 잠시 말년을 보냈던 오베르-쉬르-와즈 마을에는 그가 살던 다락방, 그의 그림 속 산책로도 거기에 있어 여행자도 같은 길을 걸을 수 있고, 그가 드나들던 성당과 주변을 바라볼 수 있다. 그가 걷다가 잠시 화구를 내려놓고 그림을 그린 장소에서 바라보는 풍경도 세월의 흐름 말고는 하나도 달라진 것이 없다.

반 고흐는 네덜란드 준데르트(Zundert)에서 탄생 후 네덜란드, 벨기에 그리고 영국에서 생계유지와 신학 공부를 위해 돌아다녔고, 1885년 네덜란드 뉘넨(Nuenen)을 떠나 프랑스에 도착한 후 한 번도 조국 땅을 밟지 않았다. 이후 그는 1886년 프랑스 파리에서 2년, 프로방스의 아를과 생폴드모졸(St. Pau de Mausole) 요양원에서 1년간 머물다 다시 파리로 돌아왔다.

그는 동생 테오의 도움으로 1890년 5월 20일 오베르-쉬르-와즈라는 작은 마을에 도착해서 70일 정도 머무르며 80여 점의 마지막 작품을 남겼다. 밀밭에서 〈까마귀 나는 들판〉을 마지막으로 그리고 7월 27일 권총으로 자살을 시도하여 29일 홀연히 떠났다.

반 고흐가 잠시 머물렀고 그의 영원한 안식처가 있는 이 작은 마을은 화가로서 치열한 예술적인 삶이 숭고한 가치로 남아 여행자들의 발길이 끊이질 않는다. 반 고흐라는 화가가 유년기를 보낸 마을 그리고 예술가로서 머문 장소들인 프랑스 남부 프로방스의 생-레미와 아를 또한 여행자들의 호기심을 자극하는 장소다.

반 고흐가 말년을 잠시 보낸 오베르-쉬르-와즈(Auvers-sur-Oise) 근처에 선배 화가 피사로가 살았던 퐁투와즈(Pontoise)가 있다. 1872년 폴 세잔도 이곳에 머물며 10여 점의 작품을 남겼으며, 모네, 폴 고갱도 이곳에 합류하여 그림을 그리던 시기가 있었다. 1882년 피사로는 퐁투와즈(Pontoise) 근처 오니(Osny)로 작업실을 옮겨 30년을 살았던 곳이다.

◆◆ 반 고흐가 사망 전에 그린 그림, 〈까마귀가 나는 밀밭〉(1890년 7월) / 오베르-쉬르-와즈 방문했을 당시의 밀밭 모습(이미지: 저자)

나. 반 고흐가 아를에서 그린 그림들

1886년 2월 20일 테오에게 말도 없이 파리를 떠나 아를에 도착한다. 파리에서 반 고흐는 선배인 툴루즈-로트렉이 자족적인 미술가 공동체를 제안한 내용에 관심을 가지고 도착한 곳이다. 그는 고갱과 베르나르와 의기투합하여 남프랑스 프로방스 지역 아를에 모여 공동 창작촌을 만들자며 기대하고 있었다. 부푼 꿈을 안고 그가 먼저 아를에 내려와 '노란 집(Yellow House)'을 빌려 1층 침실과 2층에는 2개의 작업실로 꾸미고 파리에 있는 동료들을 부른다. 특별히 의지하고 존경하던 고갱을 기다리며 40여 점의 유화 작품을 그렸는데 가장 중요한 작품은 〈해바라기〉, 〈밤의 카페〉, 〈아를의 화가의 집〉 등이다. 1888년 10월 28일 고갱만이 아를에 왔다. 간절히 바라던 반 고흐에게 고갱이 온 것은 사실은 동생 테오가 그림을 팔아줄 것이란 속셈이 있었기 때문이다. 그러나 두 사람의 공동생활은 갈등과 다툼의 연속이었으며 2개월을 채 넘기지 못했다. 마침내 크리스마스

전날 밤에 고흐는 고갱과 다툰 끝에 면도칼로 자신의 왼쪽 귓불을 잘랐고 창녀 리셸에게 건네주며 조심히 다루라는 말을 남기고 떠났다. 다음날 반 고흐는 아를 '디에우 정신병원'에 입원했고, 내과의 펠릭스 레이의 치료를 받은 후 1월 7일 퇴원하며, 감사의 선물로 의사를 위해 초상화를 그렸으나 의사인 펠릭스 레이는 맘에 들지 않았다.

◆◆ 반 고흐, 〈아를의 노란 집〉, 1888 / 반 고흐, 〈파이프를 물고 귀에 붕대를 한 자화상〉, 1889년 1월 15일 / 반 고흐, 〈펠릭스 레이 박사 초상화〉, 1889

다. 생폴드모졸(St. Paul de Mausole) 요양원

반 고흐는 1889년 5월 3일 생레미드프로방스(St. Rémy de Provence)에 있는 수도원 부설기관인 생폴드모졸(St. Pau de Mausole) 요양원에서 생활한다. 982년부터 문을 열었던 수도원은 베네딕도회 성-안드레아(Saint-André) 수도원이었다. 성당의 수도원 자리에 1080년에 다시 지어졌고 오래전부터 생폴드모졸 요양원(Saint Paul de Mausole)으로 수도원 부설 정신병원과 요양소가 함께 있는 곳이다. 한적한 입구에는 올리브나무로 둘러싸인 도시로부터 떨어진 외진 곳이었다.

생 레미의 생폴드모졸(St. Pau de Mausole) 요양원에는 1890년 5월 16일까지 반 고흐(Vincent van Gogh)가 12개월 동안 치료받던 방과 작업실이 있다. 동생 테오가 요양비용도 지급하였고, 두 개의 작은 방을 임대했다. 빈센트 반 고흐는 이곳에서 12개월 동안 생활하면서 되풀이되는 발작과 절망과 평안 사이를 오가며 그림을 그렸다. 이곳에서 그는 자신의 자화상뿐만 아니라 〈수선화〉, 〈아이리스〉, 〈별이 빛나는 밤〉, 〈사이프러스 나무〉, 〈생폴드모졸 예배당 풍경〉, 〈요양원 정원〉, 〈올리브 수확하는 여인〉 등 가장 중요한 걸작을 남겼다.

라. 지베르니, 모네의 정원, 루앙

프랑스 르 아브르(Le Havre) 항구에서 해돋이를 바라보던 화가 클로드 모네의 시선은 혁신적이었다. 그는 해돋이를 바라보면서 미술의 새로운 가치를 꿈꾸며 예술가의 임무와 역할에 대해 고민했을 것이다. 지금껏 익숙하던 방식이 아닌 다른 방식으로 세상을 주시했을 것이다. 1872년 그린 모네의 작품 〈해돋이, 인상〉은 프랑스는 물론 세계 미술사를 뿌리째 흔들었다. 모네 이후의 그림은 외부대상의 닮음이나 재현보다는 형식의 문제로 나아가 재현과 모방에서 벗어났으며, 그림 속 이야기를 그리기보다는 추상의 개념이 싹트게 되었다. 이제 그림은 시각적 아름다움이 아닌 미술 형식을 통해 정신적인 태도로 나간 것이다.

'인상주의'라는 용어를 만들어낸 모네의 파격적인 〈해돋이, 인상〉 그림은 1874년 4월 15일부터 5월 15일까지 한 달간 그룹전시에서 공개되었다. 단순해 보이는 모네의 그림은 프랑스 대서양에 인접한 '르 아브르(Le Havre)' 항구의 모습이다. 이른 아침 태양이 떠오르고 있으나 짙은 해무로 형상들을 구분하기는 어렵고 바다 한가운데 배를 끌고 가는 사공의 실루엣이 그나마 분명하다. 바다와 하늘의 경계도 없고 그림 속 모든 것이 모호하고 불분명하여 특별히 볼 것이 없는 싱거운 그림이다. 과학의 명료함을 추구하던 당시 사람들로선 불성실하고도 모호한 그림이 불만스럽다. 비싼 물감으로 대충 칠한 성의 없는 태도 때문에 화가는 대중으로부터 미친 사람 취급을 받았을 것이며, 새로운 세상을 여는 도전에 주류 화가들로부터도 말할 수 없는 비난과 손가락질을 감수해야만 했다.

◆◆ 지베르니 모네의 집(이미지: 클로드 모네 재단, 프랑스 관광청)

클로드 모네(1840~1926)가 꾸미고 만든 지베르니 정원에서 그는 44년간 살았다. 지베르니는 프랑스 북부 루앙 근처에 있는 작은 마을이다. 이 마을에 정착한 그는 가까운 루앙시에 있는 성당을 연작으로 그렸으며, 모네의 수련 연작이 탄생한 곳이다. 모네의 정원은 길을 사이에 두고 나뉘어 있으며 서양식과 일본식의 정원으로 구분된다.

마. 몽마르트르와 수잔 발라동과 르누아르

몽마르트르 언덕 성심성당 옆에 있는 광장은 교수형을 처하던 장소였다. 테르트르 광장(Place du Tertre)이라 불리는 곳에 화가들이 모이고 관광객들이 작품을 흥정하는 유명한 관광지다. 20세기 초 많은 파리의 화가들에게 사랑받았던 카바레 '라팽 아질(Lapin Agile, 뛰는 토끼)'이 옆에 있고 달리 미술관인 '살바도르 달리 스페이스(L'Espace Salvador Dalí)'도 근처에 있다. 언덕을 조금 내려가면 1910년대의 몽마르트르 언덕에서 생활하던 가난한 예술가들의 합숙소 세탁선 '바토 라부아르(Le Bateau-Lavoir)'가 있으며, 이곳에서 피카소는 1907년 〈아비뇽의 처녀들〉이란 걸작을 완성해 20세기 입체파를 탄생시킨 곳이다. 피카소는 1900년 파리박람회가 열리던 해인 19살에 바르셀로나 단골식당이던 '4마리 고양이'에서 첫 전시를 마치고 가장 친한 친구 카사헤마스(Carlos Casagemas)와 파리에 도착한다. 무명이던 피카소는 운 좋게 미술품 딜러 페레 메나치(Pere Menach)와 전속 계약을 맺는다. 그러나 1년 뒤 1901년 친구 카사헤마스가 권총으로 자살을 한다. 프랑스 파리 몽마르트르 언덕에 있는 유대계 시인 막스 자코브(Max Jacob)의 아파트에서 함께 살고 있을 때다. 1913년에는 모나리자 도난 사건에 아폴리네르와 연루되었으나 무혐의로 풀려나면서 신문을 통해 피카소라는 이름을 알리게 된다.

'몽마르트르 미술관(Musée de Montmartre)'은 19세기의 르누아르(Renoir)와 라울 뒤피(Raoul Dufy)가 스튜디오와 숙소로 사용했던 곳이고, 당대 유명한 인상주의 화가의 모델이었으며, 프랑스 여성화가 수잔 발라동(Suzanne Valadon)과 그의 아들이자 화가인 모리스 위트릴로(Maurice Utrillo)와 함께 1912년부터 1926년까지 14년간 살았던 집이다. 수잔 발라동(Suzanne Valadon)은 드가와 르누아르, 툴루즈-로트렉 등의 모델이며 동료 화가였다. 르누아르도 1875년부터 1877년까지 이곳에 살며 그림을 그렸다. 오르세이 미술관 소장품인 〈그네(La Balançoire)〉(1876), 〈물랭 드 라 갈레트의 무도회(Bal du Moulin de la Galette)〉' 그림도 이 작업실에서 탄생했다. 미술관 안뜰에는 르누아르 정원도 있다. 르누아르는 수잔 발라동과 연인관계로 지내기도 했다. 툴루즈-로트렉의 모델이기도 했던 수잔 발라동은 그와 결혼하기 위해 음독자살 소동까지 벌이기도 했으나 툴루즈-로트랙은 독신으로 살았다.

수잔 발라동은 1865년 9월 23일 프랑스 중부 오트비엔에서 출생하였다. 가난한 세탁부의 사생아로서 파리에서 6살 때부터 어머니의 세탁 일을 도왔다. 원래 이름은 마리 클레망틴 발라동(Marie-Clementine Valadon)이다. 1880년 15세 때 서커스단의 곡예사로 활동하다가 18세에 아들을 출산한다. 아들 모리스 위트릴로(Maurice Utrillo, 1883~1955)는 10세 때 발라동의 오래전 연인이자 친구인 스페인 화가 미구엘 위트릴로(Miguel Utrillo, 1862~1934)가 자신의 호적에 입적한다.

18세에 프랑스 상징주의 화가 샤반느의 하녀로 그의 작업실 청소를 하다 샤반느의 눈에 띄어 그의 모델이 되었다. 1886년 21세에 툴루즈-로트렉이 그녀의 재능을 발견하고 그림을 그리도록 격려하였으며, 개인전을 열도록 도움을 주었다. 툴루즈-로트렉은 그녀에게 수잔이란 이름을 지어주면서 이후 수잔 발라동이라 불렸다. 1890년대 초반에 열린 발라동의 첫 번째 전시회는 에릭 사티의 초상화가 많았는데, 1892년 에릭 사티(Eric Satie, 1866~1925)와 6개월 동안 동거를 했기 때문이다. 프랑스 현대음악의 아버지로 불리는 에릭 사티(1866~1925)는 그녀와 헤어진 후 평생 독신으로 살아간다. 1893년 28세의 수잔은 누드모델을 청산하고 화가의 길로 들어선다. 이후 1896년 은행가였던 폴 무시스(Paul Moussis)와 결혼한다. 1894년 발라동의 첫 살롱전에서 드가는 그녀의 작품 〈목욕통〉 외 3점을 구매 후 많은 도움을 주었다. 드가의 도움으로 수잔 발라동은 정식 화가로 데뷔하였으며, 29세에 여성 최초로 프랑스 국립예술원(Salon de Nationale) 회원이 되었다. 1908년 아들 모리스 위트릴로의 친구이자 화가였으며 21세 연하 앙드레 우터(Ander Wooter)를 만나 사랑에 빠진다. 폴 무시스와 이혼 후 그와 1914년 정식으로 결혼하였으며, 1938년 73세에 홀로 생을 마감한다. 수잔 발라동의 장례식엔 피카소, 발자크 등이 참석하였다. 그녀는 평생 약 300점의 드로잉과 450점이 넘는 유화를 남긴 위대한 프랑스 여성 화가였다.

르누아르, 〈부지발의 무도회(수잔 발라동)〉(부분), 1883 / 수잔 발라동, 〈푸른 방〉, 1923

3) 프랑스 미술관

가. 고전주의, 파리 루브르

프랑스 루브르 박물관은 세계 3대 박물관 중 하나다. 2019년 유료 관객 수는 천만에 가깝다. 미술관 방문객으로 세계 최고다. 소장된 작품의 양도 풍부하지만, 그 규모 또한 최고의 박물관이다. 루브르(Louvre)의 어원이 늑대라는 라틴어 'Lupara'의 의미를 지닌 말이며,[5] 프랑스어의 'loup'도 늑대다. 아마도 과거 12세기경에는 늑대가 살았던 장소로 알려진 곳이다. 늑대 성 루브르(Louvre)는 원래 프랑스 왕가의 요새화된 궁전이었다. 1672년 루이 14세가 베르사유 궁전으로 이전하면서 그동안 수장고에 있던 왕실의 수집

루브르 박물관(이미지 : 프랑스 관광청)

5) 백상현, 라깡의 루브르, 위고, 2012

품을 루브르에 전시하게 된 것이다. 1793년 8월 10일 537점의 그림을 시민에게 공개하면서 박물관으로 재탄생하게 된 것이다. 최고의 초상화라 불리는 레오나르도 다 빈치의 〈모나리자(La Joconde)〉, 고대 그리스 조각 〈밀로의 비너스(Venus de Milo)〉 등 그 수를 헤아리기 어려운 세계 최고의 미술품들로 채워져 있다.

나. 파리 인상주의, 오르세 미술관

프랑스 파리, 루브르 박물관 건너에 오르세 미술관(사진 : 저자)

오르세 미술관 건물은 원래 1900년 파리 세계무역박람회를 위해 지어진 기차역이다. 이후 리모델링 후 오르세 미술관(Musee d'Orsay)으로 공개한다. 오르세 미술관에는 반 고흐(Van Gogh)의 〈별이 빛나는 밤(Starry Night)〉을 비롯하여 19세기와 20세기 사실주의, 인상파, 신인상파, 후기인상파, 상징주의 화가의 작품이 전시되고 있다. 전시실에서는

오르세 미술관 내부와 미술관 이전 역의 모습(이미지 : 위키백과)

쿠르베, 밀레, 모네, 마네, 르누아르, 피사로, 반 고흐, 고갱, 드가의 유명한 작품들을 만날 수 있는 흥미로운 미술관이다. 인상주의 화가들이 즐겨 찾았던 곳은 파리 근교와 남프랑스 그리고 오베르-쉬르-와즈, 프랑스 북서부에 위치한 노르망디 지방의 옹플레르, 밀레가 살았던 퐁텐블루 근처 바르비종이 있다.

다. 파리 오랑주리 미술관

프랑스 파리 콩코르드 광장(Place de la Concorde)에서 공원 입구로 들어서면 우측에 있는 미술관이다. 좌측에는 '주드 뽐므'라는 국립 갤러리가 있다. 튈르리 정원(Jardin des Tuileries) 끝에 자리 잡은 오랑주리는 오르세 미술관(Orsay Museum)을 센강을 사이에 두고 마주보고 있으며 다리를 건너갈 수 있다. 오랑주리(Orangerie)는 '오렌지 나무를 키우던 온실'이다. 1564년에 건축된 튈르리 궁전은, 1871년 소시민과 노동자로 이루어진 파리 코뮌(Paris Commune)의 시민군 시가전에서 궁전 대부분은 불타 부서지고, 현재는 정원밖에 남지 않았다. 입구엔 '클로드 모네의 수련, 장 발터(Jean Walter)와 폴 기욤(Paul Guillaume)의 컬렉션'이라 쓰여 있다. 오랑주리 미술관은 1927년에 개관하였으며, 파리의 유명한 화상이었던 폴 기욤(Paul Guillaume)의 소장품과 기욤이 세상을 떠난 후 재혼한 그의 부인의 새로운 남편 건축가 장 발터(Jean Walter)가 수집한 컬렉션 146점을 소장 전시하고 있다.

오랑주리는 처음에 모네 연작 '수련'만을 위해 지어진 미술관이었다. 미술관 위층에 마련된 '모네의 수련(Monet's Nymphéas) 전시관'은 8점의 대형 수련작품이 특별히 디자인된 타원형 전시실에 설치되어 있다. 1927년 말년의 모네가 직접 자신의 작품을 전시할 두 개의 거대한 타원형 전시실을 직접 지휘하며 지베르니의 영감을 옮겨 물 위에 뜬 수련의 이미지를 그렸다. 전시장 아래층에는 장 발터(Jean Walter)와 폴 기욤(Paul Guillaume)의 컬렉션들이 전시되어 있다.

클레망소는 1918년 11월 모네의 지베르니 아틀리에를 찾아와 대형작품을 의뢰했다. 모네는 수련작품을 시민이 언제든 볼 수 있게 할 것, 전시장은 장식이 없는 하얀 공간으로 일정하게 하고 작품은 자연광으로 감상하게 할 것 등 몇 가지 제한된 조건을 전제로 마지막 남은 생의 작업을 프랑스 총리 클레망소와 정식으로 계약을 마친다. 8개의 대형작품 〈수련〉은 모네의 지휘 아래 전시 공간을 배정하고, 동쪽에는 해가 떠오르는 수련 장면과 서쪽에는 일몰의 수련 장면으로 시간에 따라 변하는 모습으로 배치하였다.

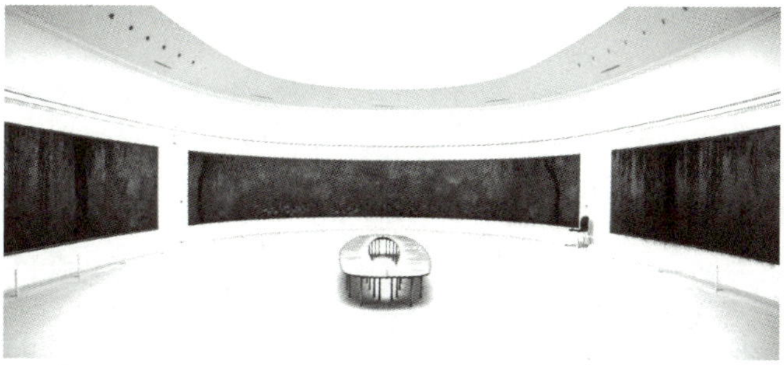

◆◆ 모네의 수련 그림과 오랑주리 미술관(이미지 : https://www.obonparis.com/ko/magazine/orangerie-museum)

라. 프랑스 파리, 피카소 미술관

파리 '마레 지역'의 가장 인기 있는 미술관은 17세기의 살레 저택(Hétel Salé)에 있는 파리 '피카소 국립미술관(Musée National Picasso)'일 것이다. 피카소 국립미술관은 1973년 그가 세상을 떠났을 때 그가 소장하고 있던 유작들과 저택들에 대한 상속세 대신 프랑스 정부에 기증되었으며, 이에 따라 세계에서 피카소 작품을 가장 많이 소장하고 있는 미술관이 되었다. 미술관은 5,000여 점의 작품을 소장하고 있으며, 5개 층에 구성된 37개의 전시실에서 소개된다. 세잔, 르누아르, 마티스, 모딜리아니의 작품 포함 150여 점과 피카소 개인이 소장하고 있던 21,000여 점의 작품도 있다.

피카소 박물관인 이 건축물은 1656년과 1659년 사이에 건설된 '살레 저택(Hétel Salé)'이었고, 17세기 말에 마레 지구에 지어진 상징적인 호텔 중 하나이며, 보기 드물게 남아 있던 온전한 건물이다. 피카소 국립미술관은 1985년에 개관하였으나 25년 사용된 후 더는 관객을 수용하기 어려워 5년 동안 리모델링을 마치고 2014년 10월 25일 피카소의 생일날에 맞춰 재개관한 것이다. 재개관 후 13개의 새로운 전시실을 마련했고, 더욱 넓어진 리셉션과 2개의 기념품 판매장, 카페 등을 갖추게 되었다.

피카소는 스페인 말라가(Malaga)에서 1881년 태어나 1973년 프랑스 무쟁(Mougins)에서 91세로 삶을 마감한다. 피카소는 78년 동안 살면서 147,800여 점의 작품을 남겼다. 13,500여 점의 유화, 300점의 조각과 도자 조각, 34,000의 드로잉 그리고 10만여 점의 판화다. 피카소의 가장 중요한 그림은 〈게르니카(Guernica)〉로 스페인 마드리드 '레이나 소피아(Reina Sofia) 국립 미술센터'에 있다. 두 번째로 중요한 그림은 〈아비뇽의 처녀들(Les Demoiselles d'Avignon)〉로 미국 뉴욕 'MoMA'에 소장된 그림이다.

4) 독일, 미술문화 관광콘텐츠

가. 독일 쾰른에서 만나는 미술관

◆◆ 쾰른 루트비히 미술관(이미지 : 위키백과)

루트비히 미술관은 요세프 하우브리히가 독일 표현주의 미술품과 루트비히 부부의 피카소의 작품 900여 점 그리고 350여 점의 팝 아트, 러시아 아방가르드 작품을 기증하여 만든 미술관이다. 팝 아트의 작품은 미국 다음으로 많고, 피카소의 작품은 스페인 바르셀로나, 프랑스 파리 피카소 박물관 다음으로 많은 작품을 소장하고 있다.

쾰른에서 가장 오래된 미술관으로 1824년 예수회 신부이자 쾰른대학교 교수였던 프란츠 발라프가 소장품을 쾰른시에 기증하였고, 상인이었던 요한 리하르트가 건물을 기부하면서 두 사람의 이름을 따서 1861년에 문을 열었다. 1층은 시모네 마르티니 같은 중세 이탈리아 성화부터 쾰른 공방의 제단화, 2층은 네덜란드와 프랑스의 바로크 로코코 회화, 그리고 3층은 독일 낭만주의부터 프랑스의 인상주의, 북유럽 표현주의 작품까지 수많은 작품이 망라되어 있다. 렘브란트의 자화상들과 죽기 전에 그렸다는 〈말 스틱을 든 자화상〉도 있다.

나. 독일 뮌헨의 미술관

가) 뮌헨의 레지덴츠 궁전

레지덴츠 궁전은 1385년에 처음 세워진 후 1918년까지 바이에른의 통치자였던 비텔스바하 가문에 의해 확장을 반복하면서 지금에 이른다고 한다. 비텔스바하 가문이 1385년부터 1918년까지 뮌헨을 중심으로 한 바이에른을 지배했고 오스트리아 합스부르크 왕가처럼 화려한 궁전문화를 꽃피웠다. 궁전은 여러 세기에 걸쳐 지어졌기 때문에 레지덴츠의 건축양식과 내부장식에는 다양한 양식이 혼재되어 있고 비텔스바하 가에서 수집한 흥미롭고 다양한 공예품을 소장하고 있다. 1569년부터 1572년까지 3년에 걸쳐 지어진 길이 88m의 레지덴츠 궁전의 메인홀은 주 정부의 공식 연회장으로도 쓰이며 개인에게도 임대한다. 역대 바이에른 왕가에서 수집한 미술품 갤러리, 보석, 도자기, 왕 초상화, 황금장식으로 꾸며진 왕들의 방들이 전시된다.

◆◆ 뮌헨의 레지덴츠 궁전(이미지: 위키디피아)

나) 뮌헨의 박물관지구

1929년에 개관한 렌바흐하우스(Lenbachhaus)는 청기사파와 칸딘스키의 많은 작품을 만날 수 있는 미술관이다. 박물관 이름인 렌바흐는 19세기 독일을 대표했던 화가 프란츠 폰 렌바흐(Franz von Lehnbach, 1836~1904)에서 따온 것이다. 전시 공간으로 사용하는 노란색 2층 건물도 그의 화실이 있던 곳이다. 뮌헨, 루이젠 거리(Luisenstraße)에 있는 렌바흐하우스(Lenbachhaus)에는 게르하르트 리히터 작품을 위한 공간과 앤디 워홀, 요셉 보이스, 클레, 프란츠, 폴케 등 현대미술 거장들의 많은 작품을 소장하고 있다. 특히 칸딘스키의 제자이자 연인이던 가브리엘 뮌터(1877~1962)의 작품도 만날 수 있다. 칸딘스키는 제1차 세계대전으로 러시아로 돌아가면서 뮌터와의 재회를 약속했지만, 칸딘스키는 재혼한 후 돌아오지 못했다. 뮌터는 40여 년 홀로 살면서 칸딘스키의 작품을 나치로부터 잘 지켜내고 렌바흐하우스에 기증한 것이다. 칸딘스키와 뮌터가 함께 산 집은 뮌헨 근처 무르나우(Murnau)에 있다.

뮌헨의 미술관 '브란트 호스트'는 2009년에 개관한 신생 미술관이다. 이 미술관의 건축 외관의 특징은 색색의 도자기 막대 3만 6천여 개가 외벽에 촘촘히 설치되어 빛의 방향에 따라 화려한 그림자를 연출한다. 독일 쌍둥이칼로 유명한 헹켈사 설립자 증손녀 부부가 소장작품을 뮌헨에 기증하면서 미술관이 만들어졌다. 사이 톰블리(Cy Twombly, 1928~2011) 작품 60점을 포함하여 팝 아트를 비롯한 현대미술과 디자인 관련 작품들을 전시하는 미술관이다. 사이 톰블리는 1928년 미국 버지니아 렉싱턴에서 태어났다. 1947년부터 1951년까지 보스턴 미술관 학교와 뉴욕의 아트 스튜던트 리그에서 미술 수업을 받았다. 1959년 로마로 이주해 그림과 낙서, 드로잉을 장난스럽게 결합하는 독창적인 미술품을 제작했다. 1995년에는 텍사스 휴스턴 메닐 컬렉션 내에 사이 톰블리 미술관이 개관되었다. 건축가 렌조 피아노(Renzo Piano)가 디자인한 이 컬렉션에는 1953년부터 1994년 사이에 제작된 회화, 조각, 드로잉, 기타 작품들이 소장되어 있다.

◆ Museum Brandhorst(www.museum-brandhorst.de)

다) 뮌헨, 3개의 피나코테크(Pinakothek, 회화수집관) 시리즈의 미술관

20세기 미술과 디자인에 집중한 피나코테크 데어 모데르네(현대미술관)는 알테 피나코테크와 노이에 피나코테크의 또 다른 맞은편에 도로를 사이에 두고 있다. 2002년 개관한 신축 건물은 지하 1층과 지상 2층으로 이루어진 총 4개의 독립적인 컬렉션이 함께 전시되고 있는데 지하에서부터 디자인, 그래픽, 건축과 주로 현대미술품을 전시한다. 피카소부터 표현주의자 키르히너 그리고 프랜시스 베이컨의 작품 40만여 점의 그래픽 컬렉션으로 유명하다.

노이에 피나코테크(근대 미술관)에서는 인상파를 비롯한 근대 회화작품을 만날 수 있다. 1853년 미술 애호가였던 바이에른 왕 루트비히 1세(Ludwig I)가 건립한 것으로, 프리드리히 폰 게르트너(Friedrich von Gärtner)가 설계했다. 제2차 세계대전 중에 심하게 파손되어 이후 알렉산더 폰 브란카(Alexander Freiherr von Branca)에 의해 새로 설계되었고, 1981년 재개관했다. 세잔의 작품과 마네, 모네, 반 고흐의 해바라기, 고갱, 샤반느 등 근대 미술의 걸작들을 만날 수 있다. 카스파 다비드 프리드리히 작품과 19세기 독일 낭만파 화가들과 영국 화가들의 작품이 함께 전시되고 있다. 1853년까지의 컬렉션은 루트비히 1세가 자신의 개인 자산으로 수집한 것이다. 총 4천5백여 점의 회화작품과 3백여 점의 조각품을 소장하고 있다. 22개의 전시공간에서 작품을 시대순으로 감상할 수 있다.

알테 피나코테크(Alte Pinakothek, 고전 미술관)는 가장 중심에 있는 미술관이기도 하고 상당히 큰 규모의 미술관이다. 고전회화관은 루트비히 1세 왕의 지시로 레오 폰 클렌체가 지어 1836년에 개관, 19개의 대형 전시실과 47개의 소형 전시실에 약 700여 점의 그림을 상설 전시한다. 지오토로부터 프라고나르, 이탈리아 성화부터 프랑스 로코코 회화까지 아우른다. 그 유명한 알프레드 뒤러의 자화상도 이곳에 소장 전시하고 있다. 무리요, 마니에리즘 화가 엘 그레코, 티에폴로, 베르메르, 티치아노, 틴토레토, 레오나르도 다 빈치의 〈카네이션을 든 성모〉, 보티첼리 〈피에타〉, 라파엘로, 뒤러 〈모피를 입은 자화상〉, 렘브란트, 루벤스의 〈레우키포스의 딸들 납치〉 등 많은 작품을 소장하고 있다. 프랑스 로코코 화가 프랑수아 부셰의 〈엎드린 소녀〉, 〈마담 퐁파트르의 초상화〉 작품도 볼 수 있다.

다. 프랑크푸르트 박물관지구

마인강의 아름다운 강변과 공원을 배경으로 10여 개의 박물관이 자리 잡고 있다. 유럽에서도 주목받고 있는 박물관 밀집 지역이다. 응용미술관, 영화박물관, 건축박물관, 슈테델 미술관, 리비히하우스 등이 있다. 특히 리비히하우스(Liebieghaus)는 고대부터 19세기 초까지의 조각품들을 모아 놓은 곳으로 고딕, 르네상스, 바로크, 로코코 등을 총망라한 조각 전시 공간이다. 직물공장을 운영하던 하인리히 바론 폰 리비히가 1909년 프랑크푸르트시에 '영원히 지속하는 공공 미술관'을 위한다며 컬렉션과 함께 자신의 빌라를 기증했다. 당시 약 350점으로 시작된 소장품은 백 년이 지난 오늘날 3천여 점이 늘어나서 이집트, 중세, 르네상스, 로코코까지 대략 5천 년에 가까운 조각의 역사를 한자리에서 볼 수 있다.

또 다른 미술관인 슈테델은 독일에서 가장 오래되고 중요한 미술관으로 은행가이자 무역업자였던 요한 프리드리히 슈테델의 기부로 1815년 설립해 2011년 리모델링 후 재개관하였고, 2015년 200주년을 맞이했다. 기부 조건 중 하나는 다섯 명의 시민에게 공동으로 운영을 맡기는 것이었다. 신축전시장은 최근에 독일 국영은행인 도이치뱅크의 20세기 후반기 미술 컬렉션 6백여 점과 사진 컬렉션 2백여 점이 보태져서 규모가 커졌다. 신축전시장에는 게르하르트 리히터 등 독일 신표현주의 회화와 뒤셀도르프 쿤스트 아카데미 출신 작가들의 사진들을 볼 수 있다. 중세부터 르네상스, 바로크, 모더니즘 그리고 현대미술을 총망라한 회화를 관람할 수 있는 곳이다. 슈테델 미술관은 요한 티슈바인이 그린 이탈리아 여행 중에 비스듬히 앉아 있는 괴테의 초상화를 볼 수 있다. 라파엘로의 〈율리우스 2세〉, 보티첼리, 벨라스케즈, 게리코, 푸생, 보나르 등의 인상주의 화가들의 작품, 르동과 샤반느 등 상징주의자의 그림, 다채로운 현대미술품, 뒤러, 와토, 반 아이크, 렘브란트, 베르메르, 피카소, 샤갈, 마티스, 표현주의자인 키르히너, 베크만, 놀데, 초현실주의자인 에른스트 등 2,700여 점의 회화와 600여 점의 조각, 드로잉과 판화 10만여 점을 소장한 미술관이다.

라. 베를린 미술관 투어, 박물관섬의 5개의 미술관

가) 박물관섬의 5개 미술관

서울 여의도 같은 베를린에 있는 슈프레강 작은 섬에 다섯 개의 미술관과 박물관이 모여 있다. 섬에 박물관이 들어서기 시작한 것은 18세기 후반부터이며, 1999년 유네스코 세계문화유산으로 등록되었다고 한다. '알테 뮤지엄'은 박물관섬에서 1830년대에 완성된 건축물로 가장 오래된 박물관이다. 1797년에 프리드리히 빌헬름 2세(Friedrich Wilhelm II)가 고고학자이자 미술 교수였던 알로이스 히트(Aloys Hirt)의 제안을 수락하면서 설립이 결정되었다. 건축가 카를 프리드리히 싱켈(Karl Friedrich Schinkel)이 설계

◆◆ 베를린 박물관섬에 5개의 박물관이 밀집해 있다. 알테 뮤지엄(이미지 : 박물관섬 공식홈페이지)

했고 웅장하고 엄격한 신고전주의 건축으로 유명하다. 87m의 너비에 총 18개의 이오니아식 기둥이 나란히 서 있고 황금색 라틴어 문장이 새겨져 있다. *"프리드리히 빌헬름 3세가 고대와 순수예술의 연구를 위해서 1823년에 이 박물관을 세웠다."* 베를린대 성당 앞쪽으로 큰 광장 앞에 있다. 고대 그리스 그림과 조각부터 로마 시대 초상 조각과 유물들을 볼 수 있다. 총 2개 층의 전시장에는 〈고대의 세계–그리스, 에트루리아, 로마〉라는 주제로 상설전시가 마련되어 있다.

◆◆ 베를린 신 박물관, Friedrich August Stüler의 계획하에 1843~1855년 사이 건립 / 네페르티티(Nefertiti, 기원전 1370년경~1330년경), 석회석 채색 흉상(이미지 : 위키백과)

베를린 신박물관(Neues Museum)은 파피루스 컬렉션을 비롯한 고대 이집트 유물, 고고학자 하인리히 슐레만의 트로이 발굴품, 그리고 유럽의 선사시대 및 중세 비잔틴 예술을 볼 수 있는 곳이다. 신박물관은 건축가 프리드리히 아우구스트 스튈러(Friedrich August Stüler)의 설계로 1855년 '새로운 박물관'이 개관했다. 제2차 세계대전 때 심각한 폭격을 당하고 약 70년 동안 폐쇄되었다가 재통일 이후 복원에 대한 논의가 시작되어 미술관 건축의 대가인 영국의 데이비드 치퍼필드가 6년에 걸친 공사 끝에 2009년 공식적으로 재개관을 하였다. 신박물관의 하이라이트는 〈네페르티티〉의 흉상이다. 〈네페르티티〉는 고대 이집트 말로 '미인이 왔다'라는 뜻이다. 네페르티티(BC 1370~1330)는 이집트 제18왕조의 왕 아크나톤의 왕비였으며, 투탕카멘의 이모였다.

구국립 미술관(Alte Nationalgalerie)은 고대 로마 신전을 닮았다. 건물 정면의 중앙을 차지한 것은 프로이센의 왕 프리드리히 빌헬름 4세의 기마상이다. 지붕의 삼각형 박공판 위에는 게르마니아 형상이 자리 잡았다. 1753년 유럽 최초의 공공박물관인 영국박물관을 개관했고 1824년 런던의 내셔널 갤러리를 마련했다. 1804년 프랑스는 시민혁명을 통해 국민의 교육을 담당하는 국립기관으로 루브르가 새롭게 열었다. 문화 면에서 뒤처져 있던 독일 미술은 1861년 동시대 미술을 위한 국립미술관으로 '구국립 미술관'을 개관한다. 은행가였던 요아힘 바게너(Joachim Heinrich Wilhelm Wagener)가 40년 넘게 모은 262점의 회화를 1861년에 프로이센의 군주 빌헬름 1세(William I, German Emperor)에 헌납했고, 이를 위해 독일 건축가 슈튈러의 설계로 시작된 미술관 건축은 1876년 완공되었다. 보수공사를 마치고 2001년 재개관한 미술관은 1층 신고전주의 조각과 사실주의 회화, 2층은 독일의 나자레파와 프랑스 인상주의, 그리고 3층은 괴테 시대의 미술, 뒤셀도르프파의 회화와 낭만주의 그림이 전시되어 있다. 아르놀트 뵈클린의 〈죽음의 섬〉, 카스파 다비드 프리드리히의 〈바닷가의 수도승〉은 대표적인 작품이다. 베를린 구국립 미술관에는 아돌프 멘첼의 그림이 70점이나 소장되어 있다.

보데 박물관은 강물 위에 있는 듯 아름답고 화려한 건축물로도 유명하다. 화려하고 웅장한 보데 박물관 건물은 총 3층이고 외관은 코린트 양식의 기둥으로 둘러싸였다. 건축가는 황제 빌헬름 2세의 명을 받은 에른스트 폰 이네(Ernst von Ihne)로 그는 '네오 바로크 양식'의 건축을 설계하는 몇 안 되는 독일의 건축가였다. 1897년부터 건설하기 시작하여 1904년 완공한 박물관은 원래 이름이 '카이저-프리드리히 박물관(Kaiser-Friedrich Museum)'이었지만 독일이 분단되자 옛 동독에서 1956년 이름을 바꾸었다. 보데 박물관은 독일에서 미술관 관장의 이름인 보데(Wilhelm von Bode)를 타이틀로 내건 유일한

◆◆ 보데 박물관(이미지 : 위키백과)

곳이다. 독일 미술의 역사에서 빌헬름 폰 보데(Wilhelm von Bode)가 차지하는 의미는 크다. 법학에서 미술사로 전공을 바꾼 그는 1872년 베를린 미술관에 들어와 1890년 회화관을 운영하다가 1906년부터 1920년까지 미술관 관장으로 부임하여 베를린 국립미술관의 성격을 결정짓는 데 크나큰 영향을 끼쳤다. 1905년에는 프로이센 문화재단의 총감독이 됐다. 프로이센 문화재단 산하에는 베를린 섬의 5개 박물관을 비롯한 총 17개의 미술관, 박물관이 속해 있다. 보데는 1929년 83살의 나이로 세상을 떠났으며, 그의 장례식은 카이저 프리드리히 박물관에서 거행됐다. 1956년 동독 정부는 보데가 독일 미술계에 끼친 헌신과 행적을 기려 카이저 프리드리히 박물관을 보데 박물관으로 이름을 변경시킨다. 보데 박물관에는 그리스에서 중세까지 조각 작품이 주를 이루고 아프리카 조각, 고대 회화작품과 고대 조각 작품이 전시되어 있다.

◆◆ 페라가몬 박물관 내 제우스의 대제단(이미지 : 위키백과)

다섯 번째로 소개할 박물관섬의 5개의 미술관 중 베를린에서 가장 많은 방문객을 자랑하는 곳이 '페르가몬 박물관'이다. 독일 제국은 터키와 우호적인 정치관계를 이용하여 고대 유적의 발굴과 반출허가를 받아 1879년 페르가몬 제단과 프리즈 파편들이 터키에서 독일로 옮겨졌고 이를 수용할 베를린에 페르가몬 박물관을 지었다. 독일의 건축가인 알프레드 메셀(Alfred Messel)과 루드비히 호프만(Ludwig Hoffmann)이 함께 설계하여 1910년부터 1930년까지 20년에 걸쳐 지어졌다. 2차 대전이 끝날 무렵 소련연방이 상트페테르부르크로 약탈했다가 구소련 정부가 1958년 자진 반납하면서 지금에 이르고 있다. 페르가몬의 원래 이름은 독일 박물관이다. 오늘날까지도 터키에서 반환 요청 중이지만 문화 제국주의의 욕망은 끝이 없다. 페르가몬 박물관의 전시품은 기원전 170년경 에우메네스 2세 왕이 소아시아 컬트족과의 전투에서 승리를 기원하며 제우스에게 바쳤던 제단이다. 제우스 제단은 전시장에서 ㄷ자로 재조립되어 전체 36m 너비에 34m 깊이로 계단을 사이에 두고 한 면이 열린 형태로 남게 되었다. 제단을 둘러싼 박물관 벽의 삼면에는 프리즈 조각이 붙어 있는데 이는 본래 제단 전체의 기단을 감쌌던 것으로 110m 길이에 2.3m 높이다. 신과 거인족의 한판 싸움을 역동적으로 묘사하고 있다.

바빌론 이슈타르문도 있다. 이슈타르문은 바빌론시의 북서쪽을 담당했던 문이다. 이슈타르문의 본 이름은 '이슈타르는 모든 적의 정복자'이다. 여신 이슈타르는 호전적이고 무한정한 성욕의 화신이자 금성에 사는 '하늘의 여신'으로 섬김을 받았다. 이슈타르의 상징 동물이 사자인데 이슈타르문 벽에는 사자 대신 날씨의 신 아다드의 황소와 바빌로니아의 주신이자 신들의 왕인 마르두크의 용이 벽돌 부조로 패턴처럼 장식되어 있다. 이슈타르의 문은 발굴한 유적을 통째로 실어와 1930년까지 10여 년간 모사하여 복원한 것으로, 엄밀히 말하면 당대의 것과는 다른 것이다. 이슈타르 행렬 길은 원래 길이가 250m, 도로 폭 20~24m, 성벽 두께 7m였으나 이 박물관은 길이 30m, 높이 12.5m, 폭 8m로 축소하여 복원해 놓았다.

나) 베를린, 게멜데 갤러리(국립회화관)

게멜데 갤러리(국립회화관)는 베를린 박물관섬을 떠나 포츠담광장 근처의 문화광장 지역으로 옮긴 미술관이다. 이 문화 대단지는 독일 분단 직후 옛 서독에서 1960년부터 조성하였다. 신국립 미술관, 회화관, 공예관, 미술 전문 도서관, 판화관 외에 베를린 필하모니 음악당 등이 있다. 게멜데 갤러리(국립회화관)는 건축가 하인츠 히믈러와 크리스토프 사틀러의 설계로 만들어졌다. 베를린 회화관에 소장된 작품들은 프리드리히 대제를 비롯한 대제후들의 컬렉션이었던 것을 1830년 루스트가르텐의 왕립박물관에 보관하다가 국립미술관을 세우고 1890년부터 빌헬름 폰 보데가 관장을 맡으면서 세계 최대의 미술관으로 규모가 커졌다. 보데 미술관과 달렘 미술관이 소장하던 작품으로 주로 13세기부터 18세기에 이르는 그림들이다. 1998년 개관한 게멜데 갤러리(국립회화관)에는 누구나 보면 알 만한 최고의 명작들이 72개의 전시장에 가득하다. 중세부터 18세기에 이르는 유럽회화의 걸작들을 각 시대를 대표하는 독일, 이탈리아, 네덜란드 작가들을 중심으로 연대별, 작가별로 나누어서 전시하고 있다. 놓치면 후회하게 될 미술관이다.

다) 독일 베를린의 다양한 미술관들

베를린, 카테 콜비츠 박물관(Kathe Kollwitz Museum)에는 전쟁에서 아들을 잃은 엄마의 비통한 마음을 울분으로 표현하면서 투쟁의 예술가가 될 수밖에 없었던 화가의 작품을 소장한다. 독일의 판화가이자 조각가 카테 콜비츠(1867~1945)는 20세기 사회적 저항에 앞장선 대표적 미술가로 한국 민중미술에도 영향을 미친 위대한 여류화가다.

베르그루엔(Museum Berggruen) 국립미술관은 미술 컬렉터 베르그루엔(1914~2007)의 소장품으로 구성된 작은 미술관이다. 많은 피카소의 작품, 자코메티, 샤갈, 마티스, 세잔, 클레 등의 작품을 갖춘 미술관이다.

'이스트 사이드 갤러리'는 남아 있는 실제 베를린 장벽에 그림을 그려 조성된 갤러리로 세계에서 가장 긴 야외 갤러리다. 1.3km 길이의 장벽이 자유와 희망, 평화를 주제로 101개의 대형 그림으로 그려져 있다. 이스트 사이드 갤러리는 베를린 장벽이 무너진 다음 해인 1990년 2월부터 9월까지 전 세계 21개국 118명의 작가가 모여 그린 그림들이다.

◆◆ 카테 콜비츠 박물관(이미지 : 카테 콜비츠 박물관) / 카테 콜비츠, Die Überlebenden, 1923

'베를린 국립미술관'은 베를린에서 유일하게 회화만 전시하고 있는 미술관이다. 19세기 독일 낭만주의를 대표하는 카스파 다비드와 아돌프 멘첼의 크고 작은 작품들을 감상할 수 있다. 2층에는 모네, 마네, 르누아르, 세잔, 반 고흐, 로댕 등 익숙한 작품들을 볼 수 있다.

라) 독일 드레스덴 미술관

알테 마이스터 회화관이 있는 츠빙거 궁전은 왕의 명령을 받고 건축가 다니엘 푀펠만과 조각가 발타자르 페르모저가 1728년부터 짓기 시작한 바로크 양식의 궁정 건축이다. 이곳은 왕과 제후가 거주했던 궁전은 아니었고 지배자의 권력을 선전하는 홍보 무대 같은 곳이었다. 15~18세기 유럽회화 대가들의 작품이 전시되어 있다. 라파엘로의 〈시스티나 성모〉가 대표작이자 두 천사의 모습이 이곳 드레스덴의 상징이 되기도 한다. 루벤스, 뒤러, 크르나흐, 렘브란트 작품들이 회화관을 더욱 빛내고 있다. 보티첼리, 크르나흐, 홀바인, 파르미지아노, 조르조네의 〈잠자는 비너스〉, 렘브란트, 브뤼헐, 루벤스 등 걸출한 작품이 소장된 곳이다.

◆◆ 라파엘로, 〈시스티나 성모〉, 1512 / 조르조네, 〈잠자는 비너스〉, 1510

마) 라이프치히역에서 가까운 조형예술관

'라이프치히 조형예술관'은 1858년 문을 열었고 지금의 건물은 2004년에 신축하여 개관하였다. 지하 1층에서 지상 4층까지 전시실과 도서관으로 설계되었고, 중세부터 현재까지 약 3,000여 점의 회화, 1천여 점의 조각, 사진 등이 소장되어 있다. 밀레, 쿠르베,

엘 그레코, 뵈클린의 5번째 〈죽음의 섬〉 등의 작품이 있다. 17년간 값비싼 재료로 공들여 완성한 막스 클링거의 〈베토벤〉은 1902년 분리파 전시에서 공개되어 큰 반향을 일으킨 작품이지만 빈과의 구매 경쟁에서 앞선 라이프치히가 당시 막대한 금액을 주고 구입하여 이곳에 소장하게 되었다.

막스 클링거의 〈베토벤〉, 1902

5) 이탈리아 미술문화 콘텐츠

가. 르네상스의 도시, 피렌체

이탈리아 피렌체는 르네상스의 발원지이다. 1400년경 '다시 탄생한다'라는 의미의 르네상스 시기는 신 중심에서 벗어나 고대 그리스 로마 사상의 복원과 인간 중심의 인본주의가 싹트기 시작한 곳이다. 르네상스 시기의 이탈리아는 세계의 중심이던 피렌체를 중심으로 로마, 밀라노 그리고 베네치아는 르네상스 시대 최고의 도시였다.

미켈란젤로가 설계한 미켈란젤로 광장(사진 : 저자)

이탈리아를 여행한다는 것은 르네상스를 재발견한다는 의미다. 특히 피렌체는 르네상스의 발원지로서 곳곳이 르네상스 시대에서 멈춰진 곳이다. 피렌체의 중심지는 증축이나 건축할 수 없는 곳이기에 르네상스 시기에 지어진 건축물들로 인해 더욱더 500년 전

르네상스 시대를 걷는 착각에 빠진다. 피렌체는 메디치 가문의 지배 아래 학문과 예술의 후원으로 꽃피운 도시이기도 하다. 피렌체를 걷다 보면 미켈란젤로의 생가를 우연히 지나치기도 하고, 르네상스를 지배하던 메디치 가문의 건축물과 마주하는 곳이다. 미켈란젤로가 설계했다는 미켈란젤로 광장에 올라 피렌체 전경을 내려다보아야 한다. 르네상스를 고스란히 간직한 피렌체를 바라보는 일은 특별한 감응으로 다가올 것이다.

특히 피렌체는 영화 〈냉정과 열정 사이〉로 관광 붐을 일으킨 곳으로 기억한다. 아직도 그 영화를 기억하는 사람들은 피렌체를 꼭 가보고 싶은 장소로 버킷리스트 상위권에 올리는 곳이다. 도시 규모는 작아도 내용 면에서 방대한 곳이 피렌체로 볼 곳이 너무 많아서 오히려 많은 것을 놓치기 쉬운 도시이기도 하다. 차이콥스키는 이 피렌체에서 넉 달 동안 머물면서 '오페라 스페이드 여왕'을 작곡했다. 작품을 마칠 무렵 현악 6중주 D단조 〈피렌체의 추억〉(Souvenir de Florence) Op, 70을 작곡했다.

Tchaikovsky, 피렌체의 추억(String Sextet in D minor "Souvenir de Florence", Op.70) 보로딘 4중주단 연주. 34분

◆◆ 피렌체(이미지 : 나무위키) / 차이콥스키, 〈피렌체의 추억〉

피렌체 중심부에 '신의 집'이란 의미의 두오모를 만나는데 이 성당의 이름은 산타 마리아 델 피오레(꽃의 성모 마리아 성당)이다. 미켈란젤로가 천국의 문이라 불리던 세례당 동쪽의 기베르티가 20여 년이 걸려 만든 청동 문도 만나볼 수 있다. 이 두 번째 청동문은 무려 27년이나 걸려 만든 역작이다. 20대 초반 브루넬레스키와의 경쟁에서 얻어낸 결과였다. 그러나 출중한 두 사람의 경쟁으로 심사위원들의 고심 끝에 기베르티를 수장으로, 브루넬레스키를 공동 작업자로 임명했지만, 자존심이 상했던 그는 거부했다.

이후 브루넬레스키는 로마로 건축공부를 위해 떠났다. 17년 후에 돌아온 그는 피렌체의 가장 유명한 두오모 성당을 완성한 것이다. 1287년 두오모 성당의 건축이 추진된 최초의 시기였지만 흑사병과 설계의 변경 등으로 1380년경에 완성되는 듯한 모습이었지만 당시 기술로는 거대한 성당의 돔을 완성하는 일은 불가능했다. 100년 이상의 세월이 흘

렀고 이제 더는 미루기는 어렵고 완성해야만 하는 상황에 부닥친 것이다. 1417년 이 문제를 해결하기 위해 돔 설계 공모전을 열었다. 브루넬레스키의 무모한 도전은 길고 긴 논쟁 끝인 3년 후 어이없게도 깨진 달걀을 세웠던 그의 설계가 결정된 것이다. 공동 작업자인 기베르티는 몇 년 후 포기하고 물러났으며, 그는 홀로 16년 동안 최대 규모의 돔을 완성했다. 드디어 150년 만에 피렌체 시민들이 간절히 바라던 그 끝을 보게 된 것이다. 두오모 성당의 좁은 계단을 따라 106m의 쿠폴라에 오르면 어마어마한 내부 규모에 놀란다. 돔을 장식하는 내부의 그림은 '최후의 심판'이다. 1446년 브루넬레스키 사망 후 그의 무덤은 영광스럽게도 돔 정중앙 아래 바닥으로 결정된다. 그가 설계한 르네상스 양식의 건축물로는 산 로렌초 성당, 산토 스피리토 성당, 파치 예배당, 피렌체 보육원 등의 건축물이 남아 있다.

르네상스 시대의 미술품과 조각품들은 성당이나 예배당에 가면 만날 수 있다. 기베르티가 만든 '천국의 문'은 산 조바니 세례당, 르네상스 초기 조각가 도나텔로의 예수상은 산타 크로체 성당, 브루넬레스키의 예수상은 산타 마리아 노벨라 성당, 마사초의 벽화는 브랑카치 예배당과 산타 마리아 노벨라 성당, 르네상스를 열었던 화가 지오토의 그림은 산타 크로체 성당에 있다. 산타 마리아 노벨라 성당은 당대 유명한 건축가이며 원근법을 체계화하고, 미술과 조각의 이론가였던 알베르티의 작품이다.

가) 피렌체, 우피치 미술관

우피치 미술관은 피렌체의 대표적인 미술과 관련된 전시 공간이다. 르네상스 시대의 그림을 수집한 미술관으로는 세계 최고로 보티첼리의 〈동방박사의 경배〉, 〈비너스의 탄생〉, 〈봄〉 등을 감상할 수 있는 미술관이다. 또한 이곳은 메디치 가문의 수집품을 모아 놓은 곳이다. 메디치 가문은 당대 최고의 재벌 가문으로 무역과 은행업으로 일으킨 다. 메디치 가문은 피렌체를 세계 최고의 도시로 만든다는 계획을 세웠으며, 문화와 예술에 대한 후원 또한 세계 최고의 이력을 가지고 있다. 메디치 가문의 코시모는 고대 로마의 부활을 꿈꾸었으며, 인문주의 운동과 문예부흥을 목표로 삼았다. 코시모의 손자인 로렌초에 이르기까지 메디치 가문을 최고의 가문으로 이끌었으며, 이를 위해 인문주의를 가장 중요한 가치로 세웠다. 수십 년 동안 막대한 자금을 투자하고 플라톤 아카데미를 후원하는 것이다. 이를 통해 메디치 가문은 피렌체 시민들에게 신뢰를 얻었으며 절대적인 지지를 얻고 성장하였다. 지금의 노블레스 오블리주를 실천한 가문이다.

나) 피렌체, 베키오 다리 그리고 단테의 사랑

우피치 미술관과 베키오 다리가 복도 회랑으로 이어지는 약 1km의 통로엔 바사리 회랑(Vasari corridor)이 있다. 아르노강의 베키오 다리 위를 지나 피티 궁전에까지 이르는 긴 회랑 복도다. 1565년 피렌체 첫 대공이었던 코시모 1세가 겨울에 치르는 아들 결혼식을 위해 춥지 않게 이동하도록 만든 복도가 '바사리의 회랑'이다. 베키오 다리(Ponte Vecchio)는 이탈리아어로 '오래된 다리'라는 뜻이다. 바사리 회랑 복도를 따라 좌우 벽에 18세기 초상화 작품들이 700점이나 전시되어 있다. 바사리 회랑(Vasari corridor)은 단체 여행을 신청해야 입장이 가능하다.

◆◆ 아르노강과 멀리 보이는 베키오 다리(이미지 : 저자)

단테와 베아트리체 두 사람의 사랑은 베키오 다리를 배경으로 탄생했다. 알리기에리 단테(Durante degli Alighieri, 1265~1321)는 소녀 베아트리체(Beatrice di Folco Portinari, 1266~1290)에게 마음을 빼앗긴 후 하루도 그 소녀를 잊은 적이 없었다. 열여덟 살 무렵, 베키오 다리 난간에 서 있던 성숙한 처녀가 된 베아트리체를 만난다. 아무 말도 꺼내지 못하고 그냥 스쳐 가던 두 번째 만남이지만, 그 후로부터 베아트리체는 단테의 영원한 문학적 뮤즈가 되었다. 베아트리체와의 두 번째 만남 이후 단테는 그녀에게 바치는 연시와 자전적 고백을 모아 새로운 인생이라는 뜻의 『비타 누오바(Vita nuova)』(1294)를 출간한다. 단테는 르네상스를 태어나게 한 위대한 문학가이지만, 단테의 문학을 탄생시킨 사람은 소녀 베아트리체였다. 다른 사람과 결혼한 베아트리체는 24살을 일기로 세상을 떠났지만, 단테는 평생 그녀를 그리워하며 지낸다. 개혁과 참여를 모색하며 인류 대서사시 『신곡(La Divina Commedia)』을 집필한다. 이 내용은 부활절 기간에 지옥에서 3일, 연옥에서 3일, 천국에서 하루 등 모두 1주일간 사후 세계로 순례를 떠나는 이야기이다. 로마의 고대 시인 베르길리우스의 안내 속에 고통스러운 지옥과 참회와 회개 속에서 구원을 기다리는 연옥을 통과한 그는 천국에 도달하기에 앞서 영원한 사랑 베아트리체와 만난다. 단테는 오매불망 그리워하던 그녀 손에 이끌려 천국으로 날아오르고 마침내 하느님의 빛으로 해체되어 궁극적인 구원의 경지에 오른다는 판타지 이야기이다.

나. 밀라노와 레오나르도 다 빈치

화가, 조각가, 건축가, 음악가, 수학자, 엔지니어, 발명가, 해부학자, 지질학자, 지도제작자, 식물학자, 작가, 음악가였지만 화가로서 그의 유화 작품은 겨우 17여 점뿐이다. 그나마 미완성인 작품도 많다. 그의 본명은 레오나르도 디 셀 피에로 다 빈치(Leonardo di ser Piero da Vinci), '빈치의 피에로의 아들 레오나르도'이다.

르네상스 시대의 천재 화가, 레오나르도 다 빈치를 만나기 위해선 이탈리아 중북부 밀라노에 가야 한다. 밀라노는 패션의 도시처럼 현대와 과거가 공존하는 도시다. 밀라노에는 세계에서 세 번째로 큰 규모의 두오모 성당과 라 스칼라 오페라 극장이 있다. 두오모 광장과 이어지는 비토리아 에마누엘 2세 갈레리아는 과거와 현재를 잇는 공간이다. 이곳 라 스칼라 광장에는 레오나르도의 조각상이 있다. 피렌체에 머물던 다 빈치는 당대 최고의 화가인 보티첼리와 메디치 가문의 후원을 받던 미켈란젤로와의 경쟁을 피해 아마도 밀라노로 온 듯하다. 다 빈치는 인류 역사상 가장 위대한 천재일 것이다. 그의 무한한 능력만큼이나 까다로운 성격을 지니고 있었기에 그들과 함께할 수 없었다. 그는 루도비코가 제공한 스포르체스코 궁에서 작업하였고, 밀라노 두오모 광장 우측에 다 빈치의 작업장이 있었다.

당시 밀라노에는 실질적인 지배자 스포르차 가문의 루도비코가 있었다. 루도비코는 1481년 성벽 공사를 위해 피렌체의 로렌초가 기술자들을 선발하는데 다 빈치가 명단에 포함되어 있었다. 루도비코는 자신의 미천한 가문으로 인해 건축물과 예술에 대한 지원을 아끼지 않았던 군주였다. 다 빈치는 루도비코에게 예술가로서 인정을 받아 궁정 수석 기술 자문 역할을 하며 신임을 얻고 있었다. 그의 〈흰 담비를 안은 여인〉 작품은 루도비코가 사랑하던 체칠리아 갈레나리를 그린 것이다. 이 그림으로 그의 지원을 받았으며, 밀라노 최고의 화가로 등극하게 된 것이다. 루도비코의 요구로 〈최후의 만찬〉을 그리게 된다. 이 그림은 산타 마리아 델레 그라치에 성당에 있다. 루도비코는 프랑스 루이 12세의 인질로 잡혀 프랑스에서 죽음을 맞이하면서 다 빈치와의 인연도 막을 내린다. 이후 다 빈치는 만토바, 베네치아, 피렌체를 떠돌며 활동하다 1516년 프랑스 왕 프랑수아 1세(François Ⅰ, 1494~1547)의 초청을 받아 앙부아즈 성에서 머무르다 1519년 5월 2일 67세로 임종을 맞게 된다. 유해는 앙부아즈의 생 튀베르 예배당(Chapel of Saint-Hubert)에 안치되었으나, 19세기 초 교회가 완전히 철거되어 그의 무덤 또한 찾을 수 없게 되었다. 그가 프랑스로 향하면서 지니고 온 〈모나리자〉 그림은 그의 임종과 함께 프랑스에 남게 되었다.

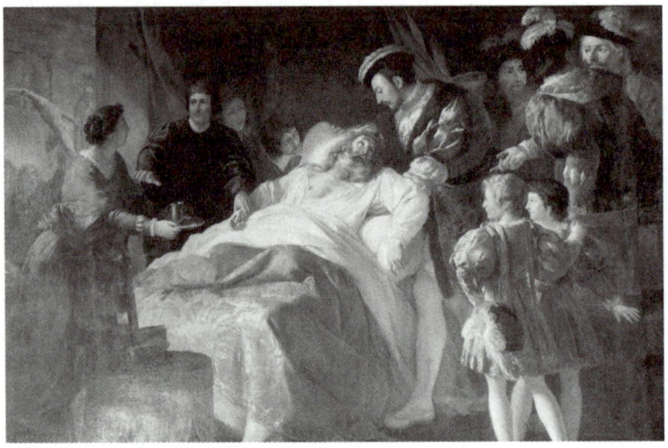

◆◆ MENAGEOT, François-Guillaume, 프랑수아 1세의 팔에 안겨 죽음을 맞이하는 다 빈치(부분), 1781 / 레오나르도 다 빈치, Mona Lisa(La Gioconda), 1503~05년경

다. 안키아노(Anchiano)의 레오나르도 다 빈치의 생가

'다 빈치'라는 이름은 물려받을 성이 없어 그의 고향 이름을 성으로 사용한 것이다. 이름의 의미는 '빈치 마을에서 온 레오나르도'였다. 1452년 빈치(Vinci)가 태어난 작은 마을 안키아노(Anchiano) 언덕에는 '레오나르도의 생가(Casa natale di Leonardo)'가 있다. 안키아노 마을은 피렌체에서 30여km 떨어진 엠폴리라는 역에서 더 들어가야 하는 산골 마을이다. 그의 생가는 벽난로가 있는 3개의 방으로 설계된 돌로 쌓은 집이었다. 산골 마을 빈치에서 좀 더 들어가면 '안키아노'라는 마을이 나온다. 1466년 14살의 레오나르도는 피렌체 베르키오 공방에 미술 수업을 받기 위해 이 집을 떠난다.

◆◆ 레오나르도 다 빈치의 생가(Wikipedia)

라. 로마와 미켈란젤로

로마를 방문한다면 미켈란젤로의 숭고한 작품들을 만나게 될 것이다. 어린 시절 메디치 가문인 로렌초의 지원을 받으며 양자로 살았다. 그러나 미켈란젤로는 로렌초의 죽음으로 일거리의 기회를 얻어 로마를 방문하게 된다. 미켈란젤로가 3년간 산 피에트로 대성당을 위한 〈피에타〉 작품은 세계 최고의 대리석 조각품일 것이다. 이후 그는 최고의 조각가로 이름을 떨친다. 마키아벨리가 활약하던 피렌체에서 그의 명성으로 피렌체 공화국의 승리를 상징하는 다비드상 주문에 응한 것이다. 피렌체의 아카데미아 미술관에서는 그의 원본을 볼 수 있다. 시뇨리아 광장에 있는 것은 복제품이다. 그의 명성이 날로 높아지던 중에 로마에서는 야심가였던 율리우스 2세가 교황의 자리를 차지하게 된다. 율리우스 2세는 자신의 영광을 빛내줄 실력으로 충만한 예술가를 찾고 있었다. 전쟁을 일삼았던 자신의 치적을 내세우기 위해 건축과 예술에 관심을 가졌다. 이를 위해 그는 피렌체에서 미켈란젤로를 모셔와 자신이 묻힐 영묘를 장식할 것을 주문하였다. 그러나 불화로 인해 미켈란젤로는 일을 포기하고 떠났지만 결국 무릎을 꿇고 그의 명을 따른다. 이후 4년 동안 홀로 길이 41m, 폭 13m 규모의 시스티나 예배당의 천장화를 그리게 된다. 율리우스 2세와의 악연으로 세기의 걸작을 만든 것이다. 이후 바오로 3세 교황에 의해 시스티나 예배당의 서쪽 제단 벽면에 〈최후의 심판〉을 완성한다. 영적인 힘으로 베드로가 순교한 자리에 세워지는 최대 규모의 성전 건축이 미켈란젤로에게 맡겨진 것이다. 교황 바오로 3세에 의해 시작된 성전은 그의 노력으로 지금의 형태를 갖추게 된 것이며, 133m나 되는 쿠폴라의 설계도 미켈란젤로의 작품이다. 로마에 남겨진 그의 작품으로는 캄피돌리오 광장의 디자인과 파르네세 추기경의 개인저택이던 파르네세 궁전이 있다.

미켈란젤로의 천지창조(1508~1512)와 최후의 심판(1536~1541)

마. 로마, 바티칸 미술관

바티칸 미술관은 로마 가톨릭교회(Roman Catholic Church)의 바티칸시 내부에 있는 세계 최대 규모의 미술관이다. 미술품을 보기 위해서는 걸어서 15km가 걸리는 엄청난 규모의 미술관이다. 매년 650만 명이 방문한다. 이곳의 대표적인 작품은 레오나르도 다 빈치(Leonardo da Vinci)와 자신만의 특실이 따로 있는 라파엘로(Raphael), 그리고 시스티나 예배당(Sistine Chapel) 천장에 그림을 그린 미켈란젤로(Michelangelo)일 것이다.

로마에는 또 다른 천재 화가 라파엘로가 있다. 라파엘로의 방(Raphael Rooms)은 바티칸 궁전에 있는 라파엘로의 작업장이자 그의 제자들과 함께 프레스코화를 만들던 방이다. 20대 초반에 교황은 자신의 집무실, 서명의 방 등을 장식하는 거대한 프로젝트를 맡겼다. 바티칸 미술관에 라파엘로가 그린 〈아테네 학당〉이 있다.

바. 베네치아와 르네상스 화가들

베네치아는 베니스 영화제, 베니스의 상인, 베니스 비엔날레로 널리 알려진 수상 도시다. 수상 버스가 대중교통 수단이며, 유람선인 곤돌라가 여행객들을 낭만적으로 실어나른다. 미술 애호가들이 가장 사랑하는 도시 중 하나일 것이다. 베니스 비엔날레가 2년마다 열리고, 구겐하임 미술관 그리고 침략자 나폴레옹이 성당마다 흩어져 있던 그림을

◆◆ 물의 도시 베네치아, 산 마르코 성당과 종탑이 보이는 곤돌라

모아놓은 아카데미아 미술관이 있다. 산 마르코 광장을 중심으로 산 마르코 성당과 종탑이 비현실적인 세계로 안내한다.

베네치아에는 유명한 르네상스 시대의 베네치아 화가들이 있다. 티치아노, 조르조네, 틴토레토, 벨리니 등이 화려하고 밝고 유쾌한 색채의 베네치아 화풍을 탄생시킨 것이다. 산 자카리아 성당에서는 벨리니의 〈자카리아 성모〉라는 그림을 만날 수 있다. 이 그림은 베네치아 사람들의 개방적이면서 융합적인 사유를 볼 수 있는, 고대와 중세 그리고 르네상스 양식이 종합된 그림이다. 베니스를 찾은 당대의 유명화가인 벨리니, 도나텔로, 다 빈치 등이 잠시 머물러 지오바니, 티치아노 등의 젊은 화가들에게 큰 영향을 주었던 곳이다. 조르조네는 지오바니와 티치아노의 진정한 스승이기도 했다. 조르조네는 이탈리아 최초로 캔버스에 유화로 그림을 그린 화가로 알려졌다. 아카데미아 미술관에 조르조네의 〈폭풍〉이란 그림이 있다. 신비스럽고 해석이 분분한 이 그림은 17세기에 나타난 새로운 장르로서 풍경화의 원조이기도 하다. 베니스 프라리 성당에는 티치아노의 유명한 그림 〈승천하는 성모〉를 볼 수 있다. 폭 3.6m, 높이 7m에 가까운 대형 제단화를 통해 그의 시대가 된 것이다. 티치아노는 이제 16세기 최고의 화가로 드로잉보다는 색채를 중시하는 바로크 회화의 선구자가 된 것이다. 그를 이어 틴토레토는 산로코 협회 회관을 장식하는 일을 맡는다. 틴토레토 또한 스승인 티치아노의 영향으로 재야에서 급진적인 그림을 그리고 있었다. 그는 〈그리스도의 십자가 처형〉이라는 폭 5.3m, 길이 12m가 넘는 대형 그림을 공모전 드로잉 심사에서 아예 완성된 대작을 들고 나타났다. 이후 회관 전체의 그림 장식을 의뢰받았다. 틴토레토는 르네상스를 극복하고 스승 티치아노와 함께 미래에 나타날 바로크 회화의 또 다른 선구자였다. 산 조르조 마조레 성당에서 볼 수 있는 틴토레토의 〈최후의 만찬〉은 달라진 새로운 세상을 여는 혁신적인 구도의 걸작이다. 조르조네를 스승으로 티치아노, 틴토레토로 이어지는 베네치아 화풍의 혁신적인 그림은 새로운 화풍을 여는 획기적인 사건이었다. 아카데미아 미술관에서 티치아노의 그림 〈피에타〉를 보면 르네상스 너머의 시간을 예견하고 있음을 볼 수 있다.

◆◆ 지오바니 벨리니의 〈자카리아 성모〉, 1505년경 / 조르조네의 〈폭풍〉, 1508

6) 스페인 시각문화예술 콘텐츠

가. 바르셀로나, 4마리 고양이 식당과 피카소

1897년 오픈한 바르셀로나의 식당 '네 마리 고양이(4 GATs)' 식당은 1900년대 초까지 피카소가 바르셀로나에 머물던 시기에 자주 다니던 식당이다. 1896년에 지어진 건물로 중세 성처럼 보이며 외관은 유럽 고딕 양식에서 영감을 받았다. 카탈루냐 '아르누보' 형식으로 장식되어 있다. 피카소가 그려준 그림으로 장식된 벽면과 메뉴판 그리고 탁자를 까는 종이에 피카소가 직접 그려 선물한 그림이 있다. 그

◆◆ 바르셀로나의 식당 '네 마리 고양이(4 GATs)'
(이미지: https://www.barcelonaturisme.com/)

는 바르셀로나에서 더는 미술학교 따위는 다니지 않겠노라 결심하고 파리를 꿈꾸기 시작한다. 1900년, 열아홉 살 피카소는 바르셀로나의 카탈루냐 화가와 작가들의 모임이 열리던 카페 '4마리의 고양이(Els Quatre Gats)'에서 파리에 갈 여비를 만들기 위해 첫 번째로 전시회를 열었다.

나. 스페인 마드리드, 프라도 미술관

◆◆ 벨라스케스의 〈시녀들〉, 1656 / 스페인 마드리드 프라도 미술관(이미지 : 위키백과)

15세기 이후 스페인 왕실에서 수집한 미술 작품을 전시하고 있다. 무리요 동상이 서 있는 마드리드에 있는 프라도 미술관, 벨라스케스의 〈시녀들〉(1656)을 만날 수 있다. 프라도 미술관은 유럽 3대 미술관 중 하나로 그 규모는 상상을 초월한다. 3만 점이 넘는 작품을 소장한 미술관으로 벨라스케스, 고야의 작품들을 만날 수 있다.

다. 스페인 말라가, 피카소 생가와 박물관

스페인 남쪽 항구도시 말라가(Malaga), 이곳은 1881년 피카소[6]가 태어난 마을이다. 아름다운 바닷가 도시에 사람들로 넘쳐나는 피카소 생가는 현재 '피카소 탄생 박

6) 피카소의 본명은 모계를 따른 것으로 23개의 음절로 구성. 파블로 디에고 호세 프란시스코 데 파울라 후안 네포무세노 마리아 데 로스 레메디오스 크리스핀 크리스피니아노 데 라 산티시마 트리니다드 루이스 이 피카소(Pablo Diego José Francisco de Paula Juan Nepomuceno María de los Remedios Cipriano de la Santísima Trinidad Ruiz y Picasso)

물관(Picasso Birthplace Museum)'으로 대중에게 개방되었다. 집 앞에서 피카소의 기념 동상을 볼 수 있다. 태어날 당시 피카소의 아버지 호세는 화가가 꿈인 미술선생이었다. 피카소의 재능을 미리 본 아버지는 7살부터 미술 교육을 시작했고, 14세에 미술대학에 입학시킨다. 16살에 〈과학자 자애〉라는 작품을 발표하고 본격적으로 작가 활동을 한다.

7) 유럽 지역의 시각문화예술 관광콘텐츠

가. 벨기에 안트베르펜 성당을 장식한 루벤스 그림

안트베르펜의 성모 성당(Onze-Lieve-Vrouwekathedraal)은 유난히 뾰족해 보이는 첨탑이 특징이다. 루벤스의 작품 4점이 안트베르펜 대성당에 있으며, '위다(Ouida, 1839~1908)[7]'라는 영국의 동화작가가 쓴 소설『플랜더스의 개』가 안트베르펜을 배경으로 하고 있다. 소년 넬로(Nello)와 개 파트라슈(Patrasche)에 관한 이야기다. 성당 안에 걸려 있는 루벤스의 세 폭 제단화를 한 번만이라도 보고 싶어 성탄절 이브에 몰래 들어가 바라던 소망을 이룬다. 그러나 루벤스의 삼부작 '십자가에서 올리심'이 그려진 세 폭 제단화 앞에 넬로와 파트라슈가 얼어 죽은 채로 발견된다.

페테르 파울 루벤스(Rubens, Pieter Pauwel)는 10살 되던 1587년에 아버지의 사망으로 어머니와 네 자녀는 안트베르펜으로 이사한다. 루벤스는 안트베르펜에서 라틴어를 배우지만 얼마 안 지나 경제적인 곤궁으로 2년간 백작 부인의 시동으로 일하면서 화가를 꿈꾼다. 15세가 된 루벤스는 안트베르펜에서 스승을 만나 그림 연습을 하면서 4년 동안 도제 생활을 마치고 조합에서 2년간 그림 그리는 일을 맡는다. 이후 그는 이탈리아로 가서 새로운 그림 공부에 매진하고 바로크 시대 최고의 화가로 거듭난다. 안트베르펜의 성모 성당은 미술관 같은 곳이며, 루벤스의 또 다른 작품 〈십자가에서 내려오심(The Descent from the Cross)〉도 볼 수 있다.

7) 본명은 매리 루이스 드 라 라메(Marie Louise de la Ramée, 1839~1908)

◆◆ 피터 폴 루벤스, 〈십자가에서 내려오심〉, 1612~1614 / 안트베르펜의 성모 성당(1352~1521년 사이에 지어진 고딕 양식의 십자형 교회)

나. 노르웨이 뭉크 미술관

노르웨이 표현주의 화가이며 국민화가인 에드바르 뭉크(Edvard Munch, 1863~1944)의 초상은 노르웨이 지폐 1,000크로네에도 있을 정도로 그들에겐 대단한 화가다. 오슬로 뭉크 미술관에는 1,100점의 그림과 4,500편의 수채화와 드로잉들이 있으며 세계 최고의 소장품을 자랑한다.

1994년에는 4명의 괴한이 오슬로 국립미술관의 창문을 깨고 뭉크의 〈절규(The Scream)〉 유화 버전의 작품을 훔쳐갔다. 도난당한 그림은 3개월 만에 무사히 되찾았다. 그리고 10년 후인 2004년 8월 22일 일요일, 복면한 총기 강도가 이번에는 뭉크의 〈절규〉와 〈마돈나(Madonna)〉', 두 그림을 훔쳐갔다. 2년이 지난 2006년 8월 31일에 도난당한 그림들은 비밀스러운 홍정으로 오슬로 경찰 특수대에 의해 무사히 회수되었다.

뭉크 미술관은 2018년에 오슬로 해안의 새로운 문화 지역인 비요르비카(Bjørvika) 지구, 오슬로 오페라 하우스(Oslo Opera House) 바로 옆으로 이전했다. 미술관 옆으로 뭉크를 따라 걷는 코스도 있으며, 스로모트강엔의 아케르셀바강을 따라 8km를 걸어갈 수 있다. 에드바르 뭉크(Edvard Munch)가 이 길에서 많은 역작을 탄생시켰다. 〈절규〉도 바로 스로모트강엔의 아케르셀바강에서 영감을 받은 걸작이다. 뭉크 나이 30살에 그린 〈절규(The Scream)〉(1893)는 네 가지 버전이 있다.

도난당했던 뭉크의 절규(1893)와 마돈나(1893~1894)

다. 노르웨이 비겔란 조각공원

오슬로 교외 32ha의 광활한 프로그네르 공원(Frognerparken)의 중심에는 노르웨이에서 가장 사랑받는 조각가 구스타프 비겔란(Gustav Vigeland)의 조각 작품으로 공원화되어 있다.

212개의 화강암과 청동 조각품으로 가득한 조각공원이다. 아돌프 구스타브 비겔란(Adolf Gustav Vigeland)은 노르웨이 오슬로시 정부의 지원을 받아 1915년부터 세계 최대의 조각공원(Glyptotel)을 만들기 시작했다. 가장 유명한 작품으로 '시나타겐(Sinnataggen)'이라는 화난 꼬마의 조각상이 있다. 그러나 비겔란은 많은 작품을 만들면서 스스로는 작품 제목을 붙인 적이 없었다. 비겔란 조각공원의 중심 탑에 서 있는 유명한 조각탑 모노리

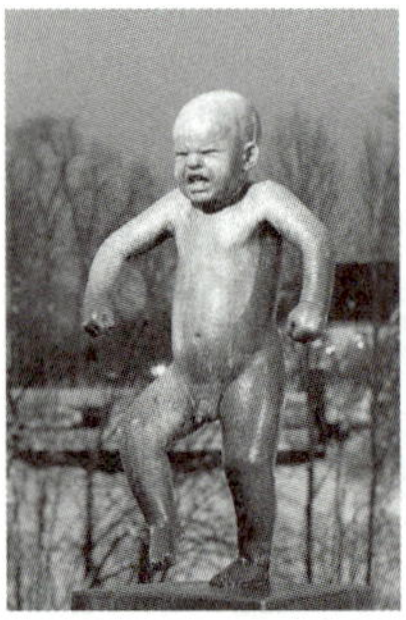

화난 꼬마(Foto: Wikipedia, Kjetil Ree, 2008) / 비겔란 공원 전경(이미지 : 위키 백과) / 비겔란 모노리스 조각 탑(이미지 : 저자)

스(Monolith)는 '외로운, 하나의, 또는 고립된'이라는 라틴어에서 유래한다. 높이 17.3m의 거대한 화강암 기둥의 모노리스 돌탑 조각은 무려 121명의 남녀가 뒤엉켜 있다.

라. 오스트리아 미술관

가) 빈 미술사 박물관

◆◆ 빈 미술사 박물관(이미지 : 오스트리아 관광청)

빈 미술사 박물관은 1891년 개관 이후 고대 로마부터 18세기까지 폭넓은 시대와 장소를 아우르는 작품들로 가득하다. 1848년 프란츠 요제프 황제는 왕가의 예술재산을 한 장소에 모으려는 생각을 구체화하기 시작했다. 건축가 칼 하제나우어(Karl Hasenauer)와 고트프리드 젬퍼(Gottfried Semper)가 맡아 값비싼 대리석과 멋진 프레스코 모자이크로 화려하게 장식하고 배치될 미술품에 적합한 양식으로 꾸며졌다. 박물관 로비는 율리우스 베르거(Julius Berger)가 그린 〈합스부르크 왕가의 순수미술 후원〉과 미카엘 폰 문카치(Michael von Munkacsy)의 〈르네상스의 신격화〉 그리고 한스 마카르트의 이탈리아 화가의 초상화, 구스타프 클림트의 천장 전면화가 보태어졌다. 1891년 프란츠 요제프 황제는 미술사 박물관의 개관을 공식적으로 선언했고 합스부르크 왕가의 안목과 위대함으로 영원히 기억되리라 생각했겠지만 25년 후 합스부르크 제국은 역사의 뒤안길로 사라졌고 그들의 컬렉션은 오스트리아공화국의 소유가 되었다. 1939년에는 박물관의 모든 작품이 알타우제 광산으로 옮겨졌다가 무사히 돌아왔고 박물관의 건물은 심각한 손상을 입어 폐쇄된 상태로 오랜 복구기간을 거쳐 1958년에 재개관하였다.

라파엘로, 티치아노, 카라바지오, 벨라스케즈, 루벤스, 베르메르, 아르침볼트, 브뤼헐,

크르나흐 등의 유명 미술품을 만날 수 있는 곳이다. 특히 미술사 박물관의 벽화는 클림트가 제작한 것이다. 벨라스케즈가 그린 스페인 마가렛 공주의 초상화를 만나는 즐거움도 있다. 합스부르크 왕가와 정략 결혼한 어린 공주의 성장 과정을 스페인 궁정화가 벨라스케즈가 그림으로 그려 보냈다. 그러나 결혼 후 어린 나이에 요절한다. 라파엘로의 가장 유명한 그림인 성모자상이 있다. 브뤼헐의 〈바벨탑〉(1563)도 만날 수 있다. 미술사 박물관 맞은편에 자연사 박물관이 있는데 여기엔 선사시대 조각품인 빌렌도르프의 비너스를 만날 수 있다. 25000년 전 선사시대 바하우 계곡에서 꽃피운 문화의 산물이다.

◆◆ 벨라스케즈, 마가리타 공주, 1656 / 빈 미술관 브뤼헐의 〈바벨탑〉과 관람자

나) 빈의 레오폴트 미술관

레오폴트 미술관은 빛으로 가득한 흰 석회암 외벽으로 만들어진 현대적 건축물이며, 황실 구역의 역사적 분위기와는 사뭇 대조되는 아르누보 형식으로 지어졌다. 빈 아르누보(Viennese Art Nouveau), 빈 공방(Wiener Werkstätte), 표현주의(Expressionism)의 독특하고 귀중한 보물들이 모인 레오폴트 미술관이다. 레오폴트 미술관은 오스트리아의 의사이자 미술품 수집가인 루돌프 레오폴트 박사가 평생 모은 작품 5천여 점을 바탕으로 세워졌다. 1994년 5천400㎡의 전시 공간을 자랑하는 현대적이고 쾌적한 레오폴트 미술관이 완공되었다. 1900년 전후의 빈 분리파 작품들이 주종을 이루는데 구스타프 클림트, 오스카 코코슈가 등의 작품이 있으며, 특히 에곤 실레의 작품은 세계 어느 미술관보다 많이 소장되어 있다. 근현대 미술품도 상당한 수준이다. 또한, 레오폴트 미술관은 요제프 호프만(Josef Hoffmann)에서 콜로 모세(Kolo Moser)에 이르기까지, 빈 공방의 예술가들

이 창조하고 국제 디자인 역사에 한 획을 그은 다양한 예술품을 소장하고 있다.

다) 빈의 알베르티나 미술관

왕궁을 개조해 전시장으로 개조한 곳이니 궁궐 생활 모습도 그대로 볼 수 있다. 알베르티나는 마리아 테레지아 여제의 딸인 마리아 크리스티나의 남편 알베르트 공이 살던 궁전이었다. 황궁인 호프브르크의 뒷마당에 아트리움이 있고 그 뒤에 알베르티나가 있다. 대단한 미술 애호가로서 생전에 백만 점이 넘는 작품들을 소장했다. 그의 컬렉션을 중심으로 사후에 미술관이 만들어졌으며 수집가를 기리기 위해 '알베르티나'란 이름이 붙여졌다고 한다. 2003년 건축가 한스 홀라인이 리노베이션 후 새로운 미술관이 되었으며, 15세기의 아름다운 궁전 안에는 지하에까지 초현대식 갤러리가 조화를 이루고 있다. 알베르티나 미술관의 컬렉션은 크게 회화와 조각, 드로잉과 판화, 사진, 건축물 등으로 나누어져 있다. 특별히 알프레히드 뒤러의 컬렉션을 위한 전시실이 유명하다. 미켈란젤로의 드로잉, 클림트, 에곤 실러, 렘브란트, 루벤스, 모딜리아니, 인상주의자들 작품, 표현주의 그림, 마티스, 피카소, 샤갈, 미로, 자코메티, 델보, 말레비치 등 근대미술가의 작품을 소장한 곳이다.

라) 오스트리아 빈의 벨베데레 궁전

◆◆ 벨베데레 궁전 상부(이미지 : 위키백과)

벨베데레는 1683년 빈을 침공한 투르크족을 무찔러 전쟁 영웅이 된 오이겐 공의 여름 궁전이었다. 오이겐 공은 프랑스 사보이 공의 아들로 파리에서 태어났는데 루이 14세의 미움을 받았기 때문에 오스트리아로 망명해 군인이 되어 수많은 전투에서 승리를 거두었던 정치가였다. 벨베데레 궁전은 오스트리아 바로크 건축의 거장 힐데브란트(Johann Lukas von Hildebrandt)가 세운 아름다운 바로크 건축물로서 세계 문화유산으로 지정된 곳이기도 하다. 1716년 별궁인 하궁(Unteres Belvedere)을 세웠으며, 1723년 연회장으로 사용하기 위해 상궁(Oberes Belvedere)을 지었다. 전망이 좋다는 뜻의 벨베데레 궁전은 궁전 테라스에서 보이는 경치가 매우 아름다우며 상궁과 하궁 사이에는 프랑스식 정원이 있어 산책을 즐기기에 좋다. 벨베데레는 지금 오스트리아 정부에서 직접 관리하는 주요 국립미술관이다

클림트 작품 전시관으로 〈키스〉, 〈유디트 1〉 등 주옥 같은 작품을 만날 수 있으며, 클림트의 대형작품도 벨베데레가 소장하고 있다. 에곤 실레(Egon Schiele)의 걸작 〈죽음과 소녀(Death and the Maiden)〉, 〈포옹(The Embrace)〉, 〈가족〉, 오스카 코코슈카(Oskar Kokoschka)의 작품 등도 인기가 많다. 너무도 유명한 다비드의 〈나폴레옹 초상화〉, 인상주의자들의 작품들이 있다. 에곤 실레의 작품 〈가족〉은 그가 스페인 독감으로 미완성으로 남긴 그림이다. 임신한 아내에게서 곧 태어날 아기를 기다리면서 그렸을 그림이지만 불행하게도 얼마 후 스페인 독감으로 아내는 죽고 그도 3일 후 불과 28세의 젊은 나이로 세상을 떠난다.

마. 영국 런던 대영박물관(The British Museum, London)

1753년 설립된 대영박물관은 세계 최고의 박물관으로 가장 많은 유물을 소장하고 있다. 최초의 박물관은 '몬테큐 하우스'로 1759년 대중에게 최초로 공개된 곳이다. 전시품 대부분은 가져온 것으로 일반적으로 유럽 전역의 유물을 포함하고 있으며 아시아와 한국의 유물도 소장하고 있다. 특히 가장 유명한 유물로는 로제타석, 이집트 미라, 고대 그리스의 조각품 엘긴 대리석이다.

영국은 박물관의 나라다. '빅토리아 & 앨버트 박물관(Victoria & Albert Museum)'은 세계 최대의 장식 예술과 디자인 박물관이다. 450만 개가 넘는 어마어마한 컬렉션 중 일부는 패션이나 역사에 관한 관련 자료가 많은 곳이다. 런던의 역사를 살펴볼 수 있는 '런던 박물관', 트라팔가 광장 옆의 '국립 초상화 갤러리(National Portrait Gallery)', 버킹엄 궁전에 있는 국보급의 작품을 소장한 왕실 미술관인 '퀸스 갤러리(Queen's Gallery)', '영국은행 박물관(The Bank of England Museum)', '테이트 브리튼(Tate Britain)', '테이트

모던', 영국 '내셔널 갤러리(The National Gallery)'엔 수천 점의 예술품과 역사상 가장 위대한 이름들인 모네, 반 고흐, 마네, 터너 등이 전시되어 있다.

바. 네덜란드 암스테르담의 국립미술관

◆◆ 네덜란드 암스테르담의 국립미술관(이미지 : https://www.jung.de/)

네덜란드 암스테르담의 국립미술관(Rijksmuseum)은 세계적인 명성답게 중세시대 예술부터 네덜란드 예술작품의 보고다. 100만 점 이상의 미술품을 소장하고 있는 암스테르담의 국립미술관은 한 번에 8,000점 이상의 작품을 전시할 수 있다. 특히 렘브란트, 베르메르, 반 고흐의 작품이 많이 소장되었다. 렘브란트는 대부분의 생애 동안 암스테르담에서 살았으며, 황금시대의 걸작들은 암스테르담의 국립미술관(Rijksmuseum)이 소장하고 있다. 렘브란트의 대표작 〈야간 순찰〉, 베르메르(Vermeer)의 〈우유 따르는 여인(The Milkmaid)〉이 있다. 암스테르담 국립미술관 내부에 있는 '명예의 갤러리(The Gallery of Honour)'는 렘브란트의 위대한 걸작인 〈야간 순찰(The Night Watch)〉을 위해 특별히 설계된 전용 공간이다.

주변 박물관 광장에는 암스테르담 국립미술관(Rijksmuseum), 반 고흐 미술관(Van Gogh Museum), 암스테르담 시립 미술관(Stedelijk Museum), 콘세르트헤바우(Concertgebouw) 음악 공연장이 함께 있다. 뱅크시, 로이 리히텐슈타인의 작품들을 보여주는 모코 미술관(Moco Museum), 현대미술과 디자인 작품을 소장한 암스테르담 시립 미술관(Stedelijk

Museum)이 있다. 반 고흐 미술관(Van Gogh Museum)에는 반 고흐의 작품이 가장 많은 곳이다.

사. 상트페테르부르크의 에르미타주 미술관(State Hermitage, St. Petersburg)

상트페테르부르크가 세계에 자랑하는 초일류 미술관으로 역대 황제의 거처인 겨울 궁전과 4개의 건물이 통로로 연결된 곳이다. 정식 명칭은 '국립 에르미타주 미술관'이다. 영국의 대영박물관, 프랑스의 루브르 박물관과 더불어 세계 3대 박물관으로 알려졌다. 1764년에 예카테리나 2세가 미술품을 수집한 것이 에르미타주의 기원이다. 본래는 예카테리나 2세 전용의 미술관으로, 초기에는 왕족과 귀족들의 수집품을 모았으나, 19세기 말에는 일반인에게도 개방되었다. 1922년부터 국립 에르미타주 박물관으로 명명된 이곳은 현재 1,020여 개의 방에 레오나르도 다빈치, 미켈란젤로, 라파엘로, 루벤스, 피카소, 고갱, 고흐, 르누아르 등의 명화가 전시되어 있고, 이탈리아 등지에서 들여온 조각품들과 이집트의 미라부터 고고학적 유물, 화폐와 메달, 장신구, 의상 등 300만 점의 소장품이 전시되어 있다. 작품 1점에 1분씩만 보아도 전부 보려면 5년이 걸린다는 말이 있을 정도다.

◆◆ 상트페테르부르크의 에르미타주 미술관(이미지 : 상트페테르부르크 사이트)

8) 아메리카 시각예술 콘텐츠

미국 자본가들의 열광적인 수집으로 유럽 인상파와 모더니즘의 근대 미술품은 유럽보다는 미국이 더 많은 걸작을 소유하고 있다. 뉴욕의 메트로폴리탄 미술관, 보스턴 미술관, 시카고 미술관은 미국의 3대 미술관이다. 메트로폴리탄 미술관(Metropolitan Museum Of Art), 뉴욕현대미술관(MoMA), 솔로몬 R. 구겐하임 박물관(Solomon R. Guggenheim

Museum)은 뉴욕의 3대 미술관이며 세계 최고의 미술관이다. 그 외에도 2015년 렌조 피아노가 새로 설계한 휘트니 미술관(Whitney Museum of American Art), 브루클린, 퀸스, 브롱크스 등이 있다. 특히 이 미술관들은 전 세계 수백만 명의 여행객들을 끌어모으는데 중요한 중추적인 역할을 하는 곳이다.

아메리카와 팝스 애비뉴 사이 W 53번가 11번지에 있는 MoMA는 20세기와 21세기 미술품 중 가장 포괄적인 컬렉션들로 소장품을 폭넓게 보유하고 있다. 2019년 10월까지 4억 5천만 달러를 들여 확장공사를 마감하고 재개관하였다. 반 고흐의 〈별이 빛나는 밤에〉, 피카소의 〈아비뇽의 처녀들〉, 달리 〈기억의 지속〉, 윌럼 데 쿠닝(Willem de Kooning) 〈여인〉(1950~1952)을 만날 수 있는 미술관이다.

프랭크 로이드 라이트가 설계한 구겐하임(Guggenheim)은 현대미술품, 특히 칸딘스키의 추상화들을 소장하고 있다. 건축가 프랭크 로이드 라이트의 특별한 설계로 기존 미술관의 네모난 화랑 고정관념을 뒤집은 나선형 공간의 비탈길 동선은 그 자체로 대담하다. 방해되는 벽을 모두 없애고 기하학적 형태와 자연을 결합하여 '흐르듯이 동선'을 만들어 작품을 전시하고 있다.

미국 뉴욕주 뉴욕 맨해튼 어퍼 이스트사이드에 있는 메트로폴리탄 박물관(The Metropolitan Museum of Art)은 고대 이집트, 그리스 로마의 고대 보물에서부터 르네상스, 인상주의 걸작에 이르기까지 모든 것을 갖춘 5000년 동안의 예술품을 소장하고 있다. 뉴욕 메트로폴리탄 미술관(The Met)은 세계 최대 규모의 민간 주도 박물관 중 하나다. 1913년부터 뉴욕에서 미국 최초의 국제 근대 미술전 '아모리 쇼(Armory Show)'를 열어 세잔, 반 고흐, 피카소 등의 19세기 유럽 인상파 작품을 무려 2천여 점이나 구매하면서 미국에서 유럽 인상파 탄생에 결정적인 역할을 하였다.

시카고 미술관은 고대부터 현대에 이르는 유럽과 미국을 아우르는 미술품을 소장하고 있다. 유럽의 모네나 르누아르, 쇠라 등의 프랑스 인상주의 미술품을 중심으로 근대 회화를 소장하고 있다. 쇠라의 대표작인 〈그랑드 자트섬의 일요일 오후(Un dimanche après-midi à l'Île de la Grande Jatte)〉도 있다. 미국의 3대 미술관 중 하나로 보스턴 미술관 소장품은 50여만 점으로, 이집트 미술품과 프랑스 인상주의 작품을 많이 소장하고 있다.

가. 휘트니 미술관(Whitney Museum of American Art)

◆◆ 휘트니 미술관(이미지 : Whitney Museum)

75번가에 있는 매디슨가에서 50년 역사를 간직한 휘트니 미술관은 2015년 허드슨강변 로어 맨해튼의 미트패킹 구역에 프리츠커 건축상을 받은 국제적인 건축가 렌조 피아노(Renzo Piano)가 설계한 신축 건물로 이사했다.

휘트니가 다른 미술관과 크게 차별화된 것은 미국 예술가들의 현대 작품에 있다. 특히 에드워드 호퍼(Edward Hopper) 작품의 저작권을 대부분 가지고 있다. 영구 컬렉션 소장품으로는 알렉산더 칼더(Alexander Calder), 윌렘 데 쿠닝(Willem de Kooning), 제스퍼 존스(Jasper Johns), 조지아 오키프(Georgia O'Keeffe), 클래스 올덴버그(Claes Oldenburg) 등 약 2,000명이 넘는 미국 출신 예술가들의 작품이 있다.

휘트니 미술관의 명성은 주로 임시 기획전시회에 있으며, 신인들의 등용문이 특별히 주목받는 곳이다. 특히 미국에서 현대미술에 대한 가장 권위 있는 평가를 얻고 있는 휘트니 비엔날레(Whitney Biennale)가 짝수 해마다 열려 새로운 작가를 발굴하고, 현대미술의 새로운 에너지를 충족시킬 실험적인 신인 양성을 위한 자발적인 훈련 프로그램도 시행된다.

나. 폴 게티 센터(J. Paul Getty Center)

석유왕 진 폴 게티는 미국 대공황 이후 미국 최고의 부자였다. 게티 석유회사를 설립한 사람이며, 사업으로 돈을 벌어 50년대에는 세계에서 가장 돈 많은 사람으로 유명하다. 그는 산타모니카에 이탈리아 미조리 고대 로마 유적 파피리의 빌라를 모방하여 짓고 미술관으로 개관했다. 리처드 마이어라는 건축가가 미술관을 포함한 게티 센터 전체를 디자인했고, 폴 게티 미술관의 정원은 미술가인 로버트 어윈이라는 사람의 작품이다. 폴

◆◆ 캘리포니아주 로스앤젤레스에 있는 폴 게티 센터(이미지 : 위키백과)

게티 미술관이 설립된 것은 자신의 집에 미술품을 전시하기 시작한 1954년이라고 한다. 말리부 비치 언덕에 폴 게티 센터(J. Paul Getty Center)가 들어선 것은 1983년이다. 폴 게티의 유산으로 만들어진 폴 게티 트러스트에서 산타모니카산맥의 산기슭에 드넓은 땅을 구입하면서 시작된다. 마네(Manet)가 그린 그림 〈폴리-베르제르 바(A Bar at the Folies-Bergere)〉, 반 고흐(Van Gogh)의 〈아이리스(Irises)〉를 만날 수 있다. 미술관은 전적으로 폴 게티 트러스트와 폴 게티의 기부금에 의해 설립 운영되고 있다. 그러나 생전의 그는 재산에 광적인 집착을 보이기도 했으며, 자신이 사들인 미술품에 대한 집착도 대단했다.

16살의 게티 3세가 1973년 7월 10일 낮 3시 로마의 파르네세 광장에서 납치 감금되었다. 납치범들은 당시 1,700만 달러를 요구했으며 한쪽 귀를 잘라 보냈음에도 게티 3세의 할아버지 폴 게티는 협상을 거부했다. 결국, 몸값을 300만 달러까지 깎았고 폴 게티는 220만 달러만 주고 나머지 80만 달러는 아들 존 폴 게티에게 연 4% 이자로 빌려주었다. 게티 3세는 간신히 탈출에 성공했지만, 그 이후 마약과 알코올 중독에 빠져 20대에 시력을 잃고 목소리도 나오지 않는 심한 장애를 앓다가 2011년 사망했다. 이 사건은 리들리 스콧 감독의 영화 〈올 더 머니〉(2017)에 소개되었다.

다. 롱아일랜드, 이스트햄프턴의 폴락-크래스너 하우스 겸 스터디 센터 (Pollock-Krasner House & Study Center)

이 집은 폴락과 그의 아내 리 크래스너가 살면서 작업하던 집이다. 1945년 빈털터리였던 폴락은 맨해튼의 마블 콜리지 에이트 교회에서 하객도 없이 결혼하게 된다. 결혼 후 크래스너는 구겐하임 운영자이며 후원자였던 페기 구겐하임(Peggy Guggenheim)에게 2천 달러를, 은행에서 3천 달러를 빌려 집을 샀다. 알코올 중독으로 엉망이던 그에게 유대인 여성화가 리 크래스너(Lee Krasner, 1908~1984)의 등장은 구원이었다. 리 크래스너는 전도유망한 추상화가였지만 폴락을 위해 그림도 포기하고 모든 것을 지원했다. 브루클린의 쿠퍼 유니언에서 정식으로 미술을 공부하고, 내셔널 디자인 아카데미에서 미술 수업을 마친 그녀는 스승이었던 한스 호프만(Hans Hofmann)에게 추상화가로 큰 명성을 남길 것이라는 기대를 받던 제자였다. 남편 폴락이 불의의 사고로 숨지고서야 다시 붓을 들었다.

1956년 8월 11일 폴락이 사귀던 무명의 화가 루스 클리그만은, 유대인 친구 에디스 멧처(21)와 함께 만취한 폴락이 음주운전으로 나무에 충돌하며 밖으로 튀어 나가 40세로 즉사한다. 당시 26세 무명화가인 루스 클리그만이 유일한 생존자였다. 그의 유해는 롱아일랜드 집 근처 그린 리버 공원묘지에 묻힌다. 1982년 크래스너의 건강은 쇠약했고, 1984년 뉴욕 병원에서 생을 마감한다. 크래스너는 자신과 폴락이 사랑하고, 작업하던 집을 공공 뮤지엄 겸 도서관으로 만들 것을 유언으로 남겼다. 1987년 스프링스의 집은 스토니브룩 재단(Stony Brook Foundation)에 귀속되었고, 1988년 6월 뮤지엄으로 개관하였다. 1994년 폴락-크래스너 하우스는 미국 정부의 랜드마크로 지정됐다.

폴락-크래스너 하우스(이미지 : Wikipedia) / 작업 중인 잭슨 폴락과 크래스너(사진 : Hans Namuth)

라. 로스코 예배당(The Rothko Chapel, 1971)

1958년 로스코는 석유 재벌 출신의 자선사업가인 존 드 메닐(John and Dominique de Menil) 부부의 신앙심으로 텍사스주 남동부 휴스턴(Houston)에 있는 예배당의 장식용 그림을 의뢰받는다. 로스코는 거의 10년간 14개의 거의 단색조 모노크롬의 작품을 완성했다. 신비로운 로스코의 그림을 보면 만년에 세상과 담을 쌓았던 그가 얼마나 우울한 명상과 깊은 사색을 거듭했는지 알게 될 것이다. Rothko는 1970년 2월 25일 뉴욕 스튜디오에서 자살로 사망했다. 1971년 이 예배당은 로스코가 죽은 뒤 '로스코 예배당'이라는 이름으로 불리게 되었다.

◆◆ 로스코 예배당(images by Elizabeth Felicella, https://www.designboom.com/)

5 세계 음악예술문화 관광콘텐츠

리듬만 들어도 멋진 장소를 연상케 하는 노래들이 있다. 나폴리, 산타루치아, 로렐라이, 소렌토로, 샹젤리제, 셸부르그, 다뉴브 등이 아름다운 가사와 선율로 유명한 장소들이다. 미디어 매체나 광고, 영화로도 잘 알려진 도시들은 어딘지 정확히는 몰라도 슬픔을 간직하거나 밝은 태양이 빛나는 항구의 모습 등 가사와 리듬이 그리는 이미지로 먼 나라 사람들의 마음에 오래도록 남는다. 평범한 장소가 특별한 사건이나 새로운 인상이 만들어져 이미지로 확산하면 주목받는 장소 혹은 실존적으로 인식되며, 노래를 통해 특별한 장소로 일순간 변용되기도 한다. 세상 사람들이 노래로 부르던 프랑스 샹젤리제를 그리워하고 밝은 태양이 빛나는 나폴리와 소렌토를 기억하며 찾아가는 곳이다.

1) 이탈리아 음악예술문화 콘텐츠

가. 독창적인 민요의 도시, 나폴리

예로부터 감정 표현이 솔직하고 활달한 이탈리아 사람들은 그들의 노래 칸초네(canzone) 부르기를 즐긴다. 특히 나폴리를 포함한 남부지방은 그들만의 애향심으로 표현된 독창적인 민요가 많다. 나폴리 방언으로 부르는 노래 '나폴레타나(napoletana)'의 대표곡으로는 〈오 솔레 미오〉와 〈머나먼 산타루치아〉 그리고 〈돌아오라 소렌토로〉가 대중적으로 애창되는 곡이다. 애수가 담긴 나폴레타나는 그들의 추억을 포함하는 시대적 의미 또한 적지 않은데 대부분이 고향을 떠난 사람들이 이국에서 이상향을 그리는 향수가 짙은 곡들이다.

나폴리 민요가 전 세계에 알려진 것은 1744년 이후 나폴리에서 매년 개최되는 민요제 때문이다. 이는 이 지방 어부들이 제례에 노래를 바치던 의식이 그 시초라고 하는데 메르겔리나역 앞 피에디그로타 언덕 광장의 산타 마리아 피에디그로타 교회에서 매년 9월에 열리는 민요제가 가장 유명하다. 루이지 덴차(Luigi Denza)의 〈푸니쿨리 푸니쿨라〉(1880), 에두아르도 디 카푸아(Eduardo di Capua)의 〈오 솔레 미오〉(1898), 쿠르티스(Ernesto de Curtis)의 〈돌아오라 소렌토〉(1902)와 〈머나먼 산타루치아〉(1919), 가르딜로(Salvatore Gardillo)의 〈무정한 마음(가타리 가타리)〉(1908) 등이 이 민요제가 낳은 대표곡들이다. 이외에도 1953년부터는 나폴리 민요협회 주최의 '나폴리 가요제'가 매년 6월 초에 개최되는데, 이 행사는 작곡을 중심으로 입선작은 이탈리아 방송협회(RAI)에 의해 전국에 소개된다. 이외에도 이탈리아 북서부에서 1951년에 시작된 산레모 가요제도 유명하다.

나. 돌아오라 소렌토로

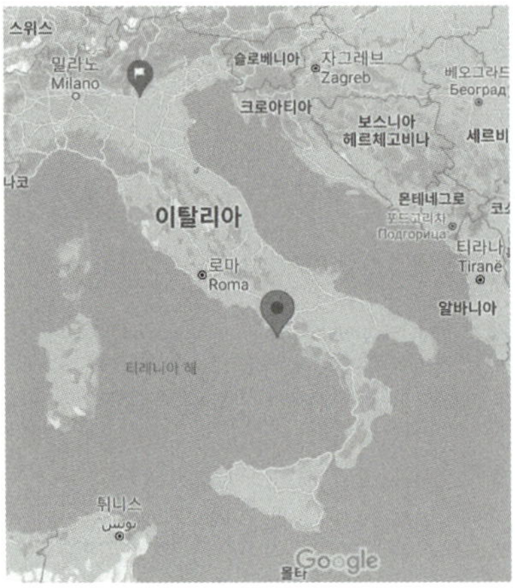

이탈리아 테너 가수 Luciano Pavarott 노래, 〈돌아오라 소렌토로(Torna a Surriento)〉, Royal Philharmonic Orchestra, Kurt Herbert Adler

〈돌아오라 소렌토로〉는 1902년의 피에디그로타 가요제에서 발표된 곡이다. 시인이며 화가였던 잠바티스타 쿠르티스(Giambattista de Curtis)가 작사를, 작곡은 27세였던 그의 동생 에르네스토 데 쿠르티스(Ernesto de Curtis)가 했다. 형은 당시 이 호텔의 주인이던 트라몬타노의 초청으로 호텔을 장식해 주기 위해 1891년 이곳에 왔고, 그 후 매년 6개월 정도 이 호텔에 머물면서 그림을 그렸다. 지금도 비토리오 베네토 거리에 있는(Grand Hotel of Guglielmo Tramontano)' 입구 안내판에는 *"괴테, 바이런, 키츠, 셸리, 스콧, 라마르틴, 롱펠로우 등이 머물렀고, 스토 부인이 〈소렌토의 아그네스〉의 영감을 얻었으며, 입센이 6개월간 머물면서 〈유령〉을 쓰기도 했다. 그리고 잠바티스타 쿠르티스(Giambattista de Curtis, 1860~1926)가 노래 〈돌아오라 소렌토〉를 이 호텔 테라스에서 작곡했다."*라고 적혀 있다.

〈돌아오라 소렌토〉는 소렌토 풍경의 아름다움을 찬양하면서 떠나가는 연인에게 "잊지 못할 이곳에서 기다리고 있나니 곧 돌아오라"라고 간절하게 호소하고 있다. 쿠르티스 형제는 이후에도 공동으로 〈머나먼 산타루치아〉, 〈아 프리마보타〉 등 많은 곡을 만들어 명성을 떨쳤다. 소렌토역 가까이에 쿠르티스 흉상이 있고 맞은편에는 〈돌아오라 소렌토〉의 기념비가 서 있으며, 나폴리의 산타 마리아 안테세쿨라 거리에 두 형제의 생가 기념관이 있다.

<돌아오라 소렌토>에 관한 재밌는 에피소드

1900년대 초 바질리카타 지방은 오랜 가뭄으로 인해 큰 피해를 보고 있었는데 1902년 9월 15일 이탈리아 수상 차나르델리가 재해 현장을 순방하는 길에 소렌토의 임페리얼 호텔에 묵게 되었다. 소렌토 시장을 역임하고 있던 호텔 주인 트라몬타노는 수상에게 우체국을 하나 세워줄 것을 청원했다. 수상은 더 급한 일도 있는데 무슨 우체국이냐면서 역정을 냈지만 결국에는 그의 청원을 받아들였다. 트라몬타노는 데 쿠르티스 형제를 불러 수상이 우체국을 건립하겠다는 약속을 이행하도록 노래를 만들어 달라고 부탁했다. 형제는 호텔 발코니에서 소렌토의 바다를 바라보며 짧은 시간에 노래를 만들었고 수상이 소렌토를 떠날 때 부르게 했다고 한다. 수상의 체류를 기념하고 당시 76세이던 수상이 생전에 아름다운 이곳에 다시 찾아오기를 기원한 노래였다. 그 후 이 노래가 나폴리의 가요제에 첫선을 보였고 세계적인 노래가 된 것이다. 약속대로 우체국이 세워졌고 노래는 유명해졌지만 차나르델리 수상은 소렌토를 재방문하지 못한 채 세상을 떠났다고 한다.

다. 오 솔레 미오, 나폴리

세계적인 칸초네 나폴레타나 〈오 솔레 미오〉는 조반니 카프로(Giovanni Capurro) 작사 에두아르도 디 카푸아(Eduardo di Capua) 작곡으로 1898년 나폴리 '피에디그로타 음악제'에서 우승했던 곡이다. 가사는 카푸로가 러시아에 1년 동안 체류하면서 나폴리의 밝은 태양이 그리워 쓴 것으로 사랑하는 이의 눈동자를 태양에 비유한 내용이다. 이후 테너 카루소에 의해 이탈리아 국민노래로 자리 잡았는데 아름다운 목소리를 지녔던 카루소는 음악을 통해 나폴리를 이탈리아 최고의 도시로 만든 셈이다. 남성 발라드곡인 〈오 솔레 미오〉를 나폴리의 노래로 남긴 카루소는 나폴리의 위대한 영웅이 되었고 오페라와 대중가요의 거리를 좁혔다는 평가를 남겼다. 참고로 'O sole mio'의 '오'는 감탄사가 아니라 나폴리 원어의 관사이다.

〈오 솔레미오(O Sole Mio)〉, 이탈리아 테너 가수 Placido Domingo 노래, Because You're Mine 앨범

〈푸나쿨리 푸니쿨라〉, 이탈리아 테너 가수 Mario Lanza(with Lyrics) 노래, BMI – Broadcast Music Inc.

라. 푸니쿨리 푸니쿨라, 베수비오 분화구

이탈리아 나폴리 인근에는 AD 79년에 화산이 폭발해 10km 정도 떨어진 폼페이(Pompeii)를 한순간에 잿더미로 만들어버린 1,281m의 베수비오산(Monte Vesuvio)이 있다. 멀리서 보면 부드러운 두 개의 봉우리가 아름답지만 1973년과 1979년 화산폭발 이후에도 계속 증기를 뿜어내는 분화구를 가진 활화산으로 언제 다시 터질지 모르는 위험을 안고 있다. 1845년 세계 최초의 화산 관측소가 설립되었던 역사적인 장소이며 현재 분화구는 지름이 500m, 깊이는 250m로 아직도 군데군데에서 유황가스를 뿜어내고 있다.

그런데 당시 영국의 관광 사업가였던 토마스 쿡(Thomas Cook, 1808~1892)이라는 사람이 베수비오 화산 정상까지 케이블카를 설치하고 개통은 했는데 막상 사람들은 선 하나에 매달려 위험하고 무서운 활화산으로 끌려 올라가는 등산전차의 안전을 신뢰하지 못했다. 엄청난 사업투자금과 성공의 꿈이 사라질 위기에 놓였던 그는 대안으로 노래를 만들어 사람들의 입에 오르내리는 방법을 선택했다. 화산을 오를 때의 두려움을 경쾌한

노래로 잊게 만들면 누구나 편안한 마음으로 올 것이라고 믿었다. 드디어 적극적인 홍보와 노래를 통해 케이블카는 친숙한 관광 전차로 변신했고, 노래를 즐겨 부르던 사람들이 기꺼이 등산전차를 타려는 용기를 내면서 관광사업은 크게 성공하게 되었다. 그래서 만들어진 곡이 바로 〈푸니쿨리 푸니쿨라(Funiculi Funicula)〉다. 작사자는 당시의 나폴리 신문 기자로서 명성이 있던 주제페 투르고, 작곡은 루이지 덴차(Luigi Denza)가 했다. 타란텔라(6/8박자) 리듬의 춤곡으로 약동하는 듯한 반주의 리듬이 즐거운 등산의 느낌을 준다. 나폴리에서 12km 떨어진 베수비오산은 활화산으로도 유명하지만 〈푸니쿨리 푸니쿨라〉 노래로 더 알려진 곳이 되었다.

'*무서운 불을 뿜는 저기 저 산에 올라가자. 그곳은 지옥같이 무서운 곳 무서워라. 산으로 올라가는 전차 타고 모두가 올라가네. 떠오르는 저 연기, 오라고 손짓을 하네. 얌모, 얌모(가자, 가자), 높파 얌모 야. 푸니쿨리 푸니쿨라…*' 라고 비속어처럼 부르던 이 케이블카는 지각이 불안정하다는 이유로 1943년에 철거하게 되었지만, 더는 존재하지 않는 이곳의 케이블카를 알리는 노래는 여전히 세계적인 인기를 끌며 불리고 있다. 지금은 미니밴이나 버스 그리고 몬스터 트럭 버스로 갈아타고 매표소 도착 후 도보로 정상까지 올라간다.

2) 이탈리아 오페라 관광콘텐츠

가. 오페라의 탄생, 이탈리아 피렌체

중세 이후 르네상스로 접어들면서 이탈리아에서는 오페라를 실험적인 예술로 다루면서 음악을 좀 더 종합적인 형식으로 연구하는 동시에 중세시대에 억압되었던 다양한 종류의 예술을 새롭게 발전시키기 시작했다. 피렌체 도시를 후원하던 메디치 가문이 재정 지원으로 설립한 인문학의 서원 '아카데미아'가 있었다. 스터디 그룹 중 하나인 '카메라타'에 의해 지식인과 예술가를 중심으로 피렌체에서 오페라가 탄생한다. 고대 그리스 시대의 연극인 춤, 연기, 음악의 종합예술이 종교적인 소재로만 제한되면서 세속적인 주제의 연극이 사라진 것에 대해 안타까움을 극복하고 재현하겠다는 목적으로 '오페라'가 탄생했다. 음악으로 이야기를 구체적으로 전달하는 장르 중 유일한 것이 오페라였고, 그러다 보니 이야기가 보편적인 취향에서 벗어나거나 도덕적으로 문란한 것은 배제되었다. 그러나 시간이 갈수록 이야기는 당대 사람들의 관심거리를 중심으로 창작되고 시대적인 문제를 다루면서 대중들의 많은 사랑과 인기를 얻었다.

르네상스 시대 피렌체에서 탄생한 오페라는 이탈리아, 독일, 프랑스를 중심으로 발달했으나 오페라의 저항적이고 사회 비판적인 내용은 언제나 자신들이 사는 세계와 무관해 보이는 장소에서 무대를 선택하곤 했다. 세계에서 가장 많은 오페라를 공연하는 나라는 독일, 이탈리아이다. 인구밀도를 기준으로 한다면 이탈리아 베니스가 가장 많은 공연을 하고 있다. 아직도 그들이 오페라를 열정적으로 사랑하는 것에는 오페라가 시대 상황을 적나라하게 반영하여 거센 논란의 중심에 있으면서 민중을 계몽하고 시민의 삶과 호흡을 함께하던 장르였다는 이유일 것이다. 이는 오페라도 '예술을 위한 예술의 모방'이거나 예술가들만의 잔치로 끝나서는 안 된다는 역사적인 증거이기도 하다.

나. 오페라 작곡가들의 도시

오페라의 나라 이탈리아다. 대부분의 오페라 걸작들은 이탈리아 작곡가들의 작품이다. 밀라노에는 오페라 전문 극장인 '라 스칼라'가 있다. 1778년 8월 3일 살리에르 작품으로 문을 연 꿈의 무대 '라 스칼라 오페라 극장(Teatro alla Scala)'이다. 1831년 빈첸조 벨리니(Vincenzo Bellini)의 오페라 〈노르마(Norma)〉, 1842년 주세페 베르디의(Giuseppe Verdi)의 〈나부코(Nabucco)〉, 1887년 베르디의 〈오델로(Othello)〉, 1904년 푸치니(Giacomo Puccini)의 〈나비부인(Madama Butterfly)〉, 1926년 푸치니(Giacomo Puccini)의 〈투란도트(Turandot)〉를 초연한 극장이다. 특히 베르디 오페라의 대부분이 이 극장에서 초연되었다. 라 스칼라 2층에는 1913년에 개관한 오페라 박물관이 있으며, 이탈리아 오페라의 전설적인 가수와 의상과 소품 등 오페라의 역사를 보여준다. 그리스계 미국인이던 전설적인 가수 마리아 칼라스를 위한 공간은 따로 마련하였다.

가에타노 도니체티(Gaetano Donizetti)의 〈사랑의 묘약〉에서 부르는 '남몰래 흐르는 눈물(Una Furtiva Lagrima)'♬, 자코모 푸치니(Giacomo Puccini)의 〈라보엠〉의 아리아 '나 홀로 길을 걸을 때면(Quando m'en vo' soletta)', 〈투란도트〉의 아리아 '공주는 잠 못 이루고(Nessun dorma)'♬, 〈나비부인〉의 아리아 '명예롭게 죽어라(Con onor muore)', 〈토스카〉 펠리체 로마니(Vincenzo Bellini)의 〈노르마〉의 아리아 '청순한 여신이여(Casta diva)', 주세페 베르디(Giuseppe Verdi)의 〈라트라비아타〉의 듀엣 아리아 '들어라, 행복의

잔 속에(Libiamo, ne'lieti calici)', 〈아이다〉의 아리아 합창곡 '개선행진곡과 합창(Triumphal March and Chorus)' 등의 아름다운 노래가 있다.

빈첸조 벨리니 〈노르마〉, Renée Fleming 노래, America's Queen of Opera 7분 17

도니체티 〈남몰래 흐르는 눈물〉, 이탈리아 테너 가수 Pavarotti at a German performance in 1988 노래, 4분 32

가) 베르디의 도시, 부세토

이탈리아 3대 오페라의 작곡가로는 베르디, 로시니, 푸치니가 있다. 주세페 베르디(1813~1901)는 이탈리아 오페라의 대표적인 작곡가이다. 그의 대표적인 오페라 작품은 〈나부코〉(1842), 〈리골레토〉(1850), 〈일 트로바토레〉(1853), 〈라 트라비아타〉(1853), 〈돈 카를로스〉(1867), 〈아이다〉(1871), 〈오텔로〉(1887), 〈팔스타프〉(1893) 등 최고의 찬사를 받는 작품들이다.

◆◆ 조반니 볼디니, 주세페 베르디의 초상화, 1886년 / 부세토의 베르디 동상
(이미지 : 위키백과)

그가 태어난 곳은 밀라노 남동쪽 '론콜레'이지만, 10살 때 이사해서 활동하던 곳은 이탈리아 중북부 시골 마을 부세토이다. 21세에 밀라노에서 돌아와 부세토에서 음악감독

직을 맡고, 1836년 마르게리타 베리치와 결혼한다. 그러나 불행이 겹쳐 결혼 4년 만에 그의 아내와 어린 아들과 딸까지 병으로 잃는다. 잠시 부세토를 떠나 밀라노에서 작업하다 심적인 고통을 견디지 못해 부세토에 다시 돌아와 우울증에 빠진다. 자살까지 시도했던 그는 17년 전에 만나 관계를 유지하던 가수 주세피나 스트레포니의 조언으로 위기를 극복하고 그녀와 결혼한다. 결혼 후 왕성한 활동으로 이어지고 세계적인 오페라 작곡가로 등극한다. 1897년 아내는 폐렴으로 사망하고, 베르디는 1901년 세상을 떠난다.

이탈리아 중북부 조그만 마을 부세토는 그를 기리는 관광지가 많은 곳이다. 1867년 개관한 '베르디 오페라' 극장과 베르디 광장에 그의 조각상이 있다. 오페라 극장을 건립하는 과정에서 그는 거액을 기부했다. '팔라비치노 박물관'은 그의 유품들과 오페라 관련 자료들로 채워져 있다. 베르디가 앉아 있는 동상 앞에 보이는 붉은 건물인 '바레지의 집'은 베르디가 젊은 날 기거하던 곳이다. 이 집은 스승 바레지가 허락하여 베르디가 음악 수업을 받으며 기거하던 곳으로 사랑하는 바레지의 딸 마르게리타를 만난 곳이다. 23세에 바레지의 딸과 부세토 성당에서 결혼 후 살던 집이었으나 4년 만에 두 자식과 아내를 잃은 슬픔의 공간이다.

산 아가타라는 곳에는 거대한 정원과 호수가 있는 '빌라 베르디'가 있다. 그가 지은 집으로 33세부터 88세 사망하는 날까지 살았던 대저택이다. 지금은 베르디 기념관으로 사용하고 있으며, 그가 사용하던 마차와 악보 그리고 그가 입던 의류들이 보관되어 있다. 빌라 베르디는 2층 건물로 가족 예배실까지 만든 거대한 저택과 정원이 딸린 집으로 그가 농사를 짓고, 사냥을 나가거나 산책하며 작곡하던 곳이다. 그는 60년 동안 작곡가로 활동했으며, 말년에 개인재산을 털어 밀라노에 '음악가를 위한 휴식의 집(카사 베르디)'을 설립한다. 고령의 이탈리아 음악가들이 노후를 편하게 보낼 수 있도록 후원한 곳이다.

베르디 〈아이다〉의 개선행진곡, 7분 11

베르디 〈라 트라비아타〉의 듀엣 아리아 '들어라, 행복의 잔 속에(Libiamo, ne'lieti calici)' 3분 09

나) 로시니의 도시, 페사로

◆◆ 로시니의 동상과 그의 사망 3년 전 1865년 로시니 사진(이미지 : 나무위키)

3대 오페라 작곡가 중 한 사람인 로시니(1792~1868)의 고향은 해안 마을인 페사로이다. 로시니는 1792년 관악기 연주자인 아버지와 소프라노 가수였던 어머니에게서 태어났다. 재능이 뛰어나 14살에 이미 오페라를 작곡했다. 푸치니와 베르디보다 먼저 활동했던 이탈리아 오페라의 선구자이다. 그의 작품 중 23세로 13일 만에 작곡한 〈세비야의 이발사〉(1816)로 일약 최고의 작곡가로 우뚝 선다. 〈세비야의 이발사〉는 보마르셰라는 작가가 쓴 희곡이다. 1775년 초연된 5막의 연극이었다. 이 희곡으로 만든 오페라 작곡가는 10명이 넘지만 그중 가장 인기를 끌었던 오페라는 로시니가 작곡한 곡이다. 그가 태어나 살던 곳은 로시니를 위한 박물관이 되었다. 그와 가족들의 사진과 유물들로 채워졌다. 로시니는 1829년 마지막 오페라 〈윌리암 텔〉을 작곡하고 37세부터 작곡을 더는 발표하지 않았다. 그는 페사로 고향을 떠나 파리에서 살다 76세에 사망 후 파리의 '페르 라세즈' 묘지에 묻힌다. 그러나 이탈리아 국민의 요구로 이탈리아 피렌체 '산타크로체' 성당으로 이장한다. 이곳은 갈릴레오, 미켈란젤로가 함께 누워 있는 곳이다.

페사로에는 로시니 생가를 비롯하여 로시니가 세웠다는 '로시니 음악원'과 '로시니 오페라 극장'이 있다. 로시니가 세운 음악원은 후에 음악대학이 되었고, 로시니 기념실관 있어 그의 유품들과 자필 오페라 악보도 보관되어 있다. 해마다 8월 페사로에는 로시니 오페라 페스티벌이 열린다.

로시니, 〈세비야의 이발사〉 중 '나는 이 거리의 만물박사', 4분 41초

로시니, 〈윌리엄 텔〉 서곡, The Tokyo Philharmonic Orchestra, 정명훈 지휘, 4분 41초

다) 푸치니의 고향, 루카

푸치니 고향은 이탈리아 중북부 피사에서 16km 북쪽에 있는 '루카(Lucca)'라는 곳이다. 시내 중심 두오모 성당 옆에 22세까지 살았던 붉은 건물 4층 건물이 '푸치니 생가'로 옛날 모습 그대로 남아 있다. 생가 앞에는 푸치니의 좌상이 놓여 있다. 그는 22세에 루카의 파치니 음악원을 졸업하고 밀라노 음악원에 입학한다. 18세에 베르디의 〈아이다〉를 관람한 후에 오페라 작곡가가 되기로 꿈을 가졌다.

지아코모 푸치니(1858~1924)가 본격적으로 활동하던 곳은 이탈리아 북서쪽 '토레 델라고' 마사추콜리 호수를 배경으로 지은 저택에서 살던 때이다. 이곳에서 푸치니는 30년간 살면서 세계적인 오페라 대부분을 발표한다. 30대의 푸치니는 고향 '루카'에서 작곡한 그의 세 번째 오페라 〈마농 레스코〉가 성공한 후에 부를 얻었고, 아름다운 대저택 '빌라 푸치니'를 지었다. 아름다운 마사추콜리 호수 옆에 자리 잡은 푸치니 저택에서 그의 오페라 중 3대 걸작 〈라보엠〉, 〈토스카〉, 〈나비부인〉을 연달아 발표하여 이탈리아 최고의 작곡가 반열에 오른다. 마을의 역 이름도 '토레델라고 푸치니'라고 불린다. '빌라 푸치니 기념관'의 응접실에는 소파, 서재, 책상, 친필 악보, 사진이 방안에 가득하고, 푸치니 의복도 걸려 있으며 그가 사용한 피아노 등 사용하고 생활하던 모든 것이 그대로 있다. 푸치니는 이곳에서 30년을 보낸 후 그의 최후의 오페라 〈투란도트〉 작곡을 마치고 신병 치료차 머물던 벨기에 브뤼셀에서 1924년 66세로 생을 마감한다. 그의 장례식에는 이탈리아 전 국민이 애도하였으며, 이탈리아 국민장으로 치러지고, 그의 유해는 유언에 따라 그가 살았던

◆◆ 루카, 생가 앞, 푸치니의 동상(이미지 : 저자)

'빌라 푸치니' 기념관에 묻혔다. 그의 오페라 〈토스카〉, 소프라노 마리아 칼라스가 노래하는 '노래에 살고 사랑에 살고(Vissi d'arte, vissi d'amore)' 아리아는 최고의 가치를 더한다. 테너 루치아노 파파로티가 부르는 카바라도시의 '별은 빛나건만'도 놓치면 아쉽다.

마리아 칼라스, 〈나비부인〉 중 '어떤 개인 날', Orchestre du Theatre de la Scala de Milan, Herbert von Karajan, 1955, 4분 41초

〈투란도트〉, '네순도르마', 이탈리아 테너 가수 Pavarotti at a German performance in 1988 노래, 4분 32

◆◆ 푸치니와 그의 오페라 작품

3) 프랑스 음악문화 콘텐츠

가. 파리 국립 오페라 극장

◆◆ 프랑스 파리, 국립 오페라 가르니에 극장(이미지 : 저자) / 파리 오페라 가르니에 이미지 그리고 샤갈의 〈꿈의 꽃다발〉 안내 사이트

세계 최고의 오페라 극장은 프랑스 파리 중심부에 있는 '오페라 가르니에'일 것이다. 런던의 '로열 오페라 하우스', 밀라노의 '라 스칼라', 나폴리의 '산 카를로' 등의 최고의

오페라 하우스가 있지만, 파리의 오페라 하우스는 화려한 공간만으로도 월등한 곳이다. 화려한 샹들리에와 조각품들 그리고 천장화가 볼거리로 공연을 보지 않고 내부 투어만 신청하고 방문하는 여행객들도 많다.

나폴레옹 3세에 의해 구상되었고, 1862년 착공하여 1875년에 개관한 국립 오페라 극장은 2,200석의 규모로 공모를 통해 35세의 샤를 가르니에 건축가가 설계한 작품이다. 이 극장의 정식 명칭은 '국립 음악 아카데미'지만, 1978년 이후 '파리 국립 오페라 극장'으로 알려졌다. 내부장식의 화려함은 극장이기보다는 궁전을 연상하게 하는 중앙계단, 복도에 걸린 음악가들의 초상 조각품, 로비 천장을 그림으로 채운 샤갈의 '꿈의 꽃다발'은 관객을 압도한다. 오페라 가르니에는 건축물로서도 최고를 자랑하지만, 내부에 가득 채워진 작품 또한 아름다움의 극치인 곳이다. 프랑스 최고의 오페라는 비제의 〈카르멘〉, 구노의 〈파우스트〉, 생상의 〈삼손과 델릴라〉 등이 있다. 프랑스 혁명 200주년을 기념해서 대중들에게 저렴한 가격으로 오페라를 제공하기 위해 미테랑 정부 시절 또 다른 국립 오페라 하우스를 설립한다. 정명훈이 초대 음악감독으로 있던 '바스티유 오페라 하우스'도 바스티유 감옥이 있던 자리에 1989년 완공했다. 이로써 파리 국립 오페라 극장에서는 발레 공연을 주로 열고, 바스티유 오페라 하우스에서는 오페라와 콘서트가 열린다. 문득 '오페라의 유령' 이야기가 떠오르는 곳이다.

가르니에 오페라 극장 중앙에 〈꿈의 꽃다발〉이란 샤갈의 작품이 있다. 77살의 샤갈이 1964년 그린 것이다. 샤갈은 가르니에 극장 천장화를 모차르트(Mozart), 와그너(Wagner), 무소르그스키(Mussorgsky), 베를리오즈(Berlioz)와 라벨(Ravel)에게 헌정한 그림이다. 칸칸이 구획을 만들어 둥글게 음악에 맞추어 유명한 배우와 무용수들이 춤을 추고 있는 모습을 재현하고 있다. 골 대통령 당시 프랑스 문화부 장관이던 앙드레 말로가 샤갈에게 의뢰했고 4년 만에 완성되었다.

나. 프랑스 음악가

가) 클로드 드뷔시

프랑스의 대표적인 음악가 클로드 드뷔시(1862~1918)의 고향 파리 근교 북서쪽 20km 떨어진 생제르맹-앙-레(Saint-Germain-en-Laye)는 드뷔시의 고향이다. 1862년 그릇가게를 운영하던 부모님의 5남매 중 장남으로 태어나 2년간 살았던 곳이다. 드뷔시는 프랑스 인상주의 화가처럼 자연에서 느끼는 감정과 표현을 구현한 음악으로 평가받는 인상주의 음악의 창시자이다. 드뷔시 생가는 1923년 드뷔시 기념회에서 보존하여 여행자들에게 공개하고 있다. 내부에는 드뷔시의 초안, 악보 등의 기록물이 남아 있다. 〈바다〉의 작품에 영감을 준 일본 판화 작가 가츠시카 호쿠사이의 〈가나가와 해변의 높은 파도 아래〉라는 작품이 걸려 있다. 생제르맹 시내 중심가 아주 작은 4층 건물로 밀집된 상가에 있다. 파리 샹젤리제 거리에서 개선문을 바라보고 개선문 뒤 왼쪽 아파트 24번지에 그가 살다 생을 마감한 아파트도 만나볼 수 있다. 그는 52세에 암에 걸려 일찍 생을 마감하였다.

나) 프레데릭 프랑수아 쇼팽

프레데릭 프랑수아 쇼팽은 1810년 3월 1일에 폴란드의 바르샤바 근교 젤라조바 볼라에서 태어났다. 쇼팽은 4세 때부터 피아노를 배우기 시작했는데, 주위 사람들을 놀라게 했다. 1829년 가을에 유럽 음악의 중심지인 빈에서 피아노 독주회를 열었는데, 빈의 청중들은 그의 피아노 음악을 듣고 크게 환영하며 찬사를 아끼지 않았다. 쇼팽은 음악으로 빈에서 성공하고 고국 폴란드로 돌아왔다. 1830년 11월 2일 20세 때 쇼팽은 바르샤바를 떠나게 되는데, 그 후 다시는 고국 폴란드의 땅을 밟지 않게 되리라고는 아무도 상상하지 못했다. 폴란드와 러시아 사이에 전쟁이 일어났는데, 폴란드인들을 배척하던 상황으로 쇼팽은 고독과 실망 속에서 빈에 혼자 남게 되었다. 다음 해인 1831년 7월에 그는 빈을 떠났다.

쇼팽은 1831년 9월에 꽃의 도시 파리에 도착했다. 그의 몸속에 흐르는 피의 절반은 프랑스 낭시(Nancy)가 조국인 아버지 니콜라스에게서 온 것이다. 그래서 파리는 쇼팽에게 제2의 고향이라 여겨졌다. 쇼팽은 이곳에서 훌륭한 음악가들과 사귀게 되었으며, 음악 활동으로 여유 있고 행복한 시절을 보냈다.

1836년 26세 때의 겨울, 쇼팽은 유명한 피아니스트이자 작곡가인 리스트의 소개로 조르주 상드를 만났다. 그녀는 건강이 좋지 않았던 쇼팽과 9년 동안 결혼하지 않은 채로 함께 살았다가 헤어졌다. 그의 작품 중에서 가장 뛰어난 것들이 이 시기에 태어났다.

1848년 영국과 스코틀랜드로 연주 여행을 떠났다가 건강이 악화하여 그해 1848년 11월 말에 파리로 돌아오게 되었다. 결국, 1849년 10월 17일 새벽 2시에 39세의 나이로 쇼팽은 세상을 떠났다. 그는 파리 페르 라셰즈 묘지에 영원히 잠들었다. 20년 전 그가 바르샤바를 떠날 때 친구들이 주었던 조국 폴란드의 흙이 그의 유해에 뿌려졌다. 그리고 그의 유언대로 심장만은 조국 폴란드에 보내져서 바르샤바의 성 십자가 교회 안에 안치되었다.

쇼팽을 기리기 위해, 폴란드는 바르샤바의 공항 이름도 쇼팽 국제공항으로 부르며, 작은 마을 젤라조바 볼라에는 쇼팽이 태어난 집도 쇼팽을 기억하는 생가로 개방하였다. 생가 주변에는 공원이 넓게 펼쳐져 있고, 생가 뒤뜰에 있는 쇼팽 기념상은 폴란드를 상징하는 빨간색과 흰색의 꽃으로 장식되어 있다. 그리고 1927년에 시작되어 1955년부터 5년에 한 번씩 열리는 '쇼팽 국제 피아노 콩쿠르'에서 2015년 조성진이 한국 최초로 1등을 차지했다. 임동혁, 임동민 형제는 2005년 2위 없는 공동 3위를 차지하기도 했다.

파리에는 다양한 음악가들이 머물던 보금자리가 있는 도시다. 쇼팽은 1831년 21세에 파리에 도착해 9번 이사를 하며 살았던 집들이 있다. 쇼팽이 3번째와 4번째로 각각 3년간 살던 곳(5/38, Chaussée-d'Antin)이 오페라 가르니에 근처에 있으며, 길 건너 2번지에는 이탈리아 오페라 작곡가 로시니가 11년간 활동하다 세상을 떠난 곳이다. 조르주 상드와 연인이 되던 시기에는 몽마르트르 언덕으로 가는 길에 정원이 딸린 상드의 집(20, Pigalle)에서 함께 살았지만 집은 사라지고 없다. 쇼팽이 마지막 삶을 살았던 곳은 방돔 광장에 있는 보석가게(12, place Vendom)이다. 오페라 극장 주변 카푸친 거리 8번지에는 독일 음악가 오펜바흐가 4년 동안 살면서 〈호프만 이야기〉를 작곡했으며, 에펠탑 근처에는 이탈리아 오페라 작곡가 베르디가 살았던 곳으로 그의 이름을 붙여 '베르디 길(rue Verdi)'이라 불린다. 퐁뇌프 다리 근처에는 독일 음악가 바그너가 살면서 〈방황하는 네덜란드인〉의 초안을 만들었고, 〈니른베르크의 명가수〉를 작곡한 곳이다. 파리 국립도서관 부근에는 천재적인 피아니스트 리스트가 머문 곳도 있다.

4) 오페라의 무대가 된 도시, 스페인 남부 '세비야(Seville)'

세비야(스페인어 Sevilla, 이탈리아어 Siviglia, 영어 Seville)는 인구 70만 명이 조금 넘는 스페인 남부 안달루시아 지방의 행정 수도로, 유럽 음악의 발상지 중 하나이며 악기 제작과 판매의 중심지이다. 이슬람 문화와 유럽 문화가 뒤섞인 신비로운 안달루시아, 카르멘을 닮은 건강하고 활달한 미녀들, 도시를 관통하는 과달키비르강, 정열의 투우와 플라멩코 등이 이 도시를 대표한다. 음악과 관련이 많은 도시답게 콜롬비아 보고타, 이탈리아 볼로냐, 영국 글래스고, 네덜란드 겐트에 앞서 2006년 유네스코 '음악 도시'에 선정되었다.

세비야의 스페인 광장(이미지 : 위키백과)

오페라에 조금이라도 관심이 있는 애호가라면 세계적으로 유명한 오페라 로시니의 〈세비야의 이발사〉와 비제의 〈카르멘〉이 스페인 남부도시 세비야가 배경이라는 것을 알고 있을 것이다. 세비야는 콜럼버스가 항해를 시작했고 잠들어 있는 곳이며, 지금은 스페인의 문화와 예술, 학문과 산업의 중심지이다. 소설의 주인공으로 유럽 사교계를 뒤흔들었던 천하의 바람둥이 돈 조반니(Don Giovanni)의 고향이자 플라멩코와 근대 투우가 시작된 곳으로도 유명하다. 또한 세르반테스(Miguel de Cervantes, 1547~1616)가 1602년 옥중에서 소설『돈키호테』를 구상한 도시이며, 바로크 시대의 화가 무리요(Bartolome Esteban Murillo, 1617~1682)와 거장 벨라스케스(Diego Velazquez, 1599~1660)가 예술혼을 키웠던 고향이기도 하다. 이렇게 세비야는 중세 무어(Moor)의 찬란한 문화와 기독교 문화가 유연하게 융합되어 곳곳에 이국적 향취가 넘쳐나는 도시가 되었고, 이 매력적인 도시를 무대로 한 예술작품들은 그 특유의 소재와 낭만성으로 오늘에 이르기까지 만인의 사랑을 받고 있다. 이슬람 문화의 흔적이 강하게 남아 있는 세비야의 모습은 당대 유럽인들에게도 굉장히 이국적으로 보였던 모양이다.

세계적으로 가장 인기 있는 오페라 로시니의 〈세비야의 이발사〉(1816), 비제의 〈카르멘〉(1875), 모차르트의 〈피가로의 결혼〉(1786)과 〈돈 조반니〉(1787), 베토벤의 〈휘델리오〉(1805), 베르디의 〈운명의 힘〉(1862), 프로코피예프의 〈수도원에서의 약혼〉(1946), 마누엘 파넬라의 〈들고양이〉(1916) 등 스페인 오페레타를 포함하면 100편이 넘는 오페라의 무대가 세비야이다. 세비야를 배경으로 한 이들 오페라의 공통된 특징은 초연 당시 파격을 넘어 사회적인 문제를 일으킬 만한 내용을 담고 있다는 것이다. 팜므 파탈, 난봉

꾼들의 불손하고 문란한 이야기, 지배계급의 부조리한 상황, 민중들의 저항정신, 자유, 평등, 혁명 같은 사회적, 정치적 메시지를 담은 이야기들이 제3의 도시 세비야를 선택하여 골치 아픈 검열과 탄압의 문제들을 피해갔다.

비제 〈카르멘〉, '투우사의 노래', Dmitri Hvorostovsky 노래, 5분 31

비제 〈카르멘〉, '하바네라', Anna Caterina Antonacci 노래, The Royal Opera, 2분 10

비제 〈카르멘〉, '사랑은 반항하는 새처럼', Anna Caterina Antonacci 노래, The Royal Opera, 4분 35

파리 사회를 혼란에 빠트린 비제의 <카르멘>(1875년)

세비야를 배경으로 한 가장 유명한 오페라 〈카르멘〉은 1873년, 파리 오페라 코미크(Opera Comique)극장의 예술감독인 카미유 뒤 로클(Camille du Locle, 1832~1903)이 연말 공연을 목적으로 비제에게 오페라를 작곡해 달라고 요청하여 탄생했다. 35세의 청년 비제는 프로스페르 메리메의 단편소설 『카르멘』을 읽고 상당히 마음에 들어 작곡에 착수했다. 그러나 대본의 파격적이고 불손한 내용으로 인해 극장장의 반대, 주역을 섭외하는 문제, 리허설의 부재 등 진행 중 많은 걸림돌을 만났다. 뭇 남자를 유혹하기 위한 관능적인 제스처, 저급한 대사, 선정적인 춤 등을 연기하는 성악가를 찾는다는 것은 실로 어려운 일이었다. 금세기 최고의 소프라노 마리아 칼라스도 부도덕한 역할을 할 수 없단 이유로 〈카르멘〉의 무대에는 절대 서지 않았다고 한다. 게다가 음악계는 돈 호세가 카르멘을 칼로 찔러 죽이는 장면이 맘에 들지 않는다는 이유로 수정을 요구했고, 여공들이 집단으로 싸우는 장면들을 삭제하라고 압박했다. 예상했던 대로 공연이 끝난 후 평론가들은 요부를 앞세운 부도덕한 내용에 대해 비난을 퍼부었고, 저속하고 선정적인 대사가 포함된 〈카르멘〉의 오페라 대본이 발간되자 대중의 비판은 더욱 거세졌다.

3년 동안 파리에서는 〈카르멘〉이 사라진 공연이 되었다가 빈에서 엄청난 성공을 거둔 후 재공연이 파리에서 성사되어 많은 인기를 얻었다. 비제는 〈카르멘〉이 초연된 지 꼭 석 달 후인 6월 3일 심근경색으로 세상을 떠나 〈카르멘〉의 성공을 알지 못했다. 그는 파리에서의 초연이 처참한 실패로 끝나자 실망감과 혹독한 피로가 겹쳐 병을 극복하지 못하고 비극적인 죽음을 맞이한 것이다. 스페인 세비야는 〈카르멘〉에 등장하는 1820년대의 담배공장과 투우장, 거리와 골목, 광장 등을 보존하여 지금도 그를 기억하는 사람들이 찾고 있다. 스페인 세비야에서 만나는 프랑스 천재 작곡가이자 피아니스트인 비제, 가장 유명한 오페라를 남기고 간 그의 인생도 오페라 〈카르멘〉도 모두 비극으로 끝났다.

(좌)오스트리아 베르겐츠에서 공연한 〈카르멘〉, 강을 배경으로 색다른 연출로 〈카르멘〉을 재해석했다.
(우)이탈리아 베로나 원형 경기장에서 공연된 〈카르멘〉, 공연을 마치고 팡파레의 모습(이미지 : 저자)

5) 독일 음악문화 관광콘텐츠

가. 슈만과 클라라의 사랑 그리고 브람스

슈만과 클라라의 사랑은 세인들에게 유명하다. 슈만의 스승 비크 교수의 딸인 클라라와 사랑에 빠진다. 스승의 반대가 심했지만, 재판이라는 우여곡절 끝에 결혼을 성사시켰다. 슈만은 신혼 첫해 당시에 유명한 피아니스트이며 작곡가인 아내 클라라의 사랑과 내조로 140곡이 넘는 아름다운 가곡을 발표한다. 특히 클라라를 위한 〈미르테르의 꽃〉은 사랑 가득한 노래로 유명하다. 그러나 16년간 결혼생활은 46살에 슈만의 사망으로 끝이 난다. 37살의 클라라는 7남매를 데리고 홀로 연주 활동과 슈만의 악보를 정리하며 여생을 살았다고 전해진다. 그녀의 주변에는 물심양면으로 돕던 음악가 브람스가 있었다.

슈만
클라라를 위한 〈미르테르의 꽃〉, 피아노-김정원, 베이스-길병민, MBC 21. 01. 16. 방송, 2분 25

브람스
〈피아노 협주곡 2악장〉 피아노-김정원, 12분 58

브람스는 20대에 작곡한 악보를 들고 슈만을 찾아간다. 슈만은 그의 재능에 감탄하여 제자로 삼고 음악계에 소개한다. 이때 브람스는 14살의 연상인 슈만의 부인에게 연정을 품었다. 갑작스러운 슈만의 사망 후 홀로 7남매를 키워야 하는 그녀의 평생 후견인이 된다. 브람스의 〈피아노 협주곡 2악장〉은 '클라라에게 바치는 나의 마음'이라고 전해지는 곡이다. 그녀가 사망 후 슈만과 합장하는 장례식에 참석한 후 1년 뒤 세상을 떠난다. 브람스는 14살 연상의 클라라를 흠모하며 평생 독신으로 살았다.

슈만, 클라라, 브람스의 젊은 시절

나. 바그너, 음악극의 창시자

독일의 오페라음악가 리하르트 바그너(1813~1883)는 라이프치히에서 태어났다. 독일의 낭만주의 오페라의 전성시대를 열었으며, '음악극'이라는 새로운 장르인 자기만의 독창적인 오페라를 작곡했다. 예로부터 전해 내려오는 신화와 전설을 바탕으로 자기가 직접 대본을 써서 만든 오페라 대본이었다. 유명한 작품으로는 〈로엔그린〉, 〈탄호이저〉, 〈트리스탄과 이졸데〉, 〈발퀴레〉 등 10편이 명작으로 손꼽힌다. 유명한 결혼행진곡은 바그너 오페라 〈로엔그린〉에서 울려 퍼지는 합창곡이다. 〈니벨룽겐의 반지〉는 4부작 13시간으로 나흘 동안 연속으로 관람하는 오페라이다. 바그너는 본인의 작품만을 공연하는 바이로이트 축제만을 위한 전용 공연장인 바이로이트 '페스트슈필하우스'를 건립했다.

바그너가 직접 건설한 유명한 축제극장을 보기 위해선 독일 남동쪽에 있는 바그너 오페라의 요람 바이로이트를 가야 한다. 인구 6만 명쯤 되는 작은 도시로 시내 곳곳에 바그너의 휘장이 나부끼고 있어 이곳 시민들의 바그너에 대한 자부심이 대단함을 느낄 수 있다. 축제극장을 설계하고 직접 건설할 수 있었던 것은 당시 왕으로 있던 루트비히 2세의 적극적인 성원과 배려로 가능했다. 바그너는 자신이 만든 축제극장에서 죽을 때까지 7년간 자신의 작품을 직접 지휘를 하는 호사를 누렸다. 바그너는 바이로이트 시내의 멋진 장소에 꿈과 몽환의 집 '반프리트'라고 명명한 호화저택에서 살았다. 그의 묘지는 부인과 함께 저택 정원 뒤에 묻혔다.

다. 독일 음악의 도시, 라이프치히

◆◆ 라이프치히 성 토마스교회, 내부에 바흐의 묘가 있다.(이미지 : 두산백과) / 바흐(이미지 : 위키백과)

클래식 음악사에서 손꼽히는 바흐, 슈만, 멘델스존 등 유명한 음악가들이 활약했던 독일의 음악 도시 라이프치히에 '성 토마스교회'가 있다. 음악의 아버지라 불리는 요한 세바스찬 바흐와 멘델스존도 이 교회에서 음악감독으로 봉직했던 곳이다. 바흐는 30년간 그의 주옥 같은 음악들을 성 토마스교회에 근무하면서 작곡했다.

성 토마스교회는 1496년에 세워졌는데 지금도 설립 당시 옛 모습을 그대로 간직하고 있으며, 교회 내부에는 바흐의 묘지도 있다. 멘델스존은 바흐가 죽은 후 이곳에서 12년간 음악감독으로 활약하던 중 사라진 바흐의 악보를 찾아내어 세상에 발표한다. 이 곡은 유명한 바흐의 성악곡 오라토리오 〈마태 수난곡〉이다. 교회 뒤편 정원에는 성 토마스교회를 빛낸 음악가 멘델스존의 동상도 세워져 있다.

라이프치히에는 슈만과 클라라의 신혼 아파트와 멘델스존이 12년간 살다가 떠난 그의 아파트가 남아 있다. 천재 음악가 멘델스존은 38살에 갑자기 뇌졸중으로 사망한다. 멘델스존 기념관에는 그가 사용했던 피아노, 연주회장이 남아 있다. 멘델스존의 집 건너편에는 그가 12년간 상임 지휘자로 봉직했으며 세계 오케스트라 극장으로는 가장 오래된 '게반트 하우스극장'과 오케스트라도 남아 있고 공연도 볼 수 있는 곳이다.

바흐
〈마태 수난곡〉 중 베드로의 아리아 '저를 불쌍히 여기소서', 6분 23

바흐
〈G선상의 아리아〉 HAUSER performing Air, Museum of Fine Arts, Budapest, 5분 08

라. 음악의 도시, 오스트리아 빈과 잘츠부르크

◆◆ 150년 전통을 자랑하는 국립 오페라 극장(이미지 : 오스트리아 관광청)

가장 살기 좋은 곳으로 평가를 받은 오스트리아 빈에는 모차르트, 베토벤, 슈베르트, 브람스 등의 음악가들이 탄생하고 활동하고 떠난 아름다운 음악의 도시다. 빈에는 최고의 음악 홀로 손꼽히는 '무지크 페라인 황금홀'이 있다. 빈 필하모닉만을 위한 연중 공연장으로, '음악 친구들'이라는 뜻의 무지크 페라인은 음악사적으로 유명한 오케스트라, 지휘자, 가수 등 이루 헤아릴 수 없이 많은 음악가가 출연하고 인정받았던 공연장으로도 유명하다. 1870년 완공된 무지크 페라인은 음악가 요하네스 브람스가 초대 회장으로 취임했으며 당시 피아니스트로 유명했던 작곡가 슈만의 부인 클라라 슈만이 개관 기념으로 첫 공연을 했다. 무지크 페라인의 황금홀 내부는 전부 목재로 되어 있으며 1,700석의 대공연장인 황금 홀과 브람스 홀 등 7개의 소극장을 갖추고 1년 내내 유명한 연주자들의 공연이 이어지고 있다. 음악의 도시 빈에는 '무지크 페라인'과 세계 3대 '국립 오페라 극장' 그리고 '빈 콘체르토 하우스'가 있다. 국립 오페라 극장에서는 날씨가 온화한 4월에서 6월에는 실시간으로 LED 생중계를 시민에게 제공한다. 그리고 빈의 유명한 관광지이자 음악회가 열리는 '쇤브룬 궁전'은 1786년에 모차르트와 살리에르가 경합을 펼쳤던 장소로도 유명한 곳이다. 빈에 있는 슈테판 대성당은 모차르트가 결혼한 곳이며, 장례를 치른 곳이기도 하다.

빈 중심가에 있는 '시립공원(Stadtpark)'에는 1862년에 조성된 영국식 정원으로 오스트리아 출신의 슈베르트와 브루크너의 기념상도 볼 수 있다. 브루크너는 오스트리아 조그만 시골 마을 플로리안 성당에서 30년간 봉직하였다. 또한 짐머링 지역에는 바이올린을 연주하는 요한 스트라우스 2세의 황금 조각상도 볼 수 있으며, 1874년에 조성한 중앙묘지(Wiener Zentralfriedhof)는 너무 넓어 순환 버스가 운영될 정도다. 음악가 명예묘역에 안장된 음악가는 베토벤, 브람스, 살리에리, 쇤베르크, 슈베르트, 요한 슈트라우스 가족묘역이 있다. 특히 32A 구역 모차르트 서거 100주년 기념비[8]를 중심으로 그의 곁에 묻히고 싶다는 유언을 남긴 슈베르트와 베토벤이 곁에 안장되어 있다. 빈에는 1797년 슈베르트가 태어난 집과 1828년 마지막으로 살던 집[9]도 있다. 왈츠의 황제 요한 슈트라우스가 1863~1870년에 살았던 집이 있으며, 이곳에서 〈아름답고 푸른 도나우〉가 완성되었다. 이외에도 요한 슈트라우스의 생가, 마지막으로 살던 집, 오페라 〈박쥐〉를 작곡한 집 등을 보존하고 있다. 현대음악의 선구자인 쇤베르그를 위해서 1998년에 쇤베르그 재단이 개관한 '아놀드 쇤베르그 센터'도 방문할 수 있다.

가) 빈, 교향곡의 거목, 요제프 하이든

하이든은 102곡의 교향곡을 작곡하여 교향곡의 선두주자로 불린다. 프란츠 요제프 하이든(1732~1809)은 고향 '로라우'를 떠나 8세부터 빈 중심에 있는 슈테판 성당에서 성가 대원으로 활동하고, 29세에 시작한 에스터 하지 궁정 악장을 30년간 재임한다. 말년에는 14년 동안 빈에서 보냈는데, 서부역 가까이에 '하이든 기념관'이 있다. 30년간 에스터 하지 악장으로 보낸 후 1791년 아이젠슈타트를 떠나 3년간 머물던 영국에서 이곳으로 귀국하여 1795년부터 77세 죽을 때까지 14년간 마지막을 보낸 곳인데 기념관 규모가 크

8) 모차르트는 1791년 12월 6일 서른다섯의 나이로 요절한 후 빈 외곽의 성 마르크스 묘지에 묻혔다. 그의 죽음의 원인은 미스터리로 남아 있다. 그러나 현재 모차르트 시신이 매장된 무덤은 찾을 길이 없다. 장례식에는 살리에리와 모차르트의 친척들을 포함한 일부만이 참석했다. 18세기 당시에는 흑사병 등 여러 전염병으로 시신은 급히 처리되었으며, 유족들도 성 밖 무덤까지 따르지 못하도록 하였다. 모차르트의 부인 콘스탄체도 그의 묘지를 17년 동안 찾지 않아 어디에 묻혔는지 모른다. 추정되는 곳에 기념비가 세워진 것이다.

9) 생가는 빈, 9구 누스도르퍼 슈트라세(Nussdorfer Strasse) 54번지에 있다. 세상을 떠난 집은 4구 케텐브뤼켄가세(Kettenbrueckengasse) 6번지에 있다. 항상 개방하는 곳은 관람 시간이 정해져 있다.

고 그의 유품이 많이 보존되어 있어 방문할 가치가 있다. 2층 왼쪽 첫 번째 방이 그가 운명한 곳으로 데스마스크도 보관하고 있다. 안쪽의 커다란 방은 하이든의 유명 교향곡과 현악 4중주의 대부분을 작곡한 곳으로 만년 대작 오라토리오 〈천지창조〉와 〈4계〉를 작곡한 방으로 초판 악보가 전시되어 있으며, 그가 사용했던 지휘봉, 작곡용 피아노, 석상과 그가 입었던 의복 등 많은 유품이 전시되어 있다. 하이든은 영국 여행에서 헨델의 〈메시아〉를 듣고 엄청난 충격과 감동을 간직한다. 이후 하이든은 대작을 창작하겠다는 결심을 하고 1796년 64세 이곳 기념관에서 착수하여 3년 만에 완성했다. 오라토리오 〈천지창조〉는 웅장한 오라토리오의 대서사시 음악으로 바흐의 〈마태 수난곡〉, 〈헨델 메시아〉와 함께 3대 오라토리오 음악으로 손꼽히고 있다.

브람스의 기념관도 함께 있는 이유는 이후에 브람스가 살던 곳이기도 하기 때문이다. 음악가로 왕성한 중년 시절을 보냈던 제2의 고향에 영원히 묻혔다. 하이든의 묘지는 빈의 시내 공원묘지에 묻혔으나 그가 30년간 봉직했던 에스터 하지 가문의 요청으로 아젠슈타트 교회로 이장되었다.

하이든 〈천지창조〉 중 1부. 임선혜, 니콜라이보르체프, 김우경, 36분 56

하이든 〈No.94 G장조 놀람 교향곡〉 빈 필하모닉, 카를로스 클라이버 지휘(1982 연주), 40분 35

◆◆ 하이든의 모습과 그가 작곡한 음악

나) 음악의 천재, 베토벤

빈 북쪽에 있는 그린칭 마을 '유서의 집'인 베토벤 박물관이 있다. '하일리엔슈타트의 유서'를 작성한 집으로 피아노 소나타, 바이올린 소나타, 교향곡 〈영웅〉도 이곳에서 탄생했다. 빈 외곽 숲에는 베토벤의 길과 베토벤 기념관이 있다. 이곳은 와인으로 유명한 호이리게 거리이기도 하다. 이곳은 '하일리슈타트 유서의 집'으로 불리던 기념관을 베토벤 박물관으로 확장해 2017년 재개관했다. 베토벤의 여름 별장처럼 쓰였던 곳으로 1802

년 청력을 잃어가던 베토벤이 절망에 빠져 유서를 썼던 장소이기도 하다.

베토벤 박물관, '유서의 집'과 내부(이미지 : 오스트리아 관광청)

빈 주변 도시 중 바덴에는 베토벤이 2년간 머물며 20년간 구상 중이던 〈합창교향곡〉을 완성한 '합창교향곡 하우스'가 있다. 노란색 건물 2층짜리 아담한 베토벤 하우스로 베토벤은 사망하기 3년 전에 쇠약해진 몸을 치료하기 위해 이곳 바덴 온천 마을을 찾아온다. 베토벤은 교향곡의 최고봉 〈합창교향곡〉을 20년간 구상하다가 이 집에서 2년 만에 완성한다.

베토벤이 〈영웅교향곡〉을 작곡한 기념관 '에로이카 하우스는 그가 좋아하던 빈 북쪽 숲속 근처 그린칭 마을 입구에 있다. 1803년부터 여름을 이 기념관에서 거처하며 〈영웅교향곡〉을 작곡했다고 한다. 베토벤은 모두 32곡의 피아노 소나타를 작곡했는데 이곳에서 〈피아노 소나타 23번, 열정 소나타〉를 작곡했다.

루트비히 반 베토벤(1770~1827)은 22세에 음악가로의 큰 꿈을 안고 고향 독일 본을 떠나 57세로 세상과 하직할 때까지 35년간을 빈에서 살았다. 베토벤이 빈에서 살았던 집이 35년간 30곳이 넘는다. 베토벤은 하이든의 제자가 되면서 비로소 음악가로 명성을 쌓는다. 빈 대학 건너편에는 〈운명교향곡〉을 작곡한 5층 아파트 '파스콸라티 하우스' 기념관이 있다. 베토벤이 1804년부터 1815년까지 총 여덟 차례 머물면서 교향곡의 대명사가 된 유명한 〈운명교향곡〉, 오페라 〈피델리오〉, 피아노 소나타 〈엘리제를 위하여〉를 작곡한 기념관이다. 그를 배려했던 남작의 이름을 따서 '파스콸라티 하우스'라는 기념관이 되었다. 이곳은 1938년부터 기념관이 되었는데 베토벤이 가장 아꼈던 '요제프 밀러'가 그린 초상화도 걸려 있다. 그가 사용한 피아노를 비롯하여 친필 악보, 괘종시계, 가재도구 등이 있다. 〈바이올린 협주곡〉, 〈피아노 협주곡 4번〉도 이곳에서 만들었고, 나중에 파혼했지만 테레자와 약혼한 것도 이때다.

바덴의 합창교향곡 하우스 / 〈운명 교향곡〉을 작곡한 파스콸라티 하우스(이미지 : 오스트리아 관광청)

마. 천재적인 음악가, 모차르트의 '피가로 하우스'

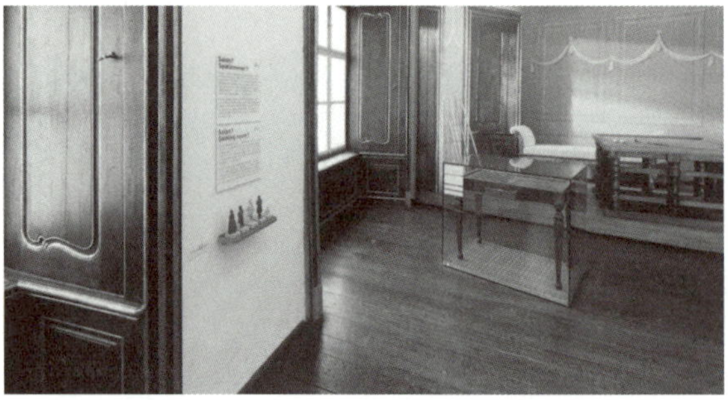

빈에 있는 모차르트 피가로 하우스 입구와 내부(이미지 : 오스트리아 관광청, 피가로 하우스 페이스북)

아마데우스 모차르트(1751~1791)가 가장 행복했던 시절을 보낸 '모차르트 피가로 하우스'가 슈테판 대성당 바로 뒤편에 있다. 모차르트가 1784년 28세에 처음으로 자기 집을 소유한 것이 '피가로 하우스'다. 이 집에서 유명한 〈교향곡 40번〉, 〈41번〉을 작곡하는 등 모차르트 음악의 절정기를 보냈다. 특히 모차르트는 이 집에 살면서 오페라 〈피가로의 결혼〉을 작곡한다. 그래서 기념관 공식 명칭이 '피가로 하우스'이다. 피가로 하우스는 베토벤과 모차르트가 처음 만난 곳이기도 하다. 17살의 청년 베토벤은 자신의 악보를 들고 당시 최고의 음악가로 이름을 떨치고 있던 모차르트 집을 찾아와 만난 곳이다. 악보를 훑어본 모차르트는 베토벤의 천재성에 감탄하여 제자로 삼기로 했으나 베토벤이 갑자기 모친이 위독하다는 전갈을 받고 고향 본으로 돌아간 탓에 두 사람은 다시는 못 만나게 된다. 5년 후 베토벤이 빈을 다시 찾았지만 모차르트가 사망한 후였기 때문이다.

모차르트는 25살 때까지 살았던 고향 잘츠부르크를 떠나 빈에서 10년을 살면서 슈테판 성당과 많은 인연을 가진다. 부인 콘스탄체와 슈테판 성당에서 결혼식도 올렸고, 그의 장례식을 치른 곳도 이곳이며, 35세의 젊은 나이에 생을 마감한 집도 슈테판 성당 옆이다. 모차르트는 35살에 너무 일찍 생을 마치면서도 41개 교향곡, 27개의 피아노 협주곡 등 아름다운 626곡을 후세에 남겼다. 그의 오페라 〈피가로의 결혼〉, 〈돈 조반니〉, 〈마술피리〉도 유명하다. 장례 미사곡인 그의 마지막 작품 〈레퀴엠〉을 반만 작곡하고 부인과 두 아들을 남기고 세상을 떠난다. '피가로 하우스'에는 모차르트가 사용했던 피아노, 아버지와 나눈 편지, 악보, 서재, 의복 등이 살던 곳에 남아 있어 행복하게 살았던 모습을 생생하게 접할 수 있는 곳이다.

◆◆ 빈의 슈테판 성당(이미지 : 위키백과)

모차르트 〈심포니 40〉 중 1부.
Leonard Bernstein (conductor),
Boston Symphony Orchestra,
31분 32

모차르트 오페라 〈피가로의 결혼〉 중
'사랑의 괴로움을 그대는 아시는가',
Netherlands Chamber Orchestra
conducted by Ivor Bolton, 2분 35

바. 음악의 도시, 잘츠부르크

유럽은 다양한 작곡가와 음악가들의 활동 무대였다. 오스트리아 음악의 도시 잘츠부르크에는 모차르트와 카라얀이 태어난 곳이다. 모차르트는 1756년에 태어나 25년간 잘츠부르크에서 살았다. 잘츠부르크에는 그가 세례를 받았던 대성당이 있다. 10여 년을 빈에서 보내다 35세에 세상을 떠났다. 잘츠부르크에는 그가 청년 시절을 보낸 '모차르트 하우스'가 있고, 그의 생가가 시청 앞에 있다. 7월엔 세계적인 잘츠부르크 음악축제가 열린다. 이 음악축제를 세계 최고의 축제로 만든 사람은 세계적인 천재 지휘자 카라얀이다.

잘츠부르크 도시 전경(이미지 : 오스트리아 관광청)

카라얀은 1908년에 오스트리아 잘츠부르크의 저명한 의사 아버지를 둔 상류층 가정에서 태어났다. 그는 불과 8세 때인 1916년에 잘츠부르크의 모차르테움에 입학하여 10년 후인 1926년에 졸업했다. 1929년부터 1934년까지 카라얀은 울름에서 5년 동안 활동했는데 그가 오페라 지휘자로서 명성을 얻게 된 것은 1933년 잘츠부르크 페스티벌에서 구노의 〈파우스트〉 중 '발푸르기스의 밤'(Walpurgisnacht)의 장면을 지휘한 것이었다. 카라얀은 1989년 잘츠부르크주의 서쪽 끝, 독일과의 접경지대에 있는 아니프(Anif)라는 마을에서 심장마비로 81세에 세상을 떠났으나 고향마을 안니프 교회에 소박한 묘지에 묻혔다. 빈은 1996년에 슈타츠오퍼 옆의 자허 호텔 방향 광장을 '헤르베르트 폰 카라얀 플라츠'라고 명명했다. 오스트리아 정부는 1991년에 카라얀의 모습을 담은 500실링의 기념화가

카라얀의 지휘하는 모습(이미지 : 나무위키)

카라얀
베토벤 〈심포니 9 합창〉.
Karajan · Berliner
Philharmoniker, 31분 32

발행되기도 했다. Herbert von Karajan(1908~1989)의 생가는 은행으로 사용하고 있어 방문이 어렵다. 잘츠부르크는 1964년 영화 〈사운드 오브 뮤직〉의 무대가 되었고 지금은 미라벨 정원 등의 영화촬영 장소들이 아름다운 관광지로 여행객들에게 사랑받고 있다.

<고요한 밤, 거룩한 밤>의 고향

소금광산과 수송으로 유명한 오스트리아 잘츠부르크(Salzburg) 역시 성탄절을 특별하게 맞이하는 도시다. 감미롭고 아름다운 캐럴(carol) 중 하나인 〈고요한 밤, 거룩한 밤〉의 고향이기 때문이다. 〈고요한 밤, 거룩한 밤〉은 원래 6절까지 만들어진 곡인데 19세기 이후 점점 짧아져 3절 정도만 부른다. 지금은 300개 이상의 언어와 방언으로 불리는 세계적으로 사랑받는 곡으로 2011년 유네스코 무형 유산목록, 2016년에는 'EU Songbook'에도 등재되었다.

이 곡은 오스트리아 잘츠부르크에서 북쪽으로 20km 떨어진 인구 3천여 명이 사는 '오베른도르프(Oberndorf)'라는 마을의 성당인 '성 니콜라스(St. Nicholas) 성당'에서 탄생했다. 1818년 오스트리아의 교회음악가 프란츠 그루버(Franz Xaver Gruber, 1787~1863)가 요셉 모어(Joseph Mohr) 신부(神父)가 1816년 마리아파르(Mariapfarr)에서 썼던 독일어 가사에 곡을 붙였다. 이 곡은 성 니콜라우스 교회에서 1818년 12월 24일 저녁 예배 도중에 세계 최초로 공개한 것이다. 〈고요한 밤 거룩한 밤〉은 매년 크리스마스 때가 되면 이 교회에서 불리면서 점점 세상 밖으로 널리 알려지게 되었다. 이후 1937년 8월 15일 성 니콜라우스 교회는 '고요한 밤 거룩한 밤'의 노래를 만든 모어 신부와 그루버 두 사람을 기념하기 위해 '고요한 밤 성당(Stille Nacht Kapelle)'으로 개명되었다.

전해지는 이야기에 따르면 1816년에 취임한 교사 겸 오르가니스트인 프란츠 그루버(Franz Xaver Gruber)의 지도로 1818년 성탄절을 앞두고 음악회 준비 중에 교회 오르간이 고장이 났었다. 성탄절을 한 주 앞두고 진행된 연습이라 수리할 시간적인 여유가 없었다. 당시 '성 니콜라우스' 성당에 1817년에 부임한 26세의 젊은 요셉 모어(Joseph Mohr) 신부는 고장 난 오르간의 수리를 포기하고 단순하고 짧은 시간에 쉬운 멜로디의 노래를 원했다. 기타 반주만으로도 충분하고 성가대원들도 짧은 시간에 배울 수 있는 캐럴을 구상했다. 모어 신부는 이미 1816년에 써 놓은 '고요한 밤'이란 시에 맞는 멜로디를 붙여줄 것을 그루버에게 제안한 것이다. 크리스마스 이브에 성도들은 교회에 모였으나 오르간은 아직도 수리되지 않았다. 오르가니스트였던 그루버는 기타를 들고 나왔다. 기타 반주에 맞추어 모어 신부는 테너, 그루버 선생은 베이스 그리고 교회합창단이 후렴을 불렀다. 두 명의 솔로 그리고 기타 반주를 곁들인 노래는 오베른도르프의 성 니콜라우스 교회에서 곡을 만든 당일인 1818년 12월 24일 저녁 예배 도중에 불렀던 노래다.

조수미 〈고요한 밤, 거룩한 밤〉. The Christmas Album' (2001), 2분 18

◆ 고요한 밤 성당(이미지 : Stille Nacht Kapelle)

사. 유럽 음악예술문화 관광콘텐츠

가) 영국, 로열 앨버트 홀

전 세계적으로 폭발적인 인기를 불러 모았던 〈오페라의 유령〉, 〈캣츠〉, 〈에비타〉, 〈지저스 크라이스트 슈퍼스타〉 등의 록오페라가 대부분 영국에서 시작됐다. 1970년대 초 작곡가 앤드루 로이드 웨버(1948~)의 등장으로 영국은 세계 록오페라의 원조로 자리를 차지한다. 세계적인 록오페라가 탄생한 유명한 곳으로 런던 '로열 앨버트 홀'이다. 유명 록오페라는 모두 이곳 런던에서 초연되고 세계적으로 파급되었기 때문이다. 1870년 영국 빅토리아 여왕의 남편인 '앨버트' 공작을 기념해 개관한 이 극장은 객석이 8,000석 규모로 뮤직홀로는 세계적이고 음향 시설도 최고인 곳이다. 1970년대 초 이곳에서 최초의

뮤지컬 캣츠 〈Memory〉. BMI – Broadcast Music Inc., 4분 00

◆ 뮤지컬 〈캣츠〉(이미지 : Polygon)

록오페라 〈지저스 크라이스트 슈퍼스타〉가 '로열 앨버트 홀'에서 공연되었다. '넬라 판타지아'를 부른 하이 소프라노 '사라 브라이트만'은 '로열 앨버트 홀'에서 공연한 록오페라의 주인공을 맡아 세계적인 성악가 반열에 올랐으며, 작곡가 앤드루 로이드 웨버와 결혼(1984~1990)까지 하였다.

나) 유럽의 보석, 체코 음악가 스메타나와 드보르자크

체코인들로부터 추앙받는 두 명의 국민 음악가가 있다. 세계적으로도 알려진 이들은 스메타나와 드보르자크이다. 스메타나의 교향곡 〈나의 조국〉은 체코 국민은 물론 전 세계적으로 알려진 곡이다. 드보르자크 〈교향곡 9번〉 '신세계로부터'는 너무나도 아름다운 유명한 곡이다. 프라하 구시가지 카를교 부근 몰다우강변에 있는 '스메타나 기념관'은 격조 있는 건물로 알려져 있다. 프라하 중심가 바츨라프 광장에서 국립박물관을 바라보고 오른쪽 조그만 뒷골목에서 15분쯤 걷는 거리다.

프라하의 '드보르자크 기념관'은 2층 붉은색 건물로 아주 호젓한 건물에 정원도 있어 조용하다. 체코 정부가 드보르자크 탄생 120주년인 1961년에 기념관을 개관하면서 흩어져 있던 드보르자크의 유물들을 모았다. 그가 사용한 비올라, 피아노, 〈신세계 교향곡〉 악보, 〈현악 4중주〉 악보들과 미국 음악원장 때 가족들과 나눈 편지, 사진, 책상과 의자, 펜대, 안경 등 드보르자크의 일생을 참고할 수 있다.

안토닌 드보르자크(1841~1904)는 프라하에 서북쪽 30km쯤의 몰다우강가에 있는 한적한 시골 마을 '넬라호제베스'에서 태어났다. 그의 생가도 기념관으로 개방되어 있으며, 프라하에서 멀지 않은 곳에 있다. 1892년 51세 때 미국 뉴욕의 내셔널 음악원장으로 부임하면서, 1893년 5월 〈신세계교향곡〉을 완성하고 그해 12월 뉴욕 카네기 홀에서의 초연은 대성공을 거둔다. 미국 뉴욕에는 그가 생활한 집과 내셔널 음악원이 지금도 기념관으로 만들었으며, 전 세계 음악 애호가들이 자주 찾는 곳이다. 이후 드보르자크는 3년간의 미국 생활을 마치고 프라하 음악원 작곡가 교수로 부임하였으며, 체코 유명 작곡가 중에 그의 제자들도 많다. 오스트리아에서 종신 상원의원으로 활동하다가 1904년 63세에 생을 마친다. 체코 국민 모두가 슬퍼하는 성대한 장례식을 마치고 스메타나가 잠들어 있는 프라하 시내 '비세흐 라드' 공동묘지에 묻혔다.

스메타나
〈나의 조국〉 중 몰다우, 헤르베르트 폰 카라얀 지휘,
베를린 필하모닉 관현악단, 12분 42

드보르자크
〈신세계교향곡〉 중 4번, Rafael Kubelík 지휘,
Naxos Digital Services US, 12분 12

다) 체코의 프라하, 볼프강 아마데우스 모차르트

모차르트가 프라하에 있을 때 지냈던 저택 '빌라 베르트람카(Bertramka)', 이 저택은 프라하 두제크 부부의 베르트람카 별장이다. 모차르트를 이 저택에 초대한 두체크 부인은 프라하 오페라단의 유명한 가수였다. 정원 산책길 한 모퉁이에는 모차르트를 기념하는 흉상이 있다. 그가 머물던 이 저택과 정원은 1956년부터 '모차르트 기념관'으로 만들어져 여러 자료 전시와 함께 5, 6월에는 '프라하의 봄' 연주회 행사도 개최되는 곳이다. 모차르트의 짧은 생애 중 그가 가장 사랑받은 도시는 프라하로 고향인 잘츠부르크도, 빈도 아니었다. 모차르트는 빈보다 프라하에서 더 많은 갈채와 박수를 받았다. 모차르트는 프라하에서 불멸의 오페라 〈돈 조반니〉를 비롯해서 〈교향곡 38번〉을 작곡했다. 이 집에는 모차르트의 피아노 하프시코드가 놓여 있다. 오페라 〈돈 조반니(Don Giovanni), K. 527〉를 완성하던 악보들도 볼 수 있다. 이곳에 기거하면서 작곡된 2막 오페라 〈돈 조반니〉는 1787년, 그해 10월 29일 프라하의 '에스타테츠 극장'에서 초연되었다.

◆◆ 프라하, 모차르트 빌라 베르트람카(이미지 : 프라하 관광청)

모차르트
모차르트 〈돈 조반니〉 중
'Madamina, Il catalogo e questo',
베이스 손혜수, 5분 56

모차르트가 프라하에 도착한 것은 1787년 1월 11일이었다. 그가 프라하에 도착하던 날은 〈피가로의 결혼〉 프라하 첫 공연이 있었다. 이곳에 도착하자마자 막이 오른 〈피가로의 결혼〉 공연은 오페라가 끝나고 무대에서 관객들에게 열광적인 환호와 갈채를 받았다. 1월 22일에는 자신이 직접 지휘봉을 잡아 〈피가로의 결혼〉 오케스트라 연주를 맡아 공연도 올렸으며, 대단한 열광과 환호 그리고 갈채를 받았다. 〈피가로의 결혼〉 초청 공연이 끝나고 빈으로 다시 돌아가려던 모차르트에게 프라하 극장의 예술감독 본디니는 그에게 당장 새로운 오페라 작곡을 의뢰했다. 그 오페라가 바로 〈돈 조반니〉였다. 1월 19일에 열린 오페라 극장 그랜드 콘서트에서는 모차르트의 신작 교향곡도 연주되었는데, 그것이 바로 '프라하 교향곡'이다. 자신을 인정해 주고 사랑한 프라하 청중들에게 헌정했다. 교향곡 〈제38번 D장조〉, 일명 '프라하 교향곡(Symphony No. 38 in D Major, K. 504 Prague)'은 그렇게 탄생했다. 오페라 〈티토 왕의 자비〉 등 중요한 작품들 역시 보헤미아의 수도 프라하에서 초연되었다.

독일 남부의 로텐부르크, 모차르트가 여행 도중 마차의 말을 갈아타기 위해 커피 한 잔을 잠시 마시고 떠났었다. 그 인연으로 아름다운 마을 로텐부르크에서는 해마다 모차르트 음악회가 열린다.

라) 헝가리 부다페스트, 프란츠 리스트

헝가리 수도 '부다페스트'는 왕궁이 자리 잡은 '부다'와 상업지역인 '페스트'가 합해진 이름이다. 부다페스트에 있는 마차시 교회는 성모 마리아에게 봉헌된 고딕식 성당이다. 황제와 황후도 이 성당에 묻힌다. 카를 4세의 대관식에서 프란츠 리스트가 작곡한 〈헝가리언 대관식〉 미사곡을 직접 지휘한 곳이다. 헝가리 라이딩 근처 출생의 프란츠 리스트(1811~1886)는 천재 피아니스트이며, 작곡가로서 헝가리 음악의 선구자다. 부다페스트의 3층짜리 프란츠 리스트 박물관에는 그가 사용한 피아노를 볼 수 있다. 쇼팽을 '피아노의 시인'이라고 말하지만, 리스트는 최고의 피아노 연주자로 '피아노의 왕' 혹은 귀재로 불린다. 그는 음악가였던 아버지로부터 태어나자마자 피아노를 배웠고, 12살에 데뷔를 한다. 빈에 가서 카를 체르니에게 피아노를 배웠다. 천 곡이 넘는 작품을 만들었다. 54살에 사제 서품을 받고 신부가 되기도 한다. 프란츠 리스트의 대표작은 고난도의 피아노 실력이 있어야만 가능한 〈헝가리 광시곡 2번〉과 아름다운 선율의 〈녹턴 3번 사랑의 꿈〉

이 있다.

독일 바이마르의 '리스트 하우스'는 그가 30년 정도 살았던 곳이다. 2층 건물로 그가 활동하던 곳이다. 그의 공연장은 젊은 여성들로 극장 안을 가득 채워질 정도로 인기가 많았다. 리스트의 인기는 유럽 전역을 휩쓸었다. 마리다구 백작부인과 결혼해 3명의 자식을 낳고 그의 딸은 바그너와 결혼한다. 75세로 바그너 축제극장이 있는 바이로이트에서 생을 마감한다.

리스트 〈헝가리 광시곡 2번〉, 피아노 Valentina Lisitsa, 9분 46

리스트 〈La Campanella(작은 종)〉, 〈파가니니 대연습곡〉 여섯 개 연습곡 가운데 세 번째 곡, 6분 07

6 세계 공연예술문화 관광콘텐츠

1) 유럽 공연예술문화 관광콘텐츠

가. 프랑스 아비뇽 연극 페스티벌

프랑스 아비뇽(구글 지도) / Palais Des Papes(교황청), Avignon

아비뇽(Avignon)은 프랑스 남부 프로방스 지역에 있는 지중해와 접해 있는 유서 깊은 도시다. 주변에는 아를(Arles)과 몽펠리에(Montpellier) 그리고 마르세유(Marseille) 항구도시가 있다. 아비뇽과 44km 떨어진 도시 아를(Arles)은 네덜란드 화가 반 고흐(Van Gogh)가 잠시 머물렀던 곳으로도 유명하다. 지중해성 기후가 온화하고 1년 내내 화창한 태양을 만날 수 있는 남프랑스 특유의 정열적인 분위기로 유럽인들의 사랑을 많이 받는 지역이다. 2000년에 유럽 문화도시로 유네스코에 등재되었고, 기원전 125년 로마의 지배를 받았던 중세의 흔적과 문화유산이 잘 보존된 곳이다.

프로방스 지방의 유서 깊은 역사 도시 아비뇽에서는 매년 7월 여름이면 세계적인 연극축제 '아비뇽 페스티벌'이 열린다. 교황청, 채석장, 고등학교 체육관, 마을회관 등 도심 속 가능한 공간들은 다양한 연극무대로 변신한다. 거리와 광장에서 자유롭게 열리는 각양각색의 공연과 퍼포먼스는 13만 명이 넘는 방문자들에게 호기심과 즐거움을 제공하며, 새로운 작품들은 많은 사람에게 연극에 관한 관심을 불러일으킨다. 아비뇽 연극축제는 상업적인 형식이나 단순한 오락거리로부터 철저히 벗어나 있다. 창의적인 예술품으로 관객을 자극하고 젊은 예술가들에겐 새로운 도전과 기회의 장소가 되어 실험적인 작품이 실현되는 참신한 공간으로 변하는 것이다. 아비뇽 페스티벌은 연극을 중심으로 뮤지컬, 무용, 현대음악, 시, 미술, 영화와 비디오 등 다양한 장르의 예술로 영역을 확장하고 있다. 그러나 클래식 음악이나 오페라 공연은 주변 도시 축제와의 관계와 배려를 위해 피하고 있다.

◆◆ 불봉 채석장을 활용한 공연 모습(이미지 : 아비뇽 페스티벌 공식 사이트)

17세기 이후 고전 희극의 완성자이자 최고의 배우인 몰리에르, 프랑스 비극의 창립자 코르네유(Pierre Corneille, 1606~1684), 라신(Jean-Baptiste Racine, 1639~1699) 등 세계적인 극작가를 중심으로 오래전부터 연극이 발전하였다. 19세기 말에 시작된 '근대극'이라 불리는 연극 운동은 프랑스를 중심으로 전개되어 이후 유럽 각국으로 영향을 미치면서 파급되었다. 근대극은 '자유극장(Théâtre Libre)'을 중심으로 한 고도의 예술적 내용을 지향하는 연극 혁신 운동을 가리킨다. 자유극장은 앙투안이라는 평범한 사람에 의해 창설되었고, 과장되거나 비현실적인 연기술을 거부하고 자연스럽고 사실적인 연기와 무대

배경, 의상, 도구 등 실생활에서 사용된 것을 그대로 제시한 진실한 모습을 무대에 재현시킨 것이다. 프랑스 근대극의 영향으로 희곡을 중시하는 연출자가 탄생한 점은 유럽의 연극을 한층 높은 차원으로 이끌었다고 볼 수 있다. 프랑스는 아비뇽 연극축제뿐만 아니라 거리극, 서커스, 마임 등 다양한 지역에서 다양한 장르의 공연이 활발하게 개최되고 있다.

나. 영국, 에든버러 프린지 페스티벌

◆◆ 스코틀랜드의 수도 에든버러, 프린지 페스티벌

에든버러는 과거 금융업이 융성했던 도시의 전통을 계승하여 런던 다음으로 제2의 금융업 거점 도시로 시내 중심가에서 동서남북 어디를 가나 걸어서 20분이면 닿을 수 있다. 관람객들은 이 작은 도시에서 열리는 축제뿐만 아니라 300~400년 이상 된 고풍스러운 거리를 산책하는 즐거움도 동시에 누릴 수 있다.

에든버러 프린지 페스티벌은 영국 스코틀랜드 수도 에든버러에서 1947년 '유럽의 평화와 통합'이라는 주제를 가지고 8개의 극단이 자발적으로 모여 공연을 시작한 것에서 출발한다. 1947년 제2차 세계대전 이후 전쟁으로 얼룩진 유럽을 문화 예술로 재통합하자는 기치 아래 시작된 '에든버러 인터내셔널 페스티벌'을 모태로 탄생했다. 사실 '프린지 축제'는 인터내셔널 페스티벌에 공식 초청받지 못한 8개 공연단체가 극장이 아닌 소규모 공간을 극장으로 개조해 초라하게 출발한 것이 시초다.

프린지(fringe)는 '주변' 혹은 '변두리'를 의미하는 말로 공연을 취재한 기자에 의해 우연히 알려지기 시작했다. 시 정부의 전폭적인 지원 아래 참가작을 엄선하는 '인터내셔널 페스티벌'과 달리 '프린지 페스티벌'은 누구에게나 문호를 개방한다. 지금도 프린지협회에 약간의 참가비만 내면 원하는 사람은 누구나 참가할 수 있다. 프린지 페스티벌 특징 중 하나는 위원회가 공연자를 초청하지 않는다는 원칙이다. 그리고 재정적인 부담은 스스로 해결해야 한다. 누구에게나 문호는 개방되어 있지만 살아남기 위한 경쟁은 치열하다는 의미다. 평소엔 50만 명의 인구가 살던 도시에 100만 명의 관람객이 방문하면서 도시 전체는 엄청난 규모의 축제장으로 변신한다.

다. 영국 런던의 공연장

런던 소호에 있는 공연예술 극장 퀸스 시어터(Queen's Theatre)는 1907년 오픈하였다. 이 퀸스 극장에서는 2004년 4월 12일부터 오늘까지 알렝 부블리(Alain Boublil)와 클로드 미셸 쇤베르크(Claude-Michel Schönberg)가 공동제작한 프로덕션인 뮤지컬 '레미제라블(Les Misérables)' 한 작품만을 공연 중이다. 극장 외부에는 주인공 '코제트'가 그려져 있다. 〈레미제라블(Les Misérables)〉은 프랑스의 소설가 빅토르 위고가 19세기의 프랑스를 배경으로 쓴 장편소설이다. 이 혁명 뮤지컬은 코제트의 눈으로 본 사랑과 혁명의 이야기이기도 하다. 레미제라블은 1980년 파리에서 소개되었고, 1985년에 영국의 웨스트엔드에서 무대에 올랐다. 그리고 1987년에는 브로드웨이 무대에 올렸고, 이어서 전 세계의 수많은 나라에서 공연 중인 인기 레퍼토리다. 〈레미제라블〉 뮤지컬의 가장 감동적인 노래는 '당신은 이 민중의 노래가 들리는가(Do You Hear the People Sing?)'이다.

◆◆ 퀸스 시어터(Queen's Theatre)(이미지: playbill.com)

레미제라블
위고 〈레미제라블〉 중 'Do You Hear the People Sing', 영화 Les Miserables, 2012, 3분 52

빅토르 위고(Victor Hugo)의 소설『레미제라블(Les Misérables)』을 읽었다면, 뮤지컬을 보았다면 반드시 체험해 볼 만한 하수구 터널이 프랑스 파리에 있다. 파리 7구 레지스탕스 광장 아래 위치한 하수구 박물관(Musée des Égouts de Paris) 고대 로마 시대에서부터 현대까지 파리 하수구의 역사와 관련 실용 정보가 제공된다. 1889년 완공된 파리 하수도는 지하 470m가량 터널을 따라 내려가는 동안 파리의 전기 시설이나 전화 설비, 가스 배관 시설 등을 포함해서 도시 기반 시설과 파리의 생활문화의 길고 풍요로운 역사를 체험할 수 있다.

라. 미국화가, '마크 로스코' 인생을 다룬 연극

마크 로스코(1903~1970)는 1903년 9월 25일 러시아 드빈스크에서 태어났고, 일곱 살이던 1910년 유대인 아버지 로스코위츠가 미국으로 이주하여 오리건주 포틀랜드에 정착했다. 누이와 엄마 가족 모두는 1913년이 되어서 합류했다. 뉴욕에서 유대인 공동체의 도움으로 어렵게 생활했다. 예일대학을 다녔고 1938년 미국 시민권을 취득하면서, 마르쿠스 야코블레비치 로스코위츠(Marcus Yakovlevich Rothkowitz)라는 러시아 본명을 버리고 마크 로스코(Mark Rothko)라는 이름을 사용했다. 그는 두 번 결혼했고, 세 번 유럽 여행을 했다. 마크 로스코는 정식으로 미술을 배우지 않았지만 1940년 이후 미국 추상회화의 본질과 형상에 혁명을 일으킨 단색화가로 유명하다. 그의 작품 구도는 기본적인 색채, 색조, 색면의 구조로 설명될 수 있다.

1970년 2월 25일 수요일 아침, 뉴욕의 로스코 작업실에 그의 조수 올리버 스타인데커(Oliver Steindecker)가 출근했을 때, 주방 바닥에 쓰러져 있는 로스코를 발견했다. 그의 옆에 있던 이젤에는 오랫동안 그를 압도했던 무거운 색채가 아닌, 선명한 붉은색으로 채색된 〈무제 : red on red〉(1970)가 놓여 있었다. 1968년 심한 우울증과 동맥류를 앓아 3주간 병원에 입원했고, 로스코는 그의 두 번째 아내 멜(Mell)과 1969년 새해에 헤어졌었다. 그는 혼자 뉴욕 스튜디오로 이사했으며, 작업실에서 혼자 생활하던 로스코는 우울증 치료제를 복용 중이었다. 의사는 로스코의 사인을 '동맥 절단에 의한 자살'로 판정했다. 흥건하게 피로 적셔진 그의 죽음 옆에 세워진 이젤에는 선혈로 그린 것 같은 마지막 그림 〈레드 온 레드(red on red)〉가 세워져 있었다.

◆◆ 연극 레드 포스터 / 로스코, 〈레드 온 레드(red on red)〉, 1970 / 로스코의 돌무덤(이미지 : 위키백과)

이 그림은 두 편의 다큐멘터리와 존 로건(John Logan)의 연극 〈레드(Red)〉의 주제가 되었다. 연극 〈레드(Red)〉는 2009년 12월 8일 런던 돈마 웨어하우스(Donmar Warehouse)에 의해 처음 발표된 미국 작가 존 로건(John Logan)의 희곡 작품이다. 공연은 마이클 그랜지(Michael Grandage)가 감독하고 알프레드 몰리나(Alfred Molina)가 로스코(Rothko) 역을, 에디 레드메인(Eddie Redmayne)이 극 중의 그의 조수 켄(Ken) 역을 맡았다. 연극 작품은 2010년 3월 11일에 첫 공연이 올랐고 브로드웨이로 옮겨 존 골든 극장(John Golden Theatre)에서 다시 공연이 시작되었고 2010년 토니상(Tony Award) 최우수 공연 작품상 수상을 포함해서 2010년 토니상 연극 부문 남우주연상 등 총 6개 부문을 석권했었다.

7 유럽 문예문화예술 관광콘텐츠

1) 프랑스 문예문화예술 관광콘텐츠

가. 프랑스 문학가들 : 빅토르 위고, 노트르담의 꼽추, 레미제라블

장발장으로 유명한 〈레미제라블(Les Misérables, 불쌍하고 비참한 사람들)〉은 프랑스의 소설가 빅토르 위고가 19세기의 프랑스를 배경으로 쓴 장편소설이다. 프랑스 파리에서는 보주 광장에 있는 프랑스 대문호 빅토르 위고(Victor-Marie Hugo, 1802~1885)가 살았던 기념관인 '빅토르 위고 하우스'가 있다. 빅토르 위고가 살던 집은 작고 아담하다. 위고의 기념관에는 위고의 체취가 묻어나는 필기구, 작품집, 사진 자료 등이 자연스럽게 전시되어 있다. 이곳에서 민중 혁명 소설인『레미제라블』이 탄생하였다. 집필하는 동안 벌거벗은 채 외출하지 않고 원고가 마감되는 순간까지 1년간 꼬박 '레미제라블'을 집필했다고 한다.

◆◆ 빅토르 위고 / 신들의 묘지, 파리 팡테옹에 안장되었다(이미지 : 위키백과)

빅토르 위고의『노트르담의 꼽추』(1831)의 배경인 노트르담 성당[10)]은 시민혁명 때 심하게 파괴되고 훼손되어 방치된 것을 시민들이 주목하고 복원하게 하기 위해 빅토르 위고는 소설『노트르담의 꼽추』를 쓴다. 1881년 8월 31일 빅토르 위고는 유언장을 남긴다. *"신과 영혼, 책임감, 나는 그 속에서 살아왔고 그 속에서 죽는다. 진리와 광명, 정의, 양심, 그것이 바로 내가 믿는 신이다. 가난한 사람들에게, 내 재산 중 4만 프랑의 돈을 남긴다. 극빈자들이 죽을 때 관을 만드는 비용으로 쓰이길 바란다."* 그는 1885년 5월 22일 눈을 감았고 그의 죽음은 국장의 예를 받았고 그의 유해는 프랑스의 영웅들이 묻히는 '파리 팡테옹'[11)]에 안장되었다.

---

10) 파리 노트르담 성당은 2019년 4월 15일 오후 18시 50분경 대성당 첨탑 주변에서 화재가 발생했다. 90m 높이의 대성당 첨탑은 무너져 내렸다. 파리 노트르담 성당을 배경으로 한 음악작품은 러시아 작곡가 다르고미슈스키의 〈에스메랄다〉(1947), 슬로바키아 음악가의 〈노트르담〉(1914), 스페인 음악가 펠리페 페드렐의 〈수녀〉 등이 있다.

11) "조국이 위대한 사람들에게 사의를 표한다."(AUX GRANDS HOMMES LA PATRIE RECONNAISSANTE). 팡테옹은 파리 5구 라텡 지역에 있는 기념물로 프랑스의 위인들이 안장되는 국립묘지이다. 원래 건축물 팡테옹은 생 주느비에브(Sainte-Geneviève) 성당으로 건축된 것이다. 병으로 죽어가던 루이 15세가 쾌유를 기념하기 위해 제노베파에

나. 사르트르와 시몬 드 보부아르, 카페 뒤 마고

장 폴 사르트르는 1905년 6월 21일 파리 16구에 있는 외조부 집인 미냐르로 13번지에서 부르주아 가문의 외아들로 태어났다. 그가 태어난 지 15개월 만에 아버지는 인도차이나 전쟁에서의 열병으로 사망하고, 10살이 될 때까지 외가에서 엄격한 외할아버지 샤를 슈바이처(Charles Schweitzer, 1844~1935)의 가르침을 받으며 소년 시절을 보냈다.

실천적 지식인이었던 사르트르는 소설『구토』등을 펴낸 소설가이자 극작가로도 이름을 날렸다. 1964년 노벨문학상 수상자로 선정됐지만 수상을 거부한 일화는 유명하다. 또 여성 철학자 시몬 드 보부아르(1908~1986)와 당시로는 파격적인 계약 결혼으로 평생을 함께했다. 1929년 철학과 교수 자격시험에서 나란히 수석과 차석으로 합격한 이후 평생을 지적 동반자이자, 정치투쟁의 동지, 사랑하는 연인으로 실험적인 삶을 살았다고 한다. 1931년 그들은 계약 연예를 하기로 다짐한다. 서로 간에 생활의 자유, 다른 사람을 사랑할 자유까지도 보장하면서 함께한다는 것이 계약 결혼의 핵심이었다.

◆◆ 사르트르와 보부아르의 묘지(사진 : 저자) / 파리, 카페 드 플로르

게 짓게 한 것으로 1757년에 시작해서 90년에 완성되었다. 퀴리 부부, 빅토르 위고, 에밀 졸라, 장자크 루소, 볼테르, 알렉상드르 뒤마, 앙드레 말로 등이 이곳에 묻혀 있다. 프랑스 대통령은 팡테옹 안장 여부를 결정할 권한이 있으며 통상적으로 임기 중 한 번의 위인을 이장하여 팡테옹에 안장할 권한을 갖는다. 그러나 예외도 있으며, 문학가는 있지만, 음악, 미술 분야에서 안치된 위인은 없다. 노벨상에 버금가는 진정한 프랑스 위인들의 국립 묘원으로 현재 카뮈가 안장 1순위 위인 중에 올라 있다. 방문하면 지구의 자전운동을 확인할 수 있는 푸코의 진자를 볼 수 있다.

1884년에 문을 연 이후 '레 뒤 마고'는 '카페 드 플로르'와 함께 20세기 초 문학과 예술, 사상을 풍요롭게 꽃 피운 곳으로 유명하다. 사르트르와 보부아르뿐 아니라 피카소, 카뮈, 에디트 피아프, 롤랑 바르트 등 당대 최고의 철학자, 예술가들이 모여 실존주의 문학과 예술에 대해 논하던 곳이라고 한다. 사르트르는 "우리 집은 '카페 드 플로르'이다."라고 말할 정도였다. 지금도 보자르 근처에 있는 두 개의 카페에는 그를 기억하는 사람들의 발길이 잦다.

요독증에 걸린 사르트르는 1980년 4월 15일 만 75세에 파리 브루세 병원에서 폐수종으로 사망했다. 그는 파리 몽파르나스 묘지에 안장되었다. 1986년 4월 14일에 세상을 떠난 그의 연인 시몬 보부아르도 그와 함께 묻혔다. 묘비에는 'Jean-Paul Sartre, 1905-1980'이라는 간결한 비명이 쓰여 있다. 몽파르나스의 한적한 공동묘지는 죽음보다는 삶을 정리한 사람들의 초연함이 느껴지는 평화로운 공원에 가깝다. 이곳에 잠든 사람들의 명단을 보면 사르트르와 보부아르, 보들레르, 표현주의 화가 섕 수틴(Chaim Soutine), 〈고도를 기다리며〉의 사무엘 베케트 그리고 뉴요커였지만 이곳에 잠들기를 원했던 수잔 손택 등이 있다.

다. 마르셀 프루스트의 침대

마레 지구에 위치한 역사 박물관인 '카르나발레 뮤지엄(Musée Carnavalet)'은 건물 내부로 들어가야 콘텐츠를 경험할 수 있다. 카르나발레 저택은 1560년에 지어진 르네상스 양식의 대저택이다. 1677년부터 1696년까지 이 집주인이었던 세비녜 부인(Madame de Sévigné, 1626~1696)은 프랑스 서간(편지) 문학가였다. 이 집터는 선사시대부터 로마 점령 시대의 역사 흔적도 가지고 있으며, 이 저택 안에는 프랑스 혁명에서 근세에 이르기까지 파리의 역사가 생생하게 담긴 다양한 유물들을 한눈에 볼 수 있다. '파리 역사박물관'이라 불려도 손색이 없을 정도인 카르나발레 박물관(Musée Carnavalet)은 60만 점의 미술품, 유물, 역사 관련 전시물들을 소장하고 있다.

카르나발레 박물관 저택 2층의 제147 전시실에는 소중한 작은 침대가 하나 있다. 마르셀 프루스트가 잠들고 휴식을 취하던 침대로 프루스트가 무려 7,350쪽에 달하는 장편소설 『잃어버린 시간을 찾아서(A la Recherche du Temps Perdu)』를 썼던 추억의 가구다. 이 침대는 오스만 대로(Bd. Haussmann)에 첫 번째로 13년간(1906~1919) 살던 집에서 가져온 침실이며 작업장과 가구, 타일 장식을 그대로 이곳에 옮겨왔다. 1919년 10월부터 1922년 11월 16일까지는 또 다른 집(44, rue Hamelin)에서 살았다. 1922년 50세로 세상을 떠났고 프랑스 파리 페르 라셰즈 묘지에 묻혔다. 알랭 드 보통(Alain de Botton)이 방문한 후 '프루스트는 이 비좁은 침대의 얇은 담요를 덮고 누워, 저 부적절한 램프 아래에서 비정상적으로 긴 소설을 쓰며, 무려 14년을 두문불출로 보냈던 사람'이라 설명했다고 한다. 프루스트로 인해 유명해진 작은 배모양의 과자 '마들렌'이 있다.

라. 프랑스 샤를빌 메지에르, 천재 방랑시인 랭보의 집

19세기 프랑스의 시인 아르튀르 랭보의 생가가 20일 탄생 150주년을 맞아 '랭보의 집'으로 새롭게 단장돼 일반에 공개됐다. 프랑스 북동부 샤를빌, 지금은 '샤를빌 메지에르'로 지명이 바뀐 이곳이 19세기 후반 프랑스 상징주의의 대표적 시인(詩人)의 고향이다. 샤를빌 메지에르에 있는 랭보의 생가는 그가 1854년 이날 태어나 가족과 함께 소년기를 보내며 수많은 작품을 쏟아낸 산실이다. 소박해 보이는 생가는 시인의 삶과 작품에 큰 영향을 미친 샤를빌과 이후 방랑지인 파리, 런던, 브뤼셀, 에티오피아 하레르 등의 모습을 불러일으키는 공간 위주로 꾸며졌고 관련 유물이나 문서는 전시하지 않았다. 때문에 랭보의 유물과 그림, 친필 원고 등을 보려는 여행객들은 생가에서 50m 떨어진 곳에 1969년 물방앗간을 개조하여 개관한 랭보 박물관을 찾아야 한다. 주변에는 그가 다녔던 샤를빌 콜라주 학교와 그의 흉상도 있다. 랭보는 20살 이전에 천재성을 드러낸 상징주의 작품들을 쏟아낸 이후, 유럽 각지와 중동지역, 예멘의 아덴, 하레르 등을 떠돌며, 노동자, 용병, 건축 감독 등으로 일하다 병을 얻어 1891년 프랑스 남부 항구도시 마르세유에서 생을 마감했다.

마. 엑-상-프로방스, 에밀 졸라와 세잔

에밀 졸라(Émile Zola)는 이탈리아인 아버지와 프랑스인 어머니 사이에서 1940년 파리에서 태어났다. 1843년 아버지의 일로 엑-상-프로방스에 정착하지만, 1947년 공사가 시작되자마자 폐렴으로 세상을 떠난다. 엑-상-프로방스의 중학교에서 에밀 졸라는 세잔과 동고동락하며 지냈다. 그러나 에밀 졸라는 1858년 엑-상-프로방스를 떠나 파리에 정착하면서 세잔을 파리에 불러 함께 지낸다. 당시 세잔과 함께하며 얻은 지식으로 졸라는 신문 기사에 미술계 논객으로서 인상주의를 옹호하면서 그들과 가깝게 지냈고, 특히 에두아르 마네와의 친분을 이용해 스테판 말라르메, 카미유 피사로, 오귀스트 르누아르, 알프레드 시슬리와도 가깝게 지냈다. 사교적인 졸라는 세잔과도 친밀하게 지내면서 파리의 화가들과 교류하기 시작한다. 그러나 졸라의 소설 속 내용이 세잔의 작품 속 실패한 화가, 클로드 랑티에라는 등장인물이 자신과 닮았다고 여기고, 〈작품(L'Œuvre)〉의 출간으로 둘의 우정에는 금이 갔고 더이상 만나지 않았다. 이후 세잔은 엑-상-프로방스로 내려가 칩거하면서 남은 여생을 마친다. 현재 엑-상-프로방스 기차역 출구가 둘이 있는데, 하나는 '세잔'이고 또 다른 하나는 '졸라'라고 한다.

에밀 졸라는 1867년 첫 작품『테레즈 라캥』으로 자연주의 작가로 인정을 받았다.『제르미날』,『목로 주점』 등이 있으며, 드레퓌스 사건에 참여한 것으로 유명하다. 졸라가 얻은 문학적 성과와 명예와 목숨을 걸고 그는 드레퓌스의 무죄를 주장했다. 이를 계기로 사건을 조작한 예수회와 가톨릭 교회 그리고 군부 권력의 명예훼손 소송과 압력으로 영국 망명을 선택하게 된다. 후에 유대인 드레퓌스는 무죄로 판명되었으나 그간의 노력은 계란에 바위치기였다. 살해 협박과 비난, 조롱을 받던 중 1902년 방에 피워둔 난로 가스에 중독되어 사망했는데, 알려진 바로는 굴뚝이 막혀 있던 점으로 보아 타살로 인한 사망으로 밝혀졌다.

Cinq Centimes
L'AURORE
Littéraire, Artistique, Sociale
J'Accuse...!
LETTRE AU PRÉSIDENT DE LA RÉPUBLIQUE
Par ÉMILE ZOLA

◆◆ 앵그르, 〈주피터와 테시스〉, 1811 / 드레퓌스 사건의 진실을 밝힌 '나는 고발한다'를 게재한 신문 L'Aurore(이미지 : 위키백과)

엑-상-프로방스는 프로방스 지역의 중심 도시로 근교에는 생 빅투아르(St. Victoire) 산이 있고, 세잔이 살던 지역이며, 반 고흐가 잠시 머물던 생 레미와 아를 그리고 예술가의 발자취가 많은 곳이다. 엑-상-프로방스 중심가에 1792년 오픈한 '레 드 갸송(Les Deux Garcons)', 카페 클레망(Cafe Clement), 카페 오리엔탈(Cafe Oriental)은 에밀 졸라, 세잔, 피카소, 장 콕도, 사르트르 등의 예술가와 문인들이 다녀간 곳으로 유명하다.

'In the Step of Cezanne'이라는 생가에서 출발하여 마지막으로 작업하던 아틀리에까지 세잔의 흔적을 찾아가는 세잔 투어가 있다. 물론 아를에는 반 고흐가 살았던 장소를 찾아가는 투어도 있다. 그라네 미술관(Musee Granet) 미술관은 엑-상-프로방스 지역 출신의 화가 프랑수아 마리우스 그라네(Francois Marius Granet, 1775~1849)가 자신의 소장품을 시에 기증함으로써 만든 미술관이다. 렘브란트, 퐁텐블로 화파, 앵그르, 세잔, 피카소 등 14세기부터 18세기까지 유럽 화가들의 작품과 19~20세기에 달하는 작품이 소장된 곳이다. 앵그르의 〈주피터와 테시스〉 작품도 만날 수 있다. 이 그림은 바다의 요정 테티스가 목성에게 아들 아킬레스의 운명을 알려달라고 간청하는 장면으로 호메로스의 〈일리아드〉 내용을 그린 그림이다.

바. 헤밍웨이가 파리를 탐하다

1921년 12월 22일, 스물두 살의 헤밍웨이는 막 결혼한 첫 번째 아내 해들리 리처드슨(Hadley Richardson)과 함께 파리 라텡 지역으로 이주해 생활한다. 카르디날-르무안이라는 도로에 위치한 노동자 합숙소(주소: 74 Rue du Cardinal-Lemoine)에 머물렀다. 1922년 헤밍웨이가 글을 쓰기 위해 빌린 모퉁이 다락방으로 알려진 데카르트 거리 2층 다락방에서 1924년 1월 헤밍웨이 부부가 이사 온 노트르담 데샹 거리로 거주지를 옮겨 1923년 8월 첫아이 잭(Jack, 별명 Bumby)을 낳았다. 이사 왔을 당시 이곳은 허름한 제재소였고 이사할 방은 당시 목수들이 합숙하는 초라한 다락방이었다. 글을 쓰고 사색을 위해 혹은 술을 마시기 위한 장소로 몽파르나스의 카페 '라 클로즈리 데 릴라(La Closerie des Lilas)'에 자주 드나들었다. 그가 남긴 〈파리에서 보낸 7년(A moveable feast)〉이라는 글에도 자주 언급된 곳이다. 이제는 너무나 유명해진 레스토랑이 되었고 '헤밍웨이가 앉아서 글을 쓴 자리'라는 표찰이 붙은 곳은 큰 영광이 넘치는 자리가 되었다.

뤽상부르 궁전과 정원 북서쪽으로 바로 맞은편 골목길, 파리 생제르맹(St. Germain, 주소: 6 rue Férou), 어니스트 헤밍웨이(Ernest Hemingway)가 파리의 마지막 해를 보내던 아파트다. 1926년 5월 파리에서 두 번째 아내 폴린 파이퍼(Pauline Pfeiffer)와 결혼하여 이 고급 아파트로 이사한다. 새 아내 폴린 파이퍼는 빈털터리였던 헤밍웨이와는 달리 부유한 집 딸이다. 폴린이 헤밍웨이와 결혼하자 삼촌이 이 고급 아파트를 마련해 주었다. 이곳은 그야말로 뤽상부르 정원 바로 앞, 조용한 거리의 최고급 아파트였다. 헤밍웨이는 새 아내와 새 아파트에서도 옛 아내 해들리와 아들 잭과도 돈독하고 우호적인 관계를 유지하면서 지낸다.

1940년 헤밍웨이는 그의 세 번째 아내 마서 겔혼(Martha Gellhorn)과 재혼했다. 마서 겔혼은 미국의 소설가이자 언론인이었으며, 두 사람은 스페인 내전 특파원 생활 중에 만났다. 이 새로운 이별과 만남의 산물로 소설『누구를 위하여 종은 울리나』(1940)를 발표한다.

헤밍웨이는 2차 대전 말기에 신문 기자 메리 웰시(Mary Welsh)를 만나 1946년 런던에서 다시 결혼한다. 그녀와 함께했던 쿠바에서의 산물이 1952년에 출판한『노인과 바다』이다. 헤밍웨이는 1953년에는 미국에서 가장 권위 있는 퓰리처상(Pulitzer Prize)을 수상한다. 다음 해인 1954년에는 노벨문학상(Nobel Prize)을 받았다.

헤밍웨이는 1959년에는 미국으로 돌아와 아이다호주에 있는 케첨 위에 지어진 집을 구입했다. 아이다호 그곳에서 한 해를 보내고, 62세 되던 해에 몇 번이나 시도하던 엽총으로 의도적으로 자살한다.

◆◆ 헤밍웨이가 자주 드나들었던 카페, 라 클로즈리 델릴라(이미지 : Wikipedia)

1847년 술집으로 문을 열었던 카페 '라 클로즈리 델릴라(La Closerie des Lilas)' 등은 오늘날에도 영업 중이다. 이 카페는 어니스트 헤밍웨이가 파리에 7년 동안 머물면서 〈파리는 날마다 축제(A Moveable Feast)〉라는 글을 쓰던 곳이다. 파리의 리츠 파리(Ritz Paris)에는 어니스트 헤밍웨이가 한때 자주 다니던 바가 있다. 파리 1구에 있는 5성급 호텔 내의 리츠 파리(the Ritz Paris)의 헤밍웨이 바라고 불리는 곳이다. 파리의 헤밍웨이 산책(Walks in Hemingway's Paris)은 파리 여행 문학 투어 가이드(A Guide to Paris for the Literary Traveler)로 운영된다.

미국 작가 어니스트 헤밍웨이가 제1차 세계대전 때 스페인에서 쓴『누구를 위하여 종은 울리나』라는 소설은 영화화되었다. 영화 속 배경이 된 곳이 스페인의 아주 오래된 도시 론다이며 이곳에 있는 '누에보 다리'다. 누에보 다리는 스페인 남부 론다의 구시가지(La Ciudad)와 신시가지(Mercadillo)를 연결하는 세 개의 다리 중 하나다. 과다레빈강을 따라 형성된 120m 높이의 협곡 사이에 있는 누에보 다리는 관광객들에게 인기가 높은 곳이다.

2) 노르웨이 오슬로의 입센 뮤지엄 '그림스타드 시 박물관'

셰익스피어 다음으로 가장 많이 무대에 막이 오르는 극작가는 노르웨이의 헨리크 입센(Henrik Ibsen, 1828~1906)이다. '인형의 집'으로 유명한 노르웨이 극작가의 집 앞에는 2006년에 세운 조각가 니나 순드비(Nina Sundbye)가 만든 기념 조각이 있다. 헨리크 입센이 유럽을 떠돌던 시절 로마에서 썼던 〈인형의 집(A Doll's House)〉은 현재 유네스코 기록유산으로 지정되어 있다. 근대극의 아버지이며 여성 해방 운동에 깊은 영향을 끼친 입센의 성공적인 극작가로서의 길은 평탄하지 않았다. 1828년 노르웨이 남부 항구도시 시엔의 부유한 상인 집안에서 태어난 입센은 여덟 살 때 집안 가세가 기울어 열다섯 살까지 약방에서 사환으로 일했다. 스물두 살이던 1850년에 발표한 단막극 〈전사의 무덤〉이 당선되면서 베르겐에서 새로 문을 연 베르겐 국립 무대 극장의 전속작가 겸 무대감독으로 추천받으면서 본격적으로 희곡 집필에 몰두한다. 연극의 사전 지식도 없이 베르겐 국립 무대 극장 무대감독과 전속작가로 부임한다. 그리그의 〈페르귄트 모음곡〉의 마지막 노래 '솔 베이지 노래'도 입센이 쓴 노랫말 대본이다. 오슬로 대학에는 입센 연구소가 별도로 부설되어 있고, 헨리크 입센 학과가 개설되어 있다. 지금은 '현대극의 선구자'라고 불리지만 입센 당시에는 유능한 극작가와 연출가들 때문에 노르웨이 무대에서 경쟁에서 밀려 로마로 베를린으로 방랑하며 작품을 썼다. 그가 뇌졸중으로 이 집에서 사망할 때까지 꾸준히 집필한 희곡 30여 편은 당시의 가치관에 맞서는 내용이라 한 작품 한 작품마다 논쟁을 불러일으켰다. 입센이 그의 인생 마지막 11년을 보낸 이 집은 현재 '입센 뮤지엄(ibsen museet)'이 되었다. 헨리크 입센은 그의 아내 수잔나와 1895년부터 1906년까지 11년간 이곳에서 살았다. 1906년 5월 23일에 아내 수잔나 입센(Suzannah Ibsen) 마저 세상을 떠나면서 비어 있었다. 시 정부는 헨리크 입센의 개인 살림살이나 가구들을 일괄해서 노르웨이 민속 박물관(Norwegian Folk Museum)에 기탁했다. 입센의 책과 원고, 그리고 자료들은 당시 설립 중이던 '입센의 집 뮤지엄(Ibsen House Museum)'에 모두 기증했다. 그 입센 뮤지엄이 현재 '그림스타드 시 박물관(City of Grimstad's museum)'이다. '입센의 집' 2층 전시품도 모두 '짝퉁'들이다. 입센 박물관에는 그가 쓴 습작 노트와 펜, 그리고 유품들이 있고, 아파트 2층에는 입센이 사용하던 가구와 소품들이 보존되어 있다.

영국 런던, 블루 플라크(Blue Plaque)

런던에는 역사적인 인물의 집에 '블루 플라크(Blue Plaque)'라는 이름의 명판을 달아주는 전통이 있다. 1866년 런던에서 정치인 윌리엄 어트(William Ewart)의 주도로 유명인이 거주하던 집을 표시하기 위해 시작된 것이다. 1867년 영국왕립예술원이 파란 명판을 달면서 시작되었다. 1986년부터 영국 유산(English Heritage)에서 운영하고 있다. 런던에만 모두 900개 이상의 집에 '블루 플라크'를 붙였다.

블루 플라크를 붙이는 여러 조건들이 있다. 지나가다 바로 알아볼 수 있는 저명한 사람으로 인류의 복리와 행복에 공헌한 자여야 한다. 블루 플라크는 사망한 지 20년이 지났거나 출생 100년이 경과한 자에 한한다. 인물이 거주하는 실제 건물에만 세울 수 있다. 런던에서는 한 사람을 두 개 이상의 파란색 명판으로 기념할 수 없다. 버지니아 울프, 찰스 디킨스, 처칠, 아르튀르 랭보, 빈센트 반 고흐, 카를 마르크스, 마하트마 간디, 존 레넌, 애거서 크리스티, 밥 말리, 알프레드 히치콕, 아이작 뉴턴, 지미 헨드릭스, 프레디 머큐리 등 영국에 거주한 유명인들은 수없이 많다. 전 세계 도시에서도 유사한 방식으로 유명인이 살았던 건축물에 명패를 붙인다.

◆◆ 영국 런던의 블루 플라크와 프랑스 파리의 명판

3) 영국의 셰익스피어 생가

누구나 알고 있듯이 〈로미오와 줄리엣〉, 〈햄릿〉, 〈베니스의 상인〉, 〈맥베스〉, 〈오셀로〉, 〈리어왕〉 등 37개의 희곡을 남긴 세계적인 문학작품의 창작자는 셰익스피어다. 이탈리아에서 13편의 희곡 작품을 쓴다. 특히 〈로미오와 줄리엣〉이라는 작품은 이탈리아 북부 사랑의 도시 베로나를 배경으로 한다. 베니스(Venice)는 〈오셀로(Othello)〉와 〈베니스의 상인(The Merchant of Venice)〉의 탄생 지역이기도 하여 셰익스피어 작품 속 도시 중 하나다. 그리스 아테네(Athens)는 셰익스피어의 낭만적인 희곡 〈한여름 밤의 꿈(A Midsummer Night's Dream)〉의 배경이 되는 곳이다. 셰익스피어의 4대 비극 중 하나인 맥베스(Macbeth)는 스코틀랜드의 인버네스(Inverness)와 파이프(Fife)를 배경으로 한다.

◆◆ 영국, Startford Upon Avon의 셰익스피어 생가(이미지: Wikipedia)

런던을 헨리 4세(Henry IV)와 리어왕(Lear) 같은 그의 유명한 희곡들의 무대로 사용한 지역은 런던이다. 〈햄릿〉은 덴마크 수도 코펜하겐에서 북쪽으로 약 44km 지점에 위치하는 외레순(Oresund strait) 바닷가의 작은 마을 헬싱괴르 크론보르 성에서 탄생한 희곡이다. 셰익스피어의 희곡의 '햄릿'은 덴마크 왕자이며 그가 살던 곳이 엘시노어 성(Elsinore Castle)이라 기록하고 있다.

1564년 중산계급에 속한 부유한 상인의 집안에서 태어난 셰익스피어는 훗날 영국을 넘어 세계적인 극작가로 이름을 떨친다. 셰익스피어가 탄생했던 마을은 영국 런던에서 3시간 거리의 북부 작은 마을 '스트랫퍼드 어폰 에이번(Stratford Upon Avon)'이라는 곳이다. 윌리엄 셰익스피어(William Shakespeare)가 태어나(1564년 4월 23일) 자란 곳이며, 1582년 18세에 앤 해서웨이(Anne Hathaway)와 결혼하여 23세에 런던에 가기 전 이 집에서 살았다. 이 집은 16~17세기 셰익스피어가 살았던 당시를 고려해서 내부가 개조되었다. 2층 세 번째 방에는 셰익스피어가 태어난 침대가 마치 성스럽게 보존되어 있다. 30대에는 런던에서 성공하여 고향에 돌아와 새 주택을 구입하여 말년을 보냈다. 셰익스피어가 세상을 떠난 후에는 그의 손자가 살았고, 1847년부터 이 생가를 정부가 구입하여 보존하고 있다. 정원은 19세기 중엽에 조성한 것이며, 셰익스피어에게 소네트를 헌정한 타고르의 흉상이 있다. 정의의 나무와 꽃은 셰익스피어 작품과 연관이 있다. 정원 오른쪽에 있는 셰익스피어 센터는 1964년 개관되었으며, 이 건물에는 셰익스피어 생가 관리위원회와 도서관, 고서 소장품 및 연구자료 등이 보관되어 있다. 1616년 4월 23일 사망하여 스트랫퍼드 홀리 트리니티 교회에 안장되었다. 스트랫퍼드 어폰 에이번 마을에서 셰익스피어 관련 관광지는 모두 6곳이 조성되어 있다. 셰익스피어가 은퇴 후 노년기를 보냈던 집, 딸 수잔나가 살았던 집, 손녀가 살았던 내쉬의 집, 셰익스피어 묘지가 있는 교회, 아내가 결혼 전 살았던 앤 해서웨이 집, 그리고 셰익스피어의 어머니가 결혼 전 살았던 메리 아덴의 농장이 있다.

4) 유네스코 지정 '문학의 도시' 아일랜드, 제임스 조이스

인구 50만 명 남짓한 더블린은 작은 도시지만, '더블린 사람들'은 지금 상주하고 있는 인구보다 스무 배나 많은 천만 명이 세계 곳곳에 흩어져서 더블린의 문화와 종족의 역사를 단단히 지키고 있다. 전 세계에서는 더블린 사람에게만 통하는 '리얼 덥스(Real Dubs)'라는 단어가 있다. '진짜 더블린 사람'이라는 뜻이다. 혁신적인 소설가 중 한 사람인 제임스 조이스는 소설이지만 너무 어려워 읽을 수 없는 『율리시스』, 『더블린 사람들』, 자전적인 소설 『젊은 예술가의 초상』 등은 더블린과 깊은 관계를 맺고 있다. 단편소설집 『더블린 사람들』에서는 20세기 초 어려웠던 사회상과 더블린 사람들의 우울한 모습을 담아냈다.

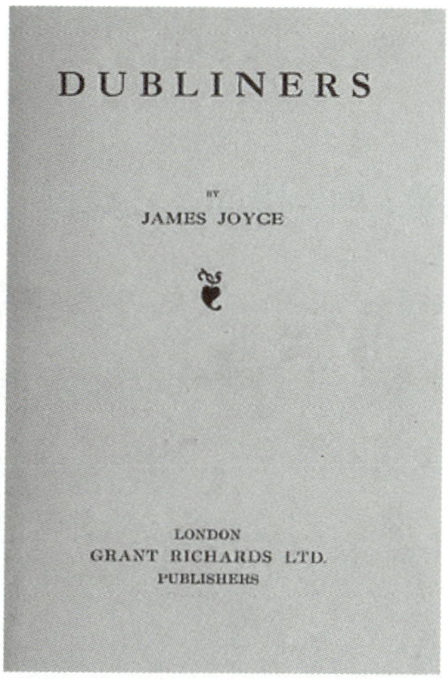

제임스 조이스와 『더블린 사람들』, 1914 초판본(출처 : 위키백과)

제임스 조이스(James Augustine Aloysius Joyce, 1882~1941)는 1882년 더블린에서 남쪽으로 약 4km에 있는 라스가(Rathgar)에서 태어났다. 아일랜드는 영국의 식민지로 북아일랜드와 아일랜드로 분단되었는데, 무려 800년 동안 지배받은 나라였다. 종종 아일랜드의 역사와 국민성을 우리나라와 유사하게 주장하는 경우도 있다. 우선 착취당한 역사와 슬픈 노래들이 그렇다. 우리나라만 남북으로 쪼개졌다고 여기지만, 잉글랜드로부터 지속적인 침략과 수탈, 식민지배를 당한 아일랜드가 영국에 갖는 감정은 적대적이다. 아일랜드의 가장 큰 자랑거리는 도서관이다. 더블린에 있는 예술 도서관인 체스터 비티 도서관(Chester Beatty Library)과 오래된 공립 도서관인 마쉬 도서관(Marsh's Library), 올드 도서관(Old Library)이며 65m의 긴 낭하를 자랑하는 트리니티 대학 안의 고색창연한 롱룸(Long Room)의 3개의 도서관이다. 인구 50만의 더블린에는 내셔널 갤러리(National

Gallery), 더블린 시립 휴래인 미술관(Dublin City Gallery Hugh Lane), 아일랜드 현대 미술관(Irish Museum of Modern Art)이 있다. 더블린 사람들이 자부심을 가지고 있는 곳은 기네스 맥주창고(Guinness Storehouse), 위스키 증류장인 틸링 디스틸러리(Teeling Distillery). 더블린은 유네스코 지정 '세계문학의 수도'이기도 하다. 제임스 조이스(James Joyce) 외에도 조너선 스위프트(Jonathan Swift), 오스카 와일드(Oscar Wilde), 브람 스토커(Abraham 'Bram' Stoker) 등이 있고 윌리엄 버틀러 예이츠(William Butler Yeats), 조지 버나드 쇼(George Bernard Shaw), 사무엘 베케트(Samuel Beckett), 셰이머스 히니(Seamus Heaney) 등 네 명의 노벨문학상 수상자가 있다.

5) 체코, 카프카의 생가와 묘지

체코는 두 명의 위대한 문학가를 보유한 나라다. 『참을 수 없는 존재의 가벼움』으로 세계적인 문학가 밀란 쿤데라 그리고 『변신』의 작가 카프카이다. 카프카는 특히 체코인들도 보석처럼 여기는 문학가이다. 프라하를 방문하는 여정은 카프카를 만나는 여정과 같다. 그가 살았고 작품을 쓴 신비스런 도시 프라하를 찾아가는 여정은 그의 세계를 이해하는 첫걸음이 될 것이다. 여행의 진수는 개인의 취향을 파악하고 그 취향에 맞는 여행지를 계획하고 다녀오는 일이다. 우울한 분위기의 기이한 선입견을 지닌 카프카의 의미는 '검은 까마귀'다. 카프카는 1883년 7월 3일 프라하 시민광장의 메셀로바(Maiselova) 거리에 있는 생 미콜라스(St. Mikulase) 교회 근처 구시가지에서 태어났다. 생가 건물은 카프카와 관련된 기념품을 파는 공간으로 공식적으로 개발된 관광지는 아니고 그를 추억하는 여행자들이 찾는 곳이다. 그 근처 시로카라(Siroka) 12번지에 카프카 카페가 있다. 그를 추억하는 사진들로 채워져 있으며, 그를 추모하는 사람들로 가득 찬 곳이다.

1889년부터 1896년까지 카프카의 가족이 살았던 곳은 17세기 르네상스 스타일의 시청사 건물 내의 작은 집(Minute House)이다. 1919년 화가 요제프 차페크에 의해 복원된 프레스코화가 건물 벽면에 있고, 프라하의 명물인 천문시계가 있는 곳이다. 시청사 좌측으로 카프카가 어린 시절 살던 집이 있었다. 이 집에서 3명의 여동생이 탄생했으나 아우슈비츠 유대인 수용소에서 생을 마감한다. 1913년 카프카의 가족은 쉬르 하우스(Schir

House) 4층 건물의 2층으로 거주지를 옮긴다. 카프카가 자신의 남은 여생을 살았던 곳으로 구시가지 광장을 앞에 두고 그의 작품을 녹여냈을 것이다. 틴 교회(Tyn Church) 옆에 카프카 관련 서점도 있다. 천문시계를 지나면 카페 밀레나(Cafe Milena)가 있다. 밀레나 예젠스카인 여성은 카프카에게 열정적으로 다가왔던 기혼자였지만 카프카의 유대인 신분과 성격 등으로 그녀를 멀리한다. 그러나 그녀에게 맡긴 작품과 편지는 『밀레나의 편지』라는 제목으로 독일에서 출판되었다.

프라하 시내에는 '프란츠 카프카 학회'에서 조성하여 만든 카프카 조각상이 세워져 있다. 머리 없는 인물 어깨 위에 걸터앉아 있는 모습으로 카프카의 소설 『어떤 싸움의 기록』에서 영감을 받은 것이다. 1989년 공산주의자에게 파괴되었다가 2003년 다시 건립된 작품이다. 체코의 조각가 야로슬라프 로나(Jaroslav Rona)가 제작한 작품으로 높이 3.7m, 800kg의 무게를 지닌 청동으로 만들었다. 조각상이 설치된 위치는 성령 교회(Church of the Holy Spirit)와 스페인 시나고그(Spanish Synagogue) 사이 공원에 있다.

◆◆ 유대인 무덤에 안장된 카프카 가족의 묘(21-14-33)(이미지 : 위키백과) / 프라하 시내에 있는 '프란츠 카프카 학회'에서 조성하여 만든 카프카 조각상(이미지 : 위키백과)

블타바강 건너 프라하성 주변에는 성 비투 성당(St. Viyus Cathedral)이 있고 아래의 황금소로(Zlata Ulicka) 22번지에는 카프카의 여동생이 살았던 파란 작은 집이 있다. 1913년 여동생 오틀라(Ottla)가 카프카를 위해 잠시 집을 내준 곳으로 휴식을 취하고 집필하던 장소다. 카프카는 폐결핵으로 1924년 41세로 사망하였으며, 유대인 무덤에 안장된다. 카프카 가족의 묘(21-14-33)는 보석처럼 생긴 높은 비석이 있고 앞에는 자갈이 깔려 있다. 연인 밀레나가 그의 무덤에 비명을 새겼다. *"그는 세계에 대한 눈부시고 깨끗한 시선으로 절망적인 예언자적 시각과 풍자로 두드러진 현대 독일문학 작품들을 썼으며, 이는 그를 견딜 수 없게 만들었고, 죽음에 이르렀다."*

6) 독일 프랑크푸르트, 괴테하우스(Goethe Haus)

괴테는 프랑크푸르트암마인 출생으로 독일 고전주의의 대표자로서 세계적인 문학가이며 자연 연구가이고, 바이마르 공국의 재상으로도 활약하였다. 1771년 변호사가 되어 고향에서 변호사업을 개업하였고, 1772년에는 제국 고등법원의 실습생으로서 몇 달 동안 베츨러에 머물렀다. 이때 샬로테 부프와의 비련을 겪고 『젊은 베르테르의 슬픔(Die Leiden des jungen Werthers)』(1774)을 썼는데, 이 작품으로 일약 문단에서 이름을 떨쳤고, 문학운동인 '슈투름 운트 드랑(Sturm und Drang, 질풍노도)'의 중심인물로서 활발한 창작활동을 하였다. 『파우스트』는 23세 때부터 83세로 죽기 1년 전인 1831년에야 완성된 생애의 대작이며, 세계문학 최대걸작 중 하나다. 라이프치히에는 괴테의 『파우스트』의 배경이 된 술집도 있다.

그 밖에 만년의 작품으로 『이탈리아 기행(Italienische Reise)』(1829)과 자서전인 『시와 진실(Dichtung und Wahrheit)』(1833) 등이 있다. 요한 볼프강 폰 괴테의 『이탈리아 기행(Italienische Reise)』은 1786년 9월부터 1788년 4월까지 괴테가 쓴 여행 기록을 담았다. 그의 다양한 양식의 여행기 글들 속에서 괴테가 품었던 예술에 대한 이상과 열정 등을 엿볼 수 있다. 그는 『이탈리아 여행기』에서 이탈리아에서 로마는 '진정한 삶이 다시 시작된 제2의 탄생일'이었다고 고백하고 있다. 괴테는 이젤을 펴고 스케치를 하고 수채화도 능숙하게 그렸다. 풍성한 지적인 체험을 가득 채워주었고 그의 삶을 결정적으로 변화시킨 계기가 이탈리아 여행이었다고 한다. 이 여행에서 괴테는 자신의 인간적 성숙뿐만 아니라 인문학 충전을 이루며 새로운 '고전주의'를 준비한다. 괴테의 영향으로 유럽에서는 지적 호기심과 지혜를 얻기 위한 그랜드 투어가 유행하였다.

◆◆ 독일 프랑크푸르트, 괴테하우스(Goethe Haus), 거실엔 천문시계가 보인다.(이미지 : 괴테 하우스 페이스북)

7) 러시아 상트페테르부르크, 도스토옙스키 삶의 흔적

상트페테르부르크 도시 곳곳에는 도스토옙스키의 동상, 기념물, 그리고 네프스키 대로 중간에 위치한 말년의 저택이 있다. 평생을 도박과 가난, 간질에 시달린 그가 마지막 십여 년 동안 정신적 · 경제적 안정 속에서 위대한 소설들을 집필한 집으로 이제는 그를 기리는 박물관으로 개방되었다. 그의 서재에는 집필 책상 위에 놓인 시계가 8시 36분에 멈춰 있다. 도스토옙스키가 사망한 시간이다.

네프스키 대로 끝에는 알렉산드르 네프스키 수도원이 있다. 수호성인 이름의 수도원에는 5개의 교회가 있다. 특히 수태 고지 교회와 신고전주의 양식의 성 삼위일체 성당엔 종교화와 성상뿐만 아니라 알렉산더 네프스키의 유해를 모시고 있는 은으로 된 신전도 볼 수 있다. 이곳은 네크로폴리스(공동묘지)라고 부르는 성지로 라자리프 묘지와 틱빈 묘지를 둘러보기 위해 많은 여행자가 이곳을 찾아온다. 이 묘지에 도스토옙스키의 안식처가 있다. 차이콥스키를 비롯해 러시아 근대 음악의 거장들 묘가 한쪽에 모여 있다. 작곡자 무소르그스키, 림스키코르사코프, 보로딘 등이다. 표트르 대제가 1204년에 설립을 명했고, 1797년에는 러시아 정교회의 수도원 중에서 가장 높은 지위인 대수도원(Lavra)이 되었다.

8 성공적인 예술문화관광 콘텐츠로서의 문화공간

1) 프랑스 파리 퐁피두 센터

파리 중심지 레 알(Les Halles)과 르 마레(Le Marais) 지역 인근의 보부르그(Beaubourg) 지역에 설립한 복합문화예술 공간이다. 파리지앵들은 이곳을 간단히 보부르그(Beaubourg)라고도 부른다. 이는 퐁피두 센터를 계획한 프랑스 대통령의 이름에서 유래한다. 1969년 12월, 예술 애호가인 조르주 퐁피두(Georges Pompidou) 프랑스 대통령은 파리에 현대예술과 대형 공공도서관을 위한 시설을 건립하겠다는 발표를 한다. 이듬해인 1970년, 문화센터 프로젝트를 위한 국제 설계 아이디어 공모전이 개최되고, 프랑스 역사상 처음으로 건축가와 엔지니어로 구성된 팀이 건축프로그램의 작성을 맡는다. 세계적으로 유명한 건축가와 여러 분야의 예술가들이 공모전 심사위원에 초대되고 장 프루베(Jean Prouve)가 심사위원장으로 선출된다. 총 50개국에서 681개의 프로젝트가 접수되고, 10여 일간 심사과정이 진행된다. 마침내 단순성과 변화 가능성, 확장된 외부공간으로 심사위원들을 사로잡은 참가번호 493번의 작품이 9명 심사위원 중 8명의 찬성으로 당선작으로 선정되었다. 당선된 렌조 피아노와 리차드 로저스에게는 설계권이 주어지고 1972년 3월 공사가 시작되었다. 공사가 진행되던 중 1974년 퐁피두 대통령이 사망하고 건립 반대세력에 의해 공사가 취소될 뻔한 상황이 벌어지기도 하다가 마침내 1977년 '조르주 퐁피두 국립예술문화회관'이 개관된다. 하루 2천~3천여 명의 입장객을 기대하던 퐁피두 센터는 매일 2만 명이 넘는 입장객을 기록하는 대성공을 이룩했고, 개관 이래 지금까지 3억 명 이상의 입장객을 기록하며 세계적인 현대예술문화의 메카로 인정받고 있다.

퐁피두 센터의 모체가 되는 계획은 초기에는 르 코르뷔제(le Corbusier)의 계획안을 중심으로 발전되기 시작하였다. 그는 현대 미술관 계획은 무한하게 확장될 수 있는 나선형으로 구성되고, 나중에 필요에 따라 주변부 확장이 가능하며, 방문자는 반 개방적인 열린 통로를 통해 건물의 중심으로 들어가야 한다는 것이다. 공사 기간은 1971~1977년까지였으며 높이 42m의 거대한 철근 구조물이다.

◆ 현재 퐁피두 센터의 모습과 과거 보부르그 광장의 모습(좌측 사진 : 저자, 우측 이미지 : 위키백과)

하루 평균 방문객이 초기 예상보다 5배(약 2만 5천 명)나 증가해서 2년 3개월간의 보수 확장 공사 후 2000년 1월 1일에 재개관하였다. 도심의 역사적 지역에 세워진 혁신적 건축물로, 도서관과 현대미술관 등의 주요 기능이 둘 이상 공존하고 있으며, 사람들의 출입이 자유롭고 내부가 공개되는 투명한 구조물로 된 열린 공간으로서의 기능을 갖추고 있다. 복합문화예술 공간인 퐁피두 센터의 건립은 국가의 문화예술적 위상을 높이고 도시의 의미를 재설정하고 새로운 사회의 공공적 가치를 창출하고 프랑스 현대예술의 중흥과 문화적 상징성을 표출한 총체적 의미를 지닌 프로젝트였다. 이를 모델 삼아 빌바오 구겐하임, 런던 테이트 모던이 그 뒤를 이었다.

◆ 퐁피두 센터 내부와 야간 조명을 받은 모습(사진 : 저자)

퐁피두 센터 분관인 메츠는 2003년 설계 공모에 157점이 참여하였고, 일본인 건축가 시게루 반(Shigeru Ban)과 프랑스의 장 드 가스틴(Jean de Gastines)의 설계가 당선되면서 건립이 확정되었다. 퐁피두의 컬렉션은 7만여 점에 이르는 방대한 작품들을 보여주고 소장할 수 있는 퐁피두 센터 분관을 2010년 지방도시인 메츠에 오픈하였다.

2) 영국 런던의 테이트 모던

런던 템스강 서남쪽에 위치한 이 건물은 원래 '뱅크사이드' 화력발전소로 1981년 공해 문제로 중단되어 방치된 곳이다. 원래 이 화력발전소는 영국의 명물인 '빨간 공중전화 부스'를 디자인한 자일스 길버트 스콧경이 1947년에 설계한 것이다. 1994년 미술관 건립을 위한 '국제건축현상설계'가 개최되어 스위스의 자크 헤르조그와 피에르 드 므롱은 새로운 건물 대신 기존 발전소의 외형 및 골격은 그대로 유지한 채 내부만 고친 리모델링 설계안을 제시하여 수주에 성공하였다.

영국 정부는 2000년을 맞으면서 기획한 밀레니엄 프로젝트로 2차 세계대전 직후부터 운영되던 템스강변의 화력발전소를 새롭게 리모델링해 동시대 미술관으로 개조했다. 바로 그 테이트 모던 뮤지엄은 2000년 5월 12일 개관했다. 낙후된 발전소 지역을 활성화하고, 테이트 모던 뮤지엄을 대표적인 문화명소로 탈바꿈시켰다. 테이트 모던 맞은편, 템스강 건너편에는 세인트폴 대성당(St. Paul's Cathedral)이 마주하며, 밀레니엄 보행자 다리를 통해 연결된다. 미술관 건물 자체만으로도 볼거리가 된 테이트 모던은 낙후된 지역이었으나 이제는 한 해 400만 명 이상의 관광객이 찾는 런던의 새로운 관광명소가 되었다.

2008년 5월부터는 테이트 모던 굴뚝을 '스위스 라이트(Swiss light)'라 부르고 있다. 스위스 정부에서 돈을 들여 새롭게 디자인했기 때문이다. 오늘날 영국 런던 테이트 모던 미술관의 연기 없는 굴뚝은 현대미술의 발전소로 테이트 모던의 상징이 되었다. 설치미술가이며 화가인 마이클 크레이그 마틴(Michael Craig Martin)이 굴뚝을 새롭게 디자인했다. 높이 99m의 굴뚝 꼭대기에는 반투명 패널을 사용하여 밤이면 등대처럼 빛을 내도록 만들었다.

전기 발전소였던 거대한 터번 홀에서는 현대 예술가들의 특별 초대전이 주로 열리는데 비누를 생산하는 회사인 유니레버사가 후원한다. 테이트 모던의 미술품들은 1900년대부터 현재까지, 20세기 현대미술과 실험미술 등으로 구성되어 있다. 2000년 오프닝 전시로 루이즈 부르주아(Louise Bourgeois)의 거대한 거미작품 〈마망(Maman)〉이 전시되어 화제가 되었다. 1층은 본관 입구, 2층은 강 쪽으로 연결되는 출입구에 카페와 상점, 전시실 등이 있다. 2층에는 북쪽에 위치한 작은 갤러리로, 최근 트렌디 경향의 현대 예술 작품을 전시한다. 3층, 5층과 마찬가지로 4층은 기획전시 공간, 두 개의 큰 전시영역으로 나뉘어 있다. 5층엔 플럭서스 연방(States of Fluxus), 백남준 상설 전시장이 있다. 테이트 모던 6층에는 멤버스 룸이 있으며 7층에는 레스토랑과 바 등이 있다.

◆◆ 영국 런던, 테이트 모던 미술관과 터빈 홀 내부(사진 : 저자)

3) 스페인 빌바오의 구겐하임 미술관

스페인 북부 바스크 지방, 빌바오 구겐하임 미술관은 1997년 10월 19일에 개관하였다. 1,100억 원을 들여 구겐하임 미술관 유치한 것이다. 스페인 빌바오에 있는 구겐하임 미술관, 구겐하임 재단은 뉴욕뿐만 아니라 전 세계에 구겐하임 미술관을 설립하는 중이다. 빌바오뿐만 아니라 베네치아, 베를린 등에도 이미 구겐하임 미술관이 있다. 구겐하임 미술관의 디자인은 대형 복합미술관의 가장 실험적인 도전이었으나 매우 성공적으로 완성된 건축물로 평가받는다. 서울에 있는 '동대문 디자인플라자'도 구겐하임 미술관의 영향을

◆◆ 스페인 북부 바스크 지방, 빌바오 구겐하임 미술관(이미지 : 나무위키)

받은 작품 중 하나이다.

스페인 북부 바스크 지방의 도시인 빌바오는 풍부한 철광석을 바탕으로 성장한 공업 도시였다. 그러나 1970년대 호황을 누린 것과 달리 아시아가 철강산업을 차지하면서 1980년대 후반부터 급속히 침체되기 시작한다. 또한 빌바오가 속한 바스크 지방의 독립을 요구하는 무장세력의 테러도 골칫거리였으며, 근간산업의 몰락과 정치적 불안은 도시의 쇠락으로 이어졌다. 이러한 상황을 바꾸기 위해 빌바오가 선택한 것은 문화산업이었다. 다양한 문제를 극복하기 위해 관광과 문화의 도시로 빌바오를 변모시키고자 한 결정이었다. 1991년 빌바오의 미래 청사진을 준비하기 위한 민관협력체 '빌바오 메트로폴리-30'이 설립된다. 네르비온 강변을 정비하고 구겐하임 미술관을 유치하기로 결정한다. 미술관의 건축 부지와 공사비를 모두 제공하면서 설계자의 선정은 재단에 일임한다는 제안을 했다. 1억 달러에 이르는 대규모 건설 프로젝트의 비용을 모두 감당하는 조건이었다. 게다가 구겐하임 재단에 5천만 달러를 우선 지급한다는 파격적인 제안을 하며 미술관 유치에 성공한다.

1997년 네르비온 강변의 낙후된 지역에 구겐하임 미술관이 개방되었다. 이제 구겐하임 미술관은 빌바오의 상징적인 건축물이 된 것이다. 캐나다 태생의 프랭크 게리의 0.38mm 티타늄 패널 약 60t이 사용된 1997년 작품이다. 33,000개 티타늄의 얇은 막으로 만든 외관은 바람의 움직임에 따라 흔들리고 빛의 반사를 다채롭게 하여 빛의 변화에 따라 다양한 모습을 만날 수 있는 미술관이다. 미술관의 중심에는 50m 높이의 커다란 아트리움이 있다. 이 아트리움을 중심으로 19개의 전시실이 3개 층으로 뻗어나가는 구조다. 19개의 전시실 중 10개는 사각 평면의 전시실이고, 나머지 9개는 각기 다른 형태를 지니고 있다. 다음 해 방문객은 예상 방문객 80만 명을 훌쩍 넘기는 136만 명이 방문했다. 한 해 100만 명의 관람객이 유지되는데 이는 마드리드 미술관 다음으로 많은 방문객 수이다. 미술관의 건립으로 정치적인 분쟁지역이며, 낙후되어 침체된 도시를 재생할 수 있었던 것은 문화예술 콘텐츠의 효과일 것이다. 관광 수입이 증가하고, 관련된 새로운 일자리가 생겨났다. 죽어가던 강이 살아나고, 공장이 있던 자리에는 호텔과 각종 복합 문화예술단지와 컨벤션 시설이 들어섰다.[12)]

12) 한국건설기술인협회지, 『건설기술인』, 2017년 7~8월호 참고

4) 일본의 섬, 나오시마의 변신

◆◆ 쿠사마 야요이, 〈붉은 호박〉, 2006년, 나오시마 미야노우라 항구 광장(사진 : 아오치 다이스케) / 나오시마 지도(출처 : ARCHIST)

나오시마는 시코쿠의 가가와현(香川県)에 있는 인구 4,000명이 채 안 되는 작은 섬이다. 나오시마섬이지만 베네세 하우스 뮤지엄, 이우환 미술관, 안도 미술관, 지중 미술관 등이 모여 있어 섬 전체가 미술관 같은 섬이다. 영국의 관광 잡지 『Traveler』는 꼭 가야 할 세계의 7대 명소로 선정한 바 있다. 설치미술, 빈집을 이용한 '빈집 프로젝트' 이외에도 다양한 예술 프로젝트가 진행되고 있다. 집 프로젝트는 혼무라 지역에 버려져 있던 빈집과 신사들을 새로운 개념의 예술 건축물로 복원하는 작업이었다. 이 프로젝트에 참여한 건축가 미야지마 다쓰오는 이 작품을 추진하는 데 100여 명의 마을 주민을 모집하여 복원 작업에 참여한다. 이런 노력으로 혼무라 지역을 구석구석 다니다 보면 다양한 아트하우스들을 만날 수 있다.

과거 미시비씨 제련소가 섬 북부에 자리 잡아 폐기물로 시름을 앓던 나오시마는 인접한 섬인 테시마에 불법 투하된 산업 폐기물의 처리 장소가 되면서 더욱 악화 일로를 걸었다. 그러나 1987년 출판업계에 몸담고 있던 후쿠다케 소이치로는 산업화로 피폐해진 섬을 되살리고자 10억 엔을 들여 나오시마섬의 절반을 매입한다. 이후 기업인의 참여로 '나오시마 프로젝트'가 가동되기 시작했다. 공익 활동과 사회적 기업이던 베네세 홀딩스의 관심과 적극적인 투자, 정부의 노력과 지역 주민의 관심 속에서 나오시마는 '예술의 섬'으로 변화하기 시작한다. 1997년에 시작한 '아트하우스 프로젝트'는 폐가가 된 집을 재건하자는 목적으로 자연 친화적인 현대예술로 재해석하여 새로운 작품으로 탄생시킨 것이다. 세계적인 건축가 안도 다다오(Ando Tadao, 1941년~)와의 운명 같은 만남을 계기로, 1990년 후반 베네세 하우스와 지추 미술관이 생겨나고 곳곳에 자연 친화적인 현대미술 거장의 작품이 들어섰다. 지중(지추) 미술관은 이름 그대로 땅속에 지어진 미술관으로, 안도 다다오 철학이 담긴 빛과 풍경, 조형물을 한곳에 담아낸 경이로운 건축물이다. 모네, 월터 드 마리아, 제임스 터렐의 작품들이 다다오의 건축물과 조화롭게 전시되어 있다. 이우환[13] 작가의 작품이 설치된 장소로 지중 미술관과 베네세 하우스의 중간지점에 있는데, 이 섬을 최초로 기획하고 투자한 후쿠다케는 나오시마 전 지역에서 최고의 위치라고 주장한다. 이우환의 철학은 인간이 '있는 그대로의 세계', 가장 구체적인 '직접세계'를 만날 수 있는 것은 무의 상태의 공간이다. 우리의 지각대상으로 주어지는 몸짓이 구체화되는 장소로서의 평면을 추구한 것이다.

일본 시코쿠 가가와현에 있는 나오시마섬, 다카마쓰 항구에서 페리를 타면 약 1시간 걸리는 곳에 있다. 989년부터 시작된 재생 프로젝트 덕분에 한 해 수십만의 관광객이 찾아올 정도로 인기가 많은 예술의 섬으로 변했다. 나오시마 미야노우라항에 도착하면 요 쿠사마 야요이의 빨간 호박이 반긴다. 노란 호박은 베네세 하우스로 가는 길, 방파제 위에 올려져 있다. 2004년에 설립된 지중 미술관(지추 미술관)은 나오시마 후쿠다케 미

◆◆ 나오시마, 지추 미술관과 이우환 미술관(이미지 : Benesse Art Site Naoshima 홈페이지)

13) 이우환(1936~)은 경남에서 태어났다. 서울대학교 미술대학을 중퇴하고 일본으로 건너가 도쿄대학 철학과를 졸업했다. 1960년대 말에 새로운 전위적인 실험작가로 일본 화단에 등장하였고, 1969년 제5회 미전에서 '포름 상'을 수상한 바 있으며 미술지 『미술수첩』의 미술평론 모집에 응모하여 당선, 미술평론가로서도 주목받고 있다. 이론과 실제를 겸비한 화가로서 전후 일본 화단의 새로운 조류를 형성한 한 사람으로 주목된다. 저서로 『만남의 현상학적 서설(序說)』 등이 있다.

술관 재단이 운영하고 있다. 나오시마섬 남부의 산 위에 계단식 밭형태의 염전이 있던 자리 지하에 만들어진 안도 다다오(Ando Tadao, 1941년~)가 설계한 특이한 미술관이다.

5) 바르셀로나, 안토니 가우디의 구엘 공원

◆◆ Guel Park(@ Guel Park)

구엘 공원은 바르셀로나 카르멜 언덕 위에 있는 공원으로 1984년 유네스코 세계유산으로 등재된 곳이다. 안토니 가우디의 작품 중 하나로 에우세비 구엘(Eusebi Guel, 1846~1918) 백작의 주문으로 설계한 공간으로 1914년에 완성되었다. 안토니 가우디의 경제적 후원자였던 구엘 백작이 평소 동경하던 영국의 도시를 모델로 하여 약 60여 세대의 고급 주택을 지어 분양하는 부동산 사업의 목적으로 디자인된 곳이다. 사업이 망하면서 처음 의도와는 다른 방향으로 나가게 된다. 모자이크 장식 건축물들, 인공석굴 등에서 가우디가 좋아하던 곡선의 미를 살린 건축물이다. 당시 자금 부족으로 미완성으로 남아 있던 것을 1922년 바르셀로나 시의회가 사들여 공원으로 탄생시킨 것이다. 구엘 공원은 바르셀로나 도심의 북쪽에 있는 페라다 산기슭에 있으며, 바르셀로나의 도시 전경과 지중해를 모두 바라볼 수 있다.

고급 전원 주택단지를 조성하려던 계획이 무산되자 가우디는 바르셀로나시의 승인을 받기 위해 제출한 설계도면에 공원으로 제시한 것이다. 평소에 아름다운 정원 도시를 짓고자 했던 가우디의 꿈이 담긴 제안이었다. 가우디는 완전히 새로운 것이 아니라 그저 신이 창조한 아름다운 자연으로 돌아가는 것이었다. 가우디의 건축과 자연에 대한 철학이 고스란히 녹아든 '소우주'와도 같은 '구엘 공원'은 그의 생각이 집약된 곳이다. 구엘 공원의 한쪽에 있는 가우디의 집은 실제로 그가 거주했던 곳이지만 가우디 박물관으로 개방하고 있다. 내부에는 가우디가 사용했던 침대, 책상 같은 유품들과 가우디가 직접 디자인한 독특한 가구들이 전시되어 있다.

6) UAE, 장 누벨의 루브르 아부다비

프랑스 건축가 장 누벨(Jean Nouvel)이 디자인한 이 박물관은 건축물 자체만으로도 거대한 작품이다. 테마파크인가 미술관인가? 루브르 아부다비의 전시는 30년간 박물관 이름과 전시물을 빌려 전시하는 형식으로, 서양화보다는 조각상이나 유물형태의 전시품이 주를 이룬다. 해변가에 아랍 전통마을을 모방하여 55개의 작은 건물들을 아키펠라고처럼 배치했는데, 5개의 건물(섬) 중 23개가 갤러리이다. 상설전시 면적은 9,200㎡, 기획전시는 2,000㎡이다. 화려하고 세속적인 도시를 지향하는 두바이와 달리 아부다비는 고급 예술을 지향하며 미래의 예술 중심 도시를 만들기 위해 문화예술 콘테츠에 집중적으로 투자 중이다.

아부다비가 루브르 분관을 유치하기로 결정된 것이 2007년이었다. 파리 루브르 박물관의 첫 해외별관인 '루브르 아부다비'가 10년에 걸쳐 드디어 준공됐다. 아랍에미리트(UAE) 아부다비에 세워진 '루브르 아부다비'는 야자수를 모티브로 한 광주리 모양의 지붕으로 덮여 시간대에 따라 건물 내부로 들어오는 빛이 변하도록 설계됐다. 루브르 아부다비는 프랑스의 유명한 건축가 장 누벨(Jean Nouvel)이 새롭게 설계한 프로젝트다. 지름 180m의 거대한 돔 형태로 된 루브르 아부다비의 지붕은 파리 루브르 박물관의 중정(Cour Carrée)과 같은 크기라는 의미도 있지만, 아랍의 독특한 건축문화에서 영감을 받은 것이기도 하다. 아랍문화권의 도시들에서는 '마쉬라비야(mashrabiya)'라는 양식의 기하학적 형태의 창문을 통해 빛이 들어와 이를 통한 그림자를 만들어내는 것이 전통적인 건축양식이다.

UAE 정부는 21조 원을 투입해 사디야트섬 전체를 개발하는 사업을 구상 중이다. '사디야트 아일랜드(Saadiyat Island)' 프로젝트다. 사디야트 자연섬을 개발해 스물아홉 개의 호텔과 리조트, 15만 명을 수용할 수 있는 고급 맨션과 빌라를 짓고 4개의 대형미술관과 공연센터 등을 짓는 복합문화예술지구를 건설할 계획이다. 루브르 아부다비가 그중 하나로, 구겐하임 미술관의 아부다비 분관(프랭크 게리 설계), 뮤직 홀, 콘서트 홀, 오페라하우스, 극장 등이 한꺼번에 들어서는 공연예술센터(자하 하디드 설계), 그리고 마지막으로 일본 건축가 안도 다다오(Ando Tadao)의 해양박물관이 있다.

◆◆ 아부다비 루브르. 우측에 보이는 둥근 지붕의 건물이 박물관이다.

건축가 장 누벨은 파리의 '아랍문화원(1987)', 파리 '카르티에 재단(1994)', 바르셀로나의 '아그바르 타워(2004)', 카타르의 '도하 타워(2012)', '필하모니 드 파리(2015)', 아부다비의 '루브르 박물관(2017)', 한남동 '리움 갤러리 2(2004)' 등을 설계했다. 2008년 프리츠커상을 수상했다. 데뷔작이라고 할 수 있는 1987년 파리의 '아랍세계연구소' 건축물은 빛의 양에 따라 조리개가 조절되는 건물로 아랍문양의 외관으로도 유명하다.

7) 장 누벨의 카타르 국립박물관(national museum of Qatar)

건축가 장 누벨의 설계로 2008년에 시작된 카타르 국립박물관은 2011년부터 현대건설이 공사를 시작했다. 10년간 카타르 수도 도하에 건설되었고, 2019년 3월 27일 개관한 국립박물관으로 금세기 최고의 걸작이라 할 수 있다. 지하 1층, 지상 5층으로 연면적 4만 6,596m² 규모로 12개의 전시장으로 구성되었다. 도하의 카타르 국립박물관 지붕은 중동 사막에서 희귀하게 발견되는 '사막의 장미(Desert Rose)'[14]라 불리는 결이 아름다운 보석 같은 돌의 모양에서 영감을 얻어 디자인 개념을 따왔다고 한다. 316개에 달하는 원형판(Disk)이 뒤섞이고 맞물리며 만들어낸 독특한 형태는 '사막의 장미'라는 보석을 닮았다.

14) '사막 장미(Desert Rose)'는 모래와 미네랄이 엉켜 수분이 증발하면서 장미 모양의 결정체로 굳어진 희귀한 돌로 '행운'을 상징한다.

◆◆ 현대건설이 시공한 카타르 국립박물관 전경(사진 : 현대건설) / 장 누벨이 디자인한 리움 박물관 2(리움 박물관 제공)

카타르 박물관청의 수장은 알 마야사 공주다. 세계에서 가장 영향력 있는 미술계 인사 10인에 꼽히는 마야사 공주는 미술계의 큰손이다.

8) 베니스, 페기 구겐하임 컬렉션(Peggy Guggenheim Collection)

페기 구겐하임 컬렉션(Peggy Guggenheim Collection), 이탈리아 베니스의 카날 그랑데, 대운하 옆에 있는 솔로몬 R. 구겐하임 재단 미술관 중 한 곳이다. 이 미술관은 '팔라초 베니에르 데이 레오니(Palazzo Venier dei Leoni) 저택'이었다. 18세기 중반의 건축가 로렌초 보스체티(Lorenzo Boschetti)가 설계한 집을 1946년 페기가 매입했다. 이곳에서 그녀는 30여 년을 살았다. 지금은 베니스의 가장 유명한 명소 중 한 곳인 '페기 구겐하임 컬렉션(Peggy Guggenheim Collection)' 페기 구겐하임 미술관이다.

그녀의 일생 기록을 담은 〈미술 중독자 페기 구겐하임〉은 리사 이모르디노 브릴랜드(Lisa Immordino Vreeland) 감독이 만든 다큐멘터리 영화다. "나는 생애에 326점의 미술품을 수집했다. 침대 위에서는 1,000명이 넘는 남자 경험들을 채집했다. 그런 것보다 더욱 가치 있었던 작업을 하나만 뽑으라 한다면, 액션 페인팅의 추상표현주의 화가 잭슨 폴락(Jackson Pollock)을 발굴한 것이었다"라고 말한다. 구겐하임에서 목수로 일하던 잭슨 폴록은 알코올 중독자였다. 그는 페기의 저택에서 열린 파티에 고주망태가 되어 벽난로에 소변을 본 적도 있었다. 페기는 그의 재능을 알아보고 그림을 그리도록 거처를 마련해 주면서 그를 전적으로 후원했다.

이 마당에는 그녀만큼 거대한 모습으로 비잔틴 형식으로 깎아 만든 마블 옥좌가 놓여 있다. 생전에 이 의자에 앉아 있곤 했다. 1979년 크리스마스 이브를 하루 앞둔 12월 23일

81세에 뇌졸중으로 사망했다. 수많은 이야기를 기억하고 있던 그녀의 육체는 화장되어 태운 재는 이 대리석 의자 주변에 뿌려졌다. 물론 그녀의 반려견들도 떠나 함께 묻힌 곳이다. 1976년 자신의 베니스 집과 컬렉션을 삼촌이 운영 중인 솔로몬 R. 구겐하임 뮤지엄 재단에 기부했다.

◆◆ 페기 구겐함임과 그의 반려견과 함께 안장된 묘지(이미지 : Wikipedia)

억만장자, 페기 구겐하임(Peggy Guggenheim)

1924년, 스물다섯 살의 페기 구겐하임(Peggy Guggenheim), 타이타닉호의 침몰로 급작스럽게 아버지 벤저민 구겐하임을 잃은 페기는 엄청난 유산을 물려받고 23살에 프랑스 파리로 온다. 그녀는 마르셀 뒤샹, 만 레이, 콘스탄틴 브랑쿠시, 막스 에른스트 등 수많은 예술가들과 교류하며 현대미술에 눈을 떴다. 1939년 페기 구겐하임은 파리로 아주 이주했다. 마침 억만장자 삼촌인 솔로몬 R. 구겐하임도 뉴욕에서 뮤지엄 건립을 진행 중이었다. 현대미술 작품들을 사들이기 시작했다. 그해에 파블로 피카소 작품을 10점이나 사들였고, 호안 미로 8점, 르네 마그리트 4점, 만 레이 3점, 살바도르 달리 3점, 클레 1점, 샤갈 1점 그리고 웬일인지 막스 에른스트의 작품을 40점이나 집중 매입했다. 1939년 그녀는 사무엘 베케트를 만난다. 아일랜드 극작가 사무엘 베케트는 당시 파리에서 제임스 조이스의 비서로 일하고 있었다. 파티에서 만나 인사를 나누고 베케트는 생제르맹 데프레의 페기의 집에서 외출도 않은 채 12일 동안 열애에 빠졌다.

제2차 세계대전 때는 그동안 수집한 작품을 친구의 헛간에 급히 숨겼다. 급히 달려가 루브르 박물관의 비밀 장소를 약간 얻으려고 교섭했으나 루브르 박물관은 페기가 들고 온 작품들은 보존가치가 전혀 없는 쓰레기들이라며 거부했다. 그들이 형편없다고 했던 작품들의 화가들은 살바도르 달리, 르네 마그리트, 칸딘스키, 클레, 막스 에른스트, 데 키리코, 자코메티, 헨리 무어,

피카비아, 후안 그리스, 마르쿠시, 들로네, 몬드리안, 미로, 이브 탕기 등이다. 독일 초현실주의 화가 막스 에른스트의 미국 망명을 돕고 1941년 12월 그와 결혼한다. 1946년 에른스트와 이혼 후 베니스로 떠난다. 전후 이탈리아 부흥에 불꽃을 일게 하고 역동적인 힘을 새롭게 찾아줄 이탈리아 미래주의 아티스트들을 우선적으로 지원했다. 미술품 수집가로서뿐만 아니라 미래주의 화가 그룹을 만들었고 베니스 비엔날레를 활성화시키는 문화적 지평을 넓혔다.

9) 북경, 중국 문화예술의 거리, 798

'798 예술구'는 중국의 다양한 예술가들이 모여 활발한 활동을 벌이는 곳이며, 북경 여행에서 빼놓을 수 없는 곳 중 하나인 여행지다. 과거의 이곳은 냉전 시대에 소련과 독일의 기술로 무기를 만들던 공장이었다. 냉전이 끝나고 나서는 용도가 좀 애매해졌는데, 중국 정부에서 공장을 이전하고 남은 자리에 예술가들이 모여 현재의 모습을 갖추게 되었다. 옛 공장의 일부는 갤러리나 상점 또는 전시관, 강당 등 다양한 용도로 활용한다.

◆ 북경 798 예술구, 갤러리 밀집지역(사진 : 한겨레)

9 한국의 예술문화 관광콘텐츠

1) 서울, 서촌지역에서 활동하던 미술가들

경복궁 서쪽에 위치하여 불리는 서촌은 표현주의 화가 구본웅과 괴짜 시인 이상, 북으로 간 천재 화가 이쾌대, 한국화의 대가 이상범과 박노수, 시인 윤동주, 가족을 그리던 불운의 화가 이중섭이 활동했던 곳이다. 김재규의 집에 있던 가짜 그림으로 분노를 안고 미국으로 건너간 천경자, 실경산수의 선구자 겸재 정선과 수성동 계곡, 홍종문의 가옥, 중국인들도 존경했던 명필가 추사 김정희가 태어나 자란 흰 소나뭇골이 있는 한국의 문화유산으로 넘쳐나는 유서 깊은 곳이다. 이화여자고등학교 근처에 유관순 열사를 기리기 위해 1974년 건립된 기념관이 있으며, 유관순의 사진과 유품 그리고 교정에는 동상과 함께 '유관순 열사가 빨래하던 우물터'도 남아 있다.

가. 청전 이상범(누하동 178)

서촌에서 거주한 이상범은 충남 공주 빈농 집안에서 탄생했다. 1906년 보통학교를 졸업했으나 곤궁했기에 경성서회미술회 강습소를 찾아 안중식에게 전통화법을 익혔다. 스승 안중식이 3.1운동에 연루되어 옥고를 치른 뒤 후유증으로 사망하자 떠난다. 스승 안중식의 뒤를 이어 이상범은 근대 민족미술을 정립하기 위해 많은 노력을 기울였다. 하지만 중일전쟁(1937)과 태평양 전쟁(1941)을 통해 군국주의 앞에서 무릎을 꿇고 말았다. 이상범도 그림으로 일제의 노리개로 전락한 것이다. 해방 후 '조선미술건설본부'가 설립되어 좌우익을 함께 아우르는 미술조직이 탄생했다. 고희동, 노수현이 가입했으나, 김은호, 심형구, 김인승 그리고 이상범은 친일활동이 뚜렷해서 배제되었다. 이후 이상범은 개인전도 한 번 열지 못하고 세상을 떠났다. 이상범은 '매일신보' 등에 친일 작품을 그려 2008년 민족문제연구소가 정리한 친일인명사전 미술 부문에 친일미술인으로 올라 있다.

수묵화의 거장 청전 이상범(1897~1972)의 집은 노천명의 집에서 가깝다. 1930년대에 지어진 한옥으로 청전은 이 집에서 43년간 거주했다. 1933년부터 '청전화숙'이라는 미술학원을 설립하여 문하생들을 배출하였다. 집의 정면에 걸려 있는 당호 '누하동천(樓下洞川)'이란 글씨는 이구영(李九榮, 1920~2006)의 글씨다. 문화재청은 이곳을 '근대문화유산'으로 지정해 시민들에게 공개했다. 이상범이 동아일보 조사부 근무 시절이던 1936년 체육부 주임 이길용이 제안한 〈동아일보 일장기 말소〉 사건에 합류하면서 현진건(사회부장), 신낙균(사진부장)과 함께 1936년 동아일보 베를린올림픽 금메달리스트 손기정의 가슴에서 일장기를 지웠다. 결국 그들은 40일간 구속되어 심한 고문을 받았다. 이상범은 석방 시 언론 기관에 일체 관여하지 않겠다는 서약서를 쓰고 풀려나 동아일보를 떠났다.

나. 천경자의 집(누하동 177)

이상범의 집 바로 맞은편에 천경자(1924~2015)가 1998년 미국으로 떠날 때까지 살았다. 1991년 발생한 〈미인도〉 위작 논란으로 창작활동을 접었다. 자신의 작품이 아님에도 국립현대미술관의 진품이라는 주장과 국가 기관의 권위주의에 결국 두 손을 든 것이다. 1998년 천경자는 자신의 작품을 서울시립미술관에 기증하고 뉴욕에서 섬유공예를 하는 딸 이혜선을 만나기 위해 미국으로 떠나 외부와의 접촉을 완전히 끊었다. 이후 2003년 뇌출혈로 쓰러지고, 2015년 8월 6일 뉴욕에서 생을 마감했다.

◆◆ 위조문제로 스캔들에 휘말렸던 천경자의 〈미인도〉와 천경자의 모습(이미지 : 서울문화투데이)

천경자(1924~2015) 화가는 1924년 전남 고흥에서 농지 관리자였던 아버지 천성욱과 무남독녀였던 어머니 박운아의 1남 2녀 중 장녀로 태어난다. 전남여고를 거쳐 16세인 1940년에 도쿄 유학을 떠나 1944년 '동경여자미술전문학교'를 졸업하였다. 입학하던 이 무렵 본명이던 옥자(玉子)를 버리고 본인이 경자(鏡子)라는 이름으로 개명한다. 도쿄에서는 야수파나 입체파 등을 가르치던 서양화 전공보다는 곱고 섬세한 일본화풍이 마음에 들어 일본화 전공과로 가서 모델을 보고 섬세하게 사생하는 법을 교육받는다. 일본 유학 중이던 1942년 제22회 선전에서 작품 〈조부〉로 입선한다. 유학을 마치고 귀국하던 길에 표를 구하지 못해 안절부절못하던 자신을 도쿄역에서 우연히 만나 표를 건넨 명문대생 이철식과 1944년 결혼하고 1945년 첫딸 혜선을 낳았으나, 결혼생활은 오래가지 못했다.

무책임한 남편은 무위도식으로 전전하다 6.25 전쟁 때 행방불명되었다. 1946년 전남여고 교사생활을 하면서 광주여고 강당에서 비공식적인 첫 개인전을 가진 이후로 수차례의 전시회를 열었으며, 1949년 6월 서울 동화백화점 화랑에서 공식적인 첫 개인전을 열었다. 1952년 피란지인 부산에서 연 개인전에 내놓은 그림 〈생태(生態)〉는 천경자 화백의 작업을 화단이 주목하게 되는 계기가 된다. 1955년 '대한미협전'에 〈정(靜)〉을 출품하여 대통령상을 수상했다. 1965년 동경 이도 화랑에서 개인전을 열고, 홍익대학교 동양화과 교수가 되었다. 1972년 베트남전 당시 문공부에서 베트남전 전쟁 기록화를 그리기 위해 홍일점 종군화가로 다녀온다. 1965년 5월 문예상, 1971년 '서울시 문화상', 1975년 '3.1 문화상', 1979 '예술원상', 1983 '은관문화훈장', 대통령상 등을 수상하였다. 71세 때인 1995년 호암갤러리에서 15년 만에 가진 대규모 전시는 8만 명이 볼 정도로 대성공을 거둔다.

다. 박노수 가옥, 종로구립 박노수미술관

박노수가 살던 주택은 윤덕영이 그의 딸을 위해 1938년대에 지은 별장으로 2층 벽돌집이다. 윤덕영은 친일파의 한 사람으로 이완용과 함께 '한일합방조인'에 적극적으로 활동하였으며, 여러 관직을 두루 거쳤다. 1층은 온돌방과 마루로 구성되어 있고 2층은 마루방 구조다. 한옥과 양옥의 건축기법 외에 중국식 수법이 섞여 있고 안쪽에 벽난로를 3개나 설치하는 등 호사스럽게 꾸며놓았다. 박노수 집은 화신백화점과 보화각(현 간송미술관)을 설계한 건축가 박길룡이 1937년 절충식 기법으로 지은 가정집이다. 한옥 건축기술에 중국인 기술자들이 참여, 한식과 서양식 절충 건축으로 탄생했는데 전반적으로 프랑스풍을 취하고 있다.

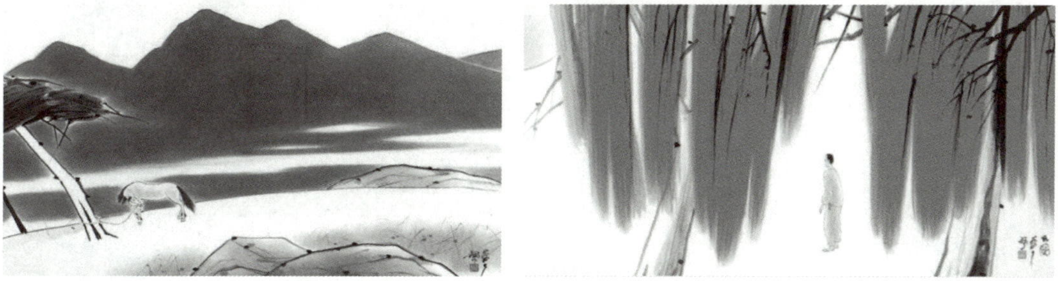

◆◆ 박노수의 작품

1973년 화가 박노수가 이 주택을 인수하여 거주하였고, 박노수가 사망하기 전인 2011년 종로구에 자신의 작품, 고미술품, 고가구과 함께 기증하여, 보수를 거친 후 종로 구립 '박노수미술관'으로 개관하였다. 1991년 5월 28일 서울특별시의 문화재자료 제1호로 지정한다. 이 집은 박노수 화백이 40여 년을 가족과 함께 거주하며 수백 점의 작품을 남긴 개인적인 공간이었다.

현관에는 추사 김정희가 '여의륜(如意輪)'이라고 쓴 현판이 걸려 있다. 넓지 않은 정원은 정갈하게 꾸며져 있다. 박 화백의 막내딸인 박이선 학예사는 종로 구립 박노수미술관에 상주하며 관람객을 맞고 있다. 그는 "내가 나고 자란 집에 아버지의 작품을 전시할 수 있어서 기분이 새롭다." 박노수는 배우 이민정의 외할아버지다. 박노수 화백의 2남 4녀 중 한 명이 이민정의 어머니 박진화 씨다.

라. 서울 부암동, 김환기 미술관

김환기(1913~1974)는 전라남도 신안군 안좌면 읍동리 출생이다. 1936년 일본대학 미술과를 졸업하고 같은 대학 연구과를 수료하였다. 대학 재학 시절인 1934년 '아방가르드 미술연구소'를 만들고 추상 미술 운동에 참여하기 시작하였다. 1937년 귀국할 때까지 일본에서 길진섭 등과 백만회(白蠻會)를 조직하는 한편, 자유전(自由展)의 출품과 아마기화랑(天城畫廊)에서의 개인전을 통하여 신미술 운동에 적극 참여하였다. 1944년 변동림과

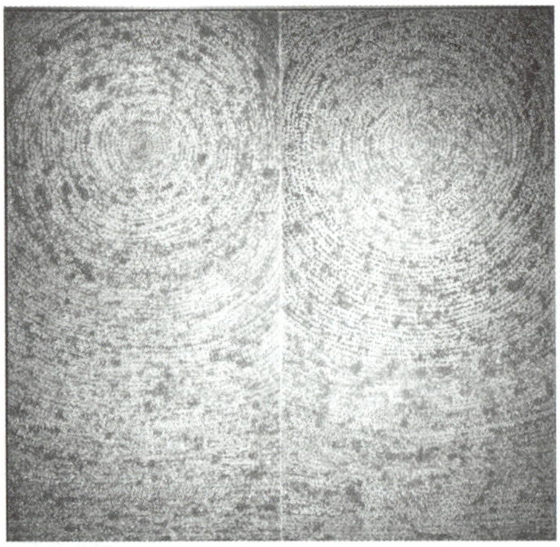

김환기, 〈우주 05-IV-71 #200〉, 1971 / 환기미술관 전경(이미지 : 환기미술관) 2019 크리스티 홍콩 경매에서 8,800만 홍콩달러(당시 131억 8,750만 원)에 낙찰됐다. 국내 화가의 그림으로는 최고가였다.

재혼하였는데, 부인은 남편의 성과 호를 받아 김향안으로 개명하고 살았다. 원래 변동림은 화가 구본웅의 이복동생으로 1936년 시인 이상(본명 김해경)과 함께 유학을 계획하고 부부로 살았으나 수상한 조선인이란 이유로 유치장에 갇혔고 결핵이 재발하여 가눌 수 없는 육신으로 출소 후 이상은 폐결핵으로 요절했다.

광복 후 1946년에서 1949년까지 서울대학교 미술대학 교수로 재직하면서 신사실파를 조직, 새로운 모더니즘 운동을 전개하였다. 1956년부터 3년간의 프랑스 생활을 마치고 서울에 돌아왔다. 극히 단순한 선으로 요약된 산과 몇 그루의 나목과 산에 걸린 달로 압축된 〈월광〉, 〈산월〉 등은 이 시기를 대표할 만한 작품들이다. 파리에서 돌아와 미국으로 건너갈 때까지 서울 시대는 파리 시대의 지속으로 보인다. 미국으로 건너간 후 작품 구성이 보다 단순해지면서 상징적 요소가 더욱 짙게 내포되기 시작했다. 몇 개의 사각 점획들로 대변되는 풍경 등이 상징적이면서도 풍부하게 공간 해석을 이끌어갔다.

마. 겸재 정선과 인왕산 수성동 계곡

정선(鄭敾, 1676~1759)은 조선의 진경산수화가다. 김창집(金昌集)의 천거로 도화서의 화원이 되어 관직에 나갔다. 20세에 김창집(金昌集)의 천거로 도화서의 화원이 되어 현감에 이르렀다. 처음에는 중국 남화(南畵)에서 출발했으나 30세를 전후하여 한국 산수화의 독자적인 특징을 살린 산수사생(山水寫生)의 진경산수로 전환하여 동방 진경산수화의 선구자가 되었다. 그는 수성동 계곡을 장동팔경첩 가운데 하나의 화폭으로 담았다.

18세기 여행을 즐겨 금강산 등의 전국 명승을 찾아다니면서 그림을 그렸는데 심사정(沈師正), 관아재(觀我齋) 조영석(趙榮祏)과 함께 삼재(三齋)라고 불렸다. 강한 농담의 대조 위에 청색을 주조(主調)로 하여 암벽의 면과 질감을 나타낸 새로운 경지를 개척했으나 후계자가 없어 그의 화풍은 일대에 그쳤다. 서명과 한두 개의 낙관(落款)만이 화폭 구석에 있을 뿐, 그림의 제목이 없는 것이 특징이다.

인왕제색도(국보 216), 인곡유거도, 인곡정사(인왕산 아래 자신의 집), 창의문, 이수정(염창동 도당산 정상), 자하동, 낙건정(행주대교 근처 정자), 삼승전(이중희의 정자, 사직동), 소요정(가양동 주변), 양화진(마포 절두산), 소악루(가양동 성산기슭)의 실제 모습을 남겼다.

◆◆ 겸재 정선의 〈수성동 계곡〉 그림과 수성동 계곡(이미지 : 경향신문)

겸재 정선이 그린 〈수성동 계곡〉의 수성동 계곡은 서울특별시 종로구 인왕산에 있는 계곡이다. 백악산 삼청동과 함께 주변 경관이 빼어나 아름답기로 손꼽히는 곳이다. 2010년 10월 21일 서울특별시 기념물 제31호로 지정되었다. 현재 철거된 옥인 시범아파트 일대는 조선시대 수성동(水聲洞)으로, 조선시대 역사지리서인 『동국여지비고』, 『한경지략』 등에 '명승지'로 소개되고, 겸재 정선의 〈수성동〉 회화에도 등장하며, 당시의 풍경을 오늘날에도 그대로 유지하고 있으므로 '전통적 경승지'로서 보존할 만한 가치가 있다.

계곡 아래 걸려 있는 돌다리는 겸재 정선의 그림에도 등장하고, 도성 내에서 유일하게 원위치에 원형 보존된, 통돌로 만든 제일 긴 다리라는 점에서 교량의 역사에서 매우 가치가 있다. 따라서 돌다리를 포함하여 남아 있는 계곡부 전체를 서울특별시 기념물로 지정하여 옛 수성동의 수려했던 경관 자체를 보존한다. 수성동은 누상동과 옥인동의 경계에 위치한 인왕산 아래 첫 계곡으로 조선시대 '물소리가 유명한 계곡'이라 하여 수성동(水聲洞)으로 불렸으며, 수성동의 '동(洞)'은 현재의 행정구역을 의미하는 '동'이 아니라 '골짜기', '계곡'이라는 의미로 쓰였다. 현재 종로구 옥인동 옥인아파트 자리에서 복원된 계곡으로 길이는 총 190.8m, 폭은 최대 26.2m, 최소 4.8m에 이르며 하류에는 옛 모습을 간직한 돌다리가 1기 남아 있다.

바. 표현주의 화가 구본웅의 집터

구본웅의 집터는 소호 미술관(종로구 필운동 90) 뒤편에 있었다고 한다. 구본웅(1906~1953)은 서울 출생으로 4개월 만에 어머니를 여의었다. 구본웅은 3살 때 하녀가 젖동냥으로 키우다 댓돌 위로 떨어져 척추를 다쳐 불구가 된다. 구본웅이 4살 되던 해에 19살의 변동숙이 새어머니로 들어왔다. 그녀는 여동생 변동림과 함께 시집을 왔다. 구본웅은 1928년 일본 유학을 떠났다가 1933년 귀국한다. 그는 최초의 표현주의 화가로 인정받았으나 내선일체에 동조하며 대륙침략을 옹호한 친일행적이 드러나 2009년 '친일인명사전'에 이름이 오른다. 친구인 시인 이상은 폐결핵으로 홀로 생활하다 1936년 구본웅의 이모이자 계모의 여동생인 변동림과 결혼하지만 이상이 세상을 떠난다. 변동림은 이후 이미 가정이 있던 김환기 화가와 사랑과 동거로 이어져 1944년 김향안이란 이름으로 개명 후 결혼식을 올린다. 변동림은 김환기 사망 후 종로구 부암동에 1992년 환기미술관을 설립했다.

2) 제주도 서귀포, 이중섭 미술관

이중섭(1916~1956)이 평생 추구했던 그림의 주제는 가족이었다. 평안남도 평원군에서 이희주의 둘째 아들로 태어났다. 부유한 농가에서 자랐으며 8세 때 평양 이문리에 있던 외가에 머무르며 종로공립보통학교를 다녔다. 졸업 후 평안북도 정주의 오산고등보통학교에 들어가 미국 예일대 출신의 임용련이란 미술 선생을 만나 민족의식과 향토적인 주제에 의한 미의식을 배웠고, 스승의 영향으로 향토색 짙은 소를 그리기 시작한 걸로 알려졌다. 임용련의 부인 백남순 역시 프랑스 유학파로 당대 최고의 엘리트 화가 부부였

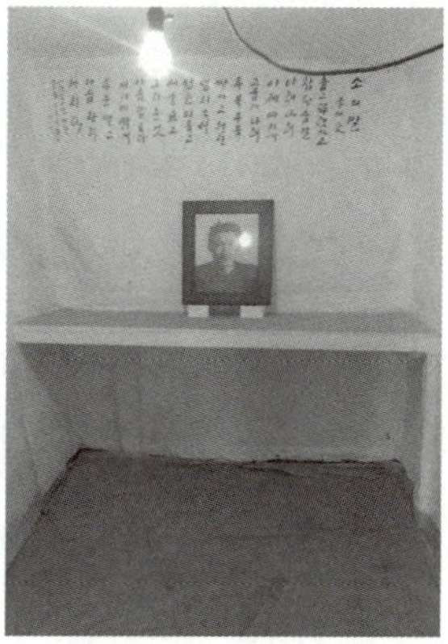

1951년 이중섭 가족이 1년간 머물렀던 서귀포 집, 현재 이중섭 집과 미술관이 운영 중이다. 2002년 일반에게 개방하고 있지만 집주인이신 할머니 한 분이 살고 있다.

다. 이중섭은 1937년 일본으로 건너가 데이코쿠미술학교(제국미술학교)에 입학했다 중퇴하고 분카학원(문화학원)에 재입학하였다. 재학 중 독립전과 자유전에 출품하여 신인으로서 각광을 받는다. 분카학원(문화학원)을 졸업하던 1940년에는 미술창작가협회전(자유전의 개칭)에 출품하여 협회상을 수상하였다. 1941년에도 역시 같은 협회전에서 태양상을 수상하였다. 1940년 원산으로 돌아와 2년 전부터 사귀었던 후배 마사코(山本方子)를 그리워하며 그림만으로 된 엽서를 보낸다. 이중섭의 아내 야마모토 마사코(山本方子, 이남덕)[15)]가 회상한 두 사람이 사귀기 시작했던 풋풋한 시절의 사연이다. 941년 한 해 동안 그림엽서 크기로 80매의 작품을 그렸다고 전해진다. 1943년 귀국 후 원산에서 1945년 결혼하여 첫아들은 잃었고 이후 2남을 얻었다. 1946년 원산사범학교에 미술 교사로 잠시 봉직하기도 하였다. 1945년 결혼해 1952년 생이별하기까지 이중섭이 가족과 살 맞대고 산 세월은 고작 7년이다. 그러나 그는 7년의 짧은 행복을 무엇보다 강력한 예술의 연료로 삼았다. 6.25 전쟁이 일어나고, 유엔군이 북진하면서 그는 자유를 찾아 원산을 탈출, 1951년 부산을 거쳐 제주도에 도착하였다. 서귀포에서 송태주와 김순복 부부의 도움으로 4.8㎡(1.4평)짜리 쪽방에서 4식구가 지냈다. 1952년에는 국방부 종군화가단에 가입하였고, 친정아버지의 부음을 받은 마사코와 두 아들은 일본 동경으로 건너갔으며, 이중섭은 홀로 남아 부산과 통영 등지를 전전하였다. 1953년 7월 말 일본에 가서 가족들을 만났으나 외항선원증으로 허락받은 1주일 만에 다시 귀국하였으니 이 만남이 마지막이었다.

가족이 떠나고 세상을 등지기까지 4년간 가족을 향한 처절한 그리움을 담아 명작을 토해냈다. 이중섭의 남다른 가족 사랑을 보여주는 건 가족들에게 보낸 200여 통의 편지다.[16)] 이중섭은 마지막 순간까지 붓을 놓지 않고 종이가 없으면 담배 은박지에라도 그렸다. 그가 남긴 작품은 약 320여 점으로 전해진다. 유화 60여 점, 은지화 120점, 드로잉 150점, 엽서화 88점 등이다. 이후 줄곧 가족과의 재회를 염원하다 1954년 서울 누상동에

15) 일본인 아내 야마모토 마사코(山本方子)의 한국 이름은 이남덕(李南德), '남쪽에서 온 덕이 많은 여자'라는 뜻에서 이중섭이 작명한 이름이다. 후배 일본인 여성을 사랑하게 된 이중섭은 친일파라는 오명으로 고민에 빠져 이름을 새롭게 지어준 것이다.

16) 안타깝게도 이중섭과 4년간 주고받은 편지들은 마사코에게 없다. 1970년대 이중섭의 조카가 전시를 이유로 가져간 후 돌려받지 못했다고 한다.

6개월 머무르면서 디프테리아로 죽은 아들과 가족에 대한 그리움을 형상화한 작품들로 개인전을 준비했다. 1955년 1월 18일 서울 화신백화점에서 유화 40점과 은종이에 그린 소묘 50여 점을 가지고 첫 개인전을 개최하지만 은박지 그림이 춘화라는 이유로 작품은 압수되었고, 전시가 철회되었다. 이후 4개월 뒤 대구 미국 공보관에서 두 번째 개인전을 열었으나 가족이 있는 일본으로 가야 할 여비는 모이지 않았다. 영양실조와 정신이상 증세를 보인 이중섭은 여러 병원을 떠돌다 1956년 9월 6일 1년 후 서대문 적십자병원에서 홀로 숨을 거두었다. 친구와 지인들의 도움으로 그의 묘는 서울 망우리 묘지에 안장된다.

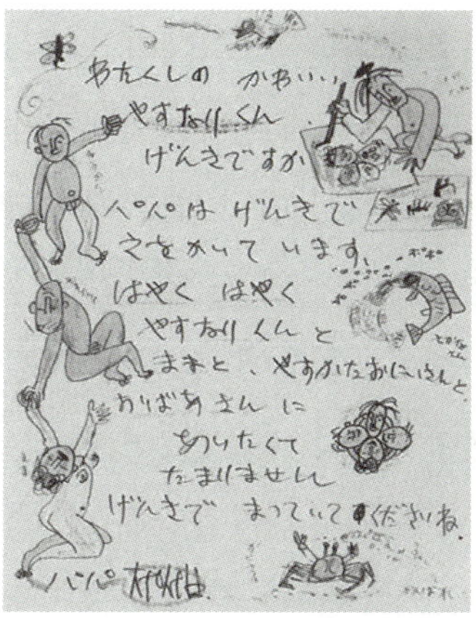

◆◆ 이중섭이 가족을 그리며 쓴 손편지와 작품

3) 수원에서 태어난 최초의 여성 서양화가 나혜석

나혜석(1896~1948)은 수원에서[17] 호조참판을 지낸 나영완의 손녀이며, 시흥군 군수를 지낸 나기정과 최시의 사이에서 낳은 5남매 가운데 넷째로 부유한 가정에서 태어났다. 최초의 대한민국 여성 서양화가이자 문학가이며 운동가였다. 서울의 진명여자고등보통학교를 졸업하고, 1913년 일본으로 건너가 도쿄 사립여자미술학교 서양학과 선과 보통과에 입학하였다. 1914년에 도쿄 유학생 잡지인『학지광』에 〈이상적 부인〉을 발표하였고, 1915년에 '조선여자유학생친목회'를 조직했다. 1918년에『여자계』에 단편소설 〈경

17) 현재의 경기도 수원시 팔달구 신풍동 45번지

희〉를 발표하였다. 도쿄 사립미술학교를 졸업하고 서울로 돌아와 잠시 정신여학교 미술교사를 지냈다. 1919년 애국부인회 임원이던 김마리아, 박인덕 등과 해방을 위한 독립운동 자금을 모집하는 정치적 모임을 가졌고, 3.1운동에 참가하여 5개월간의 옥고를 치렀다. 1921년 3월 18일과 19일 경성일보사 내청각(來青閣)에서 열린 첫 유화 개인전에 5천여 명의 관객이 몰렸고, 20여 점의 작품이 판매되었다. 4월에는 제1회 '서화협회전'에 출품하였으며, 1922년부터 '조선미술전람회' 서양화부에 해마다 작품을 출품하여 수상과 특선을 거듭하였다. 1927년에는 남편 김우영(金雨英)과 함께 세계일주여행에 올라 파리에서 약 8개월간 여행과 미술 수업을 받으며 체류하였다. 당시 서울에서 독립운동을 함께하면서 만났던 최린(崔麟)과의 친밀한 만남도 있었다. 최린은 보성학교 교장으로 민족대표 33인 중 한 사람이었다. 이 일을 문제 삼아 1930년 이혼 후에는 그림에만 몰두하였고, 1933년에는 종로구 수송동에 '여자미술학사'를 설립하였다. 1934년에는 『삼천리』에 〈이혼고백서〉를 발표하여 사회적 논란을 불러일으켰으며, 파리에서 만난 최린에게 정조유린에 대한 위자료를 청구하는 소송을 제기하였다. 그러나 나혜석의 도전적인 활동도 남성 중심사회에서 여성 운동가로서 자신의 주장이 수용될 수 없음에 점점 지쳐갔다. 화가로서의 활동은 1935년 서울의 조선관 전시장에서 가졌던 〈근작 소품전〉이 나혜석의 마지막 전시였다. 수덕사를 찾아가 만공스님에게 출가를 요청했으나 거절당하고, 네 자녀를 볼 수 없는 좌절과 우울증으로 방랑 생활에 빠져들었고, 1937년 무렵 사회로부터 격리된 후에 정신장애, 반신불수의 비극 속에서 합천 해인사와 사천의 다솔사를 전전하다 1948년 행려병자로 생애를 마쳤다.

4) 강원도 양구, 박수근 미술관

1914년 강원도 양구(楊口)에서 출생하였다. 독학으로 미술을 공부하고 1932년 제11회 조선미술전람회에 입선, 화단에 등장하였다. 양구 공립보통학교를 졸업하고 가세가 몰락하자 중학교 진학을 포기하였으나, 화가의 길에 대한 절실한 소망과 그의 재능을 애석하게 여긴 교장 선생님의 격려로 독학으로 그림 공부를 시작하였다. 그는 "나는 인간의 선함과 진정성을 그려야 한다는 평범한 견해를 가지고 있다. 내가 그리는 인간상은 단순하며 평범한 할아버지와 할머니 그리고 어린이들의 이미지를 가장 즐겨 그린다."라고 하

◆◆ 박수근의 가족과 그의 작품 〈빨래터〉 45억 2,000만 원으로 최고가 거래

였다. 1940년 2월 10일 26세에 금성 감리교회에서 김복순과 결혼식을 올렸다. 박수근은 결혼식을 마치자마자 평안남도 도청의 하급직에 임명되어 1940년 5월 평양으로 떠나야 했다. 이듬해 박수근은 아내를 평양으로 불러 사글세 단칸방에서 일곱 식구와 살며 독학으로 그림을 그렸다. 생활은 고달팠지만 절대 놓을 수 없는 것은 붓이었고, 조선미전에 꾸준히 출품하여 화가로서의 존재감을 확인했다. 1945년 해방을 맞이하고 11월에 평안남도 도청 서기직을 그만두고 처자가 있는 금성으로 돌아와 금성중학교 미술 교사로 부임하게 된다. 1952년 6.25 전쟁으로 헤어진 가족과 창신동 큰 처남집에서 재회한다. 박수근은 1953년 39세에 혜화동의 화방 운영자이자 화가였던 이상우의 소개로 미군 CID(범죄수사대)에 그림 그리는 일자리를 얻었으며, 한동안 미8군 PX에서 초상화를 그려 가족의 생계를 꾸려나갔다. 여기서 모은 35만 환으로 창신동에 조그마한 판잣집을 마련하였다. 1954년에 초상화 제작을 그만두고 작업에 열중하면서 국전에 수차례 입선과 특선을 하였고, 이때부터 이웃을 소재로 하여 평면적이고 독특한 마티에르(질감)를 가진 독창적인 작품세계를 만들었다. 화강암의 질감을 연상시키는 마티에르는 그의 독자적인 양식이다. 붓과 나이프를 사용하여 마치 화강암 표면 같은 바탕을 창조하였다. 그리고 그 위에 굵은 선으로 형태를 단순화시켜 한국적 정감이 넘치는 분위기를 자아내게 하였다. 1957년 심혈을 기울여 그린 대작 〈세 여인〉이 국전에서 낙선한 것에 크게 실망하면서 과음으로 인한 백내장으로 한쪽 눈을 실명하였고, 간경화 상태도 심해졌다. 건강을 생각하지 않고 작업에 열중하다가 1965년 51세의 나이로 세상을 떠났다.

양구에 박수근 미술관이 조성되어 있으며 그의 안식처도 자그마한 뒷동산에 마련했다. 박수근은 가장 한국적인 그림을 서양화의 재료로 획득한 화풍을 추구했으며, 한국 서양화단에서 독보적인 위치를 차지하고 있다.

10 한국 문예문화예술 관광콘텐츠

1) 서촌에서 머물던 시인들과 보안여관

종로구 청운동은 29세에 일제의 만행에 목숨을 잃은 윤동주가 1941년 6개월 정도 하숙했던 곳이고, 기행을 일삼으며 남달랐던 천재 시인 이상과 그에게 멋진 화구상자를 선물했던 표현주의 화가 구본웅의 우정이 남아 있는 곳이다. 그리고 소설가, 언론인, 시인인 노천명의 가옥이 2015년 서울시 미래유산으로 지정됐다. 그러나 노천명은 1943년에 총독부 기관지 〈매일신보〉 기자가 되어 다수의 친일 작품을 발표한다. 또한 1945년 2월 25일 시집『창변』을 출간하면서 거기에 친일 시 9편을 수록한다. 6개월 뒤 해방 후 친일과 관련된 시집의 목차를 창호지로 가리고, 끝부분에 있던 친일 시 부분은 잘라내어 재판매했다. 사실 친일 시인임에도 미래유산으로 지정해야 하는지는 의문이다. 1957년 6월 16일 재생불량성 뇌빈혈로 쓰러져 46세의 젊은 나이로 세상을 떠났다.

친일보다 더 일본을 숭배하던 22세의 서정주[18] 그리고 그와 함께 김동리, 김달진 등은 통인동 보안여관에서 1936년『시인부락』을 창간한다. 보안여관은 과거 여관으로 운영되다 2004년 경영난으로 문을 닫고 수년간 방치된 곳을 2007년 당시 복합문화예술 공간을 기획하고 있던 최성우 '보안 1942' 대표(일맥문화재단 이사장)가 사들였고, 2010년부터 갤러리로 운영하고 있다. 이제 이름은 여관이지만 이곳은 예술작품을 전시하는 갤러리로 유명하다. 과거에 화가 이중섭이나 시인 이상도 보안여관 문지방이 닳도록 들락거리던 예술인 중에 포함돼 있다.

일제 강점기 김동인, 염상섭과 함께 한국 단편소설의 모형을 확립한 작가로, 사실주의 문학의 개척자인 빙허 현진건의 집이 있었던 부암동에 '현진건 문학관'으로 새롭게 단장하고 개방하였다. 현진건은 1936년 〈동아일보 일장기 말소〉 사건에 가담한 이유로 1년간 복역 후 부암동으로 거주지를 옮겨 양계사업을 하였다. 경제적으로 혹독한 시기임에도 집필에 집중하여『술 권하는 사회』,『빈처』,『운수 좋은 날』을 남기고 해방도 맞이하지 못한 채 43세 나이에 폐결핵으로 떠난다.

18) 대표적인 친일 문학가 서정주는 1987년 전두환을 기리는 시도 있다. 〈전두환 대통령 각하 56회 탄신일에 드리는 송시〉

가. 통인동, 이상의 집

시인 이상의 본명은 김해경이다. 1910년 부친이 이발소를 운영하던 사직동에서 태어났다. 3살 때 큰아버지의 양자가 되어 통인동 154번지로 옮겨왔고 1933년까지 20년간 거주한다. 당시에는 대지가 넓었으나 지금은 작은 집들로 쪼개져 있다. 1926년 이상이 경성고등공업학교 건축과에 입학하자 구본웅이 선물로 사생용 화구상자를 이상에게 주었다. 그는 감사의 표시로 필명에 나무 '상'자와 나무가 들어간 이씨 성으로 선택하여 '이상'이라 부른 것이다. 1936년 이상은 화가 구본웅의 이모이자 새어머니의 여동생인 변동림과 결혼한다. 신여성 변동림은 경기여고와 이화여전에서 영문학을 전공한 재원이었다. 그러나 남편 이상은 돌연 일본으로 건너가 범죄에 연루되어 옥살이 후 행려병자가 되어 폐결핵으로 숨을 거둔다. 이상의 배우자이자 친구 구본웅의 이모였던 변동림은 이후 가정이 있던 김환기 화가와 사랑을 하고 동거로 이어져 1944년 김향안이란 이름으로 개명 후 결혼식을 올린다. 변동림은 김환기 사망 후 종로구 부암동에 1992년 환기미술관을 설립했다.

기행을 일삼고 남달랐던 천재 시인 이상 시인은 〈오감도〉, 〈날개〉 등 파격적인 문장으로 한국 문단에 새바람을 몰고 온 천재 시인이다. 잠시 기생 금홍과 종로 1가에 제비다방(연다방)을 열어 예술가들의 아지트가 되었다. 그의 작품은 난해하여 당시 한국문학에서는 수용하기 어려운 모더니즘 사조로 비판받았지만, 당시 유럽의 모더니즘을 이해했던 그로서는 당연한 형식이었다. 약 20년간 살던 통인동 거리의 '이상의 집'은 이상을 기억하고 추억하는 공간이 되었다.

나. 윤동주(1917~1945)의 하숙집(누상동 9)

1941년 5월 윤동주는 후배 정병욱과 누상동에서 거주하던 소설가 김송의 집에서 하숙한다. 같은 해 9월까지 살았으니 6개월 정도 윤동주가 살았던 곳이지만 중간에 만주에 다녀온 시간을 빼면 아주 짧은 시간 동안 살았던 곳이다. 민족시인 윤동주의 고향은 아니지만, 종로구에서는 윤동주의 생애와 문학사상을 기리기 위해 그가 잠시 살았던 장소[2012년 창의문 옆(종로구 청운동 3-100)]에 '윤동주 문학전시관'을 건립했다. '윤동주 문학전시관'은 용도 폐기된 청운동 '수도 가압장'을 활용하였으며, 그의 시 〈자화상〉과 작품의 소재가 되었던 윤동주 생가에 있던 우물 목판, 모교 의자, 등사기 등 그의 생활을 엿볼 수 있는 유품과 윤동주 친필 원고 영인본 등의 문학자료를 전시하고 있다.

일본 유학 시 도시샤 대학 재학 중에 항일운동을 했다는 혐의로 1943년 일본 경찰에 체포되어 후쿠오카 교도소에 투옥되었다. 100여 편의 시를 남기고 27세의 나이에 옥중에서 모진 고문에 시달려 요절하였다. 사후에 시집『하늘과 바람과 별과 시』가 출간되었으며, 그의 시는 불안과 고독, 절망을 극복하고 희망과 용기로 현실을 돌파하려는 강인한 정신이 표출되어 있다.

일제 강점기 후반의 양심적 지식인의 한 사람으로 인정받았으며, 그의 시는 일제와 조선총독부에 대한 비판과 자아 성찰 등을 소재로 하였다. 그의 친구이자 사촌인 송몽규 역시 독립운동에 가담하려다가 체포되어 일제의 생체실험 대상자로 분류되어 의문의 죽음을 맞는다. 그리고 윤동주는 창씨개명 '히라누마'가 알려져 1990년대 후반 이후 논란이 있었으나 본인 의지와는 무관한 것으로 알려졌다.

2) 춘천, 요절한 작가 김유정의 문학촌

한국 소설 문학의 새 지평을 펼쳐 보인 김유정(1908~1937)은 강원도 춘천군 신동면 증리에서 부잣집 아들로 태어났으나, 7세에 어머니, 9세에 아버지를 여의고 말을 더듬었다. 그는 휘문고보를 졸업하고 연희전문대학 문과에 입학했으나 두 달 만에 그만두었다. 이유는 당대의 유명한 명창이자 기생이었던 박녹주라는 첫사랑을 만났으나 그녀에게 무시당한 이후 집요한 애정 공세로 인한 잦은 결석으로 제적을 당했던 것이다. 그는 고향에 내려와 〈금병의숙〉이란 이름의 학당을 개설하고 야학을 통한 농촌계몽운동을 벌이면서 작가로서의 꿈을 키웠다. 당대의 농촌 현실을 계몽적 이상주의나 감상적인 현실 중시의 농민 문학이 아닌 당시의 농촌과 서민 생활에 깊숙이 파고들어 그 생활 습속을 있는 그대로 보여줌으로써 우리 소설의 지위를 높이는 데 크게 기여했다. 1935년 단편소설 '소낙비'가 조선일보에, '노다지'가 조선중앙일보에 각각 당선되어 문단에 등장한다. 이후 김유정은『봄봄』,『동백꽃』,『만무방』,『산골 나그네』,『소낙비』,『땡볕』,『따라지』,『금 따는 콩밭』 등의 향토색 짙은 작품을 남겼다.

2004년 명명된 '김유정역'은 1939년 이후 '신남역'이었는데 새로운 역명으로 바뀌었다.

인명이 역의 이름이 된 것은 철도사상 처음이라고 한다. 역에서 10분 걸어가면 옴팍한 떡시루처럼 생겼다 하여 '실레마을'인 김유정의 고향이 있다. 이곳이 그의 생가와 기념 전시관, 봄봄 극장, 이야기 집, 소극장, 민속공예 체험방 등이 모여 있는 '김유정 문학촌'이다. 김유정이 작품을 쓴 기간은 3년여에 불과하다. 그 짧은 기간에 단편소설 30여 편과 미완성 장편 1편, 그리고 소설 1편을 번역했다. 그는 폐결핵에 시달리다 1937년 경기도 광주 매형의 집에서 29세를 일기로 요절했다.

3) 서울 도봉구, 김수영의 문학관

1968년 김수영은 48세에 교통사고로 생을 마감한다. 사망 이후 1주기를 맞아 서울 도봉산 기슭에 '김수영 시비'를 세웠다. 문인들과 독자들로 구성된 290여 명의 성금을 바탕으로 건립된 김수영의 시비에는 그의 마지막 시 〈풀〉이 새겨져 있다. 김수영 시비는 1969년 고인의 선영인 도봉동에 건립된 이후 1991년 도봉산으로 이전되어 현재 도봉서원 앞에 위치한다. 그리고 도봉산으로 이어지는 북한산 둘레길과 더불어 자연과 문학이 어우러지는 문화공간을 제공하고자 도봉구에서 '김수영 문학관'을 건립하여 2013년 11월 27일에 개관하였다. 문학관에는 '현대문학' 편집장이던 동생 김수명이 소장한 유품과 가족들로부터 유품을 기증을 받았다. 기념관 안에는 김수영 연보 및 6.25 전쟁과 4.19 혁명, 5.16 쿠데타 등 현대사의 질곡을 겪으며, 그가 온몸으로 표현한 시와 산문의 육필원고가 전시되어 있다.

김수영은 1921년 11월 27일 서울 종로에서 8남매의 장남으로 태어났다. 1945년 광복으로 가족과 함께 만주로부터 서울로 돌아왔다. 1950년 전쟁 발발로 당시 영어 강사로 일하던 김수영은 의용군에 징집되었다. 그러나 두 달 만에 훈련소에서 탈출하였으나 서울서 경찰에 체포되어 거제도 포로수용소에 재수감되었다. 4.19 혁명 이후 김수영의 시는 군사정권에 의해 좌절되는 현실에 대한 비판과 자기주장을 적극적으로 표현했다. 사회현실에 대한 맹렬한 비판을 통해 현실 참여와 사회 정의를 부르짖었던 김수영은 시에 대한 새로운 사유를 제시한다. 1959년 출간된 시집 『달나라의 장난』은 김수영 생전에 출판된 처음이자 마지막 시집으로 살고자 하는 의지와 그것을 불가능하게 하는 현실 사이의 갈등과 슬픔의 극복이 중심적인 내용을 이루고 있다.

4) 의성시 최치원 문학관 그리고 함양 상림

최치원(崔致遠, 857~908 이후)은 9세기 통일신라 말기 당대 최고의 문장가이자, 공직자였다. 유학의 선구자, 개조로 불려 고려, 조선 두 왕조에서 성인으로 추앙받았다. 그는 12세에 당나라로 유학을 떠나 6년 만에 외국인에게 벼슬의 기회를 주었던 당나라 빈공과에 장원급제하고 당나라에서 당당히 벼슬을 지낸 뒤, 884년(헌강 10년) 29세의 나이로 17년 만에 신라로 귀국한다. 이듬해 헌강왕이 승하하자마자 주변 귀족들의 압력으로 그는 변두리 태수 자리로 밀려난다. 이후 최치원은 중앙 관직으로 돌아오지 못한다. 그리고 40세가 되던 해에 세상을 등지고 가야산으로 입산하여 여생을 보낸다. 신분적 한계와 주변인들의 시기심 등 여러 가지 이유로 자신의 능력을 제대로 발휘하지 못했다. 최치원은 한직을 떠돌다가 은둔을 결심하고 경주의 남산, 강주, 합천의 청량사, 지리산 쌍계사, 동래의 해운대 등에 발자취를 남기다 말년에는 해인사에 머물다 떠났다고 전해진다.

최치원 문학관은 신라의 대학자인 고운 최치원의 학문과 사상을 기리기 위해 설립되었다. 문학관이 세워진 것은 관직에서 물러나 전국을 유람한 곳 중 의성 고운사에 머물며 가운루와 우화루를 지어 고운사 건립에 힘썼으며, 의성지방 불교 문화를 꽃피우는데 크게 기여하였기 때문이다. 고운사는 신라 신문왕 원년(서기 681년)에 해동 화엄종의 시조이신 의상대사가 창건한 사찰이다. 최치원은 유·불·선 통합 사상을 제시하였다. 문집 30여 권 등 수많은 시문(詩文)을 남겨 한문학의 발달에도 기여하였다. 헌강왕에게 바쳤던 『계원필경』은 한국에서 가장 오래된 개인 시문집으로 알려졌다.

광주광역시 남구에 있는 지산제는 통일신라 말 대학자인 최치원을 기리기 위해 조선 헌종 때 지은 사당이다. 흥선대원군의 서원 철폐로 인해 영당만 남고 모두 철거되었고 현재의 건물은 1922년에 다시 지은 것이다. 현재의 건물 중에서 가장 오래된 지산제는 당시 서원의 강당으로 사용하던 곳이라 한다.

마산 일대에는 말년을 보낸 최치원의 흔적이 남아 있다. 합포구에서 가장 큰 동 중의 하나가 '월영동'으로, 이는 최치원이 노닐었다는 '월영대'에서 비롯했다. 마산지역 옛 산복도로의 이름은 고운로(孤雲路)이다. 그리고 최치원은 부산 동백섬 일대의 경관에 반하여 자신의 호 '해운'을 따서 그 지역 지명을 해운대라고 붙였다고 한다. 최치원이 직접 새겼다는 '해운대(海雲臺)' 석각도 동백섬 절벽 한쪽에 남아 있다. 이러한 이유로 최치원의 동상과 시비가 동백섬 언덕에 생겼으며, 해운대구와 최치원이 벼슬을 하며 '토황소격문'을 지었던 양저우시구는 자매결연을 맺었다. 소금장수였던 황소가 장안을 점령하고 스스로 황제라고 칭하자, 황소에게 회유하는 글인 '토황소격문(討黃巢檄文, 황소에게 보내는 격문)'을 쓰게 된다. 최치원의 글을 '황소가 읽다가 너무 놀라 침상 아래로 굴러떨어졌다.'라는 일화가 전해 내려오는 명문으로 유명하다.

함양에 조성된 상림은 1100여 년의 역사와 문화를 간직하고 있어 '천년의 숲'이라 불리고 있다. 고운 최치원 선생의 치적 중에서 상림은 함양을 대표하는 곳이다. 신라 진성여왕 때 고운 최치원 선생이 함양 태수로 있을 때 조성한 숲이라고 전한다. 당시에는 지금의 위천강이 함양읍 중앙을 흐르고 있어 홍수의 피해가 심하여 최치원 선생이 둑을 쌓아 강물을 지금의 위치로 돌리고 그 둑을 따라 나무를 심어 현존하는 숲을 조성하였다. 큰 홍수가 나서 중간 부분이 유실되어 상림과 하림으로 나뉘지면서, 하림은 훼손되었으나, 상림은 본래의 모습이 그대로 유지되어 지금도 상림이라 부르게 되었다. 함양 상림은 대한민국의 천연기념물 제154호로 1962년 12월 3일에 지정되었다. 전형적인 온대 남부 낙엽활엽수림으로 잘 보존되어 있어 인공 숲으로서의 학술적 가치를 인정받고 있다.

5) 문학가들의 활동 공간

가. 제주도, 추사 김정희의 유배지

조선시대 대표적인 학자이자 예술가인 추사 김정희는 윤상도의 상소에 연루되어 사형을 면하는 대신 제주도에서 840년(헌종 6)에 유배되었다가 1848년까지 약 9년간 유배생활을 했다. 김정희가 머물렀던 곳은 추사 유적지로 조성되었으며, 그 주변에는 3개 코스의 추사 유배길이 2011년 공개되었다. 1840년 10월 2일 유배지에 도착한 김정희는 대정읍성 안에 있던 마을의 송계순이라는 사람의 집에서 귀양살이를 시작했다. 이후 대정현 안성리에 있는 강도순의 집으로 거처를 옮겼으며, 유배가 끝날 무렵에는 마실 물을 구하기 쉬운 대정현 창천리에 머물렀다. 강도순의 집이 1948년 4.3 항쟁 때 불에 타 없어졌기 때문에, 1984년 강도순 종손의 증언을 토대로 다시 지었다. 추사적거지는 제주특별자치도 지방기념물 제59호로 지정되었다.

나. 시인 백석과 김자야 그리고 길상사

서울 성북동 길상사는 법정스님이 마지막으로 머물렀던 조계종 소속 송광사의 사찰이다. 이 사찰의 원래 용도는 고급요정 대원각이었다. 대원각의 주인은 김영한(김자야, 1916~1999)으로 법정스님에게 사업장 모두를 시주하여 이곳은 1995년부터 '길상사'라는 사찰로 다시 태어났다. 김영한은 젊은 시절 백석 시인과 사랑하는 사이였다고 주장한다. 백석은 그녀의 애칭을 '자야'라고 불렀다고 한다. 백석 시 〈나와 나타샤와 흰 당나귀〉(1938)는 이견이 많지만 자야와 백석의 사랑으로 알려진 작품이다. 김영한은 자신의 유해를 길상사 경내에 뿌려달라 유언했고, 길상사 내 길상헌 뒤에 김영한의 공덕비도 있으며, 2010년 입적한 법정의 영정과 유품들을 전시한 기념관도 마련되어 있다. 법정스님은 그녀에게 '길상화'란 법명을 주기도 했다.

필명인 백석(백기행) 시인은 1912년 평안북도 정주군에서 태어났으며 1996년 83세에 북한에서 살다가 세상을 떠났다고 알려졌다. 오산고등 보통학교를 졸업하고 일본에서 영어 교육학과를 졸업하였다. 1930년 조선일보 신춘문예에 당선되면서 등단하였고, 1936년 첫 시집『사슴』을 출간하였다. 조선일보 방응모의 후원으로 일본 '아오야마가쿠인'대학 영어사범학과 졸업 후 귀국하여 조선일보에서 근무하였다. 1937년 신문사를 떠나 1년간 함흥에 있는 영생여자고등학교에서 교사직을 맡는다. 1940년 만주 신징에 도착하여 만주국 국무원 경제부 소속 특채로 입사한다. 해방 후 고향 평안북도 정주에서 문예활동을 하다 숙청당했으며, 협동농장에서 여생을 보내다 떠났다. 1988년 월북 작가에 대한 해금조치가 풀려 백석 시인은 재조명되기 시작했다.

통영 충렬사로 가기 전에 백석의 시비가 있다. 친구 허준의 결혼식에서 만난 18살의 통영 아가씨 란(박경련)에게 첫눈에 반해 통영을 자주 방문했지만 만나지 못해 충렬사 계단에 앉아 그녀를 그리워하다 통영을 소재로 3편의 시를 남겼다.

다. 다산 정약용(1762~1836)의 유배지

서울에서 가까운 곳인 남양주시 조안면 능내리에 다산 유적지와 다산 생태공원이 잘 조성되어 있다. 팔당호를 배경으로 주변 환경도 좋은 곳이다. 정약용이 태어난 생가는 '여유당'으로 복원되었고, 정약용의 동상, 정약용의 사당, 다산이 저술한 500여 권의 책들을 볼 수 있는 다산 문학관 그리고 실학 박물관이 조성되었다. 18년간 유배 끝에 돌아온 고향에는 75세로 눈을 감은 다산의 묘가 있다. 정약용은 5남 3녀 가운데 넷째 아들로 태어났다. 아버지는 진주목사를 지낸 정재원(1730~1792)으로 압해 정씨이고, 어머니는 해남 윤씨(1728~1770)다. 22세에 과거에 합격하여 성균관에 들어갔다. 정약용은 28세에 드디어 대과(문과)에 합격하여 벼슬길에 나아갔다. 정조의 총애 속에서 재주와 능력을 발휘하였으나 정조의 죽음 이후 정적들이 일으킨 신유박해로 천주교도로 몰려 유배가 시작된다. 둘째 형 정약전도 흑산도에서 유배 생활을 하였다.

다산 정약용은 조선 후기 실학을 집대성한 실학자로서 『목민심서』, 『경제유표』, 『흠흠신서』 등 600여 권의 저작물을 남기고 있다. 정약용은 학문 이외에 문학적 성과도 매우 뛰어났지만, 수원 화성을 증축할 때 거중기와 같은 건설기계도 개발하였다.

정약용이 유배 생활을 했던 강진에도 다산 기념관이 있다. 강진 만덕산 기슭에 자리한 '다산초당'은 조선시대 후기 실학을 집대성한 대학자 정약용이 유배 생활을 했던 정원이다. 다산은 1801년 신유박해로 강진에 유배 왔고, 다산초당으로 옮긴 건 유배 후 8년이 지났을 때였다. 다산은 18년(1801~1818)의 유배기간 중 다산초당에서 11년가량(1808~1818)을 머물렀다. 다산초당은 원래 초가지붕이었던 것을 지금은 기와지붕으로 개조해서 지었다. 다산(茶山)이라는 호는 초당 주위 야생 차나무에서 찻잎을 따서 끓여 마셨다는 의미로 사용한 것이라고 한다.

다산 정약용의 하피첩(붉은 치마에 쓴 서첩)

강진 유배 중인 남편과 생이별 후 홍씨 부인 혜완은 정약용에게 자신의 사무친 마음을 담아 34년 전 1776년 16살 혼례식 때 입었던 다홍치마를 다산초당에 보냈다. 색이 바랜 치마는 다홍이 아니라 갈색으로 변하고 있었다. 그리움과 서러움을 담아 보낸 치마는 가슴 먹먹한 부인의 마음이 다산에게 전해진 것이다.

다산 정약용은 마음 한 켠에 담아둔 부인의 애절한 마음을 담아 자식들에게 가르침을 주는 글로 화답한 것이다. 노을빛 치마(하피)는 작은 서책을 만들기 위해 색 바랜 비단 치마는 잘렸다. 그 위에 아들에게 남기는 글을 적어 '하피첩'이라는 4권의 서책을 만들어 보낸 것이다. 1810년 초가을에 다산 정약용은 책머리에 서책을 만든 사연을 적었다. 아내를 사랑하는 마음을 자식에게 전하는 글이다. 남은 치마 자투리로 1801년 유배를 떠날 때 8살 막내딸이 1812년 강진에서 제자 중 한 사람과 혼인을 한 후 선물로 〈매조도〉를 그려 보낸다.

다산이 세상을 떠나고 하피첩은 후손들이 보관하고 있었다. 1925년 대홍수에도 잘 간직하고 있던 하피첩은 6.25 피란 시기에 분실하고 말았다. 그러나 2006년 KBS 〈진품명품〉에 〈하피첩〉이 기적처럼 등장한 것이다. 고려대 박물관에 소장된 〈매조도〉와 정밀감정을 한 결과 200년 만에 사라진 다산의 〈하피첩〉인 것이다. 의뢰인 이강석은 공사장에 나타난 폐지를 모으던 어느 분의 손수레에서 발견했다. 이후 당시 부산저축은행 대표 김민영이 소장하였으나 2011년 부산저축은행 횡령과 불법 대출 사건으로 압류되어 2015년 경매에 부쳐졌다. '민속 박물관'과 '실학 박물관'이 경합한 끝에 7억 5천만 원을 부른 '민속 박물관' 품으로 자리를 찾았다.

— 다산 정약용의 〈하피첩〉 관련 한겨레 신문 기사

라. 만해 한용운의 발자취

충남 홍성군 결성면 성곡리에 한용운의 초가집 생가와 사당 그리고 '만해 체험관'이 복원 조성되었다. 일제 식민강점기의 독립운동가이며 시인인 승려 한용운(1879~1944)이 태어난 곳이다. 한용운은 1904년에 강원도 인제 내설악산의 '오세암'에서 출가하였고, 1905년 '백담사'에서 26세에 득도하였다. 본명은 정옥, 법호는 만해, 법명은 용운이다. 41세가 되던 해, 1919년 3.1 독립운동을 이끈 33인의 한 사람으로, 독립선언서의 공약 3장을 작성하였다. 독립선언서를 낭독한 후 체포되어 3년 형을 선고받았다. 한용운은 '조선불교유신론'을 주창하면서 불교 대중화와 불교개혁 운동을 이끌어 왔다. 불경의 국역인 『불교대전』 등과 1926년 시집 『님의 침묵』을 출간하였고, 1927년 신간회를 세워 이끌며 저항문학에 앞장서고 민족혼을 깨우려고 노력하였다. 말년에 성북동에 심우장을 건축하면서 주춧돌을 총독부와 반대인 북쪽을 향하도록 지었으며, 독립운동의 비밀결사 단체인 '만당'을 조직하였다. 1944년 5월 9일 서울 성북동 '심우장'에서 66세를 일기로 입적하고, 유해는 망우리에 안장되었다. 1962년 건국공로훈장이 추서되었다.

6) 한국 음악문화예술 콘텐츠

가. 음악가 홍난파 기념관

1935년부터 1941년 세상을 떠날 때까지 6년간 말년을 보낸 음악가 홍난파의 집이 '홍난파 기념관'으로 공개되었다. 종로구 홍파동에 있는 이 집은 1930년 독일인 선교사에 의해 건립된 서양식 주택으로 2004년 문화재로 등록되었다. 홍난파는 화성시 남양읍에서 태어났으며, 한국 최초의 바이올리니스트로 한국 근대 음악의 선구자로 불린다. 〈봉선화〉, 〈성불사의 밤〉, 〈옛동산에 올라〉, 〈고향 생각〉, 〈사공의 노래〉 등 10여 곡의 가곡과 〈고향의 봄〉, 〈나뭇잎〉, 〈개구리〉, 〈무지개〉 등 111개의 동요를 작곡하여 천재 작곡가로 알려졌다. 그러나 수양동우회 사건 이후에 있었던 친일행적으로 친일인명사전에 등록되어 있다.

단국대학교는 2013년 3월 13일 경기도 용인시 수지구 죽전동에 있는 신축 캠퍼스에 전용 '난파 음악관'을 마련하고 별실을 두어 홍난파의 유품을 전시한 '난파 홍영후 전시실'을 개관했다. '난파 음악관'의 전시실에는 2011년 문화재청으로부터 등록문화재 제479호로 지정된 동판 '동요악보원판' 51개를 비롯, 홍난파가 생전에 사용하던 바이올린 등 그의 음악적 삶이 담긴 수필 등 약 420여 점이 상설전시로 개관하였다.

나. 음악가 채동선 기념비와 옛집

1989년에 보성군에 의해 총사업비 1,300만 원을 들여 높이 3.6m, 넓이 3m 규모로 벌교 공원에 채동선의 기념비가 세워졌다. 그러나 그가 1931년부터 20여 년을 서울에 살면서 작곡하던 1930년대 전형적인 주택인 성북동 소재 2층 옛집이 철거되어 사라졌다. 그의 집은 양옥으로 1층에 맞배지붕의 일식 가옥이 올라간 절충식 근대 가옥으로 넓은 정원이 딸린 집이었다. 2000년 이후엔 사실상 폐가였으나, 2019년 건축업자가 매입 후 아파트 건립을 위한 철거작업이 진행되어 민족음악가였던 채동선의 집은 흔적도 없이 사라졌다.

채동선(1901~1953)은 정지용의 시로 만든 유명한 가곡 〈고향〉의 작곡가이다. 1901년 전남 보성군 벌교읍 세망동에서 부호 채중현의 장남으로 태어났다. 순천공립보통학교 졸업 후 서울에 있는 경기고보에 입학한다. 1918년 바이올인 연주가였던 홍난파로부터 바이올린을 배웠고, 1919년 3.1 운동에 가담한 죄로 퇴학당하고 일본으로 건너가 와세다 대학 영문과를 졸업했다. 일본 유학을 마친 채동선은 공부를 위해 미국에 잠시 머물다가 적성을 찾아 독일 베를린 슈테르텐 음악학교에서 바이올린과 작곡을 전공하고 1929년 귀국하여 4회 바이올린 독주를 발표한다. 조선 최초의 현악 4중주단을 결성하여 실내악을 전파하였고, 전통민요 채록에도 열정을 쏟으면서 연희전문학교에서 현제명 등과 바이올린을 지도했다. 그의 작곡 작품으로는 교향곡 〈조국〉, 〈한강〉, 〈독립축전곡〉, 〈3.1절의 노래〉, 〈개천절의 노래〉 등이 있다.

가곡 〈고향〉은 정지용의 시를 노래한 곡이지만, 정지용이 월북 작가로 낙인 찍혀 이은상의 시 〈그리워〉로 개사했던 곡이기에 두 개의 노랫말이 있다. 민족음악가 채동선의 가곡 〈고향〉은 독일 유학을 마치고 귀국 후 고향 보성이 일본인에 의해 억압당하고 있자 창씨개명도 거부한 채 원통한 마음을 담아 애절한 곡조로 이 노래를 작곡하였다. 가곡 〈고향〉은 그의 사후 부인인 이소란 여사가 1963년 성북동 마당에 묻어놓은 자료에서 악보의 원본을 찾아낸 것으로 10년 후 세상에 발표한 곡이다. 이소란은 소프라노 가수였던 누이 채동엽의 소개로 만나 결혼했다.

다. 통영, 고향에 갈 수 없었던 세계적인 음악가 윤이상

윤이상은 1963년 4월 처음으로 북한을 방문하여 오랜 친구 최상학을 만났다. 북한에서 발굴된 '사신도' 벽화를 보고 예술적인 영감을 얻기 위해 방북했다고 전해진다. 하지만 당시 박정희 정권은 위태로운 정치적인 입지를 타계하려고 윤이상 및 유학생들과 교민들의 친북 행적을 추적하고 포착하여 내사에 들어갔으며 '동백림 사건'[19]을 과장하기 시작한다. 1967년 6월 17일 윤이상과 부인 이수자는 중앙정보부에 의해 독일에서 불법으로 체포되어 서울로 송환되었다. 그는 유럽으로 건너간 다른 유학생들과 함께 간첩으로 몰려 사형을 선고받고 서울구치소에 수감된다. 1969년 자살을 시도한 윤이상은 수감 중이지만 허락된 시간을 활용하여 오페라 〈나비의 꿈〉을 완성했다. 작품은 집행유예로 먼저 풀려난 부인을 통해 독일에 전달되었고, 1969년 2월 23일 뉘른베르크에서 〈나비의 미망인〉이라는 제목으로 초연되었다. 이를 계기로 동시대 음악가들인 이고리 스트라빈스키와 헤르베르트 폰 카라얀이 주축이 되어 200여 명의 유럽 음악인들이 대한민국 정부에 탄원서를 내고 윤이상의 불법체포와 수감에 대해 강하게 항의했다. 1967년 12월 13일 1차 공판에서 윤이상은 무기징역을 선고받았으나 재심 이후 감형받았고, 1969년 2월 25일 대통령 특사로 석방되었다.

19) 유럽의 유학생과 교민 194명이 동베를린의 북한 대사관과 평양을 드나들며 간첩 교육을 받아 '적화 활동'을 하였다고 중앙정보부가 조작한 간첩단 사건이다. 간첩으로 지목한 인물 중 유럽에서 활동하던 화가 이응노, 한국에서 가담자를 만나 막걸리를 얻어 마셨다는 이유로 천상병 시인도 사건에 연루되어 심한 고문을 당해 정상적인 삶을 살지 못했다.

석방 후 윤이상은 1971년에 서독에 귀화하였으며, 1969년부터 1970년까지 하노버 음악대학, 1977년부터 1987년까지 베를린 예술대학에서 교수로 재직했다. 윤이상은 유럽 평론가들에 의해 '20세기 중요 작곡가 56인'에 선정됐으며, 1995년 독일 '자아브뤼겐 방송'이 '20세기 가장 중요한 작곡가 30인' 중 한 사람으로 선택하였다. 윤이상은 1995년 11월 3일 오후 4시 20분 독일 베를린 발트 병원에서 폐렴으로 세상을 떠난다. 죽어서도 한국 땅을 밟을 수 없는 처지에서 베를린 가토우 공원묘지에 안치되었다. 재평가 이후 통영시 도천동 윤이상 생가터에는 윤이상 재단이 '윤이상 기념관' 및 '윤이상 거리'를 조성하였다. 그리고 2018년 베를린 시립묘지 있던 그의 유해가 간절히 그리던 고국 통영으로 돌아왔다. 그가 화두로 삼던 '탁한 곳에 처해 있어도 물들지 않고 맑은 본성을 간직한다'는 말, '처염상정'을 묘지명에 새겨 통영 바다가 보이는 곳에 새로운 안식처를 조성한 것이다.

◆◆ '처염상정'을 묘지명에 새긴 통영 윤이상 돌무덤(이미지 : 한겨레 신문) / 1959년 다름슈타트에서 백남준과 윤이상(이미지 : 위키백과)

참고 문헌

강주연, 캐나다 미술여행, 토담, 2013
고종원 외, 세계의 축제와 관광문화, 신화, 2018
고종원, 세계관광, 대왕사, 2003
그리우트 팸, 특별한 세계 테마여행 100, 동시대, 2010
김상근, 천재들의 도시 피렌체, 21세기북스, 2010
김희자, 네덜란드, 꼭사요, 2003
닝왕, 관광과 근대성, 일신사, 2004
류승희, 빈센트와 함께 걷다, 아트북스, 2016
류승희, 화가들이 사랑한 파리, 아트북스, 2017
박종호, 박종호의 황홀한 여행, 웅진지식하우스, 2008
송정임, 블루 플라크, 스물 세 번의 노크, 뿌리와이파리, 2015
서경식, 나의 음악 순례, 창비, 2011
알랭 드 보통, 여행의 기술, 이레, 2004
오종우, 예술 수업, 어크로스, 2010
이 소, 화가가 사랑한 파리 미술관, 다독다독, 2017
이정흠, 오후 5시 동유럽의 골목을 걷다, 즐거운상상, 2008
정기호 외, 유럽 정원을 거닐다, 글항아리, 2013
최상운, 플랑드르 미술여행, 샘터, 2013

국제관광의 호텔분야 콘텐츠

국 · 제 · 관 · 광

PART 08

국제관광

1 팬데믹 전후의 호텔관광 현황

1) 세계 호텔산업 현황

세계보건기구(WHO)는 COVID-19(신종코로나바이러스감염증-19, 이하 코로나19) 유행이 시작한 지 1개월도 채 안 된 시점인 2020년 3월에 사상 세 번째로 전염병 경보단계 중 최고 위험등급을 뜻하는 '팬데믹(pandemic : 감염병 세계 유행)'을 선언했다. 이로 인해 국가 간 이동 금지조치 등으로 항공여행이 자유롭지 못하게 되었고, 그 영향은 2021년까지 이어지면서 코로나19 바이러스 감염사태는 정치, 경제, 사회 전반에 걸쳐 큰 영향을 미쳤다.

팬데믹 선언 이후 같은 달 말경에, 글로벌 호스피탤리티 산업 리서치 회사인 STR의 보고서에 따르면 전 세계 68,000개 부동산과 910만 개의 객실 데이터를 기반으로 2019년 수치와 비교한 호텔 점유율은 이탈리아에서 96%, 중국 68%, 영국 67%, 미국 59%, 싱가포르 48%가 감소했다. 경제협력개발기구(OECD)가 2020년 3월 25일에서 30일 사이에 회원국으로부터 보고된 정보를 반영하여 작성한 보고서에서도 코로나19의 확산에 따라 호텔의 숙박 점유율이 감소하고 있으며 일부 지역의 호텔 폐쇄 사례도 나타났다고 보고했다. 대형 호텔 체인의 경우 메리어트 62%, MGM리조트 75% 등은 주가가 하락했으며(2020.3.15 기준), 11개국(체코, 이탈리아, 그리스, 오스트리아, 레바논, 폴란드, 루마니아, 이스라엘, 불가리아, 헝가리 및 세르비아)에서 2020년 3월 15일에서 21일 사이에 점유율이 2019년 대비 90% 이상 감소했다. 또 숙박 플랫폼 에어비앤비에서도 코로나19로 인해 유럽 대도시와 중국에서 예약이 40% 감소했다고 설명했다.

맥킨지 앤드 컴퍼니(McKinsey & Company)가 2,000명의 글로벌 비즈니스 경영진을 대상으로 한 설문조사에서 2020년 6월 발표 자료에 따르면 코로나19 이전 수준으로의 경기 회복은 2023년 또는 그 이후까지 소요될 수 있으며, 투자자들은 미국 숙박부동산투자신탁(REITx)의 실적 저조에서도 보듯 호텔업체들의 전망에 대해서도 비슷한 견해를 내놓았다. 호텔 일선에서는 산업성과와 경제 데이터 간의 장기적 역사적 관계를 분석했다. 체인규모(5성급 이상 럭셔리부터 이코노미호텔까지)에 따라 차이가 있지만, 호텔은 사용가능한 객실당 매출 변화(RevPAR)와 실업률 사이의 관계가 높다는 기존 연구 자료를 바탕으로 실업률 예측치를 활용하여 미래의 호텔실적을 예측했다.

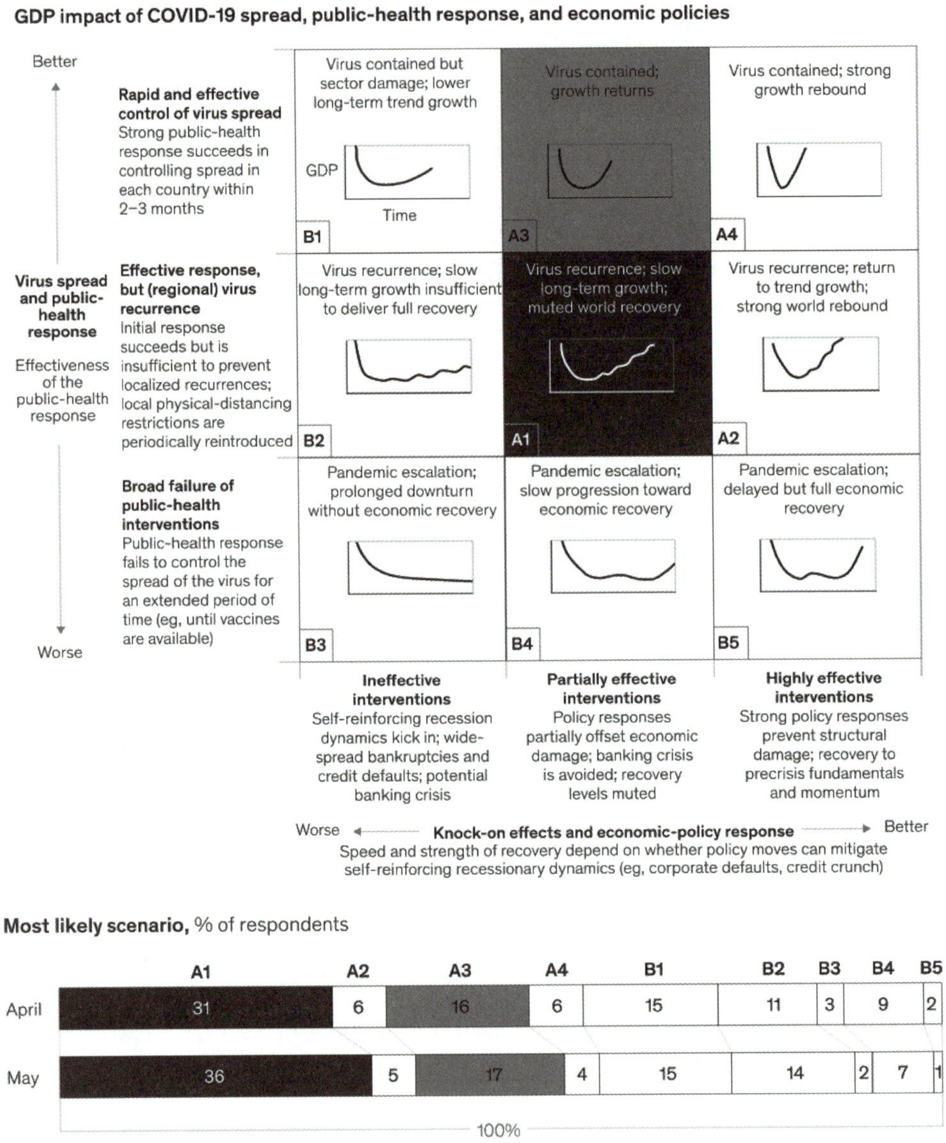

Note: Figures may not sum to 100%, because of rounding.
Source: McKinsey survey of global executives, n = 2,079

출처 : McKinsy & Company, June 10, 2020일자 기사–Hospitality and COVID–19: How long until 'no vacancy' for US hotels?

[그림 8–1] 코로나19 확산, 보건대응 및 경제정책의 GDP 영향관계

그러나 이 연구에서 2020년 6월에서 7월경이면 바이러스의 확산이 억제되어 경기가 서서히 회복될 것으로 본 시나리오 A3의 예측은 이미 빗나갔다. 백신이 개발되지 않은 상태에서 짧은 기간 내 10종이 넘는 변이바이러스가 생기면서 2021년 백신이 공급되기 전까지 국가 간 여행금지 및 사회적 거리두기가 지속되었기 때문이다. 결국 시나리오 A1의 예측보다 좀 더 보수적인 상황인 2021년을 보내고 있는 호텔업계는 높은 고정비용이 발생하는 고급호텔들 위주로 연달아 영업을 중단하기도 했다. 그나마 희망적인 것은 고급호텔과 상대적으로 객실단가가 낮은 중·저가 호텔은 장기 이용 고객의 수요와 내국인수요가 뒷받침해 주고 무인 체크인 또는 가족 노동력 등을 동원하여 가변 및 고정비용을 줄일 수 있어 영업중단 없이 운영을 계속해 나갔다는 점이다.

관광산업은 회복탄력성이 강한 산업이다. 2003년 사스(중증급성호흡기증후군), 2008년 글로벌금융위기, 2015년 메르스(중동호흡기증후군) 사태로 관광이 일시 위축됐으나 곧 회복한 경험이 있다. 그럼에도 불구하고 국제 관광산업이 코로나19 이전 수준으로 회복되는 시점에 대해 관계 전문가들의 41% 이상이 2024년 이후로 예견하고 있다. 또한 이전의 국가적 재난상황과 달리 코로나19에 의한 국제관광 산업의 회복은 백신 접종 상황 및 집단면역의 형성 등에 따라 나라별로 그 편차가 클 것이며, 관광산업 분야별로도 점진적, 차별적으로 회복될 것 보고 있다. 그중에서도 국제관광에서의 호텔산업의 회복은 보다 장기적·계획적으로 대응해야 하며, 향후 몇 개월 및 몇 년 동안 호텔산업의 상황은 규모와 위치, 수요 프로파일을 포함한 여러 요소에 따라 달라질 것으로 보고 있다. 한편으로는 이전 경험과 같이 재난상황의 해제로 국제관광이 가능해진 시점이 오면 봉쇄와 격리에 움직이지 못했던 국제관광수요가 '보복관광'에 나서면서 국제관광이 폭증할 것으로 예측하며, 호텔산업은 타 분야와 달리 적어도 1~3년의 준비 기간이 소요된다는 점을 감안한 개발의 중요성을 강조하고 있다.

코로나19 이후 두드러진 확실한 구조적인 변화는 위생과 관련한 서비스이다. 대표적인 예로 전 세계 각지에 1,000,000개 이상의 객실을 보유하고 있는 힐튼 호텔은 체크인부터 체크아웃까지 보다 청결한 투숙을 위해 '힐튼 클린스테이(Hilton CleanStay)' 프로그램을 도입했다. 힐튼 18개 브랜드 중 어느 곳에 머물러도 안심할 수 있도록 미국의 대표적인 혁신병원인 메이오클리닉(Mayo Clinic)과 협력해 병원수준의 청결, 위생 시스템을 호텔에 제공하는 엄격한 청소 표준을 기반으로 프로그램을 구축한 것이다. 호텔에 도착하

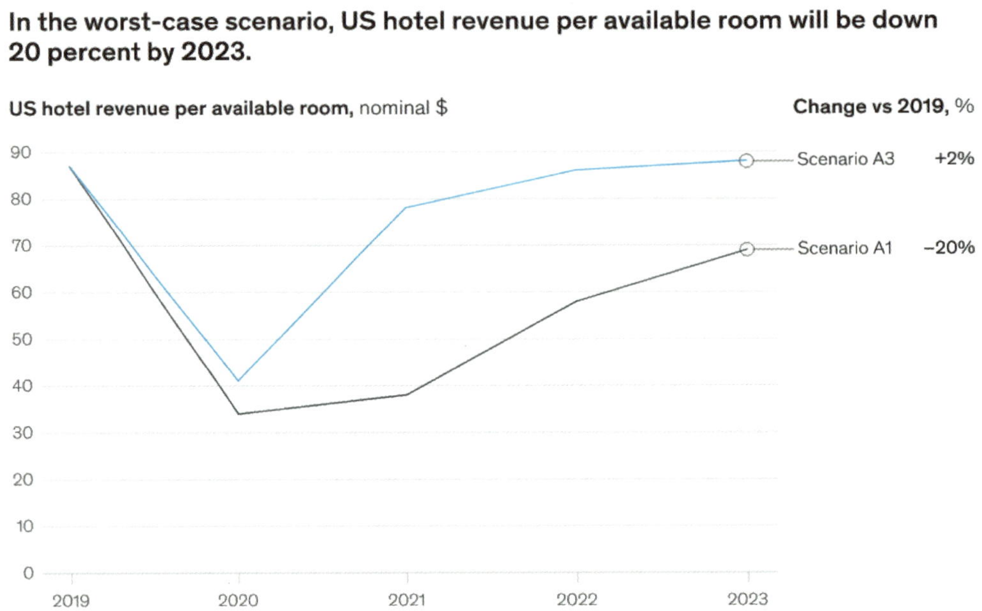

출처 : McKinsy&Company, June 10, 2020일자 기사–Hospitality and COVID–19: How long until 'no vacancy' for US hotels?

[그림 8–2] 최악의 경우, 2023년까지 가용 객실당 호텔 수익이 20% 감소

면 대면 접속을 줄이기 위해 투숙객은 힐튼 아너스 모바일 애플리케이션(앱)을 통해 체크인을 하고 객실을 선택할 수 있다. 결제와 동시에 디지털 키를 부여받고, 이를 통해 객실 도어를 잠금 해제할 수 있다. 당연히 앱을 통해 비대면으로 체크아웃을 진행할 수 있다. 투숙객들이 자신이 선택한 객실에 도착하면 문에 부착된 '클린스테이 객실 스티커'를 볼 수 있다. 이는 클린스테이 시스템을 통해 객실의 위생 점검이 완벽하게 끝났음을 의미한다. 객실 내 룸서비스, 조식 및 다이닝 역시 고객의 요청에 따라 1회용 식기를 제공하거나 개별포장하여 별도의 픽업장소에서 고객이 비대면으로 음식배달 서비스를 즐길 수 있도록 하였다.

이렇듯, 코로나19는 그 이전보다 호텔에서 안전 및 위생의 가치와 중요성이 훨씬 더 커지는 계기가 되었다. 지난 2021년 5월, 세계여행관광협회(WTTC)는 'Safe Travels'라는 새로운 규약을 발표했다. 팬데믹 이후 여행에 있어서도 'New Normal'의 시대가 펼쳐질 것으로 예상하며 호텔, 식당, 공항, 크루즈, 투어 오퍼레이터, 교통수단 등 관광산업분야

별로 WHO와 미국질병예상통제센터의 가이드라인을 기반으로 새로운 안전, 위생 관련 조항 등을 발표한 것이다. 팬데믹 이후 관광산업에 대한 첫 번째 국제규정이면서 동시에 인증의 역할을 하는 이번 규약은 발표 후 불과 2주 만에 전 세계 많은 국가, 도시, 관광지, 기관 등이 채택하는 등 많은 관심이 집중되고 있다. 또 WTTC는 G7 국가 그룹 의장에게 보내는 공개서한에서 세계 경제를 재개하는 세 가지 핵심요소를 강조하면서 특히 예방접종이 성공적으로 이루어지는 2021년 중, 코로나19 감염 수준이 낮은 국가 간의 관광 및 여행을 재개하는 것이 전 세계의 경제 활성화에 큰 도움이 될 것이라 촉구했다.

호텔 이용의 안전과 위생을 위한 무인체크인, 비대면 서비스를 위한 기술은 4차 산업혁명과 함께 개발되기 시작하여, 코로나19 이전부터 상용화가 가능했었다. 다만 인적서비스로 통용되는 호텔에서 인력을 배제한 서비스에 대해 그 필요성이 낮았을 뿐이다. 코로나19, 그리고 뉴노멀 시대에서 호텔산업의 서비스 변화는 불가피한 현상이며, 세계 호텔이 4차 산업 기술 트렌드를 어느 수준까지 수용할 수 있을지 귀추가 주목된다.

2) 국내 호텔산업 현황

2019년 12월 31일, 서울의 한 호텔은 송년회 자리에서 어느 해보다도 높은 성과를 달성한 직원에게 포상을 하고, 희망찬 2021년을 기대하는 기쁨의 자리가 마련됐었다. 그러나 그 희망은 채 3개월도 되지 않아 절망으로 바뀌게 되었다, 2020년 한 해 코로나19 여파로 휘청거리기 시작한 호텔업계는 100여 곳의 호텔이 휴업하거나 폐업하는 등 특급 호텔부터 비즈니스호텔, 중 · 소형호텔까지 줄줄이 문을 닫았다. 그나마 코로나19 예방백신에 대한 기대감으로 2021년 겨울에는 마스크를 벗을 수 있겠다는 희망이 보였지만, 변이바이러스 출현으로 2단계~4단계의 사회적 거리두기가 시작되면서 호텔 예약률이 20%를 밑도는 등 그 피해가 누적되어 2021년도 중반까지 수십 곳의 호텔이 휴업에 들어갔고 부동산 시장에는 호텔 매물이 줄줄이 이어졌다.

방한 외래관광객이 1,720만 명을 돌파했던 2016년 당시, 정부는 객실증가율이 숙박수요 증가율보다 연평균 11% 낮아 객실부족이 심화될 것이라 예측하고 당시 57,000실의 객실을 2020년까지 80,000실 공급을 목표로 한 대응방향을 수립할 계획을 밝힌 바 있다. 이에 관광숙박시설 확충을 위한 특별법에 따른 규제완화에 힘입어 2017년부터 비즈니스 호텔이 크게 늘어났고 2017년까지 50개가 넘는 호텔이 오픈했다. 호텔 공급 속도가 급속히 빨라지면서, 공급과잉과 관련된 우려의 목소리도 높아졌다.

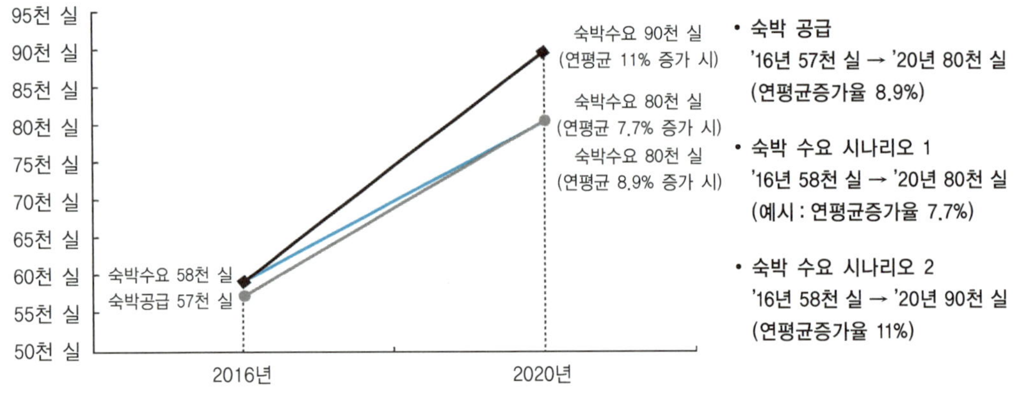

출처 : 문화체육관광부 정책발표(2016.10.24일자)

[그림 8-3] 2016년 대비 2020년 숙박수급 전망 그래프

더욱이 2017년에 불거진 사드배치 결정에 따른 중국의 보복으로 17백만 명에 달하던 방한 외국인 관광객이 1,330만 명으로 급감하고, 호텔과 면세점에 큰 타격을 입으며 그 우려는 더욱 심화되기도 하였다. 하지만 이후 꾸준한 회복세로 2019년에는 2016년의 기록을 넘어 1,750만 명이 방한하여 호텔업계는 호황을 누린 바 있다.

2020년 한 해 방한 외국인 관광객 수는 250만 명으로 2019년 대비 85% 이상 급감했다. 상황이 이렇다 보니 위기를 넘기지 못하고 매각을 결정하는 사례가 늘었다. 호텔업협회에 따르면 실제로 전체 관광숙박업체 1,983개 중 64개는 휴업, 51개는 폐업한 것으로 조사되었고, 2021년 1월에만 20여 곳이 휴업신고를 했다고 밝혔다. 특히 대기업을 제외한 중소형 운영사들이 매각대열에 합류했으며, 눈에 띄는 점은 서울 시내에서 매각된 크고 작은 호텔 대부분은 고급 주거시설이나 오피스텔 공유오피스 등으로 탈바꿈을 준비하고 있다는 것이다. 또한 매각, 휴·폐업한 호텔 대부분은 서울 도심에 위치하고 외국인 관광객 고객 비율이 높은 도심형 호텔 비율이 높다는 점이다. 도심 호텔은 서울을 중심으로 지난 2010년대 중후반에 급격하게 늘었다. 한류 붐과 함께 중국인 관광객이 급증하면서 대기업까지 비즈니스호텔 사업에 진출했다. 서울시에 따르면 지난 2009년 말 136개에 불과했던 서울 시내 등록 관광호텔 수는 2019년 말 기준으로 460개로 늘었

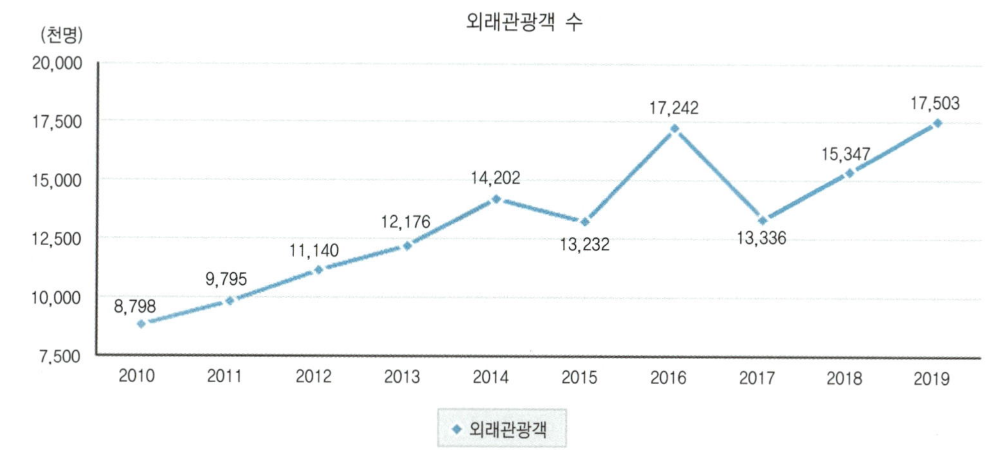

출처 : 한국관광통계(한국관광공사)

다. 이 기간 서울 호텔의 객실 수는 2만 3,509실에서 6만 44실로 3배가량 증가했다. 호텔 간 경쟁이 치열해질 수밖에 없는 여건이었던 셈이다.

〈표 8-1〉 **서울 시내 주요 호텔매각 및 용도 변경 현황**

	위치	매수자	비고
그랜드하얏트서울	한남		부지 일부 매각
아벤트리 종로	종로	제이알투자운용	오피스텔 개발 예정
강남메르디앙	강남	현대건설 컨소시움	최고급 주거용 오피스텔 예정
서초 쉐라톤 팔래스 강남	서초	더랜드	주상복합
크라운호텔	용산	현대건설 컨소시움 등	매각 진행 중
티마크호텔명동	중구		매각 진행 중
경남관광호텔	동대문구	웰스어드바이스	오피스텔
센터마크호텔	종로		매각 진행 중
더리센츠 프리미엄 강남	도산대로		매각 진행 중
머류어 앰배서더	홍대	현대자산운용	오피스텔 전망
프리마호텔	강남	마스턴투자운용	주거단지 전망
호텔스카이파크 명동센트럴	명동		매각 진행 중
롯데시티호텔 명동	명동		매각 철회
글래드호텔	강남	티마크	호텔 재개장 및 오피스

출처 : 이코노믹리뷰, 코로나 직격탄에 '매물홍수' 초읽기, 2021.7.10일자

2020년 12월에 발간된 한국문화관광연구원의 정책연구보고서에 따르면 국내 첫 코로나19 확진자 발생(2020.1.20) 이후 호텔관련 소비지출 규모는 지속적으로 감소하여, 팬데믹이 선언된 2020년 3월에는 전년 동기 대비 70.3% 감소하였으며, 4~5성급 관광호텔 72.8%, 2~3성급 이하 71.5%, 콘도미니엄 53.1%, 일반숙박업 등은 33.9%로 집계됐다. 내수시장이 포함된 2020년 1월부터 8월까지 누계 소비지출 감소율로 보면 호텔 관련 소비지출 감소율이 42.3% 수준으로 여행업 79.6%, 면세점 70.6%, 항공사 69.4%의 감소율에 비해 선전한 것처럼 보인다. 하지만 2019년 기준 3배가량 증가했던 호텔은 대부분 외국인 관광객을 주요 대상으로 운영해 왔으며, 동 기간의 외국인 관광객 평균 소비지출 감소율과 비교해 보면 호텔 관련 소비지출 평균 감소율은 면세점 79.4%에 달하며, 항공사 63.4%, 여행업 43.2% 순으로 집계되어 관광산업군 안에서도 큰 피해를 입었음을 알 수 있다.

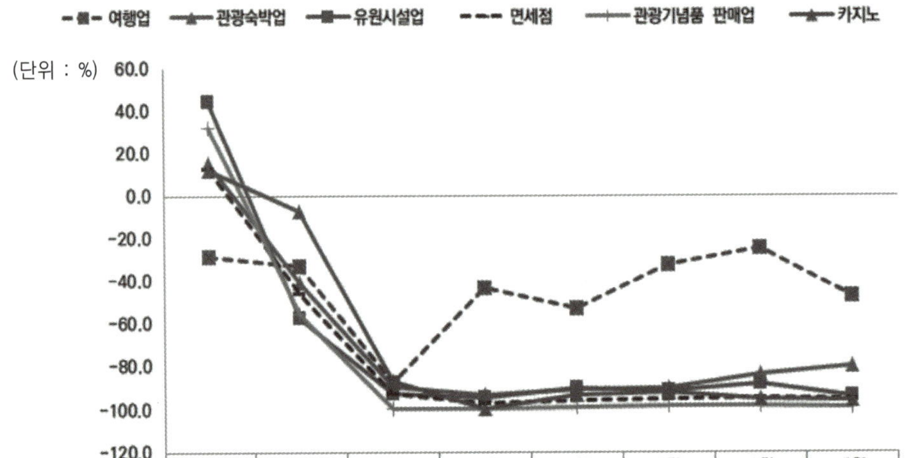

	1월	2월	3월	4월	5월	6월	7월	8월
여행업	-28.4	-32.5	-87.3	-42.9	-52.7	-32.1	-24.7	-46.6
관광숙박업	15.5	-40.7	-89.6	-93.2	-90.8	-89.9	-83.6	-79.5
유원시설업	44.5	-57.3	-92.3	-94.4	-90.2	-91.3	-87.9	-93.9
면세점	12.9	-45.4	-92.8	-97.2	-95.9	-94.8	-94.7	-94.9
관광기념품 판매업	31.9	-55.4	-99.3	-99.7	-99.0	-98.5	-98.2	-98.7
카지노	12.1	-7.3	-86.7	-99.8	-93.2	-91.9	-95.1	-95.5

출처 : 한국문화관광연구원, 정책연구 2020-22

[그림 8-4] 2020년 주요 관광산업 업종의 전년대비 외국인 소비지출액 증감률 추이

코로나19가 장기화됨에 따라 호텔산업은 매출액 감소로 인한 운영자금 부족과 자금 압박 등의 재정적 부담, 사회적 거리두기로 인한 영업활동의 차질이 지속되는 경영상 피해를 겪었다. 호텔산업은 코로나19에 대응하기 위해 휴직, 구조조정 등의 인력조정(36.8%), 휴업(20.0%), 코로나19 지속 시 폐업(13.8%), 영업 시장 변경(2.2%) 등의 순으로 조치하였으나 응답업체의 43.0%는 특별한 대응방안 없이 경영상 타격을 입은 채 방치된 것으로 조사되었다. 2016년부터 코로나19가 발생하기 직전까지 정부가 특별법을 통해 외국인을 위한 도심 내 깨끗하고 저렴한 중저가 관광호텔을 확충하려던 노력은 코로나19 이후 붕괴되어 다시 원점이 되었다.

한편, 2021년도에 호텔산업은 '양극화' 현상이 두드러졌다. 코로나19 장기화 속에서도 '럭셔리'를 표방하는 특급 체인호텔이 잇따라 새로 문을 열었다. 그리고 이에 부응하듯 코로나19의 거리두기에 지친 소비자들이 보상소비에 나서며 객실점유율을 높였다. 롯데호텔이 운영하는 시그니엘 서울은 프라이빗 서비스 제공과 고급화 전략이 통하며 MZ(밀레니얼+Z)세대를 중심으로 호캉스 수요가 꾸준히 증가하며 3~4월 주말 투숙률이 90%를 넘나들었으며, 2021년 7월에는 부산 해운대 엘시티에 시그니엘 부산을 그랜드오픈해 롯데호텔의 서비스 노하우가 집약된 프리미엄 랜드마크 호텔 브랜드 시그니엘(SIGNIEL)만의 정상급 호텔 서비스를 동일하게 선보였다. 한화호텔앤드리조트의 플라자호텔은 고강도 방역을 하면서 전체 객실 중 50~60%만 운영해, 5월의 주말 예약률은 운영객실의 90%를 넘어섰다. 내국인을 주요 고객으로 하는 국내 관광지에 위치한 호텔들의 예약도 꾸준히 증가하여 제주도 5성급의 한 호텔은 3~4월 말 투숙률이 80% 이상에 육박했다. 그 외에도 인터내셔널 호스피탤리티 그룹 SBE와 글로벌 호스피탤리티 그룹 아코르가 아시아 태평양 지역 최초로 한국에 몬드리안 호텔 브랜드를 론칭하고 서울 이태원에 오픈했으며, 신세계조선호텔은 부산 해운대에 '그랜드 조선 부산'을 오픈하여 조선호텔의 전통을 이어가면서 혁신을 통해 세계적 수준의 호텔경험을 제공하고 있다.

이와 상반되는 중·저가형 호텔은 코로나19 위기를 극복하기 위해 다양한 프로모션 중 '한 달 살기' 상품으로 폐업하지 않고 호텔운영을 지속했다. 특히 저가형 호텔은 200~300만 원에 달하는 도심 비즈니스호텔에 비해 그 가격대가 60~100만 원 미만으로 저렴해 20~30대 청년 및 직장인에게 큰 인기를 누렸다. 한국부동산원이 집계한 2021년 1월 기준 서울 도심권 중위월세가격(중간값)은 109만 4,000원, 동남권은 월 121만 2,000원이다. 한 달 살기 상품을 적극적으로 운영하는 호텔 대부분이 도심 지역에 있어 주요 상권이나 중심업무지구와 가깝고, 전기세, 수도세 같은 관리비를 신경 쓸 필요가 없으며, 호텔로부터 청소 등 컨시어지 서비스를 받을 수 있다는 점에서 매력적이라는 평가를 받았기 때문이다. '한 달 살기'라는 정책적 상품을 운영하는 저가형 호텔의 1일 평균 객실단가가 비록 코로나19 이전의 50~60% 수준에 못 미치지만, 평일 투숙률의 50% 이상을 장기고객으로 보완하고 주말 투숙률을 90%까지 끌어올리며 호텔 운영을 유지할 수 있는 최소한의 원동력을 유지하고 있다. 이렇듯 2021년 국내호텔은 특급체인 럭셔리 호텔과 도심의 저가형 호텔로 양극화되는 현상이 뚜렷하게 나타났다.

2 세계 호텔의 국제관광 트렌드

2019년 12월 중국 우한에서 최초로 보고된 코로나19가 중국을 벗어나 한국, 이탈리아, 이란으로 퍼지기 시작하고 감염자가 급증되어 2020년 3월 팬데믹으로 선포된 이후 국제여행 제한조치로 국제관광 시장과 관광산업은 직접적인 타격을 입었으며, 역대 최대 위기를 겪었다. 그러나 코로나19가 장기화되고, 감염 상황이 대륙과 지역별로 차별화되기 시작하면서 국경봉쇄와 여행제한이 국가별 상황에 따라 달라지기 시작했다. 2021년 중, 코로나19가 완전히 종식되지 않았고 일부 예방백신접종으로 접종자에 대한 자가격리의 해제, 공무, 기업 출장 등에 대한 해외여행 허가 등 다양한 정책 변화가 있지만 외국인 입국자들에 의한 지역 내 전파감염 우려 등의 이유로 여전히 국제관광에 대해서 대부분의 국가는 보수적인 입장이다.

세계관광기구(UNWTO)는 팬데믹 이후 전 세계적으로 해외여행이 제한되면서 2021년 1분기 해외여행자가 지난해 분기에 비해 83%가 감소되었다는 통계를 발표했다. 그중에서 아시아와 태평양 지역이 −94%의 감소율을 보여 가장 높은 하락폭을 나타냈고, 유럽이 −83%로 두 번째로 큰 하락폭을 기록했으며, 아프리카(−81%), 중동(−78%), 미주(−71%) 순이었다. 이 모든 상황은 2020년에 기록된 전 세계 관광객의 73% 감소로부터 이어지며, 사상 최악의 해가 되었다. 2020년 국제관광수입은 64%가 감소했으며, 이는

9,000억 달러 이상 감소한 것과 맞먹는 수치로 전 세계적으로 관광과 관련된 총손실은 거의 1조 1천억 달러에 달한다고 세계관광기구는 집계했다. 그중에서 가장 큰 손실은 아시아태평양지역(−70%)과 중동지역(−69%)으로 나타났으며 수익은 수십 년 만에 최저점으로 급감했다.

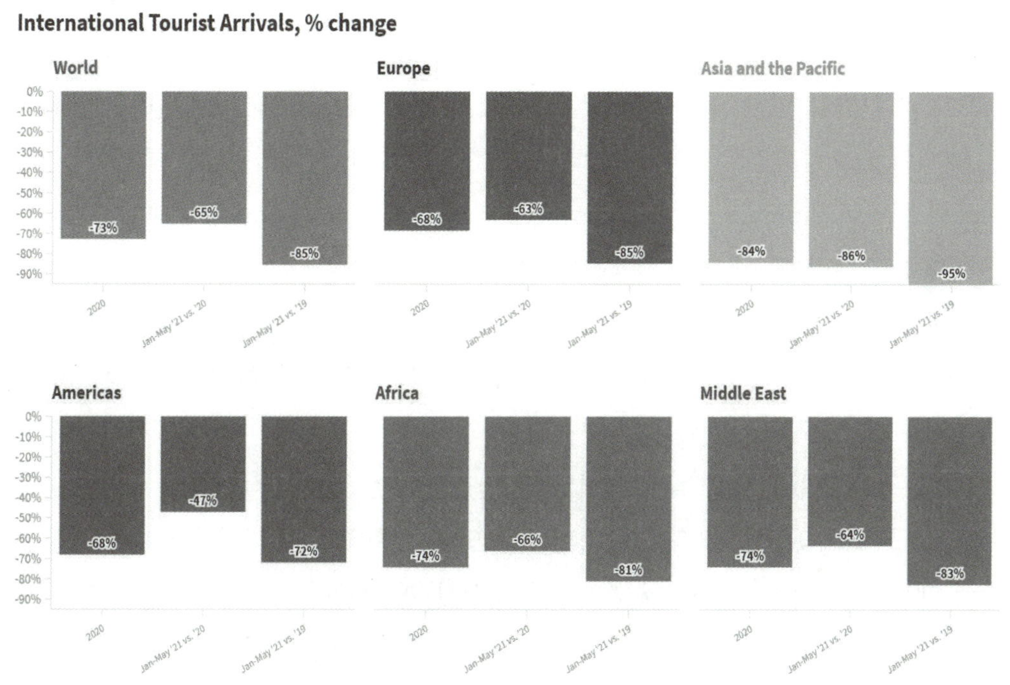

출처 : 세계관광기구(UNWTO), 2021.5.31일자

세계여행관광협회(WTTC)에 따르면 여행 및 관광부문은 2020년 4조 5천억 달러에 가까운 손실을 입으면서 GDP에 대한 기여도가 2019년에 비해 49.1%나 떨어져 2020년에는 4조 7천억 달러에 육박했다. 2019년도에 3억 3,400만 명의 취업자 수에 비해 2020년에는 6,200만 개의 일자리가 없어져 18.5% 감소해 전 세계 취업자 수가 2억 7,200만 명에 그쳤으며, 이 수치도 각 나라의 지원정책으로 많은 일자리가 지원되고 있기에 가능했다. 사실상 팬데믹으로부터 벗어나 여행 및 관광의 완전한 회복 없이 일자리 손실은 불가피하다.

세계관광기구의 Zurab Pololikashvili 사무총장은 "관광에 대한 중대한 억눌린 수요가 있고 우리는 자신감이 서서히 회복되는 것을 느낀다."고 말하며 2021년 1분기 이후 시작된 예방접종이 관광산업 회복의 열쇠가 될 것으로 기대한다고 밝혔다. 실제로 예방접종이 시작된 후 코로나19 감염수준이 낮은 국가 간의 빗장이 풀리기 시작했다. UNWTO가 예방접종 전인 2021년 1월에 실시한 국제관광산업 반등 시기에 대한 조사 때보다 예방접종 이후인 2021년 5월에 실시한 조사에서 2022년에만 60%가 예상되며 이전 조사 때보다 50%가 높아졌다. 또 나머지 40%는 2021년 하반기 반등 가능성을 예상하는 등 긍정적인 분위기가 연출된 것이다. 하지만 국제관광 교류 재개의 추진에 있어 외국인 방문 자체를 위험으로 인식하고 있는 국가들이 있다. 이에 안전한 제도적 장치에 기반한 국제관광 교류 재개의 필요성에 대한 사회 공감대 조성이 중요하며, 국제관광 재개를 위한 제도적 장치로서 면역여권(Immunitry Passport)과 트래블 버블(Travel bubble) 이슈에 대해서도 전문가의 의견수렴 및 신중하고 충분한 검토가 필요하다.

2021년의 호텔산업의 국제관광 트렌드는 '2022년 반등을 위한 대비'로 요약할 수 있다. 코로나19 이후 전 세계 여행자의 40%가 건강과 안전에 대한 기준이 높아지는 등 호텔 이용자의 요구와 우선순위가 변경되는 등 새로운 추세가 대두되었다. 이에 따라 호텔산업은 이용자들에게 호텔 투숙이 정말 안전하다는 것을 인식시키기 위한 지속적인 변화를 추구하고 있으며, 코로나19 확산으로 인해 변화하는 고객행동에 대응하기 위해 꾸준히 재편하고 있다. 호텔은 국제관광이 재개될 때 잠재적 고객으로부터 선택받기 위해 사람들이 호텔의 관리 및 위생기준을 효과적으로 전달하는 마케팅을 최우선으로 시행한다. 전통적인 호텔산업의 마케팅은 고객의 요구 및 기대를 파악하여 예측하고 OTA여행사 등 유통채널을 통해 판매하는 것을 의미해 왔다. 물론 다양한 유형의 고객이 서로 다른 것을 원하며, 산업 또는 사회 변화에 따라 고객의 요구사항이 시간에 따라 변할 수 있지만 코로나19의 발생은 예전과는 다른 양상을 보였다. 환대 및 여행 산업을 위한 지식플랫폼 Revfine의 기사 "Hygiene is the New Marketing Message for Hotels"에 따르면 코로나19 발생 이전 호텔 이용자는 그들이 선호하는 휴가 및 비즈니스 유형, 머무르고 싶은 숙박시설의 유형, 예상 서비스 수준, 그리고 예산에 따라 '선택'했지만, 코로나19 이후에는 호텔의 안전과 위생이 '필수'이며, 이 공통적인 요구사항이 뒷받침되지 않는 호텔은 '선택'의 기회조차 없는 상황이 될 것이라고 예측했다. 이에 따라 호텔은 모든 정책과 절차를 위생에 집중하고 마케팅 콘텐츠(홈페이지, 예약채널 등)에서 호텔이 시행하는 위생관련 부분을 홍보함으로써 더 많은 잠재고객을 유치하기 위한 마케팅을 실시하고 있다. 또 위생을 위한 무인결제와 모바일 체크인, 키리스(Keyless) 체크인/아웃 기술의 역할도 커졌다.

Hospitality 산업 전반에 대한 최신자료를 제공하는 EHL insights의 '2021 Top Hospitality Industry Trends' 리포트에 따르면 언택트(Untact)를 기본으로 하는 스테이케이션(Staycation), 모바일 체크인, 무인결제, 음성제어 및 생체측정과 같은 기술지원 등의 디지털 및 비대면 서비스(digital and contact less services), 고객 개개인을 위한 제안과 프로모션을 맞춤화하고 이전 숙박과 유사한 서비스를 자동으로 제공하는 개인화(Personalization) 마케팅으로 업계가 재편 중에 있으며, 그중에서도 호텔의 가치 창출을 위해 과거의 단순한 브랜딩 및 리브랜딩 또는 고객의 전반적인 만족도를 위한 표준화된 서비스보다 여행자의 필요와 선호도에 맞게 서비스를 개인화하고 맞춤화하는 것이 중요해진다고 언급했다. 또한 공유경제의 영향과 기술의 중요성이 증가하고 호텔이 기술을 어느 수준으로 접목하여 기술 솔루션을 제공할 수 있느냐에 따라 고객을 유치할 시장을 창출할 수 있을 것이라 예측했다. 즉 호텔이 특정 유형의 고객에게 서비스를 제공하는 등 그 콘셉트를 특화하는 틈새시장을 창출하거나 VIP를 대상으로 호화로운 고급서비스를 제공하는 호텔이 업계 선두를 차지할 것이며, 전통적 호텔 서비스를 유지할 경우 일부 글로벌 호텔체인을 제외한 로컬호텔 및 일부 비즈니스 호텔의 운영 상태는 더욱 어려워질 것으로 전망했다.

3 국내 호텔의 국제관광 트렌드

전 세계적으로 장거리 이동이 엄격히 제한되어 인바운드 여행객 시장이 중단된 2020년 이후, 국내여행시장에는 새로운 트렌드가 자리 잡게 됐다. 2020년의 출국자 수는 코로나19 발병 이전인 1월~2월을 포함하여 2019년 대비 84.1%가 감소했으며 국내로 발걸음을 돌린 여행자들은 국내의 여러 관광지 및 근거리 스테이케이션(Staycation)을 선택했다. 2019년 호텔업 운영현황자료를 바탕으로 기존의 국내 호텔시장을 살펴보면 전국 기준으로 외국인의 숙박비율은 27.6%에 해당하며, 서울 도심의 경우 54.7%로 그 수준이 높았다. 2020년 국내 호텔산업의 자료는 2021년 7월까지 그 데이터가 집계되지 않았지만, 코로나19 이전 외국인 투숙객 비율이 85% 이상이었던 서울 한 호텔의 통계에 따르면, 2020년 외국인 투숙객 비율은 35% 수준에 그쳤으며, 그중 88%는 국제관광이 제한되기 전이었던 2020년 3월 중순까지의 외국인 투숙객으로, 코로나19 발생 이후 외국인 투숙객 비율은 전체의 0.4%에 불과하다고 밝혔다. 이렇듯, 외국인 여행자의 비율이 높았던 서울의 도심 호텔은 큰 타격을 입었으며, 외국인 관광객을 유치하기 위해 꾸준히 진행해 왔던 마케팅을 내수시장으로 급격히 전환하는 등 대책마련에 급급했다.

전 세계 호텔산업에 대한 시장데이터를 제공하는 STR(Smith Travel Research)의 자료를 재구성하여 2021년 4월에 발간한 호텔앤레스토랑 '2020년 호텔산업운영현황 리뷰'에 따르면, 국내 호텔시장은 연중 낮은 객실점유율에도 불구하고, 확실한 여행시장의 변화에 직면해 어느 정도 회복력을 보여줬다는 점에서 긍정적으로 평가했다. 하지만 객실점유율이 90%를 상회하던 2019년에 비하면 여전히 많은 손실을 입고 있으며, 특히 ADR(객실평균요금)의 급격한 감소는 수익에 악영향을 끼치고 있다고 기록했다. 지역별로, 기존 외국인 관광객의 의존도가 낮아 내국인 위주의 시장이 형성되었던 강릉, 속초, 여수 등은 2020년 SNS상에 국내여행지로 다수 소개되어 코로나19 중에도 불구하고 여름기간에는 높은 숙박률을 보이기도 했지만 세부적으로는 호텔의 등급에 따라 주 고객 세그먼트에 따라 정도의 차이가 있다고 분석했다. 제주도의 경우 7월 66.4%, 8월 51.3%, 10월 67.8%, 11월 73.7%의 객실점유율을 기록해 국내여행수요의 중요성을 보여줬다. 이렇듯 코로나19 발생 이후 국내 호텔산업은 의도치 않게 내국인 시장 위주로 성장하게 되었다.

1) 호캉스

여행자는 여행 트렌드에 따라, 혹은 각자의 이유에 따라 여러 주제로 계획을 세우고 실행한다. 그중에서 '호텔 자체가 여행의 목적지가 되는' 여행계획을 세우기도 하는데 우리나라에서는 2015년 이후부터 호텔(Hotel)과 바캉스(Vacance)를 합성해 호캉스(Hocance)라 부르며 유행되었다. 호캉스는 호텔에서 바캉스를 보내는 휴가 방식을 이르는 신조어 및 콩글리시이다. 영미권에서는 이를 스테이케이션(Stay+Vacation)이라고 하여 '호텔 스테이케이션(Hotel Staycation)' 또는 'Staycation at Hotel'이라고 표현한다. 호캉스는 2019년에 국내에서 특별히 호황기를 누렸는데 이는 2019년 7월부터 일어난 일본 상품 불매운동의 여파로 보는 견해가 있다. 원래 여름 휴가 기간에 맞춘 예산을 가진 한국인들이 선호하던 여행코스가 일본이었는데 불매운동이 시작되면서 방향을 국내로 돌렸고, 식상한 기존 관광지와 바가지 상술을 혐오하는 여행객들은 2박 3일 동안 시원한 에어컨바람을 맞으며 '손님은 왕이다'를 체험할 수 있는 호캉스가 가격대비 만족도가 높았던 것이다. 일본 불매운동이 거세진 2019년 7월, 트립닷컴(trip.com)이 7월 한 달간 국내 호텔 예약량을 분석한 결과에 따르면, 전년대비 강릉은 무려 1528%, 부산 426%, 제주 334%, 인천 212%, 서울 111%나 예약이 증가하는 등 국내 주요 거점도시들의 숙박수요가 크게 늘어난 것으로 집계됐다. 한국의 대도시 유명 호텔의 예약비율이 거의 모든 곳에서 전년대비 2배 이상 치솟는 대호황을 누린 것이다.

순위	도시	전년대비 증가율
1	서울	111%
2	제주	334%
3	부산	426%
4	인천	212%
5	강릉	1528%

출처 : trip.com 홈페이지 뉴스룸

[그림 8–5] 2019년 7월 국내호텔 예약률

이러한 여행 트렌드에 따라 호텔은 여행자가 원하는 시설과 서비스를 갖추기 위해 변화하고 있다. 트립닷컴은 2019년 9월, 한 달간 한국 여행자 1,174명을 대상으로 한 설문조사, '한국인이 좋아하는 호텔 트렌드'를 통해 호텔산업의 미래를 짐작할 수 있는 방향을 제시했다. 결과에 따르면, 호텔에서 가장 '선호하는 서비스'는 '조식(37%)'으로 나타났다. 이어 '인터넷(20%)', '공항 픽업 및 셔틀버스(19%)', '24시간 프런트 데스크(10%)' 등의 순이다. '조식'은 성별, 연령대별 분석결과에서도 대부분 가장 높은 선호도를 보였으나, 유일하게 20대에서만 '인터넷(27%)'이 '조식(26%)'보다 중요도가 높았다. 이어 '선호하는 호텔 시설'에 대한 질문에는 응답자의 약 절반이 '수영장(48%)'을 최고로 꼽았다. 수영장은 단순한 부대시설이 아니라 호텔 명성을 좌지우지할 만큼 중요한 요소다. 싱가포르의 마리나 베이 샌즈호텔이 대표적인 예다. 이곳은 옥상의 인피니티 풀(물과 하늘이 이어지도록 설계해 시각적으로 경계가 모호한 수영장) 덕분에 지역의 랜드마크로 자리매김했다. 수영장 이외에 '스파 및 사우나(20%)', '레스토랑(13%)', '루프탑(6%)' 등이 선호도가 높았다. 단, 남성은 여성보다 '수영장(남 39%, 여 60%)' 못지않게 '스파 및 사우나(26%)'에 대한 선호도가 높았다. 또한 한국인은 호텔을 선택할 때 '위치(35%)'가 가장 중요하다고 답했으며, 이어 '요금(27%)', '시설(25%)', '서비스(6%)' 등을 주로 고려하는 것으로 분석됐다.

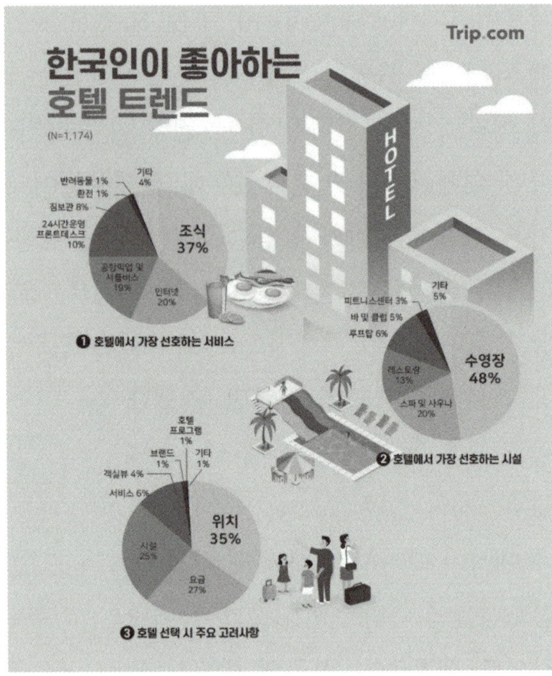

출처 : 트립닷컴 홈페이지 뉴스룸

코로나19 이후, 호캉스에 대한 인식은 크게 달라지지 않았다. 2020년 7월, 글래드(Glad) 호텔앤리조트의 트렌드 리포트에 따르면 여행에 대한 긍정적 대답은 전체 1,126명 참가자의 96%에 달했으며, 호텔/리조트가 87%, 펜션이 7%, 캠핑/글램핑이 4%, 게스트하우스가 2% 순으로 호텔 또는 리조트형 숙소를 선호하는 것으로 나타났다. 호캉스에 대해서도 역시 붐비지 않는다면 문제되지 않는다는 대답이 54%, 오히려 안전하다는 생각이 30%였으며, 이전보다 꺼려진다는 대답은 16%에 그쳤다. 이와 함께, '호캉스를 할 때 가장 하고 싶은 것'에 대한 질문에는 시원한 객실에서의 꿀잠 65%, 호텔 수영장 이용이 55%, 룸서비스 메뉴 맛보기 44%, 호텔 레스토랑 이용이 40%, 주변 맛집 투어가 28%를 기록했으며, 호텔의 청결성 및 비대면 서비스가 호텔 선택 시 높은 비중으로 나타난 부분이 코로나 이전과 달라졌다.

2) 의료 · 웰니스관광

웰니스 관광(Wellness Tourism)이란 육체적, 심리적 혹은 정신적 활동을 통하여 건강한 삶과 웰빙을 추구하는 목적의 여행을 의미하는 것으로 Mueller & Lanz Kaufmann(2001)은 "웰니스 관광은 건강을 보호하고 향상시키려는 동기를 가진 사람들이 여행하고 체류하는 것과 관련된 모든 현상들의 총체"로 정의하였다. 어떤 활동이 주목적인지에 따라 웰니스 관광은 육체적 웰니스가 주목적인 관광, 정신적 웰니스가 주목적인 관광, 육체적 · 정신적 웰니스를 모두 추구하는 관광 등의 3가지의 유형으로 구분할 수 있다.

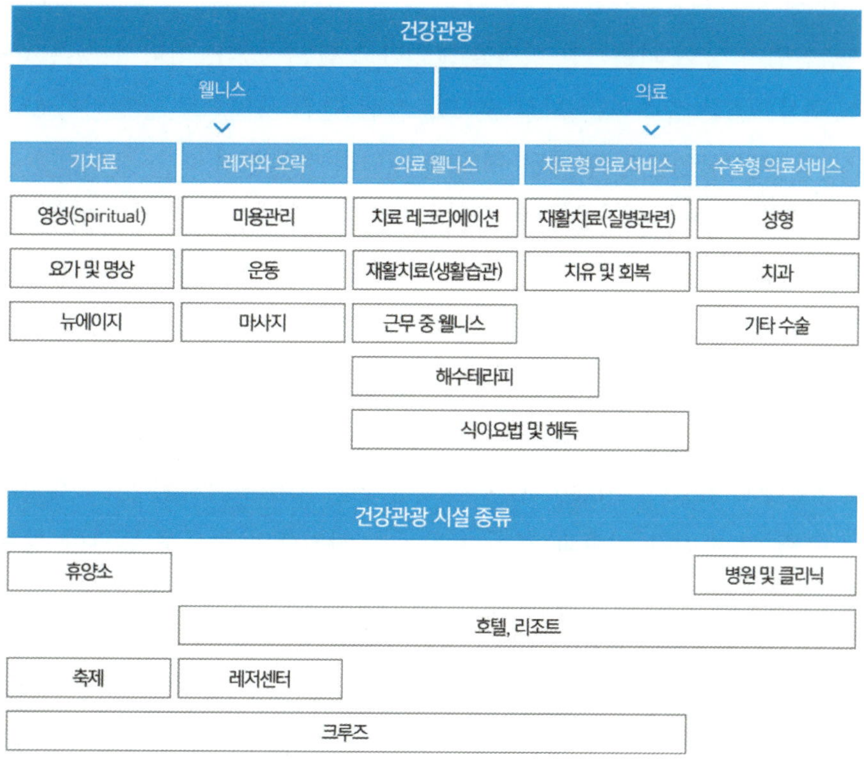

출처 : 문화체육관광부, 한국의료관광마케팅(2016)

[그림 8-6] Smith & Puczko의 유형 분류

문화체육관광부는 기준과 범위가 명확하지 않은 웰니스 관광산업을 체계적으로 육성하기 위해 웰니스와 연관개념을 비교 분석하고, 한국의 현실을 고려하여 한국형 핵심 웰니스 관광산업을 '육체적, 정신적, 정서적으로 건강한 상태를 유지하기 위하여 소비자가 추구하는 다양한 활동들을 직 · 간접적인 참여와 체험을 통하여 제공하기 위한 관광 공간 제공 및 웰니스 관광 관련 서비스 분야의 산업'으로 정의하였다. 웰니스 관광의 주요 요소는 'Life Style', 'Holistic Physical', 'Beauty', 'Mental'로 구성되며, 웰니스 관광 니즈에 의한 중분류인 '웰니스 관련 관광산업', '웰니스 뷰티산업', '피트니스, 레저산업', '식

이 · 영양관리 산업' 등을 포함하였다. 종합하면, 웰니스 관광객들은 한 장소에 비교적 오래 머무르면서 질병 치료와 예방 및 정신적 만족을 추구하기 위한 활동에 참여하며, 이들 관광객들은 한 장소에서 숙박과 식사는 물론 육체적 · 정신적 웰니스를 추구하고자 하는 활동을 동시에 제공받기를 희망한다고 할 수 있다. 이러한 특징은 의료관광산업과 웰니스 관광산업이 상호 의존적인 성격을 보인다고 할 수 있다. 따라서 웰니스 관광산업은 웰니스 구성요소를 충족하는 시설 및 프로그램 단위 사업으로 규정되기보다는 숙박, 체험, 식사 등 핵심산업군과 결합된 형태로 개발되어야 한다.

세계경제의 불황 속에서도 만성적인 질병과 스트레스에 노출된 사람들이 심신상태를 개선하고 좋은 상태를 유지하기 위해 웰니스적 접근방법을 추구함에 따라 웰니스 시장은 꾸준히 성장하고 있으며, 세계웰니스연구소(GWI)에 의하면, 2015년부터 2017년까지 세계 웰니스 산업의 시장 규모는 연평균 6.4% 성장하여 경제성장률(3.35%)를 상회하였고 웰니스 관광분야는 동 기간 내 연평균 6.5%의 성장세를 기록하며, 6,394억 달러의 시장 규모로 성장했다고 밝혔다. 이렇듯 급속한 성장세를 보이는 글로벌 헬스 지출을 감안할 때, 웰니스 산업이 소비자 지출과 경제적 활동을 견인했던 것으로 판단한 정부는 세계

〈표 8-2〉 **웰니스 시장 경제 규모(2015~2017)**

구분	시장 규모(10억 US$)		연평균 성장률
	2015	2017	2015~2017
개인 케어, 미용 및 노화 방지	999.0	1,082.9	4.1
건강한 식습관, 영양 및 체중감량	647.8	702.1	4.1
웰니스 관광(힐링 투어)	563.2	639.4	6.5
피트니스(심신)	542.0	595.4	4.8
예방 및 개인의학, 공중보건	534.3	574.8	3.7
전통 & 대체의학	199.0	359.7	-
힐링 부동산	118.6	134.3	6.4
스파 경제(스파 시설)	98.6	118.8	9.8
온천 · 광천수	51.0	56.2	4.9
직장 힐링	43.3	47.5	4.8
웰니스 시장 경제	3,724.4	4,220.2	6.4

출처 : 한국관광공사, 웰니스 관광산업 통계구축 보고서, 2019.12

적인 웰니스 관광산업의 성장세를 반영하여 한국형 웰니스 관광산업을 육성하기 위한 웰니스 관광 클러스터 모델을 선정, 웰니스 관광의 거점으로 육성함으로써 지역의 건강, 휴양 등과 관련된 관광자원을 연계한 국내외 관광객 유치 계획을 개발하였다.

의료관광은 개인이 자신의 거주지를 벗어나 다른 지방이나 외국으로 이동하여 현지의 의료기관이나 요양기관, 휴양기관 등을 통해 본인의 질병을 치료하거나 건강의 유지, 회복, 증진 등의 활동을 하는 것으로 본인의 건강상태에 따라 현지에서의 요양, 관광, 쇼핑, 문화체험 등의 활동을 겸하는 것을 의미한다. 경제수준 격차가 심한 동남아 부유층이 인근 싱가포르 및 태국의 의료서비스를 이용하기 시작하면서 그 규모가 급격히 팽창하기 시작했으며 세계적으로 인구의 고령화와 자국의 의료서비스에 대한 불만 및 비싼 의료비에 대한 불만, 그리고 각국의 경제성장에 따른 국민소득과 생활수준의 향상, 기대수명의 증가로 전 세계로 확산되는 추세이다.

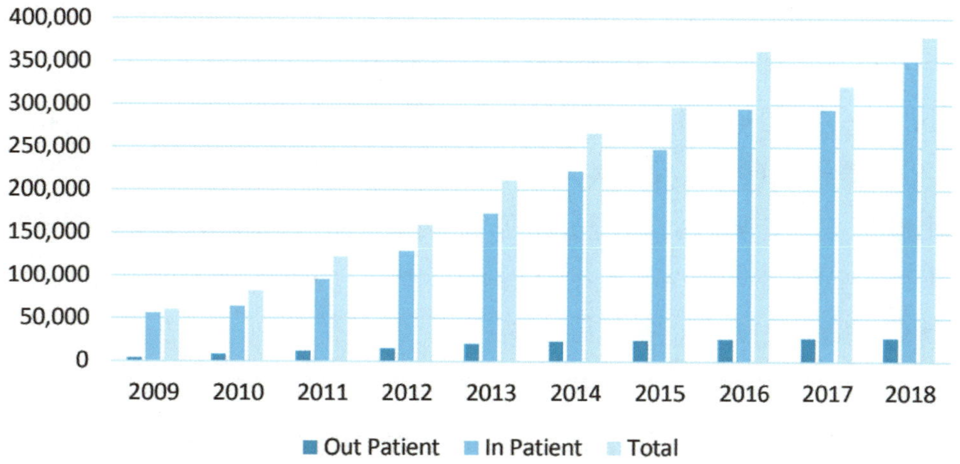

출처 : Yeong Yi Yim, 한국의 의료관광, 현재와 미래, Korean J Med, 2020, 95(2): 61-66

[그림 8-7] 2009년~2018년까지 외국인 환자 수

2009년 의료법 개정과 함께 시작된 우리나라의 의료관광은 2016년 의료해외진출 및 외국인 환자 유치 지원에 관한 법률(이하 해외진출법) 제정을 통해 양적 · 질적으로 급격한 성장을 지속해 왔다. 단순히 외국인 환자 수로 양적인 성장을 따져보더라도 2009년 60,201명에서 2018년 378,967명으로 연평균 22.7%의 증가율을 보였고 유치국가도 139개

국에서 190개국으로 확장하였으며, 2019년 외국인 환자는 497,464명으로 집계되어 문화체육관광부는 의료관광을 우리나라의 선진 의료수준과 관광자원이 융합된 고부가가치 산업으로 주목하고, 향후 관광산업성장을 주도할 잠재력이 높은 사업영역으로 온오프라인 통합 마케팅채널 운영 및 융·복합 의료관광 상품의 개발 등 의료관광산업 기반조성 및 해외홍보에 힘쓰고 있다.

OECD 2위의 의료기술 및 서비스로 남다른 강점을 갖고 있는 한국의 의료관광산업은 국가 신동력사업으로 주목받는 가운데, 외국인 환자 및 가족들의 숙소문제가 이슈화되면서 2013년, 자연스럽게 관광진흥법상 의료관광호텔업이 신설되었다. 의료관광호텔은 외국인 장기 환자들이 안락하게 머물 수 있는 집 같은 분위기 속에서 애프터케어 서비스를 받을 수 있도록 하는 종합호텔이다. 그러나 의료관광객은 의료서비스에 중점을 둔 퍼스널 플랜 패턴으로 움직인다. 즉, 받고자 하는 의료서비스를 중심으로 예산을 책정하고 건강상태에 따라 관광, 쇼핑, 문화체험 등의 관광활동을 겸하는 것이다. 예를 들어 단순 피부시술을 하러 오는 관광객의 경우 여유시간을 한국드라마에 나온 장소에 방문해 인증샷을 남기기 위한 예산에 집중하며, 아무래도 숙박에 투자하는 경우는 드물다. 이렇듯 의료관광객은 수술항목이나 상황에 따라 다른 예산을 책정하기 때문에 나머지 경비는 합리적인 지출을 계획하며, 수술비 외에 교통비와 체류비의 비중은 세심하게 체크하는 경향이 있다. 의료관광객은 숙박시설의 규모보다 안락한 객실을 선호하고, 외부활동이 불편한 의료관광객을 위한 서비스가 제공되는 편의를 중시하기 때문에 의료관광호텔은 그 취지와 달리 활성화되지 못하고 있다.

2019년 8월, 한국관광공사는 한국호텔업협회와 함께 '의료관광객 숙박 편의 제고 및 유치 증대 업무협약(MOU)'을 체결했으며, 2020년 2월에는 미국 델라웨어주에서 미국 현지 미 주요 기업 & 기관 및 개인을 대상으로 매년 3천 명 정도의 의료관광객을 보내고 있는 의료관광 전문업체 '마이메드초이스'와 의료관광객 유치를 위한 업무협약을 체결했다. 외국인 관광객이 보다 쉽게 병원 의료 서비스·호텔 숙박 서비스에 대한 정보를 접할 수 있도록 상호 협력하여 해외 의료관광객 유치를 위해 본격적으로 나선 것이다. 호텔에서 자체적으로 적극적 의료관광객 유치에 나서는 경우도 있다. 프레이저 플레이스 센트럴은 협약 이전인 지난해 8월 이미 의료 컨시어지 서비스를 전문으로 하는 '하이메디'와 협력해 중동 의료관광객 유치에 힘써왔다. 국내 최초 힐링케어 호텔이라는 이름으로

2015년 11월에 오픈한 포레힐 호텔은 고품격 케어서비스를 제공하여 의료관광객이 전체 고객의 50%에 육박한다.

정부는 의료관광호텔업종의 등록기준인 연간 실 환자 수 유치실적을 500명에서 200명 초과로 그 기준을 대폭 낮추어 중소관광숙박업체가 의료관광호텔업으로 진입하는 부담을 완화하는 등 기업현장에서 부담되고 불편해 하는 규제를 계속 발굴 및 개선해 나가고 있다. 또한 코로나19 이후 의료관광시장에 대하여서는, 규제가 풀린 후 의료수요의 진행 방향을 면밀히 관찰해 나가고, 많은 국가에서 비교적 간단한 수술을 위해 방한하는 의료관광객이 증가될 것으로 보며 각 의료시설은 늘어난 수요를 충당하기 위한 준비를 계획하고 있다. 한국관광공사는 포스트 코로나 시대 대비 의료관광객 유치 기반 강화를 위해 2021년 4월 의료관광전문 유치업체 육성 및 지원을 위한 사업공모를 진행하고 선정업체에 사업비를 지원하며, 선정업체를 비롯한 유치업체 종사자 대상 의료관광 글로벌 트렌드, 시장별 의료관광 마케팅전략 등 의료관광 역량 강화 교육의 개발 및 운영을 준비하고 있다.

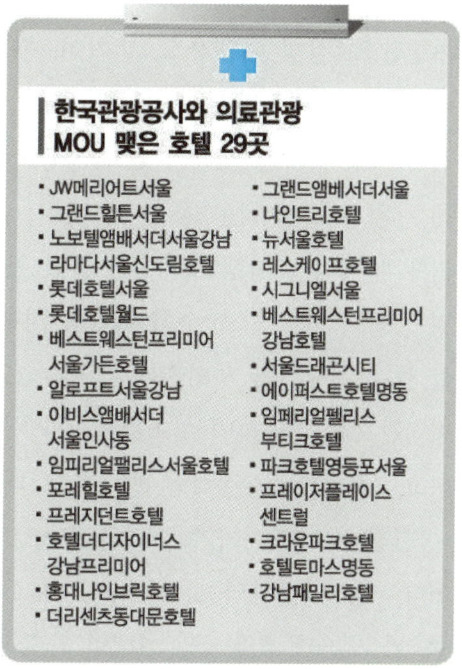

출처 : 아시아경제, 의료관광객 40만 명 시대… 정부, 의료기관, 호텔 손잡고 환자유치…, 2019.9.4 일자

4 국내외 호텔 국제관광 콘텐츠의 미래

1) 포스트코로나 시대 여행

코로나19 발생 이후, 여행 및 호텔산업은 오프라인 여행을 온라인에 담아내기 위한 새로운 도전을 시작했다. 여행 전문 PD가 연출하고, 스토리텔링 형식으로 하는 온라인

투어 상품을 개발하여 체험자들의 흥미를 이끌려는 시도도 이어졌다. 하지만 역시 가상현실(VR) 등의 최신기술이 접목되더라도 '현장성' 측면에서 이용자의 오감을 충분히 자극시키지 못하는 한계를 넘어서진 못했다. 랜선투어, 랜선라이프는 코로나19의 종식을 앞둔 오프라인 현실세상 보완의 관점에서 보아야 하며, 여행 및 호텔산업의 마케팅 관점에서 보다 유용하다. 인스타그램에서 '#뭐하지'로 태그를 검색해 보면, 각 지역의 이색 여행장소, 감성 여행장소, 먹거리, 볼거리 등 포스트코로나 시대에 여행을 사전답사할 수 있는 다양한 콘텐츠들이 제공되고 있다. 코로나 백신이 개발 및 보급되고 있지만 여전히 여행에 많은 제약이 있고 상황이 시시각각 변하고 있는 만큼, '언제, 어디에서, 어떻게 나의 여행 경험을 공유하는 것이 바람직한가'에 대한 의식은 점점 높아짐과 동시에, 여행객 사이에 여행 추억, 관련 팁 등 새롭게 소통하고 공유하는 방식이 자리 잡게 된 것으로 보인다. 또 단순히 여행을 사전준비하기 위한 정보수집의 기능을 넘어 현실여행을 돕는 기술기반 서비스를 개발하고, 여행지의 모습을 담은 시각자료를 통해 가이드와 실시간으로 소통하며 투어를 즐길 수 있도록 함으로써 랜선투어는 오프라인여행을 보완하고 지원하는 간접적인 방식으로 더 발전해 나갈 것으로 기대된다.

한편, 익스피디아가 주목한 포스트코로나 시대의 여행 키워드는 '고효율'과 '불확실성'이다. 익스피디아와 GWI(Global Web Index)의 공동 조사에 따르면, 전 세계 여행객의 83%가 시간과 효율성을 여행의 가장 중요한 가치로 꼽았다. 이들은 간편한 시스템과 변화하는 상황에 즉각 대응 가능한 유연한 서비스를 선호했다. 여행 기회가 줄어들면서 여행이 주는 경험이 그 어느 때보다 귀해진 상황(한국인 92%, 전 세계 평균 81%)에서 고효율 여행은 여행 준비 과정에 소요되는 시간과 스트레스를 줄이고, 여행 중의 경험에 에너지를 집중하는 패턴이다. 저가여행보다 만족도를 높이는 데 집중하는 것이다. 동일 조사를 통해 여행 중 발생할 수 있는 예측 불가능한 상황, 안전에 대한 불안감 등 모든 종류의 '불확실성'을 제거하고자 하는 욕구도 확인됐다. 실제로 한국인 여행객 2명 중 1명(54%)은 무료 취소나 변경이 가능한 상품을 찾고, 현지 정보를 실시간 제공하는 플랫폼(36%)을 이용하거나, 비상시 연락 가능한 숙소나 항공사의 고객센터 정보를 미리 확보하기도 했다(30%).

세계적인 온라인 여행정보 기업 부킹홀딩스는 최근 한국을 포함한 전 세계 28개국 2만여 명의 여행객을 대상으로 진행한 설문조사 결과와 유저 검색 패턴 및 선호사항 관련 데이터를 심층 분석해 '여행의 미래' 모습을 도출했다. 먼저, 코로나19 시대에 급부상한 여행 트렌드 중 하나인 국내여행의 인기에서 엿볼 수 있듯 여행객들이 먼 곳보다는 가까운 혹은 익숙한 여행지에서 시간을 보내려는 추세가 지속될 것으로 보인다. 또 코로나19 장기화로 원격근무가 보편화됨에 따라, 앞으로는 일과 여가시간을 적절하게 결합한 장기 여행이 증가할 것으로 보인다. 실제로, 3분의 1(37%) 이상의 응답자들이 '새로운 환경에서 업무를 하기 위해 숙소 예약을 고려해 본 적이 있다'고 답한 만큼, 장기간 여행지에 머무르며 원격으로 업무를 진행하는 '워크케이션'이 인기를 끌 전망이다. '뉴 노멀(new normal)' 시대가 도래하면서 여행객 역시 보건 및 안전 조치를 중시하고 이를 준수하는 것이 점점 보편화될 것으로 보인다. 설문에 참여한 전 세계 여행객의 79%는 '코로나19 감염 예방을 위해 더 주의를 기울일 것'이라는 뜻을 밝혔고, 자연히 포스트코로나 시대의 여행객 안전을 위한 업계의 행보에도 귀추가 주목될 것으로 예상된다. 무엇보다 포스트코로나 시대에는 여행에 대한 우선순위가 달라지고 여행을 통해 세상을 경험하고자 하는 방식 또한 다소 단순해지면서 2021년부터는 '단확행(단순하지만 확실한 행복)' 여행이 늘어날 것으로 보인다. 설문결과에 따르면, 응답자의 절반 이상(56%)은 '사람의 발길이 닿지 않은 여행지에서 자연을 즐기는 여행'에 대한 니즈가 있는 것으로 드러났다. 실제로 부킹닷컴 플랫폼에서 '등산(94%)', '상쾌한 공기(50%)', '자연(44%)', '휴식(33%)' 등의 소박하고 단순한 즐거움을 찾아 숙소를 예약한 이들이 증가했다.

2) 여행객의 체험욕구와 호텔의 변화

여행에 있어 액티비티(Activity)는 매년 빠지지 않고 등장하는 키워드다. 액티비티 카테고리는 그 범위에 따라 다양하게 분화될 수 있지만 액티비티의 구성요소 중 가장 기저가 되는 것은 '체험'이다. 2019년 한국관광공사가 소셜미디어 빅데이터를 활용해 여행 트렌드를 분석한 결과에서도 체험과 관련된 키워드가 국내여행의 '목적 및 활동' 주요 키워드 탑 20위 내에 지속적으로 랭크되어 있는 것을 알 수 있다. 한국문화관광연구원 이원희 연구원은 향후 관광은 '기억할 만한 경험(MTE : momorable tourism experience)을 추구하는 경향이 강해지면서 관광 명소나 랜드마크 방문 위주의 관광에서 능동적 참여가 가능한 형태 위주로 변화'할 것이라 전망했다. 즉 단순히 새로운 것을 보고 즐기는 단계를 넘어 '체험' 활동이 중요해진다는 것이다.

호텔에서 액티비티 상품의 적용은 호캉스 열풍이 불었던 3~4년 전부터였다. 코로나 이후 호텔의 야외 공간을 활용해 캠핑을 접목한 아웃도어 프로그램은 선풍적인 인기를 끌고 있다. 아메리칸 럭셔리 브랜드 '캐딜락'과 6개 캠핑업체와 협업한 메이필드호텔 서울은 호텔에서 차박과 글램핑을 동시에 즐기는 '차박 in the garden' 패키지를 선보였다. 캠핑은 코로나 시대에 많은 인기를 끌고 있지만, 캠핑을 위한 사전준비가 되어 있지 않으면 제대로 된 캠핑을 즐길 수 없다는 단점이 있다. 이 프로그램은 캠핑 초보도 쉽게 즐길 수 있고, 캠핑의 감성에 편안한 투숙까지 연계해 호텔의 장점이 돋보였다. 워커힐 호텔앤리조트도 야외 피크닉 공간을 오픈해 다양한 액티비티를 즐길 수 있는 프로그램을 선보였으며, 롯데호텔 제주는 아예 아웃도어 전담 프로그램 운영을 시작하는 등 다양한 콘텐츠를 운영하고 있다.

워커힐 캠핑 인 더 시티 전경(출처 : 워커힐 스토리 닷컴 홈페이지)

한편 국내에서도 체험형 아웃도어 미션프로그램이 론칭된 사례가 있다. 소노호텔 & 리조트는 미션 프로그램 '로스트 아일랜드'가 쏠비치 진도의 이국적인 풍광과 하루에 2번 바닷길이 열리는 '소삼도'를 활용한 신개념 아웃도어 미션 액티비티로 평범한 산책로에 스토리를 점목한 10단계의 미션을 호텔에서 직접 기획했다. 코로나19 이전에 동적인 액티비티적 요소에 집중된 프로그램이 많았다면 향후에는 일상에서 찾을 수 있는 재미 요소들을

소노호텔 & 리조트 쏠비치 진도 전경(출처 : 구글사진검색)

호텔에서 고객에게 제안하는 서비스가 초점이 되는 등 액티비티에 대한 개념 자체를 새롭게 정의할 필요가 있다.

3) 4차 산업혁명과 호텔

제4차 산업혁명(第四次 産業革命, Fourth Industrial Revolution : 4IR)은 정보통신기술(ICT)의 융합으로 이루어지는 차세대 산업혁명이다. 18세기 초기 산업혁명 이후 네 번째로 중요한 산업시대이다. 이 혁명의 핵심은 빅데이터 분석, 인공지능, 로봇공학, 사물인터넷, 무인 운송수단(무인 항공기, 무인 자동차), 3차원 인쇄, 나노기술과 같은 7대 분야에서 새로운 기술혁신이다. 제4차 산업혁명은 기술이 사회와 심지어 인간의 신체에도 내장되는 새로운 방식을 대표하는 디지털 혁명 위에 구축되고 있다. 제4차 산업혁명은 로봇공학, 인공지능, 나노기술, 양자 프로그래밍, 생명공학, IoT, 3D 인쇄 및 자율주행 차량을 비롯한 여러 분야에서 새로운 기술혁신이 나타나고 있다.

코로나19 이후, 사회적 거리두기가 일상화되면서 새로운 기술혁신은 바이러스와 절묘하게 공존했다. e-커머스와 배달대행, 원격 교육, 모빌리티 서비스 등 비대면 플랫폼 사업에 필요한 핵심기술은 4차 산업혁명의 핵심키워드와 일맥상통했고, 다수의 기업들은 기술 중심의 사회로 진전하는 포스트코로나 시대에 경쟁에서 살아남기 위해 다수의 기업들은 사업을 재편하고 있다. 이러한 모습은 호텔도 예외가 아니다. 코로나19 이후 초기단계이긴 하지만 인공지능을 활용한 실용적인 응용프로그램들, 예를 들어 챗봇, 무인결제시스템, 키리스 체크인/아웃 시스템, 객실 내 모바일 음성인식 및 제어, 모바일 체크인, 가상현실투어, 스마트호텔 등 호텔산업의 주요 트렌드에 빠지지 않고 등장하고 있다.

최근 몇 년 동안 호텔 및 여행산업에서 가장 흥미로운 기술 개발 중 하나는 챗봇 및 프런트 데스크 로봇 도우미에 이르기까지 다양한 부분에 로봇의 보급이 증가했다는 것이다. 사실, 호텔의 AI로봇으로 대표되는 디지코 기술은 팬데믹 이전부터 일부 호텔에서 활용되었다. 다만, 서비스가 주요 상품인 호텔에서 로봇기술의 접목이 신기할 뿐 필요성을 느끼지 못했을 뿐이다. 대표적인 예로 2018년, 중국매체 신화통신은 알리바바그룹의 항저우 페이주부커(菲住布渴)호텔(Flyzoo Hotel)을 '미래호텔'이라는 수식어와 함께 개장 소식을 알리며 등장했다. 이 호텔에는 얼굴인식으로 체크인 및 부대시설을 이용할 수 있고 로봇이 컨시어지를 대신하며, IoT 기반 플랫폼으로 객실을 제어할 수 있어 당시 최신기술이 도입된 사례로 평가받았다. 한국의 경우 최근 KT는 대구 메리어트호텔을 배경으로 페이주부커 호텔에서 선보인 컨시어지 로봇을 도입했다. 디지코(DIGICO)기술 즉, AI, 빅데이터, 클라우드를 기반으로 하는 디지털 플랫폼이다. 현재 이 AI로봇은 대구 메리어트호텔 외에도 노보텔 앰배서더 동대문, 매드포갈릭 봉은사로점 등에서 운영되고 있다.

◆◆ 대구 메리어트호텔 컨시어지 로봇(출처 : KT광고영상 캡처)

이처럼 사물인터넷(IoT)은 휴대폰, 태블릿 등과 같은 스마트기기는 호텔과 객실의 물리적 상태를 최적화하고 에너지 비용을 줄일 수 있을 뿐만 아니라 고객이 자신의 스마트기기를 활용해 객실 내에서 난방, 조명, 텔레비전을 컨트롤하고, 전원을 켜고 끄는 등 한곳에서 제어할 수 있어 최근 주목받는 트렌드인 개인화(Personalisation) 관점에서 고객 맞춤형 서비스를 제공할 수 있는 호텔의 기본 서비스로 자리 잡아가고 있다.

◆◆ 세계 최초의 로봇직원 호텔(출처 : 월스트리트저널 유튜브 영상 캡처)

코로나19 이후 보다 적극적으로 호텔의 전통적인 대면 고객 서비스는 인공지능을 갖춘 로봇으로 대체하기 시작했다. 일본 헨나(Henn-Na) 호텔은 음성, 얼굴인식 및 인공지능을 탑재한 로봇을 도입하여 프런트 데스크에서 사람을 대신하는 세계 최초 로봇직원이 있는 호텔로 인정받았다.

미국 힐튼호텔은 IBM과 공동으로 개발한 인공지능 컨시어지 로봇인 Connie를 도입하였다. Connie는 방문자의 질문에 응답하기 위해 음성인식 기술을 사용하여 고객과 대화할 수 있으며, 고객과 대화하는 정보를 재학습하여 사용빈도가 높아질수록 그 응답 수준이 향상되는 특징이 있다.

◆◆ 힐튼의 로봇 컨시어지 코니(출처 : 힐튼 유튜브 영상 캡처)

챗봇은 2016년경부터 부킹닷컴 등 호텔예약사이트에서 전 세계 호텔과 소비자들의 원활한 커뮤니케이션을 위해 도입되었다. 부킹닷컴에서 예약한 사용자들은 체크인이나 체크아웃 시간을 포함해 간단한 요청사항 및 질문을 챗봇을 통하여 할 수 있고 언어가 통하지 않더라도 챗봇이 자동으로 번역해 주어 호텔은 보다 편리하고 간단하게 고객 서비스를 제공할 수 있게 되었다. 2018년에는 워커힐 호텔앤리조트에서 서울 소재 호텔 최초로 AI에 기반한 챗봇서비스를 론칭했다. 론칭 당시 챗봇의 주요 서비스는 호텔위치, 연락처, 교통편 등 기본 정보안내를 비롯한 호텔 내 시설 사용을 위한 간편예약 및 취소, 프로모션 등을 이용할 수 있었다. 현재 챗봇 서비스는 질문자의 질문에 단순히 대답만 하는 것이 아니라 질문의 의도를 파악하여 대답하고 호텔 예약 및 이용을 위한 개인별 맞춤형 큐레이터 역할까지 담당하는 등 더욱 진화하고 있다.

4) 스마트관광도시

코로나19로 다양한 분야에서 비대면 서비스가 빠르게 발전하기 시작한 2020년 9월에 문화체육관광부는 한국관광공사와 함께 '2020년 스마트 관광도시 시범 조성 사업' 대상

출처 : 한국관광공사

지로 인천광역시 중구를 최종 선정했다. 스마트 관광도시란 도시 전체가 일종의 사물 인터넷환경으로 조성되어, 도시 내에서 끊임없이 발생하는 다량의 실시간 데이터가 여러 이해관계자들과 공유되는 도시를 의미한다. 따라서 스마트 관광도시 조성사업은 스마트 관광 생태계 구현을 통한 지역 관광 활성화라는 비전을 바탕으로 AR(증강현실)과 VR(가상현실) 등의 기술을 활용한 ICT 기반 관광콘텐츠 인프라 육성을 통해 관광기업 혁신 및 산업기반 선진화, 지역 관광 활성화를 도모하기 위한 프로젝트라고 설명할 수 있다.

최근 연구논문(정남호 외, 2020)에 따르면 스마트 관광도시는 관광산업의 질적 성장을 위해 그리고 다음 세대가 필요로 하는 여건을 훼손하지 않으면서 현세대의 욕구를 만족시키는 '지속 가능한 관광'을 실현하는 데 필수적이며, 스마트 관광을 통한 공유가치는 기존 관광객들의 경험 증대에 기여할 뿐만 아니라 주민, 관광기업, 공공기관, 정부 등 관광 생태계를 구성하는 이해관계자들의 결합과 상호보완을 통해 창출되기 때문에 이들의 적극적인 참여와 협업, 공유를 통해 관광의 질적 성장을 달성할 수 있는 도시 형태라 설명하고 있다. 따라서 스마트 관광도시의 구축은 관광의 범주 확장은 물론, 관광산업이 도시의 모든 사람들에게 직간접적으로 영향력을 행사할 수 있음을 의미한다. 그리고 일반 관광 도시에서의 관광 매력물을 넘어선, 참여자들 간의 상호연계를 통해 구축된 맞춤형 관광환경이 바로 기존의 수준을 넘어 스마트 관광도시가 가져올 수 있는 '지속 가능성'이 될 수 있다.

2015년 국제연합(UN)은 2030 지속가능 발전목표(Sustainable Development Goals : SDGs)로 새로운 의제를 채택하고, 전 지구적으로 평화와 번영을 누리기 위한 청사진을 제시했다. 스마트 관광도시는 SDGs의 17가지 세부 목표 모두 큰 흐름에서 연관성을 가지고 있으며 그중 직접적 연관성을 확인할 수 있는 세부목표별 스마트 관광도시의 역할을 확인할 수 있다.

〈표 8-3〉 SDGs별 스마트 관광도시의 역할

SDGs	스마트 관광도시의 역할
목표 8 : 경제성장 및 양질의 일자리 증진	도시생산성 증진을 통한 경제성장 및 정보통신기술 기반의 관광과 타 산업 간의 융복합을 통한 일자리 창출
목표 9 : 건실한 인프라 구축, 산업화 진흥 및 혁신	스마트 관광도시가 발전하는 ICT 기술이 그 역할을 다할 수 있도록 기반을 구축
목표 11 : 지속가능한 도시와 거주지 조성	포용성과 서비스 접근성을 극대화하여 압축된 고밀도, 고효율의 도시 구축
목표 12 : 지속가능한 소비 및 생산 패턴 확립	스마트 그리드 기술과 제도의 확립 및 지역 문화를 유지하는 맞춤화된 관광 서비스 제공으로 환경파괴 최소화
목표 17 : 지속가능 발전을 위한 글로벌 파트너십 재활성화	이해관계자들의 적극적인 협업과 파트너십이 이루어질 수 있는 플랫폼의 역할

출처 : 정남호 외, 인터넷전자상거래연구, Vol. 20(2), 2020

오늘날의 최첨단 정보통신기술을 기반으로 하는 스마트 관광도시는 기존 관광도시들이 당면한 여러 사회적 문제들을 해결하고 지속가능한 관광을 실현할 것으로 기대하고 있다. 한국에서 스마트 관광도시로 선정된 첫 번째 대상지는 근대 건출물이 존재하는 138년 된 인천 개항장 일대다. 특히 '19세기 제물포, 21세기를 만나다.'라는 주제로 국내 근대문화 발상지인 월미 관광특구 개항장 일원이 스마트 관광요소들이 집약된 거리로 조성된 인천 개항장은 2021년 6월에 개막, 같은 달 30일에 개항장 일대를 스마트하고 편리하게 앱 하나로 즐길 수 있는 '인천e지 스마트 관광플랫폼'의 정식 서비스를 출시하여 AR(증강현실)과 VR(가상현실), 오디오가이드 등의 스마트기술을 가미한 시간여행 콘텐츠를 무료로 즐길 수 있다. 한국 최초의 서양식 호텔인 대불호텔과 거리 곳곳에서는 과거 실존 인물들이 AR로 재현되어 마치 해설사 또는 안내원처럼 해당 장소에 얽힌 이야기를 설명하고, 방문객에게 수행할 미션, 그리고 이를 완료하면 할인 쿠폰 등의 보상을 받는 이벤트 등이 포함되어 있다. 인천e지 앱과 개항장 일대의 공공와이파이를 통해 수집된 이용객 관광 데이터는 인천 스마트 관광도시 플랫폼 내에 저장되고, 정제·통합 과정을 통해 관광 마케팅 및 지역 인프라 개선 등을 위한 목적으로 활용된다.

인천 개항장에 이어 2021년 3월, 1차 평가를 통해 선정된 강원 양양군, 경기 수원시, 경북 경주시 등 3곳이 새롭게 스마트 관광도시 사업의 후보지로 선정되었으며, 개인별 맞춤형 첨단 관광도시를 주제로 사업계획을 제출한 경기도 수원시가 21년 6월 두 번째

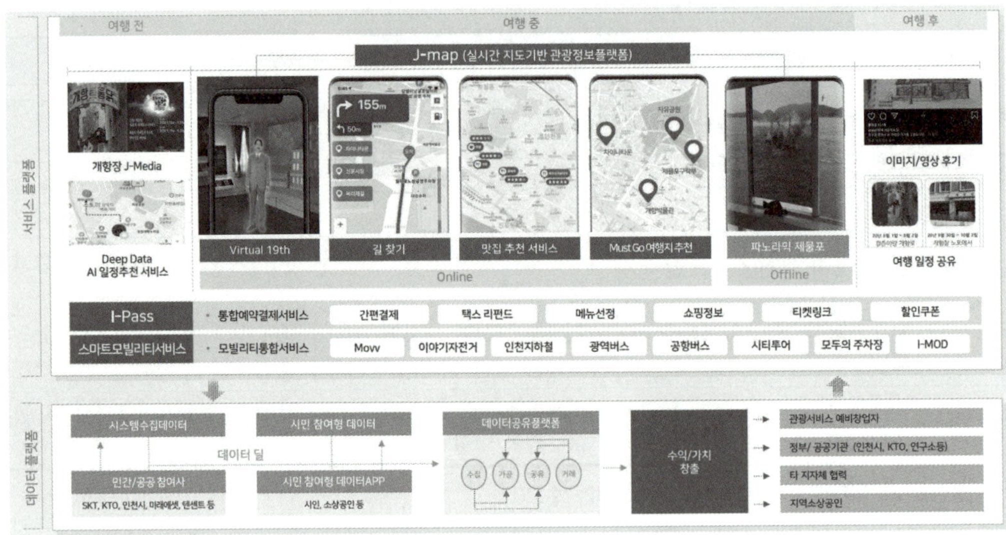

출처 : 한국관광공사

[그림 8-8] 인천e지 서비스 개념도

스마트 관광도시로 선정됐다. 수원시는 본 사업을 지능형(스마트) 관광도시라 칭하고, 이곳을 방문하는 관광객들은 여행 전 목적지 결정부터 여행 중 활동(이동, 식사, 체험, 쇼핑, 숙박 등)과 관광 이후 활동(여행 후기 공유, 관광지 불편 신고 및 개선사항 제안 등)에 이르는 모든 과정에서 기술이 융합된 개인별 맞춤형 관광서비스를 경험할 수 있다고 밝혔다.

5) 공유경제(P2P 시장)와 공유숙박

'공유경제(sharing economy)'는 재화 또는 서비스를 빌리거나 공유하는 포괄적인 개념으로, 기존에 사용되지 않는 자원을 타인에게 공유함으로써 불필요한 자원의 소비를 줄일 수 있으며, 유휴자원을 다시 활용한다는 관점에서 사회적 공헌을 유도하고, 새로운 형태의 고용창출과 지역의 경제를 활성화할 수 있는 수단으로 활용되고 있다. 공유경제의 한 형태인 '공유숙박(Sharing Accommodation)'은 호텔 또는 모텔과 같은 상업적 숙박 시설이 아닌 개인이 자가로 소유한 다양한 형태의 숙소를 온라인 플랫폼을 통해 공유(P2P)해서 쓰도록 하는 4차 산업혁명 시대를 대표하는 공유 서비스이다. 공유숙박을 제공하는 서비스인 '에어비앤비(airbnb)'는 세계적으로 최대 규모의 공유숙박 서비스를 제공하고 있다. 2017년을 기점으로 이용자의 수가 전 세계 2억 명을 돌파했으며, 191개국가 약 3백만 개의 숙소가 등록되어 있다. 세계관광협회(WTTC)의 평가 기준을 바탕으로 공유숙박의 2019년 관광 GDP 기여도는 약 3.7%로 2015년의 0.6%에 비교해서 크게 성장했으며, 이후 후발주자로 익스피디아(Expedia)가 인수한 '홈어웨이(homeaway)'와 국내 내국인을 대상으로 한 '위홈(wehome)' 등의 서비스가 출시되어 공유서비스의 이용을 확장하고 있다.

부동산 기반의 호텔산업에서 공유숙박은 근본적으로 다른 비즈니스 모델로 간주하고, 경쟁관계에 두지 않았다. 하지만 에어비앤비를 중심으로 상당한 신규 수요가 창출되었고, 2017년 Guttenga, Smith는 에어비앤비의 호텔 대체 및 비교 연구에서 전체 응답자의 64.8%가 에어비앤비를 호텔 대용으로 사용할 의사가 있다고 답했으며, 에어비앤비를 중심으로 하는 공유 숙박시설이 중급호텔의 대체 숙박시설로 조사되어 저가 호텔보다 시설 및 서비스가 우수하고 4~5성급 이상의 고급호텔보다 수준이 낮다고 볼 때 공유경제가 활성화될수록 공유숙박을 선호하는 여행자들, 예컨대 호스텔을 이용하는 젊은 배낭여행객, B&B를 이용하는 중년층 이용자, 중산층 등에 의해 레저여행과 중저가 숙박시장을 주도하게 될 것으로 보고 있다. 또 에어비앤비가 작성한 24곳의 여행 목적지별 경제 영향보고서에 따르면, 에어비앤비 투숙객 중의 30% 정도는 공유 숙박시설이 없었다면 숙박을 목적으로 하는 여행지를 찾지 않았을 것이라고 보고하여 에어비앤비가 기존 호텔산업의 대체수단으로 사용되고 있으며 일정 부분 호텔산업에 영향을 미치고 있음을 알 수 있다. Mody 외(2017) 연구에서는 호텔과 에어비앤비의 체험 소비량을 비교하며 숙박산업 내 경쟁이 치열해지고 있으며 에어비앤비가 모든 경험적 측면 및 개인화 측면에서 전통적 호텔업계를 능가한다는 것을 발견했다. 즉 오락적, 교육적, 심미적, 우연적, 현지적, 개인적, 공동체적인 체험요인을 중심으로 마케팅 활동을 진행하여 방문객들에게 긍정적인 기억을 부여한다는 것이다.

지금까지 에어비앤비에 대한 호텔업계의 반응은 엇갈렸다. 일부 호텔리어들은 에어비앤비에 대한 우려를 표명했고, 다양한 호텔협회들은 엄격한 규제와 시행을 주장하기도 했다. 하지만 에어비앤비가 고급호텔에 미치는 영향은 제한적이라는 연구결과가 보고되고 있으며, 에어비앤비 스스로도 당초 호텔 대용으로 내세웠던 마케팅정책과 달리 최근에는 호텔과의 경쟁보다는 보완의 메시지를 전달하고 있다. 공유경제의 일환에서 4차 산업혁명과 연계된 혁신의 과정에서 발달된 에어비앤비로 대표되는 공유숙박은 다양한 차원의 경험경제를 활용하는 콘텐츠 마케팅 패러다임을 채택하고 고객의 경험을 설명하는 경험적 소비모델로 그 가치를 인정해야 할 것이다.

참고문헌

권태일 · 김영준(2020.6), 코로나19에 따른 국민들의 여행 인식 및 검색량 변화 분석, 한국문화관광연구원

글래드호텔앤리조트, "포스트코로나 시대, 스마트한여행즐기기", 트렌드리포트#5 '스마트한여행편' [Internet.https://glad-otels.com/web/gate/smarttravel]

김현주 외(2020.12), 코로나19의 관광산업 영향과 대응방안, 한국문화관광연구원

세계여행관광협회 홈페이지(https://wttc.org)

야놀자(2020), "코로나 시대 여가 트렌드〈S.U.P.E.R〉", 야놀자좋은숙박연구소

의료관광, 위키백과–우리 모두의 백과사전, 2021년 1월 28일 최종편집, from https://ko.wikipedia.org/wiki/의료관광

이원희(2020.6), 키워드로 보는 2020-2024관광트렌드 : NEXT TRAVEL, 한국문화관광연구원

이원희 · 박주영 · 조아라(2019), 관광트렌드 분석 및 전망 : 2020-2024, 한국문화관광연구원

정남호 · 김진영 · 이현애, and 구철모, "4차 산업혁명 시대의 지속가능발전목표와 스마트 관광 도시의 역할", 인터넷전자상거

정대영 · 이수진(2020.5), 코로나19, 여행의 미래를 바꾸다, 경기연구원

정창수(2016.6), 한국의료관광마케팅: 한국의료관광의 현재와 미래, 한국관광공사

제이슨 솅커(2020), 코로나 이후의 세계, 미디어숲

최재천 외(2020), 코로나 사피엔스, 인플루엔셜

쿠키뉴스, 의료관광객 100만시대… 관광공사, 포스트코로나 손님 맞이 준비, 2021.4.9

투어타임즈(2020.6.12), 소셜 빅데이터로 보는 코로나19 시기 여가, 관광 트렌드, 서울관광재단

한국관광공사(2019.12), 웰니스 관광산업 통계 구축, 현대정책연구원

한국관광공사(2020.6.11) 보도자료, 빅데이터로 살펴 본 언택트(Untact) 시대의 관광변화 분석

한국문화관광연구원, 관광지식정보시스템(www.tour.go.kr)

한양대관광연구소 & 한국관광학회(2020), 포스트코로나 관광시장과 공급예측 전망

현대정책연구원(2019.12), 웰니스관광산업통계구축, 한국관광공사

호텔앤레스토랑 매거진(2021.4.7), 2020년 호텔산업운영현황 리뷰

Business travel spending plunged by 60% to $504B amid pandemic, Tatiana Rokou / 30 Apr. 2021, Business travel

Expedia Group Releases Trends and Predictions for 2021 report

For Hospitality Industry, 2021 Is All About Survival and Recovery, MARCH 1, 2021, written by ALEX JOHN, USAMagazine

Guttentag, Daniel A. and Smith, Stephen L.J., "Assessing Airbnb as a Disruptive Innovation Relative to Hotels: Substitution and Comparative Performance Expectations", International Journal of Hospitality Management, 64(2017): 1-10

Hospitality and COVID-19: How long until 'no vacancy' for US hotels? June 10, 2020 Article, McKinsey & Company

Korean Health Industry Development Institute, Statistics on international patients in Korea, 2018 [Internet]. Cheongju(KR): Korean Health Industry Development Institute, 2019, [cited 2020 Mar. 20]

Mody, M. A., Suess, C., & Lehto, X.(2017), The accommodation experiencescape: a comparative assessment of hotels and Airbnb, International Journal of Contemporary Hospitality Management, 29(9): 2377-2404

Mueller, Hansruedi, and Kaufmann, Eveline Lanz, "Wellness Tourism: Market Analysis of a Special Health Tourism Segment and Implications for the Hotel Industry", Journal of Vacation Marketing 7. 1(2001): 5-17

Reimagining Travel in a Post-COVID-19 World, DECEMBER 20, 2020

Smith, Melanie K., and László. Puczkó, Health, Tourism and Hospitality : Spas, Wellness and Medical Travel, 2014

The 2019 edition of the Travel & Tourism Competitiveness Report, WEF, The World Economic Forum

UNWTO conducted a global survey among its UNWTO Panel of Tourism Experts on the impact of COVID-19 on tourism and the expected time of recovery, Data as collected by UNWTO, May 2021

UNWTO World Tourism Barometer, Volume 19, Issue 3, May 2021

미래의 국제관광 변화와 여행상품 전망

국 · 제 · 관 · 광

PART 09

국제관광

코로나19의 영향은 국제관광에 많은 영향을 미쳤다. 특히 외래관광객을 중심으로 관광의 활성화를 도모하는 국가들의 경우에 관광객 유입의 큰 감소로 인해서 경제적 타격을 가져오게 되었다. 나아가 국가산업으로서 관광산업의 막대한 피해를 미치게 되었다. 국가기간 산업인 항공업의 막대한 피해와 여행업의 도산의 증가 및 관련 종사자의 구조조정 등의 피해가 속출되었다. 우리나라의 대표적인 여행사 하나투어의 위기상황[1]이 엿보이는 것도 코로나19가 가히 얼마나 심각한 상황의 결과를 가져오게 되었는지를 보여주고 있다.

국가 간의 관광객 송출의 불가피한 중단과 큰 폭의 하락은 국가 간 관광교류의 중단이라는 점에서 세계무역의 제한을 가져다주며 민간교류의 중단이라는 차원에서도 세계의 민간이동과 소통의 차단이라는 점에서 매우 심각한 현상임에 틀림없다.

코로나 이후에도 여행에 대한 갈망은 커져서 해외여행과 국내여행의 수요는 증가될 것으로 전망된다. 현재 코로나 이후 가장 하고 싶은 일에 대한 응답으로 많은 사람들이 해외여행이라 답변하고 있다. 이는 여행에 대한 희망을 무엇보다 절실하게 표현하고 있다는 점에서 주목된다.

하루속히 코로나 팬데믹 상황이 종료되기를 기원한다. 전문가 평가를 보면 부정적인 의견은 2024년에 되어서야 해외여행이 정상화될 것으로 예견하는 경우도 있어서 불확실성은 여전히 존재한다는 점에서 주시해야 할 것이다. 2021년 6월 말 기준 세계의 코로나 백신의 공급 불균형과 부족으로 전망을 더욱 어둡게 하는 것 같아 많은 우려가 예상된다고 하겠다. 올해 백신 접종이 전 세계 인구의 20% 정도밖에 안 될 것이라는 전망도 맥을 같이한다.

1 코로나19의 영향

세계관광기구(UNWTO)에 의하면 코로나19로 인해 2020년 상반기 기준으로 국제관광객이 65% 감소했으며, 국제관광시장이 코로나 이전으로 회복되려면 2.5~4년 정도 소요

1) 코로나가 지속되면서 2021년 1/4분기 상황에서 하나투어의 직원이 900명 구조조정되었다는 소식은 코로나 지속상황에서 대한민국 최고의 실적을 지닌 여행사의 어려움을 보여주는 결과라는 점에서 심각성을 인식하게 된다.

될 것으로 전망하였다. 그리고 국내의 경우 문화체육관광부에 따르면 2020년 코로나19로 인한 관광업계 피해규모는 16.6조로 나타났다. 이는 2019년에 비교하여 약 62%가 감소한 수치이다. 국내 방한 관광객의 경우 2019년 대비 85.6%가 감소하였다. 관광수입도 약 12조 원 감소한 것으로 나타났다(국제뉴스, 2021.4.27).

세계관광기구(UNWTO)는 코로나19가 휩쓸고 간 2020년을 관광역사상 최악의 해라고 평가하였다. 세계 여행객 수가 2019년 동기간 대비 74% 급감하는 등 관광산업에 유례없는 칼바람이 불었다(e대한경제, 2021.5.7)는 평가를 받는다. 이처럼 엄청난 피해가 관광산업 전반에 미쳤고 진행되고 있다. 코로나 팬데믹 이후에도 여러 부문에서 많은 영향과 변화가 지속될 수밖에 없는 상황으로 전망된다.

1) 항공노선

국토교통부 자료에 의하면 2020년 코로나19 발생 이후 국내선 24개, 국제선 254개 등 총 278개 노선이 운항 중단으로 폐지되었다. 각국의 봉쇄조치와 여행수요 급감으로 6~12개월가량 운항이 정지되면서 휴지가한을 초과해 운항이 재개되지 않을 경우 노선을 없앤다는 항공사업법 24조4항에 따라 폐지수순을 밟은 것이다(경향신문, 2021.4.13)라는 설명이다.

◆ 인천공항 제1청사 출국장 면세구역 전경 / 파리 샤를 드골 공항 탑승수속 전경

이러한 결과에 대해 항공업계에서는 코로나19의 특수 재난상황에 맞게 법 개정이 필요하다는 의견을 보인다. 현재는 여행수요도 없지만 문제는 백신접종의 확대로 국가별로 관광의 재개에 따른 여행수요에 대비해야 하는 상황도 고려되어야 하기 때문이다.

2 코로나19 이후의 변화

1) 국내여행 집중

코로나19의 어려움을 돌파하기 위해서 역외권의 제한 상황에서는 국내관광의 활성화가 특정지역을 중심으로 펼쳐진다. 특히 제주도와 강원권을 중심으로 한 투어가 활성화되고 있다. 단체보다는 개별여행객 중심의 투어가 일반적이다. 또한 코로나 상황에서는 대부분 해외여행이 제한되고 어려운 상황에서 국내여행에 관심을 갖고 집중되는 현상을 국가별로 보이고 있다.

(1) 국내여행 형태

많은 사람들이 방역지침을 준수하면 안전한 여행을 할 수 있다고 생각하는 경향이 있다.

가. 사람이 적은 지역을 선호

코로나 팬데믹으로 인해 사람이 적은 곳을 선호하게 된다. 밀집지역과 밀집 접촉을 피한다는 차원에서 사람이 적은 지역을 선호하는 상황이다. 이러한 점은 상품개발에 향후 매우 중요한 요소로 작용할 것으로 사료된다.

◆◆ 청풍리조트 레이크 힐 전경

나. 당일여행 선호

숙박을 하지 않는 당일여행이 선호된다. 아무래도 숙박여행은 잠을 자게 되는 만큼 접촉이 빈번하게 된다. 그리고 식사를 통해 감염의 위험이 내재한 만큼 가족이나 친지를 제외한 여행은 자제되는 상황이다. 당일여행은 교통편이 좋은 지역과 접근성이 좋은 위치의 관광지에 적합하다. 국내에서 당일여행은 자가용 등 개인이동수단의 증가와 대중교통의 여건이 좋아져서 증가하게 되었다.

다. 근거리 지역 선호

차량도 막히고 거리에서 이동 시 소요되는 시간을 절약하는 차원에서 근거리 여행이 선호된다. 코로나 시대에는 특히 감염의 위험을 줄이기 위해 자가차량이 많이 선호되는 만큼 근거리 여행이 선호된다.

◆◆ 양평 두물머리 카페 전경 / 안양 카페 전경 / 프랑스 파리 몽마르트르 언덕 카페 · 레스토랑 내부

라. 야외활동 선호

야외활동이 실내보다는 코로나 감염상황에 위험성이 적은 만큼 선호된다. 그래서 캠핑카나 야영장에서의 활동이 선호되고 있다. 외부에서 관광활동을 선호하는 상황이다. 그래서 캠핑장, 휴양 및 자연관광지가 부각되고 있다.

그리고 새로운 변화는 골프장이 레저활동으로 관광시설분야에 속한 만큼 비중과 인기가 커지고 있다. 골프장은 국내에 약 400여 곳이 있다. 특히 코로나19 이후에는 예약이 더 힘들어졌다는 평가이다. 많은 사람들이 야외에서의 활동을 건강과 관련하여 선호하는 만큼 골프장 이용객의 증가가 두드러지게 나타나고 있는 상황으로 평가된다.

서울 양재천 가로수길 코스/ 양재천 전경(잉어떼)

마. 승용차를 이용한 여행형태 선호

최근에는 음악공연도 자동차를 이용한 넓은 공간에서 안전하게 진행되고 있다. 여행도 자동차를 이용한 이용이 증가되었다. 최근 가장 큰 피해를 보고 있는 관광전세버스는 상대적으로 이용객이 감소되는 상황으로 경영이 어렵다는 문제를 보인다.

프랑스 파리 패키지투어 버스

가) 차박여행

차 안에서 숙박하는 여행을 말한다. 코로나 상황에서 야외에서 즐기는 차박여행이 증가한다. 차박여행은 자동차에서 잠을 자며 머무르는 여행을 의미한다. 현재 인기있는 차박여행지로는 서해바다, 내륙, 제주도, 동해바다, 남해바다이다.

특히 서해에서는 인천, 화성이 인기를 끈다. 내륙에서는 평창, 가평이, 그리고 동해지역은 강릉, 속초에 많은 방문객이 유입하고 있다. 장소는 특정장소로 국한되지 않는다.

전국이 대상지가 될 수 있다. 차박여행은 주로 20~30대의 연령대에서 인기가 높다. 여성보다는 남성의 비율이 높다. 차박여행이 증가하다 보니 최근에 이러한 사람들을 차박족으로 부르고 있다. 차만 있으면 이동이 쉽고 최소한의 장비로 캠핑을 즐긴다는 점에서 인기를 구가하고 있다.

나) 캠핑카

차박여행의 증가로 차를 캠핑용으로 개조한 차를 말한다. 차량의 실내를 필요한 공간과 편의를 위해 개조한 차량이 최근에 대세가 되고 있다. 반려동물과 함께 여행하는 사람들이 증가하다 보니 반려동물을 위한 이동, 의료, 미용, 숙박 등의 이동 서비스도 발전하고 있다.

통계청에 따르면 국내 캠핑인구는 2011년 60만 명에서 2016년 500만 명으로 8배 증가한 것으로 나타났다. 2018년 600만 명 시대로 접어들어 캠핑이 하나의 문화로 자리 잡은 것으로 평가하고 있다. 국토교통부의 캠핑카 및 캠핑트레일러 등록현황을 보면 2014년 4,075대, 2016년 7,793대, 2017년 1만 901대, 2019년 7월 말 기준 1만 6,384대로 나타나고 있다.

바. 평일여행 선호

주말은 상대적으로 여행지나 관광지에서 밀집도도 높아지는 만큼 평일이 선호된다. 그리고 주말은 차량의 막힘으로 인해 평일의 여행이 소통의 원활한 도로상황을 고려하여 선호된다. 평일 이용의 장점은 주중인 평일이 주말보다 가격이 저렴하다는 점이며 이용객이 상대적으로 적어서 밀집도에 있어서도 좋다는 점을 들 수 있다.

2) 호캉스 활성화

코로나19의 지속적인 연장상황으로 인해 여행은 특히 국내에서 진행되는 상황이다. 특히 사람들과의 접촉을 피하는 비대면 접촉을 선호하여 가족이나 친지 그리고 2~3명이나 5명[2] 이하의 범위에서 여행이 진행된다. 호캉스는 호텔에서 바캉스를 보내는 것으로

2) 5명이라는 인원은 차량에 동승할 수 있는 최대한의 인원을 말한다. SUV 차량은 5명이 넘지만 일반승용차 기준을 말한다. 사실 5명도 많다. 코로나에 적절한 인원은 아무래도 2~3명이 적절하며 4명 이하가 좋다고 본다. 그동안 질병

평안한 휴식 가운데 힐링과 웰빙과 웰니스를 느끼는 것을 말한다. 휴가철 외에도 주말을 중심으로 호텔에서 머무르며 주위를 관광하며 편안한 잠자리를 통해 휴식을 추구하는 여행형태로 코로나 상황에서는 매우 인기있는 여행형태로 부각되었다.

코로나 상황하에서 특히 호텔에서는 국내의 관광객이나 방문객을 대상으로 호캉스 상품의 마케팅을 강화하고 있다. 해외여행과 인바운드 여행 그리고 국내여행이 활발한 상황에서는 호텔들에 관광객과 방문객의 수요가 충족되어 왔지만 현재는 차별화된 마케팅과 상품개발 및 정비가 필요한 상황이다.

페어필드 바이 메리어트[3] 서울은 영등포에 위치하는 4성급의 호텔로 접근성이 좋아 가격의 경쟁력을 지닌다. 침대의 안락함이 장점으로 평가되며 2018년에 오픈하였다. 주위의 영등포 신세계백화점, 타임스퀘어, 롯데백화점 등 편의시설이 가깝다는 장점이 있다. 전철역이 가까워 전철방향 뷰에는 다소 시끄러운 소음이 단점으로 평가된다. 비즈니스고객이나 도심에서 호캉스를 원하는 고객에게 좋은 호텔이다. 단, 주차 시 별도의 비용을 지불해야 한다. 많은 고객들이 오는 만큼 체크인 시간이 소요된다. 젊은 직장인들이 선호하는 호캉스호텔로 평가된다.

파라다이스호텔 부산에서는 3대 가족이 즐길 수 있는 '할아버지가 쏜다(3대 호캉스)' 패키지 상품으로 가족여행을 프로모션한다. 해변에서 힐링을 즐기려는 가족을 대상으로 라벤더 힐링 봄 꽃 스파와 야외 오션스파 풀 이용 그리고 해운대 오션뷰 혜택을 제공한다. 이 상품은 가족중심의 수요를 겨냥하고 해운대의 지역을 활용한 힐링을 강조하는 상품출시로 평가된다.

롯데호텔[4]에서는 객실에서 가상현실(VR) 콘텐츠를 즐길 수 있는 '리얼 VR 패키지' 상품[5]을 출시하여 100여 개의 게임과 300여 편의 영상을 볼 수 있는 VR(Virtual Reality:

관리청에서 식당에서 식사가 허용된 인원도 4명이 기준이 되는 상황을 고려하면 4명 이하가 적절하다고 본다. 혼자 여행하는 나홀로 여행도 코로나 상황에서는 적절한 인원형태로도 보인다.

3) 페어필드 바이 메리어트는 부산 송도 비치, 서울 영등포, 부산 해운대에서 운영된다. 부산 송도 비치와 해운대 호텔은 3성급이다. 송도비치는 바다와의 접근성과 뷰로 인해 가격이 상대적으로 높다.

4) 2021년 봄철에 안마의자를 객실에 설치하는 서비스를 펼치고 있다. 고급호텔들이 고객유치를 위해 게임, OTT(Over The Top: 인터넷을 통해 볼 수 있는 TV 서비스임. 개방된 인터넷을 통해 방송프로그램, 영화 등 미디어 콘텐츠를 제공함. 대표적인 것이 넷플릭스임), 안마의자, 스타일러(냄새, 미세먼지, 세균, 바이러스 등을 관리해 주는 옷장류) 등을 갖추고 있다.

5) 롯데호텔, L7호텔, 롯데시티호텔 등 국내 15개 호텔에서 적용된다. 비즈니스호텔급에서도 이러한 서비스 시행은 롯데호텔의 차별화 마케팅으로 사료된다.

가상현실) 기기 대여서비스를 제공한다. 그리고 롯데호텔 서울에서는 리본(ReBorn)패키지를 내놓았다. 일반 객실보다 1.5배 크기의 주니어 스위트, 프리미어 등 고급형객실을 제공하는 서비스이다. 가상현실을 체험하는 기회를 주며 호텔이용객에게 객실 업그레이드의 혜택을 제공하는 상황으로 좋은 기회가 될 것으로 사료된다.

플라자호텔은 어린아이들이 좋아하는 닌텐도 게임을 즐길 수 있는 '조이플 패밀리데이' 패키지 상품과 어버이날 패키지 상품을 통해 카네이션 화분, 하우스 와인을 제공하는 서비스를 진행한다. 가족들 간에 어린아이들을 고려하고 가족의 달인 5월을 전후하여 마케팅을 펼친다.

그랜드 인터컨티넨탈 서울 파르나스에서는 호텔에서 제작한 피크닉 매트, 와인 칠링백, 화이트 와인 1병, 와인 마리아주 메뉴로 구성된 피크닉세트를 제공하는 '렛츠고 패키지' 상품을 출시하고 있다. 2021년 봄철의 부진한 호텔 판매를 위한 마케팅의 일환으로 보인다.

신라호텔에서는 물놀이를 즐기는 고객들을 위해 어번 아일랜드에서 하루종일 입장할 수 있는 패키지 상품을 선보이고 있다(뉴스코리아, 2021.4.26 참고).

The K호텔에서는 5월 가족의 달을 맞아 교직원들을 대상으로 특선상품으로 객실을 할인하여 판매했다. 3~4시에 체크인을 하면 커피 테이크아웃 서비스도 실시한다. 주차

◆ 노보텔 앰배서더 용산 로비 입구 / 용산 드래곤시티(노보텔 앰배서더, 이비스 앰배서더, 그랜드 머큐어 앰배서더) 외관

◆◆ 이천 에덴 파라다이스 호텔 야외 전경 / 티하우스 내부

도 체크아웃 당일 저녁까지 이용할 수 있다. 베이커리나 부대 식당이용 시 투숙객에게는 10% 할인을 실시한다.

호캉스 상품은 여행의 이동이 자유롭지 않은 코로나 상황에서 특히 힐링과 가족을 위한 특선상품들로 판매의 활성화에 도움이 될 것으로 사료된다.

현재 호캉스 상품은 호텔스컴바인, 야놀자, 아이리얼트립, 네이버 호텔예약 등 많은 예약 플랫폼을 통해 판매된다.

3) 한곳에서 오랫동안 머무르기

최근에는 코로나의 영향도 작용한 듯, 여러 곳을 다니는 형태의 여행보다는 국내에서도 한곳에 장기적으로 머물며 휴식과 재충전을 하는 여행형태가 인기를 끌고 있다. 예를 들면 제주도의 한 숙박장소에서 15일이나 20일 많게는 30일 이상 장기 투숙 및 체류하는 형태의 여행[6]이 인기가 있다. 펜션이나 리조트 그리고 호텔 등에서 상대적으로 할인된 금액으로 장기체류하는 여행이 인기를 끈다.

6) 장기체류형 여행이 인기가 있다. 이러한 여행상품은 '한곳에 오래 머물기' 상품으로 명명된다. 이러한 아이디어를 갖고 창업하여 성공한 여행사는 코로나 상황에서도 매출상승과 예약률 확대로 신규직원을 뽑을 만큼 좋은 성과가 나오고 있다.

The K호텔에서도 이 상품은 판매된다. 켄싱턴호텔 여의도에서는 호텔 한 달 살기 패키지 상품으로 마사지 기능이 탑재된 안마의자[7])도 제공되고 있다.

한곳에 머무르기 상품은 현지의 관광지뿐만 아니라 최근에는 수도권 주요 호텔에서도 장기투숙자 및 장기체류형 관광자를 위해 할인 등의 가격으로 패키지 형태의 상품을 판매하고 있다.

◆◆ The K호텔 전경 / 로비라운지 / 밀레니엄 힐튼호텔 내부 전경

4) 한반도 비행여행

이 상품은 일명 '무착륙여행'[8])이라는 상품으로 보면 된다. 해외여행의 향수와 여행의 간접경험을 비행을 통해 만족하는 여행상품이다. 인천공항이나 김포공항에서 여권 등을 갖고 출국수속을 하고 항공기에 탑승하여 기내식 경험, 면세상품 구입, 항공기 이착륙과 한반도 상공을 저공비행하여 경치와 경관을 즐기며 부분 경험을 하는 여행형태로 정의할 수 있다. 코로나19 상황에서 대체여행상품으로 보면 된다. 해외출국을 못하는 상황에서 대리만족하는 방편으로 인기를 끌고 있다.

7) 안마의자 서비스는 기존에 부티크 호텔에서 서비스되었던 내용으로 일반호텔에서도 확산되는 상황이다.
8) 항공사의 최근 코로나 상황에서 매출액을 증대하는 효자상품으로 평가되고 있다. 여객기의 좌석은 일반적으로 거리두기 방역강화로 인해 60% 정도로 운영되며 대부분 만석으로 채워지고 있다.

참고

무착륙 관광비행

2020년 12월 12일부터 시작된 무착륙관광비행이 2021년 5월 말까지 1만 6천 명이 참가한 것으로 나타났다. 2020년 12월 12일 인천공항을 시작으로 김포, 김해, 대구공항 등으로 확대시행 중이다. 항공기는 152편이 이용되었다. 면세점 구매액은 228억 원 이었다. 비행기의 탑승률은 평균 73.5%로 양호한 것으로 평가된다. 대형항공사 24편으로 45.8%, 저비용항공사 5개사 128편으로 84.2%를 차지하였다.

면세점은 시내면세점 이용 89.5%, 출국장 8.4%, 기내 2%, 입국장 면세 0.08%로 나타났다. 시내면세점을 많이 이용하는 것이 눈에 띈다. 화장품 26.7%, 가방류 17.5%, 향수 10.9% 순으로 구입한 것으로 나타났다. 아울러 고가 핸드백, 고급 시계 등 면세한도 600달러(미화)를 초과하여 구매한 사람들의 경우, 자진신고하는 사례가 많다고 보도된다(관세청 뉴스 블로그).

◆ 홋카이도 신치토세공항 출국장 면세점, 탑승구 전경

여행에 대한 욕구를 해결하기 위한 소비자, 항공사의 경영을 위한 차원과 면세업계의 어려움을 극복하기 위한 차원에서 실시되는 윈윈(Win- Win) 전략으로 평가하고자 한다. 좋은 아이디어와 참신한 발상으로 긍정적으로 평가된다.

5) 다양한 관광자원 콘텐츠

입장 전 필히 QR코드 및 열감지 등으로 확인절차를 거친다. 의자 착석에도 거리두기 차원에서 한 칸을 남겨두고 앉게 한다. 여러 가지 방역에 관련된 조치를 취하며 다양한 관광자원의 콘텐츠가 전개되고 있다.

(1) 미술관

거리두기와 공간 밀집도를 고려하여 인원을 제한한다. 우리나라에서 추천할 만한 미술관은 현대국립미술관 삼청동 본관, 덕수궁관, 과천관[9] 등이 있다. 해외로 보면 대표적인 곳들이 프랑스의 루브르 박물관[10], 대영박물관, 이탈리아 바티칸 박물관, 러시아 에르미타주 박물관, 스페인의 프라도미술관, 바르셀로나 국립카탈로냐 미술관, 빌바오 & 구겐하임 미술관 등 많은 곳들이 있다.

◆◆ 프랑스 루브르 박물관 밀로의 비너스상 / 현대미술관 과천 외부 / 내부 전경

(2) 오페라/음악회/공연

오페라의 주요 무대가 유럽과 미주이지만 우리나라에서 활성화된다면 관광콘텐츠로 자리 잡을 수 있다. 음악회도 마찬가지이다. 한국의 독창성이 접목된 공연인 점프, 난타 등은 우리나라의 대표적인 공연예술로 관광객들에게 많은 호응을 받아온 만큼 가치가 있다고 하겠다.

참고

포르투갈 파두

포르투갈의 수도인 리스본에서 파두가 유명하다. 숙명이라는 의미를 지닌 용어이다. 파두 박물관이 있을 만큼 자부심이 대단하다. 아말리아 호드리게스가 대표적인 파두 가수이다. 파두를 세계에 알려 공인훈장을 받았다. 검은 돛배가 대표곡이다. 유럽에 음악기행을 하였다.

---

9) 하루 3차례 즉 오후 2시, 오후 4시 등으로 관람객 200명 이내로 제한하여 코로나 방역에 유의하여 운영되고 있다.

10) 전시면적 7만 3,000㎡이다. 우리에게 잘 알려진 모나리자 등 50만 점의 예술품을 보유하고 있다. 연간 1,000만 명 이상의 관람객이 루브르 박물관을 찾는다(동아일보, 2021.5.27). 세계 최고의 박물관으로 인정되며 많은 시간을 두고 작품을 감상해야 하는 장소이다. 하루 3만 명 이상의 관람객이 찾는 프랑스의 명소이다.

항구 뒷골목에서의 파두 노래공연이 펼쳐진다. 정원도 파두의 대표곡이다. 리스본 슬픔의 파두 외에 코임브라파두가 있다. 학교전통으로 검은 망토를 입고 노래한다. 파두는 서정적 가사를 지니고 있다. 포르투갈의 정서이다. 운명 같은 바다의 노래로 어부와 어린 아이들도 노래한다. 파두는 포르투갈 사람에게 삶이며 친구이며 영혼으로 평가된다. 바다의 노래도 유명한 파두이다.

◆◆ 오페라 공연장(예술의 전당) 외부 / 공연 사진 촬영부스 / 내부 공연 후 전경

(3) 영화/드라마

한국영화 102년 역사상 최초의 아카데미 여우조연상을 수상한 윤여정이 참여한 영화 미나리, 봉준호 감독의 기생충 등 한국의 영화는 한국관광과 연계되는 관광자원 콘텐츠로 중요한 역할을 하고 있다. 특히 기생충의 촬영현장이 서울의 종로구 지역을 중심으로 지역관광에 도움이 된다고 하겠다.

(4) 스포츠 참여 및 관람

코로나 상황에서도 우리나라의 프로야구나 농구를 보면 제한된 인원을 관중으로 받아들이고 응원과 관람을 하게 하고 있다. 스포츠를 관람하는 것도 관광활동의 범주로 볼 수 있다.

코로나 상황에서는 축제나 이벤트 등 대규모 행사나 인원이 많이 몰리는 행사에 대해서는 주의하면서 행사진행을 미루거나 자제하는 분위기이다. 일본의 2021년 하계올림픽은 시작 전부터 행사진행에 대한 찬반여론이 컸다. 그러나 확진자가 증가해 온 일본의 상황에서는 올림픽행사 진행에는 다소 무리가 많다고 본다.

코로나 상황 전을 기준으로 보면 관광에 있어서 스포츠 관련한 참여활동 즉 마라톤행사나 스포츠 관람 등 관광객의 활성화에 이러한 이벤트가 수요 유발에 큰 도움이 되는 부문이라는 점을 강조하고자 한다.

참고

동티모르 평화 마라톤

동티모르[11]는 인도네시아 국경에 위치한다. 인도네시아는 서티모르로 불린다. 국경에 있는 바투가데에서는 평화를 위한 마라톤대회가 열린다. 원래 두 나라는 전쟁으로 피해가 많았다. 이 대회를 준비하는 지역사회에서는 200~500명분의 음식을 준비한다. 소고기, 닭, 생선구이, 밥 등이 준비된다. 마라톤대회 시작 전에는 몸을 푸는 체조가 실시된다. 동티모르는 평화가 잘 정착한 나라로 평가된다. 마라톤대회 이후에는 식사, 공연 등이 펼쳐진다.

(5) 쇼핑투어

코로나19 상황에서 항공사의 무착륙여행상품도, 기내에서의 면세판매의 비중도 높다. 항공사에서도 중요한 판매내용이며 고객입장에서도 필요한 물품을 저렴하게 면세가격으로 살 수 있다는 점에서도 의미가 크다.

현재 온라인 면세점을 통해서도 국내의 면세점업계는 상품판매의 활성화를 위해 노력하고 있다. 온라인 비중도 높아가는 상황이다. 쇼핑은 관광활동 가운데서도 가장 흥미있고 관광참가자에게 관심이 미치는 부문으로 매우 중요한 관광의 요소이다.

최근 세계면세업계[12]의 판도변화가 목격된다. 세계 면세시장에서 1위와 2위를 구가

11) 2002년 인도네시아로부터 독립하였다. 공식명칭은 티모르 공화국이다. 400년 동안 포르투갈령으로 있다가 1977년 인도네시아의 무력침공으로 인도네시아령에 편입되었었다. 포르투갈의 오랜 지배로 로마 가톨릭교가 98%이다. 공용어도 테툼어, 포르투갈어이다(두산백과).

12) 무디리포트 자료에 의하면 2020년 중국 CDFG 66억 300만, 롯데 48억 2,000만, 신라 42억 4,000만, 스위스 듀프리 23억 7,000만, 미국 DFS 22억 순이다(중앙일보; 전 세계 주요 면세점 매출액 순위).

하던 롯데면세점과 신라면세점의 부진이 일어나면서 중국의 면세산업이 부각되고 있다. 우리나라 면세업계는 국내여행시장의 대체상황과 해외여행의 실질적인 불가상황하에서 공항 출입국고객의 감소로 부진상황이 심각한 상태이다.

반면 중국은 내수시장의 진작을 위한 중국의 정책적 지원과 소비로 인해서 면세산업이 세계 1위에 등극하였다. 기존의 해외여행이나 인접국인 한국 등에서 면세소비를 했던 중국인들이 국내에서 면세품 구입에 많은 투자를 하고 있는 상황이다. 특히 하이난섬은 국제소비중심지로 육성하면서 면세산업의 활성화를 이루고 있다.

중국의 5,000위안(약 86만 원)에서 하이난 내에서의 면세한도가 10만 위안(약 1,700만 원)까지 크게 확대되면서 해외에서의 지출이 중국 국내로 유입되고 있는 것이다. 우리나라는 600달러(약 67만 원), 일본 20만 엔(약 205만 원), 미국 800달러(약 89만 원)로 면세한도가 적고 규제가 많다는 평가를 받는다. 우리나라의 600달러도 1996년 400달러에서 2014년에 상향조정된 수치이다(중앙일보, 주요국가 면세한도).

미국은 관광수입이 세계에서 가장 높은 나라로 전 지역에 아울렛 등 대형 할인 쇼핑센터가 많아서 방문객이나 관광객들에게 쇼핑의 메리트와 기회를 제공하여 호응을 얻고 있다.

공항과 항만 등에서만 관세 및 부가세를 면제해 주는 관세면세점(한국의 사전면세점) 외에 일본도 관광객 유치정책 강화로 면세정책이 이미 오래전부터 바뀌어 시내면세점에서 외국인에게 소비세(한국의 부가가치세)를 즉석에서 8% 면제해 주는 부가세 면세점을 운영(중앙일보, 2015.11.19)하는 등의 노력을 해왔다. 우리나라의 사후면세점 즉 공항에서 출국 시 면세를 처리해 주던 번거로운 면세조치를 구입 시 현장에서 처리함으로써 관광객 편의정책을 이어오며 외래관광객 유치에 좋은 결과를 창출하고 있다.

◆◆ 영등포 신세계 타임스퀘어 루이비통 매장

하이난의 면세매출은 2021년 8조 7,545억 원을 전망하고 있어 성공사례로 평가된다. 한국은 2019년에 24조 원으로 세계 1위였지만 신종 코로나바이러스감염증 여파로 15조 원으로 급감하였다(한국면세뉴스, 2021.6.28).

상기 내용을 통해 면세현황과 변화를 살펴보았다. 쇼핑은 면세점, 백화점, 아울렛, 대형쇼핑몰, 재래시장 등 여러 장소에서 가능하다. 품목도 다양하다. 건강식품, 의류, 명품, 액세서리, 기념품, 식료품 등 다양한 품목이다. 자신의 여행을 기념하여 구입하든지, 친지와 가족을 위한 선물용으로 구입하든지, 필요하거나 평상시 구매하고 싶었던 아이템을 구입하든지 현지의 특이한 상품으로서의 가치를 인식하여 구매하든지 이유는 다양하다.

프랑스 몽마르트르 기념품점

미국 시애틀 아마존서점 내부 / 식음료 서적 전시

6) 식음료 즐기기

(1) 와인시음

코로나 이후에도 지속적으로 성장하는 분야는 아마도 와인산업으로 여겨진다. 특히 와인은 상대적으로 양주에 비해 저도주의 술로 선호도가 높아진 만큼, 코로나 시대에 주류의 대세로 여겨진다. 관련 산업은 지속적인 성장에 힘입어 발전적인 진전을 이루고 있다.

특히 기존의 할인매장과 와인전문점 그리고 레스토랑 및 호텔에서의 판매 기반에서 가정에서의 소비 증가로 인해 편의점 등에서의 전략적인 기획과 판매로 매출액이 증가하고 있는 상황이다.

◆◆ 프랑스 파리 레스토랑 외부 / 파리의 야간 레스토랑 야외 전경 / 파리 시내 편의점 와인판매 진열장

참고

포르투갈 와인투어와 치즈체험

많은 나라에서 와인투어가 와이너리를 중심으로 시행되고 있다. 포르투갈의 타부아수 지역은 도우루강이 흐르는 협곡의 와인생산지이다. 이곳에서는 포트와인이 생산된다. 포트와인은 포도 발효 중에 브랜디를 첨가하여 도수가 강화된 주정강화와인[13]이다. 그래서 맛이 달달하다. 식사 후 디저트 와인으로 좋다. 이곳 타부아수 와이너리에서는 전통방식으로 발효조에서

13) 주정강화와인인 Port와인은 저장성이 좋다. 이전에 배를 통해 영국 등에 오랜 시간의 이동을 통해서도 상하지 않고 와인을 잘 보관하면서 공급할 수 있었던 유용한 방식으로 평가되고 있다.

여러 사람이 포도를 밟아서 으깬다. 포도가 발효되면 사람의 피부가 가려워진다고 한다. 포도를 생산하는 과정은 1년에서 3년 정도 소요된다고 한다.

해발 1,933m의 제일 높은 산맥에 위치한 별의 산맥의 의미를 지닌 세하 다 이스트렐라 지역은 특별한 치즈가 염소젖을 통해 만들어진다. 이곳의 치즈는 커피에 빵과 치즈를 넣어 먹는 독특한 방식으로 인기가 있다.

파리 시내 레스토랑 칵테일 부스 / 레스토랑 내부

참고

기후변화로 인한 캘리포니아 나파밸리 21년 작황상황

캘리포니아는 기후변화로 인해 몸살을 앓고 있다. 산불의 피해로 17년과 20년, 대형화재로 인해 캘리포니아 와인산업은 이미 큰 피해를 입었다. 올해도 가뭄과 건조로 인해 피해가 커지고 있다.

2021년의 작황상황이 좋지 않다. 대기가 건조하며 습기가 없는 상황이다. 포도밭에 중앙시스템을 통해 물공급이 불가한 상황이라고 한다. 일부 와이너리에서는 우물을 사용하는데 다행이라는 평가이다. 그러나 작황상황은 기존 생산량의 절반 정도로 예상한다. 포도밭에 물이 70cm는 필요하다는 게 전문가의 분석이다. 현재 잎사귀가 마르고 포도알의 숙성상태도 안 좋아 올해의 포도농사 작황이 우려스럽다는 평가이다. 지구의 환경변화가 개선되어야 할 중요한 시점이며 이러한 영향이 포도원에도 미쳐 삶의 질을 저하시키는 결과를 낳고 있다고 하겠다.

◆ 미국 컬럼비아 밸리 셍미셸 와이너리 전경 / 내부 테이스팅 전용 부스

(2) 커피

커피 소비도 지속적인 증가가 계속되고 있다. 특히 스타벅스 등 대형 브랜드는 소비자 선호도의 증가로 매출액이 커지고 있다. 코로나 시대에 드라이브 스루(Drive-through)[14] 판매도 좋은 호응을 끌어왔다.

◆ 호주 시드니 테이크아웃 전문 커피점 / 프랑스 파리 카페 내부

14) 자동차에 탄 채로 쇼핑할 수 있는 상점을 말한다. 주차장의 티켓 판매소, 책방, 레스토랑, 금융기관 등이 있다(국어사전). 특히 최근에는 이 방식을 통해 우리나라가 시행한 코로나 검사는 많은 호응을 이끌기도 하였다.

◆◆ 미국 커피전문점 내부 / 국내 김포 커피전문점 외관

커피 마니아들에게 커피시음은 중요한 여행의 요소이다. 외국에서도 해당 국가의 커피를 브랜드나 전문커피점 등을 통해 즐길 수 있다. 가격과 맛의 세밀한 차이를 즐기는 것도 여행 가운데 커피시음의 즐거움이다. 국내에서도 최근에는 지역에 개성 있고 좋은 카페들이 많아서 여행 중 방문하는 사람들이 많다. 여행코스 가운데 개별여행객들의 경우에는 일정에 일부러 포함시켜서 커피시음의 특별한 시간을 즐기는 추세이다.

(3) 음식 즐기기/ 맛집 방문

코로나상황에서도 음식을 즐기고 맛집을 방문하는 수요는 크다. 직장인을 중심으로 필수적으로 식사를 해야 하는 계층에서는 맛집을 찾고 음식을 즐기는 패턴과 경향이 잘 나타나고 있다고 하겠다. 코로나 상황에서도 주제여행(SIT: Special Interst Tour) 즉 특별관심관광에 대한 추구경향이 커지고 있다. 지역의 맛집을 방문하는 미식투어, 직장인들이 직장 주위에서의 맛집 방문 증가 등으로 스트레스를 해소하며 식사를 즐기기 위한 노력이 이어지고 있다.

◆◆ 독일 팬케이크 전문점 전경 / 독일 쾰른 현지 레스토랑 내부 / 미국 펍 레스토랑 전경

◆◆ 프랑스 커피음료 자동판매기 / 호주 시드니 레스토랑 야외부스 / 일본 홋카이도 이탈리아 와인 전문판매점 내부

참고

참좋은여행의 국내 미식투어

참좋은여행에서는 국내상품 가운데 제주미식여행, 여수미식여행 상품을 코로나 상황에서 만들어 홍보한다. 제대로 된 맛집만 방문하며 고객의 반응이 좋다고 한다.

제주 미식여행에서는 갈치조림, 성게미역국, 해물탕, 옥돔구이, 활전복, 회정식, 흑돼지구이, 전복죽을 제공한다. 여수미식투어에서는 돌게장정식, 꼬막정식, 한상차림 회정식이 제공된다.

미식투어는 먹거리 외에도 제주에서는 새별오름[15] 방문과 샹그릴라 요트도 제공된다. 여수에서는 5성급 여수 라마다 프라자 바이 윈덤 숙박과 순천만 하늘 택시 스카이큐브[16] 그리고 여수 해상 케이블카, 향일암 관광이 포함된다고 소개하고 있다.

(4) 배달음식 이용 증가

코로나상황에서도 배달음식 업종은 매우 빠르게 성장했다. 가정에서 배달하는 주요한 음식이 중식이다. 중식당을 중심으로 배달업종은 좋은 경영의 성과를 나타내왔다. 배달의 민족, 요기요, 쿠팡이츠 등 배달앱 3사의 성과가 가시적이라는 평가이다.

한강변의 휴식공간에서도 배달음식이 전형이 된 것을 보더라도 배달음식의 선호도와 호응을 읽게 된다.

7) 대체상품 판매

(1) 여행대체/대안상품

여행사가 어려워지다 보니 여행사 본연의 여행상품이 아닌 대체상품까지 판매되는 것을 보게 된다. 코로나상황의 오랜 지속으로 인한 수익성 악화에서 온 자구책으로 보인다. 참좋은여행에서는 '장바구니에 여행을 담다'라는 대체상품을 판매한다.

고대화석수를 기초로 제작된 스파 온천수 화장품 세트가 99,000원으로 53% 할인된 금액으로 주름개선 크림 엑셀사, 수분 밸런스 토닉 삐요르달리죠의 품목을 판매하고 있다. 이탈리아어로 커다란 소금밭이라는 의미의 살소마지오레(Salsomaggiore) 온천마을의 의사인 로렌조 베르지애리는 이곳 온천수로 기적을 경험하여 화장품을 만들었다고 홍보한다. 참좋은마켓[17]에서 6번째 아이템으로 준비했음을 홍보한다.

15) 봄과 여름에는 초록빛 경관으로 호응이 좋다. 일몰이 좋다고 한다. 제주의 서부 풍광이 한눈에 들어 온다고 한다. 제주도 애월읍 봉성리에 있는 기생화산이다. 나홀로 나무에서 스냅사진 촬영이 추천된다.

16) SkyCube는 포스코가 순천시와 민간투자 협약을 맺고 건설한 국내 최초로 상용화시킨 PRT(Personal Rapid Transit)로 불리는 소형무인궤도차이다. 순천만 정원 꿈의 다리에서 순천만으로 흘러가는 동천과 순천만생태공원을 이어주는 약 4.6km 구간을 왕복운행하는 소형무인궤도열차이다. 지상 3.5~10m 높이의 레일을 따라 운행된다(www.sc-prt.com; 한국관광공사 대한민국 구석구석).

17) 어려운 코로나 시장 환경에서 여행사의 자구책으로 현지의 좋은 상품을 여행사 고객으로 하여금 구매하도록 하는 아이템을 판매하는 상품이다. 기존 고객을 중심으로 SNS를 통해 홍보하는 좋은 마케팅으로 평가하고자 한다.

(2) 랜선투어

랜선투어란 코로나 시대에 여행의 욕구를 대체하는 차원에서 현지의 가이드가 관광지나 특정여행주제에 관련하여 가이드를 진행하는 여행이다. 질문 등으로 참여자의 궁금점에도 답변하며 여행의 대리만족을 시키고 현장에서 마치 자신이 여행하는 것 같아서 여행을 대체하는 실시간 상품으로 인기를 끌고 있다. 여행사 입장에서도 현실적인 수요가 없는 상황에서 수익을 낼 수 있다는 점에서 매우 중요한 아이템이다. 코로나 상황에서 현지의 가이드와 현지여행사 그리고 소비자의 여행욕구가 매칭되는 대안상품으로 가치가 있다.

팬데믹으로 인해 여행업계에서는 많은 변화가 있어왔다. 그 가운데 가장 대표적인 것이 랜선투어이다. 여행자의 여행욕구는 코로나 상황에서도 크기 때문에 현지의 가이드를 통한 랜선투어가 여행의 대리만족과 관광욕구를 가장 충족시킬 수 있는 대체여행상품으로 자리 잡고 있다.

랜선투어는 가상여행이다. 세계적으로 인기를 끌고 있는 여행 웹 페이지는 Drive & Listen으로 전 세계 50여 개 도시 가운데 여행하고 싶은 곳을 클릭하면 현지 라디오 방송을 듣고 차를 타고 도시를 여행하는 영상이 재생된다. 미국, 유럽 등에서 좋은 반응을 얻고 있다. 이 서비스는 무료라는 점(동아일보, 2021.4.2)이 더욱 고무적이다. 이 서비스는 향후 여행도시를 늘릴 것으로 알려진다.

마이리얼트립[18], 프립 등 여행업계의 랜선 여행 프로그램이 현지 여행지에서 가이드의 소개형식으로 박물관, 미술관 등의 특정 장소에서 주제에 맞게 운영되는 방식이 일반적이다. 음식을 먹는 것도 가이드의 경험을 통해 참가자에게 전달되는 형식이다.

라이브 랜선투어를 전문으로 하는 랜선투어도 등장하고 있다. 한 시간 정도에 회당 1~2만 원의 비용을 받고 있다. 수요도 증가하는 상황으로 투어처럼 최소인원 10명, 15명, 20명이 참여하여 수익을 내는 구조이다.

국내여행의 대체방식으로도 진행된다. 에어비앤비, 클룩 등 해외기업도 국내외 가상여행, 랜선 체험 서비스에 참여하고 있다. KT도 슈퍼VR 플랫폼을 통해 가상 여행콘텐츠

---

18) 여행상품을 중개하는 마이리얼트립은 랜선여행을 통해 2020년 4월 거래액이 10억 원에서 10월 거래액이 100억 원까지 회복(동아일보, 2021.4.2)된 것으로 전해지고 있다. 이는 랜선투어가 여행사 경영에 매우 큰 기여를 한 것으로 판단할 수 있다.

를 제공하고 있다(동아일보, 2021.4.2). CGV 랜선투어[19]가 극장에서 해외여행의 대체상품으로 진행되었다.

대만 랜선투어, 피렌체 등 이탈리아 라이브 랜선투어, 프랑스 파리 랜선투어, 몰타 랜선투어, 스페인 랜선투어, 홍콩 랜선투어, 호찌민 랜선투어, 현지 라이브 이정은 가이드의 비엔나 로망스 투어, 루브르 미술관 랜선투어, 권승완 + 성예은 가이드의 스페인 바르셀로나 랜선투어, 스페인 톨레도 랜선투어 등 다양한 랜선투어가 온라인에서 소개 및 진행되고 있다.

(3) 호텔의 변화

기존의 수요가 많아 객실을 판매하는 데 문제가 없었던 호텔에서는 수요가 부족한 상황에서 국내여행객의 수요에 관심을 기울이고 있다. 여행사의 상품화에 협력하고 특히 OTA여행사에 다소 비협조적인 호텔들도 적극적인 공조를 모색하고 있다.

◆◆ 명동 Tmark Grand 호텔(하나투어 자회사)

가. 재텔근무 및 호텔의 장기이용 형태로 전환

수요가 매우 저조한 호텔에서는 그동안 코로나19 관련한 환자들이 치료하는 장소로도 이용되었다. 그리고 업체에서 호텔을 임대하거나 하는 식의 재텔근무 장소로 이용되기도 하였다. 그리고 정부의 주택공급정책의 맥락에서 호텔방이 전세나 월세 개념으로 전환되어 이용되기도 하였다. 이는 기존에 볼 수 없던 새로운 변화를 모색하는 방안의 결과로 볼 수 있다.

19) CGV, 가이드 라이브, 마이리얼트립이 만나 진행된 것으로 소개한다. 가이드 라이브는 2020년 7월 국내 최초로 실시간 라이브 랜선투어를 출시했고 마이리얼트립은 국내 최고의 트래블테크 기업으로 인정받고 있다. 홍콩 백만 불 야경투어 등을 통해 가이드와 실시간 소통하게 되며 스토리텔링으로 현지를 리얼하게 체험(조선일보, 2021.2.23)하게 된다.

나. 대실 패키지

기존의 호텔에서는 볼 수 없는 예약의 형태이다. 객실의 예약은 하루를 투숙하는 조건이 일반적인 상황이었다. 그러나 대실 패키지는 개인적인 힐링이나 휴식의 시간이 필요한 고객을 위해 일찍 체크인하고 저녁시간대 전에 체크아웃하는 형태의 이용이다. 추가로 경비를 내면 1박을 할 수 있는 것도 장점이다.

대구 5성급 인터불고 호텔 내부 / 로비 전시 공간

다. 방역과 위생 보장의 고객 니즈 반영

코로나 상황에서 호텔들은 마스크 쓰기 철저, 열감지 후 매장 출입 등 철저한 방역과 위생에 신경을 쓰고 있다. 이러한 내용은 고객이 매우 관심을 갖고 요구하는 사항이며 호텔기업의 경영을 위해서도 필요한 조치로 시행되고 있다.

고려궁 호텔 내부

라. 격리호텔의 등장

방역에 신경을 쓰고 있는 나라들은 격리호텔을 운영한다. 인원제한, 객실방을 구분하여 판매하는 등의 격리시스템을 적용한다. 식당에서도 인원을 제한하거나 일반적인 호텔보다는 격리형태로 고객을 받고 운영하는 호텔이다. 상대적으로 가격은 높지만 코로나 팬데믹 상황에서는 이러한 요구를 지닌 사람들에게 인기를 끈다. 아시아에서는 홍콩과 태국 등에서 운영된다.

최근 우리나라 전통한옥호텔이 일반호텔보다 자연스럽게 공간이 격리된 형태여서 이용객들에게 일종의 격리호텔로서 인기를 끌고 있는 상황이다.

3 코로나19 이후 상품의 전망

사람들과의 접촉을 되도록이면 줄이면서 즐기는 상품이 강조될 것이다. 외부에서 활동이 중심이 되는 콘텐츠가 각광받을 것이다.

1) 아웃도어 여행형태

(1) 자전거 여행

자전거 여행이 이미 대세가 되었다. 특히 마니아를 중심으로 활성화되어 있다. 특히 지자체를 중심으로 자전거 전용도로가 생기다 보니 자전거를 즐기는 사람들에게는 호조건이 된 상황이다.

외국에서도 자전거 여행이 인기를 많이 끌고 있다. 네덜란드 사람들은 자전거가 이동수단의 가장 중요한 요소로 전 국민 수에 해당하는 자전거가 확보되어 이용되고 있다. 여행하는 사람 가운데는 자전거를 이용해서 해외여행을 즐기는 사람들도 많다. 그러나 도로에서 이동하는 만큼 자동차와의 사고에 유의해야 하는 이동수단임을 명심해야 한다.

자전거는 우리 생활에서 운동이나 이동 등 일상적인 이동수단으로 자리매김한 지 오래이다. 그럼에도 일부 관광지에서는 유용한 이동 및 관람수단이 되고 있다. 경북 상주의 경천섬은 한강의 노들섬 같은 곳으로 자전거가 유용한 이동과 관람수단이 되는 곳이다. 경천섬은 상주의 강소형 관광지[20)]로 한국관광공사에서 지정한 곳이다. 학 전망대,

일몰, 낙동강 뷰가 좋은 곳으로 소개된다. 보트를 타고 경천섬을 둘러보면 도남서원 등을 보고 주위의 좋은 환경과 공기를 즐기며 힐링을 할 수 있는 곳이다.

(2) 도보여행

야외에서 걷는 것을 도보여행이라 할 수 있다. 걷는 것은 건강에도 좋고 생각도 정리되어 최적의 건강여행이라고도 한다. 주위의 둘레길을 걷는 것이 선호된다.

청산도 여행의 스로길 도보여행, 해운대 등 해수욕장에서의 도보여행, 강구항 및 영덕항구에서의 도보여행, 힐링 도보여행 삼남길[21], 뉴욕 소재 도보여행, 호찌민시 도보여행, 시카고 도보여행 등 국내외에 개발된 곳이 무수하게 많다.

◆◆ 용산 경의선 숲길 산책로(효창공원역)

(3) 트레킹 여행

트레킹은 코로나19 상황이 지속되면서 가장 활성화된 여행형태이자 건강을 위한 활동으로 선호되고 있다. 트레킹은 자신이 살고 있는 지역에서 가능하며 산과 들에서 가볍게 할 수 있는 장점이 있다.

특히 유명한 트레킹 장소는 소위 인생을 살면서 한번은 꼭 걸어야 하는 코스로 추천된다. 태고의 신비, 대자연의 다채로움, 야생의 삶을 경험할 수 있는 길로 평가되

◆◆ 안양 심성산에서 보는 평촌시내

20) 강소형 잠재관광지라고 하며 규모는 작지만 관광객들에게 인기가 있고 잠재력이 높은 관광지를 의미한다.
21) 수원시, 화성시, 오산시가 공동으로 경기권의 삼남길을 고증하여 개통식을 갖고 국내 최장 7.1km 도보 코스로 시작한 곳이다.

는 코스가 많은 사람들의 발걸음을 향하게 한다.

가. 유명한 트레킹 코스

가) 쿵스레덴

스웨덴의 전체 440km의 코스로 야생의 자연을 경험하는 코스이다. 특히 하이라이트로 불리는 니칼루옥타부터 아비스코 코스는 110km로 4박 5일 코스로 권장된다. 음식을 스스로 해먹고 야외 취침까지 텐트를 준비해서 실시하는 어려운 코스이다. 참가하는 사람들과 교감하며 대자연의 장엄함을 느끼는 최고의 코스로 평가된다.

쿵스레덴(Kungsleden)은 세계 3대 트레킹 코스[22)]로 평가된다. 왕의 길이라는 별칭을 지니며 날씨의 변화도 잦다. 시시각각 변하는 날씨 그리고 돌무더기 지대와 오르막 코스 등 쉽지 않은 코스가 인상적이라는 평가이다.

나) 이스라엘 트레킹 코스

이스라엘은 작지만 다양한 경험을 가능하게 하는 나라이다. 가장 북쪽의 헬몬산에서 스키를 즐긴다면 남부의 휴양도시 에일랏에서는 수영과 스노클링을 즐길 수 있는 다양성이 있는 나라로 평가된다. 북에서 남단까지는 총 1,100km로 종주할 수 있는 코스이다.

먼저 이스라엘의 수도인 예루살렘은 해발고도 700~800m의 도시이다. 신시가지는 유럽풍으로 교통수단인 트램을 타고 구시가지에 위치한 통곡의 벽을 방문하면 유대인이 열정적으로 기도하는 모습을 보게 된다. 4000년 역사의 도시인 헤브론에서는 이스라엘 믿음의 조상인 아브라함과 이삭의 무덤을 만나게 된다. 이 지역은 유대인과 팔레스타인 모두에게 중요한 성지지역으로 의미를 갖고 유대교와 이슬람교의 종교적인 중요성을 보여준다. 헤브론은 포도산지로서 많은 포도를 재배하고 있다.

이스라엘 트레킹 코스의 주요 지역은 맛사다이다. 유대광야를 지나서 로마에 함락당한 최후의 저항지인 맛사다는 케이블카나 도보로 오를 수 있다.

사해에서 멀지 않은 고도 410m의 산은 평지에서 솟아올라 상당한 높이이다. 정면은

22) 뉴질랜드 밀포드사운드 트레킹은 지구상에서 가장 아름다운 트레킹으로 평가된다. 페루의 마추픽추 트레킹, 중국의 차마고도의 옛 길을 따라 소수민족의 땅으로 가는 호도협 & 옥룡설산 트레킹이 최고의 코스로 평가된다. 그리고 노르웨이 피오르드 트레킹, 네팔 안나푸르나 서킷, 스페인 산티아고 순례길, 남미 파타고니아 3대 트레일, 알프스 투르 드 몽블랑, 이탈리아 알프스 돌로미티 등이 6대 트레킹 코스로 평가된다.

깎아지른 직벽이고 정상에는 길이 600m, 너비 320m의 평탄한 지대가 천여 명의 군사를 수용할 수 있었다. 천혜의 요새(세계의 명소; 2011.4.28)로 평가받는다. 성지순례 방문객들이 방문하는 주요 코스이기도 하다.

예전에 방문했을 때의 기억들이 생생하다. 물저장고 등이 위치해 있고 주위에는 사막의 광야가 펼쳐진다. 이스라엘이 로마군에 패했던 과거를 떠올리며 육군사관학교 생도들이 졸업식 때 이곳에서 다시는 빼앗기지 않으리라는 다짐을 하는 장소라고 들었던 교훈의 장소로 지금도 기억이 난다.

다) 트롤퉁가

이 지역은 노르웨이에 위치한다. 설산과 빙하가 기묘한 모양의 절벽을 만들어놓은 곳이다. 설상화를 신고 눈길 트레킹을 통해 도착할 수 있다. 스칸디나비아산맥의 등줄기를 따라 오르는 빙하지역에 위치한 트레킹 코스이다. 아찔한 피오르드 절경으로 강심장을 가진 사람만 도전한다는 노르웨이의 트롤퉁가이다. 노르웨이의 작은 시골마을인 오타(Otta)에서 출발하여 설상화를 신고 가는 14km의 눈길 트레킹 코스이다.

라) 안데스

페루는 안데스와 잉카의 나라이다. 안데스산맥은 해발고도 6,100m 이상의 고봉이 50여 개에 이르고 길이 7,000km로 세계에서 가장 긴 산맥이다(두산백과). 안데스산맥에서 트레킹시 나귀는 필수이다. 텐트와 먹거리 짐 등을 운반해야 하기 때문이다. 빙하가 녹아 만들어진 야가누코 호수까지 이동하게 된다. 태초의 에덴동산이라 불리는 정글의 땅 마누 국립공원은 생태박물관으로 불린다.

마) 안나푸르나

네팔에서 히말라야산맥이 고도로 중요한 등산이라면 안나푸르나는 아름다운 절경으로 경쟁력을 지니고 있다는 평가이다. 아름답고 매력적인 트레킹 코스로 추천된다. 가장 쉽고 빠르게 히말라야를 정복할 수 있는 코스가 안나푸르나로 평가된다. 히말라야 설산을 감상할 수 있는 안나푸르나 푼힐 트레킹 코스가 알려져 있다.

바) 화산

중국의 산시성 서안에 위치한다. 산수화의 진수라고 표현될 만큼 하늘 아래 최고의 절경으로 평가된다. 창룡령은 절경을 보기 위해 45도 경사를 가파르게 오른다. 화산은 중국의 5악산[23] 가운데도 가장 위험한 산으로 평가된다. 해발 2,000미터의 전망대도 있다. 잔공잔도는 성인 한 사람이 지나갈 정도(30cm폭)의 판자가 설치되어 있다. 위험하고 간담이 서늘해지는 낭떠러지가 보이는 절경이다. 화산의 꼭대기인 동봉산은 장엄하고 신비스러운 절경이다.

사) 불룬쿨 마을/ 카타다라

타지키스탄은 칭장에서 우랄까지의 여정을 경험하는 코스로 알려져 있다. 불룬쿨 마을은 월동준비로 소똥을 준비한다. 말려서 연료로 사용한다. 겨울에는 영하 40도 정도까지 내려가는 매우 추운 지역이다. 세계의 지붕으로 불리는 파미르고원[24]의 전형적인 추위가 느껴지는 지역이다. 산양뿔, 여우의 털 등을 현지인들이 보관하고 있다. 해발 4,500미터 지역으로 카타다라까지 올라가는 길이 매우 힘들다. 평상시에 훈련되지 않은 사람의 경우에는 고산에 올라가는 것이 불가능하기도 하다.

야실쿨호수는 길이 19km로 마치 바다의 크기로 보인다. 이 호수는 파미르고원의 천상의 호수로 평가된다. 파미르고원에서는 고산증에 주의해야 한다. 이곳에서 늑대는 포식자로 알려져 있다. 산양 등은 늑대에게 희생된다. 카타다라에 거주하는 사람들은 소젖으로 만든 요구르트를 먹는다. 이곳에서는 양을 초지에서 키운다. 파미르고원은 험난한 고지대라는 점에서 트레킹코스가 가능한 지역으로 소개된다.

아) 오버랜드 트랙

호주의 오버랜드 트랙에는 연간 8~9천 명의 트레킹 참여자가 있다. 사색을 하거나 부부가 참여하여 대화를 많이 나누며 때로는 카드놀이를 하기도 한다. 꿈의 길, 낙원의 빛이 있는 지역으로 이곳을 표현한다.

---

23) 중국의 5대 악산은 태산, 화산, 형산, 항산, 숭산이다. 중국의 5대 명산은 황산, 무이산, 태산, 노산, 아미산이다.
24) 최고봉인 코뮤니즘(7,495m)과 레닌 봉(7,134m)이 타지키스탄과 키르기스스탄의 트랜스 일리산맥에 솟아 있다(등산상식사전).

이곳은 호주 최남단 섬 태즈메이아에 있다. 크래들 마운틴의 오버랜드 트랙 하이킹은 트레커들 사이에서 경험해야 할 걷기 여행코스로 평가된다. 야생동물, 깨끗한 환경이 장점이다. 오버랜드 트랙은 크래들 마운틴과 레이크 세인트 클레어를 잇는 65km의 산길이다.

안전성을 위해서는 전문인솔자와 최소 4명~12명까지 함께하며 롯지 스타일의 헛(Hut)에서 숙박을 할 수 있다. 와인과 식사도 즐길 수 있다. 트래킹 시 선크림이 필수적이다. 보통은 일일 6~9시간 걷게 된다. 200만 년 전 빙하가 녹아 형성된 레이크 세인트 클레어는 호주에서 가장 수심이 깊은 자연호수로 가치를 갖는 곳이다. 이곳은 경치가 아름답고 방문해야 할 추천장소로도 평가된다(살레트래블).

참고

한국관광공사 강원 트레킹 여행구독[25] 상품

한국관광공사가 강원도 관광재단 그리고 승우여행사와 강원 트레킹 여행구독 상품을 출시하였다. 한국관광공사가 국내 최초로 여행구독 상품을 개발한 것이다. 금번 상품의 주요 내용은 3가지 테마이다. 강원 야생화 트레킹, 강원 옛길 걷기, 동해안 해파랑길 등이다. 코로나19의 확산상황에서 안심하고 즐길 수 있도록 야외에서의 트레킹을 중심으로 한 여행일정을 작성하였다는 설명이다. 같은 맥락에서 백신접종자에게는 특별 추가할인이 제공된다.

강원트레킹 여행구독상품은 여행전문가가 걷기여행에 최적인 코스를 구성하였고 일 년 내내 아름다운 자연을 만날 수 있다는 것이 장점이라고 소개한다. 그리고 참가인원을 제한한다. 최대 4명까지 참가자 일행이 동반가능하며 전용버스 45인승 기준으로 최대 21명까지만 탑승이 가능하다고 한다. 단체식사도 불가하여 일행별로 지역사랑 상품권으로 개별적으로 식사가 가능하도록 한다는 설명이다. 획일적인 식사보다는 여행 참가자가 원하는 식당에서 식사하는 것도 좋은 선택으로 사료된다. 이러한 기준은 코로나19 상황이 지속되는 환경에서 방역에 중심을 두고 투어를 진행한다는 취지이다.

일정금액을 지불하면 정기적으로 소비자의 관심과 취향을 파악하고 반영하여 맞춤형 여행이나 숙박, 공연, 관광, 액티비티 등을 제공하는 서비스를 기초로 한 상품이 여행구독상품이라고 하겠다. 한국관광공사가 출시한 '이제 여행도 구독하세요'의 광고 문구는 참신하게 다가온다.

25) 일정기간 금액을 내고, 정기적으로 소비자의 취향을 반영한 맞춤형 상품이나 서비스를 제공받는 구독경제로 이를 차용해 여행구독 상품을 개발하였다(이코노미스트, 2021.6.16). 즉, 구독과 여행이 결합하여 만들어진 상품이다.

2) 개별여행

개별여행은 혼자 여행하는 형태와 3~4명 이하가 여행하는 형태의 여행을 말한다. 개별여행(FIT : Foreign Independent Tour)은 해외에서 개별적으로 여행하는 형태를 말한다. 즉 1명이거나 3~4명 이하의 규모이다. 현장에서 1명이나 2명이 조인하여 같이 여행하는 형태도 포함된다. 개별여행은 단체여행과는 구별된 여행으로 10명 이하 소규모 형태의 여행을 의미한다.

(1) 나홀로 여행

나홀로 여행은 말 그대로 혼자만 여행하는 것이다. 교통편, 취침, 식사, 관광활동 모두 혼자하는 형태이다. 혼자만의 여행은 자기 자신과 대화하며 자연과 접하며 여행하게 된다. 함께하는 사람이 없어서 외로움을 느낄 수도 있지만 이 모든 것을 극복하며 혼자만의 여행을 즐기는 형태의 투어이다.

자연이 벗이 된다. 그리고 코로나19 상황에서도 투어 중 만나서 정보를 교환하거나 투어에 관련된 대화를 나누는 것은 불가피한 접촉으로 필요하다고 본다.

(2) 2~4명 형태의 여행

코로나19 상황에서는 특히 식당에서도 4인 이하로 제한하여 온 상황 등을 고려하더라도 4명 이내가 적정한 이동인원으로 고려되어 온 상황이다. 차량으로 이동 시에도 차량에 5명은 부담스럽고 4명 이내가 적절하다는 고려이다. 그리고 2명이나 3명은 더 부담없는 이동인원으로 평가될 수밖에 없다는 점에서 이러한 인원이 향후에도 지속적으로 적절한 개별여행객 단위로 판단될 것으로 전망된다.

3) 방역여행

코로나19의 영향은 전 세계적으로 파급효과가 너무나 컸다. 그래서 청정지역이 더욱 부각될 것이다. 그동안 확진자가 적었던 대만, 뉴질랜드 같은 나라가 청정지역으로 부각될 것으로 전망된다.

(1) 청정지역 여행

위에서 언급한 대만, 뉴질랜드 지역 외에도 백신접종이 마무리되어 코로나로부터 안전한 나라인 이스라엘, 백신접종을 강화하는 미국 등이 청정지역으로 부각되고 있다. 백신을 개발하여 자체적으로 안전하여 국내여행이 허용된 중국, 러시아도 이 지역에 속한다고 하겠다. 특히 방역에 성공하고 백신접종을 높인 싱가포르가 가장 청정한 지역으로 부상하고 있다.

가. 호주 퀸즐랜드

호주는 방역에 성공한 국가로 평가된다. 호주의 동부지역인 퀸즐랜드는 청정지역으로 평가된다. 몬트빌은 와인산지로 유명하다. 포도를 밟는 행사에 많은 사람들이 참여한다. 와인을 즐기며 음악공연도 와이너리 안에서 이뤄지는 등 축제의 분위기로 펼쳐진다. 포도밟기 행사는 와인 제조과정의 어려움을 경험하게 하며 가치를 인식시키는 차원에서 진행되는 경우가 많다고 한다.

특히 션사인코스트는 해변에서 청정한 이미지를 느끼며 즐길 수 있는 여러 가지 활동이 가능하다. 카약을 타고 거북이와 돌고래를 볼 수 있다. 2시간 정도 카약을 타면서 좋은 경험을 하게 된다.

Sunshine Coast에 있는 마을인 물루나바에서는 해산물 디너크루즈를 즐길 수 있다. 청정한 해산물 요리를 와인과 함께 크루즈에서 즐기며 석양을 감상할 수 있다. 물루나바에는 해산물 시장이 있어서 머드크랩, 굴, 새우 등 신선한 요리를 접할 수 있다.

우먼디시장에서는 나무도마를 구입할 수 있다. 편백나무로 만든다고 한다. 세 줄 기타도 구매가능하다.

◆ 호주 시드니항 전경

물루나바비치 연안에서는 스쿠버다이빙이 인기 있다. 군함이 10여 년 전에 수장시켜서 코스가 만들어졌고 가오리 등을 볼 수 있다.

퀸즐랜드는 해상스포츠, 음식, 쇼핑, 특별관심관광 등이 가능한 청정지역으로 향후 좋은 상품이 될 가능성이 높아 보인다.

호주는 지역이 넓고 인구밀도도 낮은 편이며 방역에 대체로 성공했다는 이미지를 갖고 있다. 시드니는 세계 3대 미항[26]으로 청정하며 코로나19 상황에서도 철저한 통제로 방역에 대응하였다는 평가를 받는다.

(2) 백신 및 의료사전 확인자 입국여행

2021년 4월 중순을 기준으로 이스라엘, 미국, 영국 등의 백신 접종상황이 양호하게 진행되었다. 미국에는 국내여행을 하는 이동객도 많이 증가된다는 보도이다. 이러한 백신의 확대가 여행의 활성화를 도모할 것이다.

그리고 백신접종 증명자와 감염의 가능성이 적은 나라를 중심으로 한 여행객 입국조치 등의 상황이 확대될 것으로 전망된다. 전염병에 관련된 의료관계의 사전 예방조치와 확실한 처방이 보장되는 나라를 중심으로 여행의 활성화가 시작될 것으로 보인다.

◆◆ 경기도 안양시 동안구 보건소(코로나19 검사장소)

참고

러시아 코로나 백신 투어

2021년 4월 중순경의 상황을 보면 전 세계에서 백신접종을 시작하여 국가별로 백신수급과 관련하여 여유가 없자 백신주사를 자발적으로 맞기 위한 여행상품이 개발되어 시판되고 있다.

26) 호주의 시드니, 이탈리아 나폴리, 브라질의 리우데자네이루가 세계 3대 미항으로 평가되고 있다.

특히 유럽의 경우, 백신 조달이 여의치 않자 독일 사람들은 백신 개발이 먼저 이뤄지고 접종이 가능한 러시아로 백신을 투여하기 위한 여행상품을 구입하여 방문하고 있다. 이들 관광객을 인터뷰한 내용을 보면 백신을 빨리 접종하기 위해 한화 500만 원 정도의 상품을 구입하여 이곳에 오게 되었다고 말하는 것을 보게 된다. 이러한 상품은 일종의 의료관광상품으로 가치가 있고 선호되는 코로나19 시대의 대표관광상품으로 평가하고자 한다.

(3) 분산여행

코로나19 이후 많은 사람들이 붐비고 몰려드는 것을 제한하고 분산하고자 정책적으로 관광객과 방문객을 분산시키는 여행을 말한다. 이는 국가나 지방자치단체의 정책적인 결정이 있어야 가능하다. 특히 관광객이 많은 대형도시에서 지방의 중소도시로 중요한 문화 및 관광콘텐츠를 이동하여 자연스럽게 수요를 분산시키는 것이다.

코로나로 인해 매우 필요한 정책적 요인이고 한편으로는 우리나라 관광의 경쟁력을 제고하고 지방의 관광활성화를 위해서도 필요하다고 사료된다. 최근 이건희 박물관 유치 경쟁이 지자체별로 활발하게 추진되고 있다. 이러한 차원에서는 상대적으로 규모나 인구가 적고 산업이 열악한 지방이 최적지가 되어야 한다고 생각하며 이는 하나의 중요한 전환점이 될 것이다. 차별화된 콘텐츠는 해당 도시에 매우 큰 영향을 줄 것으로 전망되기 때문이다.

이탈리아에서 최근 오버투어리즘[27]의 대응책으로 유명한 미술관 소장품을 분산하는 정책이 결정되었다. 피렌체는 세계적인 관광도시로 관광객 과다로 인한 지역사회의 황폐화를 막기 위해 유명 미술관의 소장품을 주변 도시와 마을에 분산 배치하는 전략을 세웠다. 이는 관광이 재개되는 시점에서 토스카나 지방의 소도시와 마을들에 관광객을 분산하여 피렌체에 편중되는 관광을 분산시키고자 하는 의도라고 평가한다.

이러한 시도는 토스카나의 새로운 중소도시들을 알리고자 하는 의도도 있다. 토스카

27) 이탈리아의 베네치아가 가장 전형적인 예이다. 너무 많은 관광객이 찾아오는 베니스에서는 관광객들이 버린 쓰레기, 소음, 교통 혼잡 등으로 지역주민들의 불만이 매우 높다. 특히 현지의 고급 호텔과 레스토랑을 이용하지도 않고 쇼핑도 하지 않는 등 지역경제에 기여하지 않고 도움이 되지 않는 관광객들에 대한 불만이 가중되어 왔다. 항의 피켓 등 지역주민의 불만이 고조된 적이 여러 차례 나타났던 게 사실이다. 이처럼 오버투어리즘은 과다한 또는 범위를 넘은 관광객의 수와 관련된 제반 문제점이 나타난다. 수용가능한 범위를 넘어서는 관광객으로 인해 주민들의 삶을 침범하는 등의 현상이다. 관광의 부정적인 차원에서 어려움을 나타내는 용어이다.

나의 고성, 수도원, 온천유적지 등 최대 100여 곳이 상설전시장으로서의 역할을 할 것이라고 한다. 먼저 우피치 미술관의 주요 작품이 5개의 지방도시로 대여되며 5년 내로는 언급한 100여 곳에 분산 배치될 계획이다. 이미 이탈리아는 디지털 코로나19 증명서인 그린패스 도입을 승인한 상황이다(연합뉴스, 2021.6.24).

4) 안전한 여행상품

기존의 여행사들이 저렴하고 고객이 선호하는 기획상품을 많이 개발하고 송출했다면 코로나19 이후로는 가격보다는 안전성에 유의한 상품을 개발하고 판매하는 방향으로 패러다임이 변화될 것이다.

(1) 단거리 패키지

기존에 중장거리 패키지가 인기를 끌었다면 이제는 코로나 이후 단거리 패키지가 인기를 끌고 있다. 베트남, 필리핀, 태국, 대만, 싱가포르, 일본 등 인기 여행지를 대상으로 한 4성급 이상의 호텔, 식사, 관광, 차량, 한국인 가이드가 포함된 구성상품에의 관심과 선호도가 증가하고 있다.

특히 코로나19 사태의 장기화 상황에서 차량은 1일 1회 이상의 소독이 실시된다. 차량 내에 온도계를 비치하고 체온측정이 실시된다. 혼잡시간대를 피하는 여행일정이 실시된다. 안전과 방역수칙 준수가 최우선으로 고려되어 여행이 진행된다.

참고

미국 관광의 최고 도시 뉴욕시

미국은 코로나의 피해가 컸음에도 백신접종이 속도를 내면서 국내여행의 수요가 증가하는 것으로 나타나고 있다. 특히 미국의 상징 도시인 뉴욕은 관광객이 매년 6,600만 명을 유치해 온 것으로 알려지고 있다. 뉴욕시에는 840만 명이, 뉴욕주에는 약 2,200만 명의 인구가 거주하고 있다(KBS; 나무위키). 미국의 외래관광객 국내수요는 뉴욕시의 약 10배의 관광객을 유입시키는 도시로서의 저력이 있고 미국의 관광경쟁력을 제고하는 도시로 평가된다. 뉴욕에 공항은 존 F. 케네디/ 뉴어크 리버티/ 라과디아 등으로 3군데가 있을 정도로 동부의 관문으로서의 역할을 하고 있다.

센트럴 파크, 자유의 여신상, 허드슨강, 타임스퀘어 광장, 엠파이어스테이트 빌딩, 록펠러 센터 전망대, 메트로폴리탄 미술관, 독립기념일 불꽃놀이 축제, 추수감사절 퍼레이드, 할로윈 퍼레이드, 뉴욕마라톤, 뉴욕 양키스, 맨해튼 야경 등 많은 유명한 것들이 공존하는 도시이다.

일본 북해도 호텔 전경 / 오타루 운하 / 오타루 기념품점

(2) 장거리는 청정지역

스위스가 장거리 코스이지만 청정지역으로서의 상품이 개발되고 신청자가 접수되고 있다. 스위스 정부관광청과 함께 국내의 주요 여행사인 인터파크 투어는 2021년 4월 중순 고품격 스위스 9일 패키지를 시판하였다. 아시아나항공, 전 일정 1급호텔 숙박, 루체른, 리기산, 쉴트호른, 이젤발트, 크뤼에르, 라보와이너리, 몽트뢰, 체르마트 등 대자연의 코스로 구성된 일정이다. 6월 30일까지 상품이 진행되었다.

벨기에 브뤼헤 광장 전경

한편 노랑풍선 여행사에서 출시한 홈쇼핑 상품인 괌 호텔상품은 괌 정부가 5월부터 여행 재개를 결정함에 따라 론칭한 상품이다. 힐튼 괌

리조트 & 스파에서 숙박하는 호캉스 상품이다. 2021년 6월부터 2022년 9월까지 이용이 가능하다. 인기 레스토랑, 피트니스센터, 테니스 코트 등 부대시설과 편의시설을 갖췄다. 워터슬라이드, 인피니티 풀 등 다양한 물놀이 시설도 가족단위 방문객에게 선호된다는 평가이다.

(3) 공인된 안전국가 선호 증가

코로나19 상황에서 방역에 성공한 나라들이 향후 가장 선호하는 해외 여행국가로 부각될 것으로 보인다. 대만, 괌, 사이판 등과 함께 싱가포르, 뉴질랜드, 이스라엘 등의 평가[28]가 좋다.

브라질, 인도 등을 중심으로 코로나19의 피해가 커진 상황에서 백신접종을 통해 미국, 유럽 등은 피해 확산이 줄어들고 있다. 2021년 5월 초 상황에서 가장 안전한 나라는 싱가포르라고 영국 BBC가 5월 1일 보도한 바 있다. 뉴질랜드도 가장 안전한 나라로 평가되고 있다. 뉴질랜드도 최고의 방역국가로 평가된다. 싱가포르가 뉴질랜드를 앞선 것은 백신접종의 비율이 높아서라는 평가이다. 이스라엘도 백신접종의 좋은 결과로 여행을 확대하려는 움직임이 있다. 싱가포르[29]는 8명 이상 실내 모임을 제한한다(뉴스1코리아)고 알려지고 있다.

이상의 국가들은 자국 내 국내여행상품의 활성화와 함께 해외국가들의 코로나 문제가 해결되면서 해외여행을 진전시킬 때 우선적으로 선택하는 국가가 될 것으로 전망된다. 아울러 호주, 베트남도 방역에 성공적인 국가로 평가된다.

---

28) 코로나 방역에 대한 각국의 평가결과는 지속적이지 않다. 확진자 증가가 거의 없었던 베트남, 대만의 경우 확진자가 증가하여 우려상황이 되기도 하였다. 대만의 경우, 확진자 증가세에 따라 사망자가 늘어나는 등의 부작용도 2021년 5월 말에 보이고 있다. 모범국이었으나 코로나 확산에 대만은 10여 일간 87명이 사망한 것으로 나타났다. 백신 접종률도 1.9%에 그치고 있다(연합뉴스, 2021.5.30).

29) 싱가포르는 가장 방역이 성공적인 국가로 인정받고 있다. 미리 백신구매를 해서 전 국민 백신접종이 빠르게 진행되었고 확진자도 코로나 델타 변이 확장상황에서도 일일 1~10명 미만으로 세계에서 코로나 방역에 가장 성공한 국가로 인정받고 있다.

참고

태국 무격리 입국

2021년 7월부터는 백신여권(Vaccine Passport)[30], 트래블 버블(Travel Bubble)[31] 등의 영향 상황에서 백신을 접종한 외국인 입국자들에 한해 입국을 허용하기로 한 것으로 알려지고 있다. 푸껫의 현지민들은 70%가 백신접종을 완료한 상황이며 우리나라 관광객들은 백신접종이 완료된 경우에 관광을 우선시하는 정책 국가인 태국의 푸껫에 입국이 가능한 것으로 보도되고 있다. 즉 기존의 격리기간 없이 관광이 가능해진 것이다. 코로나19 상황이 장기화되어 온 상황에서 희망적인 여행의 재개 소식에 여행업계의 어려움에 도움이 되기를 바란다.

5) 숨겨진 여행상품 개발

숨겨진 여행상품이라는 것이 갑자기 개발된 상품은 아니고 기존에 크게 부각되지 않았던 상품의 재부각이라고 하겠다. 코로나로 어려웠던 상황에서 국내여행상품을 재구성한다던지 코로나의 확진자 감소나 청정지역으로 떠오르며 항공기가 재취항하는 지역의 상품이 다시 조명되면서 여행상품이 개발되는 상황이다.

(1) 해외여행전문가가 개발한 국내여행상품

참좋은여행사에서는 해외여행이 불가능한 상황에서 국내여행상품을 업그레이드하는 노력을 보여주었다. 해외여행상품전문가가 개발한 국내여행상품은 다르다라는 광고를 제시하며 어필하였다. 기존의 국내여행상품보다 품질 면에서 업그레이드된 것으로 보인다.

30) 백신을 맞은 사람에게 각국 정부가 상호 인증하는 문서이다. 백신접종을 증명하는 신분증을 제작하여 출입국에 활용하자면서 나온 개념이다. 차별이 있을 수 있다는 점에서 세계보건기구(WTO)는 백신여권 도입에 반대하는 입장이다(시사상식사전). 저자는 어려운 여행업과 경제의 활성화를 위해 도입되는 것이 바람직하다는 의견을 갖는다.

31) 코로나19 상황에서 감염 안전국에 해당하는 국가들이 협약을 맺고 양국 간 격리조치 없이 여행을 허용하는 것을 말한다(두산백과). 우리나라에서는 싱가포르, 괌, 사이판 등의 지역 등에 한해서 백신접종증명서를 갖춘 국내여행객의 단체여행을 통해 시행할 것으로 알려졌다. 그동안 호주와 뉴질랜드, 발틱 3개국, 필리핀 팔라우와 대만, 홍콩과 싱가포르 등 우호적인 국가 사이에서 시행되어 온 특별한 여행조건으로 볼 수 있다.

(2) 괌 / 사이판 재취항과 상품 개발

괌은 한국과 우호적인 관광협력을 기울여 온 미국의 영토이다. 코로나에 관련하여 PCR 검사 후 한국에 입국하도록 하는 등의 조치를 취하고 있다. 기본적으로 우리나라에 입국하는 상황을 보면 특별검역신고서, 건강상태질문서, 여행자 휴대품신고서(세관신고서)가 요구된다. 입국을 마치면 입국 당일 거주지 인근보건소 선별진료소에서 진단검사를 해야 한다. 검사결과가 음성이더라도 14일간 자가격리조치가 요구된다. 인천공항에서는 이동 시 자차, 특별수송택시, 특별수송버스를 이용해야 한다.

택시 이동 시에도 선별진료소에서 검사 후 재탑승하여 자택으로 이동해야 한다. 버스는 자치구별 하차장소가 정해져 있다. 하차장소가 보건소이거나 검체채취 가능한 선별진료소로 이동해야 한다.

사이판도 정기편을 취항하면서 관광을 재개함으로써 상품을 론칭하고 있다. 사이판은 2021년 4월 기준으로 확진자가 많이 줄어들었고 백신접종이 40%를 넘어가는 상황에서 관광이 가능해졌다고 전해지고 있다.

6) 여행자 취향에 부합되는 효율성 있는 상품 선호

코로나 팬데믹 이후 여행업계는 거의 고객이 없었던 상황에서 고객의 가치를 중시하고 고객의 의견에 귀를 기울이는 고객지향적인 상품개발과 운영에 중점을 둘 것으로 보인다.

그리고 고효율적 여행상품[32]이 중심이 될 것으로 보인다. 여행자의 고충을 해결하고자 조사가 진행되고 준비된 여행이다. 고객이 경험하고자

◆◆ 시드니에 위치한 그리스 정통레스토랑 내부 전경

32) 고효율 여행이란 여행 준비과정에 소요되는 시간과 스트레스를 줄이고 여행 중의 경험에 에너지를 집중하는 패턴이다(트래블데일리, 2021.4.20). 즉 여행현지에서 고객이 가장 중시하는 여행의 콘텐츠에 집중하도록 하는 상품이다. 코로나 상황에 지친 고객들에게 여행에 관련된 여러 준비와 대비 등의 스트레스를 줄이게 하는 여행사의 여러 차원에서 코디네이션 즉 여행사의 수배 등의 준비사항이 철저하게 접목되는 여행을 말한다.

하는 요소를 최대로 접목해서 준비한 여행을 말한다. 최근의 여행객 수요를 파악해서 개발한 여행상품이다. 기존 서비스 이상의 고객이 원하는 요소가 반영된다. 여행의 즐거움이 제대로 반영된 상품이다. 여행이 빈번하게 이뤄지지 않았던 상황에서 고효율적이며 불확실성에 대비하는 상품이다. 고객들은 최근에 시간과 효율성을 매우 중요하게 여기는 것으로 평가되고 있다. 여행지에서 주어진 시간에 더 많은 활동을 할 수 있는 것을 중시하는 것으로 파악된다.

7) OTA여행상품의 지속적 이용

그동안 문제가 있었던 OTA여행사의 경우, 사후 불만처리의 강화로 고객을 유치하는데 노력을 기울일 것으로 보인다. 연중무휴 24시간 운영시스템을 통해 예약상품의 취소, 예약자명 변경, 예약 확정 메일 재발송 등 고객의 실시간 요청에 부응하는 시스템을 구축하기 위해 노력할 것으로 보인다. 즉 다양한 기능의 고도화를 높일 것으로 보인다.

8) 웰니스 여행 증가

현대인에게 힐링이 매우 중요한 여행의 요소가 되고 있다. 그러한 차원에서 웰빙(Well-being)과 행복(Happiness) 그리고 건강(Fitness)의 합성어인 웰니스가 부각된다. 시설과 관광자원을 활용하여 건강과 삶의 질 향상을 추구하는 관광이다. 코로나19로 인해 많은 어려움을 겪은 사람들에게 가장 적합한 대안관광으로 여겨진다.

웰니스 관광지로는 시티투어가 진행 중인 강원도 정선, 힐링여행과 한방족욕체험 및 청풍문화재 단지 그리고 청풍호 케이블카가 있는 제천, 청정지역인 경북 봉화군, 밤바다의 전경이 아름다운 전남 여수, 바다가 있는 강원 강릉, 대게와 메타세쿼이아길의 경북 영덕 등이 부각되고 있다. 힐링과 명상이 관광과 매칭되는 여행이 웰니스여행(Wellness tourism)으로 평가되고 있다.

문화체육관광부와 한국관광공사에서는 전국 지자체 · 지역 관광기관이 추천한 후보지 63개소를 대상으로 콘텐츠 독창성, 친밀성, 상품화 발전가능성 및 개별여행객 접근성 등을 고려하여 2021 웰니스 관광지에 최종 7개소를 선정하였다. 경북 울진의 금강송에코리움[33], 서울 한방진흥센터, 인천 더스파 앳 파라다이스, 충북 좌구산 휴양림, 강원 하이원

◆◆ 강원도 하이원 리조트 마운틴콘도 전경 / 스카이 1340 케이블카로 오르는 전망대

◆◆ 북해도 노보리베츠 온천 전경(일명 지옥온천) / 온천 입구 안내

리조트 HAO 웰니스 / 로미지안 가든 / 전북 구이안덕 건강힐링체험마을이다. 이러한 웰니스 여행과 관광은 향후 주목받는 여행상품이 될 것으로 보인다. 자연, 숲치유, 한방,

---

33) 세계적 명품 소나무숲이 자리 잡은 곳이 금강소나무숲이다. 자연에서의 숲치유를 진행한다. 숲을 통한 쉼과 치유를 위해 체류형 산림휴양시설을 갖추고 있다. 체질에 맞게 티테라피, 명상과 요가, 스파, 찜질방 등 다양한 체험프로그램을 운영한다. 숙소에서는 금강소나무향을 맡을 수 있고 방안에 누워 별을 볼 수 있게 특수창문이 설치되어 코로나19에서 비대면, 안전, 힐링(뉴스핌, 2021.4.29 참고)을 할 수 있는 곳이라고 한다.

뷰티 및 미용, 스파, 힐링, 명상 등의 주제로 운영되고 있다. 사람들의 관심과 참여의사가 증가하고 있는 상황이다. 국내 및 세계의 시장에서도 시장 규모가 커지고 있고 발전 가능성이 높은 관광콘텐츠로 주목해야 할 것으로 보인다.

◆◆ 태극당(70년 전통) 전경 / 빵과 커피

9) 생활권에 인접한 관광 추구

생활 속에 근거하고 인접한 관광지가 부상할 것으로 전망된다. 주변에 좋은 관광자원이 위치한다면 보다 좋은 관광의 여건이 될 것으로 사료된다. 그래서 주요 관광지 인근에 생활숙박시설이 최근에 인기를 끌고 있다. 예를 들면 안양의 경우, 예술공원 근처에 위치한 거주지나 신규 아파트 단지는 인기가 좋을 것으로 보인다. 생활공간 인근에 산책이나 등산 등을 하기 좋은 조건이기 때문이다.

외국의 사례를 보더라도 뉴욕의 센트럴 파크는 지역주민들의 휴식공간이자 방문객이나 관광객들의 관광코스이기도 하다. 선진국으로 갈수록 지역에 공원 등이 확충되는 것이 추세인 듯하다. 우리나라 인천 송도의 센트럴 파크도 생활공간 가운데서 휴식을 취할 수 있는 장소이다. 데이트 코스, 보트 자전거 주차장 그리고 수상택시를 즐길 수 있다. 야경이 좋다고 평가된다. 여의도 공원의 약 2배 넓이로 구성되었다. 인천공항이 가까워 호텔들이 많이 들어서 있다.

즉 아름다운 자연경관을 즐길 수 있는 주위여건이 거주지와 연동된다면 생활관광이 가능하다는 점이다. 부산의 태종대는 부산을 찾는 관광객과 시민이 가장 선호하는 관광자원으로 인근지역에 거주하고자 하는 선호도가 높은 것으로 보인다. 시내의 남포동, 국제시장, 자갈치시장 등은 접근성도 좋다.

한국관광공사 빅데이터 플랫폼인 한국관광 데이터랩 자료에서도 2020년 국내광역지자체를 방문한 현지인은 증가하였다. 2019년에 비해서 외지인과 외국인을 포함하는 외부인 방문자가 전년대비 약 17.8% 감소한 반면에 지역의 현지인은 약 3.1% 증가(뉴스1코리아, 2021.3.10)한 상황이다. 코로나19 상황에서 이러한 변화는 향후, 지역관광에 있어서 현지에 거주하는 지역민인 현지인의 비중이 지속적으로 높아질 것으로 보인다. 즉 전술한 바와 같이 생활관광의 비중이 커질 것이다.

현지인 외에도 좋은 여건의 관광지나 관광자원이 있는 곳에 의도적으로 근무지를 옮겨 생활하고자 하는 수요도 증가하는 것으로 보인다. 취사와 세탁 등 가능한 조건의 장기 생활숙박시설을 구하는 사람들도 증가하는 것으로 보인다. 이는 직장과 생활관광을 매칭하는 경향을 보여주는 것이다. 최근 호텔관광을 전공한 졸업자들이 제주도의 호텔이나 리조트에 취업하여 생활하는 것도 이러한 맥락으로 볼 수 있다. 제주도에서의 근무와 휴무일에 지역에서의 관광활동을 매칭시키는 것으로 파악된다. 기숙사나 회사에서 제공

◆◆ 인천 송도 전경 / 아트센터 전경

하는 숙소를 이용하지 않는 경우에는 생활숙박시설[34)]을 구하는 등의 거주형태를 추구할 수 있다. 향후 생활관광의 수요는 매우 커질 것으로 사료된다. 관광의 일상화는 빠른 속도로 진행될 것으로 전망된다.

◆◆ 덕수궁 돌담길 야간 전경 / 정동 정동교회 전경 / 강남 타워팰리스 전경

◆◆ 대구 김광석 거리 벽화 / 거리 전경

34) 월세, 전세 그리고 직장생활이 오래된 경우에는 자가 주택 매입, 분양 등의 방식이 될 수 있다.

10) 힐링여행 추구 경향 강화

한국관광공사의 2021년 빅데이터 조사 결과를 보면 위로를 전하는 일상 속 힐링여행의 경향을 제시하고 있다. 이는 코로나19로 인한 불안감이 치유형 여행과 위로여행의 형태로 정리되는 것으로 분석된다.

코로나 팬데믹[35] 이후 비대면 휴양에 집중하는 관광형태가 증가하는 것으로 분석된다. 특히 인원이 많게 진행되었던 국제회의를 포함한 마이스분야, 기업체 행사, 대형투어는 분산되거나 인원이 제한되어 행사될 것으로 전망된다. 안심관광지, 격리형태의 여행지역 개발 등의 형태가 증가될 것이다. 무엇보다 안전이 중시되고 있다.

이러한 차원에서 소규모의 격리형태 그리고 휴양 등을 통한 힐링여행의 형태가 증가될 것이다. 도시관광은 자연, 역사, 문화, 예술 등 도시가 갖고 있는 관광콘텐츠를 활용한 힐링여행의 콘텐츠가 확대되고 개발될 것으로 사료된다. 이미 많은 도시들이 관광활성화를 위해 스마트관광[36], 모바일관광[37], 데이터 관광[38] 등의 플랫폼을 기반으로 한 콘텐츠 개발과 강화에 공을 들이고 있다.

최근 국내에서는 LED 관광명소로 2016년 동대문 디자인플라자 장미정원, 양주시, 시흥시, 남양주시, 안산시 등이 LED꽃 정원을 설계 및 시공하였다. LED꽃 테마파크 시장이 국내외로 확대되고 있다. 2020년 12월 경주시 황성공원 한중우호의 숲 인근 4,920㎡에 LED 장미와 수국 2만 6,185송이는 국내 최대규모의 꽃 테마파크인 빛누리 정원이다(뉴데일리경제, 2021.5.7). 이는 도시에서 지역의 야간 관광명소를 지향하는 노력의 일환으로 여겨진다.

아울러 인천시에 수봉공원 별빛축제가 최근에 인기를 끌면서 수봉공원의 선호도가 높아지고 있다. 야외에 거리두기 등이 가능한 장소로 주위에 둘레길과 인공폭포 등을

---

35) 팬데믹(pandemic)은 전 세계적인 유행병을 의미한다. 즉 세계적으로 전염병이 대유행하는 상태를 말한다. 범유행을 뜻한다(시사상식사전; 위키백과).

36) 스마트관광은 첨단 정보통신기술을 관광분야에 접목해 경쟁력 있고 편리한 관광서비스를 제공(시사상식사전)하는 것이다.

37) 관광도시의 경우 주요 관광지의 관광정보, 추천투어, 맛집정보 등 다양한 관광 콘텐츠를 소개하는 모바일을 통한 애플리케이션 체계의 관광이다. 앱에는 주요 관광지 방문 시 증강현실(AR) 기반으로 관광지 정보를 안내받고 외국어 서비스도 제공된다. 세종시 모바일 관광 앱이 예이다.

38) 다양한 빅데이터를 통한 분석을 하여 마케팅과 상품개발의 도구로 활용한다. 성별, 연령별, 목적별, 교통수단별 빅데이터를 활용하여 여행행태를 분석하여 지역에 맞는 관광을 추진하는 것을 말한다.

갖추고 있다. 인천의 야경을 보기 좋은 장소이기도 하다. 특히 별빛산책로는 나무 사이로 반짝이는 조명이 빛나 몽환적이면서 아름답다는 평가를 받는다. 이러한 도시 속의 공간을 야경과 빛을 이용하여 명소화하는 것도 좋은 시도이며 지역주민과 찾아오는 방문객에게 힐링을 주는 공간으로 평가하고자 한다.

◆◆ 인천 수봉공원 인공폭포 / 벨기에 고디바 초콜릿 판매점 전경

◆◆ 양평 두물머리 전경 / 경기도 수리산 전경

도시권에서는 정원투어 외에도 걷는 투어가 인기를 끌고 있다. 걷는 동안에 명상을 하면 생각이 정리된다고 한다. 그리고 산사를 찾는 고찰힐링투어도 인기가 있다. 산을

찾아 걷는 것도 운동의 일환이며 역사와 문화의 유적인 사찰에 방문하는 것도 힐링을 주기에 충분하다. 순천시[39]에서는 순천만 갯벌 해양자원, 순천만 국가정원, 낙안읍성, 송광사, 선암사를 연계한 힐링투어를 활성화하는 노력을 기울이고 있다.

◆◆ 안내판 / 안양시 연성대학교 전경(대학투어는 해외나 국내 모두 Study투어 코스로 힐링을 준다)

39) 순천시에서는 헬스투어를 힐링형, 치유형, 도심형, 농촌형, 나들이 코스 등으로 운영한다(e대한경제, 2021.5.7).

참고 문헌

조문식 · 고종원 외, 세계의 축제와 관광문화, 신화전산기획, 2018
고종원, 여행사경영론, 백산출판사, 2014
고종원, 여행상품개발론, 백산출판사, 2006
조문식 · 고종원 외, 현대여행상품, 백산출판사, 2020
고종원, 해외여행업무, 양림출판사, 2021
관세청 뉴스 블로그
국제뉴스, 2021.4.27
국토교통부
경향신문, 2021.4.13
나무위키
네이버 국어사전
네이버 지식백과
뉴데일리경제, 2021.5.7
뉴스코리아, 2021.4.26
뉴스1코리아, 2021.3.10
동아일보, 2021.4.2
등산상식사전
두산백과
살레트래블
시사상식사전
조선일보, 2021.2.23
중앙일보, 전세계 주요 면세점 매출액 순위
중알일보, 주요국가 면세한도
중앙일보, 2015.11.19
연합뉴스, 2021.5.30
연합뉴스, 2021.6.24
영국 BBC, 2021.5.1
위키백과
이코노미스트, 2021.6.16
트래블데일리, 2020.4.20

한국관광공사, 대한민국 구석구석
한국관광공사, 한국관광 데이터 랩
한국면세뉴스, 2021.6.28
e대한경제, 2021.5.7
KBS
ko.wikipedia.org
m.chlettravel.kr
namu.wiki
terms.naver.com
www.sc-prt.com

저자 **약력**

고종원 교수

경희대학교 대학원 국제경영전공(경영학박사)
천지항공여행사 / 계명여행사 해외여행부 부서장
오네뜨 투어(Honnete tour) 대표
한국여행발전연구회 회장
한국능률협회 등록 전문위원
現) 한국관광서비스학회 부회장 / 편집위원
국제관광무역학회 수석부회장
주제여행포럼 공동위원장
연성대학교 관광과 호텔관광전공 교수(학과장)

조문식 교수

경기대학교 대학원 관광경영학과(경영학박사)
컨벤션기획사 2급 출제위원
한국관광서비스학회 부회장 / 편집장
관광경영학회 편집장
現) 세명대학교 항공서비스학과 교수

김경한 교수

경희대학교 호텔관광대학 호텔경영학 전공(관광학박사)
더 플라자호텔 연회팀장
(주)투어리즘코리아 대표이사
한국호텔리조트학회 부회장
現) 건양대학교 글로벌호텔관광학과 교수

주성열 교수

파리 1 대학 예술철학전공 기초박사(DEA)
성균관대 공연예술학전공 박사 수료
연성대, 극동대 호텔관광 외래교수
現) 세종대학교 예술대학 겸임교수

여정경 관광학박사

경희대학교 일반대학원 호텔경영전공(관광학박사)
경희대학교 호텔관광대학 호텔경영전공(호텔경영학석사)
사조리조트 경영 근무
리젠시에스테이트 경영 근무
호텔&리조트 설봉 경영 근무
(주)서한사Accor그룹 호텔그랜드앰배서더 기획부 근무
現) 페라즈자산개발주식회사 전무이사
연성대학교 호텔관광과 겸임교수

서현웅 대표

경희대학교 일반대학원 호텔경영학과(관광학 박사과정 수료)
現) 호텔앤레스토랑 매거진 대표이사 / 발행인
(주)에이치아카데미 대표이사
한국호텔전문경영인협회 학술부회장
호텔관광외식경영학회, 한국외식경영학회
한국호텔리조트학회, 한국호텔관광학회 업계 부회장
한국관광학회 특별위원회 서울시지역위원장 外
주요 프로젝트
한국관광공사 우수호텔아카데미 자문위원
광명와인동굴 광명와인축제 평가위원 外

이동화 관광학박사

Ph.D Candidate Hongkong Polytechnic University
Ph.D 경희대학교 호텔경영전공
Master. University of Nevada Las Vegas(UNLV)
B.A University of Nevada Las Vegas(UNLV)
한국관광학회 이사
동대문구 청년네트워크 위원
現) (사)복합리조트 관광연구소 이사
경희대학교 호텔경영학과 외래교수
경희사이버대학교 호텔외식MBA 외래교수

안소영 박사

네바다주립대(University of Nevada Las Vegas) 호텔경영전공
경희대학교 대학원 호텔경영 관광학석사
경희대학교 대학원 호텔경영 관광학박사
연구실적 : 호텔기업의 CSR과 지속가능경영, DSR 연구
저서 : 『현대여행상품』
現) 경희대학교 호텔경영학과 강사

권진수 대표

경희대학교 호텔관광대학 호텔경영학 전공(관광학 박사과정 수료)
경희대학교 호텔관광대학 호텔경영학 전공(관광학석사)
現) 경희대학교 호텔경영학과 외래교수
(주)서울N호텔 대표이사
(주)호스텔코리아 대표이사
창조경제타운 호텔(관광)분야 지정 멘토
한국호텔관광학회 산학부회장
한국관광서비스평가협회 부회장
한국관광공사 전문위원

국제관광

2021년 8월 25일 초판 1쇄 인쇄
2021년 8월 30일 초판 1쇄 발행

지은이 고종원 · 조문식 · 김경한 · 주성열 · 여정경
서현웅 · 이동화 · 안소영 · 권진수
펴낸이 진욱상
펴낸곳 (주)백산출판사
교 정 성인숙
본문디자인 구효숙
표지디자인 오정은

등 록 2017년 5월 29일 제406-2017-000058호
주 소 경기도 파주시 회동길 370(백산빌딩 3층)
전 화 02-914-1621(代)
팩 스 031-955-9911
이메일 edit@ibaeksan.kr
홈페이지 www.ibaeksan.kr

ISBN 979-11-6567-383-3 93980
값 31,000원